淳安年鉴

郭仲选题

(2015)

淳安县地方志编纂委员会　编

方志出版社
Publishing House of Local Records

图书在版编目(CIP)数据

淳安年鉴.2015/淳安县地方志编纂委员会编.-北京：方志出版社.2015.11

ISBN 978-7-5144-1774-6

Ⅰ.①淳… Ⅱ.①淳… Ⅲ.①淳安县-2015-年鉴 Ⅳ.①Z525.54

中国版本图书馆CIP数据核字(2015)第269511号

淳安年鉴(2015)

编　　者：淳安县地方志编纂委员会

责任编辑：宁　芳

出 版 人：冀祥德

出 版 者：方志出版社

地　　址　北京市朝阳区潘家园东里9号(国家方志馆4层)

邮　　编　100021

网　　址　http://www.fzph.org

发　　行：方志出版社发行中心

电话 (010)67110500

经　　销：各地新华书店

印　　刷：浙江新华印刷技术有限公司

开　　本：787×1092　1/16

印　　张：25.25

字　　数：643千字

版　　次：2015年11月第1版　2015年11月第1次印刷

印　　数：0001～1000册

ISBN 978-7-5144-1774-6　定价：120.00元

淳安县地方志编纂委员会

主　　任　柴世民

副 主 任　董毓民　章传强

成员单位　县委办　县政府办　县委党史研究室

　　　　　县财政局　县档案局

《淳安年鉴》编辑部

主　　编　朱华民

副 主 编　吴丁红　程志英　姜建军

编　　辑　刘东山　严卫华　杨晓振

　　　　　王玉华　徐华健　蒋德怀

编　　务　程竹生　袁慧鸿

摄　　影　程贤高　方　卓

设　　计　方家明

编 辑 说 明

1.《淳安年鉴》是综合性地方年鉴，是全面系统记载淳安经济和社会发展基本情况的资料书。此书为领导决策和研究提供丰富翔实的资料，为外界朋友了解淳安、认识淳安提供便利，为广大群众提供爱国主义教育的乡土教材，也为将来续编地方志积累详尽的可靠资料。

2.《淳安年鉴(2015)》全面反映淳安人民在2014年贯彻党的基本路线，坚持社会主义物质文明、政治文明、精神文明和生态文明建设取得的新成就、新经验，以及在前进中遇到的新情况、新问题。资料起讫时间：2014年1月1日～2014年12月31日。个别事件为反映其本末因果，时限上有所突破。

3.本书采用分类编辑法，设35个类目，类目下设分目，分目下设条目(少数条目下设子目)。条目是反映情况和动态的主要形式。

4.本年鉴大事记按时序记载。

5.先进名录收录标准：县级以上劳动模范、优秀共产党员；县级以上文明单位、小康村；市级以上先进单位、先进个人、科技奖励、文艺奖励等。

6.为形象反映淳安县经济和社会各项事业新成就，以期图文并茂，本书刊载部分彩色插页。

7.本书稿件均由淳安县各乡镇和县级机关各部门(一级公司)提供，并经各级领导审核，主要数据以县统计局提供为准。文后署作者姓名。《淳安年鉴》编辑部对全部稿件进行总纂。

8.本年鉴的编辑工作得到全县各部门、乡镇和有关单位的大力支持，在此深表谢意。本年鉴在编印、出版中的疏漏之处，恳请批评指正。

《淳安年鉴》编辑部

2015年11月

8月20日，省委副书记、省长李强到淳安县调研生态建设工作

9月9月，县委书记朱党其，县委副书记、县长柴世民调研教育工作

1月7日，淳安县中国工农红军北上抗日先遣队纪念馆项目开工仪式在中洲镇厦山村举行

6月30日，杭黄铁路开工仪式在文昌镇举行

9月21日，首届“中国国际名城经典汽车巡礼”在淳安千岛湖畔举行

10月12日，2014年国际泳联10公里马拉松游泳世界杯赛(中国千岛湖站)、全国10公里马拉松游泳冠军赛在千岛湖举行

10月26日，2014中国•杭州第八届环千岛湖国际公路自行车赛举行

12月10日，全县电子商务发展大会在千岛湖镇召开

目 录

大事记

特 载

建设法治淳安 推进秀水富民
……朱党其 13
淳安县人民代表大会常务委员会
工作报告……余永青 21
政府工作报告……柴世民 27
政协第八届淳安县委员会常务委员会
工作报告……刘小松 44

总 情

·地理位置· ……50
·建置沿革· ……50
·行政区划· ……50
·自然资源· ……53
【概况】
【湖泊河流】
·气 象· ……54
【天气概况】
【气象监测与服务】
·水 文· ……54
【概况】
【雨情】
【水情】
·国民经济和社会发展情况· ……55
【十大产业】
【财政收支】
【市场价格】
【劳动就业】
【人口】
【人民生活】
【社会保障】
【社会福利】
【城市建设】
【公用事业】
【环境建设】
【农业生产】
【农业产业化】
【美丽乡村建设】
【工业生产】
【建筑业】
【固定资产投资】
【房地产业】
【国内贸易】
【对外贸易】
【招商引资】
【交通运输】
【旅游业】
【金融业】
【教育】

【科技】
【文化】
【卫生】
【体育】

中国共产党淳安县委员会

·县委全会· ……………………………………60
【县委十三届七次全体(扩大)会议】
·县委常委会议· …………………………………60
·重要工作会议· …………………………………61
·县委新设立的议事协调和临时机构·
……………………………………………………61
·政研工作· ………………………………………62
·组织工作· ………………………………………62
【党的群众路线教育实践活动】
【干部人事制度改革】
【干部教育培训特色品牌】
【干部日常监督管理】
【服务型基层党组织建设】
【党员队伍管理】
【基层党建工作责任制】
【人才工作】
【自身建设】
·宣传思想工作· …………………………………64
【概况】
【"幸福千岛湖"人文品牌建设】
【"最美千岛湖"外宣品牌建设】
【"创意千岛湖"文创品牌建设】
【宣传干部队伍固本强基】
·统一战线工作· …………………………………66
【概况】
【党外代表人士队伍建设】
【统战对象教育培训】
【民主党派组织建设】
【春节团拜会和中秋茶话会】
【走访慰问国军抗战老兵】
【帮助少数民族村建设】
【保障少数民族合法权益】
【处置涉宗违法建筑】
【宗教管理】
【侨情调查】
【助力工程】
【为侨服务】
【涵养侨资源】
【"三认"服务】
【对台文化交流】
【对台经贸交流】
【异地商会建设】
【企业家素质提升】
【党的群众路线教育实践活动】
·党校教育培训· …………………………………68
【概况】
【机关党建】
【主体班次干部培训】
【党课进村和社会讲学】
【教研、科研】
·县直机关工委· ………………………………69
【概况】
【学习教育】
【创新机关党建考核机制】
【党组织规范化建设】
【配合县委中心工作】
【党的群众路线教育实践活动】
【"三问三送"活动】
【推行"三认"服务机制】
【结对帮扶】
【开展"四行"志愿服务】
【开展"四个一批"活动】
·老干部工作· ……………………………………70
【概况】
【加强"两项建设"】
【落实老干部政治待遇】

【落实老干部生活待遇】
【文化养老】
【发挥老干部作用】
【帮扶慰问老干部】
【老干部参观考察】
【阵地建设】
【关心下一代工作】
•机构编制工作• ……………………………72
【概况】
【推行部门权力清单制度】
【厘清部门责任清单】
【政府职能转变和机构改革】
【食品药品监管体制改革】
【体制机制创新】
【参与公车改革】
【编制资源控制】
【用编、用职管理】
【机构编制核查】
【干部实名制数据库建设】
【事业单位登记、年检】
【中文域名注册管理】
【党政机关事业单位网站管理】
【党的群众路线教育实践活动】
•史志工作• ……………………………………74
【概况】
【淳安县中国工农红军北上抗日先遣队纪念馆动工】
【《淳安县志(1986~2005)》出版】
【《淳安年鉴(2014)》出版】

中国共产党淳安县纪律检查委员会

【县纪委十三届四次全体(扩大)会议】……76
【落实两个责任】
【加强作风建设】
【查处违纪违法案件】
【监督检查重大决策落实情况】
【加强对权力运行的制约监督】
【反腐倡廉宣传教育】
【推进纪检机关“三转”】

淳安县人民代表大会

•人民代表大会会议• …………………………79
【县第十五届人民代表大会第三次会议】
•人大常委会会议• ……………………………79
【县十五届人大常委会第十六次会议】
【县十五届人大常委会第十七次会议】
【县十五届人大常委会第十八次会议】
【县十五届人大常委会第十九次会议】
【县十五届人大常委会第二十次会议】
【县十五届人大常委会第二十一次会议】
【县十五届人大常委会第二十二次会议】
【县十五届人大常委会第二十三次会议】
【县十五届人大常委会第二十四次会议】
【县十五届人大常委会第二十五次会议】
【县十五届人大常委会第二十六次会议】
【县十五届人大常委会第二十七次会议】
•常委会日常工作• ……………………………81
【两项评议】
【专项工作审议和视察检查】
【规范性文件备案审查】
【代表工作】
【建议督办】
【代表补选】
【自身建设】

淳安县人民政府

·县政府常务会议· ……………………………84
·县长办公会议· ……………………………84
·依法行政· …………………………………85
【文件管理】
【规范权力运行】
【行政合同管理】
【执法监督】
【法制工作创新】
·信息公开工作和电子政务· ………………86
【政府信息公开】
【电子政务基础设施建设】
【电子政务应用平台建设】
【信息化项目评审】
·人民防空· …………………………………87
【人防指挥系统建设】
【人防工程建设管理】
·外事工作· …………………………………87
【外事工作概况】
·住房公积金住房保障· ……………………87
【住房公积金归集】
【住房公积金提取】
【住房公积金贷款】
【公积金增值收益】
【公积金制度宣传】
【入驻县社会保障服务中心】
【开通“12329”服务热线电话】
·国有资产管理· ……………………………88
【概况】
【国有企业财务决算审计】
【国有企业重大事项管理】
【国有企业负责人经营业绩考核】
【国有企业职工工资清算】
【国有企业财务预算管理】
【做好国有资产统计报表工作】
【国有资本经营预算管理】
【支持国有企业发展】
【国有企业干部管理】
【全面完成县政府交办工作】
【专项任务完成】
【机关建设】
·淳安县行政服务中心· ……………………91
【概况】
【行政审批制度改革】
【审批“一体化”建设】
【推进省政务服务网建设】
【公共资源交易服务】
【招投标诚信体系建设】
【评委专家库建设】
【招投标业务指导】
【加强党建】
·综合考评工作· ……………………………92
【概述】
【“美丽杭州”实验区单列考核】
【县级机关、直属单位综合考评】
【乡镇业绩考核】
【目标督察】
【自身建设】
·档案工作· …………………………………94
【概况】
【档案资源建设】
【提升档案服务水平】
【档案信息化建设】
【依法治档】
【档案文化建设】
·信访和“12345”工作·………………………95
【概况】
【信访分析】
【五分工作法】
【服务中心工作】
【领导干部下访接访】
【信访宣传月活动】
【非访专项治理年活动】

【信访干部队伍建设】
·机关后勤服务· ……………………………95
【概况】
【群众路线教育】
【队伍建设】
【公务接待】
【公共机构节能减排】
【后勤保障】
【物业管理】
【组建公车公司】

政协淳安县委员会

·全体会议· ………………………………98
【八届三次会议】
·常委会议· ………………………………98
【八届常委会第十二次会议】
【八届常委会第十三次会议】
【八届常委会第十四次会议】
【八届常委会第十五次会议】
【八届常委会第十六次会议】
【八届常委会第十七次会议】
·日常工作· ………………………………99
【政协常委会调研视察】
【县政协主席会议成员专题视察】
【协商建言】
【咨询约谈】
【提案工作】
【全县政协工作会议】
【专项集体民主监督】
【民主评议】
【民主监督员工作】
【委员活动日】
【社情民意信息工作】
【团结联谊】
【庆祝县政协成立30周年】
【自身建设】

群　团

·淳安县总工会·……………………………103
【概况】
【劳模管理】
【劳动竞赛】
【技术创新】
【帮扶保障】
【服务职工】
【党工共建】
【主题活动】
·共青团淳安县委员会·……………………104
【概况】
【开展“中国梦”主题教育活动】
【践行社会主义核心价值观】
【挖掘青少年典型】
【搭建县、乡、村三级电商平台】
【培育电商】
【电商活动】
【“五水共治·志愿先行”】
【“小手拉大手·共护千岛湖”】
【“五水共治”包干制】
【城市精细化管理志愿服务】
【志愿服务】
【特色志愿服务队】
【成立驻杭团工委】
【项目化服务】
【助推青年岗位成才】
【党的群众路线教育实践活动】
【青联组织】
【干部队伍管理】
·淳安县妇女联合会·………………………107
【概况】
【走访慰问百名困难村妇代会主任】

【来料加工稳步发展】
【召开来料加工工作会议】
【开设来料加工"流动课堂"】
【启动"美丽实验区·巾帼在行动"活动】
【农村生活垃圾分类试点】
【美丽庭院创建】
【百场家庭教育知识下乡】
【开展"书香换花香"活动】
【举办全县村妇代会主任培训班】
【举办健身舞推广培训班】
【举办美丽庭院创建专题培训】
【举办女领导干部培训班】
【召开乡镇来料加工分管领导培训会】
【台湾南投县水里乡妇女会到淳交流访问】
·淳安县科学技术协会·……………………109
【概况】
【科技知识普及】
【科普阵地建设】
【优秀论文评选和农职评】
【科普宣传周活动】
【院士专家工作站】
【全民科学素质工作】
【创全民科学素质工作先进乡镇】
【学(协)会工作】
【科技工作者协会】
【反邪教工作】
·淳安县工商业联合会·……………………110
【概况】
【组建异地商会】
【协助举办商会活动】
【助力招商引资】
【深入调查研究】
【安排政治待遇】
【积极参政议政】
【表彰先进典型】
【企业家学习培训】
【服务企业】
【党的群众路线教育实践活动】
·淳安县残疾人联合会·……………………112
【概况】
【基本生活保障工程】
【托(安)养工程】
【康复服务工程】
【创业就业工程】
【教育培训】
【助学残疾人】
【医疗救助】
【无障碍设施进家庭】
【残疾人证办理】
【助残服务直通车】
【区县结对帮扶】
【残疾人专职委员】
【专项调查】
【宣传文体活动】
【维权服务】
【基础设施建设】
·淳安县老龄工作委员会·…………………114
【概况】
【养老服务体系建设】
【老年电视大学】
【老年文娱活动】
【开展"敬老月"活动】
【"孝亲敬老之星"评选】
【基层老年组织建设】
【配合中心工作】
【党的群众路线教育实践活动】
·淳安县文学艺术界联合会·………………116
【概况】
【文艺活动】
【文艺交流】
【文艺服务】
【文艺成果】
【文艺成果】
【机关建设】
·红十字会·…………………………………119
【概况】

【群众路线教育】
【抗震救灾】
【人道救助】
【应急救护】
【造血干细胞和人体器官捐献】
【人道主义传播】

法 治

·政法委及综治·……………………………122
【概况】
【维护政治稳定】
【推进综合治理】
【推进平安创建】
【开展执法监督】
【党的群众路线教育实践活动】
·公 安·……………………………………123
【概述】
【王辉忠调研司法体制改革工作】
【朱贤良调研党的群众路线教育实践活动】
【叶寒冰到县公安局调研指导工作】
【叶寒冰到县公安局开展蹲点调研】
【边卫跃到县公安局检查指导国庆安保工作】
【徐柏林副局长到县检查指导工作】
【朱党其到县公安局调研指导工作】
【柴世民到县公安局调研工作】
【安保工作】
【开展各类专项行动】
【加强重点人员稳控】
【反恐防暴演练】
【“撤村建居”安保】
【刑事侦查】
【追逃工作】
【经侦工作】
【禁毒工作】
【道路交通管理】
【查处交通违法】
【水上治安】
【监派出所管理】
【网络安全管理】
【消防管理】
【食品药品环境犯罪侦查大队成立】
【警务督察】
【开展党的群众路线教育实践活动】
【三认工作】
【教育训练】
【从优待警】
【警营文化建设】
【举办大型警营开放活动】
【公安文联成立】
【执法办案区改造升级】
【执法管理】
【专项检查活动】
【提升执法主体素质】
【构建“又多又好”办案机制】
【平安网格创建】
【农村视频监控建设】
【“双实”排查】
【破获省厅“2014－180”毒品目标案】
【破获系列诈骗案】
【破获故意杀人案】
【破获特大通讯诈骗团伙案】
【侦破“4·27”入室抢劫案】
【破获1040传销案】
【破获系列赌博案】
·检 察·……………………………………131
【概况】
【服务保障深化改革】
【营造有序市场环境】
【推进社会矛盾化解】
【依法打击严重刑事犯罪】
【切实提升执法办案质量】
【维护诉讼参与人合法权益】
【查办职务犯罪案件】

【规范职务犯罪侦查工作】
【职务犯罪预防】
【监督司法活动】
【执法环节自身监督】
【接受外部监督】
【强化思想作风建设】
【提升队伍业务能力】
【推进基础保障建设】
·法　院·……………………………………134
【概况】
【刑事审判】
【民商事审判】
【行政审判】
【执行工作】
【保障中心工作】
【助推社会管理】
【优化法治环境】
【便民利民服务】
【司法公开】
【审判管理】
【加强队伍建设】
【接受监督】
·司法行政·……………………………………136
【概况】
【营造和谐稳定社会环境】
【法律服务】
【推进法治淳安建设】
【社区矫正管控】
【法律援助】
【队伍能力建设】

人民武装

【概况】……………………………………………140
【党的群众路线教育实践活动】
【民兵整组】
【军事训练】
【民兵信息网建设】
【落实各项制度】
【学习贯彻十八届四中全会精神】
【完成部务公开试点】
【国防教育】
【征兵宣传】
【依法治军】
【改善机关办公条件】
【行政管理】

旅　游

·千岛湖风景旅游局·…………………………142
【概况】
【2014婚纱摄影行业营销战略总裁高峰论坛】
【全县导游年审培训会议】
【浙江旅游职业学院千岛湖国际酒店管理学院入驻千岛湖】
【县导游协会成立】
【全县旅游商贸行业工作会议】
【“星级服务在旅委”学习体验活动】
【首届千岛湖漫游节】
【千岛湖游船泔水直排事件】
【旅游目的地环境管理专项整治】
【全县旅游行业“爱护千岛湖”大讨论活动】
【“春之邀·知名作家走进千岛湖”活动】
【“游多多春游年代秀”活动】
【寻根探源中国茶树良种——鸠坑茶活动】
【全县景区化培训会】
【“淳香苑杯”淳安县都宴菜暨第五届农家菜烹饪大赛】
【旅游行业安全、环保、市场整治专题会议】
【千岛湖户外休闲运动大会】
【千岛湖景区重大节假日实行全面电子售检票】

【央视《新闻直播间》栏目走进千岛湖】
【“穿着婚纱去春游”大型公益集体婚礼活动】
【千岛湖金色阳光运动休闲街开街】
【千岛湖旅游形象广告片完成拍摄】
【千岛湖旅游形象宣传纪录片完成拍摄】
【全县景区化扶持政策】
【景区百日整治】
【《淳安县农家乐管理办法(试行)》出台】
【首届“中国国际名城经典汽车巡礼”活动】
【浙江省智慧旅游现场会暨千岛湖智慧旅游嘉年华活动】
【2014中国国际露营大会(千岛湖站)】
【旅游招商对接会】
【绿城喜来登度假酒店获评五星级酒店】
【千岛湖年货节】
·旅游集团·……145
【概况】
【项目建设推进】
【经营能力提升】
【服务形象塑造】
【作风建设强化】
【基础保障力夯实】
·旅游度假区·……146
【概况】
【项目建设】
【基础配套】
【招商引资】
【用地保障】
【改革创新】

经济开发区

·经济开发区青溪新城管理委员会·……148
【概况】
【招商引资和项目建设】
【民生工程】
·姜家产业区块·……148
【概况】
【姜家公共租赁房建设工程】
【土地收储、“三改一拆”以及基础设施维护】
【文渊狮城35千伏及以上供电线路改线】
【全力助推省级文化先进县创建】
【项目建设】
【千岛湖旅游文化影视教育综合体】
【文渊狮城旅游综合体】
【招商引资】
【“五水共治”及“无违建县”工作】
【深入“三认”服务】
【强化党组织建设】
【领导机制建设】
【作风建设】
·江东杭千(扶贫)开发区·……150
【概况】
【恒科土地的盘活利用】
【拓展土地空间的利用】
【招商引资】

库区开发

·库区综合开发·……151
【概况】
【林渔资源保护】
【良种基地建设】
【农特基地生产建设】
【农业休闲观光园成果显现】
【休闲旅游项目】
【林场改善工程】
【园林绿化产业】
【生态渔业】
【品牌营销】
【“五水共治”工作】

【"无违建县"工作】
【"三改一拆"工程】
【网箱整治】
【林地库湾回收】
【帮扶工作】
·移民工作·……152
【概况】
【移民创业致富工作】
【项目管理工作】
【移民资金管理】
【库区社会稳定维护】

农　业

·农村经济经营管理·……154
【概况】
【农民减负工作】
【村级集体经济发展】
【农村土地确权登记】
【农村集体三资管理】
【村级股份制改革】
·农业产业化·……155
【概况】
【山区经济发展】
【土地流转】
【农民专业合作社培育】
【家庭农场培育】
【农村电子商务】
【品牌化建设】
【农村实用技术培训】
·城乡统筹发展·……156
【概况】
【完善政策】
【民主评议城乡统筹】
【中心镇建设】
【区县协作】
【农民转移集聚】
·美丽乡村建设·……156
【概况】
【中心村建设】
【精品村建设】
【村庄整治】
【风情小镇建设】
【历史文化村落保护与利用】
【精品线路和区块】
【专项资金投入】
·帮扶工作·……157
【概况】
【省级帮扶专项资金】
【市、县级帮扶专项资金】
【下山移民工程】
【扶贫小额信贷】
·农业科技·……158
【2014年基层农技推广体系改革与建设项目实施完成】
【第三批省级基层农业公共服务中心】
【市级三位一体农业公共服务体系示范镇建设项目】
【市农业产业发展技术推广项目】
【县农业产业技术创新与推广服务团队】
【淳安县农广校】
【绿色证书工程】
【农业职业技能鉴定】
【农业专业技术人员继续教育】
【生态循环农业】
【农业面源污染治理】
【省级生态循环农业项目】
【市级生态农业示范工程项目】
【市三江两岸农业面源污染整治项目】
【畜禽养殖业排泄物综合利用工程项目】
·产业信息·……160
【省级项目验收】
【现代园区建设】
·农产品质量监管·……160
【农产品监测】

【无公害农产品】
【农产品质量安全标准乡创建】
·产田改造·……………………………………160
【2013年度市级中低产田改造项目】
【2014年春季农村统一灭鼠】
【测土配方施肥工作】
【新增耕地后续管理】
【标准农田质量提升工程】
·农业执法·……………………………………161
【“绿剑”执法行动】
【农资质量监管】
【农产品质量监管】
【农业法律法规宣传培训】
【植物检疫防控】
【废弃农药包装物回收】
·茶 叶·………………………………………162
【概况】
【品牌宣传】
【市场拓展】
【技术推广】
【项目实施】
·水 果·………………………………………162
【概况】
【精品水果栽培技术推广应用】
【品牌建设成果】
·蔬菜(食用菌)·……………………………162
【概况】
【市“菜篮子”基地建设项目】
【参与“五水共治”项目实施】
【技术推广服务和质量安全监管】
·粮 油·………………………………………163
【概况】
【粮食生产功能区建设】
【水稻高产创建】
【种子监管】
【农作物区试工作】
【新品种展示和示范】
【良种补贴】
【种子储备】
【种质资源保护】
·中药材·………………………………………164
【概况】
【铁皮石斛发展】
·畜牧业·………………………………………164
【概况】
【重大动物疫病防控】
【畜产品安全监管】
【畜禽屠宰监管】
【动物尸体无害化处理】
【项目建设】
【品种保育】
【宣传培训】
【畜禽养殖业污染整治工作】
·农 机·………………………………………166
【农机总动力】
【农业机械拥有量】
【农机化作业】
【农机化投入】
·农村能源·……………………………………167
【农村户用沼气建设】
【太阳能热水器推广】
【沼肥利用推广】
【可再生能源利用工程综合示范乡(镇)建设项目】
【杭州市生态农业示范工程项目】
【规模畜禽养殖场沼气工程建设】
【农村户用沼气池大出料维护项目】
【户用沼气池报废管理】
【沼气后续服务体系建设】
·渔 业·………………………………………167
【概况】
【渔政执法】
【垂钓管理】
【网箱整治】
【增殖放流】

林　业

【概况】……………………………………169
•林业生产•……………………………………169
【全民义务植树】
【营造林生产】
【特色产业】
【森林食品建设】
【山核桃果蒲综合利用】
【生态公益林建设】
【“浙江最美森林”评选】
【园林村镇建设】
【林相改造】
【林业技术推广】
【林业科研项目】
•森林资源保护•……………………………170
【林地管理】
【野生动植物保护】
【林木采伐管理】
【木竹运输管理】
【林区治安】
【森林病虫害防治】
【山核桃统防统治】
【森林消防】
•林业改革发展•……………………………171
【深化林权改革】
【国有林场改革发展】
【党的群众路线教育实践活动】
【林业宣传】

水利　水电

•水利建设•……………………………………173
【概况】
【水库山塘除险加固工程】
【河道整治工程】
【重要堤防加固工程】
【云源港王阜、宋村段治理工程】
【农村饮用水建设工程】
•水电建设•……………………………………173
【概况】
【安全生产大检查】
【“五型水电”星级创建活动】
【水电站安全生产标准化建设】
【农村水电运行技能与安全知识竞赛】
•水政监察•……………………………………174
【水政宣传】
【湖区采砂】
【采制砂整治】
【“河长制”工作】
【占用水域管理】
【水政执法】
【水资源管理】
【水土保持工作】
•灾　情•……………………………………175
【“6•20”强降雨】
【“6•26”强降雨】
【“麦德姆”台风】
•水　文•……………………………………175
【概况】
【雨情】
【水情】
•淳安县水利水电投资有限公司•…………176
【生产经营】
【安全生产】
【项目建设】
【招商引资】
【和谐企业】
【作风建设】

工 业

·工贸公司·……………………………………177
【概况】
【临岐农民集聚房三期工程建设】
【工贸69楼投入使用】
【启动项目建设】
【铜山矿经营工作】
【国有资产保值增值工作】
【蛟池复垦土地综合利用】
【安全生产严抓细管】
【群众路线教育实践活动】
【帮扶工作】
·工业和信息化局·……………………………178
【概况】
【推进“1+3”工业主平台建设】
【完善扶持政策体系】
【落实长效服务机制】
【探索新型工作载体】
【兑现扶持奖励资金】
【招商引资】
【电子商务平台建设】
【“三位一体”加油站启动建设】
【引进民营企业参与加油站建设】
【节能降耗工作】
【建设分布式光伏发电项目】
【淘汰落后产能】
【强化能源监察及节能宣传】
【外经外贸工作】
【基层组织建设】

交 通

·交通基础设施建设·…………………………181
【概况】
【淳杨公路上江埠至汾口段改建工程】
【金富公路石头埠至富文段改建工程】
【汾口公共交通换乘中心】
【环千岛湖绿道淳杨段工程】
【淳开公路梓桐接线】
【屏河公路改建工程(威坪驮岭脚桥至叶家村)】
【淳安县潭唐公路郑中段改建工程】
【千岛湖汽车客运北站工程】
【小型政府投资打捆项目】
·交通行业管理·………………………………182
【春运圆满落下帷幕】
【05省道淳安段过境费实行政府统缴】
【公路环境整治】
【公路路政执法管理】
【非法营运整治】
【公交管理工作】
【农村客运班线经营权投放】

邮政 电信 供电

·邮 政·…………………………………………184
【概况】
【邮务类业务】
【金融业务】
【分销业务】
【财务基础管控】
【人力资源管理】
【内控管理】
【安全生产管理】
【打造电商一体化平台】
【打造三级金融服务平台】
【打造农村电商物流服务平台】
·中国移动淳安分公司·………………………186
【概况】

【网络通信保障】
【运营支撑能力提高】
【“智慧旅游”信息化产品推广】
【信息化项目落地】
【企业文化内涵】
【承担社会责任】
·中国电信股份有限公司淳安分公司·……187
【概况】
【举办天翼4G首销仪式】
【举办天翼4G产品品鉴暨信息化推介会】
【实现全县护林员手机定位业务规模发展】
【增强通信能力】
【完成小灵通退网工作】
【提升渠道运营能力】
【开展“一家人”团队文化建设】
【基础管理】
【党建工作】
【关爱员工】

供销　贸易

·供　销·……190
【概况】
【基层服务阵地建设】
【茶叶购销网络发展】
【农民专业合作社示范带动】
【为农服务网络建设】
【作风组织建设】
·茧丝绸总公司·……191
【概况】
【以服务蚕农为己任，社会化服务日趋完善】
【高标准严要求创办示范点，星级管理模式平稳推进】
【综合利用现有资源，农场式工厂化养蚕模式长足发展】
【创新创优蚕茧收烘体系，蚕农售茧满意率大幅提升】
【科技项目稳步推进，蚕桑产业发展驱动明显】
【引导下属企业规模发展，经济实力不断壮大】
·淳安县烟草专卖局(分公司)·……193
【概况】
【市场监管】
【依法行政】
【基础管理】
【队伍建设】

财政　税务

·财　政·……194
【概况】
【财政收入】
【经济发展支持】
【城乡统筹发展】
【民生事业保障】
【财政管理改革】
【财政监督管理】
【乡(镇)财政管理】
【干部队伍建设】
·地方税务·……196
【概况】
【税收特点】
【支持浙商创业创新】
【支持转型升级】
【征收管理】
【信息化建设】
【管查互动】
【税收法治】
【纳税服务】
【队伍建设】
·国家税务·……198

【税收收入】
【税收优惠】
【税源管户】
【税源基础管理】
【税源管理专业化】
【营改增】
【规范税收执法】
【纳税评估】
【税务稽查】
【纳税服务】
【精简办税流程】
【建设社会化服务平台】
【党的群众路线教育实践活动】
【参加地方社会建设】
【廉政内控管理】
【获得荣誉】

金　融

【概况】……………………………………………202
【存款增长有所回升，增量结构存在差异】
【贷款运行总体平稳，支持实体经济有力】
·中国人民银行淳安县支行·…………………202
【金融支持实体经济有力度】
【提升金融服务水平有实效】
【经济金融秩序有保障】
·浙江银监局淳安办事处·……………………204
【概况】
【提升信用品质】
【着力法人监管】
【严守风险底线】
【推进案件防控】
【实施联动监管】
·淳安县农村信用合作联社·…………………204
【概况】
【强管理】
【优服务】
【转作风】
【抓队伍】
·杭州银行淳安支行·…………………………206
【概况】
【优化贷款业务结构】
【为新农村建设提供金融支持】
【银校合作“校园一卡通”圈存系统正式运行】
【小微企业金融服务专业化管理】
【扶持小微企业发展】
【抓好个人零售业务】
【履行社会责任】
【加强党建工作】
【开展市级文明单位创建工作】
【丰富职工活动】
·中国工商银行股份有限公司淳安支行·
……………………………………………207
【主要经营指标】
【规模总量】
【主题教育活动】
【信息安全使用管理】
【档案管理工作】
【网点服务管理】
【规范服务流程】
【创新“拍易贷”业务】
【技术比武】
【安全教育】
·中国建设银行股份有限公司淳安支行·
……………………………………………209
【概况】
【项目信贷】
【客户营销】
【推广善融商务】
【提升服务水平】
【支持实体小微企业】
【抓好案件防控】
·中国农业银行股份有限公司淳安县支行·
……………………………………………210

【概况】
【网点】
【管理】
【文化】
·中国银行淳安支行·……………………210
【概况】
【突出效益为中心】
【力促网点转型】
【确保资产质量】
【强化队伍建设】
·浙江稠州商业银行股份有限公司
杭州淳安支行·……………………211
【概况】
【政府重点项目支持】
【支持小微服务三农】
【标准化服务建设】
【企业文化建设】
【内部管理及荣誉】
·广发银行淳安支行·……………………212
【概况】
【产品促推】
【党建工作】
【社会责任】
·中国人民财产保险股份有限公司
淳安支公司·……………………212
【概况】
【调整规范转型发展】
【深化三农保险服务】
【创新业务发展】
【打造金牌服务】
【规范内部管理】
【职工队伍建设】
·中国人寿淳安支公司·……………………213
【概况】
【队伍建设】
【廉政建设】
【业务发展】
【服务社会】

经济管理

·发展和改革·……………………215
【2014年国民经济和社会发展计划执行情况】
【经济总量稳步增长，产业结构持续优化】
【服务经济持续向好】
【生态工业平稳增长】
【生态农业稳定增长】
【投资保持较快增长】
【重大项目扎实推进】
【城乡建设加快推进】
【生态环境稳定向好】
【民生保障不断加强】
【社会事业协调发展】
【做好四个规划】
【开展“十三五”前期规划】
【精心编制年度计划，强化经济运行分析】
【完善政策，促进服务业及十大产业加快发展】
【深化中心镇扩权强镇改革】
【公务用车改革顺利实施】
【加强政府投资项目管理，力促经济发展】
【扎实做好省、市、县三级重点项目建设推进】
【加强粮食安全体系建设】
【认真做好“美丽杭州”淳安实验区由发改局牵头的完善重点产业发展平台等9项工作】
【落实价格政策、确保市场有序】
【积极做好国家、省、市项目资金的争取】
【市场价格】
·市场监督管理·……………………219
【概况】
【市场监管体制改革】
【服务经济发展】
【食品安全监管】
【特种设备安全监管】
【药品医疗器械监管】
【市场环境整治】

【消费维权工作】
【服务政府中心工作】
【队伍建设】
·审 计·……………………………………224
【概况】
【抓审计项目质量的提升】
【抓同步审计项目的落实】
【抓热点难点问题的破解】
【抓群众路线教育实践活动】
·统 计·……………………………………225
【统计监测预警】
【开展涉旅农户调查】
【及时发布统计数据】
【做好经济普查工作】
【加强有效投资统计】
【加强统计基层基础建设】
【统计普法和稽查】
【党的群众路线教育实践活动】
【举办专题培训班】
【加强党支部建设】
·安全生产监督·……………………………226
【概况】
【实施"网格化"监管】
【行政审批制度改革】
【安全生产监管】
【行政执法】
【企业安全生产标准化】
【宣传教育培训】
【党的群众路线教育实践活动】

建设　规划

·城市建设和管理·…………………………229
【概况】
【县域总体规划修编，推进城市旅游发展】
【一书三证核发】
【富美乡村建设规划】
【规划标准法治体系】
【沿湖地带建设整治】
【批后监管】
【"八个一"阳光规划体系】
【地理信息系统建设监管】
【房地产管理】
【物业管理】
【行业监管】
【保障房建设】
【服务管理】
【城市管理】
【城乡统筹】
【三改一拆】
【五水共治】
【城区交通治堵】
【小城市培育试点工作】
【生态建设】
【有机更新】
【城市房屋征收】
【城建档案管理】
·规 划·……………………………………233
【概况】
【县域总体规划修编】
【推进城市旅游发展】
【服务富美乡村建设】
【历史文化建筑保护】
【审批效能提速工程】
【规划标准法治体系】
【沿湖地带建设整治】
【"无违建县"创建】
【"八个一"阳光规划体系】
【信息保障平台】
【规划服务团"三认"服务】
【党的群众路线教育实践活动】
·建设集团·…………………………………234
【概况】
【项目攻坚有序有力】

【“五水共治”强势推进】
【企业发展提质提速】
【民生保障不断深化】
【内部管理成效明显】

环保　国土

·环境保护·……………………………237
【空气环境】
【水环境】
【声环境】
【五水共治】
【农村治污】
【清洁乡村】
【“河长制”工作】
【污染减排】
【湖泊管理】
【环境监管】
【环境宣传】
·国土资源管理·……………………………239
【概况】
【保障用地】
【保护耕地】
【节约集约用地】
【土地经营】
【利民惠民】
【执法督查】

科学技术

【概况】……………………………241
【高新技术产业培育】
【科技政策贯彻落实】
【企业创新发展引领】
【产学研金合作】
【科技兴农】
【干部作风建设】

教　育

·综　述·……………………………243
·学前教育·……………………………243
【概况】
【幼儿园分立设置】
【浙江省三级幼儿园创建】
·义务教育·……………………………243
【概况】
【义务教育普及率巩固率】
【解决上学难问题】
【中小学布局调整、城区学校增容】
·高中教育·……………………………244
【普通高中教育】
【职业高中教育】
·成人教育·……………………………244
【概况】
【农村成人教育】
【成校创建】
【成人学历教育】
【民办教育】
·招生考试·……………………………244
【高校招生】
【高中招生】
【普通中专】
【自学考试】
【成人高考】
·素质教育·……………………………245
【淳安县2014年中小学生艺术节】
·教学研究·……………………………245
【教学专题研究论文评选】
【教学调研】

【学科培训】
【教研活动】
【课程建设】
·教育科研·……………………………………246
【重大会议】
【规划课题立项】
【科研获奖成果】
【教育科研培训】
【科研论文评审】
【高端专家引领】
【先进荣誉】
·队伍建设·……………………………………246
【概述】
【干部考察】
【干部选拔】
【校长培养】
【教师培训】
【教师培养】
【教师交流】
【教师招聘】
【高端人才培养与引进】
【评优评先】
【业绩考核】
【队伍建设保障】
【职评和资格认定】
·经费设施·……………………………………248
【概况】
【校舍设施建设】
【启动农村中小学师生生活条件改善工程】
【启动农村中小学幼儿园污水处理工程】
【项目经费争取】
【千岛湖镇第六小学竣工并投入使用】
【教育内审】
【教育资助】
【资产管理】
·教育装备·……………………………………249
【教育装备总投入】
【教育现代化县装备建设】
【新建学校教育装备建设】
【校园书香工程】
【电脑制作评选】
·教育督导·……………………………………249
【浙江省教育现代化县创建】
【国家义务教育发展基本均衡县评估】
【杭州市学前教育合格县创建】
【学校发展性督评】
【义务教育特色学校创建督评活动】
【责任督学区与督导队伍建设】
·学校品牌·……………………………………250
【职业教育创建】
【小班化教育创建】
【美丽学校创建】
【绿色学校创建】
【标准化学校创建】
【依法治校示范校创建】

文　化

·概述·……………………………………251
·文化建设·……………………………………251
【文化政策出台】
【县级文化设施建设】
【城乡公共图书一体化服务体系建设】
【文化示范工程创建】
【农村数字电视网络双向化改造和整体转换工程】
【农村广播“村村响”工程维护管理】
·文化活动·……………………………………251
【2014全县民营剧团展演】
【杭州市文化馆长例会暨淳安特色文化建设研讨会在淳召开】
【召开全县文化广电新闻出版工作会议】
【“淳安好腔调”睦剧大赛】
【“颂歌祖国·唱响淳安”2014合唱大赛】

【"佰澜国际"排舞大赛】
【全民运动会排舞大赛】
【农村文艺汇演暨文化干部才艺展示】
【杭州市迎新春群文精品巡回展演】
【文化走亲】
【乡镇节庆文化活动】
【文艺创作】
·文化惠民·……253
【"百千万"送文化下乡】
【建立"文化超市"】
【"百姓系列"公益活动】
【业余文艺团队培育】
【基层文化队伍建设】
【城市电影惠民工程】
【广电惠民工程】
·文化传承·……253
【召开全县农村历史建筑修缮工作会议】
【农村历史建筑保护修缮】
【狮城水下古城保护】
【第一次全国可移动文物普查】
【非遗保护工作】
【"淳安竹马"成为国遗项目】
【睦剧保护】
【第九个文化遗产日系列宣传活动】
【秀水街大舞台】
【《文化志》等书籍编纂工作】
·文化管理·……254
【行政审批事项办理】
【部门职责及权力清单清理上报工作】
【文化市场行政审批规范化建设】
【文化市场监管】
【广播电视安全播出】
【全县文化市场经营业主法律法规暨安全生产知识培训会议】
·公共图书·……254
【图书服务工作】
【图书资源建设】
【便民悦读流动书柜】
【地方文献建设】
【读者活动】
·广播电视·……255
【新闻改革】
【主题报道】
【民生报道】
【对外宣传】
【新增特色栏目和公益广告】
【精品节目】
【队伍建设】
·传媒中心·……256
【概　况】
【舆论引导正确有力】
【六大媒体融合发展】
【网络舆情有效把握】
【全能型队伍得到强化】
【内部管理有条不紊】
【基层组织充满活力】

卫　生

·综述·……260
【概况】
【深化城市优质医疗资源下沉】
【开展慢性病综合防控示范区创建】
【积极发展民办医疗】
【基础设施建设】
·医政管理·……261
【推进公立医院改革】
【加强医疗质量管理】
【提升医疗服务能力】
【医疗机构和人员准入】
【医疗纠纷调处】
【医疗保障工作】
【中医工作】
【科教工作】

·人事管理·……………………………262
【干部队伍建设】
【人才工作】
【技术职称工作】
·公共卫生·……………………………263
【基本公共卫生服务项目】
【重大公共卫生服务项目】
【城乡居民健康管理】
【规范化创建工作】
【省级慢性病示范县创建】
【青少年口腔保健】
【传染病防控】
【妇幼保健管理】
【基层公共卫生队伍建设】
【健康教育】
·疾病预防控制·…………………………264
【疫情概况】
【疾病监测】
【结核病防治】
【艾滋病防治】
【其他传染病防控】
【免疫规划】
【慢性病防治及死因统计】
【地方病和寄生虫病防治】
【消毒质量监测和病媒生物】
【卫生监测】
【健康教育与健康促进】
【实验室检验与管理】
·卫生监督·……………………………267
【环境卫生】
【生活饮用水卫生】
【职业放射卫生】
【医疗与传染病卫生】
【学校卫生】
【卫生保障工作】
·爱国卫生·……………………………269
【卫生创建】
【农村改厕】
【病媒生物防制】
【农村饮用水水质卫生监测】
【国家卫生县城巩固】
·妇幼保健·……………………………270
【免费婚检】
【妇保指标】
【儿保指标】
【孕产妇管理】
【重大公共卫生服务项目】
【成功创建市级妇儿保星级门诊】
·精神卫生·……………………………271
【精神病人监管治疗】

民 政

·民 政· ……………………………272
【概况】
·社会救助·……………………………272
【低保残保】
【救灾防灾减灾】
【春风行动】
【困难家庭危房改造】
【困难群众救助与慰问】
【慈善救助】
【结对帮扶】
【救助管理】
【精减退职职工生活困难补助】
·养老服务·……………………………274
【市民政局局长调研淳安养老服务工作】
【养老机构建设及服务补助】
【居家养老政府购买服务】
【调整居家养老服务政策】
【养老服务需求评估】
【护理员(助老员)培训】
【养老机构安全检查】
·五保供养·……………………………276

【保障五保供养对象基本生活】
【九九消防平安行动】
【困境儿童分类保障】
·优抚、安置、“双拥”工作·……………………277
【优待抚恤】
【烈士褒扬】
【退伍军人安置】
【烈士纪念日】
【“双拥”工作】
·基层组织和民主政治建设·………………280
【城乡社区建设】
【村委会(社区居委会)主任培训】
【社会工作人才培育】
·社会行政事务管理·……………………………281
【殡葬管理与服务】
【社会组织管理】
【地名和区划管理】
【福利企业管理】
【婚姻登记】
【收养登记】
·综合工作·…………………………………………283
【党的群众路线教育实践活动】
【民政重点项目建设】
【民政法制建设】
【市民政局局长在淳安调研民政工作】
【县长调研民政工作】
【综合考评】
【民政业务培训】
【建立干部职工日常行为监督制度】
【建立月值班制度】
【建立考勤制度】

社　会

·人口和计划生育·………………………………287
【概况】
【人口和计划生育目标责任制考核】
【一票否决制】
【青春健康护航行动】
【计划生育宣传教育】
【“中国人寿杯”淳安县人口文化书画展】
【计划生育技术服务】
【计划生育依法行政】
【落实计生优先优惠政策】
【计划生育协会工作】
·人力资源和社会保障·…………………………289
【概况】
【就业服务管理】
【人才交流会】
【创业培训及服务】
【高校毕业生就业服务】
【外国专家项目引进】
【人才公共服务】
【人才网站服务】
【公务员队伍建设】
【招考工作】
【军转干部安置】
【公车改革及驾驶员分流】
【机关事业单位工资福利】
【干部职工退休】
【技能人才队伍建设】
【五费合征】
【两费收缴】
【基本医疗保险政策】
【基金监管】
【市民卡发放及功能开发】
【“12333”咨询服务】
【省三个文件落实】
【企退人员管理服务】
【劳动监察执法】
【劳动争议仲裁调处】
【依法行政工作】
【来信来访等工作】
·体　育·……………………………………………292

【概况】
【淳安县第六届全民运动会】
【淳安县第四届残疾人运动会】
【淳安县第五届老年人运动会】
【2014首届长三角运动休闲体验季活动】
【2014千岛湖国际山地徒步毅行大会】
【全国室内赛艇锦标赛】
【2014年全国青少年艺术体操锦标赛】
【2014年国际泳联10公里马拉松游泳世界杯赛(中国千岛湖站)、2014年全国10公里马拉松游泳冠军赛暨2014中国•千岛湖公开水域游泳公开赛】
【浙江省校园足球第四届幼儿足球节】
【2014中国国际露营大会】
【2014中国•杭州第八届环千岛湖国际公路自行车赛】
【“谁是球王”中国足球民间争霸赛浙江赛区海选总决赛】
【“万人同跳一支舞,共创排舞吉尼斯世界纪录”淳安分舞场挑战活动】
【第21届全国冬泳锦标赛】
【2014浙江省中小学生羽毛球积分排名赛、总决赛暨2014年浙江省中小学生羽毛球锦标赛】
【千岛湖龙川湾山地自行车挑战赛】

乡 镇

千岛湖镇……296
【概况】
【施家塘社区居家养老服务照料中心启用】
【茂畈村获“浙江书法村”称号】
【千岛湖镇被评为省级“信用乡镇”】
文昌镇……300
【概况】
【文昌镇五保供养服务中心完成主体工程】
【文昌镇卫生院项目动工】
【杭黄铁路淳安段(文昌)土地征迁工作有序推进】
石林镇……301
【概况】
里商乡……303
【概况】
【全县首个高端度假村落项目正式签约】
富文乡……304
【概况】
【完成杭黄铁路富文段征地拆迁任务】
【“无违建县”创建第一批通过县验收】
【金富公路改线工程建成通车】
【完成溴川村美丽乡村精品村建设】
【方家畈美丽乡村精品村建设启动】
【“五水共治”扎实推进】
左口乡……307
【概况】
【完成浙江省农机示范乡镇创建】
【完成杭州市“无邪教乡镇”创建】
【金紫尖旅游接待中心建成】
【完成机关办公用房整改工作】
【成立人大代表联络站】
金峰乡……309
【概况】
【举办第五届乡村摄影节】
临岐镇……311
【概况】
【临岐镇市民广场动工建设】
屏门乡……313
【概况】
【“无违建乡”创建】
【“五水共治”工作】
【完成杭黄铁路屏门段征迁】
【中心村建设】
瑶山乡……314
【概况】
【“无违建县”创建】

【“五水共治”工作】
【中心村建设】
威坪镇……316
【概况】
王阜乡……319
【概况】
【“无违建乡”创建】
【“五水共治”工作】
【召开第十六届人民代表大会第五次会议】
鸠坑乡……321
【概况】
【举办寻根探源中国茶树良种——鸠坑茶暨第五届鸠坑茶文化节】
【首家乡镇级茶博馆入选杭州市非遗展示基地】
宋村乡……322
【概况】
【完成“无违建乡”创建】
【精品村建设】
【党的群众路线教育实践活动】
姜家镇……324
【概况】
【“无违建镇”创建工作扎实开展】
【“五水共治”工作】
【农民转移集聚】
【文渊狮城商业街项目】
【第三届姜家镇章村忠孝文化节】
【现代农业园区建设】
梓桐镇……326
【概况】
【成功举办2014年梓桐首届民俗文化节】
【“无违建镇”创建】
【“五水共治”工作】
【梓桐接线工程】
【举办“护千岛湖水源、购爱心番薯”河长、“村官”卖番薯活动】
浪川乡……329
【概况】
【芹川村被列入中国传统村落名录】
界首乡……331
【概况】
【界首区块项目建设】
【中心工作成效显著】
【界首乡文化中心项目建设】
【创建省级规范化数字档案室】
汾口镇……333
【概况】
【汾口一桥改造二期完毕通车】
【汾口镇与开化县马金镇正式启动联管共治】
【汾口镇34个行政村同时开启农村治污工程】
【畹墅农民集聚区一期交房工作结束】
【“无违建镇”创建】
中洲镇……336
【概况】
【淳安县中国工农红军北上抗日先遣队纪念馆动工】
【“无违建镇”创建】
【完成街道延伸工程】
【实施首个现代农业示范园区】
大墅镇……339
【概况】
【“无违建镇”创建】
【实施“五水共治”】
【镇村建设】
枫树岭镇……341
【概况】
【官川村创建省级森林村庄】
【下姜村、上江村、陈家源村创建浙江省行政村示范档案室】
【举办第四届“双色”采风节】
安阳乡……343
【概况】
【继续实施白象湾旅游综合体项目】
【千圣实业有限公司项目竣工投产】
【传化集团铁皮石斛基地项目】

重要名录

•2014年淳安县党政机关、群众团体主要负责人名录• ……………………346
【县委和县委机关】
【县人大常委会和人大机关】
【县人民政府和政府机关】
【县政协和政协机关】
【法院、检察院机关】
【军事组织】
【群众团体】
【事业单位】
【其他行政事业机构】
【乡镇负责人名录】

2014年度淳安县先进名录

•先进集体•……………………………………354
【国家及国家部门级先进集体】
【省及省属部门级先进集体】
【市及市属部门先进集体】
•先进个人• ………………………………361
【国家及部门级先进个人】
【省及省属部门级先进个人】
【市及市属部门级先进个人】
•县委、县政府表彰的先进个人• ………366
【县委、县政府表彰的2012～2014年淳安县劳动模范名单(20名)】
•各类获奖成果•……………………………367
【国家及部门级】
【省及省属部门级】
【市级及市属部门级】

2014年度规范性政策性文件目录

【农业 农村 林业 水利】 …………………371
【工业 旅游 服务业】………………………372
【国土 建设 规划】…………………………372
【发改 市场监管 环保】……………………373
【文化 卫生 残联】…………………………373
【人力社保 民政 财政】……………………374
【无违建】……………………………………374
【综合】………………………………………375

大 事 记

1月

1月1日，即日起，杭州地区车牌为浙A开头的所有车辆(外县货车除外)以及在淳安工作、投资创业、购房者和驻淳安单位、投资创业单位的杭州地区外车牌的小型车辆过往浙江05省道淳安收费站的通行费由淳安县财政统缴。

1月2日，淳安县第十五届人大常委会第十六次会议决定：接受章传强辞去淳安县人大常委会副主任职务，并报淳安县人民代表大会备案。

是日，淳安县第十五届人大常委会第十六次会议决定：任命章传强同志为淳安县人民政府副县长，任命宋立新同志为淳安县人民政府副县长；决定：免去王军(1968年10月生)同志的淳安县人民政府副县长职务，免去王军(1971年7月生)同志的淳安县人民政府副县长职务。

是日，淳安县政协八届十二次常委会议协商决定：同意翁江涛同志辞去淳安县第八届政协副主席职务。

1月3日，县政府召开防范和处置企业拖欠工资工作会议。

1月6日，杭州市考核组到淳安对县2013年整体工作进行综合考评。

是日，杭州市对淳安县进行安全生产责任制考核。

是日，市委常委、纪委书记施彩华率检查组到淳安县检查考核2013年度落实党风廉政建设责任制和推进惩防体系建设情况。

1月7日，市委常委、纪委书记施彩华到枫树岭镇下姜村调研新农村建设工作。

是日，中国工农红军北上抗日先遣队纪念馆正式开工建设。

1月8日，淳安县召开“五水共治”专项工作会议。

是日，淳安县召开“三改一拆”专项工作会议。

1月11日，深圳淳安商会正式成立。

1月12日，首届淳安商会发展论坛暨2013杭州千岛湖商会一周年纪念大会在杭州举行。

1月13日，2014婚纱摄影行业营销战略总裁高峰论坛暨千岛湖蜜月旅行加盟品鉴年度感恩盛典在淳安县举办。

1月14日，副市长戚哮虎率市级帮扶集团成员单位负责人到汾口镇开展“联乡结村”帮扶活动。

1月15日，县政府召开第二十二次县长办公会议。会议就2013年财政收支执行情况及2014年财政预算安排、政府工作报告等内容进行了研究。

是日，淳安县制定出台《杭州市基本医疗保障办法淳安县实施细则》。

是日，全县安全生产暨春运工作会议召开。

是日，县农村信用合作联社捐赠1000万元，冠名成立淳安县农村信用合作联社公益慈善基金。

是日，杭州市淳安县共同慰问县级老领

导。

1月20日，淳安县制定出台《关于进一步加强淳安县砂石资源管理的实施意见》。

是日，县召开安全生产工作专题会议。

1月22日，淳安县召开离退休干部暨党外干部情况通报会。

是日，市人大常委会副主任郑荣胜率市级帮扶集团成员单位负责人到鸠坑乡调研“联乡结村”帮扶工作。

1月24日，浙江旅游职业学院千岛湖国际酒店管理学院入驻千岛湖。

1月26日，全县部署实施“单独两孩”生育政策工作会议召开。

1月27日，淳安县下发《关于暂停活禽交易、暂时关闭活禽交易市场的紧急通知》。

1月30日，淳安县召开领导干部会议。经省、市委研究决定：柴世民同志任淳安县委副书记，提名为县长候选人；提议柴宁宁同志不再担任淳安县县长职务。

是日，淳安县第十五届人大常委会第十八次会议决定：接受柴宁宁同志辞去淳安县人民政府县长职务，并报淳安县人民代表大会备案。

是日，淳安县第十五届人大常委会第十八次会议决定：任命柴世民为淳安县人民政府副县长、代县长。

2月

2月1日，淳安县汾口镇宏鲍村发生一起因开化县人员到汾口镇上坟祭祖、燃放鞭炮，不慎引发的森林火灾。淳安县先后组织了600余人的扑火队伍参与扑救(其中，自发上山救火人员鲍永清同志在灭火过程中昏迷，后经抢救无效死亡)，山火于2月3日6点30分全部被扑灭。

是日，县委县政府再次下发了《关于严格防范森林火灾的紧急通知》。

2月2日，淳安县下发《关于表彰奖励鲍永清同志见义勇为的决定》，追授鲍永清同志为“见义勇为勇士”荣誉称号(追记三等功一次)。

2月3日，淳安县召开全县森林防火专项工作紧急视频会议。

2月4日，杭州市见义勇为基金会追授鲍永清同志为“杭州市见义勇为勇士”称号，并为其家属颁发了荣誉证书。

2月8日，撤村建居领导小组(扩大)会议召开。

是日，2014年淳安“助创业、促就业”人力资源交流大会举行。本次交流大会共有县内外400余家用人单位参会，提供各类需求职位12000多个，推介创业项目30多个。

2月10日，全县人口和计划生育领导小组工作会议召开。

2月14日，《千岛湖书画拾粹》发行。该书收录了唐代以来淳安籍作者创作的书画作品、非淳安籍作者创作的反映淳安及千岛湖的书画作品，共149位名家的182幅作品。

2月15日，全县党的群众路线教育实践活动工作会议召开，省委常委、省委秘书长赵一德出席会议并讲话。省市督导组组长王章明出席会议并就开展教育实践活动进行指导。

2月17～21日，淳安县召开第十五届人民代表大会第三次会议、中国人民政治协商会议第八届淳安县委员会第三次会议。

2月18日，全县人口计生、国土资源、环境保护工作会议召开。

2月20日，中国人民政治协商会议第八届淳安县委员会第三次会议选举王军为政协第八届淳安县委员会副主席。

2月21日，淳安县第十五届人民代表大会第三次会议依法选举柴世民为淳安县人民政府县长。依法选举管国良为淳安县人大常委会副主任。

是日，县政府召开第三次全体(扩大)会议。

2月24日，全县农业农村工作座谈会召开。

2月25日，市委副书记、市人大常委会主任王金财率市相关部门到淳安县调研指导党的群众路线教育实践活动开展情况，并宣讲党的十八届三中全会精神。

3月

3月1日起至6月10日，淳安县在全县范围内开展食品安全百日严打行动。

3月3日，县政府召开第二十三次县长办公会议。会议就“无违建县”创建、培育发展家庭农场、低收入农户增收和“五水共治”等问题进行了讨论和研究。

3月5日，全县党政军领导集体参加义务植树活动。

是日，县举办2014年春季渔业资源增殖放流活动，共向千岛湖投放鱼苗300万尾。

3月6日，淳安县以视频会议的形式召开全县农村工作、城乡统筹、“无违建县”创建暨“五水共治”工作会议，对四项工作进行了部署。

是日，淳安县制定出台《关于进一步加快推进城乡统筹发展工作的意见》。

3月10～11日，省水利厅厅长陈川率调研组到淳安县调研“五水共治”工作，副市长戚哮虎陪同调研。

3月12日，全县城建城管工作会议召开。

3月14日，全县交通运输工作会议召开。

是日，全县精品特色村建设推进会召开。

是日，2014年全国春季赛艇锦标赛在千岛湖国家水上基地举行。

3月18日，县召开服务业企业发展座谈会。

3月19日，省委书记、省人大常委会主任夏宝龙到淳安县专题调研“五水共治”工作，省市领导龚正、赵一德、王建满、张鸿铭等陪同调研。

是日，淳安县召开县人大代表建议、政协委员提案交办工作会议。

3月20日，全县政法、武装暨信访工作会议召开。

是日，杭黄铁路(淳安段)指挥部扩大会议召开。

3月22日，淳安县举行纪念第二十二届“世界水日”、第二十七届“中国水周”暨“五水共治抓节水四进”活动。

3月25日，县政府召开“单独两孩”生育政策衔接工作会议。

是日，全县农经及农业产业发展工作会议召开。

3月26日，县政府召开第二十四次县长办公会议。会议就水上运动休闲项目管理、鼓励发展电子商务、推进生态工业主平台建设和招商引资等问题进行了讨论和研究。

是日，淳安县第十五届人大常委会第十九次会议决定：免去管国良的淳安县人力资源和社会保障局局长职务。

3月27日，淳安县制定出台《关于进一步鼓励扶持发展电子商务的若干意见(试行)》《关于推进生态工业主平台建设的若干意见》。

是日，淳安县印发《千岛湖水上运动休闲项目管理暂行办法》《淳安县农业面源污染治理三年行动计划(2014—2016年)实施意见》。

3月27日，全县公安工作会议召开。

3月28日，全县经济工作会议召开。

是日，淳安县制定出台《关于进一步加强招商引资工作的若干意见》。

3月31日～4月4日，省督查组到淳安县开展为期5天的“三改一拆”和“无违建县”创建工作督查。

4月

4月1日，全县游船整顿会议召开。

4月2日，全县领导干部会议召开。

是日，全县防灾减灾暨砂石资源整治工作会议召开。

4月9日，全县金融联席会议召开。

4月11日，县政府召开2014年一季度经济形势分析会。

是日，淳安县召开推行“权力清单”制度工作会议，并制定出台《关于开展部门职权清理推行权力清单制度工作的实施意见》。

是日，全县二季度安全生产工作例会召开。

是日，市政协副主席朱祖德率九三学社杭州市委、市科技局、市农科院等单位专家到文昌镇开展“科技、文化、卫生”三下乡服务活动。

是日，中国科学技术大学在淳安县睿达实验学校设立浙江省中学理科教师培养基地，这是中国科学技术大学在全国设立的首个中学理科教师培养基地。

4月13日，千岛玉叶龙井茶品鉴推介会在上海召开。

是日，千岛湖鱼之旅休闲旅游项目正式启动。

4月14日，全县重点项目专项行动推进工作会议召开。

4月15日12时至7月15日12时，千岛湖湖区实行季节性休渔。

4月16日，市委常委、宣传部部长翁卫军率队到淳安县调研文创园区建设和文创产业发展情况。

4月17日，淳安县召开旅游目的地环境管理专项整治工作推进会。

4月19日，2014年淳安千岛玉叶龙井茶大型市民品鉴会在杭州举行。

4月20日，2014首届千岛湖漫游节暨长三角运动休闲体验活动在淳安县启幕。

4月21日，全县公车改革动员会召开。

4月22日，“无违建县”创建工作现场推进会召开。

是日，全县“五一”小长假旅游接待工作部署会议召开。

4月22～23日，淳安县举行第四届残疾人运动会。

4月23日，全县档案工作会议召开。

4月24日，市人大常委会主任王金财到淳安县调研指导“五水共治”工作及第二批党的群众路线教育实践活动。

4月28日，全县“五水共治”专项工作研究会召开。

4月28日，淳安县制定出台《关于公务用车制度改革的实施意见》。

5月

5月1～3日，“五一”小长假，全县共接待国内外游客19.73万人，实现旅游经济收入1.62亿元，同比分别增长16.74%和15.71%，接待乡村游客8.40万人次，实现乡村旅游收入1252万元，同比分别增长25.40%和27.10%。

5月2日，央视《新闻直播间》栏目走进千岛湖景区首次直播“五一”小长假景区旅游盛况。

5月5日，全县劳模先进表彰暨职工建功竞赛动员会召开。

5月7日，全县老干部、老龄、关心下一代工作会议召开。

是日，河南省淅川县党政考察团到淳安县考察。

5月9日，全县“五水共治”和“无违建县”创建工作推进会召开。

是日，市委常委、警备区司令员潘方敏到淳安县进行民兵应急分队点验，重点检验县民兵应急队伍快速集结执行任务的能力。

5月14日，县政府召开第四次常务会议。会议就改革完善食品药品监管体制的方案进行了审议和研究。

是日，县政府召开第二十五次县长办公会议。会议就深化“清洁乡村”工作、畜禽养殖业污染整治、户外广告设施和招牌指示牌管理等工作进行了讨论和研究，并通报了2014年政府投资项目调整计划、“五水共治”三年投资计划。

5月15日，淳安县助残服务直通车正式启动。

是日，全县来料加工会议召开。

5月19日，千岛湖镇撤村建居工作推进会召开。

是日，淳安县印发《淳安县畜禽养殖业污染整治工作实施方案》。

5月20日，全县招商引资调研协调会召开。

5月21日，淳安县印发《淳安县改革完善食品药品监管体制方案》。

是日，淳安县•剑河县对口帮扶工作座谈会在淳安县召开，会议签订了《淳安县对口帮扶剑河县框架协议》。

5月21～22日，市级离退休老领导到淳安县调研“美丽杭州实验区”建设情况。

5月22日，市委常委佟桂莉、市人大常委会副主任郑荣胜到淳安，就淳安县贯彻落实2009年市委人大工作会议及有关文件精神情况进行督察。

是日，市委常委、组织部部长张仲灿一行到淳安，就淳安县贯彻落实2009年市委政协工作会议及有关文件精神情况进行督察。

5月23日，全县蚕茧生产收烘工作会议召开。

是日，县市场监督管理局挂牌成立。

5月24日，2014年千岛湖春季房展会暨“五水共治”房产企业倡议签名活动在千岛湖广场举行。

5月27日，淳安县印发《淳安县“五水共治”三年投资计划》。

6月

6月3日，全县“五水共治”工作督察推进会召开。

6月5日，全县“时间过半　任务过半”工作推进会召开。

6月6日，全县“五水共治”“无违建县”创建工作现场推进会召开。

是日，淳安县制定出台《淳安县户外广告设施和招牌指示牌管理办法》。

6月8日，千岛湖金色阳光运动休闲街开街。

6月10日，省委副书记、政法委书记王辉忠到淳安县调研政法工作和司法体制改革情况。

6月11日，县电子商务公共服务中心暨大学生创业园揭牌启用。

6月16日，上城区党政代表团到淳安县考察，共同协商区县协作事宜。

6月17日，淳安县与中国环境科学研究院、中国科学院南京地理与湖泊研究所两家单位签订环保科技战略合作协议。

6月18日，广发银行杭州淳安支行正式对外营业。

6月19日，县召开重点项目建设督察情况汇报会。

是日，县召开2014年度农村“文化礼堂”建设工作现场会。

6月20日，杭州市首届农旅对接会在淳安县左口乡召开，副市长戚哮虎出席会议。

6月21日，为期4天的全国第九届残疾人运动会暨2014年全国残疾人赛艇锦标赛在千岛湖开赛。

6月23日，淳安县制定出台《淳安县农村生活污水治理项目管理办法(试行)》

是日，淳安县制定出台《关于做好“无违建县”创建工作中拆后土地利用工作的实施意见》和《淳安县“无违建县”创建专项经费管理办法》。

是日，淳安县公布了淳安县历史(特色)建筑及村落保护名单，历史(特色)建筑1732处，历史(特色)村落38处。

6月25日，淳安县举行反恐防暴综合演练。

6月26日，全县民生幸福指数提升督察推进会召开。

6月27日，淳安县召开庆祝中国共产党成立93周年暨坚定理想信念、敢于担当克难事迹报告大会。

6月30日，杭黄铁路建设推进现场会在文昌镇举行，标志着杭黄铁路工程正式动工建设。杭州市人大常委会主任王金财、副市长项永丹，中国铁路总公司工程管理中心副主任孔文亚，浙江省发改委副主任徐幸，县委书记凌志峰参加现场会，县长柴世民代表各区县市作表态发言。

是日，市人大常委会主任、党组书记王金财视察了千岛湖镇撤村建居工作。

是日，副市长项永丹率市发改委、建委、国土等相关单位负责人到淳安县调研城建、城管和交通工作。

是日，省十二届人大代表杭州市第七小组到淳安县视察千岛湖水环境保护工作。

是日，淳安县健康服务公交直通车正式开通。

7月

7月1日，县召开招商引资工作推进会，并举行重点招商项目签约仪式，共签约项目18个，协议资金达22亿元。

是日，县召开房地产企业座谈会。

7月2日，淳安县制定出台《关于淳安县城乡生活垃圾分类投放与收集处置工作的实施意见(试行)》。

7月4日，市政协副主席何关新到淳安县调研政协工作向基层延伸情况。

7月7日，淳安县制定出台《关于适龄青年逃避征集、拒服兵役处罚意见》。

7月8日，淳安县下发《关于实行“无会日”制度的通知》，在坚持原有每月25日不开会制度的基础上，全县实行每周三“无会日”制度。

7月10日，淳安县印发《千岛湖镇城区截污纳管建设项目管理办法》。

是日，淳安县印发《淳安县林地经营权流转证登记管理办法(试行)》。

是日，全县征兵工作会议召开。

7月11～12日，市委常委、常务副市长徐立毅到淳安参加并指导淳安县委常委班子专题民主生活会。

7月15日，县政府为民办实事工程督察推进会召开。

7月17日，“无违建县”创建专项工作会议召开，讨论和部署拆后土地规划利用问题。

7月18日，召开全县人力社保工作推进会。

7月19日，淳安县首家民营精神专科医院——淳安黄锋康恩医院正式启用。

7月23日至27日，2014年“野娇娇”杯全国青少年艺术体操锦标赛在淳安县举行。

7月24日，全县上半年经济形势分析会召开。

是日，全县“五水共治”工作督察会召开。

7月25日，淳安县印发《淳安县旅游目的地环境秩序综合管理实施意见》。

7月28日，淳安县下发《关于进一步加强项目建设占用千岛湖水域管理的通知》。

7月29日，淳安县第十五届人民代表大会常务委员会第二十三次会议审议通过了县长柴世民提请的人事任免议案。决定：任命章启诚同志为淳安县人民政府副县长，方建裕同志为淳安县人民政府副县长；免去黄希和同志的淳安县人民政府副县长职务。

是日，县召开深化重点领域关键环节改革领导小组会议。

是日，市督察组到淳安县督察“无违建县”创建落实情况。

是日，淳安县举行2014年夏季平安大巡防启动仪式。

7月30日，淳安县公布《淳安县企业投资项目管理负面清单》。

是日，杭黄铁路站前一标正式开工建设。

7月31日～8月1日，杭州市城乡区域统筹发展第四区县协作组第六次联席会议在淳安召开。市人大常委会主任王金财出席会议并讲话。市委常委、常务副市长徐立毅主持会议。潘方敏、陈红英等市领导参加会议。县委书记凌志峰作表态发言。县长柴世民通报县2013年城乡统筹工作情况及2014年下半年工作思路。县领导余永青、刘小松、郑志光参加联席会议。

8月

8月1日，江南水韵、画说“五水共治”——2014浙地美术家大型采风行动首站启动仪式在千岛湖举行。

8月4日，全县安全生产工作会议召开。

8月6日，市委常委、市公安局局长叶寒冰到淳安县调研公安工作。

8月7日，全县“无违建县”创建防违控违现场会召开。

是日，淳安县下发《关于组织开展全县安全生产大检查和“六打六治”专项行动的通知》。

8月8日，淳安县制定出台《关于建立全县耕地保护共同责任机制的实施意见》《关于推进全县建设项目用地复核验收全覆盖的实施意见》《淳安县建筑业施工企业诚信体系考核办法》。

是日，淳安县下发《关于规范临时用地和设施农用地管理工作的通知》《关于严格实行净地出让强化建设用地批后监管工作的通知》《关于进一步规范工业用地出让实行弹性管理的通知》。

是日，淳安县举行2014年夏季人才交流大会，全县近100家企业参加，提供1200个岗位。招聘会当天，共有300余人达成初步就业意向。

8月11日，市政协副主席董建平带领视察组一行到淳安县指导“五水共治”工作。

8月12日，淳安县制定出台《关于加强税收征管保障工作的实施意见》。

8月13日，县政府召开第二十八次县长办公会议。会议就提升乡村旅游促进全县景区化，千岛湖临湖地带建设项目联合审查和监管，农村饮用水长效管理，旅游集团有关资产管理等问题进行了讨论和研究。

是日，淳安县印发《淳安县商业、商务办公、科研等非住宅类项目规划设计与管理实施意见(试行)》。

是日，淳安县制定出台《淳安县酒店式公寓项目开发建设指导意见(试行)》。

是日，副市长戚哮虎到淳安县调研“联乡结村”帮扶工作。

8月18日，淳安县第十五届人大常委会第二十四次会议决定：任命董毓民为淳安县人民政府副县长，免去余力行的淳安县人民政府副县长职务。

是日，淳安县制定出台《关于提升乡村旅游促进全县景区化的实施意见》。

是日，淳安县召开爱国卫生工作督察会。

8月20日，全县领导干部大会召开。会议宣布，经省委研究决定，朱党其任淳安县县委书记；凌志峰担任绍兴市委常委、公安局局长，不再担任淳安县委书记职务。市委常委、组织部部长张仲灿参加会议并作重要讲话。市委组织部副部长、两新工委书记戴文昌宣读任命决定。凌志峰、朱党其分别参加会议并作表态发言。县委副书记、县长柴世明主持会议，并作表态发言。

是日，省长李强到淳安县调研生态建设工作。市委副书记、市长张鸿铭陪同调研。

是日，淳安县下发《关于加强2014年山核桃采收管理工作的通知》。

8月20～21日，副市长谢双成到淳安县调研商贸服务和电子商务工作。

8月21日，副市长张建庭到淳安县督察上半年经济运行和任务指标完成情况。

8月21～22日，市政协主席叶明、副主席张必来到淳安县调研小城市试点培育工作。

8月22日，淳安县下发《关于调整全县最低工资标准的通知》，从2014年8月1日起，全县最低月工资标准由1200元调整为1350元；非全日制工作的最低小时工资标准由9.70元调整为10.90元。

是日，淳安县印发《全县旅游景区环境百日专项整治行动实施方案》，并召开旅游景区环境百日专项整治行动动员部署会。

是日，淳安县下发《关于进一步加强农村饮用水长效管理工作的通知》。

是日，淳安县印发《推进千岛湖镇城市环境精细化管理专项行动方案》。

8月25～29日，省督察组到淳安县督察"三改一拆""五水共治"工作。

8月26日，全县扩大有效投资、加强招商引资工作推进专题会召开。

8月27日，淳安县举行2014年"驶向未来——长行淳安教育奖学金"颁发仪式，64名优秀学子得到爱心助学金。

是日，全县举行旅游景区环境百日专项整治督察。

8月28日，淳安县召开专门会议，部署开展城市精细化管理工作。

是日，全县治污工作现场推进会召开。

是日，金华市委常委、秘书长、武义县委书记钟关华，武义县委副书记、县长张新宇率武义县党政代表团到淳安考察旅游发展及美丽乡村建设情况。

8月29日，淳安县举行2014年度大规模鲢鳙鱼种投放活动。

9月

9月1～2日，副省长黄旭明到淳安县调研农业产业发展、"五水共治"及城乡统筹工作。副市长戚哮虎陪同调研。

9月3日，淳安县制定出台《淳安县重大食品安全事故应急预案》。

9月4日，县政府开展城市精细化管理工作督察。

是日，2014年度"美丽杭州"淳安实验区单列考评目标分解会在淳安召开。

是日，市人大常委会主任王金财到淳安县调研乡镇人大工作。

9月5日，淳安县下发《关于深入整治村(社区)"牌子多"等问题的通知》。

是日，全县规划专项工作会议召开。

是日，淳安县下发《关于建立关爱"三留守"人员服务机制的通知》。

9月6日，淳安县制定出台《关于加强千岛湖临湖地带建设项目联合审查和监管的实施意见》。

9月9日，淳安县召开整治村(社区)"牌子多"等问题现场会。

是日，全县举行庆祝第三十个教师节暨先进教师表彰大会。

是日，淳安县印发《淳安县农家乐管理办法(试行)》。

9月12日，县政府召开第六次常务会议。会议就下放中心镇部分县级经济社会管理权限有关事项进行了审议和研究。

是日，县政府召开第二十九次县长办公会议。会议就鼓励和引导社会资本参与公共基础设施建设、行政审批和批后监管问责办法、加快工商登记制度改革、知名商标认定和管理办法、调整全县副高以上职称退休人员生活补贴标准、优化完善产业扶持政策工作推进等问题进行了讨论和研究。

是日，全县人口和计划生育工作会议召开。

是日，淳安县制定出台《淳安县党政机关国内公务接待管理办法》。

9月18日，"五水共治，两美浙江"书画摄影艺术特展淳安千岛湖巡展开幕。

9月18～19日，县四套班子领导到舟山某军港慰问"千岛湖"舰官兵。

9月19～20日，51名浙籍海外统促会负责人到淳安县考察，寻找合适的投资项目。

9月21日，首届“中国国际名城经典汽车巡礼”在淳安举行。

9月22日，全县乡村旅游精品线路规划专题研究会召开。

9月23日，全县“三改一拆”工作情况汇报会召开。

是日，淳安县制定出台《关于加快工商登记制度改革的实施意见》。

是日，淳安县制定出台《淳安县知名商标认定和管理办法》。

是日，淳安县制定出台《淳安县行政审批和批后监管问责办法(试行)》。

9月24日，淳安县制定出台《关于下放中心镇部分县级经济社会管理权限的实施意见》。

9月24～25日，淳安县举行第五届老年人运动会暨全国第二个老年节庆祝活动。

9月25日，上百名来自上海、江苏、丽水、宁波等地驻杭州商会的企业家实地考察千岛湖投资创业环境，并参加淳安创业创新投资环境推介会。

9月26日，浙江省智慧旅游工作经验交流会在淳安召开。

是日，淳杨公路改建工程交工验收。淳杨公路全线采用二级公路标准设计建设，总长52.34公里，总投资达14.10亿元。

9月29日，淳安县下发《关于进一步规范全县节庆活动的通知》。

9月30日，全县国有企业违法违纪案件情况通报会召开。

是日，淳安县开展全国首个革命烈士公祭日活动。

是日，淳杨公路改建工程竣工通车。

10月

10月1～7日，“十一”黄金周期间全县共接待国内外游客58.13万人次，实现旅游经济收入4.85亿元，同比分别增长5.58%和5.90%。其中接待下湖游客16.13万人次，同比下降18.20%；接待乡村游客20.12万人次，实现乡村旅游收入2167万元，同比分别增长11.04%和10.39%。

10月6日，淳安县制定出台《关于鼓励和引导社会资本参与公共基础设施建设的实施意见》。

10月9日，县政府召开推进实事工程、有效投资(重点项目)、招商引资工作专题会议。

是日，全县治污水质量督察工作推进会召开。

10月10日，县政府召开第七次常务会议。会议就加强沿湖沿线规划控制和调整千岛湖旅游度假区范围有关事项进行了审议和研究。

是日，县政府召开第三十次县长办公会议。会议就简化农村建房审批程序及强化批后监管、农村宅基地确权登记发证、完善乡镇财政管理体系、加强公共文化体系建设、推进农村应急广播体系建设等问题进行了讨论和研究。

10月12日，2014年国际泳联10公里马拉松游泳世界杯赛(中国千岛湖站)、全国10公里马拉松游泳冠军赛在千岛湖举行。

10月14日，淳安县组织召开城市发展专题座谈会。

10月15～16日，县四套班子领导分组专题督察县城乡治污水工作。

16日下午，全县治污水工程现场督察情况汇报会召开。

10月17日，全县“冲刺四季度，实现全年红”工作会议召开。

10月20日，全国地市级环保局长专题培训班到淳安县开展现场教学活动。

10月21日，县政府召开第三十一次县长办公会议。会议就全县闲置用地处置意见及处置具体方案进行了讨论和研究。

是日，淳安县下发《关于进一步做好突发

群体性欠薪事件预防和处置工作的通知》。

10月22日,淳安县制定出台《关于推进全县农村应急广播体系建设的实施意见》《淳安县农业面源污染治理项目和资金管理办法(试行)》

是日,淳安县下发《关于完善乡镇财政管理体制的通知》。

10月24日,全县党的群众路线教育实践活动总结大会召开。

是日,2014中国国际露营大会(千岛湖站)开幕。

是日,淳安县举行庆祝浙江省第十八个环卫工人节活动暨表彰大会,10名先进个人代表和6个先进集体受到表彰。

10月25日,2014中国国际露营大会(千岛湖站)华联进贤湾山浩杯第十五届三夫户外三项赛举行。

10月26日,2014中国•杭州第八届环千岛湖国际公路自行车赛举行。

10月27日,淳安县制定出台《关于加强沿湖沿线规划控制的若干意见》。

10月28日,杭州市森林防灾减灾工作会议在淳安召开。

是日,杭州市森林消防实战演练在里商乡里阳村举行,来自全市各地的18支参演队伍的335名消防队员进行救援比拼。

10月29日,全县固定资产投资、重点项目推进会召开。

是日,杭州市委常委、宣传部部长翁卫军到淳安县督察农村文化礼堂建设工作。

10月31日,全县土地利用总体规划修编动员会召开。

是日,2014年杭州湖泊环境保护技术交流会在淳安召开。

是日,全县村级组织规范化运行暨"三认"服务机制落实工作推进会召开。

10月31日~11月1日,县委书记朱党其、县长柴世民率淳安党政代表团赴上海招商考察,并出席了上海锦和集团姜家区块引进安麓、GHM(积和木)酒店签约仪式。

11月

11月4日,淳安县顺利通过灭鼠先进县城复评。

11月5日,淳安县通过省级生态循环农业示范县创建考核验收。

是日,淳安县举办首届离退休干部金秋艺术节。

11月7日,全县三季度经济形势分析会召开。

是日,全县电子商务发展工作座谈会召开。

11月8日,县政府召开第八次常务会议。会议就县征地区片综合价调整、被征地农民社会保障,以及分级诊疗等有关事项进行了审议和研究。

是日,县政府召开第三十二次县长办公会议。会议就加快发展淳安特色智慧经济、城市地下管线管理、城区超计划用水加价收费征收管理等问题进行了讨论和研究。

是日,淳安县第六届全民运动会开幕。

11月9日,环千岛湖绿道荣获第二届中国(浙江)全面小康十大民生决策奖。

11月14日,县青年联合会举行第四届委员会第一次全体会议。

11月16日,淳安县印发《淳安县较大以上生产安全事故应急处置预案》《淳安县危险化学品事故应急救援预案》《淳安县矿山事故应急救援预案》《淳安县烟花爆竹事故应急救援预案》。

11月17日,省督察组和市治水办到淳安县督察"三改一拆"和 "五水共治"工作。

11月18日,淳安县制定出台《关于加快发展淳安特色智慧经济的意见》。

是日,淳安县印发《淳安县森林火灾重点

整治单位管理办法》《关于实行森林消防责任追究的若干意见》。

是日，淳安县召开千岛湖镇居民生活用水价格改革听证会。

11月19日，淳安县制定出台《关于完善被征地农民社会保障制度的实施意见》、《关于建立分级诊疗和双向转诊制度的实施意见（试行）》。

是日，副省长朱从玖到淳安县调研市场监管体制改革工作。

11月19～20日，市督违办、市“无违建县”创建工作验收组到淳安县初验“无违建县”创建工作。

11月21日，全县政协工作会议召开。

是日，全县撤村建居专题会议召开。

11月22日，宁波市淳安商会成立。

11月26～27日，市委常委、组织部部长张仲灿到淳安县调研。

11月27日，市委常委、纪委书记施彩华一行到淳安县调研。

是日，淳安县举行森林消防高压水泵演练，并召开森林消防工作会议，来自全县各乡镇的24支森林消防队伍现场展示了日常训练成果。

是日，县城市精细化管理工作专题会议召开。

是日，全县“五水共治”治污水进度质量督察推进会召开。

11月28日，杭州市第二水源千岛湖配水工程建设动员会在杭州召开。县委书记朱党其在淳安分会场参加会议并表态发言。县长柴世民在杭州主会场参加会议。

是日，县举行千岛湖冬季渔业资源增殖放流活动，并召开垂钓管理和经营问题专项工作研究会，共向千岛湖投放6000尾中华鳖、200万尾黄尾密鲴。

是日，县举行建筑工程安全生产事故应急救援演练。

11月29～30日，第二十一届全国冬泳锦标赛在千岛湖举行，来自全国80余个中国游泳协会注册冬泳团体会员单位的2500余名运动员参赛。

12月

12月1日，县四套班子召开谋划2015年工作务虚会。

是日，淳安县印发《淳安县村级组织运行规则（试行）》。

12月3～5日，市核查组到淳安县督察农村生活污水治理工作。

12月4日，杭州市“三改一拆”行动第五次现场会暨“无违建县”创建推进会在淳安召开。

是日，县举行“12•4”国家宪法日暨法治服务“秀水富民”宣传活动。

12月5日，县政府召开第三十三次县长办公会议。会议就加快电子商务产业发展、生态工业企业绩效评价和先进奖项评选工作进行了讨论和研究。

12月7日，淳安县下发《关于进一步加强县级财政专项资金管理工作的通知》。

12月8日，淳安县制定出台《关于进一步加快电子商务产业发展的若干政策意见》。

12月9日，淳安县印发《淳安县低收入群体生活补贴机制实施方案》。

是日，淳安县印发《淳安县电子商务产业发展三年行动计划（2015～2017年）》。

12月10日，全县电子商务发展大会召开。

是日，县举行乡村度假、农旅融合项目签约仪式。会上，淳安县与武汉三特索道集团股份有限公司、浙江东润控股有限公司、杭州蓝城置业有限公司、冠鼎泽恒业千岛湖旅游有限公司等投资客商签约了“田野牧歌”牧心谷休闲运动营地、文昌浪岭乡村度假精品酒店、千岛湖十八坞体验式生态农渔颐养产业园、羡山山水间微酒店等8个项目。

12月11日，淳安县制定出台《淳安县气象灾害应急预案》。

12月12～13日，省检查组到淳安县开展年度农村生活污水治理工作考核。

12月13日，全县休闲农业与乡村旅游发展座谈会召开。

12月16～17日，市第十督察组到淳安县督察扩大有效投资、“五水共治”和经济工作责任等三方面工作。

12月17日，县召开千岛湖大排档品牌建设工作专题研究会。

12月22日，县政府召开工作座谈会。

12月23日，“无违建县”创建省级验收迎检工作部署会召开。

12月23～24日，市考核组到淳安县开展年度“五水共治”工作考核。

12月24日，副市长张建庭到淳安县调研年度主要经济指标完成、全县景区化推进，以及“联乡结村”等工作情况。

12月25日，县召开会议，部署开展防范和处置企业拖欠工资工作。

12月26日，全县2014年问效评议会议召开。

12月28日，2015千岛湖年货节在上海开幕。

12月30日，淳安县建立统计工作联席会议制度。

12月31日，县政府召开第三十四次县长办公会议。会议就2015年政府工作报告、2015年政府投资项目、县政府部门责任清单、2014年财政收支执行情况，及2015年财政预算安排进行了讨论和研究。

是日，淳安县制定出台《关于淳安县“十三五”规划编制工作的实施意见》《关于进一步加强网络与信息安全管理的实施意见》《关于加强安全生产促进安全发展的实施意见》。

是日，淳安县下发《关于进一步加强资源税征收管理工作的通知》《关于进一步完善县规划土地联席会议制度的通知》《关于进一步简化农村建房审批程序及强化批后监管工作的通知》。

特 载

建设法治淳安 推进秀水富民

——在县委十三届八次全体(扩大)会议上的报告

中共淳安县委书记 朱党其

(2015年1月9日)

同志们:

这次全会的主要任务是:回顾总结2014年工作,审议通过《中共淳安县委关于以法治淳安建设助推秀水富民的决定》,谋划部署2015年及今后一个时期的工作任务,动员全县上下进一步统一思想,坚定信心,务实快干,为实现“秀水富民”而努力奋斗。

下面,我代表县委常委会,向全会作工作报告,请同志们审议。

一、在回顾总结中坚定“秀水富民”信心

2014年,县委带领全县党员干部群众,转作风,破难题,谋发展,促和谐,省重点生态功能区示范区建设试点、美丽杭州实验区建设开局起步,“秀水富民”在全县上下形成共识。

(一)党的群众路线教育实践活动取得丰硕成果。从2月中旬开始,在全县开展了党的群众路线教育实践活动。县委常委会坚持以身作则,认真践行“十个带头、五个走在前”的承诺,起到了榜样示范作用。实施25个突出问题专项整治,解决了村(社区)牌子多、办公用房超标等一批群众反映强烈的问题,设立“无会日”,完成公车改革,“三公”经费同比下降30.3%。实施深化改革、项目攻坚等“七大行动”,党员干部敢于担当、争先创优,“淳改八条”扎实推进,杭黄高铁开工建设,淳杨公路竣工通车。制定出台领导干部日常行为监督、严禁插手干预工程项目、作风状况评价办法、作风和效能问责办法、村级组织运行规则等一系列制度,进一步扎紧了制度笼子,推动了廉政勤政。通过活动的开展,全县广大党员干部思想受到了深刻教育,作风有了明显转变,群众观念更加深入人心,总体实现了“出特色、推工作、当示范”的目标,“三认”服务机制等特色工作六次受到省委书记夏宝龙的批示肯定。

(二)生态保护、经济发展、社会和谐取得明显成效。认真落实中办督查意见整改,加强沿湖项目的科学规划和监管。开展千名党员干部进村入企治污大排查,完善“五水共治”三年行动计划,农村污水治理和城区截污纳管建设全面推进,220家畜禽养殖企业全部关停到位,千岛湖水质在全国61个重点湖泊中继续名列前茅。“无违建县”创建强力推进,拆除违法建筑140余万平方米。加大乡村旅游、电子商务等发展力度,实施扩大有效投资、强化招商引资等专项行动,较好地完成了年初确定的目标任务。据预计,全年生产总值同比增长8.1%,固定资产投资同比增长18.5%,财政总收入和地方财政收入同比分别增长9.9%和10.5%,城乡居民收入同比分别增长10.5%和11.5%。服务业增加值同比增长12.3%,占比提高2个百分点,特别是旅游服务业继续保持蓬勃发展态势,游客接待量、旅游经济收入同比分别增长10.1%和10.95%。加强民生保障,建立低收入群众生活补贴机制。建兰、睿达、千岛湖镇六小等新学校开学招生,妇保院迁建工程全面完工。加强疑难信访问题排查化解,强化群众来信督办,连续实现重要节点敏感时期零进京、零非访,社会保持和谐稳定。

(三)“秀水富民”成为全县共识。淳安是四任省委书记联系点,千岛湖是长三角地区重要战略水源地、杭州市配水工程取水地,这些都决定了保护一湖秀水是我们最大的政治担当。同时,淳安人民为建设、保护千岛湖付出了巨大牺牲,顺应群众过上幸福生活的迫切愿望,让群众加快增收致富,是我们最大的历史责任。在淳安即将进入高铁时代和环湖经济大发展时期,必须充分发挥秀水这一核心优势,加快发展新兴产业,实现“秀水富民”。“秀水富民”与历届县委制定的以湖兴县、蝶变淳安等战略是一脉相承的,符合县情实际、顺乎群众意愿。通过近几个月广泛深入的讨论宣传,全县上下对“秀水富民”达成了共识。

二、实施十大工程推进“秀水富民”

(一)“秀水富民”的总体要求。按照省重点生态功能区示范区建设试点和美丽杭州实验区建设要求,把“护一湖秀水、富一方百姓”作为全县各级党组织和全体党员干部的两大根本任务,作为一切工作的出发点和落脚点,走出一条“秀水”与“富民”共赢、具有淳安特色的保护与发展之路,努力开创淳安科学发展新局面。

(二)“秀水富民”的主要目标。到2016年,“五水共治”取得阶段性成果,千岛湖水质在国内同类湖泊中稳居前列,建成国家级生态文明建设示范区;产业转型升级取得明显成效,以旅游业引领服务业、以服务业带动县域经济发展的格局得到强化;民生事业加快发展,群众幸福感有效提升,城乡居民收入年均增幅分别保持在11%和12%以上。到2020年,生态文明达到新高度,千岛湖水质始终保持一类水体,出境断面水质I类水天数保持在90%以上,建立较为完善的生态文明制度体系;经济发展实现新跨越,形成完备的特色产业体系,三次产业协调发展,三产比重达到60%以上;富民惠民跃上新台阶,城乡居民收入达到全省平均水平,城乡均等的公共服务体系全面建立,基本建成一个秀水魅力永驻、产业特色鲜明、群众富裕幸福、社会文明和谐的美丽新淳安。

2015年是全面完成“十二五”规划的收官之年,是推进“秀水富民”的起始之年,做好新一年工作意义重大。县委经过深入研究,广泛征求意见,建议新一年发展的预期目标为:生产总值增长8%以上,服务业增加值增长12%以上,规上工业销售产值增长5%以上,农业总产值增长7%以上,社会消费品零售总额增长12%以上,固定资产投资增长10%以上,地方财政收入增长8%以上,城乡居民收入分别增长10%以上和12%以上。建议这样的目标,符合“三二一”的产业发展结构导向,符合消费成为第一动力的新特征,符合富民的发展基点要求。特别需要指出的是,固定资产投资建议目标与前几年比有较大幅度的下降,这是综合考虑宏观经济已进入中高速增长新常态、政府债务控制、我县普通房地产业需适度控制、项目建设的资源环境约束更加趋紧等综合因素的结果。

（三）“秀水富民”的主要任务。提交这次全会讨论审议的《决定》，对以法治淳安建设助推“秀水富民”进行了全面部署，希望大家认真审议。按照“秀水富民”的总体要求，新一年及今后一个时期要重点抓好十大工程：

1．千岛湖综合保护工程。一湖秀水是淳安的生命线，是富民的基础。要毫不动摇坚定对一湖秀水最严格保护的认识和态度不变，毫不动摇继续加大对一湖秀水综合保护的投入，毫不动摇对污染违法行为进行最严厉的打击。一方面要尽最大努力管住自己的每一滴污水，尽最大努力做到让人无刺可挑。一要不断完善环保基础设施。“量质并举”推进以治污水为重点的“五水共治”项目，确保三年任务两年基本完成，并强化运行维护。实施排放口整治计划，启动污水处理厂扩容、新建和提标改造，通过两年努力关停城镇工业、旅游业等企业自行设置的排放口，实现城镇工业废水、生活污水全部纳入政府污水处理厂（站）处理。二要加大监管力度。继续加强对重点企业、重点行业和沿湖宾馆酒店等污水排放的执法检查，对污染行为“零容忍”。建立污染行为举报制度，形成全社会共保秀水的良好氛围。推进污染企业整治工作，坚决淘汰达不到环保要求的企业。三要打造智慧环保品牌。逐步建立起以监测预警、技术支撑、信息发布为主的完备的智慧环保体系，推进智慧治水、智慧监测、智慧评价三大平台建设，建成污染源监控与水质预警系统、环境信息系统及发布系统。四要珍惜保护自然资源。千岛湖的魅力不仅仅在于水，还在于它的翠绿森林、幽深港湾、曲折岸线、多姿丘陵。要像保护水一样保护这些资源，严格做到不填湖、不填港湾滩地、不破坏自然山体，照面山和沿湖低丘缓坡都要保持自然风貌，绝不能因一时之利而破坏生态。实施“护林复绿涵水”工程，加强农业面源污染防治，推进林相改造、封山育林，严格控制溪河挖沙挖石，构筑绿色生态屏障，涵养源头活水。另一方面，协同联动推进流域共同保护。千岛湖水质的好坏不仅取决于我们自身工作是否做到位，同时取决于上游安徽的来水质量。所以，在干好自己工作的同时，更要推进上下游共同保护。要全力争取国家和省市强化省际交接断面水质监测，提高监测标准，增加监测指标，配齐监测设施和专业人员，做到用数据说话。完成安徽籍入湖游船污水收集设施改造。认真总结新安江流域水环境补偿试点工作，积极反映存在问题，提出完善方案，争取建立更为科学合理的补偿机制。同时，积极争取省、市把千岛湖保护作为一项长久的全局性工作来抓，通过思想认识的引导和统一、机制政策的建立和完善，更好地形成上下游齐心协力共同治水护水的良好局面。

2．产业转型升级工程。坚持“以旅游业引领服务业，以服务业带动一二三产融合发展”的产业导向，形成高水平的三二一产业结构，构建现代产业体系。一要做大三产。进一步提高服务业占比，并推动服务业向信息化、特色化、普惠化方向发展。要始终把旅游业作为富民的首要产业，围绕“国际旅游重要目的地、中国休闲度假首选地”的定位，完善县域旅游规划，推动旅游全域发展。把乡村游作为旅游经济的“新蓝海”，注重特色亮点培育，坚持板块集聚，丰富民宿民居、度假村落、休闲农业等产品，加快桐子坞—桂溪、朱家—百照等精品线路建设。同时，要大力发展电子商务、健康养生、文化创意、金融服务、研发设计及假日研发、假日文创、假日电商等新兴服务业，推进“村村通”物流体系、电商产业园、假日创业园等建设。二要做高二产。工业特别是先进制造业是一个区域发展的支撑，是带动区域整体产业发展的重要力量。淳安不是不要工业，而是经济发展新常态下，那种有污染隐患、占据大量空间和资源的传统低端制造业已经穷途末路，特别是作为重点生态功能区和风景名胜区，发展无污染、小空间、高科技、资源型的高端新兴工业才是唯一出路。对传统工业要顺应时代发展潮流，用信息化手段和市场机制推动改造升级。加快发展以水和农林产品精深加工为重点的资源型工业，力争在大型水饮料企业的引进建设上实现突破。要大力发展信息经济助推智慧产业发展，加快科技大厦、先芯科技产业园等建设，助推建成运行华数云数据中心。三要做优一产。大力发展规模化、高效化、品牌化农业，鼓励与工商资本、科技、旅游等要素的融合对接。完善土地流转交易信息平台，推进农村土地承包经营权确权登记、流转抵押、融资贷款，加快土地流转步伐，促进现代农业园区、家庭农场建设，打造一批名品、名园、名企、名家。以生态农业、休闲农业、彩化农业为抓手推动一产与三产融合，探索点状供地模式，使农业园成为休闲园、体验园。加强农业品牌建设，整合提升农事节庆活动，推进鸠坑茶、中华蜂等原种保护开发。

3.产业园区提升工程。以生态化、景区式、高品位为目标，推动产业平台转型提升，做好硬件建设、软件提升、产业发展三篇文章。推进鼓山、坪山、南山区块提质增效，做好退低进高、退小进大、退弱进强、退二进三“四退四进”工作，提升园区品质和形象，把其建设成为产城一体的现代园区。珍珠半岛区块要大力发展商业、商务、商贸等服务业，使其成为新的具有现代动感的城市核心区域。把汾口浪川园区作为新兴工业的预留区块，提高入园项目门槛，努力突破土地瓶颈制约促发展。优化江东杭千(扶贫)开发区和敏迪地块运行管理体制，加快招商项目落地，尽快实现产出。整体规划建设界首区块，重点发展健康养生、高端医疗、休闲度假、运动健身等现代服务业，坚持生态式开发建设。

4.富丽乡村建设工程。以红色教育培训基地、彩色农业基地、旅游休闲基地、手工业加工基地、生态农林水产品基地“五个基地”建设为抓手，推动“美丽乡村”向“富丽乡村”升级，实现美与富相得益彰。一方面，要推动农村更秀丽。深入推进“三改一拆”“清洁乡村”，巩固“无违建县”创建成果，不断提升农居环境。要依法科学保护村庄风貌，该拆的拆、该留的留，妥善保护有历史记忆、有文化符号、有利用价值的建筑。特别是农民转移集聚后的闲置房屋，不能一拆了之，要分类处置，合理利用；要避免城市园林式改造，不允许使用高档昂贵材料、树种，体现乡土气息、田园风光、淳安文化。推动农业彩化，打造农业大景观，形成区域性“花香十里、果熟四季”的美丽景致。要加强宣传教育，提高群众的环境卫生意识，引导群众美化前庭后院，实现村容村貌整洁有序。另一方面，要推动农村更富裕。一要增强中心镇的集聚带动能力，强化以服务业为重点的产业功能，丰富商业业态，完善公共配套，避免“摊大饼”式建设，先整容、后扩容，做美做靓做繁荣中心地块，实现以集聚促辐射。二要按照“五个基地”建设思路，立足自身资源禀赋和产业基础，找准定位、重点突破，形成一乡一业、一村一品特色产业发展格局。三要树立经营农村理念。把农村丰富的旅游资源、自然资源、人文资源变成发展的资本，对中心村、精品村、特色村，探索引入专业公司整体包装经营，使之成为旅游特色村，不仅有外在优美舒适的环境，更有内在的产业支撑；要充分利用空心村、农民闲置房屋、村集体物业等资源，发展度假村落、民宿民居、驿站等项目。推进宅基地确权登记和村级股份制改革，建立农村综合产权交易服务中心，激发农村发展活力，破解“地从哪里来、钱从哪里来、人往哪里去”的问题。

5.城市品质提升工程。以打造“全国最整洁最温馨最具魅力的旅游休闲城市”为目标，推进软硬件建设，提升形态美和内质美。一要精准规划。加强对建筑高度、密度、色彩、风格形态的科学把握控制，做到空间疏密有致、色彩冷暖协调，沿湖不建吊脚楼、不建高密度大体量的建筑群，彰显山城湖景特质。要按照优地优用的思路，科学有序实施土地出让，适当减少住宅用地，增加公共配套用地，尤其要珍惜沿湖土地。二要精致建设。以艺术美的要求把握城市建设每个细节，使城市的每个建筑都成为传世精品。因地制宜推进“三个改造”，旧住宅区改造要以危旧房为重点，旧厂区改造要结合产业转型升级，旧城区改造要留住城市记忆。稳步推进撤村建居工程，确保2015年基本完成。三要精细管理。按照“整洁、有序、靓丽、文明”的要求，进一步提升城市管理水平。推动保洁、保绿、保秩序有机结合，打造“全国最整洁县城”。提升城市绿化亮化美化，实施入城口景观改造，争创国家级园林城市。完善城区停车管理制度，推动节假日机关企事业单位停车场开放，既便民利民，又引人进城，拉动城市消费。四要提升文明。深入挖掘和宣传各领域的“最美淳安人”，以凡人善举等基层典型感召人心，以身边人的闪光点引导民众崇德向善，培育和践行社会主义核心价值观。开展“城市文明指数”测评，加大社会协同管理力度，提升市民文明素质。推进公共文化服务体系建设，发挥“文化礼堂”等公共文化设施作用，丰富群众精神文化生活。大力弘扬新安文化，用文化涵养文明，打造“大气开放、文明温馨”的淳安特色人文环境。

6.高铁经济发展工程。准确把握杭黄高铁给淳安带来的发展机遇，探索经济发展新模式，实现精准开发。要把高铁区块建设成为展示淳安形象的新窗口、产业发展的新平台、产城融合的交通旅游商贸综合体，重点发展旅游服务、文化创意、养生养老、休闲度假、高端制造等产业；合理布局周边区域产业发展，加快东北湖区资源开发利用。要完善功能配套，建立与主城区无缝对接的完备交通体系，完善生活服务、产业服务等体系。

7.绿道经济工程。按照多样化、特色化、景观化的要求推进绿道建设，并与生态文明、产业提升、城乡景区化紧密结合，既要发挥绿道的生态效益，更要发挥绿道的经济效益，大力发展绿道经济，打造环湖经济圈。一是要完善绿道网络。坚持“将绿道进行到底”，在环湖绿道贯通的基础上，推动绿道向景区景点、田园果园、集镇农村、山上溪边甚至湖中水上延伸，因地就势、就地取材，与村道、林道、田间小道巧妙融合。二是要科学营建驿站。树立驿站体系营建新理念，充分利用乡村既有资源，建设风格古朴雅致、功能各不相同、文化特色鲜明、规模大小不一的驿站。要实行市场化运作，通过竞争引入多元经营主体，以绿道为纽带把驿站串珠成链，使之成为具有千岛湖品牌的生态自然旅游休闲综合体。三是要完善配套体系。充分利用沿线山、水、园、溪、村等自然景观，营造满眼皆绿、四时有景，实现车在画中行、人在景中游。合理设置观景平台、房车营地、露营基地、安全救助、指示标牌等配套设施，建设包括自行车、新能源自驾车、景观巴士等构成的交通体系，让游客充分体验慢生活。同时，要科学布局淳杨线千汾线沿线房屋、项目、绿化，构建景物协调、疏密有致、色彩多样的特色景观，精心打造世界级景观道。

8.淳商回归工程。建立在外淳商名库，把淳商回归纳入乡镇业绩考核，充分发挥异地淳安商会的作用，引导淳商回乡创业、回报桑梓。同时，引导在外务工人员回乡就业创业，完善扶持政策、服务体系，增强经济发展后劲和活力。强化招商引资工作，建立招商资源综合信息平台，创新招商方式，实行招商引智、招商引才、招商引税；提高招商引资工作针对性，实行重点招商项目攻坚行动，力争引进一批大型商贸、高端制造、主题游乐、高新技术、现代农业等项目；完善招商项目审查、协调、落地机制，促进招商项目早落地、早建设。进一步优化发展环境，营造尊商重商氛围，实现以商引商。

9.民生保障工程。始终坚持“经济欠发达但民生事业不能欠发达”的理念，不断加大保障和改善民生力度。一要完善民生保障体系。完善基本养老、基本医疗保障办法，加快社会保障由制度全覆盖向人群全覆盖转变。高度重视就业用工矛盾，打造智慧化就业服务平台，促进充分就业和高水平就业。研究完善并落实失地农民保障政策，在预算安排中充分考虑失地农民应保尽保，努力让失地农民不失业、不致贫。二要加快发展社会事业。高度重视教育、医疗、文化、交通等社会事业，这既是发展软实力的重要构成，也是惠民利民的重要方面。在社会事业发展上，既要履行政府主体职能，推进公共服务均等化，又要积极引进社会力量办事业，满足群众多样化需求，形成互为促进、互为补充、共同发展的局面。三要推进“菜篮子”建设。抓好蔬菜基地建设，打通流通渠道，探索设立批零市场平价摊位以及在社区尝试设立农民自产蔬菜销售点，真正减轻群众“菜篮子”负担，并以此为突破口努力解决旅游城市物价偏高问题。

10.人才建设工程。人才是经济发展的核心要素，要坚持人才优先发展，加大爱才护才力度。一要引才。利用千岛湖一流生态环境和迎接高铁时代到来的机遇，加大力度引进创业型人才，花大力气引入教育、医疗等公共服务领军人才和“国千”、“省千”、“515计划”等产业发展高端人才。要创新引才方式，利用创业项目、就业机会去吸引人才，实行柔性引才，探索假日式人才服务淳安新模式；建立淳安在外高层次人才名库，促进人才回归。二要育才。注重挖掘和培养教育、医疗、规划、设计、园艺、文艺等方面的带头人，使他们成为名师、大师，并发挥传帮带作用，形成人才辈出的良好局面。同时，注重培养、传承乡土人才和民间工艺师。三要留才。完善人才政策和留人机制，解决人才的住房、子女教育等方面的问题，让人才安心落户在淳安、创业在淳安。

三、建设法治淳安保障“秀水富民”

党的十八届四中全会作出了依法治国的重大决策，省、市委相继作出全面深化法治浙江、法治杭州建设的决定和意见。从辩证唯物主义看，法治建设是现阶段经济基础决定上层建筑的必然回应；从我县现实状况看，法治建设在淳安尤其是广大农村地区的需求更加迫切、任务更加繁重。对此，淳安必须坚决响应、坚决落实，时不我待地推进法治淳安建设，为“秀水富民”实践提供坚强保障。

(一)抓好依法执政这一关键。各级党组织要发挥领导核心作用，保证执法、支持司法、带头守法，统筹推进法治淳安建设各领域工作。县委将统揽全局、协调各方，完善民主集中制各项制度，健全依法决策程序和机制，支持人大、政府、政协、审判机关、检察机关、群团组织依法依章程履行职责、开展工作，并进一步加强和改进政法工作。党员干部特别是领导干部要牢记“法律面前人人平等”，反对“特权”、“官本位”思想，自觉在遵守和执行法律上起到模范带头作用。要进一步加强公权力的界定机制建设，加强党员干部的法制教育培训，提高干部队伍法治思维和依法行政能力。要依法审理少数基层干部不懂法不守法的行政诉讼案件，让干部切实得到警示、接受教育。

(二)抓好依法行政这一重点。要强化有权必有责、用权必担责的理念。要完善行政决策机制，把公众参与、专家论证、风险评估、合法性审查、集体讨论决定等作为重大决策的法定程序，增强决策的科学性。要以推进村一级民主公开议事决策为重点，健全村级组织运行规则、三资管理等机制，有效破解村级信访多问题。要坚持属地原则和“谁引发谁负责”原则，加强矛盾纠纷源头预防。建立重大决策司法机关提前介入提供法律政策咨询、稳定形势预判等机制，确保处事有据、程序到位。要做到法定职责必须为、法无授权不可为。管好该管的，放手不该管的。重点是深化行政审批制度改革，以权力清单、责任清单、负面清单和政务服务网等“三张清单一张网”建设为抓手，完善项目推进服务机制。要加强下放权力的跟进指导、服务，并做好事中事后监管工作。要积极稳妥推进机构改革，优化职能设置，提高依法行政效率。要严格执法、秉公执法。天下之事不难于立法，而难于法之必行。各级各部门要在违章整治、财物侵害、公共安全等关系群众切身利益的重点领域加强执法，坚持一个标准，一碗水端平、一把尺子量到底。要切实加强智慧治安防控体系建设，深化社会治理网格化建设，积极推进访诉分离、依法终结、评议终结、依法打击等工作，维护社会和谐稳定。要完善领导干部接访和包案制，变“群众上访”为“干部下访”，强化属地管理责任，防止小矛盾酿成大问题和小案成大案、大案变积重难返之案。

（三）抓好公正司法这一生命线。一次不公正的审判恶果甚至超过十次犯罪，要以司法公信力引领法治淳安建设。积极推进司法体制改革，进一步健全相关规范机制，设置党政机关和领导干部干预司法行为的“高压线”，支持司法机关依法独立办案。要依法加强对司法机关和办案人员的监督，打造一支政治素质优良、业务过硬的司法队伍。司法人员要自觉遵守司法职业道德，严格按照法定权限履行职责，依据统一的行为准则处理各种权力和利益关系，在司法活动中体现法治精神。

（四）抓好普法教育这一基础。要加强全民普法特别是广大农村的普法教育工作，利用好宪法日等有效载体，针对县内发生率较高的违法行为加强以案说法，增强普法实效。要紧紧围绕重点工作开展普法，做到重点工作推进到哪里、法制宣传教育工作就跟进到哪里。要把法律服务推进到“最后一公里”，深化“律师进村（社区）”工作，推进党政机关和乡镇聘请法律顾问工作，加强对困难和特殊群体的专项法律援助。

四、锻造“秀水富民”坚强团队

推进“秀水富民”，关键在干部、关键在队伍。要主动适应经济发展新常态和从严治党要求，转理念、转作风、转方式，建设一支思想解放、理念先进、勇于创新、敢于作为、善作善成的干部队伍。

（一）加强培养教育。党员干部特别是领导干部，要有坚定的信念、清晰的思维，切实增强发展的紧迫感，以冲锋的姿态推动产业发展、区域发展，做到为官一任造福一方。要强化改革创新意识，在产业培育、市场引入、机制建设等方面解放思想，敢于尝试、勇于突破。要完善重大项目指挥部、干部实训基地、中青班实践、新录用公务员乡镇锻炼等机制，推动干部到一线锻炼，在现场考察干部。要组织优秀干部到发达地区挂职，通过交流开拓思维、增强本领。

（二）严格队伍管理。党员干部要严格执行政治纪律和组织纪律，以最坚决、最认真、最老实的态度把守纪律的要求体现到抓“秀水富民”落实上，以工作落实得好不好来检验纪律执行得到不到位，始终保持方向定力，强化责任担当，确保政令畅通。要管好“一把手”。铸造一支统领能力强、有全局观念、公信程度高的“一把手”队伍，让“一把手”切实负起责任、担起重任，带领班子齐心协力干好工作。要坚持从严治吏。建立严教严询严管严查严处的“五严”干部管控体系，执行好干部日常行为规范等制度，推动党员干部严格遵守廉洁从政各项纪律，并通过谈心谈话等机制做到抓早抓小，防微杜渐。各乡镇部门党委（党组）要切实担当起党风廉政建设主体责任，主要负责人要履行好“第一责任人”职责，班子成员要根据分工，落实“一岗双责”。要夯实基层基础。乡镇党委要认真落实基层党建责任制，敢抓敢管、善抓善管。要完善村干部考核办法，突出带富能力强不强、村里和不和谐、村民满不满意，实行绩效考核，既要严格管理好村干部，又要尽力关心好照顾好他们的工作和生活。要强化作风建设。巩固和拓展党的群众路线教育实践活动成果,持之以恒抓好中央和省市县关于作风建设各项规定的贯彻执行,推动作风建设常态化。

(三)提升服务效能。服务不提升、发展不提质。要以服务促发展,成立专门机构对引进的项目实行保姆式代办服务,对重点项目实行全程跟踪服务,加快项目落地、建设。要强化服务意识,加大问责力度,着力解决门难进、脸难看、事难办及"中梗阻"、政策不落地等顽疾,切实克服官僚主义作风。要创新服务机制,实行现场工作法,畅通企业、群众意见反映渠道,建立主要中心镇行政服务分中心,让干部多跑腿、群众少跑路。完善"三认"、干部返乡报到服务机制,推动干部贴近基层、服务群众,使这两项工作真正成为淳安的特色品牌。

(四)关心关爱干部。完善干部关爱机制,对工作任务重、工作压力大的干部和长期在乡镇工作的干部,要高看一眼、厚爱一分,加强沟通交流,为他们减压减负、创优环境,充分调动干事积极性。要完善考核机制,建立管用有效简便的考核体系,突出业绩导向与考核结果运用。要建立科学公开透明的干部选拔体系,重用信念坚定、为民服务、勤政务实、敢于担当、清正廉洁的好干部。

同志们,新蓝图鼓舞人心,新征程催人奋进。淳安的发展已经进入一个新的阶段,让我们以更加振奋的精神、更加高昂的斗志、更加过硬的作风,团结一心,清醒坚定,务实担当,为实现"秀水富民"而努力奋斗!

淳安县人民代表大会常务委员会工作报告

2014年2月20日在淳安县第十五届人民代表大会第三次会议上

淳安县人大常委会主任　余永青

各位代表：

我受县十五届人大常委会的委托，向大会报告工作，请予审议，并请县政协委员和列席人员提出意见。

二〇一三年主要工作

2013年是全面贯彻落实党的十八大精神的开局之年，也是深入推进"以湖兴县、蝶变淳安"的重要一年。在县委的领导下，县人大常委会坚持以科学发展观为指导，深入贯彻党的十八大精神，依靠全体代表，围绕"三个五"战略，抓重点、议大事、强监督、重实效，认真履行宪法和法律赋予的职权。一年来，共听取和审议"一府两院"工作报告18个，作出决议决定3项，组织视察调研、执法评议、执法检查30次，依法任免国家机关工作人员14人次，全面完成年初确定的各项目标任务，为推进"三个五"战略和社会主义民主法制建设作出了新的贡献。

一、突出监督重点，持续推进"五个淳安"建设

常委会紧紧围绕县委的重大决策部署，全力支持政府贯彻落实"三个五"战略，有力促进了"五个淳安"建设。

围绕生态淳安建设，积极推动千岛湖保护。常委会高度重视生态建设与环境保护工作，组织省市县三级人大代表联合视察千岛湖水环境保护情况，专题检查千岛湖渔业资源保护工作，配合全国人大开展饮用水水源保护工作调研，协助省人大进行饮用水水源保护执法检查，认真开展"关心母亲河溪"活动，全面检查河溪清洁及农村污水处理设施运行状况，认真调研全县环保资金的使用和绩效情况，持续推动千岛湖保护决议的贯彻实施。建议县政府进一步健全体制机制，加强全流域、跨区域联合执法和整治，扎实做好渔业资源保护工作，完善农村水质监测体系和监管机制，加大千岛湖保护的综合治理力度。县政府全力巩固"五大整治"成果，强化与上游安徽的协调工作，深入实施千岛湖保水渔业，推进沿湖宾馆污水零排放工程，建立乡镇交接断面水质监测评价和动态预警制度，全面开展清理河道专项行动，合力推进"四边三化"工作，强化溪流生态环境综合保护，促进水环境质量持续改善，千岛湖保护工作进一步加强。继成功创建国家级生态县之后，2013年又被环保部列为全国生态文明建设试点、国家江河湖泊生态环境保护重点支持湖泊。

围绕度假淳安建设，积极推动旅游服务业发展。常委会听取全县景区化工作情况报告，专题检查千岛湖游船艇公交化运行情况，组织代表视察淳杨公路绿道、千岛湖大排档和金峰

乡朱家村、左口乡龙坑坞村等旅游特色村示范村建设,开展综合体项目土地征收工作专题调研。建议县政府进一步优化全县景区化规划布局,强化项目监管服务,创新旅游经营模式,完善游船艇公交化运行机制,加快推进以大旅游为龙头的现代服务业发展。县政府以全县景区化理念推进城乡统筹项目建设,加大服务业发展扶持力度,完成游船公司整合重组,加快景点服务设施配套,扶持商业特色街区发展,着力推进旅游综合体和特色酒店建设,旅游服务业转型力度不断加大,全县景区化工作取得初步成效。

围绕创业淳安建设,积极推动生态经济发展。常委会把推动"十二五"规划纲要的实施作为监督重点,深入相关单位及重点项目现场开展调研,听取意见建议,审议规划中期评估报告,建议县政府进一步丰富和完善规划内容,加大产业结构调整步伐,全面推进城乡统筹发展,加快重大项目建设,努力完成规划纲要提出的目标任务。听取和审议全县重点工程暨交通投资项目推进情况报告,督促县政府深化"百亿投资大攻坚"活动,积极破解工作难点,确保项目质量和安全,推进重大项目顺利实施。高度关注实体经济运行,听取和审议现代农业园区建设情况报告,视察茧丝绸产业发展,开展食用菌产业、纺织行业和"三农"贷款等专题调研,提出合理化建议。县政府编制了全县现代农业园区建设规划,加大对园区发展的扶持力度,实施蚕桑产业政策性保险,努力保障蚕农利益。积极探索加强对政府全口径预算决算的审查和监督,推动国有资本经营预算编制,首次专题询问财政工作情况,继续抓好部门预算公开,将68个县级部门预算全部提交人代会审查,听取和审议预算执行、审计等工作报告,依法审查批准2012年度财政决算,全力支持县政府采取有效措施,加快转变经济发展方式,不断增强发展后劲和整体实力。

围绕统筹淳安建设,积极推动城乡一体化发展。常委会高度重视城乡统筹产业发展问题,深入相关部门和乡镇开展专题调研,汇集各方智慧,提出切实可行的意见建议,得到县委县政府的高度重视,一些建议被县政府及有关部门采纳并转化为促进工作的政策措施。听取和审议精品村特色村建设情况报告,在充分肯定成绩的同时,指出精品村特色村建设中仍然存在规划设计不够科学、特色亮点不够明显、产业支撑不够有力、项目监管不够到位等问题。建议县政府增强规划的前瞻性,突出地域特色,注重产业融合,严格项目管理,确保工程有序推进。县政府高度重视审议意见的落实,科学合理安排创建计划,强化村庄特色品质,不断加强项目质量监管,更加注重产业支撑、村集体经济发展和低收入农户增收工作,统筹淳安建设稳步推进。

围绕幸福淳安建设,积极推动民生事业发展。常委会专题听取县政府十件实事工程办理情况报告,积极推进农村教育设施和食宿改善、城乡基本医疗保险政策完善、保障性住房建设、老旧小区物业改造等民生项目的实施。在县政府和各乡镇各部门的共同努力下,投资1100余万元完成农村中小学校舍设施维修改造及26个配套项目建设,投资500余万元改善农村寄宿制学校学生生活条件,城乡居民基本医疗保险乡镇中心卫生院住院报销比例提高到75%,城镇职工医疗保险住院报销比例提高到85%以上,十件实事工程办理成效显著。听取和审议医疗卫生队伍建设情况报告,建议县政府强化医疗卫生技术人才的引进、培养、管理和使用,注重发挥卫生队伍骨干作用,加强医德医风建设,加大公共卫生服务经费投入,探索县乡医疗卫生技术人才一体化管理模式,不断提升医疗服务能力和水平。县政府认真研究落实,一揽子提出"卫生改革深化、卫生人才提升、基础设施改善、服务网络完善、服务质量优化、全民健康促进"六大政策措施,全力推进卫生事业可持续发展,努力满足人民群众日益增长的医疗卫生需求。听取和审议生产加工领域食品安全工作报告，跟踪检查食品安全审议意见落实情况，督促县政府进一步加强食品安全监管，有效解决食品安全方面的突出问题，不断提升食品安全保障水平。常委会还听取和审议社会治安防控体系建设报告，开展老年人权益保障法执法检查，组织代表视察省级科普示范县创建、宗教队伍建设和公积金管理使用等工作，有效促进社会事业协调发展。

二、加强法律监督，着力维护社会公平正义

常委会坚持依法治国方略，积极维护宪法和法律权威，认真履行法律监督职能，着力推进“一府两院”依法行政和公正司法，为我县经济社会发展提供良好的法治保障。

开展执法评议，推进依法行政。常委会对县国土资源局开展行政执法评议，全体代表和评议调查组采取新闻媒体公告、召开座谈会、个别走访、问卷调查、专项视察等形式，深入部门、乡镇、行政村、社区和企业，对县国土资源局近年来的依法行政情况，广泛征求社会各方面的意见建议，认认真真开展评议，诚诚恳恳提出意见，扎扎实实推动整改，被评议的国土资源局及列席会议的政府各部门负责人深受触动。县国土资源局自觉接受监督，制定66条整改措施，集中3个月时间对群众反响强烈的农村违法违章建筑、农村建房办证等21个重点问题进行整改，牵头拆除集体土地违章建筑14.8万平方米，补办土地权证4360户，多年未解决的老大难问题得到突破。

强化司法监督，促进公正司法。常委会紧扣司法公正这个主题，组织部分代表旁听法院案件审理，听取法院工作情况报告，推动审判机关增强司法为民意识，提高审判质量效率，确保司法公平正义。审议县检察院刑罚执行和监所管理工作，实地察看派驻县看守所检察室及监区场所，支持检察机关严格执行修改后的刑事诉讼法，积极履行监所检察职能。县检察院认真落实审议意见，进一步健全监所检察工作机制，更新配置监控信息平台，开展重点环节专项检查，推进刑罚执行和监所管理工作依法开展。认真做好信访工作，全年共受理人民群众来信来访153件次，督促相关部门办理落实，积极化解社会矛盾纠纷，有效维护社会和谐稳定。

夯实工作基础，营造法治环境。常委会听取和审议“六五”普法依法治县工作报告，建议县政府进一步提高认识，突出重点，增强实效，加大保障，确保“六五”普法依法治县规划和决议得到有效实施。严格执行常委会任免国家机关工作人员办法，坚持任前法律知识考试、颁发任命书、表态发言等制度，增强被任命干部的法治意识和公仆意识。举办土地管理法、旅游法、特种设备安全法、饮用水水源保护条例等法制讲座，进一步提高县政府工作部门负责人运用法治思维和法治方式解决问题的意识和能力。加强政府规范性文件备案审查工作，及时对县政府报送的完善服务业扶持政策、加强企业品牌建设等15件规范性文件进行备案审查。常委会出台的3件规范性文件及时向市人大常委会备案。配合省、市人大做好千岛湖保护、渔业资源管理等立法调研和地方性法规草案修改意见征集工作。

三、创新代表工作，有效激发代表履职活力

常委会始终把代表工作作为人大工作的基础，坚持在拓宽履职渠道、创新活动方式、发挥代表作用上下功夫，有效保障人大代表依法履职，努力提高代表工作实效。

优化服务，积极支持代表依法履职。组织代表学习党的十八大精神，加强土地管理法等法律法规和政策培训，提高代表的履职能力。组织代表参加政情报告会，邀请代表列席常委会会议，扩大代表在常委会审议评议、视察检查、专题调研等活动中的参与，拓宽代表知情知政渠道。做好浙江人大代表履职服务平台推广应用工作，建立“网上代表之家”，推动各级代表更好履职。坚持日常工作走访和年终全面走访相结合，认真听取代表意见建议，切实保障代表的参与权、表达权和监督权。

搭建平台，不断丰富代表活动内容。扎实开展代表“进选民门、知选民心、帮选民事”主题实践活动，共走访选民9100户，化解群众矛盾纠纷1320件次，结成帮扶对子261对，落实帮扶资金391万元，提出合理化建议266条，积极为群众解难题办好事。组织代表参与“创东方品质之城，建幸福和谐杭州，尽人大代表职责”活动，开展规划展示中心、养老服务体系建设情况现场视察，提出建设性的意见建议。深入开展“关心母亲河溪，查找水污染源，恪尽代表职责”活动，组织全县各级代表视察检查350余次，参与代表1500余人次，检查河道小溪384条、山塘水库1168座，提出意见建议560余条，有力推进了全县水环境保护工作。深化代表集体约见政府工作部门负责人活动，汾口、文昌等六个代表小组就闭会期间群众关心的问题，面对面约见环保、农办、交通等部门负责人，对农村建筑垃圾填埋场新改扩建给予资金补助、完善中心村精品村建设管理体制等17个问题得到有效解决。代表中心组和代表小组积极开展视察重大项目建设、评议基层站所、代表接待选民、代表向选民述职等活动。

强化督办，增强议案建议办理实效。注重提高代表议案建议质量，规范交办程序，坚持县政府领导领办与常委会领导督办重点建议制度，坚持50%以上解决率不动摇，通过中期督办、不满意件重办和专题审议等形式推进建议办理，加大网上公开及考核力度，切实提高办理质量与效果。经过县政府及各承办单位的共同努力，人代会期间代表提出的247件议案建议均在法定期限内办理完毕，实现办结率、面商率、满意和基本满意率3个100%，解决率达53.8%。闭会期间的34件代表意见建议实现解决率55.9%。加强农村污水处理工程建设及后续管理、05省道燕山收费站通行费减免、农村道路改造提升等10件重点建议的办理更是得到代表好评。

四、改进工作作风，切实提高常委会履职能力

常委会将自身建设摆到更加突出位置，加强学习培训，转变工作作风，注重制度建设，不断提高常委会及机关的工作效能和服务水平。

加强学习培训，夯实履职基础。常委会始终立足人大职权和履职需要，坚持理论联系实际，积极推进学习型机关建设，坚持党组理论中心组学习、常委会学法、专题学习会、专家辅导讲座等制度，积极参加上级人大培训，认真学习贯彻党的十八大和十八届三中全会精神，深入学习政治理论、法律法规和人大知识，不断提高常委会组成人员及机关干部的理论素养和履职能力。

保持良好状态，服务全县大局。常委会在依法履行人大职能的基础上，始终做到围绕中心、服务大局，保持“一线”精神状态，积极参与全县重点工作。常委会四位副主任兼任重大项目前期推进指挥部常务副总指挥，一名副县级巡视员兼任淳杨公路改建工程综合监督组组长，相关工委及机关干部也积极参与项目的具体服务工作，在“一线”了解情况，协同推动重大项目建设。

注重制度建设，规范履职行为。修改完善常委会及机关的工作制度，及时总结人大工作实践中的经验做法，制定出台行政执法评议、专题询问、专题调研等规范性文件，不断提高人大工作的制度化、规范化和程序化水平。认真贯彻落实中央和省市县委关于改进工作作风、密切联系群众的有关规定，厉行勤俭节约，改进文风会风，注重调查研究。积极推进常委会工作的公开，建立淳安人大网站，改进会议报道及新闻宣传，加强信息报送，面向社会公开征集监督议题和意见建议，自觉接受人民群众监督。

强化交流指导，凝聚整体合力。自觉接受上级人大常委会的指导和监督，继续加强与周边及其他地区人大的交流和联系，共同探讨做好新形势下人大工作的有效途径。注重发挥乡镇人大主席团对常委会工作的支持与配合作用，坚持邀请专职主席、副主席列席常委会会议制度，加强对县代表小组活动、代表集体约见政府工作部门负责人活动的指导和协调，组织召开乡镇人大工作研讨会、交流会，共同推进全县人大工作。

各位代表，常委会一年来所取得的成绩，是县委正确领导、全体人大代表共同努力的结果，是"一府两院"和县级机关部门单位密切配合的结果，也是各乡镇以及社会各界大力支持的结果。在此，我代表县人大常委会向大家表示衷心的感谢！

回顾过去一年，我们也清醒地认识到，对照宪法和法律赋予的职能，对照代表和人民群众的期望，常委会的工作还存在一定的差距和不足。主要是：监督工作的广度和深度还需拓展，跟踪督办审议意见落实的工作机制有待进一步健全；代表联系群众的机制仍要继续完善，代表活动的内容、形式有待进一步丰富；常委会的服务能力和服务质量仍需提高，自身建设有待进一步加强。今后工作中，我们将自觉接受人民群众和全体代表的监督，采取有效措施切实加以改进。

二〇一四年主要任务

各位代表，党的十八届三中全会通过了《中共中央关于全面深化改革若干重大问题的决定》，对全面深化改革作出了总体部署，标志着改革进入全面深化的新时期。我们要认真学习、深刻领会、坚决贯彻党的十八届三中全会精神，坚持党的领导、人民当家做主和依法治国的有机统一，推动人民代表大会制度与时俱进，坚持好、完善好、发展好人民代表大会制度，努力开创人大工作新局面。

今年是人民代表大会制度建立60周年，是全面推进"美丽杭州"实验区建设的开局之年，是全面深化改革的突破之年，也是我县深入开展党的群众路线教育实践活动的重要一年，新的形势和任务对人大工作提出了新的更高的要求。今年常委会工作的指导思想是：以邓小平理论、"三个代表"重要思想、科学发展观为指导，全面贯彻落实党的十八届三中全会和县委十三届七次全会精神，紧紧围绕全面深化改革的战略决策和"美丽杭州"实验区建设的工作部署，牢牢把握县委"三个年"、"三个升级版"的新要求，切实履行宪法和法律赋予的职能，推进环境保护，服务产业融合，关注民生改善，发展民主法治，维护公平正义，为在新的起点上推进"以湖兴县、蝶变淳安"贡献力量。

一、认真贯彻三中全会精神，着力推动全面深化改革。

全面深化改革，是淳安面临新形势、应对新挑战、实现新要求的必然选择和动力源泉。人大常委会要牢固树立大局意识、机遇意识和责任意识，保持良好的精神状态，认真贯彻县委《关于深化重点领域关键环节改革的决定》，坚定不移地做深化改革的参与者、推动者、实践者。要以本次会议审议通过的《关于加快推进"美丽杭州"实验区建设的决定》为抓手，进一步凝聚共识，营造勇于实践、勇于变革、勇于创新的社会氛围，汇聚起深化改革和建设"美丽杭州"实验区的强大正能量。

二、紧扣实验区建设，增强监督工作实效。

将深化重点领域关键环节改革工作和事关人民群众切身利益的突出问题作为监督重点，着力推进城乡环境、生态经济、民生服务"三个升级版"的打造，努力夯实"美丽杭州"实验区建设基础。积极推进"五水共治"工作。高度重视千岛湖环境保护，听取和审议农村污水处理设施运行管理、水利设施和河道整治工作情况报告，关注"三改一拆"、"无违建县"创建工作，督促千岛湖保护决议的贯彻落实。高度关注经济运行情况。听取和审议预算执行、审计工作报告，审查批准财政决算，强化部门预算编制执行，进一步探索加强对政府全口径预算决算的审查和监督，开展乡镇财政预算决算监督工作试点。听取和审议行政审批制度改革、政府重点投资项目建设、农业龙头企业发展工作，关注汾口—浪川城乡统筹示范区产业建设，专题调研全县景区化与农民增收、农村土地流转等课题，促进经济平稳健康发展。着力推动民生保障和改善。对教育局开展工作评议，继续关注政府为民办实事工程，关注失地农民保障问题，视察计划生育工作，深化食品安全源头管理监督，积极回应人民群众的关切和期待。依法促进民主法治建设。对县法院法官进行履职评议，开展杭州市安全生产监督管理条例执法检查，听取和审议检察院工作报告，举办常委会法制讲座，加强政府规范性文件备案审查，配合上级人大做好立法调研和法律法规草案征求意见工作，认真处理群众来信来访，着力促进社会和谐稳定。

三、提高服务保障能力，发挥代表主体作用。

充分尊重代表主体地位，按照提高素质、完善制度、规范活动、增强实效的要求，积极引导、支持和保障代表依法履职、发挥作用。组织代表进行党的十八届三中全会精神、提高议案建议质量、履行好代表职责等内容的学习培训，增强代表履职意识，提升代表履职能力。深化“进选民门、知选民心、帮选民事”代表主题实践活动，推进代表联系选民工作常态化，建立健全代表密切联系群众的长效机制。完善“一府两院”向代表报告工作制度，开展代表小组集体约见政府工作部门负责人活动，提高代表接待选民、代表向选民述职、联合视察基层站所等活动的实效，强化代表对为民办实事工程的监督，用好浙江人大代表履职服务平台，进一步丰富闭会期间代表活动内容。加强代表议案建议督办工作，坚持县政府领导领办、人大常委会领导督办重点建议制度，对重点建议、建议承办大户进行全程跟踪督办，探索建立议案建议办理情况公开通报制度，适时开展建议办理工作“回头看”，进一步提高代表意见建议的解决率和满意度。

四、坚持与时俱进，加强常委会自身建设。

按照县委的统一部署，扎实开展群众路线教育实践活动，更加牢固地树立党的宗旨意识、群众观念，切实把群众路线贯穿于依法履职的全过程，贯彻到人大工作的各个方面和各个环节。认真配合做好全县人大工作会议筹备工作，在县委的领导下积极推进人大工作。密切联系群众，深入调查研究，保持良好文风会风，强化制度完善和执行，抓好机关干部队伍建设，努力保障常委会工作高效运转。重视新闻信息宣传工作，加强对乡镇人大的业务指导和工作联系，努力提高人大工作整体水平。

各位代表，宏伟目标鼓舞人心，改革蓝图催人奋进。我们的使命光荣，人民的期待殷切。让我们高举中国特色社会主义伟大旗帜，深入贯彻党的十八大和十八届三中全会精神，在中共淳安县委的坚强领导下，全力服务大局，严格依法履职，更好地发挥地方国家权力机关的职能作用，为加快推进“美丽杭州实验区、水秀天下蝶变梦”作出新的更大贡献！

政府工作报告

2014年2月18日在淳安县第十五届人民代表大会第三次会议上

县长　柴世民

各位代表：

现在，我代表县人民政府向大会报告工作，请予审议，并请县政协各位委员及其他列席会议的人员提出宝贵意见。

一、2013年工作回顾

2013年，县政府在杭州市委、市政府和县委的正确领导下，在县人大、县政协的监督支持下，坚持以科学发展观为指导，团结和依靠全县人民，按照“三个五”的战略部署，解放思想，开拓进取，求真务实，克难攻坚，较好地完成了县十五届人大二次会议提出的各项目标任务，实现了国民经济的较快发展和社会各项事业的有力改善。

据初步统计，2013年，全县实现生产总值173.31亿元，增长10.3%；财政总收入19.20亿元，其中地方财政收入12.55亿元，分别增长11.6%和11.9%；固定资产投资119.38亿元，增长23.1%；城镇居民人均可支配收入27612元，增长11.3%；农民人均纯收入10531元，增长11.8%；金融机构存贷款余额分别达到235.96亿元、176.31亿元，分别增长8.6%和11.5%。

（一）致力打造生态淳安，生态效应加速显现

生态项目加快实施。完成城西污水处理厂提标改造和中水回用工程。威坪、姜家污水处理厂项目进展顺利。沿湖宾馆酒店和景区景点实现污水“零排放”。启动湖面垃圾资源化综合利用示范工程。新建村级污水处理设施100套。建成全国首家水质自动在线通量实时监测系统，完成千岛湖生态系统监测站建设，生态监测智慧船投入使用。

生态保护有力推进。首创环境形势分析会制度，建立乡镇交接断面水质考核和动态监测制度，加强与新安江上游地区水质保护的联防联控。深化“三江两岸”和“四边三化”工作。深入开展清洁乡村、清理河道“双清”行动，整治和清洁河道130公里，完成50个省待整治村“一村五项目”工程建设。开展排污权有偿交易，推进污染减排工作。积极实施“保水渔业”，开展库湾网箱养殖整治活动。加强千岛湖湖区、河道采砂管理，规范建设项目使用千岛湖水域行为。完成林相改造3.47万亩。实施“肥药双控”、测土配方和液肥配送等工程，推进农业生态循环发展。

生态品牌日益响亮。成功列为美丽杭州实验区。争创为全国生态文明建设试点县。千岛湖被列为国家江河湖泊生态环境保护重点支持的15个湖泊之一。《千岛湖及新安江上游流域水资源与生态环境保护综合规划》获国务院批复。新创建国家级生态乡镇5个，累计达到19个。国家有机产品认证示范区创建积极推进。

依托生态优势促进品牌提升，新增省、市著名商标18件，“千岛秀水”成功注册为我县矿泉水集体商标。

(二)致力打造度假淳安，旅游强县迈出新步

度假产业加快发展。深入实施全县景区化战略，共接待游客908.66万人，实现旅游经济总收入81.21亿元，分别增长14.1%和15.7%。旅游综合体建设不断推进，千岛湖国际商务度假中心完成投资5.9亿元，森林公园一期基本完工。界首旅游教育、安阳白象湾、姜家文渊狮城等综合体项目开工建设。高星级酒店建设持续推进，梅地亚君澜酒店试营业，民福度假村、雷迪森酒店主体结顶。龙山岛、桂花岛改造完成，蜜山岛改造有序推进。加快提升乡村旅游品质，完成左口龙坑坞、安阳乌龙乡村旅游示范点和芹川古村落保护一期工程建设。出台农村历史特色建筑保护政策，编制《淳安县度假村落招商规划》，积极探索保护与开发相结合的有效举措。全县乡村旅游共接待游客262.8万人，实现收入2.81亿元，分别增长25.2%和33.2%。

休闲品质不断优化。高分通过国家旅游标准化试点工作评估验收，智慧旅游试点工作有序开展。稳妥实施游船公司整合重组，湖区游船实现公交化运行。开通至萧山机场直通旅游巴士。组建旅游执法大队和景区派出所，强化旅游目的地常态化管理。旅游休闲产品日益丰富，“千岛湖•水之灵”演艺项目正式推出，环千岛湖绿道排岭半岛段建成开放，淳杨段和千汾段二期加快实施，千岛湖大排档竣工。加强绿道骑行、蜜月婚纱摄影等特色旅游产品培育，全县共接待骑行游客20万人，婚纱摄影及蜜月度假游客5万对，分别增长110%和67%。千岛湖游艇帆船俱乐部项目成功招商。绿城水上运动俱乐部项目完成规划审批。启动国家运动休闲示范区创建，成功举办户外休闲运动大会等秀水节系列活动。

服务经济持续提升。出台扶持服务业、商业特色街区发展政策，修订完善服务业考核办法，强化服务业“1+6”工作推进机制，全县实现服务业增加值73.63亿元，增长12.6%。实施秀水街、滨湖休闲步行街和新北商业特色街业态调整，金色阳光运动休闲街完成招商，里商大千古街项目启动建设。完成“个转企”469户，提前两年完成三年任务。提升改造农家小型标准超市153家。千岛湖城区农贸市场全面完成改造提升和省文明示范市场创建工作。积极推进养老养生、社区服务等产业培育，成功引进“逸和源•千岛湖颐养中心”项目。房地产业实现稳定发展，全年实现商品房销售面积27.6万平方米。积极拓展企业融资渠道，权利质押融资等金融服务实现扩面增量。

(三)致力打造创业淳安，产业融合不断增强

生态工业稳步发展。全年实现工业销售产值307.81亿元，其中规上工业销售产值236.82亿元，分别增长14.0%和15.0%。汾口浪川城乡统筹产业示范区建设快速推进，完成6000余亩土地征用和3000亩土地平整。文昌生态工业园区基础配套不断完善，新引进企业10家，开工建设2家，投产1家。农夫山泉、康盛、千啤等大企业稳步发展。丰凯实业、淳诚实业等项目建成投产。百果园科技、野娇娇迁建等项目基本建成。沪千总部、华数云数据中心等项目顺利推进。潮流能发电实验室项目取得重大突破。完成工业投入29.35亿元，增长11.9%。新增规上企业10家。出台小微企业创业基地扶持政策。来料加工业稳步发展。千岛湖科技城启动建设，杭州敏迪科技大楼项目进展顺利。扩大科技风险池基金规模，发放定向贷款6700万元。专利授权745件，增长67.0%。全年实现规上高新技术产业销售产值26.63亿元，增长16.4%。

生态农业持续发展。茶、桑、果、竹等主导产业稳产增收，中药材、食用菌、山地蔬菜、油

茶等新兴产业不断壮大，全年实现农业总产值40.39亿元，增长5.6%。出台农业园区扶持政策，新流转土地6465亩，启动建设鳌山现代农业园区等各类农业园区项目33个，下姜葡缘农业园区、屏门草莓示范园区基本建成，新增省级农业示范园区3个。淳杨线百里毛竹长廊建设积极推进。强化龙头企业引进和培育，新增省、市级农业龙头企业6家。成功举办中国茶叶学会团体会员会议和"千岛玉叶龙井茶"产业论坛。引进迅唯公司组建千岛湖电子商务协会，搭建农产品公共销售平台。积极推进林权抵押贷款、特色林业基地建设和国有林场改革，被授予"浙江省集体林权制度改革模范县"。积极探索渔业休闲经济、林下经济等农业新模式。

产业招商创新发展。完善招商引资专项考核和工作推进机制，实施引荐者奖励制度。组建杭州、乐清千岛湖商会，积极支持淳商回归创业创新。围绕发展优势和产业短腿，加大招商力度，引进康诺邦等一批有影响力的生态工业项目，招引投资1000万元以上的旅游三产项目29个、新东林干果等农林产品精深加工项目47个。全县共协议引资99.10亿元，到位资金71.21亿元，分别增长23.7%和11.9%。新批外商投资企业12家，合同外资24303万美元，实际利用外资14729万美元。大力发展总部经济，成功引进浙商创投等6家创投企业。加强招商引智工作，出台高技能人才队伍建设、海内外高层次人才来淳创业、人才房管理等系列政策，引进高层次人才17人，培养高技能人才510人，评选"首席技师"10人。

（四）致力打造统筹淳安，城乡面貌日益改善

城市品位不断提升。老城有机更新加快推进，完成中心湖区景观飘带改造工程，城中湖景观飘带改造、中心湖区及周边岛屿景观照明工程启动建设。新城建设步伐加快，珍珠广场、中轴溪项目建成开放，丰家山农民转移集聚区一期基本完工。千岛湖文化综合体、科技大厦等项目完成前期。卓尔纺织、雅咪咪等业态改造项目动工建设。"三改一拆"工作强势推进，三年改拆任务提前两年完成。千岛湖镇撤村建居工作全面突破，土地征收、房屋签约工作基本完成，安置房建设全面启动。交通治堵有力推进，新增城区停车泊位1421个，完成新安东路、新安南路2个拥堵点改造，实施明珠路单向通行管理。探索实施"五步法"城管执法新机制，姜家、临岐、大墅等数字城管建成运行，成功创建中国宜居城市。

城乡统筹扎实推进。深化扩权强镇改革，汾口、威坪、姜家、临岐、大墅等中心镇公建配套、商业业态加快完善，集聚功能不断增强，全年新转移集聚人口3680人。枫树岭—下姜美丽乡村示范区建设加快实施。高标准完成30个中心村、17个精品村规划修编。推进乡镇、村项目整合，实施国企参与精品特色村项目代建，美丽乡村建设品位有效提升。探索壮大村级物业经济等举措，扶持经济薄弱村集体经济发展。深化联乡结村、区县协作，落实帮扶协作资金1.38亿元。加强农村土地综合整治，全年完成建设用地复垦734亩，垦造耕地3711亩。

城乡基础日趋完善。千黄高速列入国家高速公路网规划，杭黄铁路前期工作取得阶段性进展。淳杨公路改建工程完成形象进度60.8%，临岐至千岛湖大桥进贤湾段改建工程建成通车，千汾公路梓桐接线工程、金富公路石头埠至富文段、屏河公路改建、周坑口交通枢纽站等工程开工建设。农村公路大中修、安保工程、病危桥改造、隧道照明及维修加固等项目完工。小流域综合治理、山塘水库除险加固等农田水利设施建设扎实推进，荣获浙江省第十九届"大禹杯"银奖。中心湖区水陆加油站建成营业。完成110千伏虹桥变建设，110千伏界首变、供电服务中心等项目加快实施。

（五）致力打造幸福淳安，民生事业有力保障

社会事业协调发展。深入开展省教育现代化县创建，实施医疗卫生服务“双提升”工程，出台扶持民办教育、民营医疗机构发展政策。成功引进建兰等优质民办教育品牌，千岛湖中等职业学校正式投入使用，千岛湖镇六小、第二公立幼儿园项目有序推进，16所农村中小学幼儿园等项目全部完工。深入实施县级公立医院综合改革，县一医院、县二医院、县中医院实现省市医院托管。完成县中医院提升改造工程，县妇保院迁建工程主体完工，卫生创强、智慧医疗诊间结算等工作走在省市前列。完成17处农村历史建筑修缮和23处村级文化礼堂建设，基本实现全县乡镇综合文化站和行政村文化活动室全覆盖。深化村为主机制，创新开展计生三访服务活动，低生育水平保持稳定。再次荣获国家级全民健身活动和全国群众体育先进单位。成功创建省级科普示范县。全面开展侨情调查。与此同时，民宗、外事、气象、人民武装、国防动员、人民防空、住房公积金等工作得到加强，老龄、工青妇、文联、档案、红十字、关心下一代等事业健康发展。

民生保障积极改善。继续深化“充分就业县、创业型县”创建，城镇登记失业率稳控在2.75%以内，“零就业家庭”实现基数归零、动态归零。注重创业带动就业，发放创业小额担保贷款2159万元，带动1651人次就业。强化五费合征，社会保险扩面和城乡居民养老保险参保任务全面完成。城乡人力资源和社会保障新一轮信息系统开发投入使用，创新开展医保报销直接支付工作。开展“企业关爱职工、职工关心企业”活动，工资清欠工作稳妥有序。建立低收入群体收入核查机制，城乡低保标准分别提高到480元、336元。健全分层分类救助办法，完善临时救助政策，深入开展“春风行动”、“慈善一日捐”等送温暖活动，发放各类救助资金5282万元。临岐、左口等养老服务中心建成投入使用，梓桐、文昌等7个乡镇养老服务中心启动建设，实施政府购买居家养老服务2446人。姜家镇章村成功创建全国敬老文明号。加强残疾人保障和服务体系建设，残疾人生活品质得到有效提升。全县行政事业单位住房补贴发放到位，完成230户保障性住房分配和220户农村危旧房改造工程。

社会秩序稳定和谐。建立食品安全综合监督机制和大宗地产风险防控体系。严格落实安全生产责任制，推进企业安全生产标准化建设，深入开展重点行业领域安全生产专项整治。加快应急体系建设，全力防控H7N9禽流感，有效应对强降雨、特大干旱以及台风等自然灾害。加强和创新社会管理，实施信访领导包案、挂牌督办、首办责任等制度，有效化解矛盾纠纷。深化“平安千岛湖”创建，构建立体化社会治安防控体系。完成“六五”普法中期评估工作。平稳有序完成社区、村级组织换届工作。

（六）致力打造有为政府，履职能力有效提升

注重真抓实干。深化行政审批制度改革，县级审批事项精简100项，大幅取消中介服务事项，建立专家咨询评估委员会，规范招投标和标后监管工作。强化考核导向作用，整合考核项目，健全考核体系。完善食品安全管理体制，完成餐饮等监管职能划转。加大国有资产监管力度，推动国有企业做大做强，实现国有资产保值增值。完善工程项目前期推进机制，依托七个重大项目前期推进指挥部的合力攻坚，项目推进取得明显突破。推动省市国企、民企参与政府重大项目代建。精心组织为民办实事项目，十件实事全部实现既定目标。

坚持民主开放。完善政府重大行政决策开放式运行机制，对政府制订出台的政策性文件及重大行政事项，通过人大、政协、媒体网络、听证等多种形式，广泛征求意见，使政府决策更加民主、科学。建立政府投资项目和政府采购项目信息公开制度，实行村级“三务”信息电视公开。严格依法行政，主动接受县人大的依法监督和县政协的民主监督，坚持重大事项向

人大报告和向政协通报制度。认真办理247件人大代表建议和229件政协委员提案，办结率、满意率均为100%。

强化廉洁自律。认真贯彻执行中央和省市作风建设有关要求，严格落实服务企业“五个必须”、“五个一律不准”要求，努力营造良好政务环境。全面落实党风廉政建设责任制，加强行政监察和审计监督，严肃查处违法违纪案件。严格预算管理，厉行勤俭节约，全县“三公”经费压缩14.6%。

各位代表，过去一年我县所取得的成绩来之不易，这是在市委市政府和县委的正确领导下，在历届县政府工作的基础上，通过全县上下同心同德、克难攻坚、奋力拼搏的结果。在此，我谨代表县人民政府，向所有关心、支持和参与淳安经济社会发展，为淳安建设作出积极贡献的同志们、朋友们，表示衷心的感谢和崇高的敬意！

在肯定成绩的同时，我们清醒地认识到工作中还存在不少差距和问题。主要表现为：千岛湖战略地位日益凸显，社会关注度越来越高，处理好保护与发展的关系压力越来越大。淳安经济总量依然偏小，财力依然较为薄弱，与人民群众迫切期盼加快发展、民生改善的要求还有较大差距。受宏观经济形势影响，区域之间竞争不断加剧，通过招商引资，借助社会资本，推动产业转型升级成效还不够明显。城乡统筹发展在资源整合、产业支撑、特色打造、品牌提升等方面仍显不足。全县景区化纵深推进、服务经济的做强、二产的融合发展有待加快突破。创新社会管理、落实安全生产、强化社会治安等方面还有待加强。干部队伍的作为意识、服务效能还有待进一步提高。对此，我们必须高度重视，采取有效措施努力加以解决。

二、2014年工作目标和总体要求

2014年政府工作的指导思想是：全面贯彻中央、省市县委全会精神，坚持改革统领，牢牢把握实验开局年、改革突破年、作风提升年“三个年”的新要求，深入实施“三个五”战略，全力打造城乡环境、生态经济、民生服务“三个升级版”，加快美丽杭州实验区建设，为“以湖兴县、蝶变淳安”再创新业。

经济和社会发展的主要预期目标是：生产总值增长9.5%，服务业增加值增长12%，社会消费品零售总额增长15%，规上工业销售产值增长12%，农业总产值增长7%，固定资产投资确保增长20%、力争22%，地方财政收入增长8%，城镇居民人均可支配收入和农民人均纯收入分别增长10.5%和12%，城镇登记失业率控制在4%以内，万元GDP能耗完成市定目标。

为实现上述目标，新一年政府工作要在“三个年”的总体要求下，着力把握好以下几个方面：

坚持把强化科学发展作为根本要求。美丽杭州实验区建设是“三个五”战略的深化和升华。新一年中，要认真贯彻实验开局年的部署，按照全国生态文明建设试点、省级重点生态功能区建设试点的要求，拉高生态标杆，在继续加强生态保护的同时，积极推进生态经济发展和民生幸福的提升，努力实现“绿水青山就是金山银山”，积极走出一条既要加强保护又要加快发展的科学路子。要积极推进城乡统筹与全县景区化的融合互动，加快建设秀水名城，致力打造美丽乡村。要坚持以旅游为引领、服务经济为首位经济、三次产业在生态平台上融合发展的思路，努力把生态产业发展、休闲经济培育与老百姓增收致富有机结合起来，加快实现淳安的蝶变发展。

坚持把勇于改革突破作为关键抓手。新一年中，要认真贯彻改革突破年的部署，围绕县委《关于深化重点领域关键环节改革的决定》，以政府自身改革为切入点，在简政放权、强化市场监管、提供公共服务、优化政府运行机制方面加大改革探索力度，切实转变政府职能。要以构建与美丽杭州实验区相适应的体制机制为突破口，深化重点领域、关键环节改革，推动环境持续优化、产业转型提升、民生不断改善、行政服务高效。要以科学把握政府与市场关系为推动力,围绕激发各类市场主体活力,深化市场取向改革,在积极做大做强国有企业的同时,开放社会资本进入领域,充分发挥市场在资源配置中的决定性作用。

坚持把守住三大底线作为应尽职责。生态、安全、民生关乎民意、民心、民愿,是政府履行监管、管理社会职责必须坚守的底线。促进生态环境良好是民意所系,要抓住千岛湖环境保护上升国家战略等机遇,强化制度创新,从严格准入、系统保护、科技支撑、共建共享、多元投入等方面入手,切实提高生态环境保护成效。保持社会安全和谐是民心所向,要全面推进平安千岛湖建设,严格安全生产责任制,切实加强重点行业、重点领域的安全监管和隐患整治,注重市场监管,健全社会矛盾化解机制,确保社会安全有序,人民安居乐业。不断改善民生是民愿所盼,要主动顺应人民群众过上更好生活的新期待,坚持"尽管经济欠发达但民生不能欠发达"、"既要量力而行又要尽力而为"的理念,努力保障民生,改善民生。

坚持把深化作风建设作为有力保障。作风建设既是提升政府公信力的重要基础,也是增强攻坚战斗力的重要保证。新一年中,要认真贯彻作风提升年的部署,抢抓机遇、提振精神、改进作风。要以深入开展群众路线教育实践活动为载体,全面落实中央和省、市、县关于改进工作作风、密切联系群众的各项规定。要针对当前干部队伍中存在的思想不够解放、工作激情不够高、发展精力不够集中、攻坚勇气不够足、廉政要求不够严等方面的问题,大力倡导创新干事、激情干事、科学干事的良好作风,以实干赢取业绩。要力戒"守摊子、等靠要、怕担责、唯私利"的思想,严肃查处行政不作为、慢作为、乱作为的行为,以高效务实取信于民。

三、2014年主要工作任务

按照上述工作目标和总体要求,2014年着重做好以下三个方面的工作:

(一)围绕拉高标杆、统筹发展,打造城乡环境"升级版"

全力呵护绿水青山。按照"山水林田湖是一个生命共同体"的理念,着力构筑全域化、立体式、系统性生态环境保护格局。注重科学保护,加强与国内顶尖水质保护科研院所和湖泊研究机构合作,建立环境保护院士工作站,定期开展环境影响因素研究研判,切实提高环境保护的科学性和针对性。设立千岛湖水质监测中心,开展千岛湖水质预警体系建设顶层设计和流域污染控制研究。完善项目准入和开发监管机制,进一步加强湖岸线、照面山、山脊线等保护。推进系统保护,全面实施"五水共治"专项行动,科学推进"多种树、慎挖山、不填湖"要求的落实,以更高标准保护千岛湖生态环境。加大城镇污水处理设施建设,提高城镇截污纳管率,推进城中湖综合治理,建成威坪、姜家污水处理厂,启动安阳、界首污水处理厂建设。加快农村生活污水处理设施建设,实现所有行政村和沿湖村庄污水处理设施全覆盖。完成库湾网箱养殖整治。加大源头治理力度,强化与新安江上游地区联防联控,完善乡镇交接断面水质考核,全面推行"河长制"。健全城乡垃圾收集体系,推进垃圾分类和资源化、无害化处理。推进农业面源污染治理,开展土壤修复,探索实施生态农田补助。加强生态公益林保护,强化松材线虫病防控。提升生态文明,积极落实《千岛湖及新安江上游流域水资源与生态环境保护综合规划》,深入开展全国生态文明建设试点,推进国家江河湖泊生态环境保护工作,实施省级重点生态功能区建设,积极争创国家主体功能区试点县。积极倡导低碳、环保的理念,注重大气污染防控,大力开展节能减排,加强能源"双控"管理,支持清洁能源、节能技术、低碳项目、建筑节能材料的应用,推广"油改气、油改电"等项目,推动工业、农业的循环生产。大力引导绿色消费、绿色出行、绿色办公等低碳生活方式，着力构建人与自然和谐共处的美好家园，致力打造全国生态文明建设示范。

加快打造秀水名城。以打造“国际旅游小城市”为目标，进一步优化城市空间布局，完善设施功能配套，提升城市宜旅功能。完善老城功能，继续推进“三改一拆”、交通治堵工作，完成千岛湖镇撤村建居工作，推进区块整体开发。启动浪达岭高山支路改建工程、里杉柏配套道路建设，推进龙门隧道复线等市政配套工程，完成龙门路至老茶厂支线、青春路改造工程。加快实施中心湖区及周边岛屿景观照明工程，加强城市洁化绿化美化亮化。加快新城开发，建成沪千总部项目，推进中轴溪商业特色街区招商，加快千岛湖文化综合体、科技大厦等项目建设，推动滨江东方海岸、六合浅山等项目开发，促进新城建设与产业发展融合。深化城市管理，探索城市管理体制改革，整合城市管理职能，推进城市管理向中心镇延伸。优化提升老旧小区物业改善工程，强化物业管理，规范物业服务行为。

深入建设美丽乡村。深化城乡统筹与全县景区化对接融合，在强化政府投入的同时，切实发挥市场和民营企业的积极作用，多种途径建设美丽乡村，多种模式发展农村经济业态。围绕提升乡村整洁度，深入开展“无违建县”创建，全面启动以“一户多宅”整治为重点的农村防违、控违、拆违工作，实施“规范农村宅基地、破解农民建房难”专项行动，加强农村历史建筑保护和新建建筑风貌控制。深化清洁乡村、清理河道、“四边三化”、美丽庭院等工程，健全农村环境标本兼治、长效管理、考核激励机制，全面提升农村人居环境。围绕提升城乡美丽度，按照“乡土气息、美丽元素、景观风貌”的要求，注重政府投入与百姓意愿、民营资本参与相结合，全力推进城乡统筹项目建设。加快推进五大中心镇商业街改造、公建配套、绿化美化，增强中心镇旅游服务功能。推进安阳、界首和石林风情小镇建设。实施10个精品特色村创建，提升发展4个精品特色村。启动千威线和淳杨线精品带建设，建成枫树岭—下姜美丽乡村示范区。围绕提升产业支撑度，注重把老百姓的致富与休闲经济的发展有机结合起来，大力推进乡村旅游、物业经济等农村新型业态发展。充分挖掘农村沿湖、沿溪、沿公路干线资源，加强规划包装，推进产业招商。深入实施低收入农户收入倍增计划。

积极改善基础设施。加快前期推动，杭黄铁路实现年内开工，千黄高速力争早日动工建设。完成淳杨公路改建。加快千汾公路梓桐接线、屏河公路改建工程。推进周坑口客运枢纽站建设，建成汾口公交换乘中心，深化农村公路养护管理。实施62座山塘水库除险加固工程，推进万里清水河道等美丽河道工程建设，启动安阳自来水厂建设。推进220千伏浪川变、110千伏半岛变、界首变、珍珠变和供电服务中心等电力基础设施建设。华数云数据中心建成运营。完善农村集镇的银行、超市、通讯网络等配套设施，提升集镇人口和产业集聚能力。

（二）围绕旅游引领、三产融合，打造生态经济“升级版”

大力拓展度假旅游。围绕打造环千岛湖休闲度假圈、湖区旅游加快向全县景区化拓展，突出“点示范、块集聚、线串联”发展路径，着力构建“一圈一线五片区”总体格局。提升观光游，完成蜜山岛景点改造，推出西南湖区水上迷宫游，扩大夜游规模，完成中心湖区旅游码头停车场主体工程，完善游船公交化运营体系，推动湖区旅游休闲化。扎实开展智慧旅游、智慧航区建设。丰富城市游，积极打造高端酒店集群，大力引进与山水资源相融合的超星级酒店、精品酒店、特色酒店，加快推进雷迪森、安娜塔拉、卓美亚等高星级酒店建设，民福、华美项目主体完工。千岛湖大排档、旅游商品交易中心正式营业。加大“千岛湖•水之灵”推广力度，启动“千岛神韵”项目建设。推进度假游，加快千岛湖国际商务度假中心业态项目建设，酒店会议中心和半岛小镇全面动工。积极推进界首教育旅游综合体建设。安阳白象湾综合体完成一期农业项目开发。文渊狮城综合体主体工程完工。启动龙川湾国际禅修中心建设。推进茶园风情小镇项目、威坪方腊景区综合开发。加快主题度假项目的招商和推进,积极引进水上乐园、温泉、滑雪等特色旅游产品。培育休闲游,加快国家运动休闲示范区创建,完成户外休闲运动规划编制,加强旅游产品联动。完成淳杨段、千汾段二期和城区自行车骑行绿道建设,实现千岛湖绿道成环。加快城中湖、秀水广场和姜家墨香湖水域水上娱乐项目开发,推动水上运动俱乐部、帆船游艇俱乐部等休闲体验类项目建设。壮大乡村游,积极引导度假村落、民宿民居等乡村旅游产品开发,提升芹川古村落和乡村休闲社区、农业休闲观光园区品质,启动石林九龙源度假村落、姜家龙源溪乡村旅游区建设。推进中洲红军北上抗日先遣队纪念馆、金峰百照摄影基地、安阳三井尖登山基地、临岐和左口休闲采摘基地等旅游项目建设和产品开发,着力培育一批乡村示范基地。注重生态景观提升,推进森林景点开发,力争建成1～2个以林相为特色的示范点。

全力打造服务经济。推动以大旅游为龙头的服务经济大发展,全年接待游客1000万人,实现旅游经济总收入90亿元。整合城区国有经营性资产及机关事业单位闲置用房,引导推动休闲业态培育。积极引进城市大型商贸综合体,完成金色阳光运动休闲街建设,提升滨湖休闲步行街、千岛湖秀水街品位。浙江旅游职业学院千岛湖国际酒店管理学院开工建设。大力发展健康产业,积极打造集医疗保健、养老养生、康体健身等为一体的健康产业集聚区,千岛湖颐养中心主体工程结顶,姜家银发家园项目启动建设。加快培育餐饮美食、茶楼酒吧、婚纱摄影、会议会展等特色行业。培育发展物业经济和社区服务业,鼓励发展商贸物流、金融保险、中介咨询、科技服务等生产性服务业。加大闲置土地清理,强化督查推进,加快社会投资项目建设,探索景观度假房产营销新模式,推动房地产业稳步发展。鼓励引进农村小型商贸综合体,完成临岐、姜家、枫树岭、屏门等乡镇农贸市场改造。加大乡镇服务业培育引导和支持力度,推进产业特色块状集聚。

努力壮大生态工业。围绕平台建设、有效投入、产业培育等重点,推进"四换三名",加快生态工业转型升级。加快平台开发,加大经济开发区"腾笼换鸟"力度,做深整合提升、产业集聚、亩产贡献文章。全力推进汾口浪川城乡统筹产业示范区建设,加快基础设施配套,力争早出形象。加快文昌生态工业园区产出,力争新引进签约项目10个以上,培育规模以上企业2家。加快江东杭千扶贫开发区建设,努力拓展招商用地。推进珍珠半岛科技创业园和杭州敏迪科技大楼建设,积极培育科技产业集群。推进乡镇工业功能区整合提升,推动石林竹木加工等特色产业园区集聚发展。加强产业培育,进一步激发农夫山泉、千啤等企业做大做强,积极引进知名水饮料企业,加快打造百亿水产业基地。坚持扶优扶强,积极推进机械加工、纺织服装等传统优势产业转型升级。大力发展农林产品精深加工、休闲装备、电子信息、生物医药、高新技术、清洁能源等新兴产业。加大企业扶持,继续支持推动沪千森工、鲟龙科技等企业上市,鼓励有发展前景的企业在"新三板"市场挂牌上市。积极扶持小微企业创业基地建设,推进来料加工业培育和转型发展。全年新增规上企业8家以上,实现限上工业投入32亿元,规上工业销售产值265亿元。

致力做优生态农业。围绕千岛湖生态资源和品牌特色,打响休闲观光和生态有机农业的品牌,打造休闲经济新亮点。鼓励发展休闲农业,以农村土地规模流转和推动社会资本进入为基础,积极破解要素瓶颈,全年新建现代农业示范园区10个,提升农业园区15个。力推界首鳌山、汾口十八坞等一批农业休闲观光园区建设。探索培育家庭农场等新型农业发展模式。引导发展有机农业，坚持打生态有机牌，走高端精品路，出台有机农业产业培育的扶持政策，鼓励推广自然农法，深化国家有机产品认证示范区和省级生态循环农业示范县创建，加大有机产品的宣传推介。提升发展品牌农业，实施整合和提升行动，成立农品办，推进政府和企业品牌共创、共推和共享，打造千岛湖农产品区域品牌。坚持引进和培育并举，大力推进农业龙头企业建设，提升农产品精深加工水平和市场带动力、品牌影响力。注重产业延伸和品牌营销，巩固提升茶、桑、果、竹等主导产业水平。积极发展电子商务，大力推进网络等信息化建设，研究制定电子商务的扶持政策。充分发挥县电子商务公共服务中心的平台作用，大力拓展农产品、旅游产品电商销售网络，引导培育一批电商企业。

强力推进三产融合。突出生态导向，坚持旅游引领，注重将旅游要素环节拓展到工农业领域，有力拉动生态产业转型提升。加大沿湖、沿溪、沿线生态资源整合，强化旅游线路板块与休闲农业的对接，引导发展休闲观光采摘、农耕文化、森林旅游等产业，做深做透农林资源加工文章。积极推广工业旅游，培育生产观光、产品购买以及休闲娱乐等体验项目，加快推进清正生物、华盛丝绸、千啤激情广场等工业旅游景点建设，争创AA级景区。突出招商引资带动，整合招商资源，强化规划引领，加大政策扶持、加强企业培育，力争新引进以农业休闲观光园、农林产品精深加工、工业旅游等三产融合项目30个以上。全力抓好“淳安人经济回归”工程，进一步推动总部等税源经济项目招商。力争全年招商引资协议资金、到位资金分别增长10.5%和10.2%。

(三)围绕坚守底线、改善民生，打造民生服务“升级版”

夯基础，优化民生。深化省级教育现代化县创建，加大城乡教师交流力度，推进城乡教育均衡发展。建成千岛湖镇六小、第二公立幼儿园。完成建兰中学、睿达实验等民办学校改建项目，确保秋季开学。深入实施医疗卫生服务“双提升”工程，完成妇保院搬迁，汾口镇社区卫生服务中心基本建成，实施县二医院综合楼工程建设。启动省级文化先进县创建，推进文化超市和文化礼堂等公共文化服务体系建设，完成第五轮农村历史建筑修缮。落实生育新政，完善计生利益导向和服务机制。推进档案数字化。深化全民科学素质提升行动。健全城乡均等的公共就业创业服务体系，完善高校毕业生、城乡就业困难人员等重点群体就业促进机制。出台基本养老、基本医疗保障实施细则，建立城乡居民重大医疗保障制度，完善被征地农民保障制度。开展农村小额人身保险试点。强化医保基金监管。健全社会救助体系，加强低保家庭收入核查和动态管理，完善分层分类、临时救助等机制。启动县殡仪馆扩建工程，完善湖山公墓基础设施。拓宽助残服务领域、实施助残服务直通车项目。

守底线，保障民生。严格落实安全生产责任制，加强交通、工矿企业、学生接送、建筑施工、消防、食品安全等重点行业和领域的安全监管。完善突发公共事件应急处置机制，加强防灾减灾工作。有效整合社会信息资源，推进覆盖全县的视频监控网络和信息系统建设。健全社会应急联动机制，严厉打击违法犯罪活动，推进“平安千岛湖”创建。完善接访调解机制，深化县政府领导定期接访制度。推进“六五”普法工作。完善村级重大事务决策工作机制，落实村民自治、社区居民自治民主管理制度。深化双拥共建活动，加强人民武装和国防教育，认真抓好征兵、优抚安置、人民防空、民兵预备役工作。积极做好民族宗教、外事、港澳台侨事务、工青妇、红十字、文联、关心下一代等工作。

抓多元，服务民生。针对群众多元化的公共服务需求，在政府财政保基本、兜底线的同时,创新政府公共服务模式,通过实施政府购买服务、公办民营、委托代理等机制,着力提升教育、卫生、养老、文化、交通等领域的基础设施和公共服务。探索实施乡镇敬老院、农村幼儿园公办民营机制。实行本地车辆免缴05省道淳安段通行费。开放民营资本进入领域,鼓励引进民营企业,加快推进教育、卫生、养老等社会事业产业化发展。推动新富骨伤等专科医院改扩建,启动安康医院建设。

办实事,改善民生。今年县政府将办好以下十件实事工程:一是围绕推动"五水共治",加大城乡污水处理设施建设,推进老城区截污纳管工程,完成南山污水处理厂提标改造,启动实施旅游码头二期至天清隧道段污水管网配套工程,新建沿湖沿溪村庄污水处理设施84套,实施20个村连片整治工程,完善100个村污水管网。二是投资6000万元实施90个村的自来水设施改造提升工程,切实保障农村群众饮水安全。三是加大农村公路改造力度,实施农村公路大中修184公里、安保工程80公里、病危桥改造12座,隧道照明及维修4座,保障群众安全、便捷出行。四是加大保障性住房建设力度,全年新开工经济适用房3.19万平方米,公共租赁房4.5万平方米;竣工经济适用房3万平方米,公共租赁房0.5万平方米。五是加大养老保障力度,启动千岛湖养老中心建设,建成7个乡镇养老服务中心,实施困难老人政府购买居家养老服务3000人次以上;城乡居民社会养老保险基础养老金由每人每月100元提高到130元。六是建立城乡居民重大疾病医疗补助制度,对参加我县城乡居民基本医疗保险的参保人员发生的最高支付限额(10万元)以上部分医疗费,由重大疾病补助资金给予50%的补助;推进"智慧医疗",完善城乡医疗诊疗信息互通功能,实施县一医院和县中医院床边结算工程。七是优化教育教学环境,实施农村学校师生食宿生活改善三年计划,年度投资2000万元。八是逐步实施旅游城市物价补贴机制,缓解旅游城市物价上涨对居民带来的生活压力。九是进一步整合食品检验检测资源,在城区建立农产品安全快速检测室,在农村配置流动食品检测车,对公众免费开放,将城区所有农贸市场改造成为"放心市场",切实提高食品安全保障水平。十是深化老旧小区物业改善工程,投资1300万元,维修道路3000米,整治地下综合管网3000米,新增车位150个,楼道洁化10000平方米,努力提升小区人居环境。

四、切实加强政府自身建设

新形势、新任务对政府自身建设提出了新的更高要求。新的一年,我们要以深入开展群众路线教育实践活动为载体,切实加强政府自身建设,为建设美丽杭州实验区提供有力保障。

强化简政放权。围绕打造有限、有为、有效的服务型政府,正确处理政府与社会、市场的关系,加快推进政府职能转变,着力营造精简、高效的政务环境。深入推进行政审批制度改革,严格审批准入,推行权力清单,最大限度地取消县级行政审批及管理事项。进一步改革审批方式,探索标准化审批备案制,建立涉企项目负面清单,推行"先照后证"商事改革审批制度。深化新一轮强镇扩权改革,不断方便老百姓办事。优化政府治理,创新监管方式,针对事中、事后监管,探索实施对监管对象按确定比例随机抽查的制度,促进审批式服务向服务式监管转变。

坚持改革创新。认真贯彻落实中央和省市县委关于深化改革创新的决定精神,围绕构建与美丽杭州实验区相适应的体制机制,全面深化重点领域和关键环节改革,不断激发创业创新活力。深化机构改革,完善产业平台管理体制。按照现代企业制度要求,推进国有企业改革。深化食品药品和市场监管体制改革,建立食品药品监管全覆盖和检验检测信息公开发布制度。深化农村产权制度改革,探索建立城乡统一的土地、房屋产权登记制度,探索建立农村宅基地跨社置换、空闲宅基地收购、有偿退出、有偿使用机制，探索农民住房财产权抵押、担保、转让，探索土地承包经营权抵押融资，进一步深化林权抵押融资。完善公建、环保等基础设施社会化运营机制。按照“谁招商、谁受益”的思路，完善产业平台招商利益分成共享机制。完善企业亩产效益综合评价体系，推进低效土地二次开发。围绕培育农业休闲业态、高端度假产品与山水资源的融合，研究探索农业临时用地功能拓展、城市商业用地分割、酒店式公寓发展等方面的政策。着眼培育城市服务业，研究制定建筑物临时改变使用功能管理办法。

追求阳光高效。坚持依法行政，自觉接受县人大的法律监督、工作监督和县政协的民主监督，主动接受舆论监督。深化开放式决策机制，畅通民意沟通渠道，扩大公众知情权、参与权和监督权。进一步加大政府投资项目和政府采购信息网上公开力度，主动接受社会监督。完善政府行政运行机制，明晰工作权责，强化工作执行，推进攻坚破难，提高行政效能。

注重作风转变。认真贯彻执行中央“八项规定”和省市县委有关作风建设的要求，加大力度整治“四风”问题，厉行节约，反对浪费，推进公务用车改革，进一步精减会议、文件、活动，降低“三公经费”。深化基层调研服务机制，严格“五个必须”“五个一律不准”要求，推进“三认”服务机制向机关、行政村延伸。认真落实党风廉政“一岗双责”责任制，建立健全廉政风险防控机制，强化重点领域、重点部位的审计监督和效能监察。完善农村资金、资产、资源管理，严格村级财务监督。加强政府工作人员的纪律约束，严厉查处各类违法违纪行为。

各位代表，真抓才能攻坚克难，实干才能成就梦想。让我们在县委的坚强领导下，在县人大、县政协的监督支持下，牢记使命，不负重托，改革创新，携手奋进，为全力推动“三个五”战略实施，加快建设美丽杭州实验区而努力奋斗！

参阅资料一:

《政府工作报告》名词解释

1.**湖面垃圾资源化综合利用示范工程**:指将千岛湖湖面垃圾进行分类,分成可燃植物类、塑料泡沫类、废旧金属类、玻璃瓶罐类等多项种类,根据不同种类的成分分别进行加工利用。利用千岛湖的湖面垃圾制作燃料及配套燃烧器具的再生资源利用项目,并进行产业化生产。

2.**三江两岸**:是杭州市为改变新安江、富春江、钱塘江及两岸沿线水源保护、污水固废处理、落后产能淘汰、城乡发展不平衡等问题,从“十二五”开始部署实施的一项生态景观保护与建设工程。工程主要包括:水源水质保护、促进产业转型、完善基础设施、人文旅游开发、两岸环境整治、岸线生态修复等六个方面,旨在通过保护与建设,打造一条生态保护和经济社会发展的新长廊。

3.**四边三化**:即实施公路边、铁路边、河边、山边等区域洁化、绿化、美化行动。

4.**肥药双控**:指通过测土配方等精确施肥与用药技术手段,对农林作物的肥料、药物进行双控制,促进化肥、农药合理使用,提高化肥利用率,减少农业投入品对环境的污染,达到节本增效的目的,确保农产品质量。

5.**国家有机产品认证示范区**:由国家认监委主导,围绕“绿色发展,建设资源节约型、环境友好型社会”目标,确认为在规范有机产品认证、推进有机产业发展等方面具有显著成效的县(市)。

6.**个转企**:指个体工商户由原来的个体工商户的组织形式转型升级为企业,转型升级后的企业类型一般应为有限责任公司,特殊情况下也可转型升级为合伙企业、个人独资企业。

7.**潮流能发电实验室项目**:全称联合动能模拟海洋大型实验室,致力于开发和生产新一代高效可靠的潮流发电机,研发潮流能发电关键技术,实现潮流能发电规模化和产业化,使潮流能发电技术进一步实用化。该实验室“5兆瓦模块化大型海洋潮流能发电机组研究”项目被省科技厅列入为省级国际科技合作专项项目。

8.**林下经济**:主要是指以林地资源和森林生态环境为依托发展起来的林下种植业、养殖业、采集业和森林旅游业,包括林下产业、林中产业和林上产业。我县目前主要有林茶、林油、林禽、林药、林草、林粮、林桑、林游等模式。

9.**“五步法”城管执法新机制**:即在执法过程中采取“一规劝、二警告、三承诺、四处罚、五取缔”的柔性执法方式,其中规劝指对管理事项提前介入,做好宣传教育,对首次发生的违章行为以规劝为主,赢得管理对象的理解与配合,同时做好规劝记录;警告指对规劝无效的管理对象进行警告,发放整改通知书限期整改,并将违章时间、行为、次数一一记录,同时将违法行为拍照、录像取证;承诺指对三次以上管理仍未整改的,责令其写出承诺书,以观后效;处罚指对承诺整改却仍未改正的,予以罚款处理;取缔指对实施处罚后再次发现违章行为的,依法予以取缔。

10.**大禹杯**:是浙江水利工作最高成就奖,1995年由浙江省政府设立,每年评选一次,设金、银、铜三个奖项和提名奖。

11.**智慧医疗诊间结算**:指利用市民卡存储和医保账户支付功能,让看病就医的市民在医生开药、开化验单、开检查单的时候实现市民卡医保账户在医生电脑上直接支付,达到市民就医"边诊疗,边付费"效果,省去了大量的挂号和付费环节,大大方便了老百姓看病就医。

12.**立体化社会治安防控体系**:主要工作是网格布警,巡处合一;推动群防群治力量建设,发动群众自治;加强安全防范阵地平台建设,实施视频监控"全城眼"工程,加快道路卡口,智能抓拍建设,实现人防、物防、技防、心防水平全面提升。

13.**五个必须**:指县委、县政府根据中央和省市县转变作风的纪律要求,在2013年全县经济工作会议上提出优化企业服务的重要举措之一,主要包括:企业申请审批事项的程序和资料,办理过程中各相关部门必须一次性告知;企业申请办理的事项必须在承诺时间内办结,特别是对企业反响很大的项目竣工验收时间长问题,牵头部门要限时办结,尤其是验收涉及整改的事项,要一次性告之,并提供指导服务;对来淳投资的企业、项目,引进单位必须安排一名领导负责全程帮助代办服务事项,避免企业主多头跑,耗费精力,让企业主安心办企业;除安全生产、排污等突击性检查以外,任何部门进入园区或乡镇的企业进行检查,必须向企业所在园区或乡镇报备,同意后方可检查;对企业的各项扶持政策,各乡镇、各职能部门必须在次年的4月底前不折不扣地兑现完成。

14.**五个一律不准**:指县委、县政府根据中央和省、市、县转变作风的纪律要求,在2013年全县经济工作会议上对公务人员提出的要求,主要包括:对企业一律不准乱作为、不作为、慢作为和乱检查、乱收费、乱处罚;一律不准利用职务之便向服务对象借款、借物、租房、租车;一律不准承包和介绍他人承包企业的工程、劳务项目;一律不准强行向服务对象推销材料以及其他商品;一律不准利用职务之便吃拿卡要。

15.**五水共治**:是省委、省政府提出的一项重点工作,主要包括治污水、排涝水、防洪水、保供水、抓节水,提倡走资源节约型、环境友好型的发展之路,让水和人和谐相处。

16.**"无违建县"创建**:在"三改一拆"推进的同时,省委、省政府明确提出2014年在全省全面开展"无违建县"创建。按照标准,我县"无违建县"创建要求是2014年底,全县所辖70%以上的乡镇且千岛湖镇达到"无违建乡镇"标准;各"无违建乡镇",所辖80%以上的村(社区)且乡镇人民政府驻地村(社区)要求无既有应拆违法建筑、无新增违法建筑、无规划盲区、无管理死角、无非法"一户多宅"、无重大群体性事件和安全事故、无已立案查处的违法建筑、无涉违信访、无党员干部违建行为,达到"无违建村(社区)"标准。

17.**一户多宅**:根据《中华人民共和国土地管理法》第六十二条规定:农村村民一户只能拥有一处宅基地。"一户多宅"主要指一户占用超过法定面积的两处以上宅基地。

18.**低收入农户收入倍增计划**:指浙江省"低收入农户奔小康工程"结束后,实施的新一轮农村扶贫工程。实施对象为全省范围内家庭人均纯收入低于4600元(2010年不变价)的农户、杭州市定家庭人均收入低于6000元(2010年不变价)的农户,实施期限为2013~2017年。

19.**一圈一线五片区**:一圈是指以千岛湖镇为中心向周边乡镇辐射的半小时休闲圈;一线是指以骑行绿道为依托的精品线;五片区是指以中心镇为核心的五大特色片区,包括大墅枫树岭片区、威坪片区、石林片区、汾口浪川片区、临岐片区。

20.**乡村休闲社区**:指以线路为基础,以产品为核心,在一定区域范围内有机串联建设农家乐特色村、乡村旅游景点、休闲观光园区等多种类型乡村旅游产品，形成集吃、住、行、游、购、娱六要素为一体的乡村旅游集聚区。

21.**四换三名**：是省委、省政府提出的推进经济转型升级组合拳之一。“四换”指积极推进“腾笼换鸟”，大力发展高附加值、低能耗、低污染产业；积极推进“机器换人”，实现减员增效；推进“空间换地”，实现节约集约用地；推进“电商换市”，大力发展电子商务。“三名”指着力培养名企(企业)、名品(品牌)、名家(企业家)，打造行业龙头。

22.**新三板**：是由科技部、证监会、证券业协会、深交所、北京市中关村管委会五方共同为扶持国家级高科技园区的科技含量较高、自主创新能力较强的中小企业而设立的股权交易、融资服务的平台，目的在于促进中小科技型企业利用资本市场、吸引风险资本投入、引入战略投资者、重组并购和提高公司治理水平。

23.**家庭农场**：指以家庭经营为基础，以家庭成员为主要劳动力，从事农业规模化、集约化、商品化生产经营，以农业收入为家庭主要收入来源，并经工商注册登记的新型农业生产经营主体。

24.**自然农法**：是依循大自然法则的农业生产方式，以维护土壤生机的土壤培育为基础，绝不使用任何化学肥料、农药和各种生长调节剂，以及任何残害土壤的添加物。

25.**省级生态循环农业示范县**：为推动循环经济试点省建设，2011年1月浙江省农业厅在全省范围开展生态循环农业示范县创建，主要通过产业生态布局、生产减量投入、产品标准生产、耕地种养结合等综合举措，实现生产、加工、流通、服务、休闲相协调的生态农业县域大循环。

26.**权力清单**：指明晰每个单位、每个职位的权责，给权力划定边界。要公开行政权力，先得知道一个单位、一个岗位到底有多少权力，让民众都知晓权力的“家底”。

27.**标准化审批备案制**：是指对企业投资项目的审批，以“宽进、简批”为核心，规范完善备案制度，凡是不涉及政府资金的企业投资项目，变审核、审批为备案(国家规定的重大和限制类项目除外)，对企业能够按照项目开办所需标准化的要件作出承诺后，企业可以先行开办，手续在承诺期限内补办备案，政府重点把好环境安全评估、事后监管两大关。

28.**负面清单**：“负面清单”是现代市场经济运行的一种管理模式，省委《关于全面深化改革再创体制机制新优势的决定》明确：“负面清单”以外的企业投资项目，除关系国家安全和生态安全、涉及全国重大生产力布局、战略性资源开发和重大公共利益等项目外，一律由企业依法依规自主决策，政府不再审批。

29.**“先照后证”商事改革审批**：“照”是指工商行政管理部门核发的营业执照，“证”是指由各行政许可部门核发的相关许可证。“先照后证”审批试点是指对按照法律、行政法规和国务院决定需要取得前置许可的事项，除涉及国家安全、公民生命财产安全等外，不再实行先主管部门审批再工商登记的制度，商事主体向工商行政管理部门申请登记，取得营业执照后，即可从事一般生产经营活动；对从事需要许可的生产经营活动，持营业执照和有关材料向主管部门申请许可。

30.**“四风”问题**：指形式主义、官僚主义、享乐主义和奢靡之风。集中解决“四风”问题是党的群众路线教育实践活动主要任务。

参阅资料二：

二〇一三年县政府为民办实事工程完成情况

1.推进安居工程建设

年度目标：新开工保障性住房3.5万平方米，竣工3万平方米。

完成情况　新开工保障性住房：全年实际新开工保障性住房4.37万平方米。其中，新开工经济适用房3.06万平方米和新开工廉租房0.39万平方米，落实在老茶厂区块；新开工公共租赁房0.92万平方米，落实在化工厂区块。目前正在进行基础施工。竣工保障性住房：全年实际竣工保障性住房4.061万平方米。其中，竣工经济适用房1.721万平方米，落实在老茶厂区块8＃、9＃、10＃、28＃楼；竣工廉租房0.395万平方米，落实在老茶厂二期14＃楼；竣工公共租赁房1.945万平方米，落实在风暴巷区块1＃、2＃、3＃、5＃、6＃、7＃、8＃、9＃楼。项目已完工并通过竣工验收。

2.完善基本医疗保险政策

年度目标　城乡居民基本医疗保险乡镇中心卫生院住院报销比例提高到75%；城镇职工医疗保险退休前职工住院报销比例提高到85%以上，退休后职工住院报销比例提高到87%以上。

完成情况　基本医疗保险政策于2013年1月起，全面执行到位。2013年全县共有13549人次享受住院报销比例提高政策，共报销10980万元。其中：城乡居民基本医疗保险参保人员在乡镇中心卫生院住院，共1358人次，报销186万元；城镇职工医疗保险住院，退休人员共有6166人次享受政策，报销6498万元；在职人员共有6025人次享受政策，报销4296万元。

3.加大农村公路改造力度

年度目标　全年实施农村公路安保工程和大中修150公里，完成县、乡、村道病危桥改造14座。

完成情况　项目已全面完工。农村公路安保工程：主要实施村道安保43条70.4公里，总投资2120万元。大中修工程：重点实施县、乡公路大中修6条30公里，总投资2359万元；实施村道公路大中修27条132.3公里（逐段实施里程35.6公里），总投资2441万元。病危桥改造工程：重点实施县道3座、乡道2座、村道9座，总投资1160万元。

4.实施农村河道整治和万里清水河道工程

年度目标　整治河道50公里，疏浚清洁河道80公里。

完成情况　农村河道综合整治：全年投资1600万元，完成13个乡镇的14条50公里河道整治，主要进行排灌河道清淤、堤防加固等综合整治。疏浚清洁河道：全年投资400万元，完成全县23个乡镇的73条80公里河道疏浚。

5.推进城乡生态环境综合治理

年度目标　完成20个村的村庄污水处理、垃圾收集等环境综合整治，加强农村中小河流域综合治理，开展乡镇交界断面水质专项考核；完成12家沿湖宾馆污水零排放改造工程，开展沿湖宾馆附近水域水质监测工作。

完成情况　农村环境综合整治：全年投资1500万元，完成17个乡镇20个行政村的环境综合整治。项目建成后，日污水处理能力增加

1200吨,CODcr年削减量达到87.6吨,近3000农户9000人受益。

乡镇交界断面水质专项考核:2013年6月6日,我县出台了《关于深化乡镇交接断面水质考核进一步推进千岛湖水环境保护的意见》,并将此项工作列入专项考核。为规范水质评价标准,环保部门制定了水质监测评价技术规范,完成了所有乡镇的交接断面界牌安装。从2013年2月份起,每双月开展23个乡镇交界断面水质监测工作。全年共完成监测6次,获取监测数据1000余个,发布预警通报6期。

12家沿湖宾馆污水零排放:工程已全面完工并通过竣工验收。其中怡莱度假酒店、橙子旅社秀水街店、金源宾馆、华东电网千岛湖培训中心、浙旅铭庭度假酒店、滨江度假酒店、红星文化度假村等7家单位通过污水提升工程建设,都纳入了城市污水管网进入城市集中污水处理厂深度处理;望岛度假酒店、公路职工培训中心、天清驿站、叶琪农庄、千岛湖林场等5家单位,因地制宜采用A/O+人工湿地等工艺处理,出水达到《城市污水再生利用城市杂用水水质》(GB/T18920-2002)中城市绿化用水水质标准,再通过回用系统装置回用周围绿化,效果明显。

沿湖宾馆附近水域水质监测:2013年1月开始启动千岛湖沿湖宾馆周边水域水质监测工作,实行每月一报,共确定洲际酒店库湾、洲际酒店上游500m处、洲际酒店下游500m处、希尔顿酒店库湾、假日酒店和华东电网库湾、润和度假村和旅游码头库湾、绿城喜来登酒店库湾、阳光大酒店库湾等8个重点监测点位。监测指标有pH、水温、溶解氧、透明度、总氮、总磷、高锰酸盐指数、氨氮和叶绿素a等10项。全年共完成水质调研监测12次,获取监测数据1012个,编制水质综合分析报告12期。2013年12月份监测结果显示,沿湖宾旅馆周边水域营养状态指数均属贫营养状态,沿湖宾旅馆周边水域水质较好。

6.深入实施农村教育设施和食宿改善工程

年度目标　全年完成农村中小学校舍设施维修改造及配套项目建设20处以上,投资500万元用于改善农村寄宿制学校学生生活条件。

完成情况　项目已全面完工并投入使用。农村中小学校舍设施改造及配套项目:全年农村中小学校舍设施维修改造及配套项目实际安排了26处,总投入1142万元。农村寄宿制学校住校生生活条件改善工程:项目共涉及21个乡镇的68所中小学校、幼儿园,总投资500万元。

7.稳定农村教师队伍

年度目标　每年安排150万元专项用于奖励安心在农村偏远山区任教的教师。

完成情况　2013年4月19日,我县制定出台了《淳安县偏远农村学校教师任教奖励实施办法》。从2013年1月1日起,对枫树岭镇铜山完小等16所偏远农村义务教育阶段学校正式在编的教职工(不含乡镇成人文化技术学校干部),县城学校教师到农村学校支教(含挂职、任职,不含因评职称去农村支教)人员实行偏远农村学校教师任教奖励政策。经考核,全年共有16所偏远农村学校的285名教职工和城区学校到农村学校支教的7名教师享受政策,共发放奖励资金127.6万元。

8.深入实施文化惠民项目建设

年度目标　完成第四轮17处农村历史建筑修缮工程,开展23处村级文化礼堂建设试点。

完成情况　农村历史建筑修缮工程:项目分布在千岛湖、汾口、姜家、威坪、瑶山等11个乡镇的17个行政村,总投资800余万元,所有工程全部完工并通过了市园文局、市文保所专家的验收。村级文化礼堂建设:全年实际安排了25个文化礼堂建设项目,涉及23个乡镇及青溪新城,所有工程已全部完工。

9.实施政策性蚕桑保险工程

年度目标　解决1.93万养蚕农户的养殖风险防范问题。

完成情况　2013年5月2日，县茧丝绸总公司作为甲方，代表全县养蚕农户的利益，与乙方中国人民财产保险股份有限公司淳安支公司签署养蚕保险框架协议书，并研究制定了《养蚕保险理赔服务管理预案》。全年共完成春蚕、夏蚕、早秋蚕、晚秋蚕四期保险，累计涉及养蚕户4.87万户，承保蚕种11.68万张。四期保险共有2516户养蚕户受益，人保财险公司共赔付了201.38万元。

10.提升小区人居环境

年度目标　完成千岛湖镇25万平方米的老旧小区物业改善工程。

完成情况　2013年共对火炉尖社区金鸡弄区块、行岗路区块、如意巷区块，江滨社区人民路东侧区块，南苑社区开发路区块，施家塘社区知丰路区块、知林巷区块，望湖社区一家山水青春路区块，李家坞社区镇一小区块，共6个社区9个区块进行物改，实际改善面积28.2万平方米改善房屋127幢，共有2964户8886名居民受益。工程于2013年12月31日通过竣工验收，主要进行化粪池、排水排污管(沟)清理及维修，屋面防水补漏，停车位建设，破损道路维修，绿化修剪补种，小区公园提升改善，楼道粉刷，监控设施设备安装等。

政协第八届淳安县委员会常务委员会工作报告

2014年2月17日在政协第八届淳安县委员会第三次会议上

政协第八届淳安县委员会主席　刘小松

各位委员：

我受政协第八届淳安县委员会常务委员会的委托，向大会报告工作，请予审议，并请列席会议的同志提出意见。

二〇一三年工作回顾

2013年是全县深入实施"三个五"战略的重要一年，也是县八届政协锐意创新、勤勉履职的一年。一年来，县政协常委会在中共淳安县委的正确领导和县政府的大力支持下，牢牢把握团结和民主两大主题，紧紧围绕"奋战五年、蝶变淳安"大局，认真履行政治协商、民主监督、参政议政职能，广纳群言、广集民智、广聚人心，为推进淳安经济社会发展作出了新的贡献。

一、紧扣中心，为服务蝶变发展建言献策

常委会紧紧围绕"三个五"战略的实施，深入调研，集思广益，积极建言，倾力助推淳安蝶变发展。

协商资政服务发展大局。充分发挥人民政协作为协商民主重要渠道的作用，扎实开展各个层面的协商议政活动。政协八届二次会议期间，广大委员围绕全县发展大局，进行广泛认真的协商议政。25位委员就工业平台建设、农业园区打造、旅游产品开发、城乡统筹发展等问题作了大会发言。县委、县政府领导高度重视，有关打造登山运动基地、加强古村落保护与开发等建议得到有效落实。积极呼应政府创新的开放式决策机制，对拟出台的51个政策文件分别进行专题协商，共提出有关加强建筑工程标后监管、提高城乡居民临时救助标准等建议206条，为政府民主决策、科学决策提供有益参考。一年来，我县始终坚持中共中央和省委、市委有关"协商在党委决策之前、人大通过之前、政府实施之前"的原则，主动就事关淳安长远发展的经济、政治、文化、社会和生态文明建设等重大问题与政协进行广泛协商，协商密度进一步增加，协商成效进一步提高。

广泛调研献计科学发展。在宏观发展环境趋紧、国内经济增速放缓的背景下，常委会将"加快工业实体经济发展"作为重点调研课题，

深入乡镇、部门、企业走访调研，提出“实业兴县、合力兴工、政策惠工、服务助工”等建议，引起了县委、县政府的重视和社会各界的共鸣。同时，深入开展“‘沿湖、沿溪、沿路’优质资源保护与利用”、“乡镇特色产业发展”两大专项课题的调研，积极为全县优化产业布局、增强经济实力提供资政建议。县委书记凌志峰就此批示要求各乡镇部门“认真借鉴、充分吸收”。调研报告中提出的“加强优质资源管控、合理产业空间布局、坚持规划引领招商”等建议均在县政府修编的《县域空间总体规划研究》中得到较好体现。

视察建言助推重点工作。紧紧围绕县委、县政府的中心工作和人民群众关注的热点问题，开展多层面、多形式的视察活动。一年来，主席会议成员就农业“两区”建设、粮食安全保障、食品药品安全、绿色运动休闲产业发展、规范宗教场所管理等工作开展了专题视察；相关委组就养老养生、服务经济、医患关系等问题深入开展调研，共形成14份观点新颖鲜明、建议切实可行的视察调研报告。县委、县政府领导及时批示，相关部门认真办理，促进了政协履职成果的转化，食品药品安全、宗教场所管理等一些社会普遍关心的问题得到了较好落实。

二、贴近群众，为助推民生改善竭智尽力

常委会坚持履职为民的理念，始终关注社会民生，积极维护群众利益，着力增进人民福祉。

多角度反映民意诉求。始终把反映社情民意作为群众诉求表达的重要渠道。一年来，共收到涵盖产业发展、城乡统筹、民生保障、项目建设等方面的社情民意信息427条，先后向县委、县政府报送56期共126条，转送部门123条，得到县委、县政府领导批示43件，为党委政府把握舆情、化解矛盾、推进工作提供了信息服务和决策参考。其中，完善“三改一拆”工作、加强农村公路改造管理、放宽民办医疗机构市场准入等社情民意，都得到了较好落实。

多形式服务基层群众。首创“委员活动日”机制，组织委员深入社区、农村开展为期两个月的以“接地气、集舆情、惠民生、善作为”为主旨的系列活动。活动期间，全体委员先后开展健康体检、法律咨询、科普宣传、访贫问苦、矛盾化解等便民服务活动30余场次，为乡镇、社区及困难群众解决实际问题40个，为社区捐献图书3000余册，并收集各类舆情信息500余条。“委员活动日”机制的建立，得到了省、市政协的高度肯定，《人民政协报》《联谊报》等新闻媒体对此进行了专题报道。与此同时，各委组依托社区共建、基层走亲等载体，深入基层开展服务群众活动，受到基层群众和社会各界的好评。

多领域建言民生改善。密切关注人民群众最关心、最直接、最现实的利益问题，先后就住房公积金政策、社会养老保障政策、县域规划编制等热点问题开展政情咨询活动，所提意见建议得到了县委、县政府的高度重视。充分发挥界别优势，先后组织企业界、卫生界、科技界、教育界的委员开展约谈，并就非公企业发展、公立医院改革、科技创新、教育事业发展等内容进行资政建言，为县委、县政府掌握民情民意畅通渠道、搭建平台。

三、创新监督，为优化发展环境尽心履职

常委会始终把加强民主监督、优化发展环境放在重要位置，开拓思路，创新机制，积极探索民主监督的有效途径。

构建提案工作新机制。坚持把提案工作作为政协最基础、最重要的履职途径，不断提高提案质量和办理实效。探索会前征集和会中征集相结合的提案征集方式，并实行三级审查立案机制和提案质量“双向互评”机制，有效确保提案整体质量。在县政府领导领办重点提案的基础上，实施了县委常委领办重点提案机制，有关加大开发户外休闲旅游资源力度、完善乡镇流域交接断面水质考核机制等13件重点提案均得到较好落实。一年来,常委会还进一步加大提案交办、督办力度,提案工作成效明显提高,县政协八届二次会议期间的229件提案全部得到办复,其中已解决和基本解决的提案达161件。

探索民主评议新模式。在县委重视和县政府的支持下,首次开展民主评议活动。在对县城建城管局为期3个月的民主评议中,始终坚持"立足于帮助查找问题及根源、立足于帮助反映实际困难、立足于帮助提供对策建议"的原则,广泛听取各界意见,收集各类意见建议530条,经梳理形成16个方面的评议意见。在此基础上,常委会主动加强对接,督促整改落实。通过民主评议,建筑工程招投标管理、小区物业管理、保障房管理等问题得到进一步整改,部门的工作效率和服务效能得到进一步提升。

推行民主监督新举措。坚持将选派民主监督员工作作为深化民主监督的重要抓手,专门选派80名委员对16个机关部门进行民主监督。民主监督小组通过明察暗访、座谈交流等形式,了解问题,共商对策,并向派驻单位提出了9份民主监督建议书。各派驻单位高度重视,积极配合,认真落实建议,形成了良性互动的民主监督工作格局。常委会还积极组织委员参与政风行风评议、效能作风暗访、清洁乡村检查等监督活动,帮助机关部门改进工作作风,推动工作落实。

四、发挥优势,为增进社会和谐凝心聚力

常委会积极发挥大团结、大联合的组织优势,融通各方,协调关系,努力为共建和谐幸福淳安汇集正能量。

汇聚整体力量,推动中心工作。按照"一线状态、一线作为"的要求,主动投身经济社会发展主战场,真正与党委政府同频共振。常委会领导认真开展"三问三送"活动,走村访贫,入企解困,切实帮助乡镇和企业破解发展难题。常委会相关领导分别参与界首教育旅游综合体、中国青少年小球培训基地、杭黄高铁、撤村建居等重点项目指挥部的组织领导工作,政协专委主任积极参与"三改一拆"和重点项目前期专项工作。一年来,全县政协战线上的同志始终围绕全县中心工作,坚持主动作为,较好地发挥了沟通思想、协调关系、服务大局的作用。

汇聚和谐元素,促进团结合作。注重发挥政协统战功能,不断增进与港澳台侨界、宗教界、新社会阶层等人士的交往交流,积极营造协商议政、合作共事的良好氛围。以政协之友联谊会为依托,积极引导老委员、老同志协助做好反映民意、理顺情绪等工作。以新成立的政协企业家联谊会为平台,举行讲座,深化交流,促进合作。以新春茶话会、中秋茶话会、政协委员联欢会为载体,加强与各界代表人士的广泛联系,共商大计,共谋发展。

汇聚人文能量,彰显政协活力。重视文史书画工作,编辑出版《美丽下姜》,积极参与《杭州三江两岸文化丛书》《杭州委员创业史料》的征集工作,有效发挥存史资政、团结育人作用。开通淳安政协门户网站,拓宽政协文化交流平台。组织政协书画院会员广泛开展文化采风创作活动,成功举办"醉美江湖"淳安桐庐政协书画摄影联展,进一步展示委员风采,增强政协活力。

五、锻造团队,为发展政协事业固本强基

常委会按照县委锻造"淳安团队"的要求,积极完善工作机制,创新服务发展平台,提高政协履职水平,合力打造"有为、活力、和谐"政协。

委员作用更加凸显。在县委关心下,首次选聘58位特聘委员,政协力量进一步增强,政协工作进一步延伸。注重委员服务与管理,全面落实"八个一"的履职规定,深入开展委员评优和诫勉谈话活动,组织委员学习培训,有效激发委员履职热情。一年来,广大委员立足岗位做贡献、为民履职有作为,唐新成、徐元平委员被评为杭州市劳模,吴德昌、汪婷、廖北海、鲍毅刚等35位委员被评为优秀委员，充分展示了政协委员的时代风采。

制度建设更加完善。始终坚持以制度创新推动政协工作发展，不断健全政协工作制度体系。在县委支持下，出台试行了政协委员列席乡镇和部门领导班子工作会议的办法，为拓宽委员知政渠道、强化协商民主提供制度保障。在此基础上，常委会还制定和完善了委员学习培训、特聘委员管理以及各类评优工作制度，有效提升政协工作的科学化、程序化、规范化水平。

保障服务更加规范。围绕打造学习型组织，自觉把深入学习贯彻习近平总书记系列讲话精神与学习贯彻中共中央和省委、市委有关会议精神、县委全委会精神结合起来，政协组织的凝聚力进一步增强。围绕打造服务型组织，不断细化工作标准，强化工作职责，政协组织统筹协调、服务保障能力进一步提高。围绕打造廉洁型组织，深入贯彻落实中央“八项规定”和县委“二十条规定”，政协委员和政协工作者的工作作风、服务水平进一步改善。

各位委员，过去一年政协工作取得的进展和成效，是中共淳安县委正确领导和杭州市政协有力指导的结果，是县人大常委会、县政府大力支持的结果，是各乡镇、各部门和社会各界积极帮助的结果，是全体政协委员和政协工作者共同努力的结果。在此，我代表县政协常委会向大家表示崇高的敬意和衷心的感谢！

回顾一年来的工作，我们深切感受到，推进新形势下人民政协事业发展，必须始终坚持党的领导，努力构建“党委重视、政府支持、政协主动、各方配合”的工作格局；必须始终坚持服务大局，在助推蝶变发展中体现作用、彰显价值；必须始终坚持开拓创新，探索政协履职新形式，增强政协工作新活力；必须始终坚持委员为本，尊重委员主体地位，发挥委员主体作用，共同营造与党委政府同频共振、同轴运转、同向推动的工作氛围。

在肯定成绩的同时，我们也应清醒地看到，县政协工作与党委政府的要求、社会各界的期望还有一定的差距，主要表现在：委员的履职环境需要进一步优化；委员的主体作用需要进一步强化；政协基层工作的延伸与拓展需要进一步深化；参政议政能力与水平需要进一步增强；履职成果的转化机制需要进一步完善等。这些问题，常委会将在今后的工作中，高度重视，切实改进。

二〇一四年工作任务

2014年是我县的“实验开局年、改革突破年、作风提升年”。政协工作的指导思想和总体要求是：高举中国特色社会主义伟大旗帜，深入贯彻落实党的十八大，十八届二中、三中全会和全省政协工作会议精神，牢牢把握县委全会提出的“三个年”的新要求，突出团结和民主两大主题，围绕中心，勤勉履职，充分发挥政协“六大机构功能”，积极助推我县全面深化改革，为实现“美丽杭州”实验区建设精彩开局贡献智慧和力量。

根据上述要求，2014年常委会要重点做好以下工作：

一、以理论学习为抓手，进一步增进思想共识

加强理论学习是新形势下履行政协职能、发挥政协作用的重要基础。要坚持把思想理论建设摆在政协工作的首位，不断巩固团结奋斗的共同思想基础。

坚持学习与群众路线教育相结合。要牢牢把握正确的政治方向，自觉地把加强政治理论学习摆在第一位，把群众路线教育实践活动贯穿于政协工作的全过程。进一步密切联系群众，深化“委员活动日”工作，探索建立“委员工作室”等联系群众、服务群众的新平台，充分发挥政协的群众工作机构功能。

坚持学习与政协履职实践相结合。要牢

牢把握党的十八大和十八届三中全会对人民政协的新要求，认真落实全省政协工作会议精神，进一步推进我县政治协商和民主监督工作的规范化、制度化。要按照县委十三届七次全体(扩大)会议的统一部署，自觉把县委的决策部署作为政协服务大局的目标、建言献策的重点，把县委提出的任务和要求落实到政协履职实践的始终。

坚持学习与提升履职水平相结合。要以县政协成立30周年为契机，总结政协工作经验，完善政协工作机制，征集“政协岁月”史料，扩大政协社会影响。要以落实政协委员学习培训大纲为契机，继续做好委员轮训工作，不断提高委员履职能力。要以召开全县政协工作会议为契机，加强制度建设，创新工作载体，促进政协组织和委员规范履职、有效履职，营造创先争优的良好氛围。

二、以服务大局为己任，进一步助推深化改革

要紧紧围绕深化改革的战略部署，找准服务大局和发挥优势的结合点，多立发展之论，多建务实之言，多献有益之策，充分发挥政协的咨政机构功能。

高度关注生态文明建设。围绕打造城乡环境“升级版”， 重点就生态环境保护、五水共治、无违建县创建、城市项目建设、美丽乡村等，深入调研资政，助推省级重点生态功能区和“美丽杭州”实验区建设。

倾心关注生态经济发展。围绕打造生态经济“升级版”，重点开展“以全县景区化促进农民增收”专题调研，举办工业企业界委员约谈，并就三产融合发展、企业民主管理等内容开展视察调研，为助推我县深化改革、促进产业融合发展出谋划策。

密切关注民生福祉改善。围绕打造民生服务“升级版”，重点就公共医疗、教育教学、阳光司法、文化礼堂建设等事关群众切身利益的热点难点问题，深入开展视察调研，广纳民意，广集民智，充分发挥政协的民意机构功能。

三、以创新发展为动力，进一步增强履职实效

要适应新时期党和群众对人民政协的要求，进一步拓展政协履职的新领域，创新政协履职的新途径。

扎实推进协商民主。要认真贯彻落实推进协商民主广泛多层制度化发展的要求，进一步明确协商内容，规范协商程序。要紧紧围绕政府开放式决策、政府投资项目安排等重大问题，更加有效地组织专题协商、对口协商、界别协商、提案办理协商，充分发挥政协的协商机构功能。

不断加大监督力度。要突出监督重点，在重大战略落实、重大项目推进和事关群众切身利益的民生热点等方面加强民主监督。要完善监督机制，健全监督意见的整改、落实和反馈机制，提高监督实效。要丰富监督形式，在坚持提案、视察、选派民主监督员等监督形式的基础上，深入开展对县农办以城乡统筹工作绩效为重点的民主评议工作，并对民主评议城建城管局工作进行“回头看”，充分发挥政协的监督机构功能。

切实提升参政实效。要体现针对性，以党委政府所思、群众所盼、社会所求为参政议政的重点，自觉做到有的放矢。要增强科学性，全面客观听取各方意见，深入研究分析问题，科学提出意见建议。要提高实效性，加强对调研成果和重点提案办理情况的跟踪督促，推动参政议政成果转化落实。要扩大参与性，进一步汇聚社会各界智慧和力量，共同致力于深化改革和“美丽杭州”实验区建设，充分发挥政协的统战机构功能。

四、以提升水平为目标，进一步加强自身建设

要按照县委锻造“淳安团队”的要求，不断加强政协自身建设，进一步打造“有为、活力、和谐”政协。

充分发挥委员主体作用。进一步增强委员的主体意识，用事业凝聚委员，用机制激励委员，推动委员以主人翁的态度投身政协工作。进一步创新委员的履职方式，全面实施委员列席乡镇和部门领导班子工作会议制度，完善委员参与政府开放式决策机制。进一步加强委员的服务管理，坚持走访制度，完善履职考核，增强委员履职时间与经费的保障，更好地激发委员履职的积极性。

充分发挥委组基础作用。发挥好组织联络作用，加强与党委政府对口部门的联系沟通，组织委员广泛开展视察调研、收集民情等活动。发挥好工作指导作用，结合履职特点，创新工作特色。发挥好推动落实作用，强化工作督查，推动工作落实。

充分发挥服务保障作用。加强作风建设，以群众路线教育实践活动为契机，认真落实中央“八项规定”和反“四风”要求，不断改进思想作风和工作作风。加强效能建设，进一步完善制度，努力形成高效有序的运行机制。加强能力建设，进一步提高学习能力、业务能力、创新能力和服务能力，合力打造“有为、活力、和谐”的政协团队。

各位委员，同志们，我们正迈步在全面深化改革的新征程上，展望未来，人民政协使命光荣、大有作为。让我们高举中国特色社会主义伟大旗帜，在中共淳安县委的坚强领导下，坚定信心、和衷共济、扎实工作，为建设“美丽杭州”实验区，谱写“蝶变淳安”新华章作出新的更大的贡献！

总　情

·地理位置·

淳安县位于浙江省西部，地处北纬29°11′～30°02′，东经118°20′～119°20′。是著名国家AAAAA级风景区千岛湖所在地，又是浙江省政府批准的革命老根据地县。东邻桐庐、建德，南连衢江、常山，西南与开化接壤，西与安徽休宁、歙县为邻，北与临安毗连。全境东西长96.80公里，南北宽94.40公里，面积4427平方公里，占全省总面积的4.35%，是浙江省地域面积最大的县。属杭州市，距杭州市区151公里。

·建置沿革·

淳安县历史悠久。在新石器时代就有人类活动。春秋属吴、越，战国属楚，秦时为歙县辖地。东汉建安十三年(208年)，孙权遣威武中郎将贺齐击山越，分歙县东之叶乡置始新县，治所在今淳安县威坪镇南3.5公里水域。又分歙县南之武强乡置新定县。治所在今淳安县西南仙居村附近。此为淳安、遂安建县之始。西晋太康元年(280年)改新定县为遂安县。隋开皇九年(589年)改始新县为新安县，并遂安、寿昌县入新安县。仁寿三年(603年)，遂安县从新安县分出复立。隋大业三年(公元607年)改新安县为雉山县。唐武德四年(621年)遂安县移治狮城(今淳安县西千岛湖五狮岛)。唐文明元年(684年)，复改雉山县为新安县。移治今淳安县西。开元二十年(732年)改新安县为还淳县，永贞元年(805年)，避宪宗李纯名讳，改还淳县为青溪县。北宋宣和三年(1121年)，改青溪县为淳化县。南宋绍兴元年(1131年)改淳化县为淳安县。1958年10月，淳安、遂安两县合并为淳安县，县政府驻排岭镇。

三国吴置新都郡，以始新县治为郡治。西晋太康元年(280年)，易新都郡为新安郡，始新县县治仍为郡治。隋开皇九年(589年)废郡置州，属婺州。仁寿三年(603年)置睦州，县为州治并属之。北宋属严州，南宋属建德府。元时，淳安、遂安属建德路。明、清属严州府。民国元年(1912年)属浙江省；民国3年(1914年)属金华道；24年(1935年)属第五行政督察区；后又多次变更，至1949年，淳安、遂安两县改隶第四行政督察区。1949年5月两县解放，初属建德专署。1950年撤建德专署，改属金华专署。1955年划归复设建德专署。1958年撤建德专属，淳安属金华专属。1963年，淳安县划属杭州市。

·行政区划·

2014年末，全县设23个乡镇，其中，11个镇、12个乡，425个行政村、12个社区，全县共有户籍人口459037人，其中男233119人、女225918人。全县农业人口376414人，非农业人口82623人。

2013年淳安县行政区一览

表1

乡镇名称	面积（平方公里）	人口（人）	村委会		社区		居委会	
			个数（个）	名称	个数（个）	名称	个数（个）	名称
千岛湖镇	356	81833	22	屏湖村、茂畈村、井塘村、东汉村、金家村、进贤村、青溪村、周坑村、宋家坞村、马路村、云村村、富城村、东庄村、排岭村、联丰村、汪家村、宕里村、坪山村、前坞村、富泽村、农林村、淡竹村	9	西园社区、江滨社区、新北社区、南山社区、南苑社区、望湖社区、李家坞社区、施家塘社区、火炉尖社区		
石林镇	144	4943	8	茶园村、千岛湖村、富德村、棠高村、双西村、岭足村、玳瑁村、西岭村	—	—	—	—
文昌镇	221	14343	16	东树坑村、卢家庄村、西河村、潭头村、下潘村、王家源村、丰茂村、栅源村、文屏村、浪洞村、西阳村、市畈村、文昌村、小西坞村、富山村、光昌边村	—	—	—	—
里商乡	276	11440	16	塔山村、燕窝村、江村村、村坑村、里阳村、鱼泉村、架子岭村、向阳村、武源村、五兴村、里商村、郎范村、大叶村、洞坑口村、石门村、石湾村	—	—	—	—
富文乡	151	8428	10	青田村、富文村、漠川村、聚璧村、燕坑村、章坑村、方家畈村、查林村、重坑村、六联村	—	—	—	—
左口乡	175	11664	11	桥西村、瑶村村、显后村、左口村、田里村、方家村、芳桥村、塘边村、雌龙源村、石岭后村、龙源庄村	—	—	—	—
金峰乡	150	6037	11	金源村、景山村、金峰村、殿峰村、百照村、锦溪村、五龙村、山后村、蒋岭上村、朱家村、安上村	—	—	—	—
临岐镇	222	20650	17	范村村、叶家畈村、临岐村、梅口村、吴峰村、仰韩村、新华村、高峰村、新溪村、里口村、审岭脚村、夏中村、半夏村、右源村、左源村、溪口村、五庄村	—	—	—	—
屏门乡	163	12622	15	将坑村、屏门村、佛岭后村、堪头村、项家村、丁家畈村、齐坑村、童家坪村、金陵村、秋口村、屏前村、小陵村、秋源村、上中村、隐将村	—	—	—	—
瑶山乡	112.4	9713	11	琅坑源村、爱国村、张家村、埌洞村、幸福村、贡坑村、何家村、富岩村、双共村、天坪村、岭后源村	—	—	—	—
威坪镇	301	48747	44	合富村、黄石潭村、流湘村、横石村、新茂村、西山村、长岭村、五星村、楼厦村、新联村、笔峰村、唐村村、坑下村、凤凰村、河村村、茶合村、洞源村、妙石村、贤茂村、叶家村、三坦村、安川村、杨家畈村、岭脚村、洪圻村、旗山村、琴坑村、横塘村、五丰村、株林村、三洲村、邵宅村、方宅村、青山村、联合村、厚屏村、蔗川村、考川村、杜川村、黄金村、汪川村、屏村村、蜀阜村、驮岭脚村	1	虹桥社区		—

续表1-1

乡镇名称	面积（平方公里）	人口（人）	村委会		社区		居委会	
			个数（个）	名称	个数（个）	名称	个数（个）	名称
鸠坑乡	104	7881	9	中联村、乳洞村、星光村、赋置村、青苗村、金塔村、严村村、翠峰村、常青村	—	—	—	—
王阜乡	168	18185	18	金紫村、龙头村、管家村、长川村、柳塘村、何坪村、郑中村、新畈村、华坪村、王阜村、山川村、马山村、新合村、荷花坪村、横路村、金家岙村、闻家村、胡家坪村	—	—	—	—
宋村乡	80.16	6914	8	硖石村、青山口村、胡家畈村、镜洪村、宋村村、白云溪村、常锦里村、云港口村	—	—	—	—
姜家镇	206	26747	28	球山村、双溪村、上玉泉村、桂溪村、黄村桥村、霞社村、姜家村、龙川村、狮石村、银峰村、郭村村、霞五村、赤城村、浮林村、章村村、沈畈村、伊家坞村、木旺村、炉形村、石颜村、下玉泉村、孙家坞村、巨源村、庄源村、潘家村、夫畈村、双溪口村、白坪村	1	姜家居委会		
梓桐镇	156	19099	19	西湖村、练溪村、慈溪村、并峰村、富石村、叶家庄村、黄村村、杜井村、杏富村、常宁村、胡江村、姜桐村、唐家村、卢家村、结蒙村、河联村、三联村、程家源村、尹山村	—	—	—	—
浪川乡	105.1	20244	19	源峰村、汇源村、狮古山村、浯溪村、裕丰村、鲍家村、大联村、联欢村、峰川村、大塘村、杨家村、新桥村、马石村、桃源村、占家村、洪家村、芳梧村、芹川村、全朴村	—	—	—	—
界首乡	121	9329	13	姚家村、康源村、新燕村、鳌山村、周家村、严家村、坎脚村、桐子坞村、施家坪村、松源村、燕上村、洋田村、玛璜村	—	—	—	—
汾口镇	237	55514	51	山头村、赤川口村、龙门村、三渡村、富占源村、强川村、红星村、天林庄村、舒翠村、杨旗坦村、祝家村、汾口村、章姚村、仙居村、翁川源村、龙山村、射墩村、茅屏村、云林村、鲁村村、桃林畈村、龙姚村、栗园里村、毛家村、百亩畈村、岭后村、荷塘村、龙源村、红旗村、富塘村、石峰村、峰溪村、交界村、宏鲍村、汪家桥村、汪家村、三底村、经门村、简门村、郑家村、宋祁村、寺下村、石畈村、西村村、三畈村、程店村、巧塘村、横沿村、陆乡村、宋京村、湛川村	1	杨旗社区		—
中洲镇	166.3	20217	19	叶村村、徐家村、中洲村、余家村、樟村村、苏家畈村、长埂村、左川村、乘风源村、厦山村、霞童村、李家畈村、畈头村、札溪村、洄溪村、双许村、木瓜村、枫林坞村、南庄村	—	—	—	—
大墅镇	163	14204	17	上坊村、寺林村、老岭村、桃林村、岭干村、儒洪村、栗月坪村、桃源凌家村、凤山村、高山村、下坑村、洞坞村、大墅村、大坞村、殊塘村、西园村、孙家畈村	—	—	—	—

续表1-2

乡镇名称	面积（平方公里）	人口（人）	村委会		社区		居委会	
			个数（个）	名称	个数（个）	名称	个数（个）	名称
枫树岭镇	308	18662	28	下姜村、源塘村、枫树岭村、薛家源村、上江村、夏峰村、丰家源村、红光村、陈家源村、夏村村、伊川村、汪村村、窄坑村、铜山村、鲁家田村、木花坑村、大源村、横坑村、衍昌村、横山村、知心坑村、白马村、乳洞山村、大桥头村、周家桥村、凤凰庙村、陈村村、官川村	—	—	—	—
安阳乡	146	11621	15	昌墅村、山下村、黄家源村、上梧村、陈家门村、乌龙村、红山岙村、范家村、下栖梧村、五堡村、黄川村、安阳村、外畈村、桐川村、崀岭村	—	—	—	—

·自然资源·

【概况】 淳安县属浙西山地丘陵区，由中低山、丘陵、小型盆地、谷地和水库组成。土壤分为4个土类9个亚类29个土属40个土种，以红壤、黄壤、岩性土、水稻土为主。其中：红壤为本县面积最大的土属，全县有27.47万公顷(412.11万亩)；黄壤土3.68万公顷(55.26万亩)；岩性土6.14万公顷(92.14万亩)；水稻土1.82万公顷(27.25万亩)。土壤黏质占22.56%，砂质占28.41%，砾质占20.77%。土壤肥力中等，适宜种植水稻、小麦、玉米、六月豆等多种作物和各种经济林木。

矿产资源点多、面广、规模小。燃料矿主要有石煤、沥青煤；非金属矿主要有黄铁矿、磷矿、萤矿、耐火黏土、纬晶岩、大理岩和石英(脉)等；金属矿主要有磁铁矿、赤铁矿、锡铁矿、褐铁矿、铁铜锡矿、铜锌、铅锌矿、铜矿、锑矿、钨矿、汞矿、钒矿、钼矿、铍矿、毒砂矿等。按矿种分类，全县有燃料矿产15处、非金属矿产53处、金属矿产84处。

全县植被属中亚热带常绿阔叶林北部亚地带，为浙皖山丘青岗、苦槠林栽培植被区，全县森林覆盖率达65.00%，其中千岛湖内森林覆盖率达82.50%，生物种类繁多，资源丰富。已鉴定维管束植物1824种，蕨类植物35科69属126种，种子植物159科761属1698种。属国家保护植物18种。野生动物有兽类51种，鸟类224种，爬行类50种，昆虫类16目320科1800种；两栖类2目4科12种，鱼类有13科94种，属国家一级重点保护的野生动物有云豹、金钱豹、黑麂、中华秋沙鸭、白颈长尾雉5种，属国家二级保护的有猕猴、黑熊、穿山甲、水獭、大灵猫、金猫、河麂、鬣羚、海南鳽、鸳鸯、黑翅鸢、黑鸢、蛇雕、白尾鹞、赤腹鹰、松雀鹰、灰脸鵟鹰、普通鵟、大鵟、林雕、红隼、灰背隼、燕隼、游隼、勺鸡、白秋鹤、褐翅鸦鹃、领角鸮、斑头鸺鹠、鹰鸮、长耳鸮、仙八色鸫、雀鹰、苍鹰、白鹇、草鸮、短耳鸮、鼋、大鲵等41种。

【湖泊河流】 全县各河流统属钱塘江水系。境内溪河纵横，流向复杂，水系呈羽状。主要河流有新安江及其支流东源港、遂安港。新安江，又名徽港，1985年浙江省钱塘江河源河口调查考察确认新安江全长373公里，境内长82.69公里，主要支流有桐溪、六都源、鸠坑源、梓桐源、云源港、清平源和商家源。东原港又名进贤溪、富强溪，今流长40.90公里，主要支流有十八都源、潭头源和琅洞源。遂安港，全长80余公里，主要支流有武强溪、凤林港、浪川溪、上梧五都源、上坊溪、丰家溪、龙泉溪和龙川溪。

·气　象·

【天气概况】 2014年气温偏高,降水偏多,日照偏少。年平均气温17.60℃,年极端最低气温-2.20℃(出现在2月11日),最低气温≤0℃的低温天数12天;年极端最高气温37.20℃(出现在7月21日),极端最高气温≥35.00℃的高温天数有15天。年降水总量为1768.80毫米,年降水日数154天,其中降雪的天数为5天。年总日照时数1741.20小时。

冬季多晴暖天气,1月12日~2月5日连续25天的晴朗无雨,森林火险等级持续偏高,全县火情频发。早春多阴雨天气,农田土壤长期积水,农作物受湿害影响,生长不利。3月9~10日出现降雪,全县普遍有2.00~5.00厘米积雪,高山区积雪超过5.00厘米,有部分毛竹、农业大棚设施被积雪覆压受损。全县于6月17日进入梅雨期,7月7日出梅,梅雨期20天,接近常年,平均梅雨量406.10毫米,比上年偏多22.40%,其中里商乡燕窝村测得梅雨量627.10毫米,为全县最多。6月21日、6月27日各出现一次暴雨、一次大暴雨天气,降水量分别为92.60毫米和100.70毫米。7月23~25日受"麦德姆"台风影响,全县面雨量累计77.30毫米,有11个地方测得7级大风。这三次强降水导致全县大部分地区出现暴雨洪涝、农田受淹、山体滑坡等灾害。2014年盛夏高温不明显,8、9月低温寡照天气特征明显,平均气温25.90℃,比历年同期低0.50℃,降水量368.30毫米,比历年同期多160.40毫米,偏多77.10%。持续的低温阴雨天气对夏季农业生产影响不利,也导致农作物病虫害严重。

【气象监测与服务】 2014年淳安县气象局继续完善全县区域自动气象监测站网,增建了12个区域自动气象站、3个实景监测站、3套大气电场仪,全县自动站总数达95个。在全县50个中心村和特色村新建了50块气象信息电子显示屏,及时发布天气预报预警信息。气象局与环保局共同对外发布淳安空气质量AQI预报,新增了淳安气象微博、微信等服务渠道。为全县茶叶、蚕桑、水果、食用菌、养殖等300个特色农业种养大户进行直通式气象服务。

气象要素对照

表2

要素 年份	平均气温(℃)	降水量(毫米)	光照(小时)	雨日(天)	无霜期(天)	暴雨次数(次)
2014	17.60	1768.80	1741.20	154	289	4
2013	17.90	1352.30	2034.90	120	271	3
历年平均	17.20	1515.10	1850.30	156	241	4

(项琼斐)

·水　文·

【概况】 2014年,淳安县水文站下辖中洲、管家、千岛湖、下洪、小毛岭、西岭、荷岭后、双溪口、仙人潭、金竹岭、百罗畈、瑶山、大墅、白马、樟村、陈家村、姜家、杜井、塔山等19个雨量代办站。其中中洲水文站负责观测雨量资料的同时观测水位资料,2010年9月1日起,由于防洪堤建设,测站断面改变,水位停测,计划于2015年中洲水文站改造完成后恢复观测。

淳安县水文站负责全县雨情、水情的搜集、分析和整编,积累县境全年水文资料,为防汛防旱、水利水电工程建设及其他经济建设提供服务。全县重要小流域、小(一)型以上水库及部分小(二)型水库安装的雨情、水情自动采集系统运行情况良好,2011年建设的山洪灾害监测预警系统在2012年完成试运行,2013年通过竣工验收。为全县防汛防旱指挥、决策及时传递雨、水情信息,为实现水库科学调度提供准确依据。

【雨情】 2014年,淳安县降雨属正常偏少年份，年平均降雨量为1953毫米，比多年平均降雨量正常偏多12.90%。因受县境地域广、地形复杂的影响，时空降水分布不均，浪川乡陈家村雨量站降水量为2524毫米，而在县西北部的百罗畈雨量站降水量只有1771.80毫米，两站相差达752.20毫米。全县最大日降水量出现在枫树岭镇白马雨量站，为140.50毫米。

【水情】 2014年7月18日实测新安江水库水位106.53米，为年度最高水位，比2013年度最高水位高2.04米。12月17日实测水位95.03米，为年度最低水位，比2013年度最低水位低1.01米。水位年变幅11.50米，年平均水位100.87米。

（郑红日）

·国民经济和社会发展情况·

2014年，全县实现地区生产总值（GDP）1915440万元，按可比价格计算，比2013年增长8.30%。其中第一产业增加值301077万元，第二产业增加值766112万元，第三产业增加值848251万元，分别增长3.10%、5.90%和12.70%。全县按户籍人口计算的人均GDP达到41798元，同比增长7.90%。按国家公布的2014年平均汇率6.1428折算，人均GDP达到6804美元。三次产业结构从2013年的16.30∶41.0∶42.70调整为2014年的15.70∶40.04∶4.30。

【十大产业】 全县文化创意、旅游休闲、金融服务、电子商务、信息软件、先进装备制造、物联网、生物医药、节能环保、新能源等十大产业实现增加值65.37亿元，按可比价格计算，比2013年增长8.90%，占全县GDP的比重为34.13%，比重较2013年提高1.19个百分点。

【财政收支】 全县实现财政总收入211004万元，比2013年增长9.90%，其中地方财政收入138599万元，增长10.50%。全年地方财政支出435595万元，增长15.90%，其中，教育支出81734万元，增长9.70%；科学技术支出9628万元，增长24.90%；社会保障和就业支出37427万元，增长31.10%；医疗卫生与计划生育支出44071万元，增长20.70%；节能环保支出45914万元，增长213.80%。

【市场价格】 全县居民消费价格总水平比2013年上涨2.40%。八大类商品和服务项目价格呈“七升一降”格局（见表3）。

2014年全县居民消费价格指数

表3

项　目	2014年
全县居民消费价格指数（2013年=100）	102.40
1.食品类	102.40
2.烟酒及用品类	100.60
3.衣着类	102.30
4.家庭设备用品及服务类	100.90
5.医疗保健和个人用品类	100.50
6.交通与通信类	99.30
7.娱乐教育文化服务类	107.10
8.居住类	103.20

【劳动就业】 全年城镇新增就业人数3586人。失业人员再就业2226人，其中就业困难人员再就业679人。年末城镇登记失业率为2.78%。

【人口】 2014年末，全县户籍人口459037人。在户籍人口中，男性233119人、女性225918人；农业人口376414人、非农业人口82623人。其中千岛湖镇户籍人口81833人，比2013年末增加769人。全县计划生育率为94.81%，全县人口出生率9.85‰，死亡率7.97‰，人口自然增长率1.88‰。

【人民生活】 据抽样调查，全年城镇居民人均可支配收入30559元，增长10.50%；人均生活消费支出18659元，增长7.80%。全县农村居民人均可支配收入13278元，增长11.40%；人均生活消费支出9049元，增长9.40%。

【社会保障】 2014年末，全县参加职工基本养老保险73528人，参加城镇职工基本医疗保险和城乡居民医疗保险中的城镇居民112778人，参加失业保险43035人，参加工伤保险85858人，参加生育保险43012人，分别比2013年年末净增2289人、3176人、1518人、1925人和666人。全县16周岁以上应参加各类养老保险人员中已参保356088人，全县参保率96.35%，其中45周岁以上人员参保率97.00%。城乡居民基本医疗保险参保率达99.92%。

【社会福利】 全县拥有敬老院25所，养老机构总床位数2385张，供养老人987人。社会福利院1所，床位157张，收养婴幼儿童4人、老人10人，合计“三无”对象14人。社会福利企业12家，在岗职工866人，其中残疾职工人数350人。

【城市建设】 全年完成基础设施投资471300万元，比2013年增长19.20%。实施千岛湖省级重点生态功能区小城市培育试点工作，完成滨湖景观飘带、城中湖景观飘带、秀水桥至千岛湖大桥段城市绿道工程。龙门路至老茶厂支线、新安北路拓宽、开发路改造等工程顺利完工。加快新城开发，启动千岛湖文化综合体、科技大厦、丰家山二期等项目建设。

【公用事业】 电力设施建设加快推进，110千伏半岛输变电力设施建成运营。全年全社会用电量94474万千瓦时，下降5.70%，其中一产用电1055万千瓦时，下降6.10%；二产用电57882万千瓦时，下降10.40%；三产用电19251万千瓦时，增长5.60%；城乡居民生活用电16286万千瓦时，增长0.10%。

【环境建设】 全面实施“五水共治”三年行动计划。建成姜家、威坪污水处理厂，完成南山污水处理厂提标改造与中水回用工程，达到一级A标排放标准。完成城区污水主管网23公里、支管网116公里铺设，243个行政村农村治污项目和4个集镇污水处理站管网提升工程建设。实行景区景点、游船艇污水统一收集上岸处理。建立河(湖)长制，完成城区道路、防洪沟清淤工程25公里。强化农业面源污染整治，关停220家污染企业、生态化改造64家畜禽养殖企业。市控以上地表水功能区达标率为100%，饮用水源地水质达标率为100%。

【农业生产】 全县完成农林牧渔业总产值429134万元，增长6.20%。其中，农业产值281383万元，增长4.70%；林业产值56933万元，增长35.90%；牧业产值62476万元，下降6.40%；渔业产值22244万元，增长5.20%。据粮食监测推算数据显示，全年粮食种植面积25.80万亩，粮食总产量75583吨。茶叶产值60866万元，增长0.90%。蚕茧产量4195吨，下降19.00%。肉类产量18428吨，下降4.20%。禽蛋产量4296吨，下降3.80%。

【农业产业化】 农业主体培育进一步加强，2014年新增市级农业龙头企业2家、县级农业龙头企业6家。全县拥有农业龙头企业130家，其中国家级2家、省级6家、市级36家、县86家。农民专业合作社较快发展，全县工商登记的农民专业合作社累计有731家，其中国家级示范社12家、省级示范性合作社5家、市级规范化合作社16家、县级规范化合作社8家。

【美丽乡村建设】 顺利完成2013年度10个精品村、千汾运动休闲精品线、东南滨湖风情精品线、富泽民俗体验精品区块、4个美丽乡村整乡镇推进、28个省待整治村、112个行政村停车场项目建设。启动2014年度10个精品村、淳杨山水景观精品线、千威漂流亲水精品线、下姜休闲体验精品区块、瑶山风情小镇、厦山村市级重点历史文化村落保护等项目建设。累计安置异地转移农户1677户5307人，其中5个中心镇安置857户2920人。

【工业生产】 全县实现工业增加值582279万元，增长3.80%。全年实现工业销售产值3209539万元，增长4.30%，其中规模以上工业销售产值2465285万元，增长3.00%。全部工业产品产销率为99.30%，比2013年提高0.60个百分点。全年规模以上工业实现新产品产值589336万元，增长0.40%，新产品产值率23.70%，比2013年降低0.50个百分点。

【建筑业】 全县有总承包和专业承包资质的纯建筑企业43家，完成建筑业总产值31.24亿元，比2013年增长11.40%；房屋建筑施工面积177.80万平方米，下降9.80%；房屋建筑竣工面积86.50万平方米，下降22.60%。

【固定资产投资】 全县完成固定资产投资1450503万元，增长21.50%，其中第一产业投资20876万元，增长381.00%；第二产业投资232068万元，下降20.90%；第三产业投资1197559万元，增长33.70%。

【房地产业】 全县完成房地产开发投资518845万元，增长47.20%，占固定资产投资完成额的35.80%。房屋施工面积267万平方米，增长12.80%；竣工面积22.40万平方米，下降47.40%。全年商品房销售面积27.10万平方米，增长4.60%；实现商品房销售额22.30亿元，增长9.30%。

【国内贸易】 全县实现社会消费品零售总额601037万元，增长13.70%。分城乡看，城镇消费品零售额363078万元，增长13.20%；乡村消费品零售额237959万元，增长14.40%。分行业看，批发零售业零售额463702万元，增长14.30%；住宿餐饮业零售额137335万元，增长11.60%。

【对外贸易】 全县实现自营进出口总额23802万美元，增长20.10%，其中自营出口20602万美元，增长16.80%；进口3200万美元，增长46.70%。

【招商引资】 协议引进内资957647万元，增长14.30%；实际到位内资621889万元，增长0.40%。实际到位外资6805万美元，下降53.80%。

【交通运输】 农村公路大中修完成100公里，村道安保工程完成80公里，病危桥改建完成12座，隧道维修加固及照明增设完成4座。全县境内通车公路总里程2628.99公里，其中高速公路13.071公里、省道公路56.887公里、农村公路2559.032公里(县道790.432公里、乡道217.026公里、村道1551.574公里)。全县有公路桥梁641座，其中农村公路桥梁610座、特大桥梁7座；有公路隧道69座，其中农村公路隧道47座。全县行政村通村客运班车通达率达到99.1%。05省道淳安段过境收费实行统缴，更新城乡客运车辆114辆，并开通了县第一人民医院公交专线。

【旅游业】 千岛湖国际商务度假中心、文渊狮城等旅游综合体建设有序推进，千岛湖国际酒店管理学院主体结顶，红星文化度假村建成运营。蜜山岛和西南湖区水上迷宫基础设施完工，完成桂花岛改造提升，2艘大型夜游画舫船投入运营，7家水上乐园建成营业。实现千岛湖风景区免费WIFI和湖区景点视频监控全覆盖。启动“朱家—百照”、“桐子坞—桂溪”旅游精品线路建设,成功引进“田野牧歌”牧心谷休闲运动营地。全年共接待游客1005.33万人,增长10.60%,其中下湖人数210.01万人,增长4.50%;实现旅游经济总收入90.30亿元,增长 11.20%,其中大门票收入2.30亿元,增长12.30%。乡村旅游共接待游客336.50万人,实现收入3.56亿元,分别增长28.00%和26.70%。

【金融业】 2014年末,全县金融机构人民币存款余额259.91亿元,增长10.40%,其中城乡居民储蓄余额121.90亿元,增长7.80%。金融机构人民币贷款余额204.74亿元,增长16.20%。

【教育】 千岛湖镇第六小学、县实验幼儿园、千岛湖建兰中学、睿达实验学校顺利开学,成功创建国家义务教育均衡县和杭州市学前教育合格县。全县小学入学率100%,小学升初中比率100%,初中升高中段比率99.40%。年末,全县有普通高中5所,在校学生6796人;初中18所,在校学生10388人;小学58所,在校学生16594人;幼儿园36所,在园幼儿7487人;职业高中2所,在校学生3679人;广播电视大学1所,在校学生43人;特殊教育学校1所,在校学生33人。

【科技】 2014年新列市级以上科技发展计划项目72项(含资格认定),其中国家级8项、省级31项、市级33项。新认定杭州市高新技术企业8家,国家重点扶持高新技术企业4家、复审2家;新增市级高新技术研发中心3家。杭州千岛湖鲟龙科技股份有限公司被列为国家火炬计划重点高新技术企业、省级高新技术企业研究开发中心,承担的“俄罗斯鲟深水网箱高效健康养殖技术示范与推广”项目被列为2014年国家星火计划项目。浙江国曲生物科技有限公司获得国家中小企业技术创新基金项目。杭州星宇炭素环保科技有限公司的“采用水蒸汽法制活性炭”项目被列为2014年国家火炬计划。

全年专利申请396件,下降56.40%,其中发明专利69件、实用新型专利242件、外观设计专利85件;授权专利382件,下降48.70%,其中发明专利24件、实型新型专利204件、外观设计专利154件。

【文化】 淳安竹马入选国家级非物质文化遗产名录。芹川村被国家文物局等部委命名为中国历史文化名村、中国传统古村落。建成乡镇图书分馆5个,创建市级示范综合文化站1个、市非遗宣传展示基地1个。完成了第五轮21处农村历史建筑修缮工程和25处农村“文化礼堂”建设。实施农村数字电视网络双向化改造和整体转换工程,双向网络实现全覆盖,改造率达100%。纪录片《寻马》被杭州市委宣传部授予“五个一工程奖”。《女孩能量》获国家排舞大赛银奖、省排舞大赛金奖。全县拥有文化馆(站)24个、公共图书馆6个(含乡镇分馆)、艺术馆1个、农家书屋437个。全县共有藏书33.89万册,业余文艺团队598支,其中杭州市星级示范团队11支。

【卫生】 完成县妇幼保健院迁建工程,成功引进一家精神病专科医院落户威坪镇。县级医院市民卡“诊间结算”使用率达60%以上,在县一医院和县中医院探索实施了床边结算服务,实现了县级医院与基层医疗机构之间诊疗数据互联互通。首次成功申报厅级医学科研课题2项,首次举办国家级继续教育项目1个、省级继续教育2个。全县拥有各类医疗机构311家,其中县级医院4家、民营医院4家,有二级甲等医院2家、二级乙等医院2家。全县设有病床1353张;卫技人员总数2061人,其中公办医疗卫生机构1797人(包括村卫生室)。

【体育】 成功创建省级村级体育俱乐部20个、省级体育小康村50个、省市级体育旅游项目2

个、实施城乡公共体育设施提升工程4个、新建2个集篮球、五人制足球、网球、轮滑、健身操等项目于一体的新型多功能城市运动场。成功举办了全国春季赛艇锦标赛、国际泳联10公里马拉松游泳世界杯赛(中国千岛湖站)、全国冬泳锦标赛、中国•杭州第八届环千岛湖国际公路自行车赛、全国青少年艺术体操锦标赛、千岛湖国际山地徒步毅行大会、中国国际露营大会、首届长三角运动休闲体验季活动、浙江省中小学生羽毛球总决赛、浙江省第四届少儿足球节、千岛湖龙川湾山地自行车挑战赛等大型体育赛事和活动,被授予浙江省体育产业突出贡献奖。

(编辑　姜建军)

中国共产党淳安县委员会

·县委全会·

【县委十三届七次全体(扩大)会议】 会议于2014年1月9日在千岛湖镇召开,出席会议的有县委委员、候补委员、纪委委员,县四套班子领导,法院院长、检察院检察长、人武部政委、县级巡视员,副县级以上离退休老同志,各乡(镇)党委书记、乡(镇)长,各部委办局(公司、行社)党政正职或主持工作的副职,部分党代表,工业企业负责人代表,省级以上农业龙头企业负责人,商贸旅游企业负责人代表,新社会阶层代表人士。会议的主要任务是深入贯彻落实党的十八届三中全会、省市委全会精神,总结2013年工作,研究部署2014年工作,动员全县上下以改革创新为统领,为实现美丽杭州实验区建设精彩开局而努力奋斗。县委书记凌志峰同志代表县委常委会向全会作了《坚持以改革统领全面工作,努力实现美丽杭州实验区建设精彩开局》的报告。

·县委常委会议·

1月3日,召开县委常委会,专题研究县委十三届七次全体(扩大)会议方案及报告,研究党政领导干部企业兼职(任职)清理整改方案。

1月16日,召开县委常委会,研究县人大、政协"两会"会务安排,会议材料等事宜,听取乡镇党委书记述职。

1月27日,召开县委常委会,研究2013年度乡镇、部门综合考评结果。

2月7日,召开县委常委会,研究开展党的群众路线教育实践活动有关工作,研究纪组宣统及群团各家工作。

3月4日,召开县委常委会,研究召开农村工作会议、"无违建县"创建暨"五水共治"会议有关事宜。

3月27日,召开县委常委会,研究召开经济工作会议有关事宜、党的群众路线教育实践活动开展工作。

4月1日,召开县委常委会,研究浙江卫视《今日聚焦》栏目负面报道后的应对、整改工作。

4月14日,召开县委常委会,研究千岛湖部分旅游船舶餐饮泔水直排调查处理意见,研究信访维稳工作,通报一季度经济形势。

4月16日,召开县委常委会,开展"三思四省"专题讨论,通报"无违建县""五水共治"工作进展情况。

5月6日,召开县委常委会,研究纪组宣统、人武及政法口、群团口各家工作,研究2014年度乡镇、部门综合考评工作,通报"无违建县"创建、"五水共治"工作进展情况。

5月19日,召开县委常委会,研究党的群众路线教育实践活动有关工作。

5月27日,召开县委常委会,讨论修改常委会班子对照检查材料。

6月5日,召开县委常委会,研究组建市场监督管理局涉及相关人事问题。

6月24日,召开县委常委会,听取省市驻淳安督导组通报县四套班子"四风"方面存在的主要问题,讨论修改常委会班子对照检查材料。

7月8日,召开县委常委会,研究党的群众路线教育实践活动有关工作。

7月11日,召开县委常委会专题民主生活会,开展批评与自我批评。

8月29日，召开县委常委会，传达学习李强省长在淳安调研时的讲话精神，研究党风廉政责任制考核办法、作风建设评价办法。

9月29日，召开县委常委会，研究严禁领导干部违规插手干预工程项目建设若干规定、调整不适宜担任现职领导干部实施意见。

10月14日，召开县委常委会，研究党的群众路线教育实践活动有关工作。

11月7日，召开县委常委会，传达学习夏宝龙书记来淳考察时的讲话精神。

11月18日，召开县委常委会，研究《进一步加强和改进人民政协政治协商的意见》《进一步加强和改进人民政协民主监督的意见》《机关工作人员作风和效能问责办法》、《村级组织运行规则》《“三转一争”工作方案》《在职干部返乡报到服务办法》等文件。

12月10日，召开县委常委会，传达学习省委全会和省委人大工作会议精神，研究进一步加强和改进乡镇人大工作的意见，研究有关人事问题。

12月24日，召开县委常委会，研究县委十三届八次全体(扩大)会议方案及报告、2015年度经济社会发展指标、《进一步加强人大工作充分发挥人大作用的意见》，传达学习省委第六巡视组巡视工作要求。

·重要工作会议·

2014年，县委、县政府召开的重要会议有(以召开时间先后为序)：

中国工农红军北上抗日先遣队纪念馆项目开工仪式，乡镇党委书记抓基层党建工作述职会议，全县离退休干部暨党外干部情况通报会，全县人口与计划生育领导小组会议，全县党的群众路线教育实践活动培训会，全县人口计生、国土资源、环境保护工作会议，党的十八届三中全会精神报告会，全县政法、武装暨信访工作会议，全县领导干部会议，“无违建县”创建推进现场会，全县档案工作会议，“无违建县”创建和“五水共治”推进会，全县来料加工工作会议，全县党的群众路线教育实践活动工作推进会议，“时间过半、任务过半”工作推进会，全县“五水共治”“无违建县”创建工作现场推进会，《人类活动影响下的千岛湖水环境演变与对策》专题讲座，“淳安发布”网络平台建设工作会议，淳安县招商引资工作推进会暨重点招商项目签约仪式，县四套班子专题民主生活会情况通报会，淳安县领导干部大会，第三十个教师节暨教师表彰大会，全县治污水工作现场推进会，扩大有效投资、加强招商引资工作推进专题会议，全县治污水工作现场推进会，城市环境精细化管理动员会议，整治村(社区)“牌子多”等问题现场会，全县信息培训会议，全县污水处理工程质量督查工作推进会，“冲刺四季度、实现全年红”工作会议，全县党的群众路线教育实践活动总结会议，县委常委(扩大)会议，淳安县第六届全民运动会开幕式，全县政协工作会议，淳安县乡村度假、农旅融合项目签约仪式，全县电子商务发展大会，乡镇党委书记、县直单位党委(党组)主要负责人抓基层党建工作责任制述职评议会，淳安县第六届全民运动会闭幕式，县委人大工作会议。

·县委新设立的议事协调和临时机构·

2014年，鉴于工作需要和人员变动，县委新设立和调整了一批议事协调和临时机构：

淳安县公车改革领导小组，淳安县“五水共治”工作领导小组，淳安县第四届残疾人运动会组委会，淳安县农村生活污水治理工作领导小组，汾口浪川生态产业园项目推进指挥部，杭黄铁路淳安段建设项目推进指挥部，“无违建县”创建项目推进指挥部，界首区块项目推进指挥部，“五水共治”项目推进指挥部，安阳白象湾项目推进指挥部，撤村建居项目推进指挥部,淳安县山区经济发展工作领导小组,淳安县小客车总量调控管理领导小组及维稳应急指挥部,淳安县第六届全民运动会组委会,“淳安发布”网络平台工作领导小组,淳安县实施重点生态功能区示范区建设试点工作领导小组,淳安县发展服务业领导小组,淳安县第五届老年人运动会组委会,2014年国际泳联10公里马拉松游泳世界杯赛,2014年全国10公里马拉松游泳锦标赛,2014年中国千岛湖公开水域游泳公开赛组委会及其工作机构,中国千岛湖国际露营大会组委会及其工作机构,淳安县电子政务内网建设和管理协调小组,杭州千岛湖配水工程淳安县工作推进指挥部,第21届全国冬泳锦标赛组委会及其工作机构,淳安县电子商务工作领导小组及其办公室,淳安县“十三五”规划编制工作领导小组。

•政研工作•

县委政策研究室立足服务领导决策、重大会议文稿起草两大任务,紧紧围绕县委中心工作开展调研,组织完成县四套班子领导重点调研课题13篇,组织开展了加快淳安县亲水产业发展等专题调研,参与了县委全会、党建会议、农村工作会议、经济工作会议等重要会议文稿起草的调研工作。

(宋　越)

•组织工作•

【党的群众路线教育实践活动】 根据中央和省、市的部署安排,在全县96个单位、2178个基层党组织、32551名党员中全面深入开展党的群众路线教育实践活动。组织部认真履行牵头抓总职责,紧扣中央群众路线学教办提出的要求,按照“出特色、推工作、当示范”的目标定位,教育实践活动取得明显成效,“四风”问题得到全面整治,凝聚了党心民心,省委夏宝龙书记先后6次对淳安县委教育实践活动的做法作出批示,予以肯定。

【干部人事制度改革】 探索民主推荐二次分析研判机制,以量化加权、历史比对、辅助信息为主要手段,对民主推荐的真实性和内涵做出准确分析,做到干部选拔“用好票”“不唯票”,提高选人用人的科学性。建立干部常态化考核考察机制,开展领导班子和领导干部全覆盖访谈,共回访机关部门、乡镇领导班子96个,谈心谈话县管领导干部746人、调研员107人,征求各方面意见、建议261条,反馈乡镇、机关领导班子整改问题136条,并以此为基础推进干部日常研判。建立领导干部能上能下机制,出台《淳安县调整不适宜担任现职领导干部办法(试行)》, 明确规定十种不适宜担任现职的情形。2014年,共调整不适宜担任现职领导干部5人。

【干部教育培训特色品牌】 在群众工作实践基地、项目推进实践基地、招商引资实践基地、服务管理实践基地和基层实务实践基地五大基地的基础上推出群众观教育培训基地和红色文化教学基地两大现场教学基地,群众观教育培训基地设在枫树岭镇下姜村,红色文化教学基地设在中洲镇厦山村中国工农红军北上抗日先遣队纪念馆,形成具有淳安特色的“5+2”干部实践锻炼基地。强化干部一线实践锻炼,全年共选派250余名干部赴各实践基地接受学习锻炼。积极推行“主题式”培训,继续开办县管干部专题培训班,分别组织县管干部赴延安、中国人民大学和井冈山开展培训锻炼;举办县管干部习总书记系列重要讲话轮训班、干部月讲坛、县管副职后备干部成长班、中青班培训等。

【干部日常监督管理】 出台《淳安县县管领导干部日常行为监督实施意见(试行)》,建立由组织部牵头，纪检、法院、公安、审计、国土、城管、规划、市场监管等单位配合参与的干部日常行为监测机构，对县管领导干部实施全天候全方位联合监测，按照一级、二级、三级、四级4个级别进行预警积分，并把监测结果作为调整不适宜干部和干部选拔任用的重要依据。

【服务型基层党组织建设】 落实“走村不漏户、户户见干部”要求，对原有的乡镇干部“认人、认情、认事”三认服务机制进行“扩规提标”，主体范围从乡镇干部延伸拓展至县级机关单位和村级组织，并提出户主、村民熟悉度实现双100%的目标。“三认”服务机制得到中央领导同志批示肯定，《人民日报》、新华社相继介绍经验。积极推进在职党员进社区服务活动，在社区组建机关在职党员“先锋宣讲团”，探索建立社区零距离服务群众机制；在城区社区全面建立“信息化管理，点单式服务”智慧党建信息化管理服务平台，优化服务机制。

【党员队伍管理】 落实“控制总量、优化结构、提高质量、发挥作用”的要求，严格执行预审制度，统一实行入党志愿书编码管理，深化农村党员发展以“乡镇主导、量化考评”为主要内容的“六评三定”培养考察机制。紧扣县委中心工作，把“五水共治”“无违建县”创建作为检验党员党性的大考场、试金石，组织开展党员先锋行动，并明确15条纪律规定。党员先锋行动得到省委夏宝龙书记的批示，在全省推广。加强党员意识培养，明确每月25日为全县“党员固定活动日”，明确每名党员每年参加活动不少于8次。创新推出党员先锋指数考评管理、党员党性定期分析、民主评议有机结合的制度规范。共评出2013年度不合格党员143名、警示党员103名；在教育实践活动专题组织生活会和民主评议党员工作中，评出警示党员162名、不合格党员172名。

【基层党建工作责任制】 落实三级联述联评联考制度，组织开展乡镇党委书记、县直单位党委（党组）主要负责人抓基层党建工作责任制述职评议。建立述职报告“四步联审”机制，23个乡镇全部安排口头述职，73个县直单位要求书面述职，实现全覆盖，将述职情况列入年度基层党建工作考核。认真组织各乡镇党委召开双向述职会，确保党建责任一抓到底。

【人才工作】 抓好高层次人才引进，做好国家、省“千人计划”和市“521”人选申报，认定“国千”1名；1名外国专家列入市“115”引进国外智力资助项目；成功创建鲟龙科技有限公司市级院士工作站；实施“国内外引智计划”，实现引智项目40个，柔性引进各类专家100余人。加快乡土人才培养，计划从2014年起，用5年时间，全县培养选拔四星至五星级乡土人才约200名，2014年县级层面评定四星级和五星级乡土人才各20名，均为淳安县农村各领域拔尖的人才。

【自身建设】 县委组织部在群众路线教育实践活动中切实履行好“双重职责”，努力争当排头兵、示范点。坚持从严律己、从严治部，修订完善内部管理制度，推行“三牌一日记”（工作胸牌、摆放桌牌、公示当日去向牌、记工作日记），便于群众办事和监督。继续完善月度例会点评制、年度考核评价制的工作运行机制，推进工作规范化、有序化。改进新闻宣传的方式，抓好重点突破和高层次的宣传，强化权威媒体的深度报道，组工信息宣传工作成效明显。全年市以上媒体用稿80余篇，其中国家级媒体用稿25篇；市以上简报录用44篇，其中国家级简报录用2篇。整合“千岛湖先锋”微博、千岛湖党建网、大组工网、新闻媒体等宣传网络，提高信息的互动性，扩大组织工作宣传面和影响力。

（周　娟）

·宣传思想工作·

【概况】 2014年，淳安宣传思想文化工作紧紧围绕发展大局，结合党的群众路线教育实践活动，主动谋划，积极作为，以“幸福和美”为主题，着力打造“幸福千岛湖”人文品牌、“最美千岛湖”外宣品牌、“创意千岛湖”文创品牌等三大工作品牌，宣传思想文化工作取得明显实效，为淳安经济社会发展营造了幸福和谐、活力美好的良好氛围。

【“幸福千岛湖”人文品牌建设】 以学习贯彻党的十八大精神为主线，重点围绕中国梦、习总书记系列讲话精神、三中和四中全会、群众路线等主题进行宣讲，组织流动幸福讲坛——“情系群众 党课进村”活动，开展县管领导干部优秀理论文章征集评选，定期向全县党员干部推荐优秀理论学习书目，不断提升全县党员干部的理论素养，促进理论成果转化，指导工作实践。以“最美淳安人”评选和宣传为重点，培育和践行社会主义核心价值观。深入挖掘评选124名基层、一线的先进典型和凡人善举，专门开辟“最美淳安人”光荣墙，分期分主题展示“最美教师”“最美环卫工人”“最美孝星”“最美记者”“最美民警”等行业最美丽形象。并在全县开展媒体、网络立体式宣传，组织“最美人物”进社区、礼堂、学校等宣讲20余场次，营造了崇德向善的社会氛围。同时，以城市文明指数测评为契机，积极开展以文明交通、文明旅游、文明用餐、文明祭祀为主要内容的“四大文明”活动，不断夯实社会文明基础。以文化礼堂打造为平台，着重在“建管用”上下功夫。有效整合各项资源，新建25个农村文化礼堂、2个社区文化礼堂和网上(掌上)文化礼堂。在全市率先推出的文化礼堂培育机制和社区文化礼堂建设，得到省、市委宣传部的高度肯定。管好、用好已建的文化礼堂，开展“最美礼堂”摄影、“最美家风”评选、“最美村歌”评比和“记得住乡愁”征文等活动，全年利用文化礼堂开展春节晚会、传统民俗等各类活动200余场次，惠及农村群众4万余人，文化礼堂成为农村凝魂聚气的精神家园和文化地标。以城乡群众文化需求为出发点，先后开展“淳安好声音”电视歌手大赛、睦剧“好腔调”大赛、“舞动幸福、和美淳安”排舞大赛等大型群文活动。利用千岛湖艺术馆举办“青溪清我心”等14期高端书画、摄影艺术展，参观人数8万余人次。结合农村群众需求，积极开展送戏、送电影、送培训和图片展等各类送文化活动1000多场。同时，文艺创作成果丰硕，淳安竹马入选国家级非遗保护项目名录，《寻马》电视纪录片获杭州市第十二届精神文明建设“五个一工程”入选作品奖，睦剧小戏《心愿》等一批文化作品获省、市大奖，淳安县被评为浙江省传统戏剧之乡和民间艺术之乡。通过各类文化手段，有效激发群众追求幸福和美生活的热情，打造淳安“景美人和”的人文环境。

【“最美千岛湖”外宣品牌建设】 强力推出大型外宣，打响“最美千岛湖”品牌。举办“醉美•千岛湖”全国摄影大展赛，分四季四主题，跨时一年，征集作品近7000余幅(组)，通过作品展评，全面展现千岛湖的“生态美”“生产美”“生活美”和“精神美”。与浙江在线合作开展“最美千岛湖”宣传语征集，共收到全国网友作品18310件，78万网友参与互动，网络点击量达289万人次。在央视推出“水秀天下——千岛湖”的品牌宣传片。春节期间，淳安县举办的“板凳龙巡街”“跳竹马”“猪头大赛”等民俗活动先后登上央视和知名网站。邀请俄罗斯、巴西、突尼斯新闻代表团等外媒来淳安采访报道，提升千岛湖的国际影响力。以“五水共治”、撤村建居、群众路线等为重点，加大主流媒体宣传力度。全年市级以上主流媒体刊播淳安报道480条，其中市级251条、省级179条、中央级媒体50条(央视20条),中央级媒体报道数量同比增长40%。《浙江日报》刊发专版12个,并以头版头条以及专版的形式推出《取消GDP考核后,如何走出绿色发展之路》等一系列深度报道,为淳安县绿色发展宣传造势。同时联合主流媒体,围绕“五水共治”先后举办钱塘江抒怀采风活动、“五水共治两美浙江”书画摄影艺术特展、“发现城市之美”专题调研等主题活动,形成声势浩大的宣传声势。针对舆情生态发生深刻变化的实际,在队伍建设、机制完善、平台建设和实战水平上下功夫,使网络舆情管控由被动应付转变为主动掌控。组建新闻发言人、网络新闻发言人和网评员队伍,建立由网信办、公安网警、传媒中心网络部和乡镇、部门联动的组织架构,相应形成指挥运行、分级响应、联动监报和反馈督查等五大机制,每日编发《网上舆情摘报》,抓好网络舆情管控及督查。自9月份至年底,百姓在网络上共反映社会热点、难点问题和重大民生问题137个,回复率和办结率均达100%,《淳安县创新五项机制提升网上舆论引导时度效》成为特色创新工作,得到省委宣传部领导的批示和肯定。抓好“淳安发布”平台建设和二级平台建设,在全省政务微博中排名第6位。强化业务培训和实战演练,先后30余次指挥和组织网评员对重大舆情进行网上引导,累计共发动800人次,回帖1800余个,有效维护了淳安发展形象及属地网络舆论环境。

【“创意千岛湖”文创品牌建设】 经过培育和打造,文创产业品牌特色日益彰显。2014年推出千岛湖“鱼之旅”文化旅游项目,将鱼文化项目和千岛湖精品湖区景点一站式融合,全年接待游客近10万人。举办集摄影、化妆、交通、食宿为一体的婚纱摄影“蜜月旅游”新项目,全年接待各地新人近8万对。“1个总部+10个分部”的千岛湖平面艺术创作基地体系逐渐形成,带动房车露营、汽车运动和户外运动的快速发展。环千岛湖国际公路自行车赛、马拉松游泳世界杯赛、国际露营大会等一批知名体育赛事品牌落户千岛湖,推进以骑行为代表的运动休闲产业展,2014年环千岛湖绿道骑行客已逾32万人次。制定淳安县文创产业发展三年行动计划,建立淳安文创企业信息库,做好《文化创意产业相关政策汇编》,以“每周1次外联,每月5家企业”的常态化走访要求,全力帮助企业做好项目申报指导和跟踪服务,2014年全程跟进指导60余个文创项目。其中,获县文创立项扶持项目34个,争取县服务业引导资金162.74万元;获市文创专项资金立项扶持项目18个,扶持金额351万元。为提高社会对文创的知晓度和关注度,先后制播15辑《淳安县文创产业巡礼》电视专题片,深入30多家文创企业,重点推介了清正红曲大观园、千岛秀丝绸生活馆、骑行俱乐部等一批示范性文创项目。借力动漫节、文博会进行产业营销,全面展示环千岛湖绿道骑行、“水之灵”旅游演艺、千岛湖平面艺术创作体系、体育休闲运动、“淳鱼”文化、婚纱摄影等文创品牌,全面推介县文创产业的发展亮点。2014年,文创产业实现增加值20.87亿元,增幅14%。

【宣传干部队伍固本强基】 按照党的群众路线教育的部署和要求,在扎实做好规定动作的同时,创新开展“三联基层”和“八个一”活动载体,即“讲一堂课”“撰写一篇理论(调研)文章”“当一天宣传文化员”“一岗双职”“值一周舆情监控”,以及每名部机关干部联系“1个文化礼堂建设项目+1家文创企业+1家农户”,切实增强教育实践活动的针对性和实效性。在教育实践活动中,部机关干部全年走访社区群众、学校、医院、新闻媒体从业人员150余人次,文创从业人员80余人次,走访农户23个、社区困难群众3户,并征集各类意见建议255条。在教育实践活动过程中,有效解决村级报刊征订、规范网络论坛管理、烟花爆竹燃放、艺术馆文化交流活动太少等突出问题20余个。通过打造“幸福和美”宣传思想文化品牌，宣传教育工作成效不明显、载体创新不够等一系列问题得到有效改善。结合教育实践活动，认真落实中央八项规定，通过建章立制，完善机关内部管理。先后制定下发《关于完善县委宣传部管理制度的通知》、《机关内部考核办法(试行)》和《规范公务用车及用车补助暂行办法》等制度，对本部机关公文收发、公务接待、公车使用等内容进行明确规定，并在机关干部中实行内部考核，使机关运行更为有序、规范和高效，有力促进宣传思想文化工作争先创优。在宣传部机关内部实行大科室组团式服务，有效强化了团结协作能力。加大年轻干部培养力度，全面激发队伍活力。建立《部机关干部学习制度》，切实提高机关干部的理论素养和学知能力。举办2014年淳安县文化创意产业发展培训班，选调了5人到省市进行挂职锻炼。强化工作思考、调研和创新，先后完成了《关于打造“幸福和美”淳安宣传思想文化工作品牌的思考与实践》、《关于探索建立网上舆论监测机制的思考》等理论调研文章，为淳安县宣传思想文化工作提供了指导。《打造“幸福和美”品牌　推动基层宣传工作》被评为2014年度全市宣传思想文化工作创新奖。

(徐建平)

·统一战线工作·

【概况】 2014年，县委统战部扎实开展党的群众路线教育实践活动，围绕县委中心工作，牢牢把握大团结、大联合主题，积极探索，狠抓落实，不断发展壮大最广泛的爱国统一战线，为助推“秀水富民”作出积极贡献。

【党外代表人士队伍建设】 建立培养选拔党外干部工作和党外干部动态监督机制。完善企事业单位中级职称以上、行政单位中层副职以上的党外人士人才库。利用党外知识分子联谊会，开展坚持和发展中国特色社会主义及“同心同行”系列主题教育活动。

【统战对象教育培训】 举办全县党外干部十八届三中全会精神学习班。组织部分统战分管领导、党外领导干部、后备干部，及创二代代表到杭州市社会主义学院参加为期三天的培训学习，邀请专家就统战、民宗、涉侨、涉台业务进行专题授课。推荐3名党外后备干部参加市社会主义学院专题轮训。会同组织部联合下发《关于建立党外干部工作联席会议制度》。

【民主党派组织建设】 3月13日和5月9日，中国农工党和中国民主同盟淳安县支部委员会建立。两家民主党派的支部委员会建立后，组织开展一系列活动，农工党组织党员到淡竹畲族小学开展捐资助学活动；到南山学校开展“关爱青少年健康”系列科普活动，免费为学生健康体检；到瑶山乡何家村看望慰问80岁以上老人。民盟组织盟员到安阳乡中心小学举行“送温暖、献爱心”捐资助学活动；到白马小学、枫树林镇小、夏峰完小举办“相约中国梦，你我共成长”公益活动。

【春节团拜会和中秋茶话会】 1月10日，与县政协联合举办春节团拜会，邀请侨眷，留学生家属代表，定居台胞，台资、侨资企业代表，及民族宗教界人士参加。9月4日，举办中秋茶话会，邀请台属、侨界、海归创二代、民主党派、新社会阶层、民族宗教界代表参加。

【走访慰问国军抗战老兵】 对原黄埔军校17期毕业生缪烈祖和何绍森等6位抗战老兵及遗属进行上门走访慰问。

【帮助少数民族村建设】 帮助千岛湖镇富泽少数民族村开展精品村建设，通过挖掘畲族文化，提升该村文化内涵。省人民政府授予该村“民族团结进步模范集体”荣誉称号。通过市民宗局牵线搭桥，该村与杭州上城区南星街道美政桥社区结成工作对子。

【保障少数民族合法权益】 全年，共为13名少数民族考生提供加分审核服务，为10人次办理少数民族成分变更手续。“六一”期间，到淡竹畲族小学走访慰问。牵线该校与杭州市伊斯兰教协会、杭州回族穆兴小学结成帮扶对子。

【处置涉宗违法建筑】 在“三改一拆”“创无违建县”中，配合有关部门拆除宗教违法建筑。说服动员教民拆除宗教公用建筑4处，建筑面积483㎡；说服动员教民拆除民间违建信仰场所72处，占总数196处的36.7%，建筑面积3825㎡；改作他用55处，占总数的28.1%，建筑面积2343㎡；拆改两项合计127处，占总数的64.8%，比省定目标高44.8%。保留小庙、小庵69处，占总数的35.2%；调整超高超大、视觉冲击强烈的基督教聚会场所宗教标志物13处，顺利通过省市验收。

【宗教管理】 会同防范和处理邪教问题办公室对各乡镇分管领导、宗教活动场所负责人和传道人进行反邪教知识培训。投资300余万建成佛教协会办公用房（佛教文化景点），指导千岛湖龙川湾景区建设规模较大的千岛湖禅修中心，改造蜜山禅寺。

【侨情调查】 联合公安、统计、司法部门，组织社区、乡镇负责人和普查员业务培训，并赴宁波、杭州进行业务学习。分乡镇、分社区对全县华人、华侨、侨眷进行全面普查登记，年底，完成数据录入，建成侨情数据库，为实施人才战略打下基础。

【助力工程】 抓好“村企结对共建新农村”工作，促成26家侨资企业与本县的20个行政村结成帮扶对子，落实项目23个，实现各类帮扶资金178万元。在上年“百名侨商携手百家低收入农户助农活动”的基础上，开展“助学、助医、助残、助老、助增收”系列公益行动。在开展五水共治中，因整治畜禽养殖，海归人士认购草猪由2013年的210头减为22头，但以高于市场价一倍（50元一公斤）的价格回收，使农户直接增收近50万元。

【为侨服务】 为2户涉侨计划生育对象办理允许生育手续。为一名巴西华侨解决多年来久拖未决的房屋所有权确权登记事项。接待和处理9起涉侨来信来访，使涉侨问题得到及时妥善解决。

【涵养侨资源】 全年接待海外华侨、华人专业协会会长30人到千岛湖考察；接待美国浙江同乡会一行到淳安考察休闲养老产业；8月，协助做好国侨联（侨办）组织的西欧和北美120名华侨子女千岛湖夏令营活动；举办18个国家和地区54位浙籍海外统促会负责人国情研修班，开展“秀美淳安、五水共治”专题考察；协助做好国家、省、市侨务系统大型活动落户千岛湖的相关工作；全年共接待海外侨界人士800人次。

【“三认”服务】 根据群众路线教育实践活动和市台办“台商服务月”活动总要求，会同县公安、工商、民政等部门，对台商、定居台胞、涉台婚姻状况进行全面调研，上门认人、认情、认事，建立档案。在走访中及时、主动、稳妥地处理台胞信访问题，最大限度保护台胞权益。

【对台文化交流】 8月上旬，台北书院院长林谷芳先生一行到千岛湖考察淳安1800多年的历史文化，达成建立台北书院千岛湖分院的初步合作意向。9月下旬，台湾高青摄影协会一行7人，到千岛湖深入梅峰观岛、芹川古村落等最具千岛湖特色和淳安文化气息的地方开展为期一周的摄影创作,摄影作品于10月在台湾“两岸摄影展”上展出。10月15日～16日,接待2014“两岸人文对话”考察团。

【对台经贸交流】 邀请台湾民宿协会副会长、清境花园度假山庄总经理施武忠一行到千岛湖,现场考察茅头尖林场、十八坞农场、施家坪等地,洽谈合作意向。6月下旬、8月上旬,分别邀请淳安旅台同乡会和遂安旅台同乡会到家乡参观考察。

【异地商会建设】 1月11日,成立了深圳淳安商会。11月22日,成立宁波淳安商会。

【企业家素质提升】 组织企业家参加“杭商大讲堂”“清华EMBA名师管理论坛”“品质杭商”培训学习。选送新生代企业家代表到山东沂蒙接受红色教育。

【党的群众路线教育实践活动】 部领导带头示范学习,单位集中学习累计19次,撰写体会文章5篇,部班子成员上党课15次。广泛征求群众意见,共征集班子集体意见、建议24条,班子个人意见、建议84条。在充分征求意见的基础上,班子成员相互开展谈心谈话活动,沟通思想,增进了解,深刻剖析,在专题民主生活会上坦诚交换意见,提出整改思路和举措。针对“四风”方面的问题,制定整改方案,提出整改措施,明确责任人和整改期限。

(汪志红)

·党校教育培训·

【概况】 2014年,县委党校紧密结合党的群众路线教育实践活动,扎实推进各项工作,在教学、科研、社会宣讲及党务方面均取得了较好的成绩,为“秀水富民”和“美丽杭州”实验区建设起到了思想建设和干部队伍建设的保障作用。全年举办主体班10期,培训党员干部、国家公务员、专业技术干部、企事业干部和村两委主要干部1690余人,完成各类社会宣讲70余场,受教育人数6000余人。

【机关党建】 校党委和党支部加强理论学习和制度建设,按照学习型党组织要求,围绕党的十八大和十八届三中全会精神、中国梦等主题,深化学习型党组织建设,强化党校全体教职员工的理论武装,全年组织干部党员理论学习24次。以“为民、务实、清廉”主题教育为载体,推进服务型支部建设,锻造勤作为、有作为、善作为的党校团队。深入推进支部共建活动,多次赴枫树岭镇开展结对帮扶活动。以党建促管理,以管理促教学,认真落实“三会一课”制度。以民主生活会为载体,实施党务公开,加强党风廉政建设,全年召开专题会议4次,组织党员到海瑞祠进行廉政教育。

【主体班次干部培训】 根据县委组织部的安排和要求,举办主体班10期,受训人数1690余人。提出“一师一专题”,大力开发专题课程。引导教师立足自身专业特长,围绕县委、县政府的中心工作,结合自身研究方向,每人确定一至二个教学专题。围绕县委、县政府的中心工作共确定8个教学专题。坚持“一课一精品”,积极推进教学改革。科学规划,精心组织,积极打造精品课程,组织教师进行内部新课试讲,相互评议,为干部教育培训计划的顺利完成奠定基础,全年完成新课试讲8课。创新教学方式,增强互动性。改变传统教学手段,积极推广研究式、案例式、互动式教学形式。深入贯彻实践“精修一课、专攻一门、深入研究”的教学思想。

【党课进村和社会讲学】 围绕党的十八大精神、十八届三中全会精神及省、市党代会精神,组织骨干教师分赴机关、乡镇、社区进行社会宣讲。组织全体党员干部学习党的理论政策和省、市、县的重大决策部署要求，通过专题学习会、研讨会、座谈会等形式学深学透。通过集体讨论、外出研训、与兄弟党校交流等多种途径，开展扎实有效的教研活动。形成“十八大精神解读”“中国梦”“十八届三中全会精神解读”等宣讲专题10余个。全年共完成各类社会宣讲70余场，受教育人数6000余人。推进党课进村，把党课送到最基层，围绕全县中心工作和基层需求，确定7个宣讲主题，准备19个党课教案。全年赴浪川等10个乡镇160多个行政村开展免费宣讲65场。

【教研、科研】 推行县级党校学科组制度，根据教师的知识偏好和学术特长，成立了3个科研小组，制定《中共淳安县委党校科研工作管理与奖励办法》。撰写市委党校理论研讨会论文7篇，其中2篇论文分获一等奖、三等奖。成功申报7个市委党校社科联课题，其中有2个课题被评为优秀课题。积极申报省委党校课题与论文，三位老师撰写的论文分别获全省党校系统理论研讨会（县市区经济组）一、二、三等奖，2014年获得杭州市委党校论文组织奖。

（洪维良）

·县直机关工委·

【概况】 2014年，县直机关工委辖机关党组织162个，其中机关党委4个、党总支部17个、党支部141个，设8个工作片组，有正式党员2360名、预备党员18名。

【学习教育】 一是抓“专题培训”，分期分批次组织开展了入党积极分子、党务干部、党组织书记培训，受培训人数220余人。二是抓“特色活动”，举办“机关党员干部人文大讲堂”，并建立季度“机关党员干部人文大讲堂”制度，讲授内容有《朝鲜核问题——利益的博弈、力量的角逐》《当前国际政治格局与中国外交政策》、《中国共产党在浙江的革命历程》《十八届四中全会精神》等专题。三是抓“警示教育”，组织观看《苏联亡党亡国20年祭》，组织学习《中共浙江省纪委关于进一步严明纪律切实解决“酒局”“牌局”等问题的通知》《关于8起违反作风效能纪律规定典型事例的通知》等文件。并组织100余名机关党员干部到浙江省廉政教育基地——龙山岛海瑞祠参观学习，增强机关党员干部反腐倡廉意识。四是抓“学习氛围”，制定下发《县直机关党员干部政治理论学习意见》，督促县直各单位健全学习制度；利用“淳安机关党建手机报”、《淳安机关党建简报》、机关党建网、机关党建微博四位一体的宣传教育管理沟通平台，对县直各单位机关党组织开展的党建工作经验、做法、特色进行及时宣传报道。

【创新机关党建考核机制】 2014年，县直机关工委改变以往单一年底检查台账的考核方式，采取定期考核与日常检查相结合的新机制。同时，将年底机关党建考核项目内容也由6类缩减为4类，考核细则由41项缩减为13项，精简台账资料，注重工作实绩，使考核更加科学。

【党组织规范化建设】 一是规范换届选举。依照《中国共产党基层组织选举工作暂行条例》规定，2014年共有32个机关党组织进行换届选举和改选。二是规范党务干部选配。推行新任机关党组织书记谈话制，并为机关党组织副书记争取到中层正职待遇。三是规范党员文化生活。按季组织党员开展各类文体比赛和“健康服务周·体质健康测试进机关”活动，增强党组织凝聚力和向心力。

【配合县委中心工作】 动员县直机关工委所属党组织全体党员积极参与治污水、防洪水、排涝水、保供水、抓节水的“五水共治”和“深化改革”、“无违建县”创建等重大活动。组织党员开展城区湖岸线卫生整治、“青春环保责任田”认领、配合“千名党员干部进村入企治污排查”等活动，开展“爱护千岛湖”大讨论等。

【党的群众路线教育实践活动】 工委班子带队，每周深入县直72家单位走访调研机关党组织不少于2次，走访基层党组织党务干部不少于5人，共收集意见、建议107条，对征求意见中发现的问题做到即知即改。

【“三问三送”活动】 2014年，县直机关工委组织机关全体党员干部开展以“问需于民送春风、问计于民送新风、问信于民送清风”为主题的“三问三送”活动。县直机关党员干部先后走访农户30648户、企业1114家，慰问困难群众16189人次，协商确定帮扶项目242个，听取、收集各类意见建议3000余条，现场帮助解决各类问题2970个。

【推行“三认”服务机制】 组织机关干部下基层开展以“认人、认情、认事”为主题的“三认”服务活动，推动村级组织民主自治和经济社会发展。“三认”服务形式采取“班子成员+机关干部”的组团方式，分4组联系走访县直74家机关单位党组织(含机关党委、党总支下属支部)、155名书记。“三认”服务要求，一是亮明身份“认人”，县直机关工委每位党员干部在办公桌上放置桌牌，办公室门口悬挂去向牌，外出时佩戴身份牌；二是密切联系“认情”，通过实地走访、集中座谈和发放调查问卷相结合的形式，县直机关工委就“四风”方面问题、工作层面问题、反映具体人和事问题等方面征询意见建议；三是做好服务“认事”，与基层机关党组织书记开展交心谈心，提供基层党组织建设方面的服务，征求基层党建意见建议，了解基层机关党员工作生活情况等。经过两轮“三认”，县直机关党员干部先后走访农户113021户，占全县农户的94.6%；收集需要集中督办的难点问题1091件，办结1073件，办结率98.4%。

【结对帮扶】 开展“党员干部结对帮扶城乡困难家庭”和“1+X”机关党组织结对帮扶活动。县直机关党组织确定帮扶项目223个，办实事解决问题254个。各机关党员干部确定帮扶项目357个，办实事解决问题1041个，征求到建议、意见893条。

【开展“四行”志愿服务】 开展机关党组织“结对行”、机关党员志愿者“特色行”、机关党员“帮扶行”、在职党员志愿服务“社区行”的“四行”活动。为完善在职党员进社区服务群众机制，开通“在职党员服务”网络平台，组织机关志愿服务队到汾口镇开展便民志愿服务活动。

【开展“四个一批”活动】 即打造一批星级党建示范群，展示一批机关党建特色品牌，培训一批机关党务干部，挖掘一批先进典型。通过在县直各单位机关党组织中开展“十佳党建品牌”创建、“挖掘身边的典型，学习身边的先进”活动，在全县范围内传递群众路线教育实践活动的正能量。

(方炳莲)

·老干部工作·

【概况】 县委老干部局为县委常设机构，内设办公室、服务保健科、活动教育科、关心下一代工作委员会办公室4个科室。下属事业单位2家，分别是老年大学、老干部活动中心。2014年，全县有机关事业单位离退休干部(职工)4773人，其中退休干部(职工)4665人(行政1333人、事业3332人)、离休干部108人。离休干部中有县处级离休干部46人，其中13名离休干部安置在本省外地，4名离休干部安置在外省，3名离休干部由外地安置在本县。另有离休干部遗孀156人。退休干部中有县(团)级退休干部41人，其中副县级以上退休干部27人;局(乡)级退休干部350人。

【加强"两项建设"】 一是加强离退休干部的党组织建设。对全县64个离退休党支部书记进行适时调整,使支部工作始终保持旺盛的生命力。做好先进党支部和党员积极分子的评选工作,成功创建省级"五好"党支部2家、市级"五好"党支部27家、县级"五好"党支部36家,通过创建活动,激发了老党员的热情,掀起创先争优热潮,涌现出一大批优秀支部和优秀党员。二是加强离退休干部思想政治建设。建立完善以"每月一会、每季一讲、半年一通报"为主体的学习制度,加强理想信念、政治理论、形势政策和政治纪律教育。先后组织离退休干部学习十八届四中全会精神,观看《永远的焦裕禄》、《苏联亡党亡国20年祭》等电影。邀请全国知名养生保健专家刘弘作老年养生保健专题讲座,举办离退休干部党支部书记培训班,开展各类学习讲座21场。

【落实老干部政治待遇】 2014年,县委、县政府先后邀请县级老干部参加县委全委会、县人大会等重要会议7次。县委书记凌志峰专题召开离退休干部代表座谈会,就县委常委会查找和整治"四风"问题,深入推进全县党的群众路线教育实践活动等内容广泛听取离退休干部们的意见和建议。柴县长召集县级老领导,认真听取老领导对《政府工作报告》的意见、建议。结合每月15日政治学习日,县委领导向离退休老同志通报全县经济社会发展情况,举办各类辅导报告会、培养实现中国梦一代新人报告会等老干部理论学习会11次,参加报告会的老干部2600余人次。各乡镇、部门把通报情况作为落实老干部政治待遇的一项重要工作来抓,形成工作制度,向老干部通报本乡镇、部门工作情况。

【落实老干部生活待遇】 4月,组织县(团)级老干部46人分两批在浙二医院和县一医院进行健康体检。5月,组织局(乡)级退休干部270人在县中医院健康体检,组织县(团)级老干部赴宁波进行为期5天的休养活动。7月,组织30余名离休干部到钱塘星岛度假村避暑疗养15天。

【文化养老】 全年编辑发送《淳安老干部工作微报》12期,及时传递文化信息。开辟了专家讲坛、名医讲座、月学习日等大型有针对性的学习活动22场。免费在社区开辟了活动室、阅览室、保健室等学习活动场所。结集出版了《淳安老干部工作志》《老干部书画作品集》《老干部摄影作品集》《老干部诗词集》。在《今日千岛湖》开辟老干部书画作品专刊;成立老干部诗词协会、书画研究会、摄影协会等文化团体协会共6个,参加活动的离退休干部500余人。举办首届老干部金秋艺术节,500余名老干部参加活动;组织老干部开展文艺演出、书画、摄影展览、诗词创作、送文化下乡等活动,宣传淳安新时期的伟大成就,弘扬新风尚。为355位乡镇退休干部、112位离休干部订阅《浙江老年报》《钱江晚报》《都市快报》。

【发挥老干部作用】 县委、县政府和各乡镇、部门高度重视离退休干部的资政参谋作用。一批德高望重的离退休干部被县委和纪检、组织等部门聘任为党风监督员和行风督查员。

【帮扶慰问老干部】 结合春节、重阳等重大节日和高温季节,积极开展走访慰问老干部活动。4月和5月集中时间分批走访慰问部分离休干部和县级老领导。"七一"前夕,乡镇、部门全面开展走访慰问离休干部活动,帮助解决实际困难。坚持每星期走访看望住院离休干部制度,及时帮助解决生活中的具体困难,全年共慰问生病住院老干部300余人次,慰问去世离退休干部家属16人。

【老干部参观考察】 2013年，共组织老干部参观青溪新城、淳杨公路和新农村建设等县重点工程建设项目活动7次，参加老干部600余人次。乡镇、部门结合自身实际，组织老干部参观本乡镇、部门重点项目建设，让老干部亲眼看见改革开放成果。

【阵地建设】 深化老干部活动中心“满意家园”建设，丰富活动内容，提高服务水平。全年举办较大规模的活动近20次，各类培训50余次，参加人数6000余人。组织老干部开展钓鱼、象棋、台球、乒乓球等比赛，参加人数2000人次。组织开展送文化下乡活动，书画协会到文昌镇文昌村开展为民写春联活动；诗词协会通过参观新农村建设和企业进行实地采风创作，形成诗刊发送到有关部门。老年大学设置时政、文史、书法等24个专业、36个班级，共有920余名老干部参加学习。9月，组织老干部参加杭州市老干部迎国庆演出，参演舞蹈《快乐阿婆》反响热烈。10月初，组织老干部参加县“歌颂祖国、唱响淳安”文艺会演，参演歌曲《唱支山歌给党听》获三等奖。11月，举办首届老干部金秋艺术节，内容涵盖书画、诗词、舞蹈、武术、戏曲等，参加老干部460余人。

【关心下一代工作】 2014年，关心下一代宣讲团在青少年中开展以“中国梦”、家庭教育等为主题的宣讲活动28场次，撰写宣讲稿12篇，受教育青少年9000余人。科技服务团深入学校开展科技讲座达19场次，深入田间地头，实地指导。此外，科技团成员还撰写科技调研论文，退休干部方流传和杨水明撰写的《关于我县高山蔬菜发展之未来》《关于加快发展乡村旅游，促进农民长效增收的探讨》两篇调研论文，得到县长柴世民、副县长江华平的批示，调研成果在县内推广。关爱团老干部深入学校、社区、网吧和看守所开展关爱活动22次。部分老干部除自己捐资外，还不辞辛劳，奔波社会各界筹资资助贫困学子。

(方文婷)

·机构编制工作·

【概况】 2014年，县编制委员会办公室认真贯彻党的十八届三中、四中全会和县委十三届七次全体(扩大)会议精神，按照县委、县政府和市编委办总体部署和要求，突出重点，扎实工作，圆满完成机构编制各项工作任务，为淳安县经济和社会发展提供体制机制保障。

【推行部门权力清单制度】 拟发《淳安县人民政府关于开展部门职责清理推行权力清单制度工作的实施意见》，召开推行部门权力清单动员会，举办推行部门权力清单联络员培训会，印发推行部门权力清单培训指南，编制办成立3个推行权力清单工作小组，加强对部门推行权力清单的业务指导和审核把关。通过“三报三回”确定全县32个部门权力事项4297项，并且在浙江政务服务网公布。

【厘清部门责任清单】 拟发《淳安县人民政府办公室关于开展部门责任清单编制工作的通知》，举办部门责任清单编制业务培训会，成立部门责任清单编制工作小组，加强对部门开展责任清单工作的业务指导和审核把关，审定32家县级部门主要职责事项497项、具体工作事项2054项、职责边界事项34项、事中事后监管举措254项、公共服务事项163项，年底前，在浙江政务服务网公布淳安县部门责任清单。

【政府职能转变和机构改革】 根据省市关于政府职能转变和政府机构改革的要求，赴开化、舟山等地开展政府职能转变和机构改革调研，同时到县发改、环保、旅游、工信、水利、农业等部门走访、调研，听取部门对转变政府职能和机构改革的意见、建议，探讨政府职能转变和机构设置中存在的问题，向县委、县政府领导汇报淳安县转变政府职能和机构改革的意见，十易其稿，最终拟出淳安县政府转变职能和机构改革初步方案。

【食品药品监管体制改革】 根据省市要求，整合县食品药品监督管理局（县食品安全委员会办公室）、杭州市工商行政管理局淳安分局、县质量技术监督局，组建县市场监督管理局。拟定县市场监督管理局“三定”方案。

【体制机制创新】 2014年，县编制办对体制机制进行全面创新。调研集体土地征迁机构，分设县土地收购储备中心，强化土地储备和集体土地征地拆迁的力量。调研金融服务机构，在发改局设立金融工作机构并增配金融工作人员。先后完成县纪检监察机关内设机构的设置、县食品药品环境犯罪侦查大队的机构设置、农品办的机构设置、政协学联委和森林公安的机构设置的报批和批复工作。完成生猪定点屠宰职能由县商务局划转到县农业局的工作，完成殡葬管理所和劳动仲裁院等参公事业单位的机构设置调整工作。

【参与公车改革】 对涉及公车改革的343家单位，4000余名机关、事业人员进行认真审核，5月，参改人员车贴按时顺利发放。此后，每月平均审核涉改人员4000余人，书面审核变动人员信息100余人，涉及月金额370余万元，及时将有关数据报送县车改办、县财政局和市民卡中心，确保车贴发放准确及时。

【编制资源控制】 按照李克强总理本届政府财政供养人员只减不增的要求，编制办按照控制总量、有减有增、增减平衡的原则，严格控制机构编制资源。2014年，编制办提交编委会研究解决的部门关于机构编制请示40件。对部门要求新增机构、新增编制、新增中层职数的请示，从严把关。尤其对部门新增编制的请示，如组建千岛湖镇第六小学、县农品办的设置、县干部保健办的设置、县林业局有关机构的设置，编制办多方协调，通过编制资源内部调剂的方式解决，优化编制资源配置。

【用编、用职管理】 在进人用编审核上，共审核76批次582名，其中事业编制447名，包括招考、双向选择、人才引进等方式的进人；公务员编制（含参公）135名。中层职数共审核批准117批次304个职位，其中股级正职182名、副职122名。

【机构编制核查】 对全县480余家机关事业单位的机构编制信息和10000余名机关事业单位在职人员的信息进行系统全面的核对、补充和完善。在各部门自查自纠的基础上，对10个重点部门及其下属93家事业单位，进行重点抽查、完善相关台账资料，收集整理档案20余份，详细掌握全县机构编制情况。

【干部实名制数据库建设】 建立实名制数据库实时更新机制，统一对退休、辞职、辞退、调出等出编人员进行删减。对招录、调进等入编人员督促各单位及时按进人流程添加。对单位人员职务等重要信息变化及时审核，确保系统中的数据始终处于最新、最准状态。改造实名制系统专网线路，全县73个部门、23个乡镇实名制系统全部进入政务专网，为实名制管理工作创造安全、保密环境。

【事业单位登记、年检】 公开教育、卫生系统下属所有事业单位年度工作报告。为11家符合条件的事业单位办理登记手续。为47家事业单位的63个变更事项办理变更登记手续。其中变更名称6家，变更宗旨和业务范围2家，变更住所14家，变更法定代表人34家，变更经费来源4家，变更开办资金3家。为1家事业单位办理注销登记手续。截至2014年年底，全县办理登记手续的事业单位法人共270家。

【中文域名注册管理】 2014年，淳安县机关事业单位共有申请注册的中文域名964个。根据注册后的使用率和使用效果，确定只对县级部门、乡镇人民政府一级的域名，及部分自建网站的77家行政事业单位实行续费。

【党政机关事业单位网站管理】 根据中编办《关于做好党政机关网站开办审核资格复核和网站标识管理工作的通知》，拟发《关于做好党政机关事业单位网站管理工作的通知》。通过摸底，确认淳安县自建网站的机关事业单位有18家。制作网站复核、挂标工作的网上操作教程发给各单位，对个别由企业托管或代维护的单位网站，采取上门指导、代为申报的操作办法，全县18家单位全部完成挂标工作。

【党的群众路线教育实践活动】 根据县委关于开展党的群众路线教育实践活动的要求，编制办结合机构编制工作的实际，扎实做好学习提高、对照检查、专题民主生活会、整改等各环节的工作。通过教育实践活动，全办干部在“四风”方面的问题得以有效整改，干部工作作风明显转变，服务意识和服务水平得到提高。

（许　晶）

·史志工作·

【概况】 2014年，淳安县委党史研究室以党的十八大和十八届三中、四中全会精神为指导，深化党史研究，全面抓好党史学习教育、党史胜迹保护、党史宣传、党史资料征集与编纂、党史队伍建设等各项工作。充分利用党史资政育人的作用，服务全县经济社会发展，为实现“秀水富民”总目标作出贡献。由县委党史研究室负责承建的县政府重点投资项目——淳安县中国工农红军北上抗日先遣队纪念馆项目进入全面建设阶段。主体工程于1月7日动工，2月完成馆内布展大纲，9月30日，完成展陈设计施工一体化招标；年底基本完成土建部分；雕塑及纪念碑设计建设一体化工程设计方案；全年完成江西、安徽、福建、浙江4省33个县纪念馆展陈史料征集。党史资料征集三年行动规划有序推进。完成曾担任县处级领导职务并在淳安离退休的老同志个人的口述资料、音像资料、文字资料、实物资料的征集.重大党史专题资料:《“3•31”事件》基本定稿，协助省委党史研究室完成《三任省委书记与淳安》的初稿、《新安江水库移民遗留问题的解决》初稿、《改革开放后大事记》初稿。半数乡镇部门党史专题初稿。出版4期33万字的《淳安史志》期刊。安排人员到部门、乡镇、学校上党史课9人次。《淳安县志(1986～2005)》于12月中旬由浙江人民出版社出版发行。《淳安年鉴(2014)》于11月上旬出版发行。5000余字的浙江《地方志年鉴(2014)》报送材料(淳安县)于4月完成上报。1.2万字的《杭州年鉴(2014)》淳安篇于3月完成撰写，5月通过市志办审定。民国《淳安县志》整理工作顺利推进，在县档案局支持下，查阅民国档案3000余卷，补充了一大批翔实资料。

【淳安县中国工农红军北上抗日先遣队纪念馆动工】 1月7日，淳安县中国工农红军北上抗日先遣队纪念馆在淳安县中洲镇厦山村动工。纪念馆项目由杭州市和淳安县共同投资，总投资达6000万，列入淳安县政府重点投资项目。项目占地面积8公顷，总建筑面积7274平方米，包括纪念馆、研究中心、大型纪念碑、雕塑群，及纪念广场等配套设施。2014年完成土建及园林景观建设。

【《淳安县志(1986～2005)》出版】 12月，《淳

安县志（1986～2005）》由浙江人民出版社正式出版。《淳安县志（1986～2005）》编纂工作于2005年9月启动。2005年12月，成立《淳安县志（1986～2005）》编辑部，并召开县志编纂业务培训会。2006年1月开始收集资料，2008年12月形成初稿。后几经修改，于2011年5月完成送审稿，送有关方志专家、县四套班子领导、《淳安县志（1986～2005）》编纂委员会成员、县级离退休老干部、社会相关人士审阅，征求意见。2012年8～10月，先后召开《淳安县志（1986～2005）》编纂委员会成员、方志专家、县级离退休老干部、社会相关人士四个层面的评审会。2013年8月，志稿送杭州市地方志办公室审核，12月，送浙江人民出版社出版。志书设专志44编232章956节，另有概述、大事记、附录等内容，计335万字，客观翔实地记述了1986～2005年淳安县各项事业和社会发展的历史轨迹和现状，基本达到了指导思想正确、篇目结构合理、入志资料丰富、文体文风端正，语言朴实简洁、地方特色明显的要求。

【《淳安年鉴（2014）》出版】 11月，《淳安年鉴（2014）》由方志出版社出版，面向国内外公开发行。全书设36个栏目，400页，68.8万字，彩色插图6页，印数1000册。该年鉴全面系统地记载2013年淳安县政治、经济、文化和社会生活等各方面的基本情况，反映了淳安县三个文明建设的新特点、新成就、新经验，资料丰富、信息准确、内容权威。

（刘东山）

（编辑　严卫华）

中国共产党淳安县纪律检查委员会

【县纪委十三届四次全体(扩大)会议】 3月28日召开。会议回顾总结2013年党风廉政建设和反腐败工作,研究部署2014年工作任务。县委书记凌志峰出席会议并作重要讲话。县委常委、纪委书记胡光伟代表县纪委常委会作题为《深化改革创新 强化执纪监督 努力开创“廉洁淳安”建设新局面》的工作报告。县四套班子领导、法院院长、检察院检察长、人武部政委、县级巡视员、县长助理;县纪委委员;副县级以上离退休老同志;各乡(镇)党委书记、乡(镇)长、纪委书记、纪委副书记;各部委办局(公司、行社)党政正职或主持工作副职,纪委(纪工委)书记、纪检组长或纪检监察工作分管领导,纪委副书记或监察室主任;县效能与行风监督员参加会议。

【落实两个责任】 协助县委制定惩防体系2014~2017年实施方案及责任分解意见,制定2014年度《惩治和预防腐败体系工作的组织领导和责任分工》,对全县的党风廉政建设各项工作任务进行细化分解,明确牵头县领导、责任单位和联系人。制定出台《落实党风廉政建设党委(党组)主体责任、纪委(纪检组)监督责任实施办法(试行)》,明确各级党委(党组)八个方面主体责任和纪委(纪检组)四个方面监督责任内容。建立党委(党组)履行主体责任报告制度,县纪委对23个乡镇党委书记进行逐个面对面约谈,集中听取10个重点部门党组织履行主体责任情况报告,向37个县直部门党委(党组)下发《履行主体责任情况意见建议的函》,涉及意见、建议91条,督促整改落实。修订完善党风廉政建设责任制考核办法及年度考核标准,12月下旬,由县委、县政府领导带队对23个乡镇和11个重点部门“两个责任”落实情况进行检查考核。

【加强作风建设】 以开展党的群众路线教育实践活动为契机,以落实中央八项规定精神为切入点,持之以恒纠正“四风”。第一时间向乡镇部门及党员干部原汁原味地传达中央、省委、市委、县委和上级纪委关于作风建设部署要求,确保精神传达不变通、不走样。坚持县乡联动,深入开展正风肃纪工作,持续对工作纪律、会议纪律、乡镇驻夜值班纪律、窗口单位审批服务情况及公车私用、公款吃喝、领导干部进出私人会所等违反中央八项规定精神的问题开展专项监督检查。全县各级纪检监察组织累计开展明察暗访4147次,问责处理66人,下发通报5期。以开展作风建设提升行动为抓手,深入推进文山会海、项目审批、考核检查等八项整治,督促职能部门建立健全“三公”管理、评比表彰等符合淳安县实际的可操作性管理办法,严格制度执行,推动作风建设常态化、长效化。在县管领导干部中开展违规收受礼金、礼卡、礼券,违规低价购房等五个方面问题的专项治理,党员干部主动上交违规所得13万余元。出台实施《淳安县机关工作人员作风和效能问责办法》,从问责对象、情形、方式和程序等方面对作风效能问责行为进行了全面规范,严格责任追究。

【查处违纪违法案件】 2014年,县纪委监察局共受理群众信访举报891件次,全县各级纪检监察组织共立案125件,处分127人,与上年同比分别上升45.6%、11.61%和13.39%。其中经济大案11件、要案5件,开除党籍45人,开除公职1人，被依法追究刑事责任41人。通过办信办案，挽回直接经济损失600余万元，为48名党员干部澄清了问题。重点查处了新安江开发总公司部分党员干部贪污窝串案，涉案的12人全部移送司法机关处理，涉案总金额达500余万元。坚持抓早抓小，对发现的苗头性、倾向性问题及时警示提醒，诫勉谈话，县纪委全年共对62名党员干部进行了谈话提醒教育，对15名党员领导干部进行了函询。坚持用法治思维和法治方式反对腐败，健全完善与公安、检察院、法院等司法机关的线索传递机制，实行委局机关案件线索集中统一管理，规范乡镇部门线索处置和案件查办工作，确保依纪依法、安全文明办案。高度重视信访举报工作，推行信访办理“蓝黄红”三色督办制度，实施信访约谈，推动信访工作重心下移。落实基层办案责任，推行“乡案县协审”全覆盖，狠抓基层纪委办案工作，全年各乡镇部门纪检监察组织自办案件101件，其中自主突破案件42件，实现办案数量、质量双提升。

【监督检查重大决策落实情况】 围绕县委县政府重大决策落实情况和“三改一拆”“五水共治”等重点工作，加强监督检查，维护政令畅通。加强对“五水共治”“无违建县”创建、撤村建居等重点工作推进中机关部门和党员干部正确有效依法履职情况的监督检查，对工作中进度滞后、信访处置不力的6个乡镇的主要负责人进行约谈。对部分游船艇餐饮泔水直排入湖事件中涉及的党员干部失职渎职问题进行调查，给予旅委、环保、海事和景区管理处等职能部门有关责任人相应的党政纪处理。组织相关部门及特邀监察员对全县农村生活污水治理工程开展不定期、不间断、全方位巡查，处罚转包企业2家。聚焦“五水共治”，开展“问效评议”，对县环保局、建管局、水利局和农业局4家单位在农村治污工作中的履职情况进行现场面对面问政。

【加强对权力运行的制约监督】 出台《公务用车制度改革纪律规定》，明确公车改革相关纪律要求，加强对保留公车的使用管理情况的监督检查。制定出台《关于严禁领导干部违反规定插手干预工程项目建设的若干规定》，对包括县级领导干部在内的全县领导干部提出廉洁自律“十个严禁”，对领导干部配偶、亲朋好友、驾驶员等身边工作人员提出“五个规范”。并结合群众路线教育实践活动，在党员领导干部中开展“是否存在插手工程建设、权力寻租、干预工程招投标、打招呼、设门槛等问题”自查自纠。加大村级财务监管力度，出台“八个严禁”规定，每季对村级财务逐笔公开制度执行情况进行检查，下发检查通报3期，问责通报村级财务监管不力典型问题2起3人。

【反腐倡廉宣传教育】 以领导干部为重点，加强党员干部党性党风党纪教育。开展“‘四风’之害大家谈”征文、演讲系列活动，组织全体县管干部分批集中观看警示教育片《“阳光水岸”后的黑幕》，召开国有企业违纪违法案件情况通报会，切实增强党员干部廉洁自律自觉性。加大对落实主体责任和监督责任的宣传力度，编印“两个责任”资料汇编，发放给县四套班子领导、乡镇部门党政正职和纪委书记、纪检组长学习；在《今日千岛湖》开设《谈两个责任》专刊，刊发16名党委书记、8名纪委书记的认识体会，营造促进“两个责任”落实的良好氛围。开通“淳安清风”微博和微信平台，主动运用新媒体开展反腐倡廉宣传教育。启动县管领导干部廉政谈话，由县纪委监察局班子成员负责对全县600余名县管领导干部进行谈话，全覆盖式推进点对点廉政提醒教育。

【推进纪检机关“三转”】 按照十八届中央纪委三次全会提出的纪检机关要在党风廉政建设和反腐败工作中转职能、转方式、转作风的“三转”要求，着力深化改革，聚焦主业主责。县纪委监察局完成部分内设机构调整，整合设立党风政风监督室，增设2个纪检监察室、宣传教育室，执纪监督科室及人员数量均占内设机构总数和编制总数的70%。对县纪委参与的各类议事协调机构进行清理，只保留或继续参加20个，其他的不再参与。认真落实上级关于基层纪委书记、专职纪检干部专职专用的要求，开展基层纪检监察干部兼职清理，确保履职精力到位。制定下发《基层纪委履行监督责任工作清单》，明确乡镇部门纪委(纪检组)主责主业的具体任务。围绕强化主责主业，加强干部业务知识培训，提高全员执纪监督实际能力。分批选调6名乡镇纪委书记、副书记到县纪委办信科室挂职锻炼，举办2期全县基层纪检监察干部业务培训班，突出办信办案实务培训。完善委局会议和工作制度，加强机关内部管理。建立乡镇部门纪委书记(纪工委书记、纪检组长)出国(境)及外出请假报告制度，出台《纪检监察干部行为规范》，加强对系统内纪检监察干部的日常监督管理，刚性约束履职行为。

(方秀珍)

(编辑　严卫华)

淳安县
人民代表大会

·人民代表大会会议·

【县第十五届人民代表大会第三次会议】 2014年2月18～21日在千岛湖镇举行。本次会议应出席代表237名，因事因病请假2名，实到代表235名。列席人员185名。会议听取和审议了代县长柴世民所作的县人民政府工作报告、县人大常委会主任余永青所作的县人大常委会工作报告、县人民法院院长陈奇策所作的县人民法院工作报告、县人民检察院检察长钱铖所作的县人民检察院工作报告。会议决定批准以上报告，并作出相应决议。会议审查和批准了县发展和改革局提交的《关于淳安县2013年国民经济和社会发展计划执行情况与2014年国民经济和社会发展计划草案的报告》、县财政局提交的《关于淳安县2013年财政预算执行情况和2013年财政预算草案的报告》，审议并通过了《关于加快推进“美丽杭州”实验区建设的决定(草案)》。会议还依法选举柴世民为淳安县人民政府县长，选举管国良为淳安县人大常委会副主任。

会议收到代表提出的议案、建议272件，其中：10人以上联名提出的议案8件、建议264件，这些议案中，生态工业、交通方面60件，规划城建方面42件，农林水方面59件，科教文卫体方面13件，国土环保方面22件，财政金融方面5件，政法民政方面7件，商贸旅游方面10件，劳动人事方面22件，供电通讯方面10件，其他方面22件。经大会主席团研究，全部作为建议处理，并对50件内容相近的建议归并为16件，交县政府和有关单位办理。

·人大常委会会议·

【县十五届人大常委会第十六次会议】 1月2日举行。会议分别讨论通过了县人大常委会主任余永青、县人民政府县长柴宁宁提请的有关人事任免议案，讨论通过了县人大常委会关于补选淳安县第十五届人民代表大会代表的决定和关于召开县十五届人大三次会议的决定，听取和审议了提交县十五届人大三次会议的县人大常委会工作报告(送审稿)和《关于加快推进“美丽杭州”实验区建设的决定(草案)》(送审稿)，并提出修改意见。

【县十五届人大常委会第十七次会议】 1月21日举行。会议听取和审议了提交县十五届人大三次会议的县政府、计划、财政和法院、检察院等5个工作报告，听取和审议了2013年县政府投资项目实施情况和2014年政府投资项目计划安排情况的报告、2013年县财政预算执行预计情况和2014年财政收支预算安排情况的报告，书面审查了2013年交通运输局、水利水电局、统计局、环保局、药监局等5个部门预算执行情况的报告和2014年农办、工信局、人社局、城建城管局、旅委、计生局等6个部门预算编制情况的报告，审议通过了县十五届人大三次会议议程(草案)、日程(草案)、列席人员名单(草案)，听取了县十五届人大常委会代表资格审查委员会关于县十五届人大三次会议代表资格的审查报告，书面审查了2013年县人大常委会关于开展规范性文件备案审查工作情况的报告，审议通过了县人大常委会2014年工作要点。

【县十五届人大常委会第十八次会议】 1月30

日举行。会议讨论通过了县人民政府县长柴宁宁提请的有关人事任免的议案,决定接受柴宁宁同志辞去淳安县人民政府县长职务,决定任命柴世民同志为淳安县人民政府副县长、代县长;审议了县十五届人大三次会议代表资格情况,确认县十五届人大三次会议实有代表237名;讨论通过了县十五届人大三次会议列席人员名单。

【县十五届人大常委会第十九次会议】 3月26日举行。组织学习了教育方面的法律法规;依照地方组织法的规定,审议通过了县人民政府县长柴世民提请的有关人事免职议案,决定免去管国良同志的淳安县人力资源和社会保障局局长职务;讨论通过了县人大常委会关于补选淳安县第十五届人民代表大会代表的决定和《关于县人大代表联系选民的办法(试行)》。

【县十五届人大常委会第二十次会议】 5月16日举行。组织学习了《中华人民共和国水土保持法》和《中华人民共和国防洪法》2部法律;审议通过了县政府关于"五水共治"项目安排调整计划的建议;依照地方组织法的规定,审议通过了县人民法院院长陈奇策提请的关于王贤云等同志职务任免的议案和关于确定人民陪审员名额的议案。

【县十五届人大常委会第二十一次会议】 6月6日举行。会议审议通过了县人民政府县长柴世民提请的关于汪爱祥等人职务任免的议案。

【县十五届人大常委会第二十二次会议】 6月23日举行。会议对法官履职情况进行了评议;审议通过了县人民法院院长陈奇策提请的关于章海潮等同志任职的议案,决定任命章海潮等18人为淳安县人民法院人民陪审员。

【县十五届人大常委会第二十三次会议】 7月29日举行。会议依照地方组织法的规定,审议通过了县人民政府县长柴世民提请的有关人事任免议案;听取和审议了县审计局局长杨仁宽受县人民政府委托所作的《关于2013年度淳安县本级财政预算执行和其他财政收支情况的审计工作报告》;常委会组成人员分别就预算的编制与执行、财政资金的监管与使用、政府性债务的管控、中介机构的管理、审计问题的整改落实等方面的12个问题进行专题询问,县审计局、财政局、工信局分别就相关问题一一作了解答;听取和审议了县财政局局长毛夏平受县人民政府委托所作的《关于淳安县2013年财政决算草案的报告》和《关于淳安县2014年1–6月份财政预算执行情况的报告》,批准了县人民政府提出的2013年财政决算。

【县十五届人大常委会第二十四次会议】 8月18日举行。会议依照地方组织法的规定,审议通过了县人民政府县长柴世民提请的有关人事任免的议案,决定任命董毓民为淳安县人民政府副县长,决定免去余力行的淳安县人民政府副县长职务。

【县十五届人大常委会第二十五次会议】 9月15日举行。会议组织学习了消费者权益保护法,审议通过了关于接受柴宁宁、宋立新辞去杭州市第十二届人民代表大会代表职务的决议和县人大常委会关于补选淳安县第十五届人民代表大会代表的决定,会议还审议并原则通过了淳安县人大常委会专题调研、审议意见督办、评议工作公开、代表履职情况测评、政府重大投资项目监督等5个办法。

【县十五届人大常委会第二十六次会议】 11月10日举行。会议组织学习了消防法律法规,依法补选了柴世民、徐晓东为杭州市第十二届人民代表大会代表,审议通过了县人民法院院长陈奇策提请的关于方敏俊等人任免的议案和县人民检察院检察长钱铖提请的关于免去鲁慧芳、卢永元法律职务的议案，并组织了田红华等8位市人大代表述职活动。

【县十五届人大常委会第二十七次会议】 12月12日举行。会议讨论通过了县人大常委会主任余永青提请的关于王甦辞去淳安县人大常委会委员职务的议案；讨论通过了关于召开县十五届人大四次会议的决定；审议通过了县十五届人大四次会议议程(草案)、日程(草案)；听取和审议了县十五届人大常委会代表资格审查委员会关于县十五届人大四次会议代表资格的审查报告，确认县十五届人大四次会议实有代表236名；听取和审议了提交县十五届人大四次会议的县人大常委会工作报告(送审稿)，并提出修改意见。

•常委会日常工作•

【两项评议】 1～9月，县人大常委会组织对县教育局开展工作评议。2月中旬，县人大常委会下发了工作评议的实施意见和工作方案，明确了评议的指导思想、基本原则、重点内容、方法步骤和工作要求，组建了秘书组、调查组和联络组。3月10日，县人大常委会召开了工作评议动员会，对评议工作作出具体部署。3月中旬至5月下旬，县人大常委会工作评议调研组和7个代表中心组、25个代表小组多头并进，采取座谈会、个别走访、问卷调查等多种形式，深入部门、乡镇、学校和家庭调研，共收集到8个方面的124条意见、建议。5月26日，县人大常委会召开了工作评议会议，听取了县教育局的自查报告、工作评议调查组的调查报告，以及7个代表中心组的评议发言，对教育局的工作进行了集中评议。会后，县人大常委会办公室会同教科文卫和民宗侨工委综合评议情况后，梳理了教育资源配置、教育质量、师资队伍、教育投入、教育管理、素质教育6个方面的20条意见，并及时向教育局提出了评议的整改意见和具体要求。9月23日，县人大常委会听取了教育局工作评议整改情况汇报，县教育局自觉接受监督，制订了详细的整改计划，拟定了67条整改措施并确立了具体的分管领导和责任单位，于6～8月进行了集中整改。与会的县人大代表进行了满意度票决，满意率77.9%，基本满意率22.1%，满意和基本满意率达100%，评议工作取得了阶段性成效。

4～6月，县人大常委会组织开展了对县法院部分法官的履职评议工作。4月初，成立法官履职评议工作组，制定实施意见。 4月24日，履职评议工作组会同县法院，从法院中层正职、副职、审判员和基层法庭庭长中随机抽取4名法官作为评议对象，被评议法官主动接受评议，认真开展自查自评工作。5月9日，召开法官履职评议动员暨述职大会，与会的63名县法院干警、24名县人大代表和乡镇人大主席(副主席)，以无记名投票方式进行民主测评。5月22日开始，评议工作组深入到县法院、检察院、公安局、政法委、司法局和威坪法庭、威坪镇政府等部门和社区走访调查，采取个人谈话形式，广泛征求意见和建议，共谈话48人。对随机抽取的4名法官各5个案件共20个案件，委托审监庭先行审查，并于5月28日出具了评查报告。评议工作组又从政法委、公安局、检察院、司法局等部门抽调专业人员组成案件评查组，于6月5日，对20个案卷进行认真仔细审查，并撰写了《关于法官履职评议案件评查报告》(书面)。根据民主测评、调查走访、案件评查等3个方面的量化打分形成综合得分，再由履职评议工作组研究，建议确定优秀等次2名、称职等次2名。6月23日，常委会组成人员审议并投票表决确定。通过评议，增强法官自觉接受监督的意识，不断改进工作作风，提高审判效能，促进司法公正。

【专项工作审议和视察检查】 3月7日，县人大常委会社会事业专业代表小组视察县计生指导站和千岛湖镇、左口乡计生服务站，听取县人口与计生局关于全县人口与计生技术队伍建设情况汇报。3月31日，县人大常委会主任会议听取和审议了关于全县农业龙头企业发展情况的报告。4月23日，县人大常委会主任会议听取和审议了关于农村污水处理设施运行情况的报告。5月8日，县人大常委会财经专业代表小组视察了县供销合作总社工作情况。6月4日，县人大常委会主任会议听取和审议了县发改局、建设集团、交通局等关于全县重点项目建设情况的报告。7月7日，县人大常委会主任会议听取和审议了关于“三改一拆”及“无违建县”创建工作情况的报告。8月15日，县人大听取和审议了食用农产品质量安全监管工作报告。8月19日，县人大常委会财经专业代表小组视察了汾口浪川生态产业园建设情况。9月11日，县人大常委会主任会议听取并审议了贯彻执行《杭州市安全生产监督管理条例》情况的报告。9月12日，县人大常委会财经专业代表小组视察了县行政审批制度改革工作情况。9月12日，县人大组织县档案局、县重点办和部分县人大代表，对姜家镇和姜家产业区块、开发区管委会、度假区管委会所属的县级以上重点建设项目进行了档案工作执法检查。9月19日，县人大常委会组织部分城区代表视察了千岛湖镇供排水一体化运行情况。10月16日，县人大常委会主任会议听取和审议了县水利水电局关于河道整治暨水利设施建设情况的报告。10月23日，县人大常委会社会事业专业代表小组对中国电信淳安分公司有关“智慧淳安”建设情况进行了视察。11月21日，县人大常委会组织部分代表对少数民族工作进行了视察。

【规范性文件备案审查】 按照《淳安县人民代表大会常务委员会规范性文件备案审查规定》的要求，依法开展规范性文件备案审查工作，对县政府报送的《淳安县住宅小区停车管理办法》《淳安县“仁爱家园”建设与管理办法(试行)》《杭州市基本医疗保障办法淳安县实施细则》《关于进一步加强我县砂石资源管理的实施意见》《淳安县人民政府办公室关于提升乡村旅游促进全县景区化的实施意见》《淳安县知名商标认定和管理办法》《淳安县行政审批和批后监管问责办法(试行)》《淳安县人民政府办公室关于加快工商登记制度改革的实施意见》等8个规范性文件进行备案审查，严格维护法制统一。

【代表工作】 1～9月，组织代表学习十八届三中、四中全会精神，举办法律法规和人大工作业务知识培训，提高代表的政治理论和业务水平。组织代表参加政情报告会，邀请代表参加常委会专题审议、教育工作评议、法官履职评议、执法检查、视察调研等活动，畅通代表知情知政渠道。3～12月，结合群众路线教育实践活动，围绕“五水共治”“无违建县”创建等中心工作，深化“进选民门、知选民心、帮选民事”代表主题活动，共走访选民5960户，征求意见1187条，向党委、政府提出合理化建议200余条，帮助群众解决了一些实际困难和问题。加强常委会组成人员与代表、代表与选民的联系，制定《淳安县人大代表履职情况测评办法(试行)》等文件，规范代表履职考核，增强代表工作活力。大力推进代表联络站建设，配齐硬件设施，完善配套制度，完成代表联络站建设51个。同时，建立网上代表联络站，创新代表履职方式，拓宽代表履职渠道。8月，组织代表中心组和代表小组集体约见水利水电、城建城管、国土资源、旅委等部门负责人，就农村饮用水工程、城区截污纳管、“无违建县”创建、提升乡村旅游设施等21个问题进行面对面沟通交流，有效推动群众关注的热点、难点问题的解决。组织代表开展对杭黄(杭州至黄山)高铁等重大项目的基层站所视察、接待选民、向选民述职等活动，激发代表的履职热情。召开乡镇人大工作会议，出台乡镇人民代表大会会议规范化指导意见，鼓励乡镇人大工作探索创新。

【建议督办】 县第十五届人大第三次会议期间，代表共提出议案及建议、批评和意见238件。经主任会议研究，决定将余新华等代表提出的《关于进一步完善农村生活污水处理工程建设与管理机制的建议》等10件建议作为县人大常委会领导督办、县政府领导领衔办理的重点建议。经过县政府及各承办单位的共同努力，会议期间的238件议案、建议均在法定期限内办理完毕，实现办结率、面商率、满意和基本满意率3个100%，解决率达54.2%；闭会期间的21件代表意见、建议实现解决率57.1%。完善农村生活污水处理工程建设与管理、调整乡镇财政体制、加快发展电子商务、健全被征地农民保障机制等10件重点议案、建议得到较好解决。

【代表补选】 2014年依法圆满完成3名县代表、2名市代表的补选工作。

【自身建设】 配合县委于12月30日召开全县人大工作会议，县委书记、县人大常委会主任讲话，汾口镇人大、屏门乡党委、县水利水电局、县法院负责人作典型发言，县委出台《关于进一步加强和改进人大工作的意见》《关于进一步加强和改进乡镇人大工作的意见》。9月18日，召开纪念人民代表大会成立60周年座谈会，老领导卢樟财，乡镇人大王昌高、邵育林、汪红球、宋玉本代表作交流发言。严格按照县委要求，精心组织开展党的群众路线教育实践活动，出台《淳安县人大常委会主任会议成员联系县人大代表办法(试行)》和《淳安县人民代表大会常务委员会关于县人大代表联系选民的办法(试行)》，明确主任会议成员直接联系5名以上县人大代表并参加接待选民和代表等活动。深入乡镇、村、社区、企业开展“十联基层”“三认”等活动，密切群众联系。由三名常委会副主任分别牵头成立了重点课题调研组，认真开展全县土地流转工作情况、全县景区化建设促进农民增收情况、全县失地农民生活保障问题等多项专题调研，撰写的调研报告也得到县委的充分肯定，为县委县政府提供了有力的决策依据。总结提升教育实践活动中的成功做法，研究制定一系列办法，对改进学习、联系代表与群众、课题调研、政府重大项目监督、审议建议督办、代表履职测评、乡镇人大工作等方面做出新要求。严格执行公务接待、公务用车、办公用房、经费管理等规定，强化服务保障，提高工作效率。加强县人大网站的维护和管理，注重新闻宣传工作，面向社会公开征集监督议题和意见建议，推进常委会工作公开，自觉接受社会监督。

（姜海仙）

（编辑　严卫华）

淳安县人民政府

·县政府常务会议·

5月14日，县政府召开第四次常务会议，就改革完善食品药品监管体制的方案进行了审议和研究。

8月13日，县政府召开第五次常务会议，就县政府部门权力清单进行了审议和研究。

9月12日，县政府召开第六次常务会议，就下放中心镇部分县级经济社会管理权限有关事项进行了审议和研究。

10月10日，县政府召开第七次常务会议，就加强沿湖沿线规划控制和调整千岛湖旅游度假区范围有关事项进行了审议和研究。

11月8日，县政府召开第八次常务会议，就征地区片综合价调整、被征地农民社会保障，以及分级诊疗等有关事项进行了审议和研究。

·县长办公会议·

1月15日，县政府召开第二十二次县长办公会议，就2013年财政收支执行情况及2014年财政预算安排、政府工作报告等内容进行了研究。

3月3日，县政府召开第二十三次县长办公会议，就“无违建县”创建、培育发展家庭农场、低收入农户增收和“五水共治”等问题进行了讨论和研究。

3月26日，县政府召开第二十四次县长办公会议，就水上运动休闲项目管理、鼓励发展电子商务、推进生态工业主平台建设和招商引资等问题进行了讨论和研究。

5月14日，县政府召开第二十五次县长办公会议，就深化“清洁乡村”工作、畜禽养殖业污染整治、户外广告设施和招牌指示牌管理等工作进行了讨论和研究，并通报了2014年政府投资项目调整计划、“五水共治”三年投资计划。

6月13日，县政府召开第二十六次县长办公会议，就“无违建县”创建工作中拆后土地利用和专项经费、国有土地上违法农民建房处理、农村历史(特色)建筑保护、农村生活污水项目管理、城乡生活垃圾分类投放和处置、妇儿工委等工作进行了讨论和研究。

7月17日，县政府召开第二十七次县长办公会议，就企业投资项目管理负面清单、商业等非住宅类项目规划设计与管理、酒店式公寓项目开发、建设项目占用千岛湖水域管理、加强安全生产促进安全发展、生产安全事故报告和调查处理、职工个人住房公积金贷款最高额度调整等有关问题进行了讨论和研究。

8月13日，县政府召开第二十八次县长办公会议，就提升乡村旅游促进全县景区化、千岛湖临湖地带建设项目联合审查和监管、农村饮用水长效管理、旅游集团有关资产管理等问题进行了讨论和研究。

9月12日，县政府召开第二十九次县长办公会议，就鼓励和引导社会资本参与公共基础设施建设、行政审批和批后监管问责办法、加快工商登记制度改革、知名商标认定和管理办法、调整县副高以上职称退休人员生活补贴标准、优化完善产业扶持政策工作推进等问题进行了讨论和研究。

10月10日，县政府召开第三十次县长办公会议，就简化农村建房审批程序及强化批后监管、农村宅基地确权登记发证、完善乡镇财政管理体系、加强公共文化体系建设、推进农村应急广播体系建设等问题进行了讨论和研究。

10月21日，县政府召开第三十一次县长办公会议，就全县闲置用地处置意见及处置具体方案进行了讨论和研究。

11月8日，县政府召开第三十二次县长办公会议，就加快发展淳安特色智慧经济、城市地下管线管理、城区超计划用水加价收费征收管理等问题进行了讨论和研究。

12月5日，县政府召开第三十三次县长办公会议，就加快电子商务产业发展、生态工业企业绩效评价和先进奖项评选工作进行了讨论和研究，

12月31日，县政府召开第三十四次县长办公会议，就2015年政府工作报告、政府投资项目，部门责任清单，以及2014年财政收支执行情况和2015年财政预算安排等内容进行了研究。

（郑智忠）

·依法行政·

【文件管理】 2014年，县政府法制办加强对规范性文件的管理，对部门、乡镇出台的文件进行前置性、合法性审查；对县政府拟出台的文件，召集法律顾问进行合法性论证，未经法制办审查通过的，一律不得提交县政府专题会议研究；抓好“三统一”管理，按照统一登记、统一编号、统一发布的要求，对县政府出台的9件规范性文件、县财政局等部门制订的6件规范性文件进行登记编号；抓文件备案，对部门报送的5件规范性文件进行备案审查，对县政府出台的扶持发展电子商务、户外广告设施和招牌指示牌管理等9件规范性文件报送市政府和县人大常委会备案。

【规范权力运行】 厘清权力清单，按照“精简效能、权力法定、权责一致、简政放权、公开透明”的原则，抓住“清权、减权、制权”三个工作环节，做好县级43家部门职权事项的清理。经统计，43家部门共报送职权事项10621项，通过三报三回，拟保留权力事项4010项，占37.8%；核减6611项，核减率达62.2%。其中，对部门上报的524项审批类职权事项，拟保留217项，占41.4%；核减307项，核减率达58.6%。结合社会征求的意见，对部门上报的职责交叉事项进行梳理，同时指导各部门做好权力运行流程图的编制和上网公布工作。同时厘清负面清单，下发淳安县企业投资项目管理负面清单的通知，明确县发改局在农业水利、能源、交通运输、工业制造等7个领域的投资核准事项，转变政府投资管理职能，优化经济发展软环境。

【行政合同管理】 淳安县是浙江省规范行政机关合同管理示范联系点。在规范行政机关合同中，重点审查招商引资合同，同时兼顾行政征收、土地出让、自然资源交易等行政合同的审查。按分级审查的原则，一般事务性合同，经签约单位法制科室进行审查；涉及单个行业领域内容相对重大复杂的合同，经单位法制机构及其聘请的法律顾问联合审查；以县政府为一方当事人或涉及全县性的重大合同，以及投资额在1000万元以上的招商引资合同，承办单位在法制机构、法律顾问联合审查的基础上，由县政府法制办召集政府法律顾问、法院、行业专家会审。在审查过程中，重点把握七个方面，一是项目是否符合产业发展导向；二是与县域总体规划、土地利用规划、城乡建设规划是否相衔接；三是土地指标、供地方式、出让程序是否合法；四是合同约定的优惠政策是否依法有据，是否存在土地出让金返还等问题；五是合同约定的权利义务是否公平对等，是否存在片面追求利益的情形；六是违约责任是否合理；七是有无存在损害社会公共利益的情况，等等。2014年。全县共签订各类行政合同93份，其中县法制办对投资1000万元以上的招商合同进行重点审查，共审查17个，提出修改建议、意见20余条次，其余行政合同按层级由部门的法制人员进行审核，事后情况报县法制办备案。

【执法监督】 全年受理行政复议案件38件，承办以县政府为被申请人的行政复议案件7件，调解行政复议案件2件，达到案结事了、定纷止争的效果。完成全县32家执法部门的118卷行政执法案卷的评查工作，查找问题100多个。调解各类行政争议纠纷300余件，调解成功率在95%以上。

【法制工作创新】 围绕“五水共治”、“无违建县创建”、撤村建居、征地拆迁等重点工作，淳安法制办在重点工作法制保障方面做了许多探索与创新，包括公安环保执法体制、旅游联动执法、土地分阶段出让、沿湖项目科学管理，及“无违建县”创建的“1+3”政策框架体系。按照国土、规划等法律规定，违法建筑整治只有拆除一种途径。但农村宅基地由农民祖辈相传使用，是农民的命根子，在政策论证中，县法制办提出依法拆除与有偿使用相结合，既坚决果断拆除严重违法建筑，彰显公平正义，又尊重历史，谨慎稳妥，保护群众基本权益，做到堵疏结合。在政策制定过程中，对一户多宅、占地面积超50%、建筑面积超80%、建筑高度超6米等4种严重违法情形坚决予以拆除，而对违法相对轻微的情况，按70～400元不等的标准，通过村规民约固化，由村集体对违法建筑收取有偿使用费。至年底，拆除违法建筑16339宗135.3万平方米，完成调查摸底上报数的126.6%，拆后可利用土地1311亩；收缴有偿使用费4762万元，完成应缴总量的93.2%。县法制办在论证“无违建县”创建政策时，把法律的严肃性与农村的现实相结合，创新政策体制，取得较好效果。

（郑炬清）

·信息公开工作和电子政务·

【政府信息公开】 2014年，全县部门各单位公开全文电子化政府信息1694条，其中政策规范性类信息667条，规划计划类信息34条，行政权力类信息314条，财政类信息31条，人事类信息100条，应急管理类信息38条，重点领域、公益事业类信息445条，组织机构类信息22条，办理依申请公开25件。政府门户网站发布信息13817条，其中门户主站发布信息3482条，部门子站发布信息10335条。浙江政务服务网公布权力事项清单4297项、便民服务事项6689项、责任清单3002项。

【电子政务基础设施建设】 2014年，完成电子政务网络核心、汇聚区域的优化工作。采用层次化设计架构，将电子政务网络分为核心网络区域、汇聚层接入区域、互联网出口区域、服务器群区域，实现双核心虚拟化、双线路聚合。完成社保大楼数据中心机房建设，于7月投入试运行，迁入电子政务办、人社局、组织部、卫生局、考评办等单位业务系统。

【电子政务应用平台建设】 10月，启动电子政务应用平台建设工作，以政府电子政务网络和安全体系为基础，以政务需求为导向，采用先进的开发技术和数据库结构，建设标准统一、功能全面、技术先进、简单易用的一体化电子政务应用平台。电子政务应用平台包括基础支撑平台（含统一用户管理、统一认证、消息通知平台、信息交流平台四大块）、全县统一内网办公门户及协同办公系统、乡镇和部委办局等标准版办公子系统、电子公文交换平台、全县统一的内容管理平台和政府门户网站群。

【信息化项目评审】 全年组织行业专家对信息化项目进行方案论证，共审核妇保院弱电项目、卫生局区域医疗资源共享信息系统、交警大队智能交通二期、看守所弱电工程项目、旅委千岛湖旅游云数据中心等50个项目，项目审核资金达7849万元。

（方友军）

·人民防空·

【人防指挥系统建设】 2014年，认真做好防空警报器材、设备、设施的日常维护和管理工作，组织"5·12"警报试鸣。组织人防专业队的整组、训练。做好单边带电台、移动指挥通信车和视频会议系统日常维护和训练。参与"杭州金盾–2014"跨区域指挥通信联合演练。启动社区人防规范化建设。

【人防工程建设管理】 抓好辖区人防工程审批和监管工作，全年批建人防结建防空地下室18个，面积80072平方米；竣工防空地下室6个，面积24534平方米。

（胡　滨）

·外事工作·

【外事工作概况】 2014年，淳安县共办理因公出国（境）任务19批22人次，主要执行旅游促销、经贸项目考察和业务学习等任务。全年审核办理企业邀请外国人来华11批19人次。接待重要来宾3批16人次。

（王淑萍）

·住房公积金住房保障·

【住房公积金归集】 2014年，新增住房公积金建制职工3889人，净增正常缴存职工417人。年末，建制单位1242户，建制职工36594人，其中正常缴存职工26957人，封存停缴职工9637人。全年住房公积金归集总额39476.30万元，比上年增长2.54%，其中住房公积金35983.18万元，比上年增长1.53%；住房补贴3493.12万元，比上年增长14.23%，年末归集余额92176.87万元，其中住房公积金87915.19万元。

【住房公积金提取】 2014年，住房公积金提取总额31709.05万元，比上年增长14.71%。其中，职工住房消费提取23499.47万元，比上年增长41.26%。

【住房公积金贷款】 2014年，发放个人住房公积金贷款671户，贷款总额19602.70万元，比上年减少19.08%，支持职工购房建筑面积6.61万平方米。全年收回贷款本金10165.08万元，比上年减少1.47%。年末，贷款余额87085.87万元，逾期贷款和逾期率均为0。住房公积金存贷比94%。

【公积金增值收益】 2014年，住房公积金业务收入4299.48万元，业务支出2074.40万元，增值收益2225.08万元，比上年增长28.07%。年末，分配提取个人贷款风险准备金471.88万元，为县政府提供城市廉租住房建设补充资金1451.66万元。

【公积金制度宣传】 4月，淳安分中心开展以"您了解住房公积金政策吗?"为主题的公积金政策知识大普及宣传活动。活动突出注重实效、形式多样、内容丰富3个特点。与千岛湖百姓网合作，通过千岛湖百姓网和腾讯微博、微信、QQ等网络平台，利用不同的终端用户群体，全方位、广泛地宣传淳安住房公积金政策知识，达到全民了解和学习的效果。

【入驻县社会保障服务中心】 分中心根据县政府的统一安排，于2014年6月14日完成了搬迁，办事窗口顺利入驻千岛湖镇新安东路489号（淳安县社会保障服务中心2楼）。6月15日，各科室加紧开展公积金业务网络系统建设与调试，完成内、外网络连接，电话线路接通。6月16日8点40分，以新面貌迎接第一位办事群众。

【开通"12329"服务热线电话】 2014年8月

15日零时，全国统一的住房公积金热线电话“12329”在淳安县境内落户开通。淳安成为继杭州中心、萧山、余杭分中心后第四家开通“12329”服务热线电话的管理中心。服务热线的开通是公积金分中心密切联系群众的互动平台，为公积金缴存职工提供24小时不间断服务的创新举措，是公积金中心履行服务职能和提升服务功能的拓展延伸。

（方学鹏）

·国有资产管理·

【概况】 2014年，县国有资产管理委员会办公室认真履行工作职责，着力提高国资监管工作水平，有效促进淳安县国有经济健康发展，取得国有资产保值增值和服务全县经济社会发展双丰收。至年末，全县国资系统各企业资产总额256.72亿元，比年初增长34.91%；负债总额203.86亿元，比年初增长47.62%；净资产52.86亿元，其中归属于国有净资产50.51亿元，比年初增长1.25%；资产负债率79.41%；国有资产保值率101.25%。全年完成营业收入15.87亿元，利润总额−10783万元，净利润−12587万元，其中归属于国有净利润−14225万元，国有净资产收益率−2.83%。

【国有企业财务决算审计】 2014年，全县纳入年度财务决算审计的企业33家。审计结果表明，企业规模快速扩张、营业收入稳中有增。针对财务决算审计中发现的问题，通过《国资办联系企业制度》，在充分沟通的基础上及时向企业出具《整改意见书》，要求整改。对中介机构出具审计报告质量进行检查，并以书面形式将梳理后的质量问题反馈给中介机构，要求其重视并提高审计报告质量。根据审计报告，对各企业资产运营情况作了汇总分析，向县政府提交了2013年度企业国有资产运营情况及财务决算审计分析材料。

【国有企业重大事项管理】 按照《淳安县国有企业重大事项请示报告制度》及其实施细则的要求，全年办理企业请示事项84件，其中资产投资13件，涉及金额8962万元；银行融资10件，涉及金额44.8亿元；资产出租34件，涉及金额452.08万元；资产处置23件，涉及金额5393.65万元；捐赠2件，涉及金额18万元；其他事项2件，涉及金额67.1万元。备案事项3件；县政府转办事项5件。管理过程中，国资办坚持原则，否决企业请示事项5件，分别为旅游集团的秀水街营业房租赁、东南旅游服务中心地下一层租赁、中心旅游码头食堂协议租赁，开发总公司和建设集团的车辆置换等。通过此项工作的开展，及时掌握企业经营管理活动中的重大内容及变化，规范企业行为，防范经营风险。

【国有企业负责人经营业绩考核】 在开展企业年度财务审计的同时，在中介审计决算报告的基础上，对企业经营业绩考核指标完成情况进行计算，分析影响企业经营业绩的客观因素，并进行因素调整，确保考核指标完成情况真实、准确。对各企业的考核得分、考核绩效工资等进行测算，客观公正地评价企业经营成果，5月中旬完成考核兑现。

【国有企业职工工资清算】 结合年度财务决算审计工作，对2013年度企业职工工资总额进行清算。针对发现的工资超发现象(共计29.4万元)，国资办立即下达《清退通知书》，6月底前，全部清退完毕，维护政府文件的严肃性。此外，在企业申报的基础上，完成2014年度职工工资总额预算核定工作。

【国有企业财务预算管理】 制定下发《2014年度国有企业财务预算编制工作实施意见》，对预算实施范围、预算报告内容、预算报送时间及相关工作要求作了明确的部署。根据中央“八项规定”、省委“六个禁令”、市委“30条意见”和县委“20条规定”等精神，以及进行国有企业经营班子成员身份改革的情况，着重加强对企业成本费用预算的控制，合理控制职工工资的刚性增长，严格控制三公经费支出。

【做好国有资产统计报表工作】 一是完成市国资委组织的2013年度国有资产统计年报会审报送，对报送单位、报送级次作了较大调整，较为系统完整地反映淳安县两轮资产重组划拨形成的各国有企业组织结构及资产、人员、行业的资源配置，统计数据更加客观真实。二是做好企业快报编报，每月对县属一级企业的生产经营状况、财务结构、重大政府投融资项目等主要财务指标，结合企业年度财务预算指标进行汇总分析，初步形成淳安县一级企业国资运营的动态监控系统。三是建立“三公”经费月报告制度，对“三公”经费的填报范围、填报口径作出明确规定，自2014年10月开始执行。

【国有资本经营预算管理】 出台《淳安县国有资本经营预算管理试行办法》。国资办在预算编制过程中积极做好沟通协调和业务指导，经过两上两下的编制程序，高质量完成本年度的预算编制工作。根据2013年度国有资本经营收入的实际收缴情况，在充分调研的前提下，将本年度国有资本经营预算支出确定为给予茧丝绸公司的“由国务院农办批准立项的优质桑蚕茧产业化提升项目”提供补助。

【支持国有企业发展】 针对工业化、城镇化进程加快，农村种桑养蚕农户和蚕种饲养量逐年减少，蚕桑产业下滑，产业规模缩减，吨茧成本增加，给茧丝绸总公司的经营发展带来巨大压力的情况。为破解该公司未来发展的瓶颈，国资办支持和引导其着眼全国，大力实施“走出去”战略。与该公司一起前往广西蒙山县进行调研对接，依托当地较大的蚕桑产业规模，发挥县茧丝绸总公司在资金和技术上的优势，引进大型茧丝加工企业，谋划开展三方合作，力求实现多赢局面。

【国有企业干部管理】 严格按照《淳安县国有企业招聘录用员工管理工作的意见(试行)》文件精神，做好国有企业员工招聘录用管理。参与国有企业干部竞争上岗工作，确保企业选人用人公开、公平、公正。举办300余人参加的全县国有企业中层以上干部培训班，邀请省国资委专家就当前热门的国资国企改革问题进行详细解读和讲授。针对2013年下半年以来国有企业中违规违纪经济犯罪案件多发的实际，邀请县纪委王苏宝副书记讲授新形势下中央关于加强党风廉政建设和反腐败工作的新要求、新举措，进行警示教育。在全县重点推进国资国企改革的大背景下，通过教育培训，统一国企干部职工思想，提高职工对国资国企改革重要性的认识，为改革的顺利推进扫清障碍。

【全面完成县政府交办工作】 一是做好资产评估报告审核工作，根据县政府交办，完成通立实业公司、汾口建材厂、道图电子公司、华丝实业公司、泰利电器公司等18家企业因业态改造、土地收储所涉资产评估报告的审核工作，审核资产的评估值达1.35亿元。通过审核，维护相关企业的正当权益，保护财政资金不受损失。二是建章立制，完善配套监管制度，针对国有企业经营班子成员身份改革的实际，根据县委、县政府部署，国资办提前谋划建立改革后的配套管理制度，起草完成《关于进一步完善县属国有企业法人治理结构的意见》《国有企业负责人经营业绩考核办法和细则》《国有企业负责人履职待遇和业务支出管理暂行办法》等三个文件的送审稿，待身份改革工作到位后即可报县政府研究印发。三是为确保国企稳定，针对国有企业经营班子成员身份置换后，帮助解决生产经营当中的困难和问题，对重点企业派出业务骨干蹲点支持工作，确保企业生产经营正常,职工思想稳定,国企改革顺利推进。四是帮助企业做好发行债券工作,按照县政府决策,确定国有企业开发总公司为主体发行企业债券,筹得资金用于政府重点项目建设。国资办积极配合中介公司,协调有关企业办理相关股份的划转,确保企业发行债券工作顺利推进。五是开展对国企重大经营管理进行调研,根据县政府指示,国资办对淳安县绿道及沿线设施和驿站经营管理问题开展了调研,详细了解了绿道及沿线设施建设的现状和未来规划,沿线驿站的建设经营情况,淳安县自行车休闲运动的现状和市场发展方向,以及广州增城市和宁波东钱湖的好经验、好做法。经与相关部门和国有企业研讨,提出环湖绿道及沿线设施、驿站建设经营管理建议,向县政府提交了绿道及沿线资产经营管理总体思路和具体方案,为领导决策提供参考。六是做好县汽车检测机构改制重组,根据县政府协调会意见和工作部署,国资办牵头对公安局交警大队下属的淳安县机动车辆安全技术检测站和淳安县交通发展投资公司下属的汽车检测有限公司进行了改制重组,完成两家检测机构的合并工作,并投入运营。七是牵头完成2014"五水共治"国有企业资金筹措工作,完成筹资任务2243万元,其中建设、旅游两大集团分别赞助500万元,水投公司、工贸公司、开发总公司、茧丝绸总公司、供销总社、交投公司分别赞助200万元,为完成该重点项目的推进提供了资金保障。此外,根据县委、县政府交办,国资办还先后完成公车公司组建,国有企业办公用房清退,国有林场改革经费补助标准审查和核定,县建管局老汽车站征收、浪达岭高山支路改建工程、新安北路拓宽工程、县第二人民医院等项目房屋征收补偿协调,以及左口乡政府二号地块补偿标准意见反馈等工作。

【专项任务完成】 一是牵头做好国资系统各企业落实党风廉政建设责任制,推进惩防体系和廉政文化建设,以及党务公开等工作,配合做好工程建设领域突出问题专项治理。二是高度重视信访维稳工作。全年妥善办理有关国有企业幼教职教教师落实退休待遇、资产拍租、资产租赁等3件信访案件,办结率100%。其中国有企业幼教职教教师落实退休待遇问题,由于各类人员情况较为复杂,是否符合范围的界定较为严格,先后接待十几个批次的群众来访,耐心解释文件精神,较好地化解了群众疑惑。三是严格按要求做好机构节能、依法行政、普法、电子政务、信息、档案、保密等其他专项工作。

【机关建设】 认真落实基层党建工作责任制,着力加强基层党组织建设,充分保障基层党建工作经费,切实抓好党员干部经常性教育和培训,不断提高党员的思想素质和政治觉悟。按照党建工作要求,组织好"三会一课"、民主评议、党组织书记上党课,机关党员进社区、进村入企帮扶结对、集中服务日等党组织活动。帮助保安公司支部做好组织建设。印发《2014年度党风廉政建设责任制实施意见》,认真落实党风廉政建设责任制、领导干部"一岗双责"和"三重一大"集体决策制度,积极开展"转职能、转方式、转作风"主题活动,强化全体干部廉政风险教育。领导干部如实报告个人有关事项。按要求落实好党务公开。组织党风廉政专题学习4次。纪工委认真履行党风廉政建设监督职责,确保各项规定落实到位。组织好中央八项规定等各级有关作风建设规定的学习。研究出台《机关作风建设制度》,严格按要求改进工作方法,积极强化内部督察,确保制度刚性。以"钉钉子"精神狠抓"四风"问题的整改落实,详细制定整改方案,每半个月集中研究整改推进情况,研究制定《机关学习制度》《联系企业制度》《机关作风建设制度》等3个长效机制,10家企业班子整改问题和国资办领导干部个人整改问题按要求全部整改到位。围绕"三认"活动，按照“一户一策一干部”的要求，多次前往姜家镇章村村和沈畈村走访慰问，认真开展“农村指导员下派”“1+X”“春节慰问”等帮扶活动，落实帮扶资金7万元。

（吴苏琴）

·淳安县行政服务中心·

【概况】 2014年，县行政服务中心以党的群众路线教育实践活动为总平台，紧扣“淳改八条”，积极推进行政审批分中心、“一体化”审批、电子招投标、招投标全过程监管等新平台、新机制建设，为“秀水富民”提供良好服务环境，全年工作目标顺利推进。

【行政审批制度改革】 推进中心镇行政审批服务中心分中心建设工作调研。对全县23个乡镇便民服务中心建设情况进行调研，重点调研各中心镇。前往桐庐分水分中心、富阳新登分中心考察学习，确定分中心建设的试点中心镇。完成试点中心镇分中心大楼装修，制订中心镇行政审批服务中心分中心建设方案，并向县政府请示设立试点中心镇行政审批服务中心分中心，让乡镇群众和企业就近办理审批服务。

【审批“一体化”建设】 实行房地产抵押登记网上审批登记，行政服务中心与建管局、人行联合下发《关于开展房地产抵押登记网上申报工作的通知》，房地产抵押网上登记平台的投入使用；开展工商注册登记“五证一章”联办，在工商注册登记“四证联办”的基础上把统计证的办理也纳入联办，在市场监管窗口设立联办窗口，统一收件，内部流转，统一发证，实现营业执照、组织机构代码证、税务登记证、统计证和刻章审批一个窗口办完。

【推进省政务服务网建设】 根据省政务服务网建设的要求，结合淳安县“权力清单”，牵头对淳安县的审批权力事项、流程进行梳理，将事项的基本信息按照技术标准进行规范、审核，统一导入省政务服务网审批管理系统，为在省级政务服务网上实现行政审批“一张网”对外服务做好准备。

【公共资源交易服务】 打造电子交易平台，应用CA密钥和电子签章，实现全流程电子招标投标。同时，将监理服务招标纳入电子辅助评标，扩大电子化范围。推广应用远程评标，对接杭州市公共资源交易中心，共享评标专家，提高评标质量和效率。

【招投标诚信体系建设】 大力推进诚信体系建设，协助县政府出台《淳安县建筑业施工企业诚信体系考核办法》，针对代理企业出台《招标代理（咨询）机构及其从业人员考核管理办法（试行）》，规范招标代理行为，提高招标代理服务质量。

【评委专家库建设】 全面扩容评委专家库，完成建设工程、政府采购、物业管理类别评委向社会公开征聘报名工作。通过公开征聘，扩容专家数量，入库评委人数达到270余人。

【招投标业务指导】 2014年，走访服务全县23个乡镇及部分重点部门国有企业小额公共资源交易窗口，集中发放招投标业务辅导书，建立小额公共资源交易中心成员交流群，实时解答各乡镇部门在具体操作中遇到的问题；组织召开全县公共资源招投标业务培训会议，全县工程建设、政府采购、物业管理评委专家，以及部门、乡镇小额公共资源招投标工作人员参加培训。

【加强党建】 以开展党的群众路线教育活动为主线，在深化党建品牌建设中，推行“柔性服务”十一条长效机制，融党建于服务，融党建于管理，融党建于中心工作。开展“养成教育”，探索建立“立学立行、即知即改”的学习制度，深入学习习总书记系列重要讲话精神。将听取意见建议与党支部结对共建、“一户一策一干部”紧密结合，深入开展“三问三送”“三认”“党员集中活动日”等服务。约谈体会树典型，结合党的群众路线教育实践活动第一环节“三思四省”，围绕党员“一句话”承诺，开展优秀事迹约访约谈，在全体干部职工中凝聚正能量。

（钱　民）

•综合考评工作•

【概述】 2014年，综合考评工作紧紧围绕省级重点生态功能区示范区和“美丽杭州”实验区建设要求，以深化考核体系改革为重点，注重体系衔接，强化机制完善，创新工作思路，深化绩效管理，不断提升综合考评战略引领和导向助推作用，各项工作取得较好成效。

【“美丽杭州”实验区单列考核】 2014年，杭州市对淳安正式实行“美丽杭州”实验区单列考评，考核维度为发展指标、重要工作目标、领导考评、社会评价和特色创新。其中发展指标中生态保护指标3项，分别为环境质量综合评价指数、镇村污水治理率、区域建设用地集约利用综合评价指数；生态经济指标6项，分别为财政可用资金保障率、高新技术产业增加值增长率、服务业增加值增长率、万元GDP综合能耗降低率、社会消费品零售总额增长率、全县景区化农民旅游产业收入占农村居民人均纯收入比重；改善保障民生指标4项，分别为社会保障支出占地方财政支出比重、城镇居民人均可支配收入增长率、农民人均纯收入增长率、社会治安秩序。重要工作目标9项，分别为生态文明建设和“五水共治”工作、生态功能示范区建设工作(国家良好湖泊建设工作)、城乡区域统筹发展(新农村建设)工作、“三改一拆”及“无违建县”创建工作、扩大有效投资及重点项目推进工作、领导班子建设、党风廉政建设、社会评价意见整改目标、信息督察与目标管理。经考核评定，2014年度淳安“美丽杭州”实验区单列考评等次为优良。

【县级机关、直属单位综合考评】 2014年县级机关、直属单位综合考评窗口单位36家、非窗口单位31家，评议单位24家。考核维度为目标考核65分、社会评价30分、领导考评5分、创新创优2.3分。围绕县委、县政府年度重点工作落实，创新设置工作突出业绩和克难攻坚项目加分，探索试行机关重点职能目标考核20条总量控制要求，重点职能目标由1798项精减至990项。试行“四办”及纪委不占优胜(满意)单位、先进单位等次名额比例，推进考核优秀先进比例向一线部门倾斜。完善创新考核办法助推创新，年度申报创新项目66个，获得成效加分59个。综合平衡各考核综合考评奖系数，提升奖优罚劣导向作用发挥。经考核评定，窗口单位中县公安局、县财政(地税)局因连续三年优胜(满意)获优胜(满意)单位荣誉奖，县林业局、县发改局、县交通运输局、县水利水电局、县环保局获优胜(满意)单位，县文广新局、县农业局、县农办、县人社局、县司法局、县工信局、县民政局获先进单位。非窗口单位中县纪委(监察局)、县委组织部、县委政法委因连续三年优胜(满意)获优胜(满意)单位荣誉奖，县委办、县府办、县委宣传部、县信访局、县委老干部局、县委统战部获优胜(满意)单位，县残联、团县委、县总工会、县妇联、县委党校(行政学院)、县档案局获先进单位。评议单位中杭州银行因连续三年优胜(满意)获优胜(满意)单位荣誉奖，县人大机关、县政协机关、县法院、县检察院、县国资办获优胜(满意)单位，县农村信用合作联社、县气象局、中国银行淳安支行获先进单位。

【乡镇业绩考评】 考核名称由“乡镇工作业绩考核”调整为“乡镇业绩考评”。围绕省级重点生态功能区示范区和“美丽杭州”实验区建设，一是完善乡镇业绩考评分组。结合23个乡镇区位条件、发展特色，重新调整城镇主导型6个、综合发展型10个、农业生态型7个三组考核分类。二是调整乡镇业绩考评维度。以生态保护、生态经济和改善保障民生三大核心为统领，生态保护权重由12分提升至18分，改善保障民生权重由13分提升至20分，经济工作权重由55分调整为37分。三是大幅精减考核项目数量。考核项目由68大项106小项精简至48单项，精简率达55%，其中31项常规工作目标剥离整合为4项工作目标，削减率达87%；原17项专项考核压缩为11项；原城乡统筹工作由11项考核内容精简至5项。四是引入全新评价方式及维度。探索功效系数法在乡镇业绩考评中的实践与运用，通过横向比较考核目标完成度，纵向比较全县贡献率、绝对值，优化考核结果比较运用，增设5%的领导考评维度，形成有考有评、综合评定的立体化考评模式。根据考核得分，千岛湖镇、汾口镇、临岐镇获城镇主导型考核优秀；文昌镇、石林镇、左口乡、富文乡获综合发展型考核优秀；屏门乡、王阜乡、里商乡获生态农业型考核优秀。

【目标督察】 一是力推市对县考核目标督察。细化责任落实和工作要求，每月开展一次专题督察，掌握进展，分析不足，研判形势；组织开展牵头责任部门2轮全覆盖工作调研走访，帮助指导责任单位查漏补缺，加快落实；出刊目标管理《情况专报》，得到县委、县政府领导较好认可，所提意见建议如数实施，得到专题批示6次。二是数字综合考评系统上线运行。筹建集目标考核、专项考核、专项督察、信息公开等为一体的“淳安县数字综合考评系统”，推进考评资源共享、信息实时反映、目标全程管理的综合考评信息化管理新模式，出台《关于推行综合考评目标电子化管理的实施意见》，2014年67家窗口、非窗口单位全部上线使用。三是“现结现报”工作机制有效推进。创新推出综合考评目标完成一件、申报一件、审验一件的“现结现报”工作机制，推进考评数据实时采集和日常督察成果综合管理运用，2014年对500余条目标实施现结现报，减轻年终集中考核负担，提升考核工作实效。四是强化过程、弱化台账取得突破。积极开展过程管理与考核结果转化运用研究与探索，鼓励考核牵头部门以日常管理、过程掌握、情况了解、阶段通报为主，代替以往年终集中考核检查，加强督察结果转化运用，增强过程管理实效，推进综合考评简约化和台账弱化。五是强化成效宣传，扩大公众参与。丰富综合考评公众参与，更新县级社会评价代表信息近5000名，探索筹建“领导班子和领导干部作风评价”信息库，扩面10%市民代表参与。编印《淳安工作动态》4期12000册，发放9个层面代表，提高各界代表认知面和认同感。积极探索考评结果公示公开机制，推进综合考评公众导向和公众参与双提升。

【自身建设】 扎实开展群众路线教育实践活动，立足端正学风抓开局、延伸拓展下基层、开展批评辣味足、突出重点抓整改、注重提升抓长效5大载体，做到规定动作实打实、不走样，自选动作有特色、提成效，取得了宗旨意识明显增强、作风建设有效转变、突出问题整改落实、机制建设更加完善的教育活动成效。严格执行中央八项规定以及省、市、县作风建设要求，较好落实“领导干部有关事项报告”“民主集中”等相关制度。召开民主生活会，深挖“四风”问题，查摆廉政隐患，强化整改落实。强化内部管理，健全完善作风建设、纪检监察、效能告诫、谈心谈话等工作制度，细化“三公”经费、公务接待等管理规定，建立周例会“五个一”和月度“回头看”工作机制，干部管理严谨务实。修改完善《县考评办党支部制度建设实施意见》,“三认”服务主动扩面增强走访轮次,强化党建一线服务,帮助结对村联系解决项目资金。严格落实“一户一策一干部”、在职党员进社区、治水护水集中服务、党员集体服务日、点亮微心愿等系列工作。

(钱 炜)

·档案工作·

【概况】 2014年,县档案局(馆)认真贯彻县委“美丽杭州”实验区建设总要求和省、市局的工作部署,坚持“档案信息化、新馆建设、创建国家级综合档案馆”这一主线,树立“大档案、大服务、大监管”的理念,把握重点,突破难点,打造亮点,努力开创档案工作新局面。

【档案资源建设】 积极抓好档案资源建设。一是协助做好档案新馆建设的方案设计、方案审查、立项、开工建设等工作,新馆进入主体施工阶段。二是做好档案接收和征集工作,全年共接收档案1752卷11435件,征集家谱等档案资料104册(件)、照片438张,其中包括吴邦国、李瑞环视察千岛湖照片400张。三是按照国家级综合档案馆标准,查漏补缺,做好索引目录、补充全宗卷等各项基础工作。

【提升档案服务水平】 积极提升窗口服务水平,开展“窗口服务提效”活动,实行查档值班、便民查档、服务满意评价机制等制度,实现提质提效,全年共接待社会各界利用档案资料6202人次,提供档案资料9964卷(册、件)次,出具档案证明(复印件)10064份(页)。在撤村建居、“无违建县”、修史编志和保障市民合法权益等方面都发挥了积极作用。开展“异地查档、跨馆服务”工作,完善服务流程,规范申请、审核、受理、承办、审定、反馈等工作环节,逐步实现全省综合档案馆“一站式”服务。

【档案信息化建设】 加快推进数字档案馆建设,完成馆藏重点档案数字化加工150万页及婚姻、户口迁移等7个专题数据库建设,实现馆藏重点档案条目和全文计算机检索。加快推进全县数字档案室创建,与县财政局联合下发《关于数字档案室创建“以奖代补”实施意见》,计划用三年时间,完成全县乡镇、重点民生部门的规范化数字档案室创建工作,2014年申报省级规范化数字档案室创建8家、省级示范数字档案室创建5家。全面推进规范登记备份工作,完成县公积金中心、社保中心等11家重点民生部门的档案登记备份工作,备份数据总量约40GB。

【依法治档】 着力提升依法治档水平,以档案年检为抓手,实行“上门”指导,提升基层档案管理水平,完成梓桐镇、文昌镇、建设集团等单位创建省级档案工作目标管理认定,完成千岛湖镇屏湖村等7个行政村及新北、西园、杨旗坦、火炉尖社区创建省级规范化档案室。做好“无违建县”“五水共治”、重点建设项目等重点领域的档案监管与指导工作,与“五水共治”指挥部办公室联合下发《关于做好“五水共治”档案工作的通知》,明确归档范围及要求,与县人大、县重点办联合开展重点建设项目档案执法检查。加强档案队伍建设,开展档案人员岗位培训,参训人数131人,举办行政村档案管理人员培训班3期,参训人数85人。

【档案文化建设】 深化档案文化建设,开展“新安江船上话”方言建档工作,评选出方言发音人,完成标准文本标注及音视频录制工作。创建乡村记忆示范基地,全程指导青溪新城坪山村,枫树岭镇上江村、下姜村开展创建工作,同时开展新农村建设照片征集活动。创建企业记忆之窗示范点,将其作为档案服务企业发展的重要手段,指导审核创建单位县茧丝绸总公司的档案收集、整理、陈列等一系列工作。开展

“尘封老底片，亮相新传媒”活动，与县广播电视台联合开辟档案栏目，与《钱江晚报》开辟《老底片，新亮点》专栏，展示馆藏精品档案，特色做法在《杭州日报》上刊登。

（蓝公伟）

·信访和“12345”工作·

【概况】 2014年，县信访局共受理群众信访总量1965件（人）次，其中受理群众来信790件，接待群众来访294批1175人次（集体访49批799人次）。县长公开电话受理中心共受理群众来电（网上信访）各类诉求7885件，其中：“64812345”县长公开电话受理1868件，网上信访受理2421件，承办杭州市“12345”交办3596件。淳安县在2014年度杭州市信访和“12345”工作目标责任制考核中列第三名。县信访局被评为2014年度县机关综合考评优胜（满意）单位、“无违建县”创建活动业绩突出单位。

【信访分析】 2014年，全县信访和“12345”工作形势总体平稳，越级上访得到有效控制，赴京上访量比上年下降76.67%，到省、市上访量比上年下降75.56%，全国“两会”和北京APEC会议期间等重点敏感时期实现“零进京、零非访”。

【五分工作法】 积极探索建立以“分类交办、分块组团、分时接访、分层考核、分级问责”为主要内容的“五分工作法”化解疑难信访问题，2014年，37件县级疑难信访问题化解了28件，在党的群众路线教育实践活动中各乡镇、部门自排的194件重大矛盾纠纷和信访问题当年化解了161件。

【服务中心工作】 全力服务、参与和保障“无违建县”创建、“三改一拆”、千岛湖镇撤村建居等中心工作和重大项目推进，全年共召开各类协调会141次，向县委、县政府报送信息快报、专报47件次，工作简报37期。

【领导干部下访接访】 深入开展以“践行群众路线、一线破解难题”为主题的领导干部下访接访活动，着力解决群众反映强烈的突出问题，重点对三种情形安排县领导接访，全年共接待群众来访31批198人次。

【信访宣传月活动】 2014年5月，在全县开展“依法信访”为主题的宣传月活动，通过开展电视访谈、组织全县公务员信访知识测试、发放宣传资料等途径，对国务院《信访条例》《关于创新群众工作方法解决突出信访问题的意见》《国家信访局关于进一步规范信访事项受理办理程序引导来访人依法逐级走访的办法》等系列信访法规政策进行宣传解读，提高群众对依法信访的认识。

【非访专项治理年活动】 2014年，开展进京非正常上访专项治理年活动，全面推进“两穷尽、两到位”工作。全年共依法处理进京非访对象4人次；启动信访事项复查复核程序，终结信访件9件，10名治理对象中8名承诺息访。

【信访干部队伍建设】 县信访局机关扎实开展党的群众路线教育实践活动，集中学习43次，建立信访事项督察督办等长效机制6项，16个整改项目、36项整改措施全部按时整改到位。开展结对帮扶、“三认”走访、“12345”进社区、送业务下乡等活动，选派后备干部到县信访局群众工作实践基地挂职锻炼3批14人次。

（周 杰）

·机关后勤服务·

【概况】 2014年，县级机关事务管理局围绕县委、县政府工作中心，厉行节约，强化管理，做优服务，保障机关各部门工作的正常运行。荣获“2014年度杭州市机关事务工作先进单位”称号。

【党的群众路线教育】 从2月24日开始，局党总支组织在下属3个支部、44名党员中开展党的群众路线教育实践活动。局班子第一时间组建活动领导小组，在人手相对紧缺的情况下，抽调2名同志负责具体工作。教育中始终坚持领导带头、深入学习交流、多方听取意见、坦诚开展批评和边学边查边改的指导思想，先后组织学习活动18次，专题讨论2天，召开民主生活会1天，每人撰写心得文章1篇以上。

【队伍建设】 组织开展“坚定理想信念、敢于担当克难”主题教育活动，加强党员后备干部的培养，鼓励年轻同志向党组织靠拢，严把党员入口关。根据县直机关党工委的要求，严格入党积极分子培养考察程序，吸收1名同志为中共预备党员，同时按要求派出农村工作指导员和非公企业党建工作指导员各1名。认真开展支部共建活动，组织机关党员干部深入瑶山乡何家村、幸福村，开展“三问三送”活动，走访慰问群众10户，慰问金额共计3000元，征求意见建议9条。“七一”期间开展“五水共治”送服务下乡活动，资助帮扶资金8700元。开展在职党团员进社区服务群众活动，参与50余人次。参与社区共建，开展“洁美家园”、认领微心愿活动，为老年公寓安装晾衣架，帮助江滨社区、西园社区、瑶山乡何家村和幸福村解决共建经费52500元。开展“五水共治”“慈善一日捐”“春风行动”等捐款活动，单位和个人累计捐款49169元。深入推进作风建设提升专项行动，认真开展正风肃纪督察工作，对长明灯等现象及时纠正。

【公务接待】 全年，接待来宾1129批1.9万人次，其中党和国家领导3人、省部级领导21人、地厅级领导178人、县处级领导353人。参与各类会议、活动后勤保障30余次，服务人数6824人。主要有2014年中国国际露营大会(千岛湖站)、中国(浙江)国际旅行商大会、市“三改一拆”行动第五次现场会暨“无违建县”创建推进会等。根据中央八项规定及省市有关要求，修改完善《淳安县党政机关国内公务接待管理办法》，为县党政机关国内公务接待提供参照依据。同时加强对乡镇、县属单位国内公务接待工作的检查和指导。

【公共机构节能减排】 2014年，县级机关事务管理局全力推进公共机构节能减排工作。一是围绕意识节能、管理节能、技术节能三条主线，开展世界水日、公共机构节能宣传周等大型专题宣传活动，举办节能减排联络员专题培训会议，完成规划大楼电梯、空调，以及智能型太阳能照明灯的技改。二是创建节约型示范单位，县规划展示中心大楼成功通过省级节约型示范单位的创建工作，淳安县第一人民医院的国家级节约型公共机构示范单位创建工作全面启动，技改项目列入2015年政府投资项目。三是公共机构垃圾分类工作全面启动，完成县府大院、综合楼、规划大楼、社保大楼等由机关事务管理局统一管理区域的垃圾分类投放容器设置。印制5000余册垃圾分类宣传手册，对垃圾分类及投放方法进行宣传普及。开展全县公共机构生活垃圾分类指导员培训会议，邀请县生活垃圾分类领导小组办公室人员进行专题业务指导。

【后勤保障】 一是抓好机关食堂建设，县政府机关食堂全年就餐13万余人次，服务满意率92%，规划和社保大楼托管食堂就餐28万人次，满意率78.5%。二是加强公务用车管理，全年安全行车80多万公里。三是提供各类会议服务500余场次1.5万余人次，保障各类会议600场次2.5万人次。四是处置闲置资产，对全县党政机关闲置资产统一进行摸底和调配，共清点收缴闲置资产800余件，调剂资产300余件，避免了国有资产流失。五是开展零星维修1600次。六是完善安全保卫制度，门卫登记出入人员6200余人次，盘问登记外来车辆3500余辆，协助信访、城管处置群访事件74次，引导劝说信访人员320人。

【物业管理】 2014年，机关事务管理局在物业综合服务专业化外包的基础上，对大楼的电梯、空调、消控等专业设备委托专业公司维保，日常由专业公司派驻人员跟踪管理，做到遇到问题随叫随到，减少设备故障的维修时间，降低设备的故障频率。加强对大楼物业公司的监管，建立打卡考勤制度，管理和服务人员统一实行考勤管理。定期开展服务质量测评，以问卷调查、座谈会等形式，对物业公司的服务开展质量评定，经问卷调查大楼物业管理满意率达到85%以上。随着办公用房的统一归集管理，纳入管辖范围的办公楼日益增多，为实现科学有效管理，以大楼物业综合服务为抓手，实施在资源调配上做减法，在管理体制上做减法，在创新服务上做加法的“两减一加”法，这一做法得到省市局领导肯定，并在省市后勤杂志上刊登。

【组建公车公司】 根据《淳安县公务用车制度改革实施意见》，机关事务管理局负责组建公车服务有限公司。会同车改办、县纪委、县人社局、县财政局完成人员招聘工作，招聘驾驶员18名，会计、出纳各1名。5月15日，完成小轿车35辆、商务车15辆的公车收缴工作，县机关公务用车服务有限公司正式建立，5月16日，启动运营。截至12月31日，完成机关公务用车保障2650人(车)次，安全行车83万公里。

(汪定文)

(编辑　严卫华)

政协淳安县委员会

·全体会议·

【八届三次会议】 于2014年2月17～20日在千岛湖镇召开。会议听取和审议了县政协主席刘小松所作的《政协第八届淳安县委员会常务委员会工作报告》和县政协副主席吴仙菊所作的《政协第八届淳安县委员会常务委员会关于八届二次会议以来提案工作情况的报告》。会议以无记名投票方式补选王军为县八届政协副主席,方福水、汪雪梅为县八届政协常务委员。与会人员列席了淳安县第十五届人民代表大会第三次会议,听取并讨论了代县长柴世民所作的《政府工作报告》和其他报告。会议审议通过了《政协第八届淳安县委员会第三次会议提案审查情况报告》《政协第八届淳安县委员会第三次会议关于促进改革创新的倡议书》和《政协第八届淳安县委员会第三次会议决议》。会议期间,共收到委员提案301件,经审查立案228件,25名委员作了大会发言和书面发言。杭州市政协副主席董建平到会祝贺。县委书记凌志峰在大会闭幕式上作了重要讲话。

·常委会议·

【八届常委会第十二次会议】 于1月2日在千岛湖镇召开。会议由县政协主席刘小松主持。会议协商讨论了2014年政府投资建设项目安排情况,听取并审议通过了县委、县政府有关2013年政协提案办理情况的报告;协商同意增补政协工作组副组长有关事宜;协商同意翁江涛同志有关请辞县八届政协副主席事项,协商通过了《关于召开政协第八届淳安县委员会第三次会议的决定》,听取了部分工作组、联络组组长述职。

【八届常委会第十三次会议】 于1月13日在千岛湖镇召开。县政协主席刘小松主持会议。会议协商讨论了《政府工作报告》(征求意见稿);协商同意部分委员调整事宜;协商讨论了县政协八届三次会议相关事宜;听取了关于2013年度各项先进评选结果的通报;听取了关于“委员活动日”工作情况的总结汇报;协商通过了《政协第八届淳安县委员会常务委员会工作报告》(征求意见稿),《政协第八届淳安县委员会常务委员会关于八届二次会议以来提案工作情况的报告》(征求意见稿)以及两个报告的报告人;审议讨论了《关于促进改革创新的倡议书(草案)》;协商讨论通过了关于授权县政协主席会议审议县政协八届十三次常委会未尽事宜的决定。县长柴宁宁到会听取县政协常委对《政府工作报告》(征求意见稿)的修改意见和建议。

【八届常委会第十四次会议】 于2月18日在千岛湖镇召开。县政协主席刘小松主持会议。会议协商讨论了补选县八届政协常务委员和副主席候选人建议名单;协商讨论了《政协第八届淳安县委员会第三次会议选举办法(草案)》,总监票人、总计票人、监票人建议名单;协商通过了《淳安县政协常务委员会2014年工作要点(草案)》;听取了各讨论小组关于《政协第八届淳安县委员会常务委员会工作报告》和《政协第八届淳安县委员会常务委员会关于八届二次会议以来提案工作情况的报告》讨论情况的汇报。

【八届常委会第十五次会议】 于2月19日在千岛湖镇召开。县政协主席刘小松主持会议。会议听取了各讨论小组对补选八届政协常务委员、副主席候选人建议名单和总监票人、总计票人、监票人建议名单酝酿情况的汇报，以及对《政协第八届淳安县委员会第三次会议选举办法(草案)》、《政府工作报告》、《政协第八届淳安县委员会第三次会议提案审查情况报告(草案)》、《政协第八届淳安县委员会关于促进改革创新的倡议书(草案)》和《中国人民政治协商会议第八届淳安县委员会第三次会议决议(草案)》等文件讨论情况的汇报；协商同意了《政协第八届淳安县委员会第三次会议提案审查情况报告(草案)》、《政协第八届淳安县委员会关于促进改革创新的倡议书(草案)》和《中国人民政治协商会议第八届淳安县委员会第三次会议决议(草案)》，并提交大会审议。

【八届常委会第十六次会议】 于9月26日在千岛湖镇召开。县政协主席刘小松主持会议。会议协商讨论了县统筹办民主评议意见整改情况，协商通过《关于民主评议县统筹办城乡统筹工作的报告》，协商通过了《关于民主评议县城建城管局工作"回头看"的反馈意见》，通报县政协常委会2014年度课题调研报告《关于进一步加强农村生活污水治理工作的建议》。会议还就学习习近平总书记在庆祝中国人民政治协商会议成立65周年大会上的重要讲话精神、学习杭州市委政协工作会议精神、庆祝县政协成立30周年系列活动等工作进行强调部署。

【八届常委会第十七次会议】 于12月18日在千岛湖镇召开。县政协主席刘小松主持会议。会议协商同意姚宏韬任县政协委员工作委员会主任职务，同意免去其县政协委员学习和工作联络委员会主任职务；协商通过了《关于召开政协第八届淳安县委员会第四次会议的决定(草案)》；协商讨论了县政协八届四次会议议程(草案)、日程(草案)和提案截止日期决定(草案)，并提交县政协八届四次会议预备会议通过；协商通过了县政协八届四次会议常委分工轮流主持名单(草案)；协商讨论了《政协第八届淳安县委员会常务委员会工作报告》(征求意见稿)、《政协第八届淳安县委员会常务委员会关于八届三次会议以来提案工作情况的报告》(征求意见稿)，并协商决定两个报告的报告人；听取了有关"委员活动日"工作情况的汇报；听取了部分工作组、联络组组长述职报告。

·日常工作·

【政协常委会调研视察】 4～6月，常委会围绕农村生活污水治理，通过深入走访、实地察看、座谈讨论，及时将调研发现的问题向县委、县政府主要领导作了汇报，并形成了《关于进一步加强农村污水治理工作的建议》。此后，又持续关注农村截污纳管工程建设，9月以专报形式向县委、县政府报送《我县农村截污纳管工作中需关注的几个问题》。9～10月，围绕千岛湖大排档品牌建设开展了专题调研，与旅游、国资、物价等部门，以及大排档经营户广泛进行交流座谈，并专程赴杭州、舟山等地学习考察，形成了《关于加强千岛湖大排档品牌建设的建议》，有关完善配套功能、加强招商选商、规范经营管理等建议，引起了县委主要领导的高度重视和批示肯定。

【县政协主席会议成员专题视察】 4月18日，县政协主席会议成员专题视察县企业民主管理工作，向县委、县政府提出《关于进一步推动企业民主管理工作的建议》。5月27日，县政协主席会议成员专题视察县"文化礼堂"(二堂五廊)建设情况，向县委、县政府提出《关于进一步推进我县农村文化礼堂建设的建议》。7月3日，县政协主席会议成员专题视察县法院司法公开工作，向县委、县政府提出《关于进一步推进县法院司法公开工作的建议》。8月20日，县政协主席会议成员专题视察县建设集团重点项目建设情况，向县委、县政府提出《关于县建设集团重点建设项目的视察意见》。9月29日，县政协主席会议成员专题视察县公立医院托管运转情况，向县委、县政府提出《关于进一步做好我县公立医院合作办医工作的建议》。10月30日，县政协主席会议成员专题视察县农村供水工作。

【协商建言】 积极呼应政府创新的开放式决策机制，组织政协委员对拟出台的56个政策文件分别进行专题协商，共提出修改建议195条，为政府民主决策、科学决策提供有益参考。相关委组自选课题，深入调研，参政建言，千岛湖联络组向县府办提出《我县农村供水现状的调查及对策建议》，提案工作组会同农工党淳安支部向县府办提出《关于加强青少年青春健康教育工作的建议》，财金贸易工作组向县府办提出《关于进一步加强金融支持城镇化建设的建议》，社会法制工作组向县府办提出《关于进一步重视和加强我县农村视频监控建设的建议》，工业交通工作组向县府办提出《关于进一步加强我县小水电建设管理的建议》，大墅联络组向县府办提出《关于进一步规范农村卫生室建设与管理的建议》。

【咨询约谈】 12月4日，县政协召开生态环保资金使用管理与绩效工作政情咨询会。实地视察了污水治理及生态环保项目工程建设情况，听取了县财政局负责人有关情况介绍，并就生态环保资金筹集、使用与绩效政策情况等向县财政局、环保局开展了咨情问政，经梳理向县委、县政府提出《关于进一步加强生态环保资金使用管理的建议》。5月7日，县政协召开卫生界委员座谈会，组织卫生界委员视察枫树岭下姜村，并进行交流座谈。5月15日，县政协召开工业企业界委员约谈会，实地视察了浙江贝欧等企业情况，座谈交流了县工业企业发展存在的问题、困难，及对策、建议等。9月12日，县政协召开教师委员座谈会，组织教师委员视察淳杨公路改建工程及枫树岭镇下姜村的新农村建设情况，并提出针对性意见、建议。

【提案工作】 始终把提案工作作为政协最基础、最重要的履职途径，不断提高提案质量和办理实效。在继续坚持县领导领办重点提案、重要提案联合督办、提案办理上网公开等工作机制的基础上，积极探索联名提案征集机制，进一步提高提案工作的科学化水平。据统计，县政协八届三次会议以来，经审查、立案的228件提案全部得到办复。其中解决108件、部分解决59件、列入计划拟解决36件、留作参考25件。提案面商率、委员满意和基本满意率、办理结果上网公开率均达到了100%，23件提案被评为优秀提案。同时，探索开展提案回访督察，选取前两年已经办复的26件提案进行“回头看”，切实推动提案的解决落实。

【全县政协工作会议】 11月21日，县委召开全县政协工作会议，贯彻落实中央、省、市政协工作会议精神，认真总结近年来淳安县政协工作经验，研究部署新形势下进一步加强和改善党对政协工作的领导，更好地发挥人民政协的职能作用，不断开创县政协工作新局面。县委制定下发了《关于进一步加强和改进人民政协政治协商的意见》《关于进一步加强和改进人民政协民主监督的意见》两个指导性文件，进一步规范了政治协商、民主监督的内容、形式和程序。会上，县委书记朱党其作重要讲话，县政协主席刘小松就贯彻政协工作会议精神作了部署。县四套班子领导，法院院长、检察院检察长、人武部政委，县级巡视员、县长助理；县政协副县级以上离退休老领导；各乡镇党委书记、乡镇长、党委副书记；县属各单位主要负责人；县政协秘书长、常委，办公室及各专委员会主任、副主任，政协各工作组、联络组组长参加会议。

【专项集体民主监督】 按照省市政协关于“三级政协联动，万名委员同行，助推五水共治”专项集体民主监督活动统一部署，组织全县政协委员以开展专题学习讨论、专题协商议政、专题调研视察、专题督促检查四大专题活动为抓手的专项行动。常委会及时向全体委员发出《关于助推“五水共治”的公开信》，举行“五水共治”工作专题培训，开展“爱护千岛湖”主题讨论活动。围绕“五水共治”三年投资计划与县政府和相关部门开展面对面协商。常委会领导分别带领委员深入全县主要流域进行明察暗访，对严重污染问题进行跟踪督办，有效推动污染问题的整改。围绕城乡治污设施和垃圾收集体系建设等问题，组织委员全面开展监督检查工作，及时发现问题，提出相应对策。全年，县政协委员共设立治水工作联系点6个，联合开展集体监督活动80余次，先后向县委、县政府提出“五水共治”方面的意见、建议60条次。

【民主评议】 开展对全县城乡统筹工作的民主评议活动，重点就中心镇、中心村、精品(特色)村建设工作进行全面评估。在历时5个月的民主评议中，坚持开门评议，突出问题整改，共组织召开各类座谈会21个，收集意见建议830条次，有关优化中心镇(村)布局、扶持乡镇特色产业等建议，得到了县委、县政府重视。同时，通过回访督察、问卷调查等形式，对2013年民主评议城建城管局的整改落实情况进行“回头看”，共收集意见、建议194条次，督促城建城管局进一步加大整改力度，提升城乡建设和城市管理工作水平。

【民主监督员工作】 健全选派民主监督员工作机制，选派80名政协委员对16个重点部门单位开展民主监督，各民主监督小组在确定监督选题的基础上，通过听取汇报、交流座谈、明察暗访等形式开展民主监督，并形成关于“加强乡镇建设项目预算管理”“优先发展城市公交”“完善医疗保障机制”等9份民主监督建议书。与此同时，还选派委员参与作风效能暗访、政风行风评议、清洁乡村检查等监督活动，督促乡镇部门改进工作作风，推动工作落实。

【委员活动日】 积极完善“委员活动日”常态化机制，活动坚持以“真情服务、为民惠民”为宗旨，在为期两个月的活动期间，组织全县委员深入农村和社区，开展视察调研、送教下乡、医疗义诊、文化走亲、民情恳谈等各类集中服务活动50余场次，共向社会各界捐赠各类书籍1000余册，发放各类宣传资料6000余份，捐款捐物价值4万余元。开通委员网上工作室，通过网络平台加强与群众的联系交流。

【社情民意信息工作】 始终把反映社情民意作为畅通群众诉求的重要渠道。积极组织委员深入基层一线，听民声，察民情，集民意，共收集有关生态保护、民生保障、城市管理、项目建设等方面的社情民意信息402条，向县委、县政府报送52期，转送部门105条，得到领导批示47条，为县委、县政府化解矛盾、推动工作提供了民意参考。

【团结联谊】 注重发挥政协统战机构功能，不断增进与港澳台侨界、宗教界、民主党派、新社会阶层等人士的交往交流，积极营造理解包容、和谐融洽的良好氛围。以政协之友联谊会、政协企业家联谊会、政协书画院、中秋茶话会、新年茶话会等为载体，积极引导社会各界人士共同做好协调关系、理顺情绪、化解矛盾、增进团结的工作。加强与省内外兄弟政协的联谊，学习借鉴先进经验，不断拓宽政协工作视野。

【庆祝县政协成立30周年】 以县政协成立30

周年为契机，深入开展纪念座谈会、委员联欢会、书画摄影展等系列活动，进一步营造政协工作氛围，汇聚人文力量。重视文史书画工作，编辑出版《政协情怀》《提案工作实践》，有效发挥存史资政、团结育人功能。强化政协网站功能，开通淳安政协微信，广泛宣传政协履职实践，不断扩大政协工作影响力。

【自身建设】 扎实开展党的群众路线教育实践活动，以学习强素质，以整改转作风，以优良的作风推进政协各项事业发展。加强作风建设，严格执行中央“八项规定”和省、市、县有关加强作风建设的要求，深入群众，深入基层，以整风精神开展批评与自我批评，重视突出问题的整改落实。加强制度建设，认真贯彻落实省、市、县政协工作会议精神，结合县政协工作实际和形势变化制定出台《加强政协委组活动》《健全政协委员联名提案机制》等文件，进一步健全政协工作的制度体系。加强队伍建设，强化对政协机关干部、政协委员的学习教育，努力增强机关干部和委员政治意识、大局意识和责任意识；注重委员服务与管理，深入开展委员走访、委员慰问、履职考核和诫勉谈话等工作，不断激发委员履职热情。

（严黎琳）

（编辑　严卫华）

群　团

•淳安县总工会•

【概况】　2014年，全县共有8家镇（含开发区）总工会、16个乡镇工委、16个部门工委。其中大墅镇和姜家镇2家总工会于2014年成立。

【劳模工作】　2014年，评选表彰第二届淳安县"实力工人"10名，推荐评选省劳动模范2名、市五一劳动奖章（状）获得者5名。组织省劳模代表向全县劳模先进发出"劳模先进引领，投身'五水共治'"倡议，得到全县劳模先进积极响应。全县劳模先进个人和先进集体共为"五水共治"捐款113.279万元，参加清理河道等51人次，参与承担治水项目8项，提合理化建议20项，监督劝导27人次，56位劳模到淳杨线参加营造毛竹景观林带劳动。

【劳动竞赛】　组织工会会员和工会工作者开展争当城乡环境"升级版"推动者、生态经济"升级版"践行者、民生服务"升级版"参与者建功竞赛活动。活动中，参与植树造林1.1万人次，种植花草树木11.5万余株。为助推"五水共治"，组织举办"供电杯""五水共治"和环境保护电视辩论赛。为推动重点工程项目建设，组织开展立功竞赛。组织开展"淳香苑杯"都宴菜暨第五届农家菜烹饪大赛和叉车工、服装缝纫工、客车站务员等县级技能大赛20项，参加市级技能大赛9项。

【技术创新】　为调动一线职工积极性，改进职工小发明、小创造、小革新、小设计、小建议"五小"活动成果评选办法，并且从以技术骨干为主向普通职工延伸，从注重技术性向兼顾技术、经济、生态、社会综合效益转变。上半年，县总工会对申报的126项职工经济技术创新优秀成果进行评比表彰。参评成果不仅注重技术和经济效益，而且与县中心工作"五水共治"等活动紧密结合，如康盛有限公司普通职工包建新的创新项目"钢管铸拉坯工艺改良"，不仅年节省费用58.8万元，而且每月节约用水和减少废水排放各2000多吨，荣获一等奖。

【帮扶保障】　积极为职工、外来务工人员提供就业、培训、扶贫、帮困、助医、助学等全方位服务。一是重点抓好职工帮扶救助机制的完善实施和职工服务中心建设。二是做好职工医疗互助保障办法的实施和补助兑现，76家企业5187名职工参加职工医疗互助保障。三是完善困难职工救助办法，制定出台《淳安县困难职工帮扶实施细则》，组织开展困难职工摸底调查和建档工作。四是做好工会会员意外伤害及家财损失保障办法实施。五是落实特困职工家庭援助政策，做好市"春风行动"助医助学向县延伸承接工作。六是推进职工服务中心信息化建设，开展县职工服务中心建设省级达标活动，年底，通过市总工会预验收。

【服务职工】　2014年上半年，全县各级工会积极开展"五进五送"活动。在送培训中，在金恒服饰有限公司和千岛湖啤酒有限公司分别举办缝纫制作工和叉车工技能培训。在送文化中，创造条件，组建职工业余艺术团，首场"工会与职工心连心"慰问演出在千岛湖捕捞队拉开帷幕。在送法律中，进企业发送《杭州市企业工资集体协商条例》等法律条规2000多份。在送保障中，成功举办"幸福牵手"青年职工人才交友活动，做好女职工安康团体重大疾病互助保险和续保工作。在送健康中，开展"职工心理健康辅导培训进企业(基层)”和“高温送清凉”活动,在开发区企业举办2场心理健康辅导讲座;夏季,为3000多名一线职工和困难职工送清凉用品和慰问金。

【党工共建】 2014年,县总工会全力推进党工共建,实现组织共建、工作共抓、活动共融,先后新建基层工会23家、镇总工会2家。工会数据库逐步完善。工会干部培训力度加大,组织工会干部在市工会干部培训学校参加淳安县工会干部培训班。开展乡镇工会工作者招聘工作,基层工会力量得到充实。

【主题活动】 在群众路线教育实践活动中,扎实做好“三认”服务机制,促进工会干部队伍作风的转变。组织总工会机关党员干部进企业100多家,走访基层工会干部100余人,与140名职工建立了联系,撰写民情日记200多篇,建立健全“定时开门接访”“集中服务日”等制度。对职工反映的困难和问题,工会党员干部积极主动帮助解决。帮助先芯科技有限公司职工解决工作加班与工大听课的矛盾,帮助开发公司林场职工解决学习活动场所等问题,为联系职工送安康保险、夏季防暑降温清凉食品和用品,为家庭困难的职工送救助金。

(胡春槐)

·共青团淳安县委员会·

【概况】 2014年,全县有团(工)委52个,团(总)支28个、团支部1431个、专职团干部32人。有14~35周岁青年136326人、14~28周岁青年74473人,其中团员24825人,占青年总数的33.33%,全年新发展团员1896名。2014年,淳安团县委各项工作有序开展,多项工作取得优异成绩。团县委被评为浙江省信息宣传先进单位、杭州市级先进团委、杭州市共青团信息工作先进集体、县机关综合考评先进单位,还先后荣获杭州市大中学生暑期社会实践活动组织工作奖、杭州市百场公益夏令营活动十佳组织奖、杭州市百场公益夏令营活动优秀活动奖。调研论文《淳安青年网商创业现状及网商培育的探索和实践研究》被评为2014年度杭州市共青团优秀调研论文三等奖。县少工委被评为杭州市先进少工委。县青少年活动中心被评为杭州市百场公益夏令营活动优秀组织奖。

【开展“中国梦”主题教育活动】 全县共青团、少先队组织通过思想研讨、故事分享、社会实践等形式,在青少年中开展“我的中国梦”主题教育实践活动。先后举办“奋斗 青春 梦想”、“中国梦 我的梦”、“少年中国梦——奋斗的青春最美丽”等主题活动10余场次。同时,在微博、微信、QQ等新媒体上发起“我的中国梦”话题,引领青少年广泛开展主题讨论。在全县少先队组织中开展“中国梦 家乡美”主题假日活动和“红领巾相约中国梦 少先队共护千岛湖”主题队日活动,全县少先队员参与“寻访身边的追梦人”“寻访身边的美丽河流”、优秀红领巾导游词征集、“我的中国梦”手抄报比赛等丰富多彩的活动,共开展各类活动500余场次,通过少先队活动课、国旗下讲话等平台,少先队员更加领会了“中国梦”的内涵。

【践行社会主义核心价值观】 在“4•23”世界读书日前后,组织开展以“孝亲•感恩”为主题的阅享青春读书汇活动,邀请《孝•亲三部曲》主编王学武、北大出版社副社长李东、中央人民广播电台中国之声主持人姚科等人,围绕孝亲与当下、感恩亲人和故乡等话题,与县内青少年就如何重塑和践行当代人的孝亲及感恩理念进行互动,弘扬新时期孝亲文化,倡导新时期孝亲理念。在官方微博、微信上发起了“我为核心价值观代言”活动,大学生“村官”、乡村好青年、团干部、志愿者等群体200余人参与活动。以微博、微信为新媒体平台,开展“我为社会主义核心价值观”代言活动，覆盖青年30000余人，在互联网平台树立、宣传先进典型，为青年实现自身价值与社会价值相互统一营造氛围。

【挖掘青少年典型】 开展“乡村好青年”“最美志愿者”等评选活动，评选出乡镇级“乡村好青年”147名、县级“乡村好青年”10名、最美志愿者30名。发现和挖掘身边的“最美青工”，积极向团市委推荐申报，渔政局青工李瀚声获杭州市第二届“最美青工”提名奖，并在广播电视、报纸等传统媒体，以及微博、微信、微视等新兴媒体上进行宣传报道。在全县少先队员中开展“美德好少年”推荐评选和学习宣传活动，推出省级“美德好少年”2名，市级“美德好少年”10名，引导少先队员增强道德判断力和道德荣誉感。

【搭建县、乡、村三级电商平台】 成立县电商公共服务中心，至年底，千岛玉叶、忆千味、口水码头等22家孵化网商、服务商入驻中心办公。帮助汾口、威坪、大墅、屏门等10个乡镇建立电商公共服务中心，签约入驻网商40余家，并为乡镇电商从业人员提供免费办公场地、政策咨询等服务。7月，完成农村电子商务“赶街”网点建设项目，淳安县成为全省第一个成功复制遂昌“赶街”模式的县，至年底，共建成服务站 193个，为村民提供代购、缴费等服务14400余次，代购金额1075000余元，和市场购买同类商品相比，为村民节省购物资金20余万元。

【培育电商】 结合电商服务中心培训职能，邀请淘宝大学讲师定期为淳安县电商从业者以及意向者开展电子商务培训，全年完成基础班和精英班培训10期，培训近千余人次。发挥千岛湖电子商务协会作用，定期举办会员沙龙、营销推广等活动。开展“备战双11”沙龙、“电商生活体验日”、微营销分享等10余场活动，服务网商500余人次，推广网商产品40余款。开展“电商知识乡镇巡讲”，邀请电商专业人士为乡镇干部、基层电商从业者、“赶街”网点工作人员以及有意网上创业者讲解电商知识。

【电商活动】 组织开展“电子商务进我家”系列活动，评选出“旺铺掌柜”和“网淘达人” 各10名。在主城区以及各乡镇人流密集地段开展电商文化刷墙活动，通过电商宣传标语、图片向市民展示电子商务发展趋势，鼓励广大创业青年投身电商，全县共完成刷墙50多面，总面积1600多平方米。联系电视台、报社宣传青年电商典型，推出“发展电子商务 助力淳安蝶变”电商系列报道12期，树立方剑军等一批电商典型。

【“五水共治·志愿先行”】 2014年，团县委成立清水绿岸、生态宣教、水情监测、技术革新、节水减污5支志愿服务队，开展治水护水志愿活动，清理河道65公里，植树3500余株，发放宣传资料5000余份。在全县青少年中形成上下联动、广泛参与的“五水共治”志愿服务氛围。

【“小手拉大手·共护千岛湖”】 组织全县200个小队参与“寻访美丽河流”实践活动，其中4个小队获市级优秀小队。开展“共话‘五水共治’”主题队会100余次、“大家来找茬”实践活动150次、“为‘五水共治’献一计”小队活动120次。发放“小手拉大手、共护千岛湖”倡议书，号召家长积极行动起来，争当治水的宣传者、践行者、监督者。

【“五水共治”包干制】 在全县团组织中开展认领包干34处“青春环保责任田”工作，定期组织开展清洁活动，发动乡镇团委书记担当全县23条河道段长职责，定期开展监督检查工作并及时进行通报，经过团组织的认领和保洁，责任田的环境卫生有了明显好转。

【城市精细化管理志愿服务】 组织开展千岛湖镇城市环境精细化管理志愿服务日活动，动员社会力量250余人参与城市环境整治，打造和谐有序的城市环境，共建“美丽杭州”实验区。活动内容包括在广场主活动区开展垃圾分类宣传、发布“传播文明正能量•争做公益微达人”微博、利用微信等同晒文明“微承诺”、开展文明养犬宣传、开展城区道路清障、交通文明劝导、公交站点卫生保洁、社区环境整治。在新安大街“雷锋角”为市民提供公益雨伞借用、免费报刊阅读、免费打气、零钱兑换、旅游咨询等服务。

【志愿服务】 “微笑亭”志愿服务队参与全县景区化软实力建设，“五一”“十一”等假日期间，开展千岛湖旅游咨询类志愿服务，其中5名志愿者协助央视成功完成“秀水节”直播；“爱之翼”助残志愿服务队全年为残疾人日常生活、学习、工作和身体康复等各个领域服务30余场次，服务时间800余小时。“爱心护学岗”志愿队，覆盖千岛湖镇城区幼儿园、小学，成为青少年上学途中一道红色安全防线。县自愿服务队还对中国国际露营大会、自行车环湖骑行、国际马拉松游泳比赛、万人共跳一支舞、21届国际冬泳锦标赛等大型赛会提供志愿服务。

【特色志愿服务队】 以“秀水之恋”交友活动为平台，打造常态化志愿服务项目。成立“秀水红娘”专项志愿服务队，为男女青年交友牵线搭桥。关心关爱留守青少年，组建以学校心理老师为骨干的“一米阳光”志愿服务队，走进农村学校，帮助农村青少年健康成长。为了加大千岛湖水域的社会治安防控，预防和减少溺水事故，提高水上救援速度，成立由30余名志愿者组成的水上救生志愿服务队，通过防溺水公益宣传、水上救生知识普及、水上安全保卫，使千岛湖水域安全得到有效提升。全部参加团务培训并获得团务资格证书。

【成立驻杭团工委】 结合淳安县在外务工青年多的实际情况，整合各乡镇在外务工青年团干部力量，于9月18日正式成立淳安县驻杭团工委。淳安驻杭团工委由团淳安县委联合省博物馆和杭州千岛湖商会共同组建，目的是凝聚淳安县在杭团员，加强团员组织管理，有序开展团组织活动，帮助扶持团员在外就业创业，组织团员开展志愿服务，维护青年权益等，为淳安籍在杭青年提供长效服务。

【项目化服务】 为满足单身青年交友的需求，团县委联合相关单位积极打造“秀水之恋”常态化相亲交友项目，分别于七夕节和9月11日开展两季公益相亲交友活动，相亲交友项目始终坚持公益性原则，得到广大单身青年积极响应。为强化留守青少年关心关爱，开展了“阳光向日葵”关爱留守青少年行动，重点从充实留守青少年课外学习内容、关心关爱留守青少年日常生活、关注留守青少年心理健康，以及丰富留守青少年校外活动载体四个方面关心关注留守青少年，全年开展活动100余场次，涉及留守青少年2500余名，结对留守儿童460名，帮助留守儿童解决问题98个。依托淳安青少年活动中心的阵地资源，开展童玩空间、流动少年宫、公益夏令营等社会公益活动，推动全县未成年人思想道德建设，全年共计超过10000人次参与各类活动。

【助推青年岗位成才】 扎实做好“青年文明号”基础工作，千岛湖传媒中心创省级青年文明号成功。对27家县级青年文明号争创集体进行集中汇报、审核，择优命名14家县级青年文明号，明确19家单位为2014年青年文明号争创集体；组织22名青年文明号内审员进行学习、测试，提高青年文明号内审员的业务素质。推进青字号品牌，动员青年职工参与小发明、小创造、小革新、小设计、小建议“五小活动”和“青年科技创新能手”“青年科技大讲堂”等活动，激励青年职工爱岗敬业和学技成才。组织单位部门开展“一把手与青年面对面”活动，全年各级组织开展30余场次。深化岗位练兵，通过基础申报，择优明确环境监测、节能灯装配、配电线路技术等10项为县级青工技能比武活动，组织青年参与行政服务中心窗口业务、垃圾分类等省市级技能比武，营造全县青年职工“学技术、钻技能”的良好氛围。

【党的群众路线教育实践活动】 深入基层听取群众意见建议，结合工作实际，团县委面向团干、志愿者、辅导员、创业者、学生家长等五大类群体听取意见、建议，对收集到的意见、建议，第一时间进行研究分析，第一时间整改落实，确保合理的意见、建议及时消化吸收。立足实际开展批评，在民主生活会上进行深入的剖析，该解释的解释，该检讨的检讨，该整改的整改，形成一种“提意见、建议是一种责任和担当”的良好氛围，同时对存在的问题进行了认真整改。

【青联组织】 按照青联相关章程于2014年11月进行换届工作。通过换届选举产生了新一届青联常委、主席和副主席，配强了青联领导层，同时谋划好三年青联组织的发展方向和前行路线。以换届为契机，通过前期调查摸底，全面掌握全县优秀青年代表基本情况。组织青年开展“骑行最美绿道、共享最美山水”活动，凝聚人心，增强组织活力。

【干部队伍管理】 认真贯彻执行中央、省、市、县关于作风建设的若干规定，建立和完善民主集中制等一系列党风廉政建设制度，严格落实重大事项报告制度。坚持标本兼治、综合治理、惩防并举、注重预防的方针，扎实推进机关内部作风建设。规范机关管理，制定出台《团县委机关内部管理制度》《团县委机关公共交通专项经费使用管理办法》等工作运行机制，做到以制度管人。加强团干部的教育管理，严格执行《关于加强新形势下党建带团建工作的实施意见》的要求，利用座谈会、谈心谈话等方式，对直属团干部加强理想信念教育和廉洁警示教育，筑牢年轻干部拒腐防变的思想道德防线。

（姚武旦）

·淳安县妇女联合会·

【概况】 2014年，县妇联坚持“党建带妇建、妇建服务党建”原则，强化基层妇联组织建设，至年底，全县共有基层妇女组织502个，其中乡镇妇联23个、县属单位(部门)妇委会(妇工委)43个、行政村妇代会425个、社区妇代会11个；创建省级巾帼文明岗4个、市级巾帼文明岗8个、县级巾帼文明岗12个。县妇联机关人员编制5名，在职人员8人。下属股所级事业单位(县来料办)1个，人员编制4名，在职人员4人。是年，县妇联获得杭州市关爱流动留守妇女儿童工作先进集体。

【走访慰问百名困难村妇代会主任】 1月6～26日，县妇联全体机关干部分成4组，由领导班子带队走访慰问了全县23个乡镇的100名退任困难村妇代会主任。

【来料加工稳步发展】 来料加工在稳步发展中取得新业绩，全年新培育经纪人118名，新创办来料加工企业30家，来料加工从业人员达4.1万名，实现来料加工费收入2.13亿元。其中429名经纪人带动3668户4561名低收入农户从事来料加工，发放加工费2084万元。

【召开来料加工工作会议】 5月15日，召开全县来料加工工作会议，县四套班子相关领导到会，副书记钱美仙讲话，县来料加工领导小组成员单位分管负责人、乡镇来料加工分管负责人和妇联主席、社区负责人，及受表彰的单位和个人近300人参加了会议。会上，表彰奖励2013年度来料加工各类先进和个人，发放奖励资金119.7万元。

【开设来料加工“流动课堂”】 6月，先后在左口乡、鸠坑乡、临岐镇和威坪镇举办4期流动式来料加工技能培训，400余名来料加工从业人员和低收入困难妇女参加培训。

【启动“美丽实验区·巾帼在行动”活动】 3月10日，县委宣传部、县妇联联合举办纪念“三八”国际妇女节104周年暨“美丽实验区·巾帼在行动”启动仪式。乡镇妇联主席(副主席)，部门妇委会(妇工委)主任，县女企业家协会全体理事和会员，垃圾分类试点村主要领导，2012～2013年度县级三八红旗手(集体)，“美丽家园”宣讲团成员，城建、卫生、旅游系统，以及社区家庭等妇女代表共290余人参加了活动，县四套班子相关领导应邀到场祝贺。

【农村生活垃圾分类试点】 在临岐镇吴峰村、梓桐镇黄村村、鸠坑乡金塔村、宋村乡青山口村等4个村开展家庭生活垃圾分类试点，倡导垃圾源头减量。通过多载体多形式宣传、分层分批考察培训、统一发放垃圾袋和垃圾桶、划区设点、上门检查指导、规范“四分两定一评比”制度等举措，4个试点村垃圾减量明显。

【美丽庭院创建】 组织全县妇女开展环境卫生集中整治大行动，定期开展“清河护水·美丽家园”巾帼行动，对庭院内外、沿边沿路、河道河岸，及田间地头等卫生死角进行集中清理。组织开展美丽庭院示范户、示范村申报培育工作，全年共培育县级示范户100户、示范村24个。

【百场家庭教育知识下乡】 5～12月，组织省、市、县家教专家为乡镇中小学校及幼儿园送100场家教知识专题讲座。

【开展“书香换花香”活动】 5月30日，县妇联联合县教育局在千岛湖镇三小组织开展“以书换盆栽”绿色公益活动。3本六成新以上的少儿书籍换取1盆绿植盆栽，1800盆绿色植物共换得各类少儿书籍5000余册。所换来的书籍在“六一”期间全部捐赠给屏门乡金陵村、临岐镇新华村等部分留守儿童俱乐部。

【举办全县村妇代会主任培训班】 6月4～6日，县妇联在千岛湖水之灵剧场举办为期3天的全县村妇代会主任培训班暨第十三期巾帼讲坛，全县村妇代会主任和乡镇妇联负责人449人参加培训，县政府相关领导出席开班仪式并讲话。

【举办健身舞推广培训班】 7月7～11日，举办第二期百名农村妇女健身舞推广培训班，全县46个未建立巾帼文艺队的行政村文艺骨干及部分来料加工经纪人共100人参加为期5天的培训。

【举办美丽庭院创建专题培训】 7月31日～8月1日，全县美丽庭院创建工作培训会在杭州市妇女活动中心举办，各乡镇妇联及青溪新城管委会妇委会负责人、2014年申报的美丽庭院示范村妇代会主任、垃圾分类试点村“两委”主要领导共70余人参加为期2天的培训。

【举办女领导干部培训班】 10月28～30日和11月4～6日，县妇联在杭州市委党校举办2期女领导干部培训班，全县76名县管女领导干部参加为期3天的专题培训。

【召开乡镇来料加工分管领导培训会】 10月20～21日，县妇联在义乌伊美广场酒店召开全县来料加工分管领导培训会。24位乡镇分管领导参观了金华来料加工企业后，在培训会上就修改出台新一轮来料加工扶持政策进行讨论，并考察了义博会。

【台湾南投县水里乡妇女会到淳交流访问】 12月6～11日，台湾南投县水里乡妇女会一行15人来淳安访问考察，其间听取了淳安县妇女联合会主席汪晓红的工作情况介绍并参观了文昌镇王家源村新农村建设。

（方慧君）

·淳安县科学技术协会·

【概况】 县科协有干部职工5名。设综合办公室、科学技术普及科。主管20个学（协）会，会员3701名，其中老科技工作者协会和反邪教协会为直属协会。乡镇（青溪新城）科协24个，会员6448名。一年来，围绕县委、县政府提出的“三个年”的总要求，把工作落实到“三个升级版”的具体任务上，立足本单位实际，以开展群众路线教育活动为载体，扎实开展各项工作。被杭州市科协授予2014年度市科协工作先进单位。

【科技知识普及】 继续在《今日千岛湖》、淳安广播电视台、千岛湖传媒中心城市屏媒等宣传载体上开设《科普宣传》《科技信箱》《天天科普》等栏目。与县卫生局联合创办《健康科普专刊》，每季一期，与华数有线电视合作，在华数有线电视开设科普专栏；与省科协联合出版了“慢性病防治”科普丛书一万册，发往各乡镇、行政村（社区）。联合人社、水利、林业等部门继续做好科普挂图的研发工作，全年共印发挂图6000余套3万余张。

【科普阵地建设】 在市科协帮助下，在枫树岭镇中心小学、梓桐镇杜井村新建2家科普馆，完成与青少年活动中心合作建设的施家塘社区科普馆。完成流动科普馆建设，制定巡展实施方案，在乡镇（学校、社区、行政村和企业）流动，把科普馆服务送到基层公众身边。指导帮助安阳中心小学、汾口镇初级中学完成校园科普文化建设。

【优秀论文评选和农职评】 开展淳安县第九次自然科学优秀论文评审活动，共评出县一等奖10篇、二等奖13篇、三等奖15篇、优秀奖48篇。推荐参加2014年杭州市自然科学优秀论文评选，获得市一等奖1篇、二等奖3篇、三等奖4篇，获奖等级及总数位列各区、县（市）之首。开展淳安县第十三次农职评工作。全县共有196名农民获得技术员以上技术职称，其中农民技术员116人、农民助理技师58人、农民技师22人。

【科普宣传周活动】 9月下旬，在全县开展以“助力‘五水共治’，建设美丽淳安”为主题的淳安县2014年全国科普日暨第二十八届科普宣传周活动。9月26日，县科协与汾口镇合作举办了以“体验科技魅力，共享创新梦想”为主题的汾口初中科技节活动、反邪教知识讲座、电子商务培训、居民健康知识讲座、精品水果栽培技术培训，及科技咨询、义诊服务。全县共有117个单位6000余人参加活动，举办科技培训班，培训人员630余人，展出科技版面200块，义诊200余人次，发放各种科普资料10000余份。

【院士专家工作站】 杭州清正生物科技有限公司于11月通过市院士专家服务中心2014年合格考核。协助杭州鲟龙科技有限公司做好建站相关工作，经杭州市院士专家工作站建设协调小组评审，于9月29日下文认定鲟龙科技院士专家工作站成立，成为淳安县第2家院士工作站。

【全民科学素质工作】 联合县教育局、青少年活动中心在未成年人群体中开展由杭州市科协举办的科普征文活动，淳安县获得一等奖1篇、二等奖6篇、三等奖15篇。同时，青少年群体参加杭州市科技创新大赛，获得市二等奖3名，三等奖3名。在千岛湖镇社区居民群体中开展多形式的科普宣教活动。对流动人员开展优生优育科普知识宣传，对居家老年人开展营养健康知识、家庭保健的宣传，对残疾人开展康复、心理健康的辅导。针对农村农民群体，举办农村实用人才培训14期，培训学员900人次，新增市级农村实用人才462人。全县23个乡镇举办农业实用技术培训42期，受益农民2300人次。针对城镇劳动者群体，县人社局围绕职工技能提升和外来务工人员的特点，会同企业科协、技协、研发中心等组织机构，完成各类培训11230人次。针对领导干部和公务员群体，县委组织部先后举办3期县管干部学习习总书记系列重要讲话轮训班、6期干部月讲坛、县管副职后备干部成长班，以及中青班培训。

【创全民科学素质工作先进乡镇】 威坪镇创建为杭州市全民科学素质工作先进乡镇(杭全科组〔2014〕3号)，汾口镇、临岐镇创建为淳安县全民科学素质工作先进乡镇(淳政办发〔2014〕155号)。

【学(协)会工作】 9月25日，举办市科协第七届学术年会淳安分会场活动，邀请浙江工业大学冯海教授作“五水共治”专题讲座，乡镇、企业科协、学(协)会秘书长及“五水共治”指挥部80余人参加，会上开展了会员日活动和科技工作者交流会。

【科技工作者协会】 1月8日，完成科协换届选举，选举产生新一届科协理事会理事，新增了蚕桑分会。全年，科协先后完成调研报告10篇。其中调研文章《浅析我县高山蔬菜生产发展之未来》得到了县长柴世民和副县长郑志光的批示，调研文章《关于加快我县乡村旅游健康发展促进农民长效增收的探讨》得到了副县长江华平的批示。

【反邪教工作】 成立青溪新城反邪教分会。在《健康教育科普专刊》开辟了反邪教专栏，在火炉尖社区制作了反邪教墙绘，在全县开展了反邪教知识进农村“文化礼堂”工作，开辟了 10个行政村“文化礼堂”反邪教警示教育阵地和学校网络宣传阵地。

(陆 颖)

·淳安县工商业联合会·

【概况】 2014年，淳安县工商联坚持以党的十八大和十八届三中、四中全会精神为统领，深入践行党的群众路线，认真贯彻落实县委提出的“秀水富民”战略和“美丽杭州”实验区建设方略，紧密结合本地非公经济发展的实际，以服务会员企业为宗旨，努力做好各项工作。全年发展会员20家，会员数增至395家，其中团体会员15家、个人会员76人、企业会员304家。县工商联荣获2014年“杭州市工商联系统组织建设先进单位”称号。

【组建异地商会】 1月11日，深圳淳安商会成立。11月22日，宁波淳安商会成立。县主要领导和县四套班子领导、重点乡镇，以及有关职能部门主要领导参加成立大会。加上2013年成立的杭州千岛湖商会、金华淳商商会、乐清淳安商会，全县异地商会增至5家。另有上海市千岛湖商会、嘉兴淳安商会正筹备中。

【协助举办商会活动】 1月12日，协助杭州千岛湖商会举办首届淳商发展论坛，县主要领导参加。论坛吸引了在杭创业的近300名淳安籍企业家参加，通过论坛搭建了政府与企业沟通对话的桥梁,促进了淳商产业的转型与发展。5月23日,协助杭州千岛湖商会召开第二届会员交流大会暨品牌展示活动,县领导参加,活动扩大了杭州千岛湖商会会员企业和企业产品在杭州、淳安市场的影响,搭建会员相互支持、相互信任、互利共赢的开放式平台。协助淳安金华商会与深圳金华商会开展交流,缔结友好商会活动。

【助力招商引资】 依托商会以商引商,发挥异地商会作用,牵线搭桥,推介优质投资项目。9月22日,通过杭州千岛湖商会,举行"百名企业家走进千岛湖暨2014支持浙商创业创新淳安投资环境推介会"。上百名来自上海、江苏、丽水、宁波等地驻杭州商会的企业家实地考察了千岛湖投资创业环境,并参加了淳安创业创新投资环境推介会,淳安良好的投资环境受到企业家的青睐。淳安金华商会的"大千古街"项目追加投资8000万元,乐清淳安商会的"林源"牌矿泉水项目通过注册,宁波淳安商会早点影视集团的心灵音乐项目、超级牛扒签服务业项目形成意向。2014年,县委、县政府下达给工商联招商引资任务1400万元,完成2050万元,其中"淳商回归"项目2个,注册资金1500万元。

【深入调查研究】 围绕淳安经济社会发展开展调查研究,形成科学的调研报告。一是开展上规模民企调研。4月,对2013年度营业收入总额超5亿元人民币的上规模民营企业进行调研,将调研情况上报杭州市工商联。二是开展民营企业履行社会责任调查,通过对淳安县民营企业参与社会公益事业情况调查,掌握企业履行社会责任情况,为开展评先评优提供参考。三是撰写调研文章《淳安县搭建"三大平台",助推浙商回归》,刊登在《杭州政务情况专报》第96期,获副市长谢双成批示。

【安排政治待遇】 落实异地商会政治待遇,推荐5个异地淳安商会(杭州千岛湖商会、深圳市淳安商会、宁波市淳安商会、乐清市淳安商会、淳安县总商会金华商会)9名会长和秘书长为淳安县八届政协特聘委员。

【积极参政议政】 组织工商联界别人大代表、政协委员,对淳安经济社会发展的重大问题进行考察调研,形成提案,在县"两会"上提交高质量的提案20余件。

【表彰先进典型】 年初,县委、县政府召开全县工业经济大会,对淳安县第三届"优秀社会主义事业建设者"进行表彰。其中2013年非公经济领域共评选出"优秀建设者"12名,县委、县政府在表彰的同时,为他们颁发了30克千足金制成的金牌。

【企业家学习培训】 组织20余名企业家参加两期"杭商大讲堂"培训,分别到上海自贸区学习考察和听取中央党校孙建杭教授的《新形势下的国家安全战略问题》专题报告。组织25名企业家参加省工商联与清华大学经济管理学院联合举办"清华EMBA名师管理论坛",听取李稻葵教授《新领导时代的经济大趋势》报告。组织8名企业家到清华大学参加"品质杭商"培训班。选送新生代企业家代表到山东沂蒙接受红色教育。

【服务企业】 通过认人、认事、认情"三认"服务活动,走访企业,从企业最关心、最直接、最现实的问题入手,征集会员企业的意见、建议,帮助非公有制经济人士解决发展中的困惑、工作上的困难和生活上的压力。对本工商联能解决的问题,现场办公直接化解难题。对暂时不能解决的问题,通过牵线搭桥,积极与政府部门沟通,为基层排忧解难。

【党的群众路线教育实践活动】 1月,根据县委的部署，开展以“为民务实清廉”为主要内容的党的群众路线教育实践活动。结合工作实际，扎实做好学习教育、听取意见，查摆问题、开展批评，整改落实、建章立制等三个环节的工作。通过一年的群众路线教育实践活动，党员干部思想认识提高，党群干群关系密切，为民务实清廉形象树立，基层基础夯实。

（方雅倩）

•淳安县残疾人联合会•

【概况】 2014年，全县有持二代残疾证残疾人14125名，其中农业人口13129名、非农业口996名。分类为视力残疾1861人、听力残疾1614人、言语残疾80人、肢体残疾7553人、智力残疾1097人、精神残疾922人、多重残疾998人。2014年，淳安县神龙湾培训中心被中残联命名为首批国家级残疾人职业培训基地；淳安县残联在区、县(市)残联工作目标考核中被杭州市残联评为优秀单位，在县级综合考评中被评为先进单位；淳安县朱琳、何喜平被评为杭州市“最美助残志愿者”。

【基本生活保障工程】 2014年，全县有6528名残疾人被纳入基本生活保障范围，占持证残疾人总数的45.8%；3022名残疾人享受生活护理、危房改造“普惠加特惠”、无固定收入、助学等补助政策；2918名重度残疾家庭减免有线电视视听费；7000余户次残疾家庭得到春风行动等帮困救助。全年下拨基本生活保障经费达2600万元。

【托(安)养工程】 2014年，淳安县对重度残疾人托(安)养工程进行了提标扩面，集中托养从12000元/人/年提高到15000元/人/年；居家安养从4800元/人/年提高到6000元/人/年。全县集中托养重度残疾人359名，居家安养残疾人1675名。全年下拨各类托(安)养经费1600万元。至年底，全县有残疾人托养机构19家。

【康复服务工程】 开展杭州市“光明行动”，为全县2200名眼疾患者提供免费义诊筛查服务，为455名白内障患者实施复明手术；为147名适配残疾对象验配助听器、助视器及安装假肢等辅助用品；发放轮椅、拐杖等辅助器具519件；对3780名新生儿进行残疾信息监测，监测到新发疑似残疾儿童25名；为47名残障儿童开展听力语言、脑瘫、智力、孤独症等抢救性康复服务，为4名1～17周岁听障儿童开展人工耳蜗手术康复项目；实施无障碍设施进家庭改造157户；创建省级残疾人社区康复示范站1家，开展了12场社区康复知识培训；对686名贫困精神残疾对象实行服用基本抗精神病药物费用全额保障；成立仁爱家园工疗站6家。全年下拨康复专项资金300万元。

【创业就业工程】 2014年，全县残疾人就业保障金征收首次突破1000万元。县残联进一步完善残疾人就业创业扶持政策，提高残疾人创业贷款贴息额度和补助标准。创建省级扶贫创业就业示范基地2个、市级示范基地2个、县级基地52个，安置残疾人就业318人，辐射周边残疾人就业772人。全年集中、个体、按比例、公益性安置残疾人就业200余人，下拨创业就业资金300万元。

【教育培训】 2014年，举办残疾人农村实用技术培训12期，培训残疾人900余人。举办1期全县残疾人计算机技能培训班，培训残疾人58人，并取得初级职业资格证书。邀请市农科院专家，在富文乡举办送科技下乡暨农村残疾人种养业培训班。选派32名残疾人到杭州市参加盲人推拿、电动车维修等各项实用技术培训。选派16名残疾人参加杭州市第六届残疾人职业技能竞赛，取得一等奖1个、二等奖1个、三等奖2个。举办全县残疾人普法培训班2期。8名基层残联干部、残疾人专职委员参加全国残疾人就业指导员远程培训。11月，县残联首次在杭州市委党校举办残联工作专题培训班，全县50名残疾人工作者参加为期4天的培训，并在西湖区残疾人培训示范基地、下城区仁爱家园、潮鸣街道精神会所等地进行实践交流。

【助学残疾人】 加大对贫困残疾人学生和贫困残疾人家庭子女的助学力度，为122名残疾学生和残疾人家庭子女发放就学补助金23.55万元，为13名贫困残疾学前儿童申请发放省级福利彩票公益助学金3.9万元，为17名在校残疾大学生减免学费、住宿费20.28万元。

【医疗救助】 实施残疾人重大疾病、住院医疗、意外事故保险工程。淳安县是全省开展重大疾病医疗保险试点县。6月，县残联与财政部门联合出台文件，对具有本县常住户口、持二代残疾人证对象由县残联给每人每年投保30元，全县持证残疾人重大疾病保险、住院医疗保险和意外事故保险实现了全覆盖。2014年残疾人获理赔22人，金额78000元。申报省级爱心助残特殊救助对象40户，为重大疾病对象争取救助金53.05万元，救助力度名列全省第一。

【无障碍设施进家庭】 2014年，为173户残疾人家庭实施无障碍设施进家庭改造项目。其中6000元标准的"万户无障碍设施进家庭"对象20户，3500元标准的扩大实施项目153户，有效改善了残疾人的无障碍生活环境。

【残疾人证办理】 淳安县残疾人评定分集中评定和上门评定2种。集中评定以县康复培训中心(淳安康复医院)为评定点，每月15日按时评定。2014年集中评定12次，参加评定2600余人，其中1278人新办残疾人证。全年组织专家上门评定26次，为52名瘫痪在床或行动不便的残疾人作出评定，并在现场予以办证。

【助残服务直通车】 5月，开通了助残服务直通车，为千岛湖、汾口、威坪、浪川等4个乡镇的持证残疾对象发放爱心手机5142部，为各乡镇、村(社区)两级残疾人专职委员配发服务手机529部，并为上述对象分别提供12元/月和38元/月的爱心套餐。在社会保障大楼办事大厅设立服务台，通过助残服务热线"96302-9"、短信、网站、服务窗口4种途径受理残疾人的服务诉求、政策咨询与服务。其间，对314名助残志愿者进行电子注册。

【区县结对帮扶】 2014年，加强与萧山区、西湖区的结对帮扶工作。萧山区为淳安县落实帮扶资金40万元。西湖区为淳安县落实帮扶资金30万元及500册残疾人读物。

【残疾人专职委员】 2014年，专职委员考入公务员3名，考入事业单位2名。为此，县残联继续通过公开招聘，聘用新专职委员8名，分配到威坪、文昌、临岐、鸠坑、中洲、安阳、青溪新城、县残联机关各1名。1月，对已聘的25名专职委员工资从原1200元/月标准提高到1600元/月；社会保险费补助标准按单位缴纳的部分计算；公积金200元/月。9月，再次提高专职委员基本工资待遇，其中研究生2100元/月、本科2000元/月、专科及以下1900元/月，按从事专职委员工作年限，每满1年增资20元/月。全县425个行政村和13个社区配齐村级残疾人专职委员，县残联发放服务手机529部，并落实基本补贴。

【专项调查】 根据省市要求，开展残疾人基本服务状况和需求专项调查。通过召开专项调查工作动员会，对乡镇调查业务骨干进行入户调查、复核、审查、集中录入数据库等环节专题培训。2014年，淳安县全面完成中残联系统14200名残疾对象核库、1163名专项调查人员业务培训、13896名持证残疾对象的入户调查及数据录入等工作。其间，配合省残联监测工作组做好残疾人状况监测工作，对千岛湖、文昌等7个乡镇40个村6个社区的240户残疾人家庭的社会保障、康复、教育就业等各个方面的情况，进行实地走访登记和详细调查。

【宣传文体活动】 利用县主流媒体宣传助残服务单位和残疾人自强模范等先进典型事迹，并推选助残志愿者朱琳、何喜平参加杭州市首届“最美助残志愿者”评选活动，荣获市“最美助残志愿者”。在“全国助残日”期间，组织800余名福利企业残疾职工、贫困残疾对象观看《水之灵》节目表演。举办全县第四届残疾人运动会，26个代表团309名残疾人运动员参加田径、游泳、乒乓球、羽毛球、射击、举重、象棋7个大项79个小项的比赛。组织32名优秀残疾人运动员参加杭州市第九届残运会，取得团体总分第4名。配合省残联、县政府承办全国残疾人赛艇锦标赛暨第九届全国残运会赛艇比赛，为浙江代表队勇夺11枚金牌。

【维权服务】 2014年，县残联联合司法局、公安局等11家单位成立法律救助工作站。为残疾人提供法律救助40次，化解信访积案6件。县残联接待处理残疾人来信来访41件次，办结率100%。

【基础设施建设】 2014年，县残联对神龙湾培训中心进行改造，开发原有荒芜茶叶基地80亩，全面绿化园路，新建5幢生产配套管理用房及相应的附属设施，对原附属设施进行了改造。

（余胜平）

·淳安县老龄工作委员会·

【概况】 2014年，县老龄委坚持“党政主导、社会参与、全民关怀”的老龄工作方针，加强与各成员单位协调沟通，充分发挥各成员单位的作用，形成各涉老部门相互配合、齐抓共管的良好局面。全年老龄工作以加强基层老龄组织建设为重点，以为老年人办实事、做好事、解难事为目标，充分发挥各级老龄机构综合协调、督促检查和参谋助手作用，紧紧围绕“六个老有”，认真履行职责，大胆创新，求真务实，改进工作方法，着力提升养老服务体系和为老服务质量，把“幸福淳安”建设工作落到实处，从而提高老年人的生活品质。建立“银龄互助”组织360余个。扩面提质老年电大，全年参学学员6600余人，入学率首次达到8%以上。全年志愿者为老服务2929人次，为老年人体检6421人次。2014年，县老龄委内设机构有办公室(副科级)、宣教科、老年活动中心、老年电大等。

【养老服务体系建设】 2014年，淳安县共有农村老人57032，占全县老人的87.4%。县老龄委针对农村居住分散、年轻人外出打工多、留守老人经济困难、管理和服务难度大等原因，积极推行“银龄互助”工作。利用“星光老年之家”为平台，发挥“银龄互助”组织、村级组织、农村敬老院、老年协会、青年志愿者协会等组织的作用，积极为“空巢老人”、留守老人、高龄老人，提供就医、就餐、家政、排遣孤独等服务，把“银龄互助”工作做好做实。全县“银龄互助”组织总数达到360多个。通过“银龄互助”组织，在全县系统地建立起以结对帮扶为主的互助式养老平台。全县在“银龄互助”一对一结对活动中，上门为病、残、孤、寡老人开展聊天、生活照料等活动2.6万余人次。帮助老年人办理医疗报销、养老保险、开证明、交电话费等服务事项5800余件次。“银龄互助”活动，为政府分忧，为外出务工子女解愁，为村两委工作减负，为“空巢”和独身老人谋实惠，形成老人满意、子女高兴、村委支持、政府受益的多赢局面。

【老年电视大学】 2014年，认真抓好老年电视大学教学和招生工作，丰富老年人精神文化生活。老年电大的入学率不断提高，参学老年人总数6600余人，入学率首次达到了老年人口的8%以上。开设的课程有老年中医保健、戏曲欣赏、老年人营养食疗等几十个。

【老年文娱活动】 推进老年体育活动，为各乡镇及城镇12个社区培训“太极导引功”教练骨干24名、可乐球教练54名，成功举办了全县第五届老年人运动会。发挥县老年活动中心、县老干部活动中心、社区和各村“星光老年之家”的作用，组织老年人开展各类健身文体活动，丰富老年人的精神文化生活。9月24～25日，举行淳安县第五届老年人运动会暨全国第二个老年节庆祝活动，全县各乡镇、社区36支老年运动员代表队参加了乒乓球、台球、飞镖、象棋等8个项目的角逐。举办第三届老年人书画作品展，50多位老年人书画作品参展，展示了老年人的书画才艺。组织老年书画协会参加2014年杭州市老年书画摄影比赛，胡锦帆老人的绘画《源头活水来》荣获一等奖，另有多人获优秀奖。组织县老年体协开展“千名老人健身走”活动，千岛湖镇各社区1600多名老人参加健身走。

【开展“敬老月”活动】 10月1～10月31日，在全县开展为期一个月的“敬老月”活动，大力弘扬中华民族传统美德，合力营造敬老爱老社会氛围。组织各乡村开展慰问老年人活动，活动期间共慰问老年人6.8万人，慰问金额196.9万元。开展为老年人办实事、办好事活动，积极开展志愿者活动，全县共开展志愿服务2929人次，为老年人体检6421人次。

【“孝亲敬老之星”评选】 开展淳安县第四届“十佳孝亲敬老之星”评选表彰活动，联合县委宣传部将“十佳孝亲敬老之星”事迹制作成展板在县体育馆、大码头“千岛湖宣传橱窗”和县老年活动中心展示。同时将孝星的事迹在官方信息发布平台“淳安发布”、千岛湖门户网站、《千岛湖传媒》《钱江晚报》和淳安电视台等媒体发布，营造孝亲敬老的社会氛围，提升孝文化的品牌。其中淳安“孝星”、淳安县千岛湖镇养老服务中心院长宋秋香被评为杭州市“十佳孝亲敬老之星”，并获得“最美杭州人”提名奖。

【基层老年组织建设】 为了提高基层老龄干部的工作能力和水平，增强履职干事的能力，6月，县老龄委积极组织乡镇老龄委主任赴杭州市委党校培训；11月25～26日，县老龄委举办淳安县基层老龄干部培训班，全县乡镇老龄委主任和100位行政村老年人协会会长参加培训，培训内容包括：基层老年协会建设、养老服务体系建设、十八届四中全会精神解读和“银龄互助”工作。

【配合中心工作】 年初，县老龄委专题召开会议，布置老龄工作，把支持中心工作作为发挥老年人作用、实现老有所为的工作重点。会后，专门向所属各级老龄组织转发了省老工委办〔2014〕8号文件《关于组织开展老年人参与五水共治行动意见》，充分发挥老年群众在“五水共治”等中心工作中的主观能动作用，实现老有所为。全年有2万多老人参加“五水共治”“无违建县”创建、县重大工程项目推进、“三改一拆”等中心工作，为中心工作的顺利推进作出重要贡献。

【党的群众路线教育】 2014年县老龄委办公室积极开展群众路线教育实践活动，加强老龄工作调研。老龄委办公室以“三认”服务机制为抓手，将服务群众与意见征求相结合，与群众面对面，征求“四风”问题及工作意见、建议，改进工作作风。认真组织党员学习贯彻中央“八项规定”，省委“28条办法”、“六项禁令”，市委“30条意见”，以及县委“20条规定”，要求机关党员干部严格遵守《党员领导干部廉洁从政若干准则》《关于党员干部报告个人有关事项的规定》等，自觉接受党和群众的监督，做到令行禁止，保持共产党员和老龄委机关的良好形象。

（胡　琳）

•淳安县文学艺术界联合会•

【概况】 2014年，县文联有作家、戏剧家、音乐舞蹈家、美术家、书法家、摄影家、民间文艺家、影视家8个文艺家协会，有会员531名，其中市级会员91名、省级会员43名、国家级会员15名。

【文艺阵地】 2014年，文联克服人手少、资金缺等方面困难，将主办的《千岛湖》杂志由原来的一年2期增加到4期。全年在“千岛湖宣传橱窗”布展5期，分别为“最美淳安人”“最美教师”“最美环卫工人和最美孝星”“宰相故里•茶乡里商”摄影展，“醉美•千岛湖”全国摄影大展第一季佳作展，通过传播优秀摄影作品，倡导社会主义核心价值观，弘扬社会正能量。“千岛湖文艺网”充分发挥文艺资讯发布窗口、文艺创作展示平台、文艺人才交流渠道的作用，同时，为适应网络发展趋势，在新浪网、腾讯网开通“淳安文艺”微博，建立“淳安文艺”微信公众号，为宣传淳安县文艺活动、促进文艺交流增添新平台。

【文艺活动】 2014年，县文联单独或与乡镇部门、企事业单位联合主办、承办了9次文艺赛事。单独主办文艺赛事2次，一次是结合全县“五水共治”活动，开展“清溪清我心”征文活动，收到全国各地征文544篇，为历年来征文中参赛作品最多、质量最好的一次；另一次是举办淳安新故事创作大赛。联合有关部门举办赛事7次，一是与县委宣传部共同举办“让网络空间清朗起来”网上征文比赛，二是与中洲镇人民政府联合举办“文学中洲”征文，三是与县科协、县作家协会联合举办首届“科普杯”文学大奖赛，四是与杭州市影视家协会、千岛湖旅游集团有限公司、县广播电视台、县影视家协会联合举办千岛湖“旅游集团杯”浓情微电影剧本大赛，五是与县委宣传部、县总工会共同举办县“幸福杯”职工书画大赛，六是与市摄影家协会、县委宣传部、中洲镇人民政府等单位联合举办首届“红色中洲”摄影比赛，七是与县委宣传部、县人口和计划生育局、县计划生育协会、中国人寿保险股份有限公司淳安支公司共同举办淳安县“中国人寿杯”人口文化书画展。

【文艺交流】 2014年，县文联开展了多种形式的文艺交流。一是举办各种展览。与县委宣传部联合举办“青溪清我心——淳安籍五人书画回乡汇报展”，展出方建勋、卢红星、余建军、王佑贵、王犁5位淳安籍书画家的74件作品；与县委宣传部联合主办“青溪流霞”——胡则周、刘永航、傅明元、陈起轰美术作品展，共展出4位老同志的60余幅绘画精品。二是请名家讲座.邀请杭州知名摄影达人顾益民和摄影作品后期处理专家包芬芬来淳安作摄影专题讲座；邀请著名小说家、《江南》杂志副主编钟求是来淳安作文学讲座；在“青溪清我心——淳安籍五人书画回乡汇报展”期间邀请中国美术学院美术教育系教师王犁作了主题为“洪勋先生国画艺术”的专题讲座。三是举办作品研讨会。与县旅游集团联合举办王忠仁作品《龙驻千峰郡》研讨会，杭州出版社副总编、《联谊报》副刊编辑李利忠，航空画报编辑部主任程远及部分县作协会员参加了研讨会；参与举办杭州市作协诗人年会暨詹黎平诗歌研讨会，省作协副主席、市作协主席嵇亦工，市作协副主席孙昌建、泉子，《诗江南》编辑江离，《西湖》杂志诗歌编辑游离等16名杭州诗人和县作协部分会员参加了研讨会。四是组织外出学习培训。推荐会员参加《西湖》杂志和全国著名文学刊物联合举办的“小说读稿会”，参加省作协的创作采风、鲁迅文学院培训、杭州市文联青年文艺家培训班，组织会员参加省委宣传部和省作协的“钱塘江抒怀”创作采风并发表了大量作品。五是扶持协会和会员多层次交流。除原有的文学沙龙、摄影沙龙、美术沙龙、书法沙龙外，扶持协会建立了小型化、专门化的小说沙龙、诗歌沙龙。加大对协会协持力度，扶持协会去宁波、杭州等地参观摄影展、美展，去歙县开展“徽文化新安文学寻根”创作采风，去横店影视城创作采风。

【文艺服务】 春节前夕，与县政协书画院组织县书法家、美术家、摄影家等10余名志愿者，到瑶山乡何家村写春联，拍全家福，并向村民发放县作家协会编纂的《修辞的年轮》一书。参与县委宣传部、县文明办牵头组织的2014年度政策、文化、卫生、科技下乡进“文化礼堂”活动。组织县书画家到火炉尖社区为文艺爱好者讲授艺术欣赏课。协助千岛湖镇茂畈村创建淳安县首个“浙江书法村”和“杭州书法之村”。配合县公安局成立公安文联。继续为文艺家协会提供资金账户服务。

【文艺成果】 2014年，会员在市级（含市级）以上发表、入展（选）、表演、获奖的作品主要有：孙邦建的散文《丹心默默献韶华 山水天地铸不凡》入选中国林业出版社出版的《美丽中国佳作100篇》。小小说《地震来临》入选方正出版社出版的《大爱•真情——中国抗震救灾微型小说选》。小小说《一个好梦》在2月18日的《中国纪检监察报》上刊发；小小说《自由飞翔》在市纪委、市委宣传部主办的“廉洁杭州•你我同行”廉政文化微作品征集评选中获二等奖。詹黎平的诗集《箱子里点灯》由现代出版社出版。诗歌（13首）在《西湖》2014年第9期发表。诗歌《千岛湖组诗（9首）》、随笔《挖井或竖碑》在《浙江作家》发表。诗歌《在早晨，月亮快要下山》等四首在人民文学出版社的大型诗歌季刊《星河》（冬季卷）发表。诗歌《新诗6首》入选团结出版社出版的《心灵诗者——中国百佳心灵诗人年鉴》（2014年6月第一版）。《达达诗歌5首》入选由中国先锋诗歌导报网主编、团结出版社出版的《中国先锋诗歌导报百名诗人作品集》。诗歌《七夕诗篇》《爱情微诗5首》《桃花就要开了》在光明日报出版社出版的《关雎爱情诗》杂志发表。诗歌《詹黎平诗歌5首》收录进团结出版社出版的《经典短诗•当代方阵》。诗歌《桃花就要开了》、散文《门与路》在2014年《青年时报》副刊发表。徐富荣的作品《徐震东轶事》于2014年5月由团结出版社出版。江琦军的《那一碗米羹》在市委宣传部、市作协等单位联合主办的以“我的家园•我的梦”为主题的农村文化礼堂“记得住的乡愁”征文活动中获二等奖，叶青的《儿时的大会堂》、严卫华的《在泰厦文化礼堂听老人说古》、严成建的《春归何处》获优秀奖。严成建的《武强溪赋》在中共浙江省委宣传部、浙江省作家协会联合开展的“中国梦想•美丽浙江——百水赋”征文活动中获入围奖。詹龙飞的《家乡那礼堂》在农村文化礼堂“记得住的乡愁”征文活动中获优秀奖；姚忠祥的《镇长妻子的“日记本”》在市纪委、市委宣传部主办的“廉洁杭州•你我同行”廉政文化微作品征集评选中获二等奖。王丰的散文《粮票往事》在《杭州日报》西湖副刊发表，《筑溪成竭》在《杭州日报》西湖副刊“‘万和玺杯’小河流过我门前”征文中获二等奖。县文化馆的睦剧小戏《心愿》获浙江省文化厅主办的“浙江省新农村建设题材小戏会演”创作金奖、表演金奖，其中余红兵获优秀作曲奖，施桂英获优秀导演奖，潘咏霞获优秀演员奖。县戏剧家协会的睦剧小戏《南山种麦》在浙江省文化厅主办的浙江省传统戏剧之乡授牌暨展演晚会上表演。潘咏霞、章建军的舞蹈《女孩能量》获浙江省文化厅主办的2014年浙江省排舞大赛金奖、中华全国总工会主办的2014年全国排舞大赛银奖。余远的音乐作品《山水情缘》获浙江省文化厅主办的浙江省新人新作演唱演奏大赛创作金奖;音乐作品《芹川情》获杭州市文广新局主办的杭州市村歌大赛创作银奖。潘咏霞的小品《1号》在湖北省戏剧家协会主办的湖北省《戏剧之家》杂志发表。吴德昌的国画《远湖》在浙江省美协主办的浙江省五水共治绘画比赛中获金奖,国画《山水》在浙江省美术家协会主办的"《富春山居图》浙江省知名美术家富阳写生展"中入展。洪晓辉的国画《百照蜃楼》在中国画学会、安徽省美协主办的"艺术中国"中国画走进联合国维也纳作品展中入展,国画《金紫清音》在浙江省人民政府参事室主办的"五水共治 两美浙江"书画特展中入展。张小文的油画《造桥者七》在浙江省美术家协会主办的浙江省"人文九月"油画作品展中入展。王北苏的国画《花卉》在中国花鸟画研究院主办的第七届全国花鸟画作品展中入展;书法作品在浙江省书法家协会、嘉兴市秀洲区人民政府主办的"美丽浙江·秀水之韵"——浙江书法大展中入选。唐新华的油画《初雪》、胡田力的油画《秋芦夕阳》、胡红鹰的油画《湿地原住民》、傅明元的油画《芦花夕照》、孙鲁旭的油画《春雨》在杭州市美术家协会主办的"盛世西溪"油画展中入展。吴俊彪的书法作品在杭州市文联、浙江省书法家协会主办的"钱塘笔阵"杭州市书法家协会书法精品展入展。章剑清的书法作品在西泠印社、杭州市文学艺术界联合会主办的杭州市民书画篆刻艺术节书法组优秀作品展中获银奖,在浙江省政府参事室、浙江省文史研究馆主办的"雅颂·春江"首届浙江省公务员书画邀请展中获二等奖。黄裕成的书法作品在西泠印社、杭州市文学艺术界联合会主办的"杭州市民书画篆刻艺术节"中获草书一等奖、优秀作品展书法组金奖。汪银贵的书法作品在中国书法家协会主办的"祭侄文稿杯"全国书法大展中入展,在浙江省书法家协会、嘉兴市秀洲区人民政府主办的"美丽浙江·秀水之韵"——浙江书法大展中获二等奖,在西泠印社、杭州市文学艺术界联合会主办的杭州市民书画篆刻艺术节书法组优秀作品展中获铜奖,在《书法报》和武汉市地税局主办的"辉煌二十年 共铸地税梦"作品专栏征稿活动中获一等奖。方银中的书法作品在西泠印社、杭州市文学艺术界联合会主办的杭州市民书画篆刻艺术节草书优秀作品展中获优秀奖。郑名传的行草《虞美人》在浙江省书法家协会、嘉兴市秀洲区人民政府主办的"美丽浙江·秀水之韵"——浙江书法大展中入选;硬笔书法作品在中国硬笔书法协会主办的"全国第二届硬笔书法册页手卷艺术大展"中获铜奖。吴鸿飞的硬笔书法作品在中国硬笔书法协会主办的全国第二届硬笔书法册页手卷艺术大展中入选。章鸣鸿的书法作品在浙江省书法家协会、嘉兴市秀洲区人民政府主办的"美丽浙江·秀水之韵"——浙江书法大展中入选。汪黎明的《人间仙境》在中国摄协主办的中国摄协联谊活动擂台赛中获三等奖。牟虹的《生命礼赞》在浙江省摄协主办的浙江省第十五届摄影艺术展中获银奖。洪善富的《夜市中的母亲》在省摄协主办的浙江省第十五届摄影艺术展中入选,《年味》《礼堂喜事》在市委宣传等主办的杭州市2014年农村文化礼堂摄影比赛中获优秀奖。程贤高的《幸福交接》在市委宣传部等主办的杭州市2014年农村文化礼堂摄影比赛中获三等奖。吴俊鸿的《磨坊晨曲》在中国摄协主办的2014中国黟县摄影大展中获优秀奖,《富足的日子》《福》《夜色》《渔夫和他的鸬鹚》在安徽省摄协等主办的第四届中国黄山油菜花摄影大赛中获优秀奖,《龙腾盛世》《礼堂喜事》在市委宣传部等主办的杭州市2014年农村文化礼堂摄影比赛中获优秀奖。杨水平的《皖南人家》在安徽省摄协等主办的第四届中国黄山油菜花摄影大赛中获优秀奖,《今日下姜》在省摄协主办的"美丽浙江 水之韵"摄影展览中入选,《龙的传人礼堂婚礼》《礼堂喜事》在市委宣传部等主办的杭州市2014年农村文化礼堂摄影比赛中获优秀奖。王建才的

《世外桃源》在省摄协主办的“美丽浙江·水之韵”摄影展览中入选,《肩挑丰收》在《人民摄影》报社等主办的首届“我与体育”全国群众体育主题摄影艺术展中获入围奖,《大桥英姿》在省委宣传部等主办的“改革改变生活·浙江脚步”摄影大赛中获三等奖,《世外桃源》《城中湖》在省委宣传部等主办的“美丽浙江·五水共治”摄影比赛中获优秀奖。余诗祥的《如花似玉》、王春建的《蜂场之美》在省文联等主办的“生态农业　美丽田园”摄影大赛中获优秀奖。孙邦建的《秋意浓》在中国作家书画院浙江分院主办的“五水共治　两美浙江”书画摄影展中获优秀奖。汪建林的《中洲九相公节》在市委宣传部等主办的杭州市2014年农村文化礼堂摄影比赛中获优秀奖。民间舞蹈《淳安竹马》《宋村拉狮》《梓桐大头和合》在中国国际动漫节执委会主办的第十届中国国际动漫节彩车巡游中演出。汪兆兵的新故事《山歌唱到窗跟前》在山西省民间文艺协会主办的《民间传奇故事》2014年第3期发表,新故事《几行歪歪扭扭的稻秧》在广西壮族自治区民委主办的《三月三》2014年第8期发表,新故事《苦桔树上有个鬼》在山西省民间文艺协会主办的《民间传奇故事》2014年第10期发表,新故事《一坛银元》在山西省民间文艺协会主办的《民间传奇故事》2014年第12期发表。章建胜的作品集《一山一村一世界》2014年9月由黄河出版社出版。胡红英、徐浩成、章镇波、邵振宇摄制的纪录片《寻马》获杭州市委宣传部主办的杭州市第十二届精神文明建设“五个一工程”奖。

【机关建设】 2014年,县文联根据县委的部署,认真开展群众路线教育活动,全面完成全年各项工作任务。按照“照镜子、正衣冠、洗洗澡、治治病”要求,针对“四风”问题,广泛向基层征求意见,找准问题根源,撰写对照检查材料,召开高质量的专题民主生活会,详细制定整改方案,全面落实整改措施。在推进问题整改的同时,着力抓好长效机制建设,相继制定了《联系文艺家协会制度》《机关日常管理制度汇编》等5项规章制度。同时,积极开展“三认”走访、全年机关干部共走访了8个文艺家协会92名理事,听取他们对文联和文艺工作的意见、建议,努力帮助协会、会员解决困难问题。抓好机关党建,开展党员活动。开展“问需于民送春风、问计于民送新风、问信于民送清风”的“三问三送”活动,组织机关党员干部走访慰问困难户,向富文乡方家畈村、燕坑村图书室赠送《千岛湖》杂志和书籍;开展“送清凉”“送温暖”等访贫问苦活动,组织机关党员慰问在“1+X”“一户一策一干部”中结对的困难户;组织在职党员到社区报到,领办服务项目,4名党员全年服务均达到2次以上;组织党员干部带头为“五水共治”捐款;组织党员干部为社区居民捐赠书籍,积极参与社区精细化管理工作,参加清扫路面、消灭卫生死角等活动。认真落实县委、县政府部署的各项工作任务。在经费相当紧张的情况下为结对村富文乡方家畈村提供建设资金5000元,用于村基础设施建设;为推进社区共建工作,积极履行共建职责,提供社区共建经费5000元和夏季平安巡防经费2000元。认真抓好在线学习、普法、节能、综治等工作。

(胡慧敏)

·红十字会·

【概况】 2014年,县红十字会加强基层组织建设,形成县、乡镇、村(社区)三级网络体系。全县有卫生、教育、直属机关、志愿服务4个红十字工作委员会,23个乡镇红十字会,48个学校红十字会,59个团体会员,44个理事单位,红十字志愿者242名。通过组织建设为志愿者救护培训、造血干细胞捐献、博爱车友、环境保护、人道传播、人文关怀等人道领域开展志愿活动提供平台。在开展党的群众路线教育活动中,县红十字会结合实际，开展应急救援、筹资募捐、应急救护、人道救助、造血干细胞和人体器官捐献、人道传播等多项工作。全年募集社会各界捐赠款112.79万元。其中接受云南昭通地震捐款48985.60元，于2014年9月5日上缴杭州市红十字会账户转向灾区；人道救助困难群众1198人次；动员捐献造血干细胞志愿者采样入库46人，全县累计造血干细胞采样入库274人，实现造血干细胞捐献3人；实现人体器官(组织)捐献1例，全县累计人体器官捐献6例；红十字应急救护知识普及培训8113人次，普及率达全县总人口的1.8%。

【群众路线教育】 2014年，扎实推进群众路线教育实践活动，结合工作实际，做到自学和集中学相结合。在学习中开展“爱护千岛湖”大讨论、“坚定理想信念、敢于担当克难”主题教育和“争做最美红十字人”等活动，邀请红十字救护培训老师、红十字志愿者和会员召开座谈会，走访红十字会理事、基层红十字会、志愿者和困难家庭，收集网站、邮箱、QQ等反映出的意见、建议，针对意见、建议，制定整改方案，结合红十字业务工作，整改到位。

【抗震救灾】 8月，云南省昭通市鲁甸县发生6.5级地震，为支援灾区人民抗震救灾，淳安县红十字会第一时间发出呼吁社会各界秉承中华民族“一方有难，八方支援”的传统美德，向灾区人民伸援手，献爱心，帮助灾区人民战胜灾难，渡过难关。至2014年9月3日，全县共接受社会爱心人士捐款48985.60元，并于9月5日将捐款全部上缴杭州市红十字会，由杭州市红十字会转向地震灾区。

【人道救助】 2014年，县红十字会积极改善易受损害群体境况，人道救助困难群众1198人次。元旦和春节期间，携社会爱心人士、志愿者对困难群体进行慰问，发放救助款3.08万元，购买慰问物资2.93万元。同时结合淳安实际，创新博爱救助方式，通过面对面劝募、“一对一”筹资方式，按捐赠者意愿，充分利用“长行淳安教育资金”“博爱•至善”“博爱•助力”等筹资救助品牌项目11个，开展助学、助老、助孤、助残、助医、助困等人道救助活动。

【应急救护】 贯彻落实《浙江省红十字应急救护培训基地管理办法(试行)》和《关于加强全省医疗卫生系统红十字应急救护培训基地和师资队伍建设的通知》有关文件精神，按照统一标准开展救护培训。通过党政网、QQ、淳安手机报等各种平台，推广普及“红十字急救掌上学堂”。结合“在职党员进社区”“在职干部返乡”活动，开展以“红十字应急救护志愿服务进社区”为主要内容的社会化志愿服务和典型培育，新培训救护师资40多名，复训救护师资60余名，优化了应急救护培训师资库。2014年红十字会举办多层面多渠道应急救护知识普及培训，包括初中学生救护培训，社区物业、保安人员应急救护培训等，参加培训人员共8113人次。同时，结合培训开展救护技能竞赛活动。

【造血干细胞和人体器官捐献】 2014年，加大造血干细胞捐献志愿者采样和人体器官捐献工作的宣传力度，利用每周四千岛湖广场献血点，“5•8”世界红十字日等节点，边宣传，边进行捐献造血干细胞志愿者和人体器官捐献者报名、登记、采样工作。在各乡镇红十字会的共同努力下，完成捐献造血干细胞志愿者采样入库46人，累计捐献造血干细胞志愿者采样入库274人，通过造血干细胞捐献志愿者高分辨检测3人；实现人体器官捐献1例，累计实现人体器官捐献6例，通过志愿者服务，做好捐献者家庭慰问走访工作。

【人道主义传播】 2014年，加大人道主义的宣传和传播。一是利用主流媒体淳安广播电视台、《今日千岛湖》传媒、《钱江晚报·淳安生活》进行传播。二是利用手机报、党政网、电子屏幕、网吧、出租车车顶字幕移动广告等新载体进行传播。三是结合救护知识进农村、进学校、进社区、进机关、进企业“五进”活动，举办防灾减灾知识竞赛、现场救护普及培训、每周四广场志愿服务活动等进行传播。四是通过“最美杭州人——最美红十字人物”评选活动进行传播。五是在公共场所设置红十字公益广告，在红十字示范学校制作红十字文化墙和文化长廊等宣传阵地。六是借助“联乡结村”“一户一策一干部”“春泥护花”等活动进行传播。2014年共发放人道主义宣传资料3万余份。

（方华美）

（编辑　严卫华）

法　治

·政法委及综治·

【概况】 2014年，县政法委紧密结合县域社会和自身职能实际，立足维护稳定“不出事”、平安创建“少扣分”、社会治理“见成效”、执法监督“促公正”、路线教育“强队伍”的总体要求，充分发挥牵头落实、组织指导、综合协调、督察督办的作用，各项工作均取得明显成效。社会管理综合治理全市排名为第2名，被市委、市政府评为社会管理综合治理优秀达标地区；平安创建考核全市排名为第2名、全省排名为第22名，连续第10次被省委、省政府命名为“平安县”；县直机关综合考评连续第6次进入优胜(荣誉)满意单位行列。

【维护政治稳定】 坚持运用法治思维和法治方式开展维稳工作，有效维护全县社会和谐稳定。创新构筑维稳信息网络新体系。以加强网格、行政村(社区)、乡(镇)、县4个层面的纵向联系和在“维稳、综治、公安、信访”等4个职能部门组建信息员队伍为基本架构，吸纳维稳信息员2156人，构筑起“四纵四横”维稳信息网络新体系。该举措受到中央维稳办(刊登于中央维稳工作简报第10期)、省委政法委(刊登于省委政法委简报第20期)，以及市委政法委的充分肯定。有效稳控群体性矛盾，高度关注网上网下维稳动态，依法稳控重点项目推进、“五水共治”、“无违建县”创建等易引发的不稳定因素，有效应对千岛湖配水工程、阳光水岸、凤凰岛、“撤村建居”等重点矛盾群体，成功处置群体性不稳定因素49件，有效防止了矛盾激化、事态扩大。着力维护敏感时期的社会稳定，认真落实敏感时期维稳工作举措，深入开展反恐培训和处置演练，全面稳控重点不稳定群体，有力打击进京非访、集访，圆满完成各级“两会”、十八届四中全会、APEC北京会议等重点敏感时期的维稳工作任务，全面实现“零进京”“零非访”工作目标。健全完善维稳工作长效机制，坚持形势分析研判、“三色预警”、不稳定问题排查化解等“十项机制”，突出重大决策社会稳定风险评估、重大涉稳问题项目化监管机制，完成社会稳定风险评估项目284个，实行项目化监管15个。

【推进综合治理】 着力推进综合治理体系和治理能力的现代化建设，落实社会综合治理工作举措。有效运行基层社会管理综合信息系统，建立覆盖全县23个乡镇434个行政村(社区)，并与21个相关重点部门联动的网络系统。2个乡镇37个行政村开通“综治E通”试点。全县上下基本实现了“基础信息网上录入、办事服务网上管理、工作过程网上监督、责任目标网上考核”的工作目标。深入开展平安综治示范点培育，对县内25个行政村(社区)及所属网格进行平安综治示范点培育，其中文昌镇王家源村(网格)列为市级平安综治培育示范点。通过一年的培育，示范点行政村基本实现“社会治安秩序良好，群众安全感、满意度较高”的工作目标。推进社会治安防控体系建设，积极构建街面巡逻防控、视频监控安防、实有人口和重点人口管控，以及虚拟社会管控网络，认真开展“零发案”小区创建和“控案”先进小区创建，共组建乡镇巡防大队24个、直属大队2个，在村(社区)成立中队434个；423个行政村视频监控安装实现全覆盖。全面推进基础治理，深入开展治安混乱地区和突出治安问题重点集中整治，纳入重点整治范围的地区中，市级1个、县级1个、乡镇级23个，通过重点集中整治，治安环境明显改善。坚持和发展“枫桥经验”，全年共排查矛盾纠纷14141件，成功化解14025件，化解成功率达99.18%。建立道路交通事故调解处理“一体化”运行机制，共处理交通事故矛盾纠纷2970件。

【推进平安创建】 深入推进平安千岛湖创建工作，按照省平安办考核评审条件和任务分解工作要求，把“平安县”考核评审要求分解到全县55个职能部门，把“平安乡镇”考核评审要求落实到41个部门。同时扎实推进平安景区、平安林区、平安交通等25个基层系列平安创建工作，形成全县上下齐心协力、齐抓共管的工作格局。围绕平安创建考核评审条件要求，以召开全县创建“平安千岛湖”领导小组会议和迎检会议为契机，有效督导和整改“五水共治”、“无违建县”创建、安全生产、校园安全、食药安全等方面存在的突出问题，拉长短板，减少失分。深入开展平安建设知晓率、党政重视率和公众安全感满意率的“三率”宣传，充分利用“一报一台一网”新闻媒体和《平安千岛湖》《红绿灯》《警界110》《交通在线》等专题栏目，以及板报、横幅、车载视频、广场视频等传统载体，深入开展平安“三率”宣传，着力提高群众安全感和满意率。特别是以“六个一”为主要内容，联合教育局开展“小手拉大手、平安进万家”主题宣传活动，极大地提高平安宣传的知晓率和满意率。

【开展执法监督】 坚持以法治权，以公施政，切实维护司法公平正义。着力健全涉法涉诉信访法治化机制，加大法制宣传力度，注重发挥法治在办理涉法涉诉信访案件的核心作用，认真负责办理好每一件信访案件，全年共受理涉法涉诉来信来访案件24件，依法终结3件。着力构建预防冤假错案工作机制，及时组织政法各部门学习预防冤假错案相关工作制度，深入开展案件评查，着力构建预防冤假错案工作机制。全年评查案件76件，其中政法委2件、公安局20件、检察院52件、法院2件。依照《浙江省司法救助实施办法》要求，认真审核，严格把关，及时调整司法救助对象和范围，认真落实司法救助。共审批司法救助案件16件，落实救助资金30.7万元。

【党的群众路线教育实践活动】 深入开展党的群众路线教育实践活动，增强为民服务的宗旨意识。深入开展问题查摆和批评教育，落实整改“四风”问题举措，使党的宗旨意识不断内化于心。坚持每月下基层“认人、认事、认情”，对办公室、会议室、走廊摆放的花草进行清理，对超面积办公用房进行清退，对“三公”经费进行削减，对文件、会议、简报进行整合和控制。各类会议、文件、简报与2013年同比缩减9%，“三公”支出同比下降40.2%。对各基层单位在活动中所提的问题、各类信息平台反馈回来的问题，对照“理论理想、党章党纪、民心民生、先辈先进”四面镜子进行全面梳理和整改，共建立规章制度4项，实行长效管理。制定出台《提升民生幸福指数实施意见》，把党的群众路线教育实践活动贯穿到平安综治维稳等工作中，实行项目化管理推进。全年全县政法干部队伍氛围好，干劲足，未发现严重违法违纪问题。

（罗德华）

·公 安·

【概述】 2014年，淳安县行政区域土地面积4427平方公里，户籍总人口45.90万人，登记流动人口3.54万人。淳安县公安局内设综合管理机构1个、执法勤务机构15个、派出机构8个、监管场派出所2个。是年，以群众路线教育实践活动为主线，积极开展平安淳安、法治淳安、过硬公安队伍“三大建设”。全年，受理报警14273起，同比下降5.9%。立刑事案件1392起，同比下降6.9%，其中盗抢骗刑事侵财案件立912起，同比下降16.4%;破获各类侵财案件936起,同比下降18.4%;命案立2起,“五类案件”立2起,“两抢”案件立2起,均实现“发一破一”。移诉各类犯罪嫌疑人858人,同比下降2.5%。县公安局被评为全省公安队伍正规化建设优秀单位、县级公安机关警卫工作规范化建设成绩突出单位,执法质量连续12年被评为全省优胜单位,县看守派出所实现25年安全无事故,城郊派出所被评为全省公安机关爱民模范集体,经济犯罪侦查大队被评为全省公安机关打击整治传销集中行动成绩突出单位。全年共有8个集体立三等功,1个人立二等功,15人立三等功,6人获市级以上荣誉。

【王辉忠调研司法体制改革工作】 6月10日下午,省委副书记、省政法委书记王辉忠,省政法委副书记朱贤良一行在杭州市常务副市长、政法委副书记徐立毅,市委副秘书长、政法委副书记、市综治办主任徐小林的陪同下,到淳安县专题调研司法体制改革工作。县委书记凌志峰,县委副书记、政法委书记钱美仙,县委常委、公安局局长储志林,县法院院长陈奇策等相关部门负责人参加调研。

【朱贤良调研党的群众路线教育实践活动】 4月16日,省委政法委副书记朱贤良在市委副秘书长、市委政法委副书记、市综治办主任徐小林及省、市政法委相关部门负责人的陪同下,到县公安局调研督察党的群众路线教育实践活动。县委副书记、政法委书记钱美仙,县委常委、公安局局长储志林,县委办副主任、县委政法委副书记、县综治办主任缪宝根及县公安局党委班子成员陪同调研。

【叶寒冰到县公安局调研指导工作】 8月6日,省公安厅副厅长、市委常委、市公安局局长叶寒冰到县公安局调研指导工作。叶寒冰对县公安局近几年来的工作开展情况和取得的成绩表示肯定。同时对县公安局在维护社会稳定、公共安全管理、基层基础工作、警营文化建设和队伍管理上提出更高要求。县公安局党委班子成员和相关科室负责人参加调研。

【叶寒冰到县公安局开展蹲点调研】 11月11~12日,省公安厅副厅长、市委常委、市公安局局长叶寒冰到县公安局开展蹲点调研。县委书记朱党其以及县公安局党委班子成员、有关科室负责人参加调研。调研期间,叶局长深入城郊派出所、城区派出所实地检查指导勤务机制运作情况,并以普通民警身份参加城区派出派出所夜间巡逻和值班处警工作。与市人大代表、杭州千岛湖啤酒有限公司董事长郑晓峰一同视察淳安县看守派出所和拘留派出所。

【边卫跃到县公安局检查指导国庆安保工作】 9月29日上午,市公安局党委副书记、常务副局长边卫跃在市局办公室主任李雄飞的陪同下,到县公安局检查指导国庆安保工作。县委常委、公安局局长储志林,县公安局政委何慧,副局长汪荣富、汪新明,及相关业务大队负责人陪同检查。

【徐柏林副局长到县检查指导工作】 10月5日上午,市公安局党委委员、副局长徐柏林在治安支队政委赵一龙的陪同下到淳安县检查指导面上安保工作。县委常委、公安局局长储志林,副局长汪荣富,及治安大队负责人陪同检查。徐柏林副局长一行实地查看千岛湖东南湖区旅游码头、中心湖区旅游码头等安保执勤点,详细了解面上重点部位的安保情况,并向节日期间坚守岗位、维护秩序的全体民警、武警官兵、辅警人员致以问候。

【朱党其到县公安局调研指导工作】 11月14日下午,县委书记朱党其在县委办、县发改局、县财政局、县编办等部门负责人的陪同下到县公安局调研指导公安工作。县委常委、公安局局长储志林，县公安局领导班子成员陪同调研。在听取汇报后，朱书记对公安工作取得的各项成绩表示肯定，并要求全县公安机关要始终坚持“打造全国最平安、治安最好的旅游目的地”这一目标不动摇，要从更高要求上认识公安工作，把平安、稳定作为千岛湖除了青山、绿水以外的又一大生态体系和生产力；要以队伍建设为抓手，完善和提升反恐体系、以人为本的网格化体系、治安防控体系和信息共享体系，营造良好的社会环境，推动经济发展；要关心公安干警的工作和生活，激发干警的工作热情，人性化、现代化地推进干部管理，营造融洽和谐的工作氛围，打造千岛湖公安特有的文化。

【柴世民到县公安局调研工作】 9月11日下午，县委副书记、县长柴世民，县委副书记、政法委书记余力行在县府办、县发改局、县财政局、县政法委等部门负责人的陪同下，到县公安局调研指导公安工作。县委常委、公安局局长储志林，县公安局领导班子成员陪同调研。

【安保工作】 县公安局以监督指导为主责，落实单位主体责任为原则，改进安保警卫工作方式，实现安全不扰民。圆满完成“两会”、“五一”长假、“十一”长假等重要时间节点，及国际、国内各项大型群众性活动共计42项安保任务，实现7批次中央首长、省市领导到淳安视察警卫工作无一失误。

【开展各类专项行动】 县公安局开展打防侵财专项行动、“百城禁毒”会战和“夏安”系列、“挺进”行动等专项行动，成功侦破公安部督办的涉案金额一千万元以上的“1040”传销案，破获省厅“2014-42”号和“2014-180”号毒品目标案件，抓获毒品犯罪嫌疑人51名。在通讯诈骗案件上，在杭州15个区县（市）局中率先发力，破获2起通讯诈骗团伙案件，抓获违法犯罪嫌疑人11人，涉案价值250余万元。命案、恶性案件实现全破，侵财性案件受理打处比达到4.34:1。

【加强重点人员稳控】 坚持打击、教育、疏导、帮助相结合，对上访闹事、聚集滋事的及时依法予以打击，确保信访重点群体平稳可控。在全国“两会”、APEC会议、“六四”“七五”等敏感时期，实现公安归口对象零进京。

【反恐防暴演练】 6月25日下午，县公安局举行反恐防暴综合演练。公安、武警、卫生、旅委等7个单位的160余名演练队员分别展示特战队员狙击枪精准射击、模拟警情多部门联合处置、武警对抗擒拿、反恐战术枪操、实战应用射击等7个科目。演练中，参演队伍展现出精良的武器装备、昂扬的战斗意志和娴熟的专业技能。县委书记凌志峰、县长柴世民等领导及相关单位领导参加并观摩演练。

【“撤村建居”安保】 2014年，启动“警务进项目、项目保安全”工作机制，落实重大项目专案经营。春夏期间，县“撤村建居”指挥部决定对28户签约未腾空户实行腾退拆除工作，公安局按照“依法介入、主动介入、有效介入”工作原则， 在5月22日至6月17日以及9月10日期间的腾退拆除工作中，全警动员、全力参与腾退拆除安保工作。其间，全局累计出动警力27批次1630人次。依法快速处置涉及腾退拆除工作的警情53起，作出不予受案决定29起，受理查处行政案件12起，其中阻碍公务案件4起、扰乱单位秩序案件4起、殴打他人案件3起、故意损毁财物案件2起。先后传唤违法行为人61人，行政拘留12人，教育训诫27人。

【刑事侦查】 县公安局以“夏安”“挺进”及“百城禁毒”会战等专项整治行动为主线，严厉打击违法犯罪活动。全年共立刑事案件1392起,同比下降6.9%,其中盗抢骗刑事侵财案件立912起,同比下降16.4%;破获各类侵财案件936起,同比下降18.4%;命案立2起,“五类案件”立2起,“两抢”案件立2起,均实现“发一破一”。移诉各类犯罪嫌疑人858人,同比下降2.5%。其中移诉侵财犯罪嫌疑人288人,同比上升5.5%,排名全市前列。全县侵财性案件共受理1345起,同比下降24.7%,其中入室盗窃类案件受理441起,同比下降26.3%;街面盗窃类案件受理691起,同比上升1.6%;扒窃案件受理34起,同比下降27.7%;通讯诈骗案件受理60起,同比下降11.8%;网络诈骗案件受理51起,同比下降40.7%。

【追逃工作】 县公安局对逃犯进行分类分析,重点对在册的年前侵财逃犯进行梳理,逐个进行深度分析,抓获一批侵财案件逃犯。2014年全县共有年前逃犯53名,抓获29名,抓获率54.7%,超额完成市局35%的指标,其中抓获侵财逃犯15人,占抓获全部年前逃犯的51.7%(在“挺进”行动中,抓获侵财逃犯6名),超额完成市局目标。

【经侦工作】 开展打击整治传销专项行动,打掉传销组织、领导传销活动犯罪团伙3个,破案3起,涉案金额二千余万元,涉及人员400余人。其中刑拘22人,逮捕20人,取保候审7人,移诉20人。破获公安部督办案件1起,抓获逃犯3名,捣毁传销窝点3处,排查并上传经侦调度系统外省涉传线索4条。年底,被省厅授予全省打击整治传销专项行动成绩突出集体称号。

【禁毒工作】 3月11日,县公安局出台《淳安县社区戒毒康复工作实施方案》,规范社区戒毒康复工作。全县23个涉毒乡镇凡是有社区戒毒康复任务的都安装禁毒社会化管理系统。开展“禁毒百城会战”专项整治行动,抓获涉毒嫌疑人27人,查处吸毒人员45人,强制隔离戒毒8人,缴获毒品110克,三项主要打处指标列全市前茅。共招募25名禁毒志愿服务者,全年共组织开展志愿服务8次,为涉毒人员提供法律帮助3次,开展心理咨询2次93人,开展禁毒预防宣传3次。

【道路交通管理】 县公安局建立重点车辆监管平台,通过GPS动态监管系统,实现实时、动态管控,对597辆重点车辆实现常态化监管。坚持安全隐患排查治理常态化,累计投入2600余万元,完成80余公里村道安保设施建设。对县内通客(校)车、通景区村道交通安全隐患进行大排查,共排查隐患点段756处。配合政府及有关职能部门完成省市挂牌的1处事故多发路段和17处临水临崖高落差危险路段的治理。转变交通治堵模式,完成《千岛湖镇城区交通治堵专项规划》的编制论证。开展每月一主题整治活动,在城区共查处违法停车30000余起。加大交通管理设施投入,共计投入170余万元,升级、规范、美化城区交通管理设施。增设标志牌176块、施划标线31000余平方米,完成数字城管派单维护12253条,达到及时率、维护率和反馈率三个100%。更新隔离设施3862米,完成主城区派出所有路口的人行横道设施改造。

【查处交通违法】 县公安局保持涉酒违法、超速超载等重点违法行为打击常态化,配合“纠违治危”风暴行动和“夏安”“挺进”等专项行动,坚持每月上旬完成酒驾打击任务,下旬进行集中追处。全年共查处各类交通违法行为151154起,其中客车超员7起、饮酒后驾驶案件405起、危险驾驶案件255起,行政拘留250人,吊销机动车驾驶证223本,暂扣驾驶证1921本,因交通肇事被移送起诉25人。

【水上治安】 开展水上群防群治,在威坪宅上省际交界处建立治安卡口,每天派协警对来往的船只进行登记、检查。在11个景点、5个渔政分站、20个渔政组配备保安和协警200余人，对水上治安实行动态管控。成立水上救生志愿者服务队，选拔队员38名，通过服务队的宣传救助，千岛湖水域溺水警情明显下降。4月，成立旅游秩序整治领导小组，开展 “野导”“黑车”“黑艇”“拉客”“宰客”等现象的整治，通过整治，治安拘留9人，谈话教育60余人，暂扣处罚非法营运车辆21辆，工商处罚非法经营企业5家，共排出从事无证导游的人员80余人。强化科技警务，在旅游码头安装监控设施98个，在景点安装137个，124艘游船安装了监控，通过视频巡查，处置各类纠纷18起，协助破获案件3起，共帮助游客26人次。

【监派出所管理】 3月18日，县公安局打破监派出所传统医疗服务模式，推行看守医疗服务社会化改革，在全省中小监管场派出所率先破冰，建成淳安县第一人民医院驻看守派出所卫生派出所。至11月底，投入400万元，完成看守派出所弱电工程改造。开展狱内侦查，全年共深挖犯罪线索20余条，破获案件5起，刑事处罚8人。强化监派出所日常管理，及时排查发现并消除安全隐患，实现25年监派出所安全无事故。

【网络安全管理】 县公安局创新开展以全县非经营性场所派出所上网审计防范网、专线用户单位上网审计防范网、电信运营商技术防范网为核心的互联网基础“三防”工程建设，完成旅馆上网审计软件安装，全面启动专线用户上网审计软件安装工作。投入30万，装备WIFI移动定位设备和LZ光纤模块设备。编报《每日舆情快报》276期，上报舆情1629条，处置各类舆情事件或敏感信息事件48起，落地查人67人，网上巡查删除有害、低俗信息1051条。查处“传谣”案件1起，通过网侦手段破获配侦案件56起、主侦案件19起。

【消防管理】 开展消防安全“打非治违”“鲲鹏挺进”和重点单位消防安全整治专项行动，共检查单位4685家，发现火灾隐患或违法行为258处，督促整改火灾隐患或违法行为257处，下发责令改正通知书222份，处罚197家，临时查封14家，责令“三停”14家，拘留6人。推进消防“网格化”管理，全年网格员共检查单位24919家，移送493家，抄报417家。以“请进来，走出去，面对面”的活动方式，开展“六进”宣传工作。新闻稿件在省级媒体发表60篇，市级媒体发表3篇，县级媒体发表30篇，营造良好的媒体宣传氛围。

【食品药品环境犯罪侦查大队成立】 4月14日上午，县公安局食品药品环境犯罪侦查大队挂牌成立。并通过食药环大队驻县环保局、食品药品监管局联络工作机制，组织联合执法、专项整治等措施，突出专业打击职能。到年底，破获销售假药案件4起，倾倒危险污染物案件1起，查处盗捕鲢鳙鱼案件24起46人，移诉犯罪嫌疑人5人。

【警务督察】 贯彻落实中央“八项规定”、公安部“五条禁令”“三项纪律”，以及《杭州市公安机关民警日常违规行为记分办法》(试行)等一系列纪律作风建设规定。2月12日，出台《淳安县公安局关于加强作风建设有关规定》，加强对民警警容风纪、上下班纪律、会议会风、公车管理、办事效率等方面的日常检查。全年给单位记分41次，个人记分451人次，其中按县公安局记分办法给个人督察记分286人次，按市局《局规》记分165人次。建立健全队伍纪律作风分析研判制度，基层派出所队每月、县公安局每季度定期分析队伍纪律作风状况，及时发现、掌握倾向性、苗头性问题，做到勤提醒、勤教育、勤纠正，预防违法违纪的发生。

【党的群众路线教育实践活动】 2014年，县公安局把抓实抓好群众路线教育实践活动作为全年队伍建设的重中之重。2月25日上午,县公安局召开党的群众路线教育实践活动动员会,全面部署党的群众路线教育实践活动。整个活动按照学习教育、听取意见,查摆问题、开展批评,整改落实、建章立制三个环节进行,历时8个月。省厅工作专栏、县委教育实践活动简报多次刊登县公安局教育实践活动经验和成效,省委政法委副书记朱贤良,省委、市委、县委督导组在检查中都对县公安局教育实践活动给予充分肯定。

【"三认"工作】 县公安局结合基层基础工作,立足认人、认事、认情"三认"服务机制要求,开展"进村入户转作风、固本强基保平安"活动,建立"派出所民警驻村、机关民警联村"制度。基本实现村村有警、月月见警,全县425个行政村、城区9个社区全覆盖,全局"三认"入户访查总数达到54886户,集中发放各类安防资料40000余份,征求意见线索1000余条,在促进降报警、控发案、提高破案率、提高群众安全感方面真正获得体现。

【教育训练】 4～6月,县公安局开展"战训合一"和应急处突枪械专项集中培训活动,参训民警达400余人。创新小班实训作为集训工作的有益补充,举办治安、摄影技术、公安门户网站、网上办事大厅运维管理、网络宣传员、浙大集训等专业班6期。组织民警参加省、市、县各级比武竞赛活动,取得优异成绩。

【从优待警】 县公安局以队伍管理"四道防线"机制为抓手,真抓严管,常态落实月度督察、单位自查、季度评估,狠抓苗头性问题。以落实从优待警十二项措施为主项,加强优抚暖心工程。向县政府争取经济适用房,解决16位外地民警住房问题;为困难职工、民警申请县、市总工会救济,并建立困难职工档案。主动争取县委、县政府支持,增加协辅警编制,大幅提升协辅警工资待遇,并参照事业单位标准,增设专业岗位人才。

【警营文化建设】 县公安局围绕文化育警、文化育人,开展美丽派出所建设主题,统一设计、布置内部警营文化装饰,设立荣誉墙、民警风采墙,规范派出所领导接待室,美化民警健身房等工程,建成县公安局城郊派出所和看守派出所警营文化样板。

【举办大型警营开放活动】 11月27日下午,县公安局通过舞台表演、现场发赃、观摩交流、互动体验等多种形式,全方位、多角度地开展警营开放活动。指挥中心、交警、刑侦、禁毒、户政、出入境、巡特警、消防等相关单位参加,向群众介绍公安机关服务群众,打击违法犯罪的各项基础设施及设备,介绍防范交通事故及防盗、抢、骗等各类防范知识。通过互动体验增强警民之间的沟通与交流,增强群众安全防范意识。现场活动共吸引2000余名群众驻足观看和参与,共发放宣传资料3000余册。

【公安文联成立】 11月27日下午,县公安局举行县公安文学艺术界联合会授牌仪式。县文联主席何春耕,县公安局党委副书记、政委何慧,市公安局政治部警察公共关系处副处长陈福,县文联副主席兼秘书长程中青,县公安局党委委员、政治处主任邵新华,以及县公安文联会员、民警代表50余人参加会议。会议选举产生县公安文联领导机构,政委何慧当选为县公安文联主席。

【执法办案区改造升级】 县公安局从实战、实用、实效出发,先在城郊派出所进行办案区改造试点,对监控、防隔音防撞设施、全程录音录像设施、安全隐患等方面开展升级改造,达到监控全覆盖,讯问室全部安装隔音防撞设施和全程录音录像设施，由专人负责统一刻录，切实突现实用化、人性化、规范化。全局10个办案区全部完成升级改造，共投入资金达100余万元，消除安全隐患60余个。

【执法管理】 2014年，县公安局成立以局长为主任，局党委班子成员为副主任及各警种主要负责人为成员的执法管理委员会，每月对执法问题进行会商研究，指导管理执法工作。同时，在派出所全面组建执法管理室，在原有法制工作室的基础上，吸取拱墅分局管控中心做法，将法制工作室更名为执法管理室，配备专职法制员11名、兼职法制员40名，配齐配强专兼职法制员队伍，完善相关的管理制度，强化各个执法环节的监督管理。

【专项检查活动】 4月始，县公安局推出一月一主题活动，先后对接处警制度、派出所领导值班坐堂制度、案卷集中保管制度等进行专项检查，每月在局长办公会议对专项检查情况进行通报，对执行不到位的30名责任人员和5个责任单位给予督察记分，强化执法制度落地。

【提升执法主体素质】 县公安局以开展主办警官考试、法制员跟班培训、派出所领导法制业务能力竞赛比武，民警沙龙学习和派出所队长出庭应诉等形式，加强执法主体能力素质培养，提升执法履职能力。

【构建“又多又好”办案机制】 县公安局制定完善案件质量考评办法和案件质量评判标准，实行奖优罚劣，主办民警、审核的法制员和派出所队领导实行捆绑式考核。同时，通过培育先进典型，评选季度执法之星，加大考核结果运用力度，鼓励民警多办案、办好案。改进执法质量考评方法，借助执法办案平台和警务督察系统，加大网上检查力度，实现监督的常态化，每月检查，实时通报，及时发布执法预警信息。组织开展行政案件公开处理，提高说理性文书质量，全年共组织行政案件公开处理67起，制作说理性决定文书共269份，制作逮捕案件社会危险性说理的提请批准逮捕意见书319份，增强执法透明度，促进执法公信力的提升。

【平安网格创建】 县公安局深化枫桥经验，全面推进网格化治安管理体系建设。全年全县共划分网格1975个，12个社区，物建网格员3847名，实现村村有网格，城区网格细化到百米街区、单元楼宇。同时，又在重点行业、部位划分专属网格13个，物建网格员218名。通过发挥网格员作用，共收集上报情报信息2280条，协助破获多起重大案件，化解矛盾纠纷1350起，化解成功率达到95%。

【农村视频监控建设】 县公安局全面推进视频监控“全程眼”安防工程建设。全县共有423个行政村安装视频监控，共安装2711个，初步形成农村主要出入口、主干道、重点部位的基本覆盖。全年共利用视频破获案件345起，抓获违法犯罪嫌疑人187人，视频信息破案贡献率逐步递增。

【“双实”排查】 全面提高实有人口、实有房屋信息的登记率、信息化、可视化程度，提高公安机关社会信息的动态管理能力。全年，已采集上图地址数107652楼(幢)，上图率达到100%；已建房楼幢数107624幢，建房率99.97%；已建房间数168913间，已关联人员数449166人，入户访查率达到99.96%，在全市名列前茅。

【破获省厅“2014－180”毒品目标案】 2014年7月，县公安局禁毒大队在梳理案件线索及TQ的工作时，发现姚某等人落脚千岛湖镇，自今年7月份以来，在千岛湖镇等地贩卖毒品的重要线索，随即开展专案侦查。省公安厅将该案确定为“2014－180”号省毒品目标案件。经过侦查，初步掌握犯罪嫌疑人姚某、鲁某、凌某等人吸贩毒品的犯罪证据，摸清团伙架构。同年11月9日至12日，县公安局出动100余名警力开展收网行动，分别在杭州市下城区、拱墅区、淳安县等地抓获吸贩毒人员50余人，其中涉毒犯罪人员23名，缴获毒品冰毒110余克，麻古和麻黄草若干，汽车、电子秤等涉案工具。

【破获系列诈骗案】 2014年5月10日，家住淳安县千岛湖镇的洪某在家上网过程中，在QQ上收到恒昌国际投资担保北京有限公司工作人员的可以办理高额信用卡的广告，后与广告中的相关关系人电话联系，在电话联系过程中，被犯罪嫌疑人以资料费、劳务费、保险费等名义骗取人民币69000元。案件发生后，县公安局立即安排精干警力展开侦查，先后辗转绍兴、余杭、金华、湖北武汉等地展开周密侦查，该犯罪团伙地域跨度大，组织分工明确，分为操盘手、专业取款人、专业推发广告人、专门电话诈骗人等几个层次，具备极强的反侦查能力。经过2个多月的艰苦侦查，终于摸清该团伙组织结构，以及相关犯罪嫌疑人的落脚点、身份。8月3日凌晨，抓捕组兵分三路，重拳出击，分别在湖北武汉、江西九江、浙江金华三地跨省集中收网抓捕，先后抓获武汉孝感籍、浙江温州泰顺籍犯罪嫌疑人9名，捣毁通讯诈骗窝点3处，现场缴获作案专用笔记本6台、伪造信用卡200余张、作案手机20余部、作案银行卡8张、制造信用卡设备2台、作案车1辆，一举捣毁以徐某某为首，采用以办理高额信用卡实施诈骗的家族式犯罪团伙。

【破获故意杀人案】 2014年10月4日凌晨1时许，淳安县千岛湖镇淳建新村小区发生一起命案，被害人张某(女，36岁，贵州人)被人用水果刀刺伤，送医抢救无效后死亡，犯罪嫌疑人行凶后逃离现场。案发后，县公安局立即成立由局长亲自挂帅的专案组，迅速调动各警种力量开展伤员急救、现场勘验、现场调查、视频侦查，以及设卡查缉等工作。通过调查访问、视频侦查，专案组迅速锁定犯罪嫌疑人，城区派出所民警通过对犯罪嫌疑人截图进行辨认，进一步确定该犯罪嫌疑人的真实身份。经布控堵截，犯罪嫌疑人叶某于案发后4小时被县公安局成功抓获归案。

【破获特大通讯诈骗团伙案】 2014年以来，县公安局在强化常发性侵财案件侦破工作的同时，组织专门力量，加强通讯诈骗案件的侦破。8～9月，县公安局接连成功摧毁2个通讯诈骗团伙，抓获犯罪嫌疑人12名，捣毁诈骗窝点4个，缴获一批电脑、手机、银行卡等作案工具，当场缴获赃款20余万元。二团伙涉案金额达250余万元，涉案地域跨河南、江苏、四川、新疆、广州、上海、北京等多个省份。该成功案例被中央电视台12频道“社会与法制”专栏广泛宣传，取得良好的社会宣传效果。

【侦破“4·27”入室抢劫案】 2014年4月28日上午9时许，受害人余某某跑到派出所报警称，2014年4月27日21时30分至21时40分期间，一陌生蒙面男子进入其居住的出租房，以菜刀威逼其拿出钱财及银行卡，受害人被抢走现金200元及2张信用社的银行卡，后该卡中被人取走1700元人民币。接到报案后，县公安局立即成立专案组开展调查。通过侦查，发现犯罪嫌疑人在案发的头天晚上就进行踩点及跟踪，该案系一起有预谋的恶性抢劫案。通过缜密的调查，于当晚23时，将犯罪嫌疑人陈某抓获归案。

【破获“1040”传销案】 2014年3月10日上午，项某等40余人自带横幅标语，来局报警，并扬言到市、县政府上访。经过民警调查后，认为项某等人参与的投资行为是一种典型的“1040”类传销，也就是所谓的“国家秘密项目”的“自愿连锁经营业”。此案因为涉及人员众多，涉案金额巨大，被公安部列为督办案件。3～5月，民警通过大量的工作，分别抓获汪某在内的犯罪嫌疑人16人，涉案金额达1000余万元。

【破获系列赌博案】 2014年5月中旬，民警在日常工作中了解到，2013年12月份以来，程某伙同程某、胡某、汪某等人在千岛湖镇、文昌镇等地常年组织他人以“小九”“牛牛”的方式聚众赌博，从中抽头获利。获得线索后，民警通过多种手段，逐步厘清涉案人员的身份信息、组织结构等案件基本情况。于7月23日，将程某等人涉嫌赌博一案立案侦查。经过3个月的侦查，民警相继在安徽、杭州等地抓获程某等14名犯罪嫌疑人，成功摧毁该聚众赌博团伙，涉案金额达十万余元。

（汪晓芳）

•检 察•

【概况】 2014年，县检察院在县委、上级检察院的领导下，在县人大及其常委会的监督下，在县政府、县政协及社会各界的支持下，以十八届三中全会和习近平总书记系列讲话精神为指导，围绕淳安县“美丽杭州”实验区建设的总体目标和要求，坚持打造“品质检察”，充分发挥检察职能作用，提升新形势下的检察工作水平，努力为淳安经济社会发展创造安全稳定的社会环境和公平正义的法治环境。

【服务保障深化改革】 2014年，县检察院围绕县委《关于深化重点领域关键环节改革的决定》，针对“五水共治”“无违建县”等重要战略部署和重点工作，制定《淳安县检察院服务保障“淳改八条”的实施意见》，在环境保护、生态经济、旅游产业、城乡统筹等环节落实了13项具体的服务保障措施；开展对破坏水环境和生态环境资源犯罪行为的专项整治，联合相关单位制定规范千岛湖非法捕捞水产品构罪标准，全年共批捕起诉破坏环境资源类犯罪15人；组织对“三改一拆”工作中农村集体土地违法建筑认定处理情况的预防调查，对拆违过程中存在或可能导致的涉法涉诉问题提出了针对性的司法建议。

【营造有序市场环境】 2014年，县检察院着力将依法办案与保障经济发展相结合，严厉打击破坏市场经济秩序犯罪，全年批捕起诉组织、领导传销犯罪20人，非法吸收公众存款犯罪2人，制售假药犯罪5人，非法设置“伪基站”实施电信诈骗犯罪5人，保障市场经济秩序有序发展；关注执法办案中遇到的经济问题，加强对企业和农村基层的司法指导力度，以及对金融行业的监督力度，主动联系重点企业和乡镇，提升法律服务质效。

【推进社会矛盾化解】 2014年，县检察院积极完善控告申诉“网络、电话、来信、来访”四位一体受理机制，全年办理群众来信来访159件，开展检察长接待日21天，引导群众依法合理表达诉求；对检察机关不批准逮捕、不起诉、不立案、不抗诉等终结性决定开展释法说理，促使息诉息访；落实宽严相济刑事司法政策，积极促成因民间纠纷等引起的7件轻微刑事案件当事人和解；落实未成年人刑事案件专人办理制度，办理的35件未成年人犯罪案件中，均依法组织案件社会调查，安排合适成年人参与诉讼，开展案后帮教和犯罪档案封存工作；加强司法救助工作，对2名因法因诉导致生活确有困难的当事人及其亲属落实司法救助金2万余元，增进社会和谐稳定因素。

【依法打击严重刑事犯罪】 2014年，县检察院全年共受理公安机关移送审查逮捕案件243件331人，依法批准逮捕229件313人，受理公安机关和本院自侦部门移送起诉案件598件908人，提起公诉596件854人，办理刑事案件数量较往年有所上升(批准逮捕和提起公诉人数分别同比上升10.3%和4%),办理的刑事案件类型主要集中在危险驾驶、盗窃、赌博、故意伤害等犯罪,占到全部案件数量的68.5%。

【切实提升执法办案质量】 2014年,县检察院坚守防止冤假错案的执法办案底线,树立不枉不纵、讲求证据和法律监督理念,防止和纠正人为因素降低或拔高执法办案标准,确保不出现任何一起错案。根据修改后刑诉法对保障人权等方面提出的新要求,及时改进执法办案方式方法,全面执行以客观性证据为核心的审查模式,加大捕诉、侦诉等内部工作协作力度,对事实不清、证据不足的44件案件要求侦查机关补充侦查,加强重大案件侦查环节提前介入和审判环节列席庭前会议等工作的力度,确保案件质量经得起考验。

【维护诉讼参与人合法权益】 2014年,县检察院全面落实审查批捕、审查起诉阶段每案讯问犯罪嫌疑人制度和监管环节在押人员羁押必要性审查制度,对证据不足及无逮捕必要的19名犯罪嫌疑人依法作出不批准逮捕决定,对情节轻微的35名犯罪嫌疑人依法作出相对不起诉决定,对不需要继续羁押的8名犯罪嫌疑人及时提出释放或变更强制措施建议。建立在押人员权益告知和约见检察官制度,受理在押人员及亲属控告申诉10件次,帮助解决在押人员及亲属困难6次。注重保障律师执业权利,开辟专门场所供律师查阅案卷,推出工作联系卡和意见收集表,共接待律师查阅案卷100余次,为律师行使诉讼权利提供便利。

【查办职务犯罪案件】 2014年,县检察院全年共依法查办贪污贿赂犯罪16件22人,其中查办涉案金额10万元以上的大要案14件19人。查办了新安江开发总公司12名内部工作人员贪污贿赂窝串案等一批社会影响恶劣、造成损失巨大的职务犯罪案件。查办渎职侵权犯罪2件2人,其中重点查办破坏环境资源犯罪背后的渎职侵权案件,依法查办林业管理人员因玩忽职守导致滥伐林木事件发生的渎职案件1件1人。

【规范职务犯罪侦查工作】 2014年,县检察院按照侦查法治化和执法规范化的要求,切实转变侦查理念,以信息收集主动化、线索初查精细化、侦查审讯谋略化、制度保障规范化为手段,加强侦查信息化建设,与纪委和行政执法机关建立信息共享机制,提高自行发现和查办大案要案的水平。牢固树立理性、平和、文明、规范的执法办案理念,全面执行讯问职务犯罪嫌疑人全程同步录音录像制度,规范侦查环节律师会见犯罪嫌疑人有关规定,严格落实办案安全防范措施,保障办案依法规范。

【职务犯罪预防】 2014年,县检察院深入贯彻省预防职务犯罪条例,及时向县委呈报惩防职务犯罪工作报告,促进廉政建设。坚持提升专项预防工作实效,在淳杨公路改建等重大工程项目中开展项目督导、参与例会、收集意见等预防措施,杜绝腐败苗头。积极推动社会化预防合力,与旅游集团、城乡建设管理局分别签署了在工程建设领域协同开展预防工作的意见。应邀参与对公共资源交易环节的预防监督,纠正一起招投标环节评审不公事件。紧密结合办案,加强案件剖析、警示教育和行贿犯罪档案查询工作,共开展预防讲座12次,受教育人数500余人次。

【监督司法活动】 2014年,县检察院依法监督侦查机关立案11件14人,监督撤案4件4人,追诉漏罪漏犯11项,纠正侦查活动违法行为9件次。加强对审判活动的监督,依法对一起认为确有错误的刑事判决提出抗诉,并在二审法院得以改判。积极运用民事调处、支持起诉、执行监督、审判活动监督、行政执法监督等手段办理23件案件，促进民事裁判和行政执法活动依法有序。着重打击虚假诉讼，将一起涉嫌虚假诉讼线索移送公安立案并起诉，涉案人员被法院作出有罪判决。加强对刑罚执行和监管活动的监督，对减刑、假释、保外就医等刑罚执行变更活动组织专项检查，对超期羁押和久押不决等情形开展同步监督，对存在的隐患发出检察建议4份。加强社区矫正法律监督，对监外执行环节存在的问题发出检察建议7份。

【执法环节自身监督】 2014年，县检察院根据修改后刑诉法和民诉法的要求，全面修订本院执法办案环节规范化制度，突出监督重点，强调风险防控，完善执法程序，强化责任追究。严格落实执法办案层级责任制，加强内部监督和考核，确保办案责任明确；全面运行检察机关统一业务应用系统，实现对办案流程的全程实时管理和监控，定期组织案件质量评查活动，及时纠正执法办案中存在的瑕疵和问题，确保执法办案规范有序。

【接受外部监督】 2014年，县检察院牢固树立监督者更应接受监督的理念，坚持把接受人大监督作为做好检察工作的重要保证。严格执行接受人大监督的各项制度，定期向人大及其常委会报告工作。加强与人大代表的联络，认真办理人大代表提出的意见、建议。自觉接受政协民主监督，向政协民主监督员通报了查办贪污贿赂犯罪情况。通过参观办案工作区、参与庭审观摩、组织座谈和培训等形式，加强与代表委员、人民监督员和政协民主监督员的良性互动。加大检务公开力度，开展举报宣传周、法律六进等活动，开通淳安检察微信、微博，积极向“两代表一委员”及社会各界推送检察工作信息，扩大检察工作的社会知晓面，使广大群众参与到对检察工作的监督中来。

【强化思想作风建设】 2014年，县检察院深入开展党的群众路线教育实践活动，依托“三认”等联系基层群众的手段，主动深入基层，联乡结村，服务群众，提升队伍做群众工作和化解矛盾的能力。通过整改“四风”问题和建立长效机制，深化政法干警核心价值观和群众意识，确保检察工作科学发展。严格落实中央“八项规定”和各级党委关于纪律作风的有关规定，结合政法系统内发生的反面典型事例，大力开展警示教育，落实党风廉政建设“两个责任”和执法办案各项纪律，加大检务督察和纪律作风日常检查力度，明确“八小时”内外的纪律要求，确保检察队伍零违纪。

【提升队伍业务能力】 2014年，县检察院把提升队伍专业化素质放在突出位置，实施人才培养战略，注重对青年人才和业务尖子的培养力度，组织青年干警参与针对性岗位培训、岗位练兵和竞赛评选活动，选择青年业务骨干列席旁听检察委员会议案议事过程，参与办理重大案件，提高青年干警依法独立处理疑难复杂案件的能力。

【推进基础保障建设】 2014年，县检察院深化检务保障，推进检察机关科技装备建设与运用，加强自侦案件基础信息库建设，提高职务犯罪线索的转化率；加快检察专线网络分级保护建设，保障执法办案安全。设立案管大厅接待窗口，执行案件受理、业务接待和送达告知等职责，有效减轻办案人员的事务性负担，并规范了同公安、律师的业务往来方式。着力推进乡镇检察室建设，在乡镇、村社中开展犯罪预防、信访办理和法制宣传等工作，提升农村群众的法治意识。

（严巧莉）

·法　院·

【概况】 2014年,淳安县人民法院深入贯彻落实中共十八大及十八届三中全会精神,以党的群众路线教育实践活动为抓手,坚持司法为民、公正司法,严格履行宪法和法律赋予的职责,服务保障全县的经济建设与社会发展大局,各项工作取得了新进展。全年共受理各类案件6322件,结案5934件,与2013年相比,分别上升17.0%和16.9%。一线办案法官年人均结案达156.2件,同比增加29件。上诉率、申诉率、改判发回率等质效指标排名继续位居全省法院前列。

【刑事审判】 坚持惩罚犯罪与保障人权并重,全年共受理刑事案件571件,审结560件,判处罪犯785人,同比分别下降1.4%、0.2%和7.2%。依法惩处侵犯人身权利的犯罪,从重从快审结抢劫、强奸、故意伤害等案件51件60人。依法打击侵犯财产类的犯罪,审结盗窃、抢夺、诈骗等案件182件217人。依法惩治妨害社会管理秩序的犯罪,审结聚众斗殴、寻衅滋事、赌博等案件53件125人。依法惩处职务犯罪,审结贪污、受贿等犯罪案件12件18人,其中判处十年以上有期徒刑6人。依法惩治醉酒驾车的犯罪,审结危险驾驶犯罪案件205件。积极探索轻微刑事案件快速审理机制,采取集中开庭、集中宣判的方式,提升工作效率。建立健全预防冤假错案工作机制,注重对口供以外证据的质证和认证,妥善审结了一批“零口供”拒不认罪的案件,严把案件质量关。依法扩大非监禁刑的适用,共对374名罪行轻微的罪犯判处缓刑或单处罚金。加大通知辩护力度,为98名经济困难的被告人通知法律援助律师出庭辩护,可能判处三年以上的辩护率达96.7%,保障被告人合法的诉讼权利。

【民商事审判】 按照“能调则调、当判则判、平等保护”的原则,全年共受理民商事案件3645件,审结3377件,解决争议标的额达6.9亿元,同比分别上升23.7%、24.2%和9.5%。审结案件中,调解撤诉1673件。坚持情法理的统一,妥善化解婚姻家庭、赡养扶养、收养继承等家事类纠纷571件,维护和谐的家庭关系。坚持维护政策的延续性,审理承包经营权、宅基地等纠纷36件,维护农民的合法权益。审理建设工程施工合同、商品房买卖合同等纠纷108件,保障房地产及建筑市场的健康发展。高效快捷办理借款借贷、保险合同、信用卡等纠纷1890件,同比上升55.9%,诉讼标的额达3.5亿元,维护正常的金融秩序。坚持诚实信用原则,审理买卖、租赁、承揽等纠纷332件,营造公平有序的交易环境。开辟绿色通道,快速审结各类侵权纠纷、劳务合同、劳动争议案件66件,保障公民的人身权、财产权,保护劳动者的合法权利。通过民商事审判,依法保护当事人的合法权益,促进社会的和谐稳定。

【行政审判】 坚持监督与支持并重原则,全年受理行政诉讼案件46件,审结43件,和解撤诉19件,和解撤诉率44.2%。其中判决行政机关撤销具体行政行为7件,受理行政非诉案件13件,裁定准予执行10件,对3件程序存在瑕疵的案件,通过协调促成相对人自动履行处罚内容,由行政机关撤回申请。推进行政机关负责人出庭应诉、相关工作人员旁听庭审工作,提高行政机关依法行政水平。重视行政争议的源头预防,通过走访座谈、专题培训等形式,及时向行政机关反馈审判工作中发现的问题,实现司法与行政的良性互动。

【执行工作】 全年共受理执行案件2035件,执结1929件,执行到位标的额达3.7亿元,执结率94.8%,实际执行率75.2%。加大对拒执行为的打击力度,查封房屋265套,扣押汽车70辆,冻结银行存款1200万元，共对92名被执行人实施司法拘留，将2名被执行人以涉嫌拒不执行判决、裁定罪移送公安机关立案查处，提高执行威慑力。充分运用信息化科技手段，实现与公安、银行、房管等部门“点对点”联动查控，共查获被执行人71名，查控被执行财产信息31075条。完善信用惩戒机制，将1515名失信被执行人纳入全国失信被执行人名录，使其在融资、注册公司、承揽工程、高消费等各个方面受到限制，敦促被执行人主动履行。开展“雷霆行动”，加强对企业欠薪、“三费”等涉民生案件的专项集中执行，共执结涉民生案件205件，到位标的额630万元。

【保障中心工作】 依法助推“五水共治”、“无违建县”创建、“撤村建居”“三改一拆”等政府中心工作，参与县委、县政府组织召开的法律论证会，合力破解难题。积极运用诉调对接机制，加强与相关部门联动，帮助化解工作推进过程中出现的各类矛盾纠纷。审结并强制执行腾空房屋拆迁安置补偿合同纠纷一案，为撤村建居项目的顺利推进提供司法保障。对“无违建县”涉及违反规划非法占地纠纷一案，通过与相关部门联动协调，顺利化解争议。注重审理好涉及林业、渔业纠纷案件，通过巡回审理，以案说法，发挥裁判的教育和警示作用，支持对千岛湖库区环境资源的保护。

【助推社会管理】 积极开展司法建议工作，全年共发送司法建议7篇。其中《关于加强对建筑施工领域非法转包、违法分包管理的建议》获淳安县领导批示肯定，由淳安县人民政府牵头进行专题研究并形成会议纪要。开展未成年人犯罪案件庭前调查、分类审理、回访帮教，配合做好社区矫正工作，预防和减少重新犯罪。

【优化法治环境】 通过法律咨询、法制讲座等形式，送法进村入企，营造信法、守法的良好氛围。加强法院门户网站和宣传员、网评员队伍建设，实行新闻发布例会制度，全年召开新闻发布会4场，增进社会对法律、法院及法官的了解。深入开展“3•15”消费者权益保护日和“12•4”第一个宪法日的宣传活动。开设电视普法宣传专栏，拍摄微电影，宣传法院工作。

【便民利民服务】 加强诉讼引导、服务救助、查询咨询、判后答疑等立案信访窗口功能，开通“12368”语音服务热线，在线办理各种服务，全面升级硬件设施，为群众诉讼提供方便。对简单案件适用小额诉讼程序进行速裁，提高司法救济的及时性和便利性。全面实施“零佣金”网络拍卖，建立银行按揭贷款机制，成交金额1.78亿元，为当事人节省佣金95万元，促进成交价值的最大化。投资20万元，对交通事故巡回审判法庭硬件设施进行改造。健全司法救助机制，不断扩大司法救助范围，依法为11名经济确有困难的当事人缓、减、免收诉讼费7.2万元，发放司法救助金12.6万元。

【司法公开】 深入推进审判流程、裁判文书、执行信息三大公开平台建设，努力打造公正、高效、透明的阳光司法新机制。改版法院门户网站，公开审判执行流程、诉讼收费标准、诉讼指南、工作报告、统计数据、法官情况等内容，开通案件审判执行进程实时查询系统，方便群众办事，接受群众监督。开展公众开放日活动20次，邀请380余名人大代表、政协委员等社会公众走进法庭，近距离接触司法，感受公正。利用官方微博等载体，及时发布信息，方便群众通过新媒体了解法院，感受司法。继续推进裁判文书公开工作，上网公开裁判文书10846份，公布的数量位居全国基层法院第14位，阳光司法考核继续位居全市法院前列。

【审判管理】 运用信息化手段，加强案件各流程节点的跟踪监督，突出审判、执行各项质效数据的动态监测和分析研判，促进审判管理精细化、科学化。每月对结案率、平均审理天数、调解撤诉率等反映办案质效的评估数据进行通报，不断提升案件质量和效率。坚持和落实案件质量常规评查，注重涉诉信访和改判、发回重审案件的重点评查，通过定期通报倒逼审判质效提升。建立长期未结案通报制度，督促承办人及时清理积案。

【加强队伍建设】 深入开展党的群众路线教育实践活动，以“三认”为契机，查摆“四风”方面及审判、执行各环节存在的突出问题，进行整改落实，改进司法作风。淳安县人民法院干警王华在“6•9”暴力抗法事件中发扬临危不惧、沉着勇敢、尽职履职的敬业精神，因公受伤，在全社会引起强烈的反响，受到了中央、省、市、县各级领导的批示肯定，入选2014“最美杭州人”。坚持新年上班第一天上廉政课、当年11月举办廉政教育月活动的惯例，强化法院干警廉洁意识。严格执行“八项规定”，完善廉政监督员制度，积极配合开展司法巡查活动，以零容忍的态度切实杜绝关系案、人情案和金钱案。加强年轻干警培养，实行新任法官、新录用干警到立案信访窗口、基层人民法庭轮岗锻炼制度，积累群众工作经验。开展中层干部竞争性选拔活动，选拔任用年轻干部，提拔10名80后的年轻干部为中层干部，促进干部队伍年龄结构优化。

【接受监督】 坚持主动向县人大及其常委会汇报工作，加强与人大代表、政协委员的日常联络，广泛听取意见、建议，认真办理议案、提案。全力配合县人大常委会对淳安县人民法院法官开展的履职评议工作，根据审议提出的意见，逐一整改到位。积极支持县政协视察淳安县人民法院司法公开工作，落实政协民主监督制度。充分发挥人民陪审员制度的司法监督功能，全年陪审案件677件，一审普通程序陪审率达91.9%。有序推进人民陪审员倍增计划，新增选人民陪审员18名，实现了人民陪审员与现有的法官人数持平。坚持检察长列席法院审判委员会案件讨论制度，认真对待检察机关提出的检察建议，支持、配合检察机关依法履行法律监督职责，共同促进司法公正。广泛接受包括新闻媒体在内的社会各界监督，健全民意沟通机制，完善基层联系点制度，认真办理群众来信，听取群众意见、建议，坦诚回应社会关切。

(任璀霞)

•司法行政•

【概况】 2014年，全县司法行政系统致力于全县司法行政事业持续发展、管理科学规范有序、职能做优做强做实，各项工作取得明显实效。县司法局被杭州市委、市政府评为杭州市社区矫正工作先进单位、杭州市2013年度社会管理综合治理工作先进单位，获全市社区矫正业务知识竞赛总决赛一等奖和组织奖、全市司法行政系统依法行政工作考核优秀单位、县直机关综合考评先进单位。司法局社区矫正管理科被浙江省委、省政府评为浙江省社区矫正工作先进集体。10月，淳安县人民调解委员会成立。

【营造和谐稳定社会环境】 围绕“撤村建居”、“无违建县”创建、“五水共治”等中心工作，开展矛盾纠纷专项排查调处活动。全县各司法所结合工作实际，对土地征用、房屋拆迁、环境整治等群众普遍关注的热点、难点问题，做到了主动参与、提前排查，并根据辖区实际及时落实本辖区重大项目维稳责任包干到位，充分发挥人民调解第一道防线的作用，全县矛盾纠纷调处数量比上年同期大幅提升。2014年全县各级人民调解组织共调处矛盾纠纷14141件，调处数量比上年上升27%，其中成功14025件，调处成功率99.2%；医调会调处36件，交调会调处

2970件。加强基层司法所建设，夯实软硬件基础。加大资金投入，按照“分步实施、统筹推进”的原则有步骤地提升各基层司法所的外观标识、办公设备、物防技防等硬件设施建设，同时又将新招录的公务员全部充实到基层，着力加强了基层司法所的人员配备，做到人、财、物的全面保障，进一步夯实司法行政基层基础。加强对基层一线人民调解员的业务培训，对全县1800余名基层调解员和司法所所长进行轮训，组织法院法官、知名律师、知名调解员为参训的调解员讲解基层农村常见法律问题及法律适用，提高一线人民调解员的业务水平。千岛湖镇火炉尖社区人民调解员林太图获杭州市“十大金牌和事佬”荣誉，这是淳安县自2011年以来第二位获此殊荣的基层人民调解员。积极完善“大调解”网络构建，加强行业性专业调解组织建设，先后建立了学生伤害纠纷、婚姻家庭纠纷、环境保护纠纷，以及物业纠纷等人民调解委员会。同时，为更好地指导和协调全县各乡（镇）人民调解委员会开展矛盾纠纷的预防和化解及重大疑难复杂矛盾纠纷的调处工作，10月，成立淳安县人民调解委员会。

【法律服务】 通过政府购买服务方式，在全县425个行政村全面推行村级法律顾问工作制度，为基层提供多层次法律服务。村级法律顾问全年共解答群众法律咨询1055人次，举办法制讲座16场，起草、审查法律文书28件，调解纠纷179起，受理民事案件112起，受理法律援助案件58起，开展村务“法律体检”48次。淳安县村级法律顾问工作的经验和做法先后被《浙江日报》等主流媒体宣传推广。全县律师、法律服务工作者共为20个政府部门、221个企、事业单位和社会团体担任法律顾问，为政府及相关职能部门在社会事务管理中提供法律意见，为县领导“大接访”活动提供法律咨询，调处涉法纠纷，参与重大经济活动洽谈论证等，积极履行职责，当好全县中心大局工作的法律参谋。县公证处除参与全县工程项目招投标、政府采购等工作外，还积极配合县委、县政府和各乡镇开展“三改一拆”等证据保全工作。加强法律服务行业执业监管，对2013年6月至12月本地律师事务所和基层法律服务所办理的由淳安县人民法院结案的案件开展倒查工作，共评查案件664件，营造律师规范有序的执业环境。法律服务行业健康有序发展，全年共代理各类诉讼案件1269件，同比增长14.5%。法律服务行业总收费首次突破千万。千岛湖法律服务所和城关法律服务所在全市年检考核中名列前五。千岛湖法律服务所荣获全市基层法律服务所考核先进单位。吴文书荣获省司法行政系统第四届百名优秀人物提名奖。

【推进法治淳安建设】 把“五水共治”、“无违建县”创建等工作涉及的法律法规纳入“六五”普法的重要内容。在“干部学习新干线”和“杭州普法网”上组织全县市管干部和公务员开展专题法律知识学习考核，提高领导干部和公务员运用法治思维和法治方式干好“五水共治”“无违建县”等中心大局工作的能力。充分发挥普法讲师团作用，搭载“法律六进”平台，深入基层，深入群众，大力宣传相关法律法规及政策，引导群众拥护和支持全县中心工作。2014年，县司法局共编印并发放“三改一拆”“五水共治”“无违建”县等法制宣传资料70000余份，为全县中心大局工作营造了良好的法治氛围。拓展形式多样的普法宣传新载体，在腾讯微博、新浪微博和微信开通淳安司法、淳安普法等公众号，以简洁、明快的新媒体语言向年轻受众普及法律法规知识。在淳安人民广播电台《千岛湖之声》开办《法治千岛湖》广播专题节目，通过案例剖析、律师视点等形式，引导群众平时学法，遇事想法，解事用法。依托“三八”妇女节、世界水日、环境保护日等重要时间节点，指导全县各乡镇部门开展多姿多彩的法制宣传活动共计56场次，受众面达95%。举行首个

"12•4"国家宪法日暨法治服务"秀水富民"大型宣传活动,全县各部门共90余人参加接询活动,展出展板70余块,现场为广大群众发放宣传资料,解答法律问题,同时还设有专人受理矛盾纠纷和法律援助案件。活动当天共接待各类咨询1290余人次,发放各类宣传资料19573份。"六五"普法以来,以弘扬法治精神、树立法治理念、丰富法治文化、推进法治实践为目标,以打造普法特色品牌为重点,精心部署,强力实施,圆满完成"六五"普法中期各项工作任务。

【社区矫正管控】 加强社区矫正执法队伍建设,以贯彻落实省两办《关于进一步加强社区矫正工作的意见》为契机,积极开展"公正执法、规范履职"主题教育实践活动,组织全体社区矫正工作人员开展以"社区矫正工作是什么、干什么、怎么干"为主题的学习讨论活动,深刻剖析查摆问题,不断强化执法意识,规范执法程序,提升执法能力,提高执法水平,努力打造一支政治过硬、业务精湛、执法规范、公正廉洁的社区矫正队伍。县局在全市社区矫正工作十周年业务知识竞赛中荣获一等奖和组织奖。汪信文被浙江省委、省政府评为全省社区矫正工作先进个人,临岐司法所和汾口司法所被市委、市政府评为杭州市社区矫正工作先进单位。开展"三查"专项行动,强化执法大检查。开展执法案件自查,评查执法案件61件;开展执法工作自查,办理调查评估案件389件,居住地变更执行32件;开展执行情况自查,排查出需要整改的社区矫正人员9名。对查找出来的问题和薄弱环节认真整改到位。联合县检察院定期对全县社区矫正工作进行执法检查,确保公正廉洁执法。2014年全县新增社区矫正服刑人员317人,期满解矫362人,警告34人,治安处罚4人,收监执行9人,共接受审前调查279起,在监服刑人员的信息核查141人。强化科技管理,严格落实社区矫正管理系统首次信息采集,确保基础信息录入率100%。利用手机定位及声纹识别系统、指纹报到和IC卡智能化管理系统、检察机关矫正信息核查核对系统、再犯罪风险评估系统、执法文书系统等信息化手段,提升社区矫正日常监管效能。在省厅支持下,投资70余万元建设社区矫正信息监管指挥中心,并于11月正式投入使用,使社区矫正信息化管理体系更科学、更规范。

【法律援助】 着力构建完善城乡均等的法律援助公共服务体系,扩大法律援助惠及面,在全县农村的港湾式公交停靠站开展"六五普法进农村、法律援助在行动"宣传活动。出台《淳安县法律援助经费使用管理办法》和《淳安县法律援助案件补贴标准》,对全县法律援助经费使用做出明确规定,同时提高法律援助刑事、民事、行政案件补贴标准,为法律援助工作的开展提供更为有效的经费保障。认真贯彻落实《浙江省法律援助案件质量标准化管理体系》的规定,出台《淳安县司法局关于进一步严肃办理法律援助案件纪律的通知》,完善案件质量监督卡制度,充分利用法律援助信息系统,对援助案件实行全程实时监督,全方位提升法律援助办案质量。开展法律服务人员参加法律咨询活动,由全县律师、基层法律服务工作者、公证员参加县法律援助中心安排的司法行政法律服务中心窗口法律咨询活动,有效提升中心法律咨询专业化水平和法律服务效率。加强与工会、共青团、妇联、残联、劳动仲裁院等部门的沟通协作,实现各部门之间法律援助资源的互通共享。2014年,"12348"专线共接待来电来访2717人次,其中来电543人次,增长21.89%。全县共办理法律援助案件501件,同比增长21.31%,为困难群众挽回经济损失849.63万元,节约诉讼代理费282.6万元,同比增长19.14%。法律援助办案数和为群众节约诉讼代理费的大幅提升,直观体现了2014年有更多的困难群众和弱势群体享受到了免费的法律维权服务，有效维护了群众合法权益。2014年底，为安徽、江苏、北京、淳安本地53名农民工讨薪提供法律援助，讨回欠薪27.7万余元，剩余部分向农民工出具欠条并约定付款日期。

【队伍能力建设】 在全局扎实开展群众路线教育实践活动，班子成员以身作则，率先垂范，严格按照“照镜子、正衣冠、洗洗澡、治治病”的总要求，聚焦解决“四风”方面存在的突出问题，通过个人自学、集中学习、专家讲座、集中座谈、专题讨论、观看音像资料等多种形式，提高对群众路线学习实践活动的认识。通过主动登门、深入基层、发函询问与个别交流、多种途径相促进，广泛听取各方意见、建议，有针对性地改进作风。通过“群众提、自己找、上级点、互相帮”认真查摆问题，深入开展批评与自我批评，召开专题民主生活会，真正达到“洗澡”、“治病”的效果。通过“立说立行、真抓真改”，结合班子和成员对照检查中发现的35个问题，明确9大项22条整改内容，制订制度建设计划34条，细化整改措施，确保整改落到实处。深入推进“三认”服务机制，进社区，进乡村，进企业，进学校，认人，认情，认事，面对面了解群众所需、零距离倾听群众心声、心贴心满足群众需求，切实提高服务群众的能力和水平。全年完成二轮走访，走访单位37家230人次，农户49家，组织党员“集中服务日”活动12次。主动落实帮扶项目，全年帮助结对村落实资金11万元。扎实开展党员干部结对帮扶城乡困难家庭和“1+X”机关党组织结对帮扶活动，走访慰问困难农户49户，送慰问金和慰问品共计25500元，资助1名特困学生7000元。开展社区支部共建，走访慰问70岁以上老党员。开展部分中层副职岗位竞聘，优化中层干部队伍结构，通过竞聘演讲、民主测评、组织考察等程序，5名80后年轻干部走上中层岗位，激发了年轻干部的工作热情。同时将新招录的6名公务员全部充实到基层司法所，锤炼干部队伍。加强党员教育培训，保障党员干部活动经费。把党风廉政建设和反腐倡廉工作纳入目标管理，强化监督检查，确保公正廉洁执法。

（张立真）

（编辑 严卫华）

人民武装

【概况】 2014年,淳安县人民武装部认真学习贯彻中共十八大精神和十八届三中、四中全会精神,着力落实军委主席习近平对军队提出的“听党指挥、能打胜仗、作风优良”的要求,紧紧围绕浙江省军区和杭州警备区党委“走在前列、争创一流”的决策部署,按照“规范建部、和谐兴部、安全立部”的指导思想,扎扎实实打基础,踏踏实实搞建设,老老实实抓作风,人武部建设取得长足进步。

【党的群众路线教育实践活动】 2014年,县人武部党委全面开展群众路线教育实践活动,认真抓好宣传动员、学习教育、查找问题、征求意见各个环节。对征求到的意见、建议和查找出的问题进行归类梳理,采取“拉单、挂账、销项”的方式逐条逐项整改。一是抓问题认领,针对查找梳理出来的“四风”问题,按照职责分工进行拉单列条,确定职能科室、分管领导逐条逐项认领,按照分工立即研究答复意见和整改措施,能改的马上改,能做的立即做。二是抓难题破解,主动作为,迎难而上,在难题破解上创新思路,力求实效,针对7名未进入村“两委”班子的民兵连长待遇问题,部党委与县委组织部和所在乡镇三方共商,快速解决。三是抓实事速办,县人武部下发乡镇基层武装部的通知同比减少50%以上,行政消耗性开支同比下降19.81%,接待费同比下降20.31%,对征集到的47条意见、建议,立行立改,至年底,完成整改11项,回复33项,在办3项。

【民兵整组点验】 通过组织调研、专题部署、检查验收、小结讲评等方法,全面扎实做好民兵组织整顿工作。由县政府和县人武部共同拟制下发《关于做好2013年民兵组织整顿工作的通知》。5月,部领导带领机关人员利用一周时间,对全县23个乡镇进行拉动点验,各乡镇高度重视,到点率较高。

【军事训练】 5月上旬,组织2名专武干部参加省军区组织的年度跨区联训;组织全县应急分队和专武干部140余人,在民兵训练基地进行军事技能强化训练;组织23名武装部长参加省军区专武干部集训,大墅镇陈贤成取得全市第8名,梓桐镇李军良取得全市第13名(杭州地区共有184人参训)。7月,组织水上抢险分队训练,提升分队抢险救灾能力,参训队员30人。

【民兵信息网建设】 以省军区民兵情报信息网深化建设任务部署会精神为指导,积极探索民兵信息网建网用网新路子,初步形成重点突出、布局合理、点面结合、作用明显的民兵信息网络。设立民兵情报信息工作专项经费10万元,每年给信息员发放500元的补助,对提供有价值信息,给予50～1000元不等的奖励。同时该经费还用于民兵的补助奖励、购置器材设备和购买意外伤害保险等。

【落实各项制度】 全年,认真落实各项规章制度,包括党管武装述职制度、双重领导制度、过军事日制度、会议制度等。年初,召开由全体在岗县委常委参加的全县党管武装工作会议,部署安排年度武装工作任务。全年先后召开5次基层武装工作例会,部署安排阶段性武装工作。各乡镇结合整组和征兵工作,相继召开民兵大会、干部大会,分析形势,讲评工作,部署任务,表彰先进。

【学习贯彻十八届四中全会精神】 组织人武

干部学习贯彻十八届四中全会精神，按照全会精神广泛开展“学法规、明职责、严纪律、正秩序”活动。修订完善《淳安县人武部党委议事规则》，提高贯彻民主集中制质量。广泛听取对军事斗争准备重大决策的意见，推进党委班子岗位练兵常态化，着力提高党委班子和领导干部把握大局、管控部属、持续用力、化险为夷的能力。

【完成部务公开试点】 完成警备区赋予的敏感事务公开试点任务，抓好经常性警示教育和岗位廉政教育，扎实开展读书思廉、仪式倡廉、家庭助廉、环境育廉活动。贯彻落实省军区《关于加强领导干部教育管理制度意见》，严格征兵、工程建设、选人用人、物资采购、有偿服务等制度规定，巩固深化防止“三个插手”，抓好“四个行业规范”和“四项清理整治”等工作。

【国防教育】 开展双拥共建活动，突出涉军维权工作。大力做好新形势下国防教育进党校、进学校、进乡村（社区）工作，协调县委宣传部、县电视台等单位建立“八一”光荣榜。10月，会同县委宣传部、县教育局、县传媒中心建立县国防教育专题网站，将近年来淳安县现役军人立功受奖情况作为头条挂网，起到较好的激励作用。

【兵员征集】 2014年，全年共设兵役登记站24个，登记应征青年2438人，登记率为91.61%。经体检、政审全面完成2014年度男女兵征兵任务，其中大学生新兵40人，应届大学生新兵（保留学籍）20人。

【征兵宣传】 征兵期间，在《千岛湖》传媒、淳安党建网、校园网开辟国防教育和征兵宣传专栏。借力民兵信息员和网评员2支网络力量，在QQ、微信、短信等平台，全方位、全覆盖宣传征兵工作。协调电信、移动、联通公司利用手机群发征兵短信50万余条。在各类公共场所设置征兵咨询站28个，发放印制宣传册1万余本，宣传单6万余张。在人口密集处悬挂宣传条幅300多条，设置大型宣传板块（橱窗）26个。在电视、大型电子显示屏等现代传媒上连续滚动播放征兵宣传标语，充分激发适龄青年参军的积极性。

【依法治军】 加强干部职工八小时以外管理，对探亲休假、外出学习的干部职工做好临行前教育，定期打电话提要求。严格执行车辆管控制度，能不用的不用，能少用的少用，出车用车必须填写派车单，车子出防区按规定报批，杜绝干部违规用车、违规开车现象。加强安全保密教育和“十条禁令”学习，不漏一人、一机、一盘，组织机关进行保密办公排查和基层武装部保密清查，与公安驻军建立网络安全协作机制，严密防范网络泄密。从揭露矛盾和问题入手，坚持求真务实作风，通过学、谈、查、评、改、签等形式，始终保持对安全稳定工作的强劲高压态势，确保县人武部安全稳定。

【改善机关办公条件】 8～10月，县财政提供100余万元资金，对县人武部办公楼进行装修，加铺地板，更新电线、网络线，粉刷墙面，购置新办公电脑21台、空调21台，统一更新办公室资料柜，办公条件得到明显改善，为信息化管理、提高办公效率提供了硬件条件。

【行政管理】 2月，根据警备区统一部署，从动员、整训、隐患排查整改、制定措施四个方面扎实抓好“条令学习月”活动。全年，从小处着手，从细节抓起，训队列，练军姿，整军容，在潜移默化中加强机关正规化建设。坚持不懈地抓好每日的生活制度，坚决纠正上班迟到早退现象。严肃军人风纪，彻底改正上班着便装等不良习惯。

（严陆贵）

（编辑　严卫华）

旅　游

·千岛湖风景旅游局·

【概况】 全年共接待国内外游客1005.32万人，实现旅游经济总收入90.3亿元，同比分别增长10.64%和11.19%，其中购票下湖游客210万人，实现门票收入2.3亿元，同比分别增长4.45%和12.30%；乡村旅游接待游客336.5万人次，实现乡村旅游收入3.56亿元，同比分别增长28.04%和26.69%；实现全县社会消费品零售总额60.1亿元，同比增长13.7%；全县景区化农民旅游产业人均纯收入占农村居民人均纯收入比重为4.6%。获得全国旅游标准化示范县、浙江省旅游总评榜年度十佳县和十佳度假景区等荣誉。千岛湖景区在全省AAAAA级景区中的游客满意度进位全省前列，入围百度最关注景区第十位、中国十大生态旅游景区。《自行车骑行游服务规范》上升为国家行业标准。

【2014婚纱摄影行业营销战略总裁高峰论坛】 1月13日，2014婚纱摄影行业营销战略总裁高峰论坛暨千岛湖蜜月旅行加盟品鉴年度感恩盛典在淳安县举办，来自浙江、上海、江苏、安徽、江西、福建等地的业内顶尖人士参加，全国10多个省市300多家影楼的总裁、营销总监近500人锁定千岛湖这一浪漫胜地，共同探讨“甜蜜生意经”。

【全县导游年审培训会议】 1月13日，开展全县导游年审培训工作，培训以旅游法解析及旅游法实施后对导游行业的影响等内容为主，500余名导游参加。

【浙江旅游职业学院千岛湖国际酒店管理学院入驻千岛湖】 1月24日，浙江省旅游职业学院千岛湖国际酒店管理学院签约，项目正式启动。该学院项目用地位于文昌翁家地块，校区规划面积500亩，建设用地约165亩，建筑面积约4万平方米，计划在校生规模1200人以上。

【县导游协会成立】 2月13日，召开全县导游协会成立大会，200余名导游参加会议，会上表决通过了导游协会章程。2月18日，县导游协会获得县民政局批复，正式成立。

【全县旅游商贸行业工作会议】 2月28日，组织召开全县旅游商贸行业工作会议，方阳主任作旅游工作报告，部分企业代表作表态发言，另有企业代表与旅委签订了2014年度安全生产目标责任书。大会对2013年度旅游(商贸)行业各类先进集体和个人进行表彰。

【“星级服务在旅委”学习体验活动】 3月14日，在千岛湖度假村召开“星级服务在旅委”学习体验活动，邀请千岛湖开元度假村总经理楼永兴进行授课，课后组织观看《苏州“廉石之光”廉政微电影获奖作品精选》电教片，旅委干部、员工共99人参加了会议。

【首届千岛湖漫游节】 3月21日，2014千岛湖首届漫游节活动专题上线，整合春季骑车看花、环湖踏春、春季采摘、徒步漫游等资源和主要旅游节庆活动，通过线上线下互动来撬开春季市场。

【千岛湖游船泔水直排事件】 3月31日，浙江卫视《今日聚焦》栏目曝光千岛湖游船泔水直排事件，旅委立即行动，对违规排污的沁园15号、新安江6号实行停止排航处理，千岛湖风景区所有游船全面禁止开餐，游船上所有餐饮厨具及煤气瓶全部上岸。

【旅游目的地环境管理专项整治】 4月2日，淳安县启动旅游目的地环境专项整治，严厉打击旅游行业违法违规行为，共受理“野导”扰乱公共场所秩序案件12起，治安处罚12人，其中给予行政拘留处罚8人；运管部门扣押“黑车”28辆，立案19起，罚款金额24.2万元；海事部门扣押梭机船14艘、渔船1艘、“黑艇”1艘，共立案19起，罚款金额1.24万元；市场监督管理部门共查办商业贿赂案件15起，罚没款56万元，其中查处经营单位6家、野导9名。全县旅游目的地环境秩序得到改善，黑车、黑艇、野导现象基本消失。

【全县旅游行业“爱护千岛湖”大讨论活动】 4月8日，召开全县旅游行业“爱护千岛湖”大讨论动员会。本次大讨论活动分为以大讨论促思想认识、以大排查促问题查找、以大整改促制度规范3个步骤。

【“春之邀·知名作家走进千岛湖”活动】 4月8～10日，组织完成了“春之邀·知名作家走进千岛湖”活动，活动邀请了原中国作家协会副主席黄亚洲、中国作家协会会员杨静龙等6名省内知名作家来到千岛湖采风，在活动后分别以全县景区化体验游和淳安茶叶为主题创作，并在《杭州日报》以专版形式刊发。

【“游多多春游年代秀”活动】 4月15日，“游多多春游年代秀”活动正式启动，引导70后、80后、90后三个不同年代人群相约千岛湖踏春，秀春游记忆。通过线上征集游记攻略，线下组织网友参与体验后撰写游记并分享，强化千岛湖春游踏青市场的口碑传播。

【寻根探源中国茶树良种——鸠坑茶活动】 4月20日，寻根探源中国茶树良种——鸠坑茶活动在鸠坑乡举办，近200余名爱茶之人来到鸠坑茶种原产地，参加了采春茶、炒青茶、品贡茶和访茶王等活动，并在活动结束后在西祠胡同、19楼等论坛上发微博谈感想。

【全县景区化培训会】 4月20日，县旅委在浙江旅游职业学院举办了全县景区化工作培训班，副县长江华平到会并作动员讲话，青溪新城、23个乡镇乡村旅游分管领导，千岛湖镇屏湖村、安阳乡乌龙村、枫树岭镇下姜村、姜家镇姜家村负责人，共30人参加了培训。

【“淳香苑杯”淳安县都宴菜暨第五届农家菜烹饪大赛】 4月22日，与县总工会、县人社局共同举办“淳香苑杯”淳安县都宴菜暨第五届农家菜烹饪大赛，大赛获得圆满成功。

【旅游行业安全、环保、市场整治专题会议】 4月24～25日，召开宾馆饭店、旅行社2014年度旅游行业安全、环保、市场整治专题会议。会议通报旅游目的地市场整治情况及下一步工作，通报酒店排污情况及对酒店、旅行社的相关要求，部署亚信会议安保及团队操作流程、要求，部署“五一”接待，提出安全、服务、秩序等具体要求。

【千岛湖户外休闲运动大会】 4月26～27日，2014千岛湖户外休闲运动大会在中洲举办。活动吸引了来自衢州、上海、丽水、金华等十余个户外队共500多名户外运动爱好者参与。

【千岛湖景区重大节假日实行全面电子售检票】 5月1～3日，千岛湖景区实行重大节假日全面电子售检票，整个码头的接待秩序和形象得到了提升。

【央视《新闻直播间》栏目走进千岛湖】 5月2

日，央视《新闻直播间》栏目走进千岛湖景区首次直播“五一”小长假景区旅游盛况。

【“穿着婚纱去春游”大型公益集体婚礼活动】 5月13日，举办了2014爱在千岛湖别样浪漫“穿着婚纱去春游”大型公益集体婚礼活动。99对新人齐聚千岛湖，在这里开启了他们的蜜月之旅。

【千岛湖金色阳光运动休闲街开街】 6月8日，千岛湖金色阳光运动休闲街开街，一期236米，街区按运动休闲产品专卖店，体育及运动休闲俱乐部、运动休闲体验项目、婚纱摄影四大业态三大区块进行布局，内有婚纱摄影、绿道骑行、登山露营、休闲垂钓、体育健身、户外装备等系列运动休闲俱乐部和运动休闲产品。

【千岛湖旅游形象广告片完成拍摄】 7月15～19日，千岛湖旅游形象广告片完成拍摄。该片由国内知名广告导演、策划人李亚捷执导，曾获第15届东京国际电影节最佳艺术贡献奖的邵丹为摄影师，协同合作将千岛湖骑行、露营、度假、婚纱摄影、水上运动等旅游资源展现出来。

【千岛湖旅游形象宣传纪录片完成拍摄】 8月，千岛湖旅游形象宣传纪录片完成拍摄。纪录片中由9位本地人讲述千岛湖的水下千年古城、巨网捕鱼作业、水上休闲运动、麻绣睦剧文化、古村古茶守护等故事。

【全县景区化扶持政策】 8月18日，出台《关于提升乡村旅游促进全县景区化的实施意见》。将户外运动休闲项目、乡村度假产品、精品“农家乐”、三产融合项目、旅游服务体系五大类作为今后全县景区化建设的重点，进一步强化乡村旅游项目的土地保障和机制保障，鼓励社会资本参与开发经营高端旅游度假村落、乡村精品酒店等项目，重新制定度假村落招商手册。

【景区百日整治】 8月20日，全面启动景区百日整治，完善游船艇考核、考核基金使用、垃圾污水回收管理、景区安全等管理办法，加强对游船包厢收费、空调使用等问题的规范，开展景点、游船艇日常综合检查120次，排查景点、游船艇整改问题774条，移送相关部门行政处罚案件2起，对景区违规行为予以通报批评7起，约谈景区企业、项目负责人9人次，对违规导游施行暂扣导游证、暂扣派团计划书14例，共梳理旅游、住宅、基础设施等项目166个，整治拆除违规商业广告牌2个，推进了景区精细化管理。

【《淳安县农家乐管理办法(试行)》出台】 9月9日，出台《淳安县农家乐管理办法(试行)》，转农家乐审批制为实行农家乐备案制，由乡镇服务中心统一为申请人提供一站式全程服务，方便群众和企业，乡镇参与旅游发展的积极性也得到增强。

【首届“中国国际名城经典汽车巡礼”活动】 9月，首届“中国国际名城经典汽车巡礼”活动在千岛湖举办。30余辆来自世界各地的文物级老爷车开启了东游之旅。巡礼活动由广场静展、环湖巡游和计时赛组成，对市民和游客免费开放。

【浙江省智慧旅游现场会暨千岛湖智慧旅游嘉年华活动】 9月，浙江省智慧旅游现场会暨千岛湖智慧旅游嘉年华在千岛湖秀水广场举办。来自全省各县(市)旅游局的领导及行业的嘉宾300余人参加会议。浙江省旅游局党委书记王文娟出席会议并作了重要讲话，充分肯定了浙江省跟淳安县智慧旅游发展取得的成绩。

【2014中国国际露营大会(千岛湖站)】 10月，

2014中国国际露营大会(千岛湖站)活动在千岛湖完美呈现。活动期间吸引了仲满、王丽萍、杨凌等知名运动员，以及娱乐界新星前来参加。

【旅游招商对接会】 11月1日，淳安县旅游招商对接会在上海东怡宾馆举办，县领导朱党其、柴世民、王军(常委)、管国良、江华平、占志明，乡镇和相关单位主要负责人，锦和集团和上海客商，以及上海同乡会共50余人参加了会议。会上有上海景域集团等5家企业与淳安县相关部门签订了投资协议。

【绿城喜来登度假酒店获评五星级酒店】 11月4日，淳安县绿城喜来登度假酒店被国家饭店等级评定委员会评为五星级酒店，这是全县第二家正式挂牌的五星级酒店。

【千岛湖年货节】 12月28日，千岛湖年货节开幕式选在上海市闸北区大宁国际商业广场举行，16家千岛湖特色农产品经销商参展，驴妈妈、大通、巴士国旅等3家旅行社现场收客，首次实行送年货进城与请游客下乡双轨并行机制，并尝试线下体验和线上销售同时开展的创新理念。

(鲍芳军)

·旅游集团·

【概况】 2014年，千岛湖旅游集团有限公司(以下简称集团)按照“三个年”的新要求，完成了各项目标任务。全年实现营业收入2.16亿元，同比增长28.6%；上缴税金1986万元，同比增长9.2%。集团在县级机关部门年度综合考评中排名县属国企前列，相继获得省级商业特色街、省交通运输安全生产标准化达标企业、市五一劳动奖章、县双十佳“先进基层党组织”等诸多荣誉。

【项目建设推进】 全年共实施17个建设项目(其中县重点项目7个)，共完成实际投资额3.8亿元，完成年度计划的108.5%。资产总规模达39.2亿元，增长3.7%。其中千岛湖大排档建成，中心湖区景观飘带改造三期工程完工，完成一艘大型画舫夜游船建设，城中湖景观飘带于国庆前开放，蜜山岛完成寺庙维修和基础设施建设，西南湖区综合开发一期生态迷宫完成休闲船艇购置及基础设施建设。芹川村修缮与布展工程预计年底前完工，屏峰驿站土石方基本完成，源头驿站部分楼体建筑完成基础施工，金西驿站启动室外景观工程，姜家房车营地小木屋完成采购招标，中心湖区旅游码头停车场部分标段启动建设。梦姑塘文化公园二期完成方案设计并获批复，进贤养生社区完成场地平整并进行施工图图审，茶园风情小镇开发完成规划设计方案并启动征迁工作，威坪方腊洞旅游景区出让红线范围已确认。

【经营能力提升】 实现龙川湾、石林、水之灵、夜游四大资源产品年购票近30万人次，实现营收1600万元，分别同比增长62%和96%。其中，龙川湾接待游客首次突破10万，达到11.5万人次，同比增长71.6%；水之灵共接待12.6万人次，同比增长61.5%，实现营收近900万元；夜游共接待7.2万人次，同比增长80%。电子商务起步良好。千岛湖智慧旅游公共服务平台全年共完成96家分销商入驻，后台统计接待5.5万人次，订单数1.7万笔，实现交易额400余万元。千岛湖旅游官方电商直销平台包括湖游网(PC端和WAP端)和千岛湖旅游旗舰店建设，开通乐享千岛湖微信公众号(服务号)和千旅集团微信公众号(订阅号)，在去哪儿网等旅游平台开设了店铺。全年完成营业额近300万元。同时，龙川湾、水之灵、石林相继开通了电子门票，千岛湖大排档于“五一”前顺利对外营业，梦想1号散客班常态化，千旅之星01号、02号大型夜游画舫船先后投入运营，龙川湾推出以禅修为主题的法工干部、朴门设计、自然农法培训班，开通“乘观光巴士、游最美公路、赏龙川胜景”观光巴士线路。

【服务形象塑造】 集团完成四大主要资源产品的形象宣传片制作。通过开展景区洁化、序化、美化、优化行动，提升了旅游景区整体环境，完善了景区基础设施，强化了旅游景区综合管理。依托千岛湖和旅游集团的大品牌优势，对秀水街、夜游、大排档、36都连锁酒店等进行品牌打造。秀水街引进一日三餐、鼎香鱼府、梵森等品牌，街区业态品位得到提升，获省级特色商业示范街称号；夜游引进航空式服务理念，推行航空式服务标准；大排档首轮商户逐步退出，品牌建设和改造提升切实推进。

【作风建设强化】 集团全年共组织集中学习36次，组织全体党员干部集中培训4次。通过认真排查，查找各类问题78项，年前全部整改到位。组织“爱护千岛湖”大讨论和征文活动，推行排污设施“认领制”，开展“绿色工程”创建，营造廉洁环境。集团“三公”经费实现同比下降50%，所属企业业务招待费实现同比下降50%。

【基础保障力夯实】 集团全年无重大安全事故发生，安全生产责任制落实到位，5家企业完成安全标准化创建。集团推进综治维稳、精神文明、信访及“12345”、数字城管等各项工作，开展“平安景区”“平安林区”创建和普法工作。全年共完成协议资金6700万元(完成目标的167.5%)，到位县外资金4472万元(完成目标的149.07%)，其中市外资金2397万元(完成目标的133.17%)。全年融资到位资金81860万元，新增已授信待放款12900万元，合计94760万元。集团实施各企业各层面职工工资体系调研，制定职工薪酬体系改革初步方案，利用经营管理考核激励机制，职工收入得到提高。同时完善困难职工帮扶机制，累计发放慰问金3万余元。集团积极参加“五水共治”“春风行动”“慈善一日捐”“百姓春晚”等活动，单位及个人捐款总额达520万元。结对帮扶切实有为，帮助结对镇村、社区和农村指导员蹲点村解决帮扶资金8万元，与100余户农村困难群众开展了慰问活动，慰问资金3万元，组织好干部返乡活动，开展服务活动30余次，帮助落实乡村公路设施建设资金5万元。

(王文明)

·旅游度假区·

【概况】 2014年，千岛湖旅游度假区管委会牢牢把握“三个年”的新要求，以改革创新为主线，以群众路线教育实践活动为载体，紧紧围绕全年工作目标，全力抓好项目推进、产业招商、环境提升、品牌创建等工作，取得了较好的成效。2014年，度假区完成招商引资协议内资15亿元，完成率123.46%；实际到位内资9.7258亿元，完成率101.2%。区内社会投资项目实现投资8.3亿元，完成率103.8%；政府投资项目实现投资1.03亿元，完成率103%。

【项目建设】 2014年度假区内共有社会投资项目28个，其中6个为县重点项目。千岛湖国际商务度假中心水上运动休闲项目和马术公园于10月陆续试营业。半岛小镇景观度假房产一期完成基础施工并进入主体建设。安龙森林公园后勤基地和树屋样板房完成装修。桥头堡云水阁酒店基本完成了装修，酒店会议中心、体育公园休闲中心房产进入施工图设计在项目推进阶段；玲珑湾旅居综合体实现开工，已完成土建的44%。逸和源养老中心已于8月中旬开工建设，完成土建的60%。华美酒店、桃源酒店主体结顶。品湖项目基本完成主体酒店建设；萨版纳酒店已进行室外施工。民福酒店主体结顶后已进入室内外装修。哨兵地块主体建筑完成30%。润辰项目已办理施工许可证。

【基础配套】　2014安排政府投资项目8个，完成投资1.03亿元。桥北和界首两大水厂完成主体建设。桥北区块至亚山路段的自来水管网完成建设。完成环左二期景观绿道建设。完成了桥北区块3.5万伏杆线和半岛小镇区块的杆线迁移；毛岭、安龙、亚山三个安置点全面完成建设并投入使用。玛璜安置点完成了68户安置房屋主体建设及室外工程。严家安置点已完成基础场地平整，142户安置房工程已进场施工；排岭半岛污水管网一期工程和环左公路到安龙的支线道路工程推进顺利。

【招商引资】　积极参加浙洽会、厦洽会、旅交会等大型招商引资活动，并牵头组织相关部门赴北京、上海、湖北、广东、贵州等地上门招商10余次，成功引进大千艺术文馆、启德航空培训基地、卡侬生物科技、贝欧自行车生活馆等项目，实现度假区在文化创意、空中观光、科技研发等产业招商上零的突破，并正式签订三特田野牧歌牧心谷休闲运动营地项目投资协议，项目总投资达8亿元。

【用地保障】　完成了界首区块233户拆迁户的安置补偿协议的签订、启德机场190亩土地征用协议的签订。完成界首区块内坟墓搬迁750余穴。完成了进贤湾方小来户房屋搬迁工作、半岛小镇A地块外业测量和B地块国有林地征用工作。完成桥北区块邵树标库湾和排岭半岛湖心亭库湾收储。完成了安龙村22户、毛岭村19户拆迁户的搬迁和房屋拆除工作。同时积极做好区块规划完善、土地利用规划和生态公益林调整。桥北区块城市设计已经县政府审核通过。华联进贤湾区块控规调整研究方案已经县政府审核同意。2014年全年完成土地农转用9.7公顷，完成林地审批12.1公顷，调整土地利用规划约33公顷。

【改革创新】　针对度假区管辖范围分散、产业集聚不明显、度假氛围不浓厚、管理要素不完善等影响国家级旅游度假区创建的问题，度假区管理机构深入思考，积极调研，完成了千岛湖旅游度假区范围调整可行性方案论证，并上报县、市政府研究通过，已按程序上报浙江省政府审批。对于完善提升度假区管理职能，度假区会同县改革办也进行了深入调研，完成了调研报告，为下一步县委、县政府决策提供了参考。

（王泽宇）

（编辑　蒋德怀）

经济开发区

·经济开发区青溪新城管理委员会·

【概况】 2014年,淳安县经济开发区(青溪新城)按照"作风提升、招商提质、项目提速、服务提效"的要求,扎实开展群众路线教育实践活动,推行"三认"服务机制和"一线现场工作法",推进平台拓展、招商引资、项目建设、农村工作、"五水共治"、"无违建县"创建等工作。2014年,青溪新城累计入驻企业175家,其中规模以上企业57家,全年实现工业销售产值130.63亿元,实现入库税金4.12亿元,实现利润4.89亿元。全年协议利用内资36亿元,实际到位内资25.1亿元(其中市外资金18.7亿元、省外资金7.54亿元)。

【招商引资和项目建设】 2014年,新签约项目21个,项目总投资达16.36亿元,引进了汇宇控股、嘉凯城商业综合体、通宽广电子产品研发、和能嵌入式电子控制器生产与研发、新型光源及LED生产、汽车配件生产、小微企业创业园、蛹虫草产业化融合、樱花摄影基地、户外水上运动等项目。全年共有新建、续建的项目106个,其中社会投资项目52个、政府投资项目54个,累计完成固定资产投资27亿元。马路村建材市场、野娇娇(坪山)厂房、瑶记生态食品、科利达、鸿羽木业等竣工投产或试生产,沪千总部、千岛湖汽车市场、华数网通(淳安)云数字中心、千岛湖混凝土迁建等项目快速推进,印佳实业、珀琳纺织、仁通交通、振科汽车改装等进展顺利。继续推进文昌园区拓展,整个园区道路、隧道、给排水等主体工程全部完工,各类管线全部下地,文昌园区大配套画上圆满句号。汾口、浪川产业示范区已经完成场地平整333.4公顷,完成土石方开挖量1400余万立方米,完成总开挖量的近87%;已经平整的场地也正在按照国土部门的要求进行覆土,已经完成266.7公顷土地的覆土。总投资1200万的排洪渠基本完成主体工程,2015年汛期前将全部完工。

【民生工程】 2014年,青溪新城推进"无违建县"创建、"三改一拆""五水共治"等重点工作,提前完成 "无违建县"创建工作,拆除违建面积达51611平方米,收缴有偿使用费260余万元。推进"五水共治"工作,启动马路、云村、坪山、宕里4个村农村生活污水治理工程,总投资约507万元,受益农户706户,已完成工程量的60%。全力推进建兰中学、文化综合体、科技大厦、丰家山二期等一批项目建设,全年完成政府投资9亿元。开展党的群众路线教育实践活动,建立健全《公务接待管理办法》《关于在干部职工中推行"一线现场工作法"的实施意见》等多项长效管理机制。完成双马生物、怡和房产、建兰中学等14个项目用地的征迁,征用土地630亩,拆迁房屋28幢,迁移坟墓101穴。加快推进5个村9个农居点建设,已完成投资额3500万元。加快村级项目建设,马路村装饰市场已进入开张前期准备阶段;完成前坞文化礼堂、云村村便民服务中心的建设;宕里村集体留用地项目方案已通过规划评审。

(胡闻达)

·姜家产业区块·

【概况】 2014年,姜家产业区块以"狮城古韵、姜家风情"为目标,立足于"干字当头,秀水富民"总要求,开展影视文化风情小镇建设。共完成协议内资5亿元;完成实际到位内资(县外)3.6354亿元,其中市外资金2.84亿元、省外资金2.84亿元。完成政府投入6950万元，社会投资2.9亿元。

【姜家公共租赁房建设工程】 该项目占地18亩，共112套，57平方米/套及配套设施，总投资3700万元，建设周期2014～2015两年，2014年计划完成投入2700万元，完成总投资计划的70%。截至12月底两幢主楼主体工程已全部结顶，累计完成投资2700万元，完成投资计划的100%。

【土地收储、“三改一拆”以及基础设施维护】 该项目总投入2200万元，共完成狮石村龙塘地块162.3亩土地征用，有效实施了城镇建成区基础设施、人行道建设和公园绿化维护等。

【文渊狮城35千伏及以上供电线路改线】 该项目投入1500万元，7月底前全面完成文渊狮城商业街项目地块新建铁塔、电缆沟、架线、铺电缆和政策处理等改线工程各项工作，并及时送电。

【全力助推省级文化先进县创建】 为进一步挖掘整合水下古狮城及姜家地方山水、人文资源，深化地方文化内涵，提升资源价值和人文品位。狮城博物馆作为姜家的形象标志及形象窗口，全年接待游客达15万人次。2014年成立了姜家狮城老年书画研究会，以狮城文化为基础的地方书画文化活动自此有组织地开展起来。

【项目建设】 2014年，共投入550万元，完成墨香湖水上娱乐项目西侧景观土石方工程和项目优化设计方案。与此同时，完成了银发家园项目方案设计，以及该项目80亩土地收储工作。

【千岛湖旅游文化影视教育综合体】 该项目总投资约30亿元，年度投入9000万元，项目包括五星级度假酒店、旅游地产、水上运动、艺术家工作村、影视拍摄实景区、教育创新园区、高端景观房产、商业娱乐等。大学校区方案已通过城规委会议审查，项目于6月30日正式动工，已完成土石方和项目地块平整、强夯、基桩等基础工作，累计完成投入9000万元。

【文渊狮城旅游综合体】 该项目总建筑面积约8万平方米，包括五星级精品酒店、旅游地产、水上运动、高端景观房产、商业娱乐等，总投入约6亿元。年度投入2亿元，8万平方米徽派商业街建筑主体已全部结顶，部分样板房已全新出炉，项目地块湖岸线整治基本完成。

【招商引资】 进一步改善环境、提升品位、宣传推介、优化服务，完成招商引资协议内资5亿元，完成目标任务的143%。实现实际到位内资(县外)3.6354亿元，完成率123%，其中市外资金2.84亿元，完成率142%；省外资金2.84亿元，完成率296%。超额完成全年招商引资任务。

【“五水共治”及“无违建县”工作】 结合姜家新自来水厂建设，在龙川路优质水源带建立新取水头埠，并完成城镇建成区给排水管网升级，不断优化居民饮水品质；建设文渊狮城综合体场内排水管网，全面疏通镇区排水管网，防止雨水内涝；启动了姜家湾河道整治工程。结合区块地处姜家镇以及相关工作与农村息息相关的实际，区块党员干部积极投入姜家镇无违创建工作，做到人员统筹、资金协助、服务助推，分别深入郭村、木旺、炉形、石颜、上玉泉、下玉泉、黄村桥等村，协助拆除违章建筑物35处1820平方米。

【深入“三认”服务】 根据“三认”服务方案，明确各党员的认人范围，深入基层、百姓和服务对象之中，征求发展思路，改进工作举措，了解职工心声，走访了42户农户、51名群众、7家企业和34名服务对象，进行了多轮走访，实现了服务对象100%认知，记录民情日记130余篇。同时，投入12万余元帮助木旺村实施了污水塘整治和停车场建设，投入2万元为炉形村清运建筑垃圾。

【强化党组织建设】 1名预备党员转为正式党员，1名入党积极分子转为预备党员。深入结对帮扶户、离退休老干部、结对村和结对企业开展帮扶和走访慰问，走访农户15户、企业4家，征求意见23条，帮助解决问题4个，确定帮扶项目4个。对“一户一策一干部”“1+X”结对户进行了走访慰问，慰问金2100元，“慈善一日捐”捐款1940元。

【领导机制建设】 制定了《姜家产业区块党工委党风廉政建设责任制》《姜家产业区块管委会廉洁自律若干规定》和包括工作职责、权力边界、廉政风险点等内容的管委会岗位目录等。同时，明确党风廉政建设“一把手”“一岗双责”、班子成员分工等原则，与各科室负责人签订了党风廉政建设目标责任书，齐抓共管。完善工程建设管理联席会议、程序规定、项目审批、合同审批、工程设计变更、工程竣工验收、资金支付、工作人员廉洁自律等制度。落实节能减排措施，严格控制“三公”标准，“三公”经费同比下降近12%。

【作风建设】 研究制定了班子集体整改方案，签订了领导干部个人整改承诺书，列出整改细化清单，明确具体目标、整改措施、责任人和进度安排，并在信息公开栏内公开。共完成14项重点整改任务，明确了8项长效机制。3名领导干部整改问题16项，全部整改到位。

(汪永明)

·江东杭千(扶贫)开发区·

【概况】 2014年，江东杭千(扶贫)开发区(以下简称开发区)将落实恒科土地的盘活利用和拓展土地空间的利用作为中心工作，认真开展招商引资工作，努力推进开发区各项事业的发展。

【恒科土地的盘活利用】 为盘活恒科土地，开发区先后与杭州经济技术开发区、前进园区指挥部、杭州市中级人民法院、萧山国土局、萧山财政局、萧山开发区、萧山法院等多家单位进行多次对接和协调，通过多方位、多渠道的努力，恒科二期156.19亩土地于2014年4月，由开发区委以淳安县清溪新城开发建设有限公司(国有)名义，通过司法拍卖，以4250万元人民币的成交价拍得该地块的使用权，并计划以国土部门收储并重新挂牌出让的方式，用于二次招商。恒科一期47.1亩土地，也于2014年底通过法院仲裁处置给浙江大力建设集团名下，正在进行排污设施、围墙、消防管道、水电等配套设施建设，待完成规划调整后，即可盘活利用。最终，杭州市政府明确恒科土地盘活职责仍归属江东杭千(扶贫)开发区，二次招商引进项目税收归淳安县。

【拓展土地空间的利用】 2014年上半年，经过多次向前进园区指挥部争取、协商，并报杭州经济技术开发区管委会同意，确定在本年度新划拨约140亩熟地给开发区用于招引项目。在确定招商用地空间后，开发区又会同前进园区指挥部招商处与鞍钢股份有限公司就鞍钢杭州汽车板加工项目投资事宜进行多轮次洽谈，三方已初步明确该项目将落户江东杭千扶贫区块。正在进一步跟踪。

【招商引资】 2014年，开发区共计完成实到外资1992.22万美元(折合人民币12192.39万元)。

(郑　波)

(编辑　蒋德怀)

库区开发

·库区综合开发·

【概述】 2014年，新安江开发总公司(以下简称公司)实现营业收入1.87亿元，实现利润总额1582万元。招商引资工作完成协议资金5000万元，到位资金3000万元。

【林渔资源保护】 完成林相改造(含森林抚育)767公顷。新建毛竹基地8.4公顷；组建梓桐口林场森林消防队。建立重大节假日扑救森林火灾快速反应预案，提高森林火灾扑救补贴标准。开展林渔联防500余人次。投放千岛湖大库鲢鳙鱼种90万公斤624万尾。

【良种基地建设】 争取国家林木良种补贴74万元，强化2000余亩基地日常培管工作。全国最大柏木种质资源库建设项目通过验收，新建基地2公顷，收集柏木优树无性系229份，增选优树158株，培育嫁接苗7860株。生产柏木、浙江楠、马尾松等苗木40余万株。

【农特基地生产建设】 全年生产柑橘450余万公斤，其中出口120万公斤；生产杨梅、枇杷等20余万公斤，名茶2600公斤。新发展杨梅、枇杷、葡萄等基地22公顷；抓好5.3公顷柑橘示范园建设。市农业丰收项目“千岛湖库区万亩柑橘提质增效示范”有序实施。

【农业休闲观光园成果显现】 十八坞农业休闲观光园累计投入3000余万元，完成大棚、道路、水电、绿化、停车场等设施建设。规模化开展30余种蔬菜生产和营销工作。辣椒、茄子等8大品种通过绿色食品认证。与绿城集团签订合作框架，合作开发生态农渔颐养项目。

【休闲旅游项目】 千岛湖龙涧景区累计完成投资1100余万元，完成接待中心建设、装修及物资采购。投资1000余万的上江埠和架子岭驿站全面完成建设。小金山房车营地构成已竣工。东山尖登山营地基本完成游步道建设。叶琪农庄大力开发休闲垂钓、水上运动及住宿市场。

【林场改善工程】 危旧房改造项目累计投入800余万元，完成威坪、姥山、燕山、光昌、小金山林场相关项目建设。累计投入500余万元，完成林场村庄整治项目和90%危旧房改造配套项目。开展安全隐患排查治理20余项，投入资金300万元。开展姥山出水坞移动通信基站建设。

【园林绿化产业】 全年签订绿化工程合同621万元。完成秀水广场、华联进贤湾游客接待中心等绿化工程结算审计工作。完成十八坞园区景观绿化、公司林场村庄整治和蜜山岛游步道修复等工程。扩展林业勘察设计业务，签订合同100余万元。强化2000余亩苗木基地日常培管。

【生态渔业】 组建千岛湖发展集团有限公司。荣获杭州市政府质量奖。销售鱼货233万公斤。策划推出千岛湖鱼之旅休闲旅游常态化项目。建成机械化起鱼设施并投入试用。完成新型活鱼运输船建设。整理编制千岛湖主要渔场分布示意图。杭城首家鱼味馆直营店开业。完成有机鱼供港澳等地检验检疫注册出境等工作。出版专著《千岛湖主要支流生态与渔业功能》。

【品牌营销】 开通“新安兵营”淘宝店，做好与杭州奥莱特、县电子商务服务中心等电商平台对接工作。开展卓尔纺织、康盛股份等单位和个人蔬菜配送销售工作。开展县内蔬菜来源、供应、价格、运输物流等市场调研等工作。完成10余家农特产品销售网点布设工作。积极参加浙江美食节、杭城绿色有机生活展等活动。

【“五水共治”工作】 争取县财政补助资金240余万元，开展威坪、梓桐口、金竹牌林场等8个污水处理工程建设。抓好渔业单位生活垃圾分类收集、生活污水回收上岸和设施改善提升工程。

【“无违建县”工作】 完成05省道、06省道和淳杨线、千汾线等环境整治工作，拆除“林海归真”违法宗教建筑、租赁违章及临时建筑50余处并进行绿化美化。

【“三改一拆”工程】 累计投入40余万元，完成新安北路3幢集体宿舍屋面翻新及各类线路、阳台、围墙安全隐患整改工作，圆满通过市县验收。

【网箱整治】 按期完成公司所涉33户养殖户的3.58余万平方米网箱和设施评估、补偿支付和上岸等工作。

【林地库湾回收】 谈判完成赤坑坞2号、十万八千方库湾回收，移交县旅游度假区管委会。完成灵龙岛、黄智山农庄、叶琪二期林地等收储工作。

【帮扶工作】 进一步开展困难党员职工慰问、捐款和职工健康体检、技术比武、文体竞赛等活动，累计投入50余万元。开展帮扶结对、党建互助、文明单位结对、驻村指导员、春风行动、“慈善一日捐”等活动，落实帮扶和慰问资金、实物40余万元。

（孙邦建）

·移民工作·

【概况】 2014年，淳安县移民局（以下简称移民局）累计发放大中型水库后期扶持直补资金5059.14万元。完成大中型水库后期扶持项目326个，移民补助资金3199.06万元。完成结余资金补助项目225个，移民补助资金3400万元。落实库区基金项目12个，投入扶持资金773万元。小型水库解困基金项目46个，投入扶持资金350万元。

【移民创业致富工作】 2014年，移民局主动投放移民资金2112.13万元，扶持全县83个行政村开展村级物业经济建设以加强村级物业经济投入。为搭建移民创业致富平台，移民局先期投入移民资金283万元，启动文昌移民创业致富园区项目，落实文昌移民创业工业园项目确认和前期准备，该项目已经全面启动，正在进行公开招投标准备工作。同时，为推进典型示范户的培育工作，移民局扶持培育新建产值100万元以上的移民产业基地5个，完成移民培训7500余人次。

【项目管理工作】 2014年，移民局按照“一年试点、两年推开、三年建成”的工作部署，落实“阳光透明、规范有序”的工作要求，开展实施项目库建设，已完成前期项目库软件设计的准备工作。完成2013年度大中型水库移民后期扶持结余资金项目的申报、项目预算编制工作。2013年度结余资金移民补助3400万元，项目225个。落实库区基金和小型水库解困基金项目编排，2013年度库区基金（25%）项目全县编制69个，项目资金373万元。2013年度库区基金（75%）项目全县编制51个，移民资金400万元。2013年度小型水库扶助基金项目全县编制了46个，安排小型水库扶助基金350万元。

【移民资金管理】 完成2014年度大中型水库移民后期扶持年度直补人口和复核工作。及时足额发放移民直补资金，其中直补核减518人，到村核减259人，2014年直补资金共发放3780.98万元。加强扶持项目内部审计工作，按照内审年度计划，做好已竣工项目的内部审计工作，确保资金拨付安全。2014年，已完成内审项目27个，核减项目资金105万元。同时，向国家争取新安江水库高水位运行货币分成政策并于2014年取得阶段成果。省物价局下达2008年～2013年新安江水库超发电量货币补助，总金额为13116万元，其中淳安县获补助10856.2万元，占总补助资金额的75%。

【库区社会稳定维护】 库区移民来信来访接待工作， 全年共接待来访移民24批次57人次；共接到电话、网络信访27件，处理27件，处理率达100%。新安江外迁移民走访工作，移民局专门赴江西省吉安市、吉安县、新干县、浮梁县等地走访新安江移民。通过走访，巩固前期移民维稳工作的成果，加强相互信息交流。通过派出多个批次工作人员赴省内外新安江移民同乡会、联谊会、商会等移民团体有针对性地开展移民信息收集、传递等工作，完善信访对接服务。

（缪宝军）

（编辑　蒋德怀）

农 业

•农村经济经营管理•

【概况】 2014年，淳安县实现农村经济总收入354亿元，同比增长13.8%；农民人均纯收入11802元，同比增加1145元，增幅达10.7%；村集体可支配收入8219万元，人均可支配收入完成215元，同比增长9.7%。

【农民减负工作】 落实村级公益事业一事一议筹资筹劳及财政奖补制度。2014年，全县9个乡镇52个村列入省级财政“一事一议”奖补项目，总投资5160万元，其中村自筹1646万元；省财政补助1630万元，其中1375万元用于农村污水处理项目建设。3个乡镇3个村列入市级财政“一事一议”奖补项目。开展农民负担监管阳光行动，落实减轻农民负担“五项制度”，落实农民负担源头监管。开展全县农民负担监测户3600户的跟踪监测、业务辅导，做好杭州市在淳安县7个乡镇168户市农经信息户监测，5个乡镇、10个村、50户农户、3家农民专业合作社、15家家庭农场的“212163”农民负担动态监测工作，并运用监测成果建立农民负担信息数据库。

【村级集体经济发展】 2014年重点推进162个(省级156个村、市级6个村)县级立项经济薄弱村项目，总投资6871.25万元；立项村于2014年实现经营性收入村均10.99万元，是其他村平均数的1.56倍；实现可分配收入村均29.68万元，是其他村平均数的1.83倍，完成了县委、县政府既定的目标任务。省级2013～2014年扶持淳安县18个物业经济项目，县拨付到村补助资金534万元；市级2013～2014年扶持65个项目，县拨付到村补助资金1087.1万元；县级2013～2014年项目拨付补助资金2895.29万元、补助经营性收入708万元(162个村每村3万元)，两项合计3603.29万元。

【农村土地确权登记】 根据“不变不动、应发尽发、应变尽变、应销尽销、定面定位”五种情形处置办法，开展“证地合一”工作并发放权证到位。2014年全县各乡镇已基本完成土地(耕地)承包权证管理基础情况初步调查摸底。宋村乡试点已开展了农户耕地面积、四至等基础信息变动核对、汇总等相关工作，已完成1986户基础信息和核对汇总工作。

【农村集体三资管理】 开展村主要干部、农经管理人员党风廉政建设、村级财务管理、财政支农政策、计算机技能等知识培训，不断提高村干部及农经管理人员业务水平和综合素质。加强村务公开的监管，下发了《关于进一步做好村级财务逐笔公开工作的通知》，明确了村务公开“五统一”的要求结合中央八项规定和省委六条禁令等作风建设的要求。联合县纪委制定下发的《关于明确村级财务管理相关规定的通知》，明确村级财务管理“八个严禁”的规定。加强审计监督，开展了大墅片、临岐片的交叉审计，委托中介机构对30个中心村、10个精品村建设资金进行了重点审计。

【村级股份制改革】 坚持依法依规、社员主体、公平公正、因地制宜和集体所有制性质不变，村级集体经济组织功能不变，财务管理体制不变的“三不变”原则，全面推进村经济合作社股份合作制改革，在前三年(2011～2013)试点完成79个村级股份制改革的基础上，2014年完成了157个村的股改。

·农业产业化·

【概况】 2014年新培育市级农业企业2家、县级农业龙头企业6家。全县共有各类农业龙头企业140家，其中国家级农业龙头企业2家，省级农业龙头企业6家、市级以上农业龙头企业44家、县级农业龙头企业86家。2014年全县农业龙头企业共实现销售收入223945.7万元；出口创汇4743.2万元，利润18674.7万元，上缴税金12448.7万元；销售收入在5000万元以上的有9家，在2000～5000万元的农业企业有29家。农业龙头企业通过租赁、流转、承包等方式建立各类农产品基地7.8万亩，收购各类农产品17.9亿元。2014年落实并兑现农业龙头企业扶持资金1400余万元，其中市级扶持资金400余万元。

【山区经济发展】 编制了《淳安县山区经济发展规划(2013-2017)》，并通过省级有关部门批复，制定出台了《淳安县山区经济发展专项资金和项目管理实施细则》。落实了2014年山区经济发展项目，开展项目绩效评价。

【土地流转】 2014年，通过出租、转让、互换、入股等形式，全县年土地流转面积累计达3786.7公顷，比上年增加423.7公顷，占家庭土地承包总面积的33.1%，其中10亩以上规模经营面积达3260公顷，占总流转面积的85.9%。同时进一步加强了全县农村土地承包经营权流转信息化建设工作，对信息平台相关信息进行了更新完善，借助互联网推广土地流转。2014年县土地流转信息平台共发布土地流转招商信息42条，涉及土地流转面积349.8公顷。

【农民专业合作社培育】 2014年，全县新增正式登记的农民专业合作社53家，共计731家。其中已进行基本信息备案的263家。开展合作社年报统计的279家，合作成员人数12403人，注册资金14726万元。按行业划分，种植业227家、林业25家、渔业6家、畜牧业13家、服务业3家、其他5家。农民专业合作社共联结基地面积17048.5公顷，拥有注册商标88个，通过农产品质量认证74家，建立农产品质量安全追溯制度93家，获市级以上名牌产品的农专社21家。2014年新评定星级合作社21家，其中一星级11家、二星级5家、三星级5家，新创建市级规范化合作社4家、国家级农民专业合作社示范社3家。

【家庭农场培育】 出台《关于培育发展家庭农场的实施意见》及《淳安县示范性家庭农场认定管理办法》，引导有稳定生产规模且符合条件的农业经营主体登记注册家庭农场。2014年，全县注册登记的家庭农场新增102家，共计128家，其中6家为县级示范性家庭农场、5家为市级示范性家庭农场。

【农村电子商务】 开展农村电子商务调查摸底，筹建淘宝网千岛湖特色馆，编排农产品类目400余个，在淘宝、京东等知名电商平台开设网店165家，与阿里巴巴合作的农产品配送基地建设正在推进。建成县级农村电子商务“赶街”运营中心以及165个村级网点。

【品牌化建设】 组织制定修订农业标准市级2个、县级5个，农业标准示范项目市级3个、县级5个。全年共有6家企业的16个产品通过QS认证，全县现有31家农业企业的50个产品通过QS认证。品牌建设稳步提升，新增市名牌产品2只，新增省著名商标2只、市著名商标7只。新增无公害农产品产地32个，面积2060公顷(食用菌200万袋)。新增无公害农产品50个。

【农村实用技术培训】 全年实用人才培训完成1055人，市级实用人才选拔221人。向省、市级农民培训机构推荐输送本县学员12个班次，近百名学员。

•城乡统筹发展•

【概况】 2014年，淳安县抢抓建设“美丽杭州”实验区、省重点生态功能区示范区等有利契机，立足项目推进，完善政策措施，整合优势合力，全力打造城乡环境、生态经济、民生服务三个升级版，推进“秀水富民”新实践。

【完善政策】 2014新出台了《关于进一步加快推进城乡统筹发展工作的意见》(县委〔2014〕15号)，就保证资金投入、健全工作机制、加快亮点打造、推进产业发展、完善资产资金管理、配备人员力量等进行了明确。

【民主评议城乡统筹】 2014年5～8月开展了政协民主评议城乡统筹工作，共收集到830条具体问题和意见、建议。成立了由郑志光副县长担任组长，由农办主任任副组长，各相关单位为成员的整改工作领导小组，制定了“优规划理念、科学安排项目、发挥业主作用、优化服务监管、简化审核程序、优化资金管理”等整改措施，于9月26日县政协常委会议上通过审议。

【中心镇建设】 推进城乡统筹项目与全县景区化、重点项目的对接，2014年县5个中心镇共安排各类基础设施项目40个，其中新建项目30个、续建项目10个。年度计划投资6.501亿元，其中政府投资5.531亿元、中心镇自筹0.97亿元。至2014年底，5个中心镇完成投资5.44亿元，完成年度计划的83.7%。深化中心镇扩权强镇改革，通过对2012年已经下放的13个部门43项经济社会管理权限的梳理汇总，在多次征求乡镇和部门意见的基础上，再次下放公安局等24个县级部门91项经济社会管理权限。两轮放权累计下放134项经济社会管理权限。同时，配合县行政审批中心在省级中心镇——汾口镇建立行政审批分中心。

【区县协作】 加强与西湖区、上城区、西湖风景名胜区、钱江新城管委会的沟通与对接，立足合作共赢，加大合作力度。全年共接收区县(镇街)协作资金9900万元，与上年相比，增加2250万元。完成千岛湖妇幼保健院迁建工程、威坪污水处理厂2个区县协作项目和32个镇街协作项目。落实产业共建共享机制，加强在优势资源、信息互享、优惠政策、人才交流、合作补偿、引荐奖励等方面的合作交流。实现产业转移项目15个，转移资金5.36亿元。

【农民转移集聚】 2014年完成转移农户703户2407人，共补助资金9717.87万元。其中大墅镇桥头集聚区、威坪镇三都花园、临岐镇屋后区块等426户1443人异地转移安置，补助资金共5991.46万元；姜家镇宏山集聚区195户663人、屏门乡屏门中心村9户24人异地转移安置，补助资金共2993.31万元；文昌镇潭头村44户175人的资金补助378.21万元；临岐镇、大墅镇上访村、石林镇富德村、屏门乡屏门村等4个乡镇13个村29户102人，共补助资金354.89万元。丰家山一期共转移安置805户2500人，其中丰家山一期一批共安置219户708人，一期二批共安置224户696人，都已顺利入住；丰家山一期三批已于2014年6月完成摇号选房，共有农户362户1096人完成选房，共补助资金2926.38万元。

•美丽乡村建设•

【概况】 完成2013年度10个精品村、千汾运动休闲精品线、东南滨湖风情精品线、富泽民俗体验精品区块、4个美丽乡村整乡镇推进、28个省待整治村、112个行政村停车场项目建设。启动2014年度10个精品村、淳杨山水景观精品线、千威漂流亲水精品线、下姜休闲体验精品区块、瑶山风情小镇、厦山村市级重点历史文化村落保护等项目建设。出台了《关于印发〈淳安县中心村、精品(特色)村建设专项资金管理办法(试行)〉的通知》(淳财农〔2014〕430号)政策文件,进一步规范了中心村、精品村建设的项目和资金管理,并成立专家技术服务指导组加强工程进度和质量的监督检查。

【中心村建设】 2014年,全县30个中心村培育建设,县财政共安排1.5158亿元,共实施121个项目,其中新农居点投入2858万元,村庄基础设施项目建设投入3883万元,公共服务项目建设投入1280万元,产业发展项目投入2234万元,水利及污水治理项目投入4903万元。全年有28个中心村进行新农居点的建设,共新建联排房617套、公寓房168套,集聚总户数855户,集聚人数3269人。

【精品村建设】 2013年度10个精品村顺利通过市级考核验收,共实施132个细化项目,计划总投资0.86亿元,其中市、县财政计划投入0.75亿元,实际完成投资额0.82亿元。主要实施村道硬化、污水处理、路灯亮化等基础设施提升项目,拆危拆旧、绿化美化、庭院改造等环境整治项目,乡村旅游、来料加工等产业发展项目,停车场、健身场所等公共服务项目。2014年度10个精品村完成规划设计等前期工作并开工建设,计划投资0.84亿元,共实施147个项目。

【村庄整治】 完成千岛湖镇、里商乡、汾口镇、威坪镇4个乡镇美丽乡村整乡镇推进项目建设,财政投入800万元,并通过市级考核验收;完成28个省待整治村、112个行政村停车场、37个环境整治提升村项目建设,财政投入2060万元。

【风情小镇建设】 2014年,瑶山乡列为杭州市"风情小镇"创建乡镇,严格按照"宜居、宜文、宜游、宜业"要求进行规划建设,财政计划投入1200万元,建设周期为两年。已全面开工建设,其中果园采摘、游步道、停车场和公园等项目已基本完成,计划2015年迎接市级考核验收。

【历史文化村落保护与利用】 启动厦山村市级历史文化保护与利用重点村和乌龙等4个省级历史文化保护与利用一般创建。厦山市级重点村实施项目21个,市级财政计划补助500万元,建设周期为两年;4个省级一般村实施古道修复项目,省级财政计划补助每村50万元。

【精品线路和区块】 完成千汾运动休闲精品线、东南滨湖风情精品线、富泽民俗体验精品区块项目建设并通过市级考核验收。启动淳杨山水景观精品线、千威漂流亲水精品线、下姜休闲体验精品区块建设,财政计划投入2200万元,已全面开工建设,将于2015年完成建设。

【专项资金投入】 各级财政投入美丽乡村建设的资金达到15930万元,其中省财政专项资金投入200万元,市财政专项资金投入6680万元,县财政专项资金投入9050万元(其中精品村建设专项资金共安排4200万元、精品线路和区块建设安排资金1100万元、风情小镇项目安排资金700万元、农村停车场建设安排资金1000万元、整乡镇推进项目安排资金800万元、省待整治村项目安排资金560万元、环境整治提升项目安排资金500万元、农村基础设施长效维护管理项目安排资金190万元)。

·帮扶工作·

【概况】 浙江省、杭州市、淳安县46个帮扶集团全年共到位结对帮扶资金6000.98万元,其中省级到位260万元,市级帮扶资金到位4908.38万元,县级到位832.6万元。实施帮扶项目467个，总投资38809.8万元。通过开展“联乡结村”共建活动，全县23个乡镇农民人均可支配收入达13278元，全县425个结对村农民人均纯收入也都比上年增加400元以上。

【省级帮扶专项资金】 7月，安排淳安县专项扶贫资金202万元，其中易地搬迁补助资金100万元。10月，安排淳安县中央财政扶贫绩效考评资金71万元，低收入农户发展资金100万元，其中产业发展资金23万、来料加工以奖代补资金65万元、扶贫小额信贷贴息资金12万元；项目管理费2万元。全年，省级财政共安排淳安县扶贫专项资金273万元。

【市、县级帮扶专项资金】 市级财政共安排淳安县扶贫专项资金2478万元。县级财政共安排帮扶项目及扶持资金790.69万元。

【下山移民工程】 全县完成市级下山移民195户703人，完成省级扶贫重点村异地搬迁集聚农户239户813人。集聚率达98%。

【扶贫小额信贷】 2014年10月17日，浙扶贫办出台了《关于印发浙江省扶贫小额信贷管理办法的通知》(浙扶贫办〔2014〕29号)文件。按照“小额流动，有偿服务，持续发展”的原则，为贷款对象提供小额信贷服务，确定小额信贷的最高额度一般不超过5万元，贴息金额为授信额度内贷款本金的3%。

(余文海)

·农业科技·

【2014年基层农技推广体系改革与建设项目实施完成】 该项目由农业部立项，总投资80万元。项目建立县级示范基地6个，遴选、优选农技指导员60个和农业科技示范户600户(其中粮食30户、茶叶280户、水果130户、蔬菜80户、食用菌30户、牲禽50户)；全年有56名农技人员外派到大专院校进行知识更新培训；在县内举办培训班12期，培训843人次；围绕粮食、茶叶、水果、蔬菜、食用菌、畜禽等六大主导产业，推广新品种35个、新技术26项，增产增收明显，特别是水稻高产攻关，最高亩产达804公斤，创淳安历史最高纪录。

【第三批省级基层农业公共服务中心】 第三批列入省级基层农业公共服务中心建设的有姜家镇、界首乡、梓桐镇、王阜乡等4个乡(镇)和姜家林业中心站、青溪林业中心站、临岐林业中心站、威坪林业中心站、汾口林业中心站、大墅林业中心站等6个林业中心站，共10个中心，其中姜家林业中心站为示范中心，其余为一般中心。经过努力，10个中心全部通过省、市抽查验收。农业公共服务中心建设投资69.911万元，新建、修缮办公、培训等农技推广设施2782平方米，建立检测室10个共336平方米，新配置电脑、相机、检测仪器设备151台；建立示范基地26个、村级服务点87个，培育科技示范户189户；开展技术培训111次，受训人员5784人次；农产品检测1382批次；31家农业企业和86家专业合作社开展无公害和有机农产品论证，获得无公害认证20项、有机认证10项，注册商标20个。

【市级三位一体农业公共服务体系示范镇建设项目】 列入该项目建设的有姜家镇、界首乡。项目投资40.3299万元，新建办公用房370平方米，修缮办公用房200平方米，新建检测室2个共78平方米，共建设示范基地6个，培育科技示范户62个，举办实用技术培训班18期1159人次。农产品质量抽检677批次，合格率100%。

【市农业产业发展技术推广项目】 杭州市农业产业发展技术推广项目实施12项，其中2013年立项的农业丰收项目全部通过验收，2014年立项的6个农业丰收项目正在组织实施。

【县农业产业技术创新与推广服务团队】 2014年共成立6个县级农业产业技术创新与推广服务团队。分别为粮食产业技术创新与推广服务团队、茶叶产业技术创新与推广服务团队、水果产业技术创新与推广服务团队、蔬菜产业技术创新与推广服务团队、食用菌产业技术创新与推广服务团队、畜禽产业技术创新与推广服务团队。团长单位由县农业技术推广部门担任，团员由省、市、县、乡(镇)四级技术专家和大户、农业企业组成。

【淳安县农广校】 浙江省农业广播学校淳安分校于2014年首次招收茶叶专业，录取新生44名。截至年底，在校生共104人。2012级水产养殖专业、畜牧兽医专业75名学生于6月取得毕业证书。

【绿色证书工程】 全年共举办茶叶、果树、蚕桑、蔬菜(含食用菌)、农作等专业"绿证"培训23期，经培训、考试合格，1233人取得绿色证书，新编培训教材《山区水稻全程机械化生产技术》。

【农业职业技能鉴定】 全年共组织3期职业技能培训鉴定，87人获技能证书。其中，14位千岛湖网箱养殖大户取得淡水水生动物养殖工职业资格证书，36位兽药经销户取得动物疫病防治员职业资格证书，37位中药材生产大户取得中药材种植员职业资格证书。

【农业专业技术人员继续教育】 全年共选派12批共56名乡(镇)责任农技员参加省农业厅组织的由浙大等科研院校实施的基层农技人员知识更新培训。组织20名责任农技员参加杭州市农业局举办的乡(镇)责任农技员素质提升培训班。推荐5名农技干部参加了浙江大学远程教育农业推广专业本科学习。组织参加农业部"农科讲堂"远程培训7期，每期40余人参训。利用网络视频系统，组织人员参加省农业厅举办的4期现代农业科技远程培训，每期人数20～30人不等。

【生态循环农业】 2014年淳安县通过省农业厅、发改委、财政厅和环保厅联合检查验收，被认定为第二批省级生态循环农业示范县。临岐生态循环农业示范区被认定为第三批省级生态循环农业示范区，示范区位于临岐镇，主要产业为茶叶、蚕桑、食用菌，认定面积867公顷。杭州千岛湖金溢农食用菌专业合作社被认定为省级生态循环农业示范企业。至此，淳安县已有2个省级生态循环农业示范区、3家省级生态循环农业示范企业。

【农业面源污染治理】 2014年制定出台了《淳安县农业面源污染治理三年行动计划(2014—2016年)实施意见》及《淳安县农业面源污染治理项目和资金管理办法(试行)》。实施农业面源污染治理类项目10大项，完成实施统防统治面积5391公顷，推广应用商品有机肥1.31万吨，建立户用沼气池335只，完成沼气池大出料维护3072只，创建、认定县级生态循环农业示范乡镇1个、县级生态循环农业示范企业3家，建成动物尸体无害化处理化尸窖10只，建成了废弃农药包装物回收处置体系。

【省级生态循环农业项目】 实施省级生态循环农业项目3项，总投资约186.4万元。建设完成后，项目总产值将达到500余万元，为淳安县生态循环农业发展起到示范带动作用。

【市级生态农业示范工程项目】 实施杭州市生态农业示范工程项目7项，总投资231.85万元，新建及修缮道路1320米、水渠2000米，安装杀虫灯75只，推广应用大批先进农业机械，创新一批生态循环农业示范模式，实现节能、减排、增效的目的。

【市三江两岸农业面源污染整治项目】 2014年共实施三江两岸农业面源污染治理项目3项，总投资133.2万元，新建标准化食用菌生产菇棚800平方、道路1170米；建成了600立方米的青贮池、2个60立方米的蓄水池；改善了1个生态化养殖设施，新建养殖废弃物发酵场地200平方米、猪舍发酵床600平方、围栏200米、配套引水管路200米等。

【畜禽养殖业排泄物综合利用工程项目】 已建成50立方米的基地贮液池35个，购置沼液运输车4辆，建成标准化液肥检测室1个、智能化液肥配送指挥体系1套。9月，整个液肥配送体系试运行，取得非常好的效果。

（姜承炳、严华建、蒋新民）

·产业信息·

【省级项目验收】 2014年6月淳安县界首柑橘产业示范区创建工作顺利通过省级验收。

【现代园区建设】 全年建成市级设施示范园2个、县级现代农业示范园区11个、现代农业园区16个；新建设施大棚面积1052亩，喷滴灌面积4553亩。

（吴东林）

·农产品质量监管·

【农产品监测】 完成农产品定量检测803批次，其中蔬菜334批次、粮油10批次、水果97批次、茶叶87批次、中药材6批次、水产品52批次、畜产品59批次、投入品158批次。完成农产品快速定性检测19305批次，其中果蔬类6675批次、生猪瘦肉精12552批次、水产品78批次。

【无公害农产品】 新增无公害农产品产地32个，面积2060公顷，食用菌200万袋。新增无公害农产品50个。

【农产品质量安全标准乡创建】 威坪、汾口、鸠坑3个乡镇开展杭州市农产品质量安全标准乡创建并获成功。

（杨国桃）

·产田改造·

【2013年度市级中低产田改造项目】 淳安县2013年度共实施市级中低产田改造示范项目12个，实施总面积363.87公顷，项目总投资803.4万元，其中市财政补助390万元、乡（镇）村自筹413.4万元。项目主要完成工程措施包括新建排水渠6584米，新建灌溉渠8248.6米，新建机耕路9603米，新建堰坝2座，新修建防洪堤326米，新建蓄水池6个共190立方米，等。项目区开展种植绿肥、秸秆还田等生物改良措施，实施面积262公顷；推广测土配方施肥、综合防治等农艺措施，实施面积630.87公顷。

【2014年春季农村统一灭鼠】 春季农村统一灭鼠工作在全县23个乡（镇）425个村范围内展开，共实施农田统一灭鼠面积9133.33公顷，农户统一灭鼠10.4万户，免费供应鼠药(0.5%溴敌隆母液)111公斤，共投放毒饵12.0吨，共计挽回粮食4135吨。

【测土配方施肥工作】 开展推广农作物测土配方施肥面积24000公顷，施用配方肥4000余吨。完成标准农田4个土壤肥力长期定位监测点和生态、蔬菜、钱江流域14个土壤肥力动态监测点的地力监测工作。完成水稻、果树、蚕桑、茶叶等肥效对比试验7个。完成土样采集315个，化验土样315个，测试项次1890项；植株样品28个，测试项次84项。

【新增耕地后续管理】 根据《杭州市人民政府办公厅转发市国土资源局等部门关于加强占补平衡补充耕地后续管理工作意见的通知》《转发县国土资源局等部门关于进一步加强土地开发整理新增耕地后续管理工作意见的通知》(淳政办发〔2010〕108号)要求,2014年度新增耕地后续管理工作,采集新增耕地土样110个,化验土样110个,测试项次660项。

【标准农田质量提升工程】 全县标准农田3857.94公顷,以山区河谷平原田畈和山区低丘田畈为主,其中二等田有2654公顷,占68.8%,三等田有80.13公顷,占2.1%,农业生产能力较低。2014年,淳安县组织实施2010年、2011年、2012年、2013年度续建项目标准农田质量提升工程共1700.67公顷。

(姜铭北 郑明祥)

·农业执法·

【"绿剑"执法行动】 3～5月和9～10月开展"绿剑"春季、秋季集中执法行动,累计出动执法人员300余人次,累计检查种子、农药和肥料经营单位266家次,检查农资市场6个次,查处违法行为9起,查获假劣农药1738公斤、含有农药残留蔬菜200公斤。

【农资质量监管】 全年抽检农业投入品132批次,其中种子18批次、农药47批次、化肥30批次、兽药15批次、饲料和饲料添加剂22批次。全年办理案件16起,其中农药案8起、肥料案2起、种子案2起、兽药案2起、农产品案2起,罚没款3.3万元,违法行为查处率100%,结案率100%,无行政复议和行政诉讼。

【农产品质量监管】 全年抽检农产品样品526批次,其中茶叶87批次、蔬菜332批次、水果97批次、粮油10批次,其中蔬菜检测2批次不合格,已调查处理。

【农业法律法规宣传培训】 开展以"法律知识暨放心农资下乡进村"及"五送服务"(送政策、送科技、送农资、送信息、送服务)为主题的放心农资下乡宣传活动2次,活动现场累计接受群众咨询200人次,共发放《放心农资宣传手册》《蔬菜主要病虫害及防治技术》及其他政策、技术信息有关资料1200余份。开展植物检疫宣传月活动,在主要集镇悬挂宣传横幅8条,发放各种宣传资料1500余份,在有关网络媒体宣传2条次。举办各类培训班3期(废弃农药包装物回收工作培训班、农资监管与服务信息化建设培训班、重大植物疫情防控培训班),累计培训人数280人次。

【植物检疫防控】 全年受理调运检疫47批次,调运苗木110万株、种子24690公斤。设立各类疫情监测点12个。建立柑橘溃疡病综合防控示范区1个,示范区面积40公顷。开展梨病、加拿大一枝黄花、扶桑绵粉蚧、黄瓜绿斑驳花叶病毒病等各类疫情普查,投入普查人力980余人次,普查面积25225.9亩,各级投入普查经费18.28万元。铲除加拿大一枝黄花0.47公顷。开展植物检疫专项执法行动,共出动检疫执法人员26人次,检查企业7家,检查种子30批次16000公斤、苗木5批次100万株。

【废弃农药包装物回收】 2014年是淳安县开展废弃农药包装物回收处置工作的第一年。根据淳政办发〔2014〕130号文件《淳安县农业面源污染治理项目和资金管理办法(试行)》通知要求,10月30日～11月7日在全县135家回收单位进行挂牌设点,全县全年共回收废弃农药包装瓶115660个、废弃农药包装袋37880只。

(叶 婷)

·茶　叶·

【概况】 2014年全县生产各类茶叶共计4254吨，产值6.0866亿元，与上年相比增长0.9%。其中以千岛玉叶龙井茶为主的名茶产量3320.9吨，产值5.7728亿元，与上年相比增长1.1%。

【品牌宣传】 一是积极举办各类茶事活动。在上海举办了“千岛玉叶龙井茶”品鉴推介会，在浙江经视推介“好茶喝出健康来”为主题的新闻专题，在杭州市西溪印象城举办“2014淳安千岛玉叶龙井茶大型市民品鉴会”。二是积极组织参展参评。先后参加第九届浙江省绿茶博览会、杭州市十大名茶亮相北京茶博会、吴山广场举办的万人品茗大会、“中绿杯”全国名茶评比会、第十届国际名茶评比会等活动，获得好评。

【市场拓展】 在进一步发挥千岛湖茶叶市场作用的基础上，积极开展千岛玉叶茶品牌的网络营销，在淘宝、天猫以及阿里巴巴开设店铺，多渠道建立电商平台。

【技术推广】 无性系良种茶园覆盖率提高到45.8%，新增名茶加工机械618台，优化改造茶厂295家，其中取得QS证书的37家，推广建立4条扁茶连续化加工流水线。

【项目实施】 继续做好茶厂优化改造、统防统治等县级产业项目的同时，积极申报杭州市级山区纯农户增收工程项目，申报立项优新品种基地项目2个、公共园道建设项目1个、茶叶炒制中心项目1个；实施的项目还有省十县50万亩茶产业升级转化工程。

（余淑芳）

·水　果·

【概况】 2014年全县水果总面积9358公顷，总产量11.86万吨，总产值4.21亿元。

【精品水果栽培技术推广应用】 2014年，全县共举办精品水果栽培技术培训班18期，培训果农1200人次，发放技术资料2000余份；建立科技示范户130户；9个市级纯农增收工程项目实施完成并通过验收。在全县果园推广应用科学修剪、疏果套袋、增施有机肥为主配方施肥、病虫害综合防治、果园生草、地膜覆盖、完熟栽培、省力化机械应用、采后商品化处理等实用技术，实施面积5333.33公顷；推广果树专用肥300余吨、水果专用果袋600余万只；在左口魁星桥百果园引进了山地果园单轨运输车省力化机械。

【品牌建设成果】 千岛湖荸荠种杨梅获2014年度“青田杯”全国精品杨梅优质奖，千岛湖桃获2014浙江精品果蔬展销会金奖，千岛湖翠冠梨荣获2014年浙江省梨评比优质奖，千岛湖葡萄开发有限公司的“莲玉”牌巨峰葡萄获2014年“浙江省十大金奖葡萄”称号；在2014年浙江农业吉尼斯杨梅擂台赛上，千岛湖荸荠种杨梅获得全省第一名，东魁杨梅获得全省第二名，得到了业内专家的高度赞誉。

（杨佩贞）

·蔬　菜(食用菌)·

【概况】 2014年蔬菜播种实际面积8940公顷，总产量24.44万吨，产值约5.38亿元。全年生产食用菌规模约2154.3万袋，产量(干鲜混合)5483吨，产值12167万元。

【市“菜篮子”基地建设项目】 项目立项6个蔬

菜(食用菌)基地,实施并验收通过5个基地。提升浪川占家叶菜生产功能区1个,面积9.3公顷;新建浪川鲁川高山蔬菜基地1个,面积13.3公顷;蔬菜基地新建水渠、蓄水池、机耕路等基础设施和钢管大棚、杀虫灯、微滴管等配套设施,总投入107.02万元。新建鑫丰、新桥、陆乡食用菌产业基地3个,占地面积22.8公顷,总生产规模162万袋;新建排水渠、蓄水池、降温深水井、机耕路等基础设施和钢架棚、冷库、生产周转框、装袋机、保鲜冷库、灭菌灶等配套设施,总投入518.67万元。

【参与"五水共治"项目实施】 参与制定《淳安县农业面源污染治理项目和资金管理办法(试行)》(淳政办发〔2014〕130号)食用菌项目管理细则。立项实施了食用菌粉碎点建设、菌棒制棒场建设、规模化生产基地建设各1个。

【技术推广服务和质量安全监管】 引进蔬菜新品种10余个,建立黑木耳示范点2个,积极开展嫁接茄子抗性试验和杏鲍菇菌渣栽培木耳配方试验。开展蔬菜、食用菌技术培训班5期,培训生产户289人次,发放技术资料1000份。组织乡镇农科员7人赴金华职业技术学院参加夏秋季速生叶菜生产培训,4人赴丽水参加食用菌新技术培训。开展蔬菜农产品安全监测工作,全年抽取蔬菜农药残留定量检测338批次,其中部级飞检8批次、省级抽样22批次、市级抽样215批次、县级抽样93批次,合格率达99%。

(何爱珍)

•粮 油•

【概况】 2014年,全县粮食作物及大豆播种面积2.06万公顷,总产量8.69万吨。全县小麦播种面积859.93公顷,平均亩产135公斤,总产量1742吨;玉米播种面积5910.73公顷,亩产量292公斤,总产量25857吨;单季稻播种面积3196.13公顷,亩产479公斤,总产量22949吨;番薯播种面积5574公顷,亩产292公斤,总产量24402吨;马铃薯播种面积862.73公顷,亩产260公斤,总产量3363吨;大豆播种面积3403.2公顷,亩产139公斤,总产量7078吨;油菜播种面积7082.33公顷,亩产127公斤,总产量13452吨。

【粮食生产功能区建设】 2014年全县粮食生产功能区建设面积268.9公顷,涉及安阳、汾口等10个乡镇37个县级粮食生产功能区,建设总投入1032.2934万元,共争取落实省、市、县各级财政投入926.8279万元,其中省级175.6089万元、市级139.921万元、县级611.298万元。新建灌水渠8817米,新建排水渠1762米,新建排灌渠9493米,修建水渠1715米,机耕路硬化2790米,新建机耕路1277.5米,新建田间操作道958.5米,拓宽改造机耕路1570米,路渠配套217米,新建堰坝4座,新建下田坡9个,新建涵洞工程及生产便道22个、挡墙52米。2014年升级创建文昌镇下潘潭头畈市级粮食生产功能区510亩,新建机耕路550米、灌水渠702米、排水渠926米,修复机耕路500米、机坡2个、农用桥1座。至2014年,全县粮食生产功能区建设总面积达到1664.3公顷。

【水稻高产创建】 2014年汾口镇水北畈两块高产攻关田双双突破800公斤,刷新淳安县723公斤历史纪录。其中仙居村种粮大户张清种植面积1.715亩,单产达到804.65公斤,石畈村种粮大户余诗群种植面积1.04亩,单产达到803.45公斤。

【种子监管】 全年完成省、市下达的市场种子质量抽检18个批次,年出动执法人员56人次,检查种子市场16次/个,检查种子经销企业达73次/个,及时调解种子质量纠纷1个。

【农作物区试工作】 全年完成8组农作物新品

种区试，参试农作物品种达84个。国家区试甜玉米组11个品种、糯玉米组19个品种；省级区试甜玉米组9个品种、糯玉米组13个品种、普通玉米区试一组11个品种，普通玉米品种生产试验3个品种；市级水稻区试一组18个品种，2个重复。

【新品种展示和示范】 全年开展作物新品种展示16组162个。建立春季杂交玉米示范片2个，面积7.5公顷，品种有济单7号、浙凤单1号、苏玉30、登海605等。建立番薯示范畈2个，面积8公顷，品种和面积以本县老南瓜品种为主。建立杂交水稻示范畈7个，品种为中浙优8号，面积102公顷；甬优15，面积132公顷；甬优538，面积30.4公顷。钱优930，面积3.5公顷。建立油菜示范畈5个，面积34.6公顷，展示品种为浙大619、浙油50、浙油51。

【良种补贴】 全县作物良种补助面积17782公顷，其中油菜面积7372.5公顷、小麦面积643公顷、水稻面积3615.5公顷、玉米面积6028公顷、棉花面积123公顷。2014年共发放良种补助资金294.77万元。

【种子储备】 全年储备粮食作物种子8.98万公斤，其中常规水稻种子5000公斤、杂交水稻种子2000公斤（折合常规种子10000公斤）、杂交玉米种子26671公斤（折合常规种子66677.5公斤）、本地玉米种子125公斤、杂粮种子2853.5公斤、蔬菜种子1046.5公斤（折合常规种子5232.5公斤）。及时动用储备种子280公斤，确保农业生产稳定发展。

【种质资源保护】 建立种质资源保护与品种展示基地3.53公顷，安排10个点开展本地农家品种的原生境保护，涉及农作物品种达30余个。

（余建忠 余樟平 徐文荣）

·中药材·

【概况】 2014年全县中药材生产总面积5726.67公顷，与2013年相比增长1.66%；总产量7973.345吨，与2013年相比增加1.88%；总产值2.56亿。

【铁皮石斛发展】 至2014年，全县引进发展13家铁皮石斛种植加工企业，企业注册资金1.308亿元，基地总投入3.25亿元，基地占地面积88.27公顷。2011～2013年全县年新增铁皮石斛种植面积12.47公顷。2014年全县新种植铁皮石斛13.67公顷，年产值达到4500万元，较上年增幅50%。

（张　薇）

·畜牧业·

【概况】 2014年，全县生猪年末总存栏14.97万头，同比减15.8%；出栏22.18万头，同比减6.4%。家禽存栏43.47万羽，同比减8.0%；出栏81.0万羽，同比增49.4%。牛存栏0.16万头，同比减11.9%。羊存栏0.29万只，同比增25.0%。兔存栏0.15万只，同比减54.2%。蜂存栏26541箱，同比增4.4%。全年肉类总产量18428吨，同比减4.2%。

【重大动物疫病防控】 全面落实免疫、监测、流调、消毒等各项防控措施，有效控制了重大动物疫情发生。禽流感、口蹄疫、猪瘟、鸡新城疫，及高致病性猪蓝耳病5种重大动物疫病免疫密度均达100%，使用各类疫苗413.8778万头份（毫升）。监测养殖场（点）114场次，其中规模饲养场51场次、散养村40个、屠宰场12场次、农贸市场11场次，出动人员241人次，监测抗体水平全部达到了农业部规定的70%以上。为有效防范高致病性禽流感，从1月28日零时起，全县农贸市场暂停活禽交易，休市3个月。期间，禁止所有外来活禽进入本县，除经检疫合格的种禽场苗禽以及禽类加工销售农业龙头企业等收购、加工压栏家禽外，一律暂停活禽调运，鼓励活禽就地屠宰，冰鲜禽肉流通上市。动物标识及疫病可追溯体系建设有序推进，全县23个乡(镇)和有关饲养场共128台移动智能识读器上网操作运行，累计上传生猪防疫、检疫等追溯信息64.8万条(头)次，其中防疫信息上传52.3万头次、10.4万条次，检疫信息上传2.1万条次。淳安县发生首例输入性小反刍兽疫疫情。3月18日，临岐镇溪口村沙岭坞自然村养羊户黄海法从山东购入94头杂交波尔山羊，陆续出现死亡病例，疑似重大动物疫病，县防治动物疫病指挥部办公室立即启动重大动物疫病应急预案，4月1日经国家外来动物疫病研究中心确诊为小反刍兽疫疫情。

【畜产品安全监管】 全年共完成产地检疫生猪7.2万头，家禽21.04万羽、蜜蜂3894箱、马2次5匹、畜禽产品112吨。开展养殖环节违禁药品检测(盐酸克伦特罗、莱克多巴胺、沙丁胺醇)10752头。完成杭州市畜产品药物残留检测抽样154份(其中猪尿样110份、鸡产品24份、饲料预混料20份)。开展调入动物和动物产品备案管理工作，全年调入活禽41批次2.402万只、活畜3批次20匹(马)、肉产品6批次112吨，调入动物及产品备案、落地核查率达100%。分销信息凭证使用408本。开展动物卫生监督执法管理工作，签订动物检疫员告知书30份，查处违反动物防疫法案件5起。

【畜禽屠宰监管】 根据淳编办〔2014〕50号《关于生猪定点屠宰职责划转的通知》规定，6月12日，淳安的畜禽屠宰监管职能从县商务局划转到县农业局，并组建由县农业、市监、公安和商务等四部门人员组成的畜禽联合执法稽查队。全年屠宰生猪38587头；屠宰检疫生猪3.8587万头；开展瘦肉精自检3784批次，检测结果全部为阴性。监督指导县肉类加工厂无害化处理病害生猪产品及内脏3225公斤，检疫不合格猪45头。

【动物尸体无害化处理】 在千岛湖镇金竹牌林场甘山林、青溪新城前坞村大麦坞、文昌镇小西坞村、左口乡石岭后村、临岐镇梅口村、姜家镇霞五村、梓桐镇西湖村石川坞、中洲镇叶村村、大墅镇洞坞村和桃林村新建病死动物化尸窑10个，单个容积100立方米，总容积1000立方米。对日死亡30头以上或死亡率异常的现场实时监督3次，全年养殖环节病死猪无害化处理12826头。死亡动物开展统一收集，集中处理，有16个乡镇开展收集服务，建成村收集点38个、收集服务中心1个、收集营运主体39家，配备收集人员53人。

【项目建设】 实施中央项目2个，分别是：杭州千岛湖科普养鸡园、浙江光大农业科技发展有限公司的中央畜牧发展扶持项目“畜禽标准化健康养殖”。实施省级项目4个，分别是：杭州联谊茅坪养殖有限公司的省级畜禽标准化规模养殖示范场创建项目，淳安县歧源蜂业专业合作社的山区海岛项目“淳安县千岛湖标准化养蜂生产示范推广”，淳安县茅山淳安花猪种业有限公司、杭州千岛湖养殖有限公司的省级减排项目。实施市级项目3个，分别是：淳安千岛湖富城农特产品有限公司、杭州千岛湖天坪农业开发有限公司、淳安县汾口镇达盛养鸡场的市标准化示范场项目。

【品种保育】 为保护地方优质种质资源，由杭州市农业科学研究院牵头的杭州市重大科技创新项目“淳安花猪种质资源保护和开发利用”有序进行；浙江光大农业科技发展有限公司承建的国家级鸡基因库项目进展顺利，累计投入3000余万元，已投入运营。

【宣传培训】 通过浙江电视台钱江频道、杭州电视台的《庆丰村》《上山下乡采年货》《做给你看》等栏目宣传淳安花猪种质资源保护等工作;通过《钱江晚报》"淳安生活"版面宣传畜禽养殖业污染整治成效,推介畜牧业生态养殖模式等。在国家级、省级专业期刊撰写论文7篇;投送省、市、县农业信息网或畜牧兽医网络宣传报道68篇。参与制定《淳安花猪饲养管理规程》,经杭州市质量技术监督局批复;制定《淳安县畜禽养殖污染治理要求与验收标准》《淳安县畜牧业抗旱应急预案》《淳安县畜牧产业发展规划》等产业管理规范。组织业务技能培训,提高从业人员素质,举办各类培训10批次960余人次(养蜂技术培训2次、畜产品安全与管理技术培训1次、畜牧转型升级业务培训1次、畜禽养殖业污染治理培训1次、农牧结合生态养殖技术培训1次、牧业法律法规宣传培训4次);发放各类学习资料1270余份。

【畜禽养殖业污染整治工作】 根据县政府《淳安县畜禽养殖业污染整治工作实施方案》(淳政办发〔2014〕65号)文件精神,全面开展畜禽养殖业污染整治工作。关停禁养区内畜禽养殖场(户),以及限养区内"低小散乱"养殖场(户)226家。通过关停措施减少存栏生猪2.484万头、家禽10.928万只、羊0.058万头、其他畜禽39368只。关停面积9.27万平方米,其中关停并拆除各类养殖场所196处,拆除面积6.58万平方米。拟保留养殖场(户)严格按照"两分离、两控制、两利用、三配套"总体要求,通过就近就地利用或异地综合利用,实现畜禽排泄物"减量化、无害化、资源化、生态化"。66家已全部完成生态化治理任务。

(刘荣平　朱洁慧　祝　荣　余爱珍)

·农　机·

【农机总动力】 2014年末,全县农机总动力304004.91千瓦,比上年略有增加。其中柴油机123512.16千瓦、汽油机21249.4千瓦、电动机159243.35千瓦。农业机械原值达32623万元。

【农业机械拥有量】 耕作机械拥有1602台,比2013年减少31台,其中大中型10台,比2013年增加5台;手扶1271台,比2013年减少61台;耕整机321台,比上年增加25台。手扶拖拉机报废61台,微耕机增加25台。粮食功能区建设继续加大机械投入,增加7台高速插秧机、2台手扶式插秧机;9台联合收割机,其中4台油菜收割机;5台烘干机,增加批次烘干能力40吨。冷藏保鲜设备增加16套,增加冷藏容积798立方米。设施农业装备方面,水稻工厂化育秧设备增加5套,达到15套。育秧秧盘达76800只,增加28600只。温室大棚中,连栋温室48250平方米,增加3000平方米;钢架大棚1686604平方米,增加340717平方米。林果业机械中果树修剪机与山核桃脱壳机增加415台。扁形茶炒制机增加1027台。

【农机化作业】 机耕面积6652公顷,机收面积1439公顷,机械植保面积20662公顷,机播面积达561公顷。2014年机械化亮点为新购油菜直播机1台,油菜直播面积达53公顷。新增烘干机5台,全县拥有量达19台,批次烘干能力达122吨,全年机械烘干粮食1528吨。农机合作社作业服务面积719公顷,增加231公顷。到2014年末,全县已经有8家农机合作社。

【农机化投入】 2014年全县中央及地方财政投入总共达814.4105万元,其中农业机械购置补贴资金达446.0663万元、中央财政资金411.2663万元、地方财政(省、市、县)34.8万元,直接拉动农民投资1645.065万元。补贴购置各类农业机械1947台套,受益农户达1631户。

(徐　波)

·农村能源·

【农村户用沼气建设】 全年新建成“一池三改”户用沼气池403只，完成计划数335只的120.3%。

【太阳能热水器推广】 全年累计推广太阳能热水器3075台，计0.615万平方米，年节约清洁能源1107吨标煤。

【沼肥利用推广】 2014年全县共新增沼肥利用6.08万吨，利用农作物面积达15000亩，完成市下达的6万吨、7000亩的计划任务。

【可再生能源利用工程综合示范乡(镇)建设项目】 2014年淳安县枫树岭镇、浪川乡、王阜乡3个乡(镇)实施该项目。项目建户用沼气池452只，总池容为3616立方米；安装太阳能热水器1426台，总面积达2852平方米；太阳能集中供热6处，总面积达310平方米；沼气集中供气工程1处，总池容为100立方米；农村生活污水处理池新建及提升工程6处，计410立方米；新安装太阳能杀虫灯46盏、太阳能路灯54盏。枫树岭镇、浪川乡已通过市级验收；王阜乡已基本完成任务，等待验收。

【杭州市生态农业示范工程项目】 2014年姜家镇实施的市生态农业示范工程项目“农村户用沼气池沼肥综合利用技术示范项目”于11月通过市级验收。

【规模畜禽养殖场沼气工程建设】 在汾口、枫树岭等乡镇的13个畜禽规模养殖场中新建30～60立方米的小型沼气池16只，容积为802立方米。

【农村户用沼气池大出料维护项目】 为2014年县政府投资项目，全年完成农村户用沼气池大出料维护3005只，圆满完成计划任务。

【户用沼气池报废管理】 根据浙江省农业生态与能源办公室文件(浙农能办〔2014〕23号)要求，完成农村户用沼气池报废登记工作，报废农村户用沼气池281只，其中国债项目报废池240只、省县级项目报废池41只。

【沼气后续服务体系建设】 全县有4人通过省职业技能鉴定，取得沼气生产工资格证(初级工1个、中级工3个)。

(程建明)

·渔 业·

【概况】 2014年，渔业养殖总面积41053.33公顷，与2013年持平；共投放鱼苗(种)903吨、1350万尾，分别比上年同期减6.4%、10.9%；全县渔业总产量12887吨、产值22244万元，分别比上年增3.0%和增5.2%。

【渔政执法】 全年共查获渔业违法案件(包括违法垂钓案件)1944起，处罚款160.34万元，没收渔具1.646万件。查获非法捕捞水产品案2起，盗捕、销售鲢鳙鱼案22起，追究刑事责任56人。完成水产品例行、定性检测149个批次，合格率100%。组织开展渔船安全大检查58次，检查渔船2062艘次，责令整改32艘次，查处渔船违章20起，处罚2.31万元，未发生重特大渔船事故，实现了事故数、死亡人数、直接经济损失三个“零增长”的目标。

【垂钓管理】 全年共查处违法垂钓案件1788起，没收钓具4968件；发放垂钓会员证1200个，办理捕捞(垂钓)证697个。

【网箱整治】 完成库湾网箱整治，至6月底，环湖库湾的69户110亩养殖网箱全面退出上岸；对133户网箱养殖户、6户垂钓平台经营户进行逐一检查、核查，对超面积网箱(设施)、鱼排垂钓等进行规范整治，对5户违规从事鱼排垂钓的养殖户，拖离了其鱼排；强制拆除了大库湖面5处面积为6000余平方米的违法网箱；对文昌、富文水域的20余户擅自搭建的水上构筑物进行拆除。

【增殖放流】 全年组织实施增殖放流11次，投放鱼苗5100万尾，超额完成了省下达的指标。县委书记朱党其、县长柴世民先后亲临现场参加增殖放流活动。

(廖敢雷)

(编辑　蒋德怀)

林 业

【概况】 2014年，全年实现林业总产值90.93亿元，其中第一产业29.23亿元、第二产业7.98亿元、第三产业53.74亿元。

•林业生产•

【全民义务植树】 开展“十片林”等全民义务植树活动。3月5日，县领导在文昌工业园区开展义务植树活动。全县共设立55个义务植树基地或认建认养点，参与义务植树18.67万人次，种植树木61.77万株。

【营造林生产】 造林更新2730.87公顷，完成计划2571.33公顷的106.2%。其中荒山造林509.6公顷，无林地疏林地封育890.13公顷，迹地更新1331.13公顷(人工更新949.53公顷，天然更新246.27公顷，人工促进更新135.33公顷)。完成四边绿化813.8公顷。实施森林抚育11677.73公顷，其中中央财政补贴森林抚育2000公顷。

【特色产业】 新发展毛竹1008.13公顷、山核桃688.27公顷、油茶270.4公顷、珍贵树种295.4公顷(其中香榧93.27公顷)；完成国家油茶示范林建设项目66.67公顷；全县花卉苗木种植规模1343.87公顷，产值4.07亿元；新育苗61.33公顷，培育苗木357.68万株，其中珍贵树种苗木108.35万株、长林系列油茶良种嫁接苗85.18万株、山核桃苗141.97万株、彩叶苗木22.18万株。淳杨线毛竹产业精品带建设全面完成，毛竹新造林88.47公顷，累计完成312.47公顷。完成山核桃生态栽培453.2公顷，其中套种木本119.07公顷、套种草本78.67公顷、矮化栽培255.47公顷，增强山核桃林内生物多样性。建设林区道路主干道200公里、辅助道路100公里。

【森林食品建设】 新认定省级森林食品基地2块，246.67公顷，其中千岛露珠油茶专业合作社100公顷、千岛湖山中元笋竹专业合作社146.67公顷；复认省级森林食品基地2块，236.67公顷。全年完成食用林产品检测145批次，其中春笋30批次、冬笋10批次、山核桃70批次、茶籽25批次、柿子10批次，全部合格。

【山核桃果蒲综合利用】 首次在全县开展山核桃果蒲综合利用工作，每年由县财政支持100万元，用于山核桃果蒲加工机、蒲壳综合利用和处理等环节，对大户购机现场加工果蒲返山，每台加工机给予300元的补贴，对综合利用蒲壳每吨给予50元运费补贴，全年共处理14254吨。

【生态公益林建设】 推进公益林分级管理。全县国家级公益林面积129228.33公顷中，核定一级保护公益林79712.93公顷、二级保护公益林49515.4公顷。

【“浙江最美森林”评选】 积极参与“浙江最美森林”评选活动，牧心谷水杉林、龙川湾天然阔叶林、龙门谷森林等3片森林上榜，是浙江省入选数量最多的县之一。

【园林村镇建设】 新建汾口镇栗园里村、姜家镇双溪村、枫树岭镇官川村、浪川乡洪家村、鸠坑乡中联村等5个省级森林村庄。新建石林镇西岭村、富德村，富文乡重坑村，左口乡桥西村，金峰乡五龙村、朱家村，屏门乡屏门村、鸠坑乡金塔村，威坪镇安川村，王阜乡荷坪村，汾口镇栗园里村，中洲镇畈头村，大墅镇大坞村、洞坞村、高山村，枫树岭镇源塘村，梓桐镇并峰村，浪川乡大塘村、狮古山村，界首乡鳌山村等20个县级园林绿化村。

【林相改造】 全年完成林相改造2164.6公顷，其中疏伐改造685.53公顷、抚育改造670.33公顷、补植改造138.8公顷、生态营造66.67公顷、封禁型563.93公顷、林相改造示范点39.33公顷。

【林业技术推广】 开展科普宣传科技咨询活动2期，组织开展林业科技培训110期，培训林农4432人。举办杭州市实用人才培训班和杭州市生物多样性保护与千岛湖生态功能区建设高级研修班学术活动。组织开展农民技术职称评审，评定技师2人、助理技师2人、技术员28人。

【林业科研项目】 完成省地方标准《柿栽培技术规程》制定工作。获得第十四届省“科技兴林奖”2项，其中《千岛湖低效松林景观改造技术研究与示范》(淳安县林业种苗管理站、浙江省林业科学研究院、淳安县新安江开发总公司等单位)获二等奖，《健康森林体系构建与高效生态林业发展关键技术集成示范》(淳安县新安江开发总公司等单位)获三等奖。

•森林资源保护•

【林地管理】 与省市协调沟通，推进杭州千岛湖引水工程前期预审工作，办理杭黄高铁、浙江旅游职业学院千岛湖国际酒店管理学院、严家安置点基础设施配套工程等一批重点项目的林地报批。全年审核审批征占用林地21起，面积68.53公顷，征收规费467.9747万元。调处山林纠纷10起，面积3.55公顷。

【野生动植物保护】 在野生动物保护宣传月暨爱鸟周中，围绕“鸟语花香，共享生态文明”这一宣传主题，举办讲座1场；举办现场咨询活动4场，接受咨询人数979人；走进校园、景区、乡村、林场宣传27次；发放宣传资料8436份，展出宣传图版429块，悬挂宣传横幅18幅，张贴宣传标语329条。开展重点区域鸟类野外监测工作，监测巡护总里程1047公里。对全县经营野生动物及其产品的场所进行执法检查和集中整治，检查清理使用禁猎工具猎捕野生动物场所114处、店铺41家，收缴非法猎捕工具铁夹22副、吊杠200副。办理审批采伐古树名木5株、修枝2株。

【林木采伐管理】 落实森林资源双增目标责任制，《关于2014年度乡镇业绩考评的实施意见》(县委〔2014〕34号)首次将森林覆盖率和森林蓄积量作为生态保护类指标列入县对乡镇的考核。县政府下达采伐限额蓄积263338立方米，出材量158003立方米；实际发证采伐蓄积139869立方米，出材量84012立方米，发放采伐证3072份。

【木竹运输管理】 全年检查木材运输3045起，材积流量为68339立方米。查扣违章木材428起，材积899立方米，木材变价及罚没款80.26万元。其中查获外来松木137批次，材积432立方米，处罚43.56万元。

【林区治安】 开展“清火行动”“执法回头看”“雷霆一号暨清明森林火患火案清剿专项行动”“雷霆二号林区禁种铲毒专项行动”“2014天网行动”“雷霆三号”等打击破坏森林资源违法犯罪活动的专项行动。全年查处林业行政案件34起、林业刑事案件21起，获得2014年度浙江省平安林区县。

【森林病虫害防治】 完成松材线虫病等6种

病虫害的监测工作，监测调查219660公顷次，完成种苗产地检疫483.27公顷，全年森林病虫害发生面积1505.33公顷，实施无公害防治作业4949.13公顷次。开展松材线虫病县市联防工作，完成与临安、建德交界区的松林改造350.67公顷，与建德交界区喷药预防356.67公顷。

【山核桃统防统治】　在全县7个乡镇13个村首次开展山核桃病虫害统防统治工作，防治总面积1380公顷。统防区农药包装物实行统一回收，降低水源污染。经验收，统防区块比上年增产10.9%，比未实施区块增产40.3%。

【森林消防】　全县共发生森林火灾6起，过火面积284.27公顷，受害面积119.53公顷，烧毁林木蓄积3473立方米。出台《关于实行森林消防责任追究的若干意见》《淳安县森林火灾重点整治单位管理办法》，落实森林消防行政领导负责制。“网格化”落实森林消防责任，实行乡镇领导包乡镇、联村干部包片（包村）、村党员干部包户头、守山头的“三包”制度。与责任单位、责任人签订护林防火责任书。在火灾高发期，开展“见烟查、见火罚、犯罪抓”清火行动，共查处森林火灾刑事案件4起、行政案件74起，罚款6.76万元。2014～2016年3年规划投入财政资金2300万元，专项用于山地水池、救火车、墓区燃烧房等森林消防基础设施建设及队伍建设。森林防灾减灾工作的好做法分别得到副省长黄旭明和副市长戚啸虎批示肯定。

·林业改革发展·

【深化林权改革】　推进林权抵押贷款和政策性林木保险的增量扩面。发放林权抵押贷款16宗，共计2704万元。办理林权流转登记202块，共计1680.33公顷。《淳安县林地经营权流转证登记管理办法》（淳政办发〔2014〕86号）出台。开展林权股份合作社的建设试点工作。瑶山乡琅坑自然村355户农户将680.27公顷山核桃林折股成立淳安县首家以林地股权出资入股的山核桃股份合作社——淳安县千岛湖瑶琅山核桃专业合作社，2014年实现首次分红，其做法得到浙江省林权制度改革领导小组办公室肯定。

【国有林场改革发展】　制定上报《淳安县完善国有林场改革试点工作实施方案》，得到县政府批复实施。其中林业局的5个国有林场每人每年补助2.5万元，对4万亩视同公益林每年补助资金102万元（382.5元/公顷）；开发总公司所属林业总场采取政府购买服务的形式予以补助，对15.7万亩视同公益林每年补助资金399.6万元（382.5元/公顷）。完成招商引资协议资金5400万元，到位资金3050万元（其中市外资金2550万元）。阳山岛项目顺利推进，已完成驿站、环岛道路、管理房、配电房等设施建设，完成投资500余万元。

【党的群众路线教育实践活动】　开展以“为民务实清廉”为主题的党的群众路线教育活动，完善“三认”活动制度，推出“百名林业科技人员到林区一线支农、百名机关干部到基层扶农、百场科技培训到农村助农”的“三百”活动。211名机关干部完成对14家企业、8个林业重点村、92个农村困难户、152名林业大户“一对一”走访，发放便民服务联系卡530张，记录民情事项2893条，落实帮扶资金21.4万元、帮扶措施197项，解决实际问题364件。组建专家组8个，推出毛竹、山核桃栽培、林业有害生物防治等14个专项培训；举办林业培训91场，培训人数3100人次。在“挖掘身边典型、学习身边先进”活动中，涌现出县十佳“优秀机关公仆”余德堂；还有因公牺牲的森林警察大队副大队长方鹏跃被追认为淳安县优秀共产党员。认真做好人大建议、政协提案办理工作，13件人大建议、

4件政协提案全部按时办结，满意率100%。清明期间，林业干部全天候上班，实现森林火灾"零火情"。

【林业宣传】 开通"淳安林业"微博、微信平台，全年共发布媒体录用林业政务信息1167条，其中浙江林业网238条、天堂山水网201条、《淳安信息》50条、《今日千岛湖》95条、千岛湖林网523条、省市以上媒体60条。林业局获杭州市林水局"天堂山水"门户网站信息宣传十佳单位。

（张旭君）

（编辑　蒋德怀）

水利　水电

·水利建设·

【概况】 2014年，淳安县水利工作主要围绕山塘水库除险保安、农村饮水安全工程、万里清水河道工程、汪家源山洪沟治理工程及重要堤防加固工程建设为重点，继续抓好农村河道整治工程、高效节水喷微灌工程和小型农田水利设施建设。全年完成各类水利工程546处，累计完成土石方143万立方米、砼51.8万立方米，总投资2.36亿元。主要建设内容有水库除险加固工程2座(连塘坞水库、松坑坞水库)，万方以上山塘除险加固10座，万方以下山塘综合整治50座；汪家源山洪沟治理工程7公里，重要堤防加固工程20公里，万里清水河道工程80公里，农村河道综合整治工程100公里；高效节水喷微灌面积256公顷，堰坝工程25座，修建灌排渠道150.2公里；新扩建农村饮水安全工程141处，受益人口7.0万人。通过工程建设，旱涝保收面积172公顷，改善农田灌溉面积847.8公顷，治理水土流失面积17平方公里。

【水库山塘除险加固工程】 完成2座水库、10座万立方米以上山塘、57座万立方米以下山塘除险加固，累计完成土石方27.86万立方米、混凝土1.48万方，总投资3390万元。

【河道整治工程】 实施万里清水河道80公里和农村河道整治工程100公里。在进贤溪、郁川溪、枫林港、上梧溪、六都源等18条流域23个乡(镇)疏浚、堤防加固180公里。完成投资3600万元。开挖土石方51.2万立方米、砌石5.53万立方米、砼3.46万立方米。河道整治效果明显，农田、村庄分别达到了五年一遇、十年一遇的洪水标准。

【重要堤防加固工程】 在姜家镇、汾口镇、中洲镇、威坪镇、枫树岭镇、大墅镇、富文乡、里商乡、梓桐镇、宋村乡、瑶山乡等11个乡(镇)实施重要堤防加固工程，新建加固堤防20公里。完成投资3321.41万元。开挖土石方24.34万立方米、砌石5.83万立方米、砼2.42万立方米。

【云源港王阜、宋村段治理工程】 2013年根据《淳安县云源港王阜、宋村段治理工程初步设计报告》，规划云源港流域(王阜、宋村2个乡)新建防洪堤5.88公里，加固防洪堤3.92公里，重建堰坝2座，及河道清理3.5公里。至2014年10月底，项目全部完工，主要工程内容有新建防洪堤、加固防洪堤9.868公里，重建堰坝2座及疏浚整治河道3.5公里。完成投资2606.17万元。开挖土石方10.91万立方米、砌石3.61万立方米、砼1.9万立方米。

【农村饮用水建设工程】 全年由23个乡(镇)的140个村(点)水厂(站)实施了提升改造工程。通过新建水源、过滤池、蓄水池、埋设管道等措施，新增供水规模0.6万吨/日。工程总投资4996.3万元，其中政府补助3000万元，乡村农户自筹1996.3万元。提升农村饮用水人口7万人。

(余诗汉　胡新军　何贵平　余绵德)

·水电建设·

【概述】 2014全县无新建、改造电站。截至2014年底，全县建成投产的水电站共103座，装机容量143150千瓦。全年小水电发电量29255万千瓦时，较上年增加13.9%；发电收入14541

万元,较上年增加20.6%。

【安全生产大检查】 4～7月,县水利水电局对全县水电站进行了年度安全生产大检查,对存在问题的水电站提出了相应整改要求。

【"五型水电"星级创建活动】 按照"五型水电"的要求,通过对水电站各项建筑物、设备、管理行为进行考核打分,按总分高低分别评定三、二、一星级水电站。2014年参与考评的为102座水电站,其中三星级水电站有6座,二星级水电站有18座,一星级水电站有76座,另外2座水电站由于存在安全隐患等原因无法正常运行,被定为无星级水电站。

【水电站安全生产标准化建设】 按照省水利厅的统一部署,淳安县于2014年开始,到2016年底,装机容量1000千瓦以上的水电站开展水电站安全生产标准化建设。2014年开展标准化建设试点的是枫树岭、霞源、严家、木瓜这4座水电站。为切实推进标准化建设,多次组织电站业务骨干参加省厅举办的业务培训,到外地现场参观学习先进经验,有效提高了电站的建设能力。这4座试点电站已按要求于年底前完成建设任务,2015年3月份前将接受省市的检查评审,划定标准化等级。

【农村水电运行技能与安全知识竞赛】 2014年6月,浙江省水利厅举办了2014年浙江省农村水电运行技能与安全知识竞赛活动,由县水利水电投资有限公司叶志清、郑如成、陈新征3位同志组成的杭州二队获得团体二等奖,叶志清获个人二等奖的佳绩。

(王连春)

·水政监察·

【水政宣传】 以第二十二届"世界水日"和第二十七届"中国水周"活动为载体,制作宣传展板31块、宣传横幅20条,发放涉水宣传资料5000余份,张贴主题宣传画300张,现场水法律咨询等形式开展水政宣传,不断提升广大人民群众的水法制观念,促进水利工作有效开展。

【湖区采砂】 积极应对2013～2014年度湖区采砂信访及诉讼处理,上半年加大了对汾口、安阳水域采砂情况的监督检查,编制下一轮湖区采砂实施方案,配合做好2014～2015年度湖区采砂权出让工作,收取资源费1025万元。安阳水域9月5日正式开采后,联合海事、公安加强巡查,继续执行指泊签证,同时做好相关的信访解释和维稳工作。

【采制砂整治】 出台了《淳安县人民政府关于进一步加强我县砂石资源管理的实施意见》和《淳安县砂石资源专项整治工作实施方案》。组织县国土、环保等部门会同各乡镇对采制砂开展集中整治。全县77处制砂场已停止加工74处(其中强制断电28处);25处堆砂场保留18处,清理7处;完成新规划制砂场15处。整治期间,还有效应对了浙江电视台和杭州电视台对县制砂场的负面报道。

【"河长制"工作】 一是开展河道等级划分和划界确权工作。经市林水局批准,确定武强溪、东源港、云源港、枫林港4条河道为县级河道,其余都属乡级河道。二是树立"河长制"公示牌。全县共设置"河长"90名,树立"河长制"公示牌205块,促进河道长效管理工作。三是开展河道治污排查。根据县委、县政府文件精神,牵头完成了非养殖趸船、水上构筑物、湖区采砂、农村河道污染物排查工作。同时,完成了对各乡镇农村建筑垃圾倾倒处置情况调查,督促乡镇清除河道生活、建筑垃圾17472立方米。

【占用水域管理】 按照县委、县政府的要求,会同规划、国土、环保、建管等部门开展沿湖、沿线排查工作。在沿湖涉水建设项目占用水域、弃渣入湖等方面严格管理，定期进行检查。发现滨江房产、陆家埠酒店、卓尔房产等项目弃渣入湖的违法行为后及时督促落实相应的整改措施。同时，做好浙江省水利厅卫星遥感监测报告的核查、汇总工作。

【水政执法】 对全县84条河道进行了全覆盖巡查，及时调解水事纠纷和制止水事违法行为，其中调解水事纠纷2起；发出责停通知书8份；立案查处水事案件4起；会同国土、乡镇共拆除涉河违法建筑物7处；接待群众来访31次，受理信访举报40余起。

【水资源管理】 规范水资源费收缴工作，全年收取水资源费737.5万元。完善取水实时监控系统建设。全年在4家新批取水单位安装取水实时监控系统，计4个监测点，保障水资源管理信息化建设工作的常态化。至此，全县已有39家取水单位安装了实时监控系统，计51个监测点。7月10日，政府办下发《关于贯彻落实杭州市实行最严格水资源管理制度考核暂行办法的通知》(淳政办发〔2014〕85号)。

【水土保持工作】 通过实施小流域治理，以及低产林改造等措施，全县完成水土流失治理面积18.1平方公里。大力推进开发建设项目水土保持方案“三同时”制度的实施，全面落实水土保持方案编报制度。全年完成水土保持方案项目审查26个，备案登记项目3个。

(王芳群　余本祥)

•灾　情•

【“6•20”强降雨】 6月19日15时至22日16时，全县平均降雨量达190.3毫米，最大站点为中洲站256毫米。截至22日16时，全县8个乡镇不同程度受灾，直接经济损失590万元，受灾人口5.871万人，倒塌房屋32间。

【“6•26”强降雨】 6月26日16时至28日8时，全县平均降雨量95毫米，本次强降雨在县南部和西北部相对较大，截止到28日8时，共有9个乡镇不同程度受灾，直接经济损失309万元，受灾人口0.74万人，倒塌房屋14间，累计转移危险区群众84人。

【“麦德姆”台风】 受“麦德姆”影响，自7月24日8时至26日8时，全县平均降雨量83.8毫米，最大站点枫树岭白马站177.5毫米，全县降雨量超过100毫米的有站点18个(占总站数22%)。由于全县防台工作尽早部署，措施落实到位，全县未发生明显灾情。

(县防汛办)

•水　文•

【概况】 2014年，淳安县水文站下辖中洲、管家、千岛湖、下洪、小毛岭、西岭、荷岭后、双溪口、仙人潭、金竹岭、百罗畈、瑶山、大墅、白马、樟村、陈家村、姜家、杜井、塔山等19个雨量代办站。其中中洲水文站负责观测雨量资料的同时也负责观测水位资料，2010年9月1日起，由于防洪堤建设，测站断面改变，水位停测，计划于2015年中洲水文站改造完成后恢复观测。淳安县水文站负责全县雨情、水情的搜集、分析和整编，积累县境全年水文资料，为防汛防旱、水利水电工程建设及其他经济建设提供服务。全县重要小流域、小(一)型以上水库及部分小(二)型水库安装的雨情、水情自动采集系统运行情况良好，2011年建设的山洪灾害监测预警系统在2012年完成试运行，2013年通过竣工验收。为县防汛防旱指挥、决策及时传递雨、水情信息和实现水库科学调度提供准确依据。

【雨情】 2014年，淳安县降雨属正常偏多年份，年平均降雨量为1953毫米，比多年平均降雨量正常偏多12.9%。因受县境地域广、地形复杂的影响，时空降水分布不均，浪川乡陈家村雨量站降水量为2524毫米，而在县西北部的百罗畈雨量站降水量只有1771.8毫米，两站相差达752.2毫米。全县最大日降水量出现在枫树岭镇白马雨量站，为140.5毫米。

【水情】 2014年7月18日实测新安江水库水位106.53米，为年度最高水位，比上年度最高水位高2.04米；12月17日实测水位95.03米，为年度最低水位，比上年度最低水位低1.01米；水位年变幅11.5米，年平均水位100.87米。

（郑红日）

·淳安县水利水电投资有限公司·

【生产经营】 2014年淳安县上半年雨水正常，下半年雨水严重偏少，生产形势属正常偏差年份，淳安县水利水电投资有限公司(以下简称公司)在确保设备安全运行的前提下，争取峰电负荷，多发峰电，取得了较好的成效。全年完成上网发电1.12亿千瓦小时，销售收入5600万元，利润1170万元，税收625万元，完成了各项生产指标和任务。

【安全生产】 公司及时召开下游乡镇的防汛联席会议，清理行洪道内的杂物，保证了整个汛期和台汛期的安全；加大整改力度做好枫电公司安全生产标准化建设的相关工作；通过设备技术改造、日常维护和检修力度，保证了设备的安全稳定运行；执行有关安全生产的各项规章制度，保证了消防、森林防火、交通和人身等方面安全，实现了安全生产零事故的目标。

【项目建设】 投入300余万元完成了枫树岭大坝上坝公路改造、枫树岭和铜山水库大坝启闭机房改造、枫电公司及大坝等重点部位监控设施改造、枫树岭和铜山水库大坝监测设施改造等改造任务；完成了姜家文渊狮城商业街项目枫姜1680线的改造，完成了汾口浪川工业园区项目林姜3537线、南汾3761线改造任务。枫电公司管理中心立面改造已完成了招标工作，枫树岭旅游综合体开发前期工作正有序推进。

【招商引资】 完成到位资金1200万元(其中特色招商300万元)，完成了目标任务。

【和谐企业】 公司在抓好主营发电的同时，认真做好联乡结村和帮扶工作，对2个帮扶村和3个指导员村落实帮扶资金30多万元；参与全县“无违建县”和“五水共治”工作，给予公司各库边村落实专项资金近10万元，支持各相关村做好这两项工作；开展“春风行动”和“慈善一日捐”活动，捐款10余万元；落实资金近10万元，做好帮扶村困难家庭、老党员、老干部、“一户一策一干部”及各项走访慰问活动；为推进美丽下姜建设，枫树岭水库从9月开始每月逢5日、逢10日向下游放生态水，每天9小时，流量为2立方米/秒，以保障下游河道供水和改善水体质量。

【作风建设】 落实“三公”经费使用规定，在业务接待方面，同上年度相比下降36.43%；实行集体领导和分工负责相结合，执行“三重一大”民主决策，全年共召开党政班子会议10次。

（章新生）

（编辑　蒋德怀）

工　业

·工贸公司·

【概况】 2014年，淳安县工贸资产经营有限公司(以下简称公司)实现营业收入4200万元；招商引资完成协议资金1.5亿元，实际到位资金5500万元，其中市外资金4100万元，完成县下达指标的750%、393%和410%；引进生态农业项目1家，完成特色招商任务。

【临岐农民集聚房三期工程建设】 该项目总投资约6600万元，总建筑面积25590平方米，可居住120户，其中有商铺37间，停车位118个。该项目于2013年10月正式动工，计划2015年8月底前通过综合验收，9月交付使用。

【工贸69楼投入使用】 该项目总投资6000多万元，建筑面积5200平方米，2012年10月正式开工建设，2013年底完成房屋建设并通过竣工验收，2014年1月对外公开进行店面和酒店的拍租工作，6月中旬如家快捷酒店正式开张运营。

【启动项目建设】 文昌纸厂职工安置房工程完成图纸设计，规划通过城规委审批，2015年3月初发布招标公告，计划4月开工建设，力争2015年底前主体工程完工。汾口粮油公司地块改建工程用地通过挂牌，2014年10月取得土地使用权，目前正在对设计方案进行调整，并做好开工前相关准备工作。

【铜山矿经营工作】 2014年5月，铜山锡铁矿进入新一轮承包经营，采矿许可证至2016年4月到期。同时，对尾矿综合利用项目进行专题调研。

【国有资产保值增值工作】 公司全年组织公开物业拍租8次，成交46处，租金收缴率达100%；完成小额维修工程共计268项，投入资金17万元，确保物业正常经营和使用；严格执行小额公共资源交易管理规定，健全申报审批手续，公开交易项目6次，发布招标公告12个。

【蛟池复垦土地综合利用】 引进浙江金石生物科技有限公司铁皮石斛项目落户蛟池，该项目自2013年7月开始项目建设，已投资5700万元，建成5万平方米连体大棚、总建筑面积4500平方米的组培楼和5600平方米种苗驯化玻璃温室，配套建设自动化控制系统，年组培苗和驯化苗达到6600万株，实现复垦土地效益最大化。

【安全生产严抓细管】 专营商品供应安全有序。民爆物品运储销环节经营安全，供应正常；县肉类加工厂出厂猪肉合格卫生。开展安全生产大排查，重点消除矿山及尾矿库、民爆仓库、烟花爆竹仓库、建筑工地、地质灾害点等地的安全生产隐患，做好公司范围危旧房普查、违章建筑拆除、边坡治理等涉及人身、资产安全工作。

【党的群众路线教育实践活动】 公司认真开展党的群众路线教育实践活动，征集意见、建议36条，即知即改15条；以查摆问题、开展批评为关键，认真开展谈心谈话，切实纠察“四风”方面存在的问题。专题民主生活会上，班子成员勇于指出问题，互助提高，取得了较好的效果。与此同时，公司党委及时制定整改方案、专项整治方案和长效机制建设计划，认真落实15

项整改任务和7项长效机制的建立，做到边学边改、边查边改、真转真改，至2014年底，整改任务全部完成。

【帮扶工作】 主动做好社会帮扶工作，作为牵头单位组织帮扶集团成员单位认真开展“联乡结村”“一户一策一干部”等结对帮扶活动；动员企业和职工积极参与“慈善一日捐”和第十五次“春风行动”活动，企业和个人捐款共计14.4万元。

（关静雯）

·工业和信息化局·

【概况】 2014年，淳安县实现工业销售产值320.95亿元，同比增长4.3%。其中规模以上工业企业实现销售产值246.53亿元，同比增长3.0%。实现工业增加值58.23亿元，同比增长3.8%。完成限额以上工业投入23.2亿元，同比下降20.9%，完成年度目标任务的72.5%。 引进项目273个，其中新引进项目149个。招商引资共引进协议资金95.76亿元，完成县定任务的126.00%；实际到位资金66.41亿元，完成县定任务的120.75%。引进杭州市以外内资项目87个，其中新引进项目40个，到位资金31.11亿元，完成市定目标的119.65%。引进省外回归项目13个，其中新引进项目4个，到位资金9.13亿元，完成市定目标的130.43%。新批外商投资企业2家，完成合同外资11292万美元，实际到位外资6519万美元。 一产、二产、三产到位资金分别为3.91亿元、19.37亿元、43.14亿元。分别占到位资金总额的5.89%、29.17%、64.96%。全年全县进出口总额2.3802亿美元，同比增长20.09%。其中出口2.0602亿美元，同比增长16.80%；进口0.32亿美元，同比增长46.74%。实现软件服务业主营业务收入11892，同比增长46.83%。全县共有电子商务经营主体265家，电商企业和网店的总销售额约为1.8亿元，同比增长125%。淳安县万元GDP综合能耗同比下降6.48%，超额完成年度节能任务，提前一年完成“十二五”节能降耗指标。

【推进“1+3”工业主平台建设】 立足淳安县经济开发区工业发展主平台，对于已建成的坪山、鼓山园区做好扩容增效和企业集约化用地工作，推进经济开发区土地挖潜；对于在建的文昌生态工业园区加快投资产出，完善园区基础设施配套，加快项目入园建设及工业投资进度；对于汾口浪川产业集聚区，启动产业集聚区的基础设施配套建设，加快集聚区建设步伐，努力拓展工业投资平台增加投入。同时，抓好威坪、大墅、临岐镇等3个乡镇工业功能区优化提升工作。

【完善扶持政策体系】 按照淳安县政府《关于优化完善我县产业扶持政策推进工作方案》的要求，对工业经济发展的重心、考核工作的侧重点等方面作出相应的调整，对原有工业企业的财政扶持政策进行了全面的整合、修改和完善。

【落实长效服务机制】 2014年，组织企业参加各类企业管理、两化融合、信息安全等培训，总计超过400人次，提高了经营者和管理者的经济知识及业务技能。

【探索新型工作载体】 携手省市中小企业服务平台举办“中小企业服务日——淳安专场”活动；发挥“96871”（谐音：就来帮企业）——淳安食品饮料企业公共服务平台（杭州市中小企业服务平台淳安分平台）作用，帮助县内中小企业有效对接省市的资金、技术、人才。

【兑现扶持奖励资金】 兑现各类省、市、县扶持奖励资金，2014年共完成17家重点企业、74家小微企业等财政奖励核查，落实各类财政补助832余万元，促进了工业企业的转型升级。兑现2013年工业投资项目财政奖励资金2316.85万元。

【招商引资】 按照“责任明确、结果为上、重点重奖”“量质并举”“有限的奖励资金向好项目聚合”等原则，对原有招商引资考核实施办法进行了修改和调整，加大了对符合县产业发展导向的特色招商项目和21个重点招商项目的洽谈、落地和推进工作的考核和奖励力度。突出地块和特色产业招商，加大旅游服务业以及资源利用型、科技型、生态型、税源型等重点领域的招商力度，明确招商重点的同时，确定了2014年重点招商引资项目21个。制作完成了2014年招商宣传片《让我们共同见证奇迹》《淳安重点招商项目手册》，投资环境推介PPT等多项基础工作。开展招商引资推介与宣传，全年共接待来自香港、北京、上海、温州、苏州等地区的客商120批次，约200余人，共发放招商宣传资料1800余份。8月成立了6个招商攻坚小组，分别负责农业、工业、服务业和地产业招商项目攻坚，先后赴北京、广州、贵州等多地开展有针对性的敲门招商活动。

【电子商务平台建设】 出台《关于进一步加快电子商务产业发展的若干政策意见》文件，对原有政策进行整合，每年安排1500万元专项资金用于扶持电商发展。同时制定了淳安县电子商务产业发展三年行动计划（2015～2017年），将镇村电子商务发展水平指标列入2014年度乡镇领导干部业绩考核。建设淳安县电子商务公共服务中心，引进专业电商服务公司负责运营，采用政府主管、企业运营、公益为主、市场为辅的运作方式，整合各类服务资源集聚发展。在淘宝网搭建“特色中国·千岛湖馆”网络销售平台，把千岛湖特色农产品、旅游产品、工业品等优势产品销往全国。引进遂昌农村电子商务服务站（“赶街”）项目，使偏远山区农民能与大城市共享电商快速发展的“红利”。截至2014年年底，淳安县共完成全县范围内202个村级网点的建设，帮助农民网上代购18200余笔，代购金额135万元。

【“三位一体”加油站启动建设】 中石化引进气、电等清洁能源，把淳安县青溪新城加油站打造成 “三位一体”集水陆两用新型加油站。该站总占地面积8688.02平方米，设置6台加油机、2台LNG单枪加气机、1台ENG双枪加气机、3个充电桩，项目总投资额近5000万元。

【引进民营企业参与加油站建设】 创新引进有实际需求的杭州千岛湖混凝土有限公司，投资近1000万元参与建造千黄高速加油（气）站，是获得省商务厅立项批复的民营企业，这在省内尚属于首家，该加油站占地面积2198.27平方米，集加油、加气于一体，油罐总容量达140立方米，储气罐60立方米，设置电脑加油机4台16枪、加气机2台4枪，以及布局部分充电设施。同时，对屏门、中洲2个乡镇新建加油站进行布点规划，鼓励民营资本参与加油站项目建设，淳安华兴木制品厂通过招拍挂以100余万元每亩的价格取得屏门加油站土地，创全县边远乡镇土地出让价格的新高。

【节能降耗工作】 浙江强强实业有限公司、杭州卓尔纺织有限公司等纺织企业已经将占企业总耗电约70%的倍捻机的传统三相异步电机更换成永磁同步电机，全县超过82%的倍捻机完成节能改造，改造总功率达41280千瓦。企业通过改用永磁电机、进口龙带及节能照明等改造，切实享受到节能带来的经济效益，预计这些项目全年可节约用电2200万千瓦时以上。万向洲际度假、滨江希尔顿等高星级酒店公共区域开展照明节能改造，将传统射灯、洗墙灯等更换成LED灯，照明节电率提高50%以上。继青溪新城珍珠半岛完成路灯节能改造，推动城区路灯通过合同能源模式进行LED节能改造。淳安县荣华纺织有限公司、杭州卓尔纺织有限公司、杭州千岛湖新兴纺织织造有限公司等企业也相继完成照明节能改造。

【建设分布式光伏发电项目】 鼓励工业企业、现代农业、大型公建项目等利用厂房屋顶建设分布式光伏发电项目,淳安县荣华纺织有限公司已完成1.28兆瓦屋顶光伏发电项目建设,预计2015年3月底实现并网发电。

【淘汰落后产能】 完成淳安县杨畈页岩多孔砖厂的关停拆除工作,年减少原煤消耗800吨,煤矸石16670吨,电耗90万千瓦时,折年腾出用能3834吨标准煤。关停拆除杭州千岛湖龙祥化工有限公司、杭州蓝湖化工有限公司2家化工企业,年腾出用能731吨标准煤。3家企业淘汰关停,合计减排化学需氧量30.23吨、一氧化硫227.73吨、腾出用地82亩。另外,淳安县瑶山天坪萤石有限公司萤石矿、杭州千岛湖鑫隆矿业有限公司鸠坑铅锌矿、杭州千岛湖矿产品有限公司长家源铅锌矿3家矿山企业完成闭矿工作。

【强化能源监察及节能宣传】 对技改项目和固定资产投资项目节能评估报告的实施情况进行跟踪监察。开展夏季空调温度监察,完成对8家企业的能源监察及"万吨千家"企业的能源审计。制作节能知识系列挂图2500余份,宣传进社区、村庄。

【外经外贸工作】 设立了欠发达外向型经济小微生产企业政府联保扶持专项基金30万元,用于出口额500万美元以下的小微生产企业开展出口信用保险政府统缴统保和所有外贸企业每家每年免费国外客户资信调查3个,保障企业出口收汇风险,帮助解决"有单不敢接、有单无力接"的情况,扩大市场占有率。积极组织外贸企业参加广交会、华交会、德国法兰克福家纺展、波兰家居展等一批重点国际展会,鼓励和支持外贸企业利用阿里巴巴、网盛等第三方电子商务平台开拓国际市场,努力实现保市场、保订单,促进外贸出口的稳定增长。

【基层组织建设】 加大对共建支部(火炉尖社区老年支部)党员的走访,慰问特困老党员。组织开展"一户一策一干部"和"1+X"结对帮扶活动。开展"党员集中服务日"活动,组织在职党员进社区认领微心愿。开展"三认服务",采取"班子成员+中层干部"的组团方式,组团联系重点项目、乡镇,每位干部职工联系一家企业、结对困难户。建立了"办事档案""民情日记"制度,定每月第一周周五为"定时开门接访日"。加强对老干部的日常走访,安排健康体检,发放报刊征订费,视听费,重阳节、春节慰问金。召开老干部座谈会,组织老干部支部开展各项活动,重阳节组织去枫树岭镇下姜村参观,感受农村的新变化。

(王秀华)

(编辑　蒋德怀)

交　通

·交通基础设施建设·

【概况】 2014年交通方面共承担政府投资项目29个，其中续建项目8个、新建项目17个(独立项目9个、小型打捆项目8个)、其他4个。县重点项目11个，占全县重点项目总数的1/7；总投资29.3亿元。

【淳杨公路上江埠至汾口段改建工程】 项目起点顺接上江埠大桥，终点设在汾口镇加油站处，路线全长52.34公里，路基宽10米，桥隧净宽均为12米，概算总投资141170万元。建设工期2年，计划2014年底前完工。9月26日，指挥部组织了淳杨公路的交工验收会议，完成了工程交工。项目累计完成投资14.11亿元。

【金富公路石头埠至富文段改建工程】 路线全长3.9公里，计划总投资5865万元。项目于2013年9月开工建设，计划2014年年底前完工。2014年9月29日，建设单位组织了金富公路改建工程的交工验收会议。累计完成投资5922万元。

【汾口公共交通换乘中心】 项目占地60亩，建筑面积10000平方米，计划投资3300万元。项目于2013年10月开工建设，计划2014年底前完工。项目于11月20日完工，12月1日组织工程验收会议。

【环千岛湖绿道淳杨段工程】 项目总投资4.5亿元，绿道部分路基与淳杨公路改建工程同步施工，改建路段绿道建设计划2014年底前完工。截至12月底，已经完成总投资4.102亿元。其中绿道路基、路面等慢行系统已基本完工。

【淳开公路梓桐接线】 工程起点位于淳开公路K13+400处，终点至胡家村与郑鸠线连接处，全长14.8公里，计划总投资22994万元。路基宽7.5米，其中行车道2×3.25米，土路肩2×0.5米。该项目按三级公路技术标准设计，桥涵车辆荷载等级为二级，路面设计荷载BZZ−100，速度为30公里/小时，新建隧道1148米/2座，涵洞1274米/47座，利用原桥暨左田新大桥125米/1座，桥涵与路基同宽。项目于2013年10月开工建设，2014年计划完成投资11000万元，完成形象进度50%。截至12月底，累计完成投资15499万元，占总投资的67%。其中路基工程完成88%，隧道工程完成65%，桥梁工程完成70%。

【屏河公路改建工程(威坪驮岭脚桥至叶家村)】 工程路线起点位于驮岭脚村头，途经方宅、三洲、洪圻等8个村，终点设在叶门公路交口处。路线全长9.3公里，计划总投资16810万元。项目于2013年11月开工建设，今年计划完成投资8000万元，完成形象进度50%。截至12月底，累计完成11306万元，占总投资的67.3%。其中路基工程完成95%，隧道工程完成85%，桥梁工程完成85%。

【淳安县潭唐公路郑中段改建工程】 路线全长1.38公里，计划投资3996万元。起点顺接现有潭唐公路K60+100处，终点与宋王公路相接，本项目路线终点桩号K61+465，按照二级公路标准建设，路基宽度8.5米，路面宽7.0米。项目于10月初开工建设，截至12月底，计划完成3010万元，占总投资的75.3%。其中路基工程完成80%，桥梁工程完成80%。

【千岛湖汽车客运北站工程】 规划为阳光车站迁建工程,总占地69亩,估算总投资12560万元。2014年计划完成投资5000万元,完成形象进度60%。主体工程于9月开工建设,截至12月底,已累计完成投资6650万元,占总投资的52.9%。其中主站房桩基础工程、地下室底板混凝土浇筑均已完成,出租车服务中心主体工程已经结顶,机修车间基础施工已完成。

【小型政府投资打捆项目】 包括农村公路大中修、农村联网公路、安保工程、病危桥改造、隧道照明及维修加固、桥梁检查、农村公路水毁应急抢险等项目,总投资2.85亿元。其中,184公里的农村公路大中修、80公里的农村公路安保工程,以及12座农村公路病危桥改造,是2014年县政府为民办实事十大工程之一。农村公路大中修工程完成郑鸠线、宋郑线、淳杨线、杨璜线、大上线、浪黄线、白小线等25条县道公路,共计100公里,完成投资7800万元;同时,对23个乡镇负责实施的40条共计126公里的村道路面大修进行了质量与安全监督管理工作,完成建设投资5000万元。病危桥改造及加固工程完成云港桥、半山溪桥等12座农村公路桥梁改造及维修工程,完成投资1350万元。农村公路安保工程,完成隐连线、秋屏线等31条村道共计80.5公里的安保工程建设任务,完成投资2640万元。隧道照明及维修加固工程完成千威线3座(黄家、长岭、金家坞)隧道的照明增设和白小线里四隧道的维修加固工程,完成投资1140万元。

·交通行业管理·

【春运圆满落下帷幕】 为期40天的2015年春运工作于3月15日落下帷幕,自春运开始以来,交通战线人员始终绷紧安全弦,踏实履职,落实各项安全防范措施,联合公安交警等执法部门全面加强春运现场一线管理,精准管控,用心服务,保障春运旅客出行安全。据统计,春运期间,全县投入营运客车291辆,计9115客位。水路总投放运力345艘船舶,计18320客位。全县共安全输送旅客813026人次,同比增长1.87%,其中道路发送36210个班次,车站始发26045班次,加班3784次班次,输送旅客679911人次,同比下降2.75%;水路发送旅(游)客133115人次,同比增长30.07%(游客129863人次,同比增长30.11%;普通旅客3252人次,同比增长28.23%)。未发生客运车船安全责任事故、客货滞留、无序竞争和重大投诉等事件。

【05省道淳安段过境费实行政府统缴】 从2014年1月1日起,05省道淳安段过境收费实行政府统缴,杭州地区的所有小型客车(即“浙A”牌照),以及符合条件的货车、大型客车均享受免费通行。相应的,在这条线路上运营的客运班车票价也随之下调。 2014年,05省道淳安段共收费470多万元,相比2013年的1260多万元,减收了近800万元。

【公路环境整治】 按照“无违建县”创建和“四边三化”的要求,公路部门对沿湖公路违章建筑、非公路标志牌、堆积物进行集中清理整治,累计清理违章建筑900多平方米、堆积物2000多立方、广告牌120多块、马路市场7个、公路沿线绿化及边坡复绿近20万平方米。

【公路路政执法管理】 2014年,公路部门针对全县干线公路、重要桥梁,以及其他超限行为高发路段,开展了“百日”专项整治行动,全年共查处超限运输车辆307辆,卸载6326吨,罚款金额490558元。另外,还在06省道石门大桥、淳杨线港口大桥两头建了超限运输检测系统,为下一步探索实施路政非现场执法奠定了基础。

【非法营运整治】 在阳光车站和客运中心两个“黑车”聚集点设立管理站,进行现场执法,同时和交警、工商、物价、城管等部门，抽调人员组成“黑车”专项整治小组，采取“部门联动”的整治方式形成了浓厚的“打黑”氛围，严厉打击了扰乱运输市场秩序的违法行为。全年共查扣“黑车”52辆，行政处罚26起，罚款32万元，没收违法所得503元，案件100%办结，没有发生一起行政诉讼。

【公交管理工作】 扎实推进公交优先发展政策的前期起草及修改工作。对K9、K1路公交线路进行了调整优化。并于6月30日开通了县一医院公交专线车，为百姓看病就医提供了便利。新增公交达9辆，完成90%；优化线路2条，完成100%；总体推进良好。

【农村客运班线经营权投放】 对2014年到期的汾口、威坪、鸠坑、临岐4个区域的农村客运线路，开展了服务质量招投标工作。长运、通达等运输企业2014年一共更新了105辆客车，总投入3800多万元，老百姓乘车更加舒适、安全。长运公司还购买了6辆天然气客车和6辆城市公交车，运行更加节能环保。

（汪 璐）

（编辑 蒋德怀）

邮政 电信 供电

·邮 政·

【概况】 2014年县邮政局共有199人,其中在岗职工84人、劳务工89人。退养职工5人,退休职工72人。2014年,县邮政局坚持以“信息引领、文化养人”两轮驱动,从向善利民中找到切入点,积极应对复杂多变的外部环境,努力破解企业转型中遇到的瓶颈,敏锐地捕捉到市场发展的新契机,各项工作取得新进展,创出新业绩。2014年,全县邮政业务累计完成3408.38万元,同比增长6.75%;邮政储蓄银行完成金融业务总收入为4264万元,同比增长16.4%;速递物流经营部全年完成总收入为457万元,同比增长20.9%,业务继续呈现良性态势。

【邮务类业务】 2014年,函件业务收入实现1380.21万元。其中国内小包收入129.87万元,国际小包业务收入698.4万元,集邮业务收入69.40万元,“2014年千岛湖休闲旅游地图”业务收入23.3万元,旅游明信片业务收入123.97万元,中邮广告业务收入112.91万元,首次突破百万收入大关。“双11”期间(11月11日),成功与千岛湖两家电商客户达成寄递协议。创新报刊发行模式,充分利用报刊客管系统开展营销活动,通过举办养生讲座、“报刊进校园”等活动,开展2014年报刊大收订工作,并完成一次性扭转额965.97万元,同比增长16.71%,完成计划目标的101.68%。2014年,成功开发了农村电商代投项目,并获得了县委、县政府的高度赞誉和大力支持,也成为全省邮政农村代投项目的示范点,周边兄弟局纷纷向县邮政局取经学习、交流经验。多家社会新闻媒体对该项目进行宣传报道,赞扬淳安邮政切实解决了城市“最后一百米”,农村“最后一公里”投递难问题。12月,在县城成立了淳安县农村电商物流服务中心,在各乡镇,建起了农村电商物流服务点,实现全县城乡物流畅通无阻,电商包裹投递到户。截至2014年12月底,县邮政局已成功与中通等6家快递公司签订协议并展开运行,累计代投邮件已达万余件,实现业务收入近3万元。

【金融业务】 2014年,共完成金融业务收入1423万元。全局余额规模达8.1亿元。临岐网点首次突破亿元大关。成功开发了杭黄高铁代发工资项目,截至12月底,已代发金额930万余元。全年累计完成标准保费9685万元,系统保费9719万元,顺利完成市邮政下达的目标,完成该局自定确保目标的121.07%,完成率位居杭州地区第一,点均保险列全省第八位。同时,以专业竞赛活动为抓手,获得“飞跃2014开门红竞赛活动提规模、促收入奖”“2013~2014地区跨年度余额竞赛组织奖”“飞跃2014开门红竞赛巅峰对决奖”“三季度万马奔腾奖”等多种奖项。

【分销业务】 2014年6月,在“粽情端午”营销战中,完成销售额33.45万元,实现业务收入12.68万元。7月,结合县域经济的发展,开拓农旅结合的发展模式,开展了集旅游、农产品、电商于一体的千岛湖白桃项目,尝试生鲜类业务的发展。9月,中秋节“思乡月”月饼营销共计完成84.3万销售额,实现利润收入40.4元。11月,创新开展了“家有喜事”酒水分销业务,引进低中高端三档酒品,开拓城乡婚庆市场,实现销售额约15万元。

【财务基础管控】 2014年,县邮政局新出台了

《淳安县邮政局财务报销管理规定》和《淳安县邮政局差旅费管理办法》，进一步加强和规范财务监督与控制，规范差旅费管理和费用报销，从源头上对各项成本进行管控；与此同时，坚持“内控先行”原则，强化风险意识，注重合规经营，建立以利润为核心的企业管控体系，对下属各单位损益核算、合同管理、账务管理、欠费管理等基础工作进行了监督管理，逐步降低经营风险，确保经营发展质量。

【人力资源管理】 继续优化用工管理，上半年对汾口、大墅、姜家、临岐等农村支局进行了邮路整合，优化流程，盘活人员4人。优化人才发展环境，健全人才激励与考评机制，出台了《淳安县邮政局技术人员专业晋升通道》；根据集团公司、省公司的要求，组织干部员工开展中邮网院自主学习，已有90%的员工参加了企业文化、安全生产、管理员继续教育、技能鉴定等专项培训学习，在2014年全省中邮保险业务合规知识竞赛中，金融业务局荣获团体二等奖；为加大对金融理财、投递服务、专业营销三支队伍的管理力度，先后出台了理财经理管理办法、投递员考核办法、综合营销员管理考核办法，提升队伍专业化水准，实行按劳取酬，充分调动员工的工作积极性。

【内控管理】 结合县邮政局发展需要，3月，进行了机构编制调整，调整后，设综合办公室和市场经营部两大职能部室，金融业务局和函件局两大专业局，同时整合大客户中心，成立千岛湖支局，进一步落实网格化管理；5月，实行了指纹考勤管理办法，规范了考勤制度，机关人员迟到早退等工作作风有所改进；12月，成立了电商分销中心和淳安县农村电商物流投递服务中心，对一批中层干部进行岗位调整，明确职能，更专业化地开展电商及代投业务。出台了《淳安邮政深化内控实施方案》，对“三重一大”风险管控系统、营收资金管理、用工风险管控等14项深化应用的重点内控项目进行明确分工并实施考核。

【安全生产管理】 围绕创建“平安浙江邮政”目标，组织开展“心防工程”专项活动，并成立专项活动领导小组，切实保障邮政金融资金及员工、储户的人身、财产安全，全面提升邮政金融从业人员的安全意识、合规意识和防范技能，提高各级邮政金融机构的综合防范能力；组织开展安全生产月活动，组织全体员工进行安全知识学习，提高安全素养；完善并出台了《淳安县邮政局机动车辆管理办法》和《淳安县邮政局车辆安全行驶管理办法》，实行车辆管理“三必查”制度，利用GPS等信息化手段加强对车辆的安全管控。共安装GPS车辆47台，其中汽车19台、摩托车28台，并从3月起实行GPS监控、检查、考核工作。10月，各部室安全生产责任制上墙，明确各部门安全生产责任人和安全员的职责。

【打造电商一体化平台】 2014年，县邮政局全面参与县电商公共服务中心一体化服务平台合作项目，打造全县仓储物流平台，为客户提供仓储、包装、下单、代加工及金融一条龙产业链服务。依托该平台，发挥金融功能，吸纳电商客户的交易额及小额贷款。同时，积极与县农委合作，叠加仓储物流平台的分销功能，选购当地农特产品，实行“销售+配送”运营模式。

【打造三级金融服务平台】 努力打造“县城网点+乡镇服务平台+村邮站”相结合的三级管理模式，解决了人员、备用金及网点少制约储蓄发展等问题。县城以网点转型为契机，提升网点的经营服务水平和盈利能力；乡镇以市民卡服务为目标，积极推进杭黄高铁代发工资项目，同时，加大农村CRS铺设力度；乡村以拓展村邮站业务为抓手，积极策划开展专题营销活动，大力拓展农村金融、分销、报刊等邮政各项业务。

【打造农村电商物流服务平台】 2014年7月以来，淳安县邮政局致力于全面打造农村电商物流服务平台，整合社会资源，优化自身投递网络优势，为全县电商发展做好服务支撑，积极服务城乡电商市场。并依托农村电商物流服务点，搭建起农村分销平台，积极组织开展村邮网购活动，大力宣传酒水分销业务及村邮站业务。

（何思靖）

中国移动淳安分公司·

【概况】 2014年中国移动通信集团浙江有限公司淳安分公司（以下简称分公司）内设综合部、市场部、政企部、网络部4个部门，以及城区、汾口、威坪3个区域营销部和临岐、大市2个支局，有自办营业厅6所、员工127人。全年主营业收入1.4亿，同比增长7.5%；通话用户数达到21.65万户，占县内各通信企业移动用户总数的67%。全年完成500个4G基站建设，实现淳安主城区和重要乡镇4G信号全覆盖。

【网络通信保障】 截至2014年年底，共完成439个LTE基站建设，其中 1月至6月，LTE网络建设规模就超过TD网络4年的建设工程量。LTE三期建设完成后，覆盖范围达3300平方公里。425个行政村已覆盖58%。蜜山岛、桂花岛、神龙岛、月光岛的基站建设和水缆配套建设工作尚在实施中，完成后将实现千岛湖景点的4G全覆盖。

【运营支撑能力提高】 2014年，有线宽带建设信息点10170个，累计信息点51679个，发展用户9352户。无线宽带新建信息点1000个，发展用户63户，覆盖行政村20个。共有移动社会签约一级网点84家、准签约渠道40家、普通直供网点6家。实现千人人口以上的行政村90%的网点覆盖。

【“智慧旅游”信息化产品推广】 淳安嘉年华大型展会期间，分公司在千岛湖两艘夜游船上均覆盖了4G WIFI供上船参与体验的各地游客和当地市民进行了现场体验，现场共产生25个G的数据流量。

【信息化项目落地】 全年共完成助残服务直通车，淳安县千岛湖风景旅游委员会“移动欢迎短信”招标，环卫所车载GPS定位系统，淳安中学视频监控建设等项目并使数字城管项目续签达成意向。完成项目招标金额累计224万元。

【企业文化内涵】 2014年“六和清淳”企业文化建设持续开展，入围参加全省的企业文化创建活动。2014年分公司共荣获“WHO健康单位”“浙江省巾帼文明岗”（汾口）“杭州市工人先锋号”（综合部）、“淳安县巾帼文明岗”等1项国家级、1项省级、1项市级及1项县级荣誉。

【承担社会责任】 分公司紧紧围绕“六和清淳”企业文化创建计划，将企业文化不断融入社会服务工作中，组织开展“3•15”消费维权进社区现场活动；到梓桐小学、临岐秋源小学等开展“六一”帮扶结对活动；与梓桐镇三连村帮扶结对，支助3万元用于村里的水利设施建设；组织员工20余人次参加爱心献血活动；参加武警、消防等各类警民共建与慰问活动；节假日期间到车站、码头及人员集聚地为市民和返乡务工人员提供免费的现场咨询服务；为企业提供免费的业务服务进驻；积极参加团县委组织的各类青年志愿者活动；组织开展学雷锋便民活动；积极参与“慈善一日捐”活动，员工捐款3500余元；积极参与“春风行动”，员工捐款近万元。

（王泉祥）

·中国电信股份有限公司淳安分公司·

【概况】 2014年，中国电信股份有限公司淳安分公司（以下简称淳安分公司）有合同制员工108人、派遣制员工110人；下设3个部、1个室、7个支局。一年来，淳安分公司较好地完成了杭州分公司下达的年度预算指标。全年，净增移动电话用户5091户，移动电话用户总数为8.86万户，比上年增长6.1%；净减普通电话用户7429户，普通电话用户总数为6.95万户，比上年减少9.65%；净增宽带用户3915户，宽带用户总数为5.1万户，比上年增长8.32%；完成主营业务收入7945万元，比上年减少6.64%。

【举办天翼4G首销仪式】 2014年7月22日，淳安分公司根据杭州分公司的统一部署，举办天翼4G首销仪式。在首销仪式现场搭起演示舞台，开展终端展示、产品演示、4G知识抢答、礼品赠送、用户体验等活动。淳安电视台、千岛湖新闻网等新闻媒体对活动现场做了宣传报道。

【举办天翼4G产品品鉴暨信息化推介会】 2014年8月26日，淳安分公司在星岛度假村举行天翼4G产品品鉴暨信息化推介会，来自淳安县政府信息中心、淳安县旅委、淳安县卫生局、淳安县林业局、淳安县农业局和多家星级酒店的领导和客户出席了推介会。会上，杭州分公司政企客户部行业经理结合天翼4G产品，讲解了天翼手机保密性及移动办公、智能WIFI等行业应用的前景。

【实现全县护林员手机定位业务规模发展】 春节期间，淳安分公司以定位考勤功能作为切入点，利用电信手机信号覆盖好、外勤助手业务成熟等优势，各分支局与所在乡镇单独签订团购协议，实现全县882名专职护林员手机定位业务的整体营销。

【增强通信能力】 一年来，淳安分公司加大资金投入，进一步增强通信能力。在L网（4G）网络建设方面，先后完成了一期、二期共计180个基站建设，完成15幢楼宇室分覆盖。在FTTH建设方面，通过宽带提速、政企商务楼宇光改等专项工程，新增FTTH能力5000余线，使FTTH接入能力为6.25万线，FTHH资源实装率为32.5%；新增FTTB宽带端口2000线。在数据网络建设方面，千岛湖汇聚交换机上联ME60扩容至20吉，汾口、威坪、临岐汇聚交换机上联ME60扩容至10吉，实现所有汇聚交换机上联至不同BRAS，提高了数据网络安全性。在“全球眼”建设方面，全年新增公安监控点20个、村级监控点112个点、仓库和危险源e监控点48个、环保企业监控点15个、人流活动区域防恐监控点36个、河道水库监控点36个。在动力电源改造方面，完成了开发区专用变压器扩容工程的设计、基础和隐蔽工程，完成了千岛湖母局UPS扩容工程。

【完成小灵通退网工作】 根据杭州分公司关于淳安县小灵通在网基站须在5月13日全部关停的工作要求，淳安分公司积极接应，成立了小灵通退网服务应急小组，制定《小灵通退网方案》，认真做好小灵通退网工作。并将退网的重点放在梳理有话务量的小灵通基站清单报客服部门备案和对少部分活跃用户在基站关停期间用户的投诉及解释工作。此外，根据投诉处理情况，做好个别基站的开启准备。在杭州分公司网络运营部和IPAS核心网协助和配合下，顺利完成了265个在网小灵通基站关停工作。

【提升渠道运营能力】 2014年，淳安分公司认真按照杭州分公司的工作要求，采取多种举措，进一步提升了渠道运营能力。在渠道建设方面，全年新建天翼专营店7家、开放渠道4家，新建二级网点128家。在渠道培训和营销方面，全年共举办了6期渠道经理能力提升训练营培训和30余次代理商培训,走访各代理点30余次,组织各代理商进社区、车站等地方设摊营销40余次,经过系统的理论学习和实战营销,使渠道经理的营销成绩居本地网前三名;此外,还组织营业员、直销员集中培训19场,900余人次参加培训。在渠道承包方面:全年共签订自营厅店长承包协议9家,签约率为100%。

【开展"一家人"团队文化建设】 2014年,淳安分公司认真开展"一家人"团队文化建设,取得了显著成效。在"一家人镜头说故事"活动方面获得了杭州分公司优秀组织奖,王宝庆作品《红色老区一家人》获得了浙江公司和杭州分公司双料一等奖,程新财《一家人》作品获得优秀奖。在"一家人创建"劳动竞赛方面认真开展竞赛,推进一家人"三化五融合"("三化"即管理网格化、服务标准化、支撑信息化,"五融合"即团队融合、目标(利益)融合、管理融合、渠道融合、文化融合)标准化达标和量收提升。在"一家人"标杆选树(根据"一家人"创建目标,选择树立标杆单位,进一步激励"一家人"创建工作的开展,"一家人"创建活动以支局为单位申报,通过自查评估、考核审定最终选择树立标杆单位予以表彰激励)方面,上半年,汾口网格率先通过省级标杆验收,下半年,千岛湖支局城区网格、青溪支局南山网格、姜家网格、临岐网格被授予浙江公司"'一家人'创建达标单位"称号和水晶奖牌。

【基础管理】 2014年,淳安分公司进一步强化基础管理。在财务管理方面,强化对月度收入和各类成本支出的跟踪把控,定期对主要弱项指标进行预警通报,确保主量业务平稳发展和费用支出在可控范围。在欠费与在途资金管理方面:优化调整了《欠费考核办法》,强化绩效引导作用,做好每月高额出账用户和预警用户的派单工作,做好政府性在途资金和各类工程赔补费的回收工作。在营业税改增值税(简称营改税)方面,通过前期的充分准备和一系列培训,使营改增工作平稳过渡,顺利实施。在支局、部门和营业厅承包方面:出台准人工成本激励举措,对支局长实行年薪包干,成本费用实行四级预算穿透。在网格化建设方面,加快资产落户率、资产落网格率及重复率工作进程。在倒三角支撑体系方面,接应浙江公司和杭州分公司"七统一"(统一量收、统一成本、统一考核、统一经分、统一网络资产、统一报表、统一门户)专项工作,落实"销售一线"系统使用,根据"三化五融合"竞赛的指标,主要考核指标全部达到要求。建设人才队伍方面,储备朝阳人才3名、"翼先锋计划"和销售服务骨干20名,以及"翼星计划"专业技术骨干1名,定向招聘2名骨干派遣制人员,使人才队伍更趋合理。在安全生产方面,树立全员安全意识,定期或不定期地进行安全生产大检查,及时消除不安全隐患,全年未发生重大安全事故。

【党建工作】 2014年,淳安分公司党委通过多种举措,认真抓好党建工作。在学习方面,组织党员学习党的十八大,十八届三中、四中全会和上级党组织有关文件精神,进一步提升党员的学习能力。党风廉政建设方面,健全惩防体系,加强警示教育,对全体党员、管理人员、关键岗位员工开展了以廉洁从业为主题的宣传,并签订了党风廉政建设责任书和廉洁自律承诺书,此外,要求每名党员和干部认真执行"八项规定"和"六条禁令",不断提升个人的廉洁意识。在党建带工建和党建带团建工作方面:把工会、团组织建设纳入党建工作规划和考核体系中,以激发群众组织的生机与活力。在社会公益方面,号召每个党员要履行社会责任,积极参与政府帮困扶贫、"春风行动"和各类公益活动。在发展党员方面:截止2014年底,共培养入党积极分子3名,发展预备党员2名。

【关爱员工】 2014年，淳安分公司积极落实“文化、幸福、素质、健康”四大工程，认真做好关爱员工的工作。在慰问方面，根据《中国电信淳安分公司2014年度员工关爱计划》和“五必访、五必贺”的工作要求，做好重要节日和困难员工的慰问活动。在员工膳食管理和住宿方面，完善了《食堂管理制度》和《员工宿舍管理办法》，成立了淳安公司食堂膳食管理委员会（简称膳管会），积极改善员工特别是一线员工的膳食和住宿条件。在帮扶方面，帮助困难员工申请浙江公司、杭州分公司及地方政府的帮扶金，此外，还对困难员工的子女进行了“金秋助学”助学金的补助。

（蒋文红）

（编辑　徐华健）

供销　贸易

·供　销·

【概况】 县供销总社有基层供销社6家、独资(控股)企业6家、参股企业9家,在服务"三农"和促进淳安社会经济发展中发挥了积极作用。截至2014年,共培育发展中华全国供销合作总社重点龙头企业1家、省级骨干农业龙头企业2家、省三星级文明规范市场1所、县重点工业企业2家;发展农民合作社105家,其中国家级示范社7个、省级示范社12个、市级示范社17个。2014年,全社实现经营总收入32903万元,汇总利润1386万元,所有者权益9854万元。在全省供销社系统县(区)基层供销社考核中,获得2014年度全省供销社系统综合业绩考核优秀奖、全省供销社为农服务先进单位。

【基层服务阵地建设】 实施基层社"振兴计划",启动姜家供销社对接杭州果品公司的帮扶工程,投资220万元组建了淳安县松溪果蔬有限公司,开工建设集新鲜水果的销售、加工、推广于一体的农批市场。2014年,农批市场收购柑橘500余万斤,实现交易额500余万元,交易单价由公司成立之前的0.4元/斤提高到0.9元/斤。新组建成立界首供销合作社和郭村供销合作社2家基层社分社,实现服务组织下延。新挂牌成立8家经营服务综合体、17家村级综合服务社,全系统累计创建经营服务综合体14家、村级综合服务社47家,逐步建立了"基层社+专业合作社""基层社+龙头公司+连锁网点"的基层组织网络。

【茶叶购销网络发展】 发挥千岛湖茶叶市场信息系统的茶叶交易行情采集、发布和市场网站宣传、推介的作用,提升市场交易品位。2014年千岛湖茶叶市场实现交易额9亿余元,同比增长12.5%;交易均价331元/千克,同比增长15.7%,茶农减产却增收。创新经营模式,在参加北京、上海、杭州等地名茶推介会进行宣传推介、扩大千岛玉叶品牌的同时,在杭州绿茶名苑开设了县首家杭州千岛玉叶龙井茶专卖店,在淘宝网上开出了千岛玉叶淘宝店,与浙江经视的《养生》栏目合作开展电视购物,等等。发挥茶叶包装服务中心的统一包装服务和集聚示范功能,规范茶叶包装,提升名茶品质和档次。2014年千岛玉叶包装价格比同期增长60元/千克,完成名优茶包装46277盒,同比增长12%。

【农民专业合作社示范带动】 2014年,新发展农民合作社3家,累计发展105家,入社社员8445名,联结农户71208户。新创建国家级示范社2家、省级示范社1家、市规范化(市提升)合作社5家、县十佳农民合作社4家。在规范建设上,金溢农食用菌合作社成功申报150万袋桑枝秀珍菇生产园区扩建项目。在转型升级上,桑都食用菌专业合作社利用废弃桑枝条试验栽培出被誉为"软黄金"的桑黄,红姑娘专业合作社产业链向柿子酒、乙醇燃料等深加工领域延伸,好运来山核桃合作社研发出桑叶茶、陈皮茶、姜茶等固体饮料,产品均已进入市场销售。在服务创新上,根据农民生产新需要、新情况,以红姑娘无核柿专业合作社为试点,实施了社会化服务项目,为柿农提供产前、产中、产后全过程综合配套服务,确保无核柿优质、丰产。在品牌推广上,借助农产品经纪人协会的桥梁作用,组织合作社参与评优评先活动,增强合作社提升发展的内生动力,杭州千岛湖金溢农食用菌专业合作社荣获"全国百强农产品经纪人"称号,另有2家被评为"省百强农产品经纪人"。

【为农服务网络建设】 农资网络发挥农资供应主渠道功能，共储备化肥农药4000余吨，其中尿素3240吨、复合肥500吨、其他200吨，农药60余吨，确保全县农资供应安全；大力开展专业化服务，开展到货直销、送肥上门、测土配方等后续配套服务；组织开展培训，加强用肥用药技术指导，提高农民科学种田技能；结合群众路线，开展形式多样的支农惠农活动，为专业社、种养大户免费赠送化肥9000斤；以惠多利农资公司为主体，充分发挥农资点多网密优势，启动农药废弃包装物回收处置工程，189个网点中有129个网点被县政府纳入回收网点，全年实现农资业务5316万元。日用消费品连锁网络推进“销售进社区，送货到乡镇”便民服务，改造提升农村配送功能，不断挖掘增长潜力，全年新开村级便利店7家，实现连锁业务2.6亿元，与2013年基本持平。农村融资服务网络以县农信担保公司为抓手，创新担保方式和担保产品，扩大与金融机构的合作面，不断拓宽担保范围，降低运作风险，实现担保业务1.37亿元，同比下降5.4%。

【作风组织建设】 围绕“为民务实清廉”的主题和“照镜子、正衣冠、洗洗澡、治治病”的总要求，领导班子和全体党员干部深入基层，征求意见、建议，全面查找“四风”问题，深刻剖析问题根源，有力落实整改措施，着力解决形式主义、官僚主义、享乐主义和奢靡之风方面存在的问题，总社党委班子、所属9个支部、104名党员参加了党的群众路线教育实践活动。据统计，活动中共征求到192条意见、建议，落实整改措施90条，建立长效机制8项。通过教育实践活动，增强了宗旨意识和群众意识，加强和改进了作风，密切了与群众的联系，促进了各项工作开展。开展“进村入企走户”“联乡结村帮户”“一户一策一干部”、社区共建和“问效评议”活动，常抓党风廉政教育，切实转变工作作风，营造务实氛围。

（钱利君）

•茧丝绸总公司•

【概况】 2014年全县22个乡镇276个村有1.44万养蚕农户，桑园面积5133公顷，其中投产桑园4753公顷。淳安县茧丝绸总公司全年累计发放蚕种98324张，生产蚕茧4192吨，蚕茧产值17857万元，蚕桑总产值21083万元，平均张产42.6公斤，平均茧价每50公斤2130元。同比2013年：养蚕农户数、蚕种饲养量和蚕茧总量减幅分别在12.7%、15.8%、19.1%。但蚕农户均收入仍有1.46万元，蚕桑仍是淳安县纯农户家庭的主要收入来源。

【以服务蚕农为己任，社会化服务日趋完善】 一是安全完成全年蚕种催青任务。确定各期蚕种出库方案，保障蚕种催青安全。二是做好桑园病虫防治工作。强化桑园病虫害的预测、预报和预警，及时发布桑树病虫情报7期。全年开展5次统防统治工作，共发放桑树专用农药12.7万包（瓶），统防统治面积17.5万亩次。三是做好技术服务工作。对全县“十天养蚕法”示范点开展地毯式服务，全年共培训279场12438人次，发放技术资料96次4.5万余份；通过农民信箱平台群发技术提醒短信25次。四是妥善处理晚中秋小蚕期发生僵病和大蚕后期迟迟不结茧事件。僵病发生后，公司技术人员主动为农户提供技术指导，积极应对大蚕后期发生大面积的蚕病和蚕儿迟迟不结茧事件。在县委、县政府的高度重视与统一领导下，在乡镇部门的协助下，由公司主要领导带队下乡“把脉”，同时邀请浙江大学蚕病学专家来淳安实地会诊，并取样进行实验室鉴定，快速出具诊断报告，通力化解了这一群体事件。五是做好蚕桑政策保险服务工作。全年共有1.44万户蚕农参加投保，承保蚕种张数9.8万张，保费343万余元。据保险公司统计，全年共有6882户蚕农报案，涉损蚕种15077张，为蚕农减少损失559万元。

【高标准严要求创办示范点，星级管理模式平稳推进】 全县共建立145个“十天养蚕法”标准示范点，三星级以上示范点有52个，有11329户次蚕农共24338张蚕种参加“十天养蚕法”，占全县饲养蚕种的24.8%，累计吸收了1661户特殊人群(即60周岁以上的单身老人、残疾人、技术欠缺的养蚕户、小规模养蚕户等4种类型的养蚕户)2721张蚕种加入其中。全年新添置木框15010只、加温器106台、切桑机18台，示范点共拥有小蚕专用桑园791.2亩。三星级以上的示范点比上年增加34个，参加示范点饲养的蚕种产茧量达1105吨，蚕茧产值4766万元，平均张产45.4公斤，比全县平均张产提高2.8公斤，实现蚕农增收节本738万元。

【综合利用现有资源，农场式工厂化养蚕模式长足发展】 全年投资160余万元对“千岛湖现代蚕业示范农场”部分蚕室进行翻新重建，修建了812平方米的现代化蚕室，建立了国内最为现代化的全自动温控小蚕专用蚕室160余平方米，此外，还新建了一批养蚕配套设施。示范农场全年饲养小蚕809张，并结合生产实际，利用现有蚕桑资源进行综合开发，在桑叶、劳动力富余的情况下进行了大蚕饲养；20余亩果桑已初见雏形，挂果季节引来无数市民与游客；冬季套种有机蔬菜50余亩，有机蔬菜获青睐。此外，示范农场服务周边10余个村庄近450户蚕农，带动蚕农节本增收30余万元。

【创新创优蚕茧收烘体系，蚕农售茧满意率大幅提升】 一是为推进体制创新，公司将合同蚕业模式转化为合作社模式，成立淳安县千岛湖桑园蚕茧专业合作社。这是迄今为止全县最大的农民专业合作社，有成员17436个，其中农民成员17296个，占总数的99.2%，注册资金3000万元。合作社通过二次分红提高蚕农经济收入，提高蚕桑产业抵御市场风险的能力，让公司与农户形成更紧密的利益共同体。二是在全国率先启动“智慧蚕桑”服务新模式，开发运行蚕茧收购管理信息系统，全县近2万户蚕农信息被录入数据库，实现蚕种订购配送、蚕茧收购、蚕农款项结算、蚕茧收购数据分析等信息化管理和智能化服务，提升了公司蚕茧收烘管理水平和为农服务质量。三是收烘准备工作到位，工作效率提高。全县投入近250万元对所有茧站进行了收烘设施设备的维修、维护；计划售茧落实到位，实现蚕农错峰售茧；新配置61台电子秤并投入使用，使蚕农售茧满意率提升。四是加强市场管理，稳定鲜茧收购市场。使上茧收购率维持在99%以上。

【科技项目稳步推进，蚕桑产业发展驱动明显】

一是抓重点在建项目。配合国家农业综合开发龙头企业带动产业发展试点项目“千岛湖牌优质桑蚕茧产业化提升”的实施和管理工作，得到省、市业务检查督导的好评。二是做好分管部门的协调，及时制定工作计划、子项目投资计划和检查验收督导制度等。如总投资约1150万元、建筑面积达4600平方米的临岐茧站在春茧收烘前如期交付；投资115万元，在浪川乡洪家、威坪镇楼厦等地新建、改扩建4个高标准“十天养蚕法”专用小蚕室，建筑面积达1682.58平方米。

【引导下属企业规模发展，经济实力不断壮大】
桑园蚕业公司完成蚕种、蚕用物资等营业收入1194.6万元。桑园丝绸公司规模扩大。秀水街蚕丝文化馆扩大3倍后对市民游客开放。银蚕担保公司新增各类担保业务3598.61万元，累计担保总额26716.63万元，在保余额11534.61万元。桑苗合作社培育强桑2号、丰田2号等新品种优质桑苗100万株。

(陈田飞)

·淳安县烟草专卖局(分公司)·

【概况】 2014年卷烟批发销量1.56万箱,同比下降1.47%;实现卷烟销售总额5.45亿元,同比增长4.13%;实现利税1.13亿元,同比增长5.54%。经济运行上出现销量微降、结构提升情况,在行业转型发展的新常态下,淳安烟草专注市场状态调优,同时继续为地方财税增长作出积极贡献。

【市场监管】 2014年的市场监管工作以全面监管的态势加强监管,通过开展案件查办竞赛和“蓝天1号”专项行动等,持续开展市场联合检查、错时检查、卡口检查等,全年共计查获各类涉烟违法案件40起,同比上升48%,其中5万元以上真烟案件5起。顺利破获“3·3”互联网销售假烟案,抓捕涉烟犯罪嫌疑人9人,案值达上千万元,被公安部、国家烟草专卖局打网办列为部督案件。

【依法行政】 按照《烟草专卖许可证管理办法》和《淳安县烟草制品零售点合理布局管理办法》的相关规定,共受理行政许可事项615份,其中,新办零售许可证186份,不予许可61份,变更许可证25份,许可证有效期到期办理延续218份,办理歇业101份,办理个转企许可证9份。依法注销许可证206份,通过日常监管,对长时间零售店关门、未进货的卷烟零售户维护到擅自停业区,办理擅自停业67份停业一年以上未办理手续的,公告后注销19户;领取许可证后连续6个月未营业(未进货)的,公告后注销1户。

【基础管理】 以建设“精和淳烟”为目标,持续提升各项基础管理工作。不断深化管理体系建设,发挥目标管理引导作用;强化企业内部精益管理,推进对标管理、绩效管理等工作;持续加强财务规范管理,月度现金流预算准确率保持在98%~103%;科技创新工作卓有成效,全年共获得行业内外8项QC奖项,千岛湖市场部火焰QC小组获评全国优秀质量管理小组,胖头鱼QC小组获得首届浙江省十佳QC小组奖项,财务科班组建设荣获“全国优秀信得过班组”称号。

【队伍建设】 进一步优化队伍结构,激发队伍活力,实现人才支撑发展的作用。通过抓优秀人才引进,完成新进大学生的录用和培训;扎实开展了党的群众路线教育实践活动,组织多场次学习教育活动,征集“四风”方面意见、建议40条,“联系群众最后一公里”方面意见、建议6条,召开高质量的专题民主生活会,制定“两方案一清单”抓整改落实,确保作风得到改进;抓素质技能提高,分层开展培训活动,确保了全员技能、素质的再提升;抓企业文化建设,不断完善“一园两室”建设。

(高 腾)

(编辑 徐华健)

财政　税务

·财　政·

【概况】 2014年,淳安县实现生产总值191.54亿元,按可比价格计算,同比增长8.3%。其中第一产业增加值30.11亿元,同比增长3.1%;第二产业增加值76.61亿元,同比增长5.9%;第三产业增加值84.83亿元,同比增长12.7%,三产结构比为15.7:40.0:44.3。按户籍人口计算,人均生产总值41798元,同比增长7.9%。全县财政总收入21.10亿元,同比增长9.9%,其中公共预算收入13.86亿元,同比增长10.5%;全县公共财政支出43.56亿元,同比增长15.9%,全年财政收支平衡。

【财政收入】 收入结构不断优化,公共预算收入占财政总收入比重为65.4%;税收收入11.55亿元,占公共预算收入比重为92.0%。强化分析预测,关注经济走势、财税体制改革动向,建立税源企业税收收入预测报表制度。实施按月常规分析、按季重点分析和按年全面分析,提高收入预测准确度,把握收入主动性。加强税源管理,完成三年(2014~2016)税源规划调研,抽样企业251户,提高税源规划前瞻性和主动性。实施税源专业化和企业精细化管理,调整重点税源企业34户,重点税源税收占税收收入比重为63.4%,提高3.2个百分点。提高征管效率,完善税源专业化管理模式,强化风险疑点分析,筛选调查重点企业503户,推送风险疑点180户,补缴税费300万元。提请政府出台《关于加强税收征管保障工作的实施意见》,优化税警协作,全年查补入库税费1780万元。强化社保缴费基础数据清理,登记率从71%提高到96%,全年组织社保基金收入6.47亿元,增长10.7%。规范非税收入监管。深化新版非税系统推广应用,全部189家单位纳入非税票据电子化管理。全年组织非税收入25.57亿元,同比增长91.1%,其中政府性基金收入24.37亿元,同比增长104.0%。

【经济发展支持】 完善扶持政策,牵头开展涉企财政奖励扶持政策梳理整合,评估建议取消扶持政策49项,整合29项,优化38项,保留144项。出台鼓励电子商务发展、提升乡村旅游促进全县景区化、培育家庭农场等财税扶持政策。加大扶持力度,规范政策审核兑现流程。加大财政奖励扶持力度,全年拨付涉企财政扶持资金3.37亿元。落实"营改增"、小微企业营业税减征政策,加快减免税审批,全年减免困难企业房产税、水利建设专项资金、中小微企业社保费等税费9101万元。清理和编制财税权力清单,清理后保留144项。梳理财税行政审批事项,公开财政事项8项。便民纳税服务事项56项。完善纳税服务大厅综合服务系统设置,应用24小时自助办税服务系统,推行一窗式办税服务。实施46项便民服务措施,借助淳安发布、财税讲堂专栏等宣传平台开展财税政策宣传。

【城乡统筹发展】 全年财政投入"三农"资金24.80亿元,同比增长25.4%。加大城乡基础设施投入,支持淳杨公路、环湖绿道、杭黄铁路、汽车客运北站等城乡配套设施建设;保障文化综合体、科技大厦、千岛湖镇撤村建居等城市建设资金,推进千岛湖镇省重点生态功能区小城市培育试点。加大资金整合力度,拨付城乡统筹建设资金18.70亿元,推进风情小镇、精品特色村、美丽乡村建设。实施农民异地转移集聚工程,新转移集聚农民2407人。支持"三改一拆”工作。制定“无违建县”创建财政以奖代补政策，拨付工作经费、建筑拆除经费、垃圾清运经费4311万元，全县拆除违法建筑145万平方米，全部23个乡镇和青溪新城通过“无违建县”验收。完善涉农政策扶持，健全支农资金管理体系，出台省山区经济发展专项资金、财政支农资金、中心村精品(特色)村建设专项资金管理办法。完善“一事一议”财政奖补机制，推进农村电子商务、农村饮用水、清洁乡村等项目建设，促进农村事业发展，2014年，淳安县被列为省级财政“一事一议”财政奖补助推美丽乡村建设试点县。

【民生事业保障】 全年民生保障和社会事业支出33.93亿元，占当年公共财政新增财力比重为77.9%。支持教育科技事业发展，全年教育支出8.17亿元，同比增长9.7%。保障教育经费投入，提高偏远农村教师待遇。推进教育内涵品牌建设，实施教育质量奖励，培育学科带头人140名，成功创建国家义务教育发展基本均衡县。加大科技扶持，出台县企业研发经费补助办法，全年科技事业支出9628万元，同比增长24.9%。支持文化体育事业发展，全年文化体育与传媒支出6130万元，同比增长6.4%。完成第五轮21处农村历史建筑修缮，建设27处村级“文化礼堂”。落实学校体育设施免费开放补助政策，保障游泳世界杯、县全民运动会等体育赛事活动开展。促进医疗卫生事业发展，全年医疗卫生投入4.41亿元，同比增长20.7%。整合城镇居民基本医疗保险、新型农村合作医疗体系，建立城乡居民基本医疗保险。投入2.67亿元，城乡居民医疗保险筹资标准提高到每人800元。基本公共卫生服务经费财政补助提高到年人均35元，促进公共卫生服务均等化。加快社会保障体系建设。全年社会保障和就业支出3.74亿元，增长31.1%。建立低收入群体生活补贴机制，完善被征地农民社会保障政策。企业退休人员基本养老金人均提高261元/月，最低工资标准提高到1350元。加快居家养老服务场所建设，新增养老床位460张。加大生态环保事业投入。全年生态环保建设投入11.20亿元，重点保障污水处理设施、排污管网及生态系统监测等设施建设。实施“五水共治”三年行动，年度计划投入16.65亿元。出台农业面源污染治理奖励补助政策，实施城乡垃圾分类处理试点，保障污染企业关停、网箱上岸等环境整治活动资金。争取国家重点良好湖泊生态环境保护资金3.40亿元，支持省重点生态功能区示范区建设试点。

【财政管理改革】 深化预算管理。落实新《中华人民共和国预算法》，加快全口径政府预算体系建设。完善一般公共预算、政府性基金预算编制，国有资本经营预算上会审查，试编社会保险基金预算并向人大常委会报告，形成“四本预算”管理体系。首次下达“三公”经费控制数，盘活存量资金，开展县级专项资金清理。推进国库集中支付改革。强化预算指标、用款计划管理，严格预算执行过程监督审核，规范财政支出行为。试编政府综合财务报告，厘清政府家底。完成乡镇和园区国库集中支付改革，实现改革单位全覆盖。全年国库集中支付资金23.63亿元，预算单位公务卡结算支出1240万元，增长250.3%。强化预算绩效管理。建立预算绩效运行跟踪监控机制，对139个预算支出50万元以上的政策性项目实施绩效目标管理，涉及财政资金6.06亿元。组织绩效评价项目18个，涉及财政资金8718万元。实施行政事业单位监督检查25家，整改落实问题34项，涉及金额1056万元。

【财政监督管理】 加强政府投资项目监管。完善政府投资项目预算委托审核业务管理考核办法，提高预算审核实效。全年完成政府投资项目预算审核48.11亿元，核减不合理资金2.25亿元。加强政府采购监管。强化政府采购预算和计划约束,加强国有资产配置标准化管理,推行零星小额办公家具定点采购,依法处理政府采购违规案件4件。全年政府采购2.51亿元,节约采购资金0.26亿元。加强国有资产监管,实行行政事业单位通用办公设备等闲置资产统一调配管理,提高资产利用率。公开拍卖处置公务用车318辆,向上争取带牌处置,处置收益2763万元,比评估价增值97.3%。严控“三公”经费支出。严格落实厉行节约政策,按预算标准下降5%安排预算单位业务费,出台“三公”经费长效管理机制。5月起,实施公务用车改革,涉改车辆530辆,测算每年节约公车运行经费2000万元。严格执行四项经费支出标准,县级预算单位向社会公开“三公”经费预决算信息。全年“三公”经费支出下降30.3%。强化会计人员教育。组织农村财会人员支农政策培训611人,实施会计从业资格换证工作,完成换证2400人,完成会计人员继续教育3966人。加强“阳光政务”建设。全年公开政府采购项目信息157项、政府投资项目信息34项。

【乡(镇)财政管理】 全县乡(镇)财政总收入1.79亿元,占全县财政总收入比重为8.5%;公共财政预算收入1.01亿元,占全县公共财政预算收入比重为7.3%;公共财政支出11.2亿元,增长41.7%,乡(镇)财政滚存结余0.23亿元。按照“划分收支、核定基数、收支挂钩、定额补助、总额分成、激励奖补、统筹发展”原则,从2014年开始实施新一轮乡镇财政管理体制。推进财政规范化建设,全县23个乡(镇)财政组织机构设置到位。规范财政队伍建设,招录乡镇财政人员7名。建立公共财政服务平台信息库,实现县级部门、乡(镇)公共平台、代发银行间信息数据存储、传输和交换功能。加强财政资金管理,落实就近就地监管办法,23项涉农民生补助资金纳入乡(镇)公共财政信息系统软件管理。

【干部队伍建设】 开展主题教育。开展群众路线教育主题学习实践,征求意见127条,落实整改措施32项,建立长效机制6项。推行“三认”服务机制,走访“三认”对象312户1025次,解决实际问题514个。注重干部培养。实施青年干部财税基础知识三年过关专项培训计划,组织干部参加省局税收业务考试活动。邀请专家和局内科室负责人开设“财税大讲坛”,提高干部综合素质。全年新招录6名公务员和1名事业干部。丰富文化建设。组织集体跳绳、摄影、登山等文体活动,参加县第六届全民运动会,获团体总分第7名、金牌数第4名。参加全县“颂歌祖国·唱响淳安”合唱比赛,获得金奖。完善财税课题调研计划、督查和演讲展评机制,完成重点课题11个。深化效能建设。落实党风廉政建设主体责任和监督责任,建立兼职纪检监察员制度,完善机关作风效能监督检查机制。县财政局当年获县级机关部门综合考评第2名。

(何 润)

·地方税务·

【概况】 2014年,淳安县地方税务局(以下简称地税局)组织各项收入19.19亿元,增长10.2%。其中税收收入11.70亿元,增长10.0%;其他收入7.49亿元,增长10.5%;社会保险基金收入6.47亿元,增长10.7%。

【税收特点】 营业税、企业所得税分别同比增长1.6%、32.6%,个人所得税下降4.70%。建筑业税收同比增收1508万元,增长8.2%;房地产业税收同比减收376万元,下降2.2%。一、二、三产税收分别同比增长3.4%、8.5%和16.9%。

【支持浙商创业创新】 开展支持浙商企业创业创新发展活动,了解淳安人回淳投资情况,确定专项行动重点走访、服务企业名单,了解企业经营情况。围绕“扶持好、服务好、保护好”

的要求开展税源培育工作，推进专场培训、专项辅导、专家服务，直接与企业进行政策沟通辅导，帮助企业解决困难。对重点税源企业特别是经营困难的旅游酒店企业实行减免税优惠政策倾斜，减免房产税1014万元，城镇土地使用税47万元。

【支持转型升级】 开展企业走访，送政策和服务上门，帮助企业排解难题。落实各项税收优惠政策和清费减负政策，全年共减免各类税费9101万元。其中减免营业税2344万元，减免企业所得税2330万元，减免房产税、城镇土地使用税、地方水利建设基金分别为1329万元、313万元、527万元。落实小微企业享受营业税和所得税优惠，减征部分中小微企业社保费金额1518万元。做好6户电信服务业“营改增”试点纳税人移交工作，与财政、国税联合审核完成2014年度前三个季度的“营改增”超税负财政补助1357万元。强化“个转企”涉税管理情况审核，推进“个转企”企业纳税申报和财务管理，处理移交个转企75户。

【征收管理】 重点税源入库税收7.42亿元，占税收比重达63.4%。开展三年（2014～2016年）税源规划调研，抽样企业251户，完成税源调研报告。实施税源专业化管理模式，分析推送风险疑点信息，落实行业纳税评估疑点分析，设定风险指标和预警值。健全协税护税网络，全年各委托单位共征收税费2.45亿元。开展工商、税务等部门“五证一章”联办，推进税种登记前移，建立股权转让“先税后过户”方式。完成房地产清算审核项目15个，补缴土地增值税1458万元。清理社保缴费基础数据，社保费登记率从71%提高到96%，月申报率稳定达95%以上。

【信息化建设】 深化“税友龙版”应用，做好风控数据分析和清理工作，完成房产评税相关数据比对，完成个人出租房管理系统转换并导入龙版出租房模块。上线应用“税友龙版”辅助系统，开发报表及自动生成催报催缴报告。推广CA认证，实现2013年户管档案管理进“税友龙版”电子化。推广应用社会化管理平台，推广网络发票，严格控制大面额手工发票供应，强化发票明细数据上传管理和超期缴销管理，强化发票信息比对应用，开展发票受票信息比对管理。

【管查互动】 开展建筑业等税收专项检查，注重责成自查与重点检查合理结合，提高税收稽查质量。全年税务检查企业246户，查补入库税款1682万元。全年实施重点检查38户，移送公安案件5件。受理举报案件9件，查结了应查处的7件。加强与公安、国税协作，出台《关于加强税侦协作的工作意见》，全年查处非法发票168份。开展案件异常数据自查纠正，建立时效管理办法。对前期责成自查的61户建筑企业开展集中回访，提出了16条稽查建议。

【税收法治】 规范处罚裁量，细化8个方面62项具体处罚裁量基准事项。制订出台县税收征管保障制度，确定16个部门44项信息传递事项。开展行政权力事项梳理审核，地税行政权力事项比第一批报送整合缩减15项，将审批事项纳入政务服务网。审核汇编地税责任清单5项，共16项制度。开展执法督察自查和交叉检查，开展省局和市局疑点推送执法督察，对行政处罚案卷和行政许可案卷进行案卷评查。对现行72个税（费）政策性、规范性文件进行清理，保留文件38个。针对东方巨龙公司欠税及资产拍卖涉及税款，跟进案件执行分配。

【纳税服务】 落实《浙江地税纳税服务规范1.0版》，执行“首问责任制”、AB岗和“补正承诺制”。开展“五证一章”联办工作，实施税种登记前移窗口。设立“12366”专线服务窗口，安装

24小时自助办税服务系统。开展“便民办税、共促发展”主题纳税服务活动,办税服务厅绩效考核成绩在杭州两区五县市排列第3位,两人分获2013年省级纳税服务之星和市级纳税服务之星。在2月省局组织的全省纳税人满意度调查中,列杭州地区第六名。举办“税企杯”乒乓球赛,开展“送便民纳税春风,你我与税收同行”广场活动,联合国税部门开展骑行宣传。开展行业专题辅导、税费政策专题讲座,与国税部门联合开展新办企业培训。通过网上办税平台、网站、报刊、电视、广播、微博、微信发布税收政策。开展“税收政策直通车”活动,深入企业、园区,“面对面”解答宣传税收政策。举办2012～2013年信用等级证书颁发仪式,接受电视台专访。完善“六五”普法平台,组织“国家宪法日”广场宣传活动,县地税局因中期督导工作成效显著,被市地税局授予“优秀单位”荣誉称号。

【队伍建设】 落实党风廉政建设“两个责任”,实行班子成员和科室负责人“一岗双责”,对日常情况开展每周检查制度。组织“财税大讲坛”、青年干部财税基础知识过关培训、专题报告写作训练等活动,组织参加省地税系统税收业务知识考试。安排新录用公务员全部先到基层单位工作。选派优秀青年干部担任驻村指导员,到农村锻炼。发挥党组织和工青妇组织力量,开展合唱、摄影、调研评比等主题活动。组队参加全县第六届全民运动会,总分列机关组第七名。参加“颂歌祖国·唱响淳安”合唱比赛,获得金奖。落实各项争优创先工作机制,县地税局在县直机关综合考评中位列窗口单位第二名,荣获2014年度优胜(满意)单位荣誉奖。

(徐 洁)

·国家税务·

【税收收入】 2014年,淳安县国家税务局(以下简称县国税局)组织入库税收收入91271万元,占全县财政总收入的39.33%,完成年度计划任务的100.3%,同比增长10.34%。其中增值税完成55706万元,同比增长8.46%;消费税完成4139万元,同比增长3.11%;企业所得税完成27933万元,同比增长21.48%;车辆购置税完成3492万元,同比下降19.71%。

【税收优惠】 2014年,县国税局加快各类减免退税的审核审批,继续按月退税,及时足额将各项优惠政策落实到位。全年累计办理各类减免退税2.52亿元,占全年国税总收入的27.4%,同比增长60%。其中,办理出口退税11629万元(含免抵调度2765万元),同比增长30.63%;办理福利企业、软件企业、资源综合利用企业等增值税退税1462万元,增值税征前减免1005万元;全县近90%的个体工商户和近30%的小微企业起征点调整减免1200万元;从7月1日起将6%和4%征收率统一调整为3%,为混凝土、小水电、自来水等特定行业减征税款500万元;减免企业所得税4477万元(其中扶持7户省级高新技术企业所得税税率优惠直接减免204万元,13户高新企业的技术开发费用所得税税前加计扣除3263万元,减征税款816万元);车购税减免159万元;完成固定资产进项税抵扣3728万元,为“营改增”企业减税1013万元。

【税源管户】 2014年,截至12月31日,全县国税管户共10761户,包括企业3715户(工业企业1937户)、个体工商户7046户。其中一般纳税人1090户,2014年纳税50万元以上的重点税源企业133户,纳税500万元以上国家税务总局监控的企业23户,纳税50万元以上省国税局监控的企业110户。

【税源基础管理】 2014年,县国税局加强税源基础管理,建立和完善税源专业化工作制度。

建立了纳税提醒与催报催缴、发票管理与纳税申报审核、重点税源风险分析与日常管理预警监控、重点税源“统一分析，分类应对”等4项工作制度，进一步明晰征纳双方权利与义务、涉税事项工作流程、重点税源管理范围和重点税源风险管理的内容。修改完善了3019条税务登记信息不完整或不正确的基础数据，开展开票数未足额申报等各项疑点数据的核查，更正申报表，补备案申请手续。

【税源管理专业化】 2014年，县国税局依托重点税源一户式分析工具对县局142户重点税源企业进行风险分析，评估有问题率达89.3%。该项目同时被浙江省国税局推荐为全省重点税源风险应对分析的案头审计工具。落实省政府《关于加强税收征管保障工作的意见》，制定具体实施意见，密切部门护税协作机制。加强“以票管税”，实现网络发票全覆盖，并利用网络发票查验平台甄别发票真伪，有效打击假发票的使用。通过专用发票比对核查，追缴失控发票抵扣税款2户次8.8万元。加强零负申报管理，按月对零负申报相关数据进行分析核查，全年月平均零负申报率为21.03%，在全市国税系统排名第二。加强对外股权转让所得税的扣缴。仅杭州旗隆置业有限公司转让股权业务核查就扣缴企业所得税916万元。

【营改增】 2014年，县国税局继续开展“营改增”工作，全年共确认“营改增”试点纳税人818户，包括一般纳税人132户。其中，交通运输业145户、部分现代服务业666户、邮政业1户、电信业7户。2013年全县营改增试点纳税人共入库税款3992.08万元，2014年共入库税款6835.43万元。累计为试点纳税人代开普通发票6920份，开票金额合计26878.79万元；代开货物运输业增值税专票2214份，开票金额合计4704.36万元。试点纳税人共计领用发票1088.98万本。

【规范税收执法】 2014年，县国税局开展“四合一”执法督察和结构性减税专项督察，对资源综合利用、农林牧渔项目、促进就业再就业等税收优惠政策的执行情况、增值税专用发票和货物运输业增值税专用发票代开情况等内容进行了自查，补税4.5万元。开展内部执法督察，对增值税减免备案中免税销售额较大、发票开具份数较多纳税人的备案资料、纳税申报资料、发票使用情况和进项抵扣情况进行案头检查，对有疑问的备案进行延伸检查。加强日常执法督察。对系统中产生的预警信息及时进行提示，对确有过错的执法行为严格按规定进行责任追究。全年税收执法管理信息系统产生执法行为22223条、申辩行为为9条，申辩调整前执法准确率达99.96%。

【纳税评估】 2014年，县国税局大力整顿和规范税收秩序。全年评估稽查企业111户，查补税款619万元，调减亏损1721万元。打击发票犯罪行为，查处违法用票企业8户，移送公安3户，查实非法发票74份，涉及金额173万元，补税罚款61万元。

【税务稽查】 2014年，县国税局推行税务稽查前辅导制度，对一些日常性专项检查，列出检查提纲，在检查前让纳税人对照提纲认真自查自纠，把问题提前解决，避免纳税人因政策理解错误被处罚，减少企业的损失。全年共对81户企业进行了税务检查，共查补税款355万元，其中62户企业为自查，自查税款219万元，占总稽查税款的61.7%。

【纳税服务】 2014年，县国税局推行“三认”服务机制，全局中层以上干部和税收管理员55人直接联系59户重点企业，收集税情日记，建立“一事一档”；向4家社会中介购买业务咨询、自助办税、援助建账3项服务，直接服务小微企业，全年支付购买服务费3万元，免费为54户小微企业和个体工商户建账，并促成22户个体户成功“个转企”，受理财务与税收业务咨询320人次，辅导小微企业自助办税940余次；与县地税局逢双月联合举办新办企业政策辅导会，及时服务新办企业；联合科技、地税、财政等单位建立跨部门组团式服务机制，合力辅导培育4家企业申报国家级高新技术企业并通过专家评审，这一做法得到县教育实践活动办的推广；开通微博、微信“两微”平台，及时公布涉税政策与信息，第一时间服务纳税人；对以前年度稽查对象开展“回头看”，召开专题辅导会对同行业税源进行政策宣传，有针对性地服务特定企业。

【精简办税流程】 2014年，县国税局精简办税流程，取消5项审批事项，整合11项审批事项到一个部门审批，前移服务环节，24项涉税备案事项统一在办税服务厅直接受理办结，取消4种表单取的局长签字，缩短非居民企业享受税收协定待遇备案事项办理承诺时限，窗口业务平均办结时限由年初的8.18分钟缩短到年底的3.25分钟。

【建设社会化服务平台】 2014年，县国税局推进社会化服务平台建设，增加了社会化服务平台网点，由原先的5个增加到11个，实现社会化服务平台服务网点在全县的全覆盖，全年共代征地税税款640万元，降低纳税人综合办税成本，切实解决服务纳税人“最后一公里”问题。

【党的群众路线教育实践活动】 2014年，县国税局开展群众路线教育活动，采取领导班子、中心理论组、党支部“三级联学”和集中研学、个人自学、领导讲学“三学联动”方式，组织专题党课11场次，收看视频报告讲座5场次，集中学习60余次，认真学习党章、十八大精神、廉政准则、习近平系列重要讲话等内容，开展“三思四省”“三严三实”和“爱护千岛湖”三个大讨论，记录笔记70余本，撰写干部心得体会100余篇。召开不同层面的座谈会11个，发放书面、网络征求意见函190余份，征集原始意见、建议326条，梳理归并为8大类53条，其中领导班子意见、建议39条，班子成员意见、建议14条。开展不同层次之间的谈话谈心180余人次，交换意见549条次。领导班子聚焦“四风”查摆问题10个，提出整改措施12条。班子成员个人查摆问题39个，提出整改措施40余条。开展自我批评39条次，相互批评35条次，全局75名党员参加民主评议，评出先锋党员11名，合格党员64名。49项整改任务截至12月底已完成47项。对原有制度进行清理，保留16项，废止5项，修订完善12项，新建19项。腾退原有超标准办公用房292.44平方米，精减会议23个、文件简报30余份，整合内部检查考核9项，压缩“三公”经费，公务接待同比下降72.2%。群众满意度100%。

【参加地方社会建设】 2014年，县国税局主动参与“五水共治”、撤村建居、“三认服务”、招商引资、“个转企”、帮扶结对等工作，落实各项帮扶资金近20万元，完成1400万元的招商引资任务，参与志愿服务400多人次。

【廉政内控管理】 2014年，县国税局认真落实党风廉政建设责任制，层层签订责任书，履行“一岗两责”。加大正风肃纪力度，县国税局效能督察小组每周不定时开展行风效能检查57次。推广使用税收廉政监督卡，全年共向纳税人发放127份，回收93份，均无反映县国税局人员有不廉行为，有6人次对国税下户人员提出了表扬，一户企业送来了锦旗。认真开展干部礼金礼卡上缴清退工作，全年共上缴和拒收21人次，折合金额21000元。不定期组织特邀监察员开展明察暗访，及时通报检查情况，发现问题及时整改，确保党风廉政建设和行风效能建设无事故。全年未发生违法违纪案件和信访投诉案件，干部队伍平安稳定。

【获得荣誉】 2014年，县国税局加强文明创建，机关第一支部被杭州市国税系统评为十佳优秀党支部，第五党支部书记被评为十佳优秀党支部书记，县局机关党委再次被评为淳安县五星基层党组织，并获得“先进基层党组织”荣誉称号。参加全市国税系统廉政知识竞赛，获得团体第一名，个人第二、第三名。

（詹黎平）

（编辑 徐华健）

金　融

【概况】 2014年,全县金融机构紧紧围绕县委、县政府中心工作,认真贯彻稳健货币政策,有效促进了淳安经济平稳较快发展。截至2014年末,全县本外币各项存款余额260.71亿元,比年初增加24.75亿元,增长10.49%;各项贷款余额136.13亿元,比年初增加17.47亿元,增幅14.72%。

【存款增长有所回升,增量结构存在差异】
2014年末,全县本外币各项存款余额260.71亿元,同比增长10.49%,增速比上年同期上升1.86个百分点。1～12月,本外币各项存款新增24.75亿元,同比多增6.06亿元。在杭州辖内七县市(区)中,12月末,淳安县存款增速位居第2位,比上年同期上升5位;增量位居第5位,比上年同期上升2位。一是单位存款转增为减,活期存款明显减少。12月末,单位存款余额130.49亿元,同比增长10.05%,增速同比上升6.12个百分点;比年初增加11.72亿元,同比多增7.51亿元。二是个人存款大幅少增。12月末,个人存款余额124.43亿元,同比增长7.64%,增速同比回落9.97个百分点;比年初增加8.84亿元,同比少增8.47亿元。主要原因除了个人存款继续向互联网金融产品、理财产品等高收益领域分流,股市短期内暴涨也造成部分个人存款加速分流。三是财政性存款小幅增加。12月末,财政性存款余额5.31亿元,比年初增加4.01亿元,而上年同期为净减少3.08亿元。主要原因是政府土地出让收入大幅增加。2014年淳安县土地出让收入累计为23.02亿元,同比多增12.96亿元。

【贷款运行总体平稳,支持实体经济有力】
2014年末,全县本外币各项贷款余额204.83亿元,同比增长16.17%,比上年同期增加4.65个百分点;1～12月,本外币各项贷款新增28.52亿元,同比多增10.42亿元。其中,12月贷款新增4.47亿元,同比多增4.81亿元。一是从期限结构看,中长期贷款大幅增加。1～12月,全县中长期贷款余额118.40亿元,全年新增19.45亿元,占全部贷款增量的68.20%,与去年同期相比多增了10.95亿元,主要是中长期固定资产贷款增加较多,同比多增了10.55亿元。新增短期贷款9.60亿元,同比多增0.19亿元,占各项贷款增量的33.66%。票据融资余额0.25亿元,比年初下降0.54亿元,同比多降0.72亿元。二是从贷款投向看,贷款投向继续优化并出现新特点。一是扩大中小微企业、农业信贷投放。12月末,中小微企业贷款余额111.98亿元,比年初增加20.25亿元,同比多增11.92亿元;涉农贷款余额149.81亿元,比年初增加28.43亿元,同比多增14.20亿元。二是支持“五水共治”建设。12月末,水利、环境、和公共设施管理业贷款余额24.06亿元,比年初增加7.22亿元,同比多增3.81亿元。三是加大租赁和商务服务业信贷支持。在省级生态功能区建设背景下,12月末,租赁和商务服务业贷款余额14.41亿元,比年初增加9.07亿元,同比多增9.33亿元。三是从资金价格来看,全县贷款加权平均利率水平较低,走势总体较为平稳。四季度,全县贷款加权平均利率为7.1%,环比增加0.19个百分点,同比增加0.15个百分点。

·中国人民银行淳安县支行·

【金融支持实体经济有力度】 一是畅通政策传导渠道。下发“一主二专”3个指导意见,推动金融资源向事关淳安产业结构调整的重点行业企业和民生服务领域集聚,大力支持“美丽杭州”实验区建设,分解落实任务。到2014年底，全县金融机构本外币各项贷款余额204.83亿元，同比增长16.17%，增速同比提高4.65个百分点；比年初增加28.52亿元，同比多增10.42亿元。二是发挥窗口指导作用。通过金融联席会议、金融形势分析例会、货币信贷政策通报会等，积极向当地政府、银行以及企业宣讲总行货币信贷工作精神，畅通政策传导渠道，引导全县金融机构准确把握信贷导向，用好增量，盘活存量，推动优化产业结构布局，支持经济转型升级。2014年，县内法人金融机构贷款新增7.57亿元，给予建信村镇银行支农再贷款5000万元。三是加大支农支小力度。组织开展工业企业融资问题专项调研，帮助解决企业融资需求2.55亿元。2014年，全县涉农贷款累计新增27.64亿元，占全部新增贷款的96.91%，同比提高17.90个百分点；中小微企业贷款累计新增20.25亿元，占全部新增贷款的71.01%，同比提高24.99个百分点。

【提升金融服务水平有实效】 一是推进金融产品和服务方式创新。截至2014年末，全县旅游门票收费权质押贷款余额已超8亿元。2014年，累计发放水利水电项目收益权质押贷款0.76亿元；累计发放“农家乐”经营贷款0.31亿元。创新推出了“农户小额信用贷款+丰收小额贷款卡”自助循环贷款业务，全年累计发放贷款9.13亿元。探索农村土地经营流转经营权抵押贷款业务，正在配合地方政府构建明晰产权、抵押登记、价值评估、流转处置的综合平台和制度体系。会同当地住建部门等合力推进金融机构房地产抵押登记网上申报工作。二是改善农村支付环境。积极推广网上支付和手机支付。努力提升网上支付和手机支付服务水平。到2014年底，网上支付客户数32万户，交易笔数344万笔，交易金额616亿元；手机支付客户数14.6万户，交易笔数35万笔，交易金额24亿元。按照“适度竞争、便农惠农”的原则，适度鼓励银行竞争，合理调整取现额度，规范发展助农取款服务。2014年，全县助农取款点共办理小额取现业务7.8万笔，金额3993万元。新创建网上支付示范区1个、刷卡无障碍街2条。三是完善人民币供应长效机制。发挥小额票币调剂中心功能，累计调运小票币2次，共224.7万元，保证小面额现金满足市场需求。组织开展人民币反假宣传活动15场，累计受理现场群众咨询3500余人次，发放各类宣传资料7000余份。其中，利用农村“唱大戏”等时机进行反假货币宣传，取得了良好成效。2014年，共收缴假币3334张，金额19.9万元。四是加强农村信用体系建设。发挥信用体系建设的成果，对信用镇、信用村所在的信用户实行降低利率，全年减少农户和小微企业利息支出近1200万元。五是提高外汇管理与服务水平。帮助企业利用“投注差”借入外债816万美元，既有效缓解了企业资金压力，又为辖内外商投资企业境外融资起到了示范作用。建立重点企业联系库，做好政策指导和服务，促进银企对接，解决17家企业资金需求5050万元。

【经济金融秩序有保障】 一是抓好统计监测，维护金融稳定。继续做好日常风险监测，重点关注法人机构流动性、资本充足情况和资产质量状况，做好法人银行机构稳健经营自评估工作。加强非法集资活动和融资性担保行业的监测工作，开展民间融资发展状况调查。继续做好“阳光水岸”事件处置的后续工作，防范风险集聚，牢牢守住不发生区域性金融风险的底线。二是深入实施“两综合、两管理”，优化金融管理与服务。指导广发银行淳安支行加入金融管理与服务体系，对辖内13家银行业金融机构开展了综合评价。规范实施执法检查，2014年，共开展执法检查23场次，对淳安建信村镇银行欠缴存款准备金的违法行为予以行政处罚。

（郑剑锋）

·浙江银监局淳安办事处·

【概况】 2014年年末，淳安县银行业各项贷款余额204.83亿元，比年初增加28.52亿元，增长16.2%，增幅同比提升4.65个百分点；各项存款余额260.71亿元，比年初增加24.7亿元，增长10.5%，增幅同比提升了1.86个百分点；不良贷款余额26279万元，比年初增加了6559万元，不良贷款比例1.28%，比年初上升了0.17个百分点。

【提升信用品质】 按照省银监局的统一部署，办事处督导辖内银行业金融机构积极开展深化“提升信用品质 服务实体经济”主题活动，将主题活动与第三届小微企业金融服务宣传月和“弘扬枫桥经验、金融知识进万家”宣传服务月等活动有机地结合起来，以此持续推动主题活动的深入开展，至2014年年末，全县小微企业贷款和涉农贷款“两个不低于”的年度目标已全面完成。

【着力法人监管】 深入分析辖内2家农村中小金融机构日常经营情况，参加法人机构董(理)事以及年度工作等重要会议，动态掌握法人机构的发展规划和工作重点。组织开展2家法人机构外部审计三方会谈以及一年两次的审慎监管会谈，动态传导监管政策和要求；有效落实2家法人机构监管指标分层监测预警制度，并实施动态监控.对淳安联社贷记卡用信率偏低、纺织业及建筑施工企业项目经理贷款风险上升等情况进行调查走访，督促其科学审慎发展贷记卡业务，主动有效防控重点领域风险。督导淳安联社认真做好EAST系统可疑数据信息的核查，并对相关违规问题进行严厉问责。

【严守风险底线】 持续关注政府融资平台贷款风险状况，动态收集辖内银行业政府融资平台贷款情况，分析政府融资平台贷款风险状况；动态监测和管控企业资金链断裂风险，切实有效地督导辖内银行业金融机构妥善防控资金链断裂风险；密切关注房地产贷款风险，督促辖内银行业金融机构高度关注房地产抵押贷款风险，特别是高档住宅的抵押贷款风险；主动与公检法等有关部门联系，积极防控外部风险向银行体系的传染渗透，严防信贷资金流向民间借贷和非法集资等领域，努力构筑风险防火墙。

【推进案件防控】 组织辖内银行业金融机构收看银监局组织的一系列视频会议。加大对辖内农村中小金融机构案防工作的督导，督促淳安联社认真核查员工行为和部分新开办业务EAST疑点数据。加大对辖内银行业从业人员的道德风险控制，督促银行业机构加大对从业人员八小时内外行为规范管理力度，积极营造浓厚的合规文化氛围，严密防控各类风险。

【实施联动监管】 累计投入100余个工作日，独立或配合完成对农发行淳安支行检查整改情况后续和“三类贷款”专项现场检查，对淳安建信村镇银行的全面检查，以及对杭州银行淳安支行、民泰银行临安支行、建设银行建德支行和民生银行余杭支行的个人经营性贷款现场检查；完成1家支行开业、3个网点迁址并更名，以及5位高级管理人员任职资格的属地监管意见；完成银行业协会自律专业委员会和个人金融业务专业委员会淳安工作小组的设立工作，积极引导协会代表处正常运作。

(王卫国)

·淳安县农村信用合作联社·

【概况】 2014年，淳安县农村信用合作联社(以下简称联社)下辖34家网点，其中营业部1家、信用社12家、分社21家，在职员工417人。各项存款余额76.62亿元，新增5.92亿元，增幅8.38%；各项贷款余额53.33亿元，新增6.34亿元，增幅13.49%；存、贷款市场占有率分别为30%、26.04%；五级不良贷款余额6989万元，不良率1.31%；资本充足率13.06%，核心资本充足率11.98%；各项收入50535万元，账面利润12703万元；全年上缴各类税收6122万元，同比增加235万元。获评县综合考评先进单位、杭州辖内银行业非现场监管报表考核一等奖、省级治安安全示范单位。

【强管理】 一是抓合规。加强事后监督，强化规范操作，开展银行账户、"三公"经费、代办业务和代保管物品等检查。按季进行员工异常行为排查。实施员工强制休假。开展内控制度落实情况、反洗钱和新增不良贷款专项审计。组织纯第三方资产抵押贷款专项检查。二是控风险。加强行业集中度管理，按季做好对小水电、纺织、房地产及项目经理贷款的监测。出台信贷"控大放小"指导政策，严把客户准入关口，推行大额贷款限额管理和名单制管理。三是防案件。开展金融安全"心防工程"建设。开展防电信诈骗专项行动。组织案防大讲堂。改建营业网点，完善金库设施。启用指纹运钞交接管理系统。加大科技投入，部署系统监控预警软件，引进中心机房"堡垒机"建设。四是提效率。引进总部建设、流程银行项目，规范程序，梳理流程，优化人力资源配置。修改《费用管理办法》，对业务招待费、会议费、业务宣传费实行比例和额度控制。

【优服务】 以强农富农惠农为出发点，主推"普惠金融"工程。一是推进"村村通"工程。在行政村设立金融服务物理网点21个，助农取款服务点189个，比年初增加136个；布放助农机具192台，比年初增加136台，其中助农POS机140台、3G便农服务自助终端52台，分别比年初增加89台和47台；各类机具行政村覆盖率达49.41%，比年初上升33.41个百分点。二是推进"村村行"特色活动。开展"送春联""唱大戏、送金融知识下乡""农信绿色骑行，助力普惠金融"活动，做好农信普惠金融形象宣传推广，其中，送春联5000余幅，送戏下乡32场次，印发各类宣传资料10万余份。三是推进农村电子商务工程。与"赶街"公司合作，及时做好各信用社与赶街对接选址与机具布放工作，已对接合作的有48家。四是推进产品与服务创新。推出"农户小额信用贷款+丰收小额贷款卡"自助循环贷款模式，规定5万元以下农户小额贷款必须以信用方式发放，并将农户小额信用贷款的最高额度提高到30万元。实施流程再造，下放审批权限，简化审批流程，减少审批环节。推出"创业通"失地农民、"乐万家"旅游业、"商标专用权"质押、"信富贷"农民专业合作社、"丰收创业卡""家庭农场""白领汽车消费"等贷款产品。《家庭农场贷款管理办法》以县政府名义在全县农村经济工作会议上下发。五是推进丰收信用工程。巩固和强化省、市、县、乡(镇)、村(社区)、农户六级信用体系建设，开展银政、银村、银农、银商、银企共建。全县共评定信用户43456户；信用村246个，其中市级20家、省级4家；信用乡镇14家，其中市级3家，省级3家。

【转作风】 根据浙江省农信联社党委和县委的总体部署，有序推进党的群众路线教育活动四个环节工作，扎实做好"党员干部百千万大走访""三大专项行动""五大专项排查""正风肃纪"等规定动作和"三认"服务、技能练兵等自选动作。其间，共走访村委48个、企业39家、农户103户；召开座谈会49次，参加会议491人次；向社会各界发出书面征求意见表395份，征求意见、建议71条；聚焦"四风"问题和"四气"现象，开展"六查"，查摆联社领导班子存在的问题30条、各信用社班子存在的问题170条；机关和信用社分别召开民主生活会和组织生活会，开展批评和自我批评，提出问题整改措施；

废除《服务收费标准的通知》等制度3个，修订《会计业务事后监督奖惩办法》等制度15个，新制定《公务接待费用管理办法》等制度28个；全年发文、会议次数和人员、简报、评比表彰项目、“三公”经费支出同比上年均有不同程度下降；召开职工代表大会，对联社《公务用车制度改革管理办法》审议表决，通过与职工利益关切的车改制度。教育实践活动的开展有力地促进了党员干部作风进一步转变，工作效能进一步提升。

【抓队伍】 开展人力资源体系等项目建设，重点从设计职责体系、完善“四定管理”、完善竞聘管理、提升绩效管理、薪酬制度设计、人力资源与组织能力提升等方面着手。加强对年轻干部的培养力度，把干部培养锻炼与加强地方金融服务保障有效结合起来，选派4名优秀青年干部到千岛湖镇、大墅镇、文昌镇和青溪新城挂职锻炼。加强中层后备干部和优秀青年的培养，按照德才兼备的选人用人标准，通过层层选拔，确定8名后备干部和优秀青年员工参加办事处“百名优秀青年成长计划”。从综合素质较高、发展潜力较大的后备干部、会计主管后备和优秀青年员工中推荐4名上挂联社部室学习。举办2期中层干部培训班。

(徐文威)

·杭州银行淳安支行·

【概况】 2014年，杭州银行淳安支行坚持以科学发展观为指导，以“稳中求进、科学发展”为总体思路，围绕创建市级文明单位的工作目标，以提升经济效益和社会效益为中心，以中小企业客户为营销重点，全力拓展金融业务，积极服务地方政府、中小企业和城乡居民，各项工作取得显著成绩。至年底，支行各项存款余额13.62亿元，占全县份额5.22%；各项贷款余额16.50亿元，占全县份额为8.06%，不良贷款额为56万元，不良率仅为0.03%。

【优化贷款业务结构】 支行积极组织力量，集中梳理存量贷款余额，分析贷款对象的资产质量和还贷能力，主动退出存在风险隐患的贷款项目。先后退出2家共2700万元存量流动资金贷款，新增2家客户，使贷款业务得到进一步优化。

【为新农村建设提供金融支持】 2014年，支行把支持地方推进新农村建设作为义不容辞的责任，继续为丰家山农民下山安居工程提供按揭贷款。信贷投入6000万元资金，支持千岛湖镇马路村建材市场项目，壮大了马路村的集体经济。此项目还作为总行新闻稿《杭州银行力促新型城镇化建设解读：超过109亿元投向重点领域》中经典案例在2014年4月《每日经济新闻》上刊载，并成为淳安县以金融服务拉动村域经济发展的典范。

【银校合作“校园一卡通”圈存系统正式运行】 2014年1月6日，支行与千岛湖中等职业学校、郑州新开普电子股份有限公司合作开发的“校园一卡通”圈存系统正式上线运行，全校52个班级2300余名师生申领了“校园一卡通”。该圈存系统是使学校师生的银行卡实现与校园卡内部资金划转的系统，从技术上为学校收缴学杂费、现金管理，以及师生的校园内消费提供了安全便捷的金融服务。“校园一卡通”圈存系统的上线运行为杭州银行辖内银校合作奠定了坚实的技术基础。

【小微企业金融服务专业化管理】 2014年，支行从发展小微企业业务的需要出发，实施内部条线业务调整，将公司条线的小企业业务移交到小微金融发展部，全年已移交7户共1350万元贷款，从而进一步强化了小微业务的专业化管理。

【扶持小微企业发展】 结合普惠金融服务年、金融知识万里行和第三届小微企业金融服务宣传月等活动，积极开展一系列针对小微企业的金融业务营销活动：邀请青溪新城管委会，组织坪山、鼓山、文昌等园区在建、拟建的18家小微企业主召开银企座谈会，就支行如何服务好园区小微企业征询意见；加大针对小微企业的特色金融产品微贷卡、抵易贷、自助贷、园区贷的宣传和营销力度，帮助小微企业了解支行产品，接受支行产品，利用支行产品缓解其由来已久的贷款难问题。

【抓好个人零售业务】 为了更好地开展"幸福盈家"等面向居民的专项营销活动，先后与4个社区签订共建协议，直接把金融零售业务延伸到居民家门口，有效拓展了普通客户群体。大力推广POS机等收单业务，全年营销POS机156户，完成年度任务的390%。利用网上银行、手机银行、理财产品等金融工具和金融产品，提高个贷客户的留存和引存率。加大对理财产品的销售，组织客户经理深入社区、单位，通过屏媒、灯箱、报刊投放理财信息进行宣传等形式，积极营销理财产品，通过经理客服电话、短信方式通知客户，及时续办已到期的理财产品。截至12月底，理财销售9.3亿元，完成全年任务的167.33%。

【履行社会责任】 2014年，支行除了积极参加县里统一组织的"春风行动""慈善一日捐""扶贫结对"活动外，还积极配合淳安县委宣传部并冠名举办"和谐家园、幸福之梦"杭州银行杯淳安县第二届绘画作品大赛；支行全体党员还与帮扶结对村汾口镇汾口村困难党员开展"一对一"结对子活动，并送去慰问金和慰问物品；支行团支部积极参与全县青少年"手拉手护秀水"主题活动，还配合总行团委在联乡结对镇——汾口镇的5所小学开展了爱心助学行动。

【加强党建工作】 在班子成员、党员中开展党的群众路线教育实践。支行在制订听取和征求意见方案时，精心设计了供员工匿名填写的淳安支行党的群众路线教育实践活动调查问卷、淳安支行党员"四风"方面存在问题征集表，广泛征求书面意见和建议。通过召开青年员工座谈会等形式征求对支行领导班子成员、党员干部的意见和建议，并邀请县纪委方鹏进作廉政教育专题讲座。组织全体党员、部门干部和客户经理参观遂昌红军挺进师纪念馆，感受了粟裕将军在创建浙西南游击根据地时的艰苦岁月。

【开展市级文明单位创建工作】 2014年，支行把创建市级文明单位作为重要的阶段性目标，从建立创建工作领导小组、分解创建任务、落实创建措施等方面入手，坚持"相互配合，上下联动，齐抓共管"的工作机制，狠抓检查指导、情况反馈和台账管理。

【丰富职工活动】 支行依托工青妇组织，开展"精诚合作　快乐采摘"、乒乓球、羽毛球比赛，户外运动，"周二健身日""青春护秀水　美我千岛湖"五四青年节活动等集体活动，增强团队活力。加强职工业务技能培训，组织员工开展为期1个月的业务技能训练，在2014年总行组织的业务技能比赛中，支行员工获得多指多张点钞第三名的好成绩，并代表总行工会参加杭州银行杯2014年杭州市金融信息服务系统点钞比赛。为了给职工读书活动提供方便，支行还借扩展办公场所的机会，为职工创办图书阅览室，购置图书50多册。

（吴　燕）

·中国工商银行股份有限公司淳安支行·

【主要经营指标】 年末各项存款余额29.40亿元，比上年增加1.65亿元；贷款余额33.84亿元,比上年增加2.3亿元.全年信贷投放17.75亿元。

【规模总量】 全年新开对公存款账户115户,大力推广应用对公账户自助回单打印、支付密码、凭证预约出售、网银对账替代等方便客户结算,安全便捷的新型产品。集中精力完成基础设施、新农村建设等项目的信贷投放,是历年来完成审批金额最多、投放最早最快的一年。以底层架构产品先行、理财产品跟进为思路组建商友俱乐部,不断提升产品及服务竞争力。

【主题教育活动】 认真组织学习《员工行为守则》《员工行为禁止规定》《员工违规行为处理规定》等基本规章制度,引导员工养成自觉学习、查看岗位规范和岗位信息的良好习惯,做到全面掌握本行的基本行为规范、本岗位的操作规范。积极开展"重规范、严执行、保平安、促发展"主题教育活动,落实风险排查、重点环节防控、"屡查屡犯"专项整治、重点网点与个人帮扶、最安全银行和平安金融单位创建等项工作,保卫专业在营业部全辖继续保持优胜支行称号。

【信息安全使用管理】 一是加强宣传。强调信息安全工作的重要性、长期性,增强全行员工的信息安全意识。二是将客户端管理系统检查作为一项日常工作常抓不懈。利用客户端系统、计算机全盘搜索关键词等方法,对办公用机进行日常自查,如发现涉及国密标识文档、内容可能涉及国密的电子文件,进行彻底清理。三是组织相关人员开展全面检查,尤其重点加强对之前通报涉及人员办公用机的检查。

【档案管理工作】 按照档案保管期限规定,逐卷逐件鉴定档案内容,经支行档案工作领导小组确认并上报审批,同意销毁会计档案23622册、已作废银行卡506张、已过保管期已打未发信用卡5774张;清理上缴停用空白重要凭证9种5776份、重要机具5件、印模卡片18份。

【网点服务管理】 树立"以客户为中心"的服务理念,关怀老弱病残等特殊群体的服务需求,提供人性化服务,为客户提供"一站式""一次性"的服务。做好客户分流工作,把办理小额现金存取款、转账、汇款业务的客户分流到自助设备上办理,对不涉及现金的业务尽量引导在低柜进行,减少客户排队等候时间。网点普通客户超时等候大于30分钟占比为0.39%,比上年下降0.67个百分点。网点客户满意度达到99.57%,比上年提高0.08个百分点。,在"攻难关、促提升、强服务"网点服务PK赛中,3个营业网点都得到了优异的成绩。

【规范服务流程】 一是按月召开服务工作暨投诉分析会,按季召开服务工作专题会议,重点分析服务案例、服务工单,尽快把服务工作相关制度及服务工作等各项要求落实到位.二是在办理业务时,向客户解释、提示到位,做到"多问一句、多说一句",切实增强服务主动性。三是加强对网点柜员服务规范的监督检查,组织网点负责人、现场经理、大堂经理、大堂引导员、柜员等网点人员的服务规范再培训,对照服务案例查找工作中的不足之处,真正地了解客户、理解客户,满足客户的需求,提高服务规范执行力。

【创新"拍易贷"业务】 为拓展"两小"贷款市场,支行深入市场调研客户需求,积极创新信贷业务产品,通过与法院密切合作,为拍卖标的物买受人解决资金困难,极大地提高了抵押物的处置效率,加快了司法执行工作进程,总行网讯全文刊登,省分行批复同意并在营业部全辖推广应用,一个月时间办理4户148万元贷款。

【技术比武】 员工素质有较大提高。在营业部组织开展的第十五届业务技术比赛上，支行以此为契机，将技术比赛和岗位练兵有机结合起来，在员工中掀起一个钻研业务、苦练基本功的竞赛氛围。通过精心组织和准备，有2人分获综合柜员第2名和综合点钞第5名，支行总分第21名，比十四届上升了10位。

【安全教育】 组织开展消防演练等多种形式安全教育活动，加强消防安全教育和火灾突发事件处置，有效避免和防止各类火灾事故。切实加强安全用电管理，展示支行积极践行节能环保、绿色低碳的良好形象和社会责任。

（叶建成）

·中国建设银行股份有限公司淳安支行·

【概况】 2014年，实现存款、贷款双增长，全年无案件，但受阳光水岸楼盘不良个人住房按揭贷款的影响，信贷资产管理的压力仍然较大。截至2014年底，全口径存款余额283526万元。一般性存款余额278043万元，全年新增6000万元，完成了上级行下达的全年计划任务。企业存款余额187060万元，全年新增12139万元。储蓄存款余额90983万元，全年负增长6139万元。各项贷款余额265696万元，全年新增贷款24144万元。其中，公司类贷款余额150561万元，全年新增公司类贷款30956万元；个人类贷款余额115135万元。全年实现中间业务账面收入1750万元。2014年信贷资产质量管理的压力继续增大。至2014年底，不良贷款余额15049万元（全部为个人贷款），较年初增加3540万元，不良率为4.98%。全年实现账面净利润6980万元。

【项目信贷】 为环千岛湖绿道项目投放贷款1.5亿元，为淳安县建设集团有限公司投放“五水共治”信贷资金2.75亿元，有力地支持了政府重点项目的建设。

【客户营销】 2014年支行深入企业，加强市场调研，及时了解客户的需求，为客户提供全方面的服务。特别是重点客户营销方面取得了良好成果。如杭黄高铁项目，丰家山二期一批项目发放贷款18600万元，积极配合县卫生部门推进“智慧医疗”项目，等。

【推广善融商务】 善融商务是建设银行总行推进的以专业化金融服务为依托的电子商务金融服务平台，融资金流、信息流和物流为一体，为客户提供信息发布、在线交易、交付结算、分期付款、融资贷款、资金托管、房地产交易等全方位的专业服务。电商平台业务的推广，为县企业的产品销售提供了一个新的、更广阔的销售渠道，2014年支行继续将电子商务作为为企业创新服务的一个重点。

【提升服务水平】 2014年，支行在主要行业推行服务到现场工作，包括服务进校园、服务进楼盘、服务进社区、服务进企业、服务进施工现场。营业网点实行“三综合”后，网点由储蓄所升格为网点型支行，业务也综合化。为了适应业务的发展，为客户提供更加优质的服务，我支行将有计划地对营业网点进行改造，已开始湖光支行新址的装修工作，服务环境将更加舒适。

【支持实体小微企业】 支行先后制定了《淳安支行对公业务转型及结构调整实施方案》《淳安支行“普惠金融服务年”活动实施方案》、《淳安支行乡镇公司客户营销方案》等一系列措施。截至2014年底，传统小企业信贷余额14861万元，涉及小微企业26户，积极利用“善融贷”信贷产品（信用贷款）为县内14家小微企业投放了信贷资金556万元，无论是户数还是投放金额，比上年都有较大的提升。

【抓好案件防控】 为加强和深化案件防控工作，落实银监会要求及上级行案件防控相关精神，更加有效地防范案件风险，根据省分行建浙发〔2011〕96号文件《关于印发<加强案件防控工作长效机制建设的实施方案>的通知》精神，结合自身实际，制定《淳安支行案件防控工作长效机制建设实施细则》建立健全案件防控工作责任制。以组织签署廉洁从业安全运营责任书为主要载体，逐级、逐部门分解和落实案件防控工作责任，并建立相应的工作台账；按照“谁主管、谁负责”以及“案防人人有责”的原则，进一步落实职责范围并承担相应的案件防控责任。开展与案件防控密切相关的“六项制度”执行情况的专项检查，切实落实岗位分离与制衡制度、岗位轮换和交流制度、基层会计主管委派制度、金库(尾箱)管理制度、员工行为排查制度、营业录像抽查制度。

(胡长祥)

·中国农业银行股份有限公司淳安县支行·

【概况】 2014年中国农业银行淳安县支行立足县域与三农市场，认真做好“服务三农”文章，支持当地经济发展。至2014年末，全行本外币各项存款余额34.46亿元，各项贷款余额19.46亿元。

【网点】 2014年，支行有物理网点5家、附行式自助银行5家，离行式自助银行5家，自助设备点2家，共投放自助设备52台；规范临柜服务，强化场内管理，开展业务咨询；完善惠农通功能，提升惠农通功能，实现全县行政村全覆盖，持续开展普惠金融服务。

【管理】 强化精细化管理建设，积极开展业务培训，开展“三化三铁”“三化三达标”和平安金融单位建设；严格执行“四法一指引”相关规定，严把信贷“五关”，切实防范信贷风险；加强反洗钱工作，开展消防、防抢防暴预案演练。

【文化】 加强企业文化建设，深入开展群众路线教育实践活动，深化基层党支部建设，认真落实爱国卫生、计划生育、综合治理工作，积极参加公益捐款、联乡结村扶贫、双百结对共建文明等社会公益活动。2014年组织员工各类捐款71920元，单位捐款135000元。

(管建辉)

·中国银行淳安支行·

【概况】 2014年度，中国银行淳安支行(简称淳安中行)全年实现净利润5765万元，同比减少886万元，增幅-13.32%，人均利润82.35万元。本外币存款余额33.69亿元，比年初新增3.23亿元，增幅10.60%。本外币贷款余额30.50亿元，比年初新增6.82亿元，增幅28.80%。不良贷款余额87万元，综合不良率0.03%。

【突出效益为中心】 全行树立以效益为中心理念。一是加大项目储备和投放，全年叙做各类项目14.7亿元，主要有“五水共治”、城乡统筹、新城建设、旅游服务等项目，共实现投放7.73亿元。二是加大新兴业务叙做，实现非利息净收入1425万元，增幅53%，主要是投行收入573万元，明显提高了新业务、新产品的贡献度。

【力促网点转型】 南山支行于2014年7月搬迁并更名为千岛湖支行，服务人员从11人增加到13人，营销人员占比达到53.8%，增幅14.7%，更好地服务广大客户。年末存款余额2.7亿元，贷款余额6.6亿元，实现盈利568万元。

【确保资产质量】 在信贷管理过程中支行有自己的一些好的做法，如贷前在上报过程中由有经验的老客户经理对贷款进行审查，在贷后管理中由支行成立小组定期不定期对企业进行现场走访，了解真正情况，集体商议授信方案。在每月召开的预警会议上，要求大家居安思危，保持清醒头脑，其他地方的不良就是自己的案例，要引以为戒，同时，重点关注、多渠道了解民间借贷、多头投资等影响资产质量的不确定性因素也是从行长室到客户经理的重要工作。一年来，支行在资产质量方面保持较好水平，不良率较低。

【强化队伍建设】 一是支行明确了用人导向，启用德才兼备、业绩突出、善于管理、敢于担当、责任心强的干部，年底支行对部分中层副职进行了选聘，形成导向明确，能上能下的流动用人机制。二是完成支行机构改革，成立了支行业管中心，提高管理专业性、有效性，提高管理效率。三是对部分业绩平平的客户经理、理财经理进行岗位交流，选拔更优秀员工的补充到客户经理队伍中，每年按数字、业绩评价。四是加大对员工的培训力度，提高综合素质，利用每周三进行业务学习，利用周末对员工进行户外拓展等各类训练，长见识又增强团队精神。五是关心员工，在群众路线教育实践活动中要求实实在在解决员工的实际问题，深入员工更加频繁和具体。

（倪裕勇）

·浙江稠州商业银行股份有限公司杭州淳安支行·

【概况】 2014年，浙江稠州商业银行股份有限公司杭州淳安支行（以下简称支行）各项存款余额60036万元，各项贷款余额29875万元，全年理财产品销售累计11.58亿元。

【政府重点项目支持】 支行积极与县财政沟通，努力向上级行争取信贷资金。至2014年年末，支行对政府重点项目的投放金额12000万元，为淳安本地的基础设施建设贡献了力量。

【支持小微服务三农】 至12月末，支行小微企业贷款余额为17225万元，占比达到了58%，小企业贷款余额比年初增加4163万元。在产品方面充分体现差异性，发挥了“市场银行”的优势，针对小微企业的特点，结合总分行的产品特色，根据本地的具体情况，先后推出了多种小企业特色融资产品，包括“铺底贷”“抵全贷”“POS流量贷”“财富时贷”“联保贷款”“无缝对接贷”和“1+N”产业链贷款等创新业务品种。推广特色“村民快速贷”业务品种，满足农村村民种植、养殖、相关合法经营项目，及农户个人消费支出等需求。至12月末，累计发放“村民快速贷”贷款30户，贷款总金额1000万元。

【标准化服务建设】 根据《服务环境标准》《服务礼仪标准》《柜面服务“七步曲”标准》《网点晨会要求与流程标准》等4项标准，规范员工的仪容、服务行为、服务流程，做好营业环境管理等，有效地提高了客户的满意度。

【企业文化建设】 坚持以人为本的理念，做好员工关爱工作，对生活困难的职工实行适当困难补助；通过党、工、团、妇联动，组织开展形式新颖、内容丰富的活动和技术比赛，进一步丰富稠州银行“家文化”的内涵，形成健康向上的良好氛围。

【内部管理及荣誉】 进一步健全内控、安全与消防规章制度，并将各项职责落实到具体岗位与责任人，实现全员参与、全员重视的新局面。2014年度获得多项荣誉：荣获杭州分行先进集体，周迎行长获总行先进个人；3月，通过县发改局、综合治理管理委员会和公安局的共同评定，被评为金融平安单位；4月，成功创建县级巾帼文明示范岗；5月，在中国人民银行淳安县支行组织的年度金融机构综合评价中，获综合评价等级A等，这是支行连续两年获此殊荣；10月，成功创下县级青年文明号；12月获得杭州市公安局颁发的“2014年度杭州市经文保保卫工作先进集体”称号。

（刘全贤）

·广发银行淳安支行·

【概况】 广发银行淳安支行（以下午简称支行）于2014年6月18日正式对外营业，在职员工16人。截至12月末，各项存款余额11851万元，完成计划任务的84.65%，其中：对公存款余额5300万元，储蓄存款6551万元；各项贷款余额6061万元，其中公司贷款余额4800万元，个人贷款余额1261万元。累计承揽贵宾客户101户，完成任务202%，任务完成的率列市辖支行排名第一；信用卡激活客户数473户，完成任务的109.7%，任务完成率列市辖支行第一；年新增自信卡19张，贷款发放量415万元，列市辖支行排名第三。

【产品促推】 广发银行的信用卡为中国银行业发行的真正意义上的第一张信用卡，具有较高的知名度。为此，支行开业后即把信用卡的发行作为业务拓展的重点，同时与商家合作组织开展各类优惠促销活动。经过半年的努力，信用卡激活客户数达473户，任务完成率列杭州地区支行第一。同时积极推出“生意通”“生意红”“自信一贷”等产品，以满足个体经营者和工薪阶层经营及消费的资金需求，促进了市场的消费。

【党建工作】 认真做好“三会一课”党员教育工作，定期召开党员大会，组织学习和上好党课，在党员中开展创先争优和“三个一”活动，过好党员的“政治生日”。组织开展内容丰富的党员活动，参观中国工农红军北上抗日先遣队纪念馆、“茶山会议”旧址、方志敏临时住所等红色遗迹，参观四任省委书记联系点下姜村新农村建设的新面貌等。

【社会责任】 2014年上半年支行还积极响应地方政府号召，募集“慈善一日捐”款2600元，人均捐款数位居县级单位前列。为2014年考上南京航天大学的寒门学子徐华健送去3000元助学款。对淳安县培智学校捐助人民币2万元，用于购买学生的床上用品，在寒冷的冬日，送去一份温暖。

（徐跃平）

·中国人民财产保险股份有限公司淳安支公司·

【概况】 2014年，中国人民财产保险股份有限公司淳安支公司（以下简称支公司）紧紧围绕“三升二降一转变”的工作要求，积极开拓发展思路，转变发展方式，力求在变革中转型，在转型中前进，持续强化服务品质与品牌影响力，全年完成签单保费9204万元，同比净增1330万元，增幅16.89%。市场份额稳步上升，12月行业报表为54.13%，其中车险市场份额为50%，时隔9年首次突破50%，重新夺回车险市场半壁江山。全年赔款支出3942万元，同比下降1.02个百分点。

【调整规范转型发展】 以提升服务能力、提升业务发展能力、提升员工综合素质能力，降低综合成本，降低内耗，转变工作作风，推进全年思路的落实，积极引导队伍结构转型，一是增幅考核，引导展业队伍加快发展；二是加大团队业务考核，引导以直、营销为主的展业模式转型。

【深化三农保险服务】 借助农网平台加强农村网点建设，加大农村市场开拓力度。1月份，增设政策性大棚蔬菜保险，承保种植户66户，有效保障大棚蔬菜种植户应对雨雪灾害天气的抗灾能力。强化大灾理赔服务能力。10月中下旬，全县晚中秋蚕出现了大量不结茧蚕或按往年进程该上蔟而尚未上蔟结茧的受灾养蚕农户4800余户，支公司以最快的速度，高效率投入到查勘理赔服务中去，积极有效地理赔服务并全力协助政府维稳，赢得了农户的好评。

【创新业务发展】 拟定《十大重点项目推进方案》，维护与重要客户的长期合作关系，保证车队等重要客户稳定和拓展。关注热点民生，与县卫生局、各公立医疗机构成功签署全县医疗责任保险统保框架协议书。针对人员伤亡事故频发，推出了非机动车第三者责任保险。响应淳安县“无违建县”活动，对集中性拆违拆建统保建筑施工人员团体意外伤害保险。推进代理、经纪、渠道业务拓展，建立银保良好合作关系。

【打造金牌服务】 支公司连续五年被评为省、市公司“全员服务365服务示范窗口”。继续深化“以客户为中心”的全面转型，启动办公大楼装修，完善职场建设，打造“标杆门店”。服务上继续保持客户投诉“零”的良好记录，围绕“倾听您的心声，服务您的需求”的活动主题，积极落实各项服务承诺，理赔“多快好省”，速递理赔免费上门收取单证，按照时限要求提高查勘速度及赔付速度。

【规范内部管理】 以操作规范月通报形式强化内部规范管理，确保工作操作质量，效率提升。认真开展业务合规检查、审计检查、单证管理检查、中介市场清理整顿和保监会“两加强、两遏制”专项合规检查等工作，强化风险合规的管控，切实做到合规经营。

【职工队伍建设】 长效开展教育培训工作，打造学习型团队。展业队伍人人通过计算机技能考核；建立点评反馈机制，实施周会中层干部点评工作举措；根据业务发展要求制定年度培训计划，每月多形式、多途径开展学习活动，激发员工热情；编写支公司60年发展记事，开展“艰苦创业、追求卓越”的司情教育；实施“十项”员工幸福感工程，认真开展群众路线教育，落实员工谈心活动。

（吕丽萍）

·中国人寿淳安支公司·

【概况】 2014年，中国人寿淳安县支公司(以下简称支公司)个险渠道，全年期交达成1397万元，预算达成率87%，比上一年提升10%。团险渠道，全年共完成短险保费1051.85万元，完成预算的92.26%，同比增量费279.81万。银保渠道，共实现期交保费373万元，达成年度目标任务的64%；标准保费69万元，达成年度目标任务的65%。年终在杭州市综合排名中位列B类公司第二名。

【队伍建设】 支公司根据人员特点与岗位需要先后进行部门的人员交流，组织业余团康及各项竞赛活动，参与市公司运动会、演讲、技能比赛，并为参与比赛提供培训及训练机会，公司柜面先后获得市公司演讲比赛第一、收付费技能竞赛团体第一的好成绩。

【廉政建设】 支公司贯彻执行党风廉政建设责任制。坚持把学习作为一种政治责任，组织干部员工学习了党的十八大以来会议精神，习近平总书记在中纪委全会上的讲话精神，以及《中国共产党党章》《中国共产党党内监督条例》《中国共产党纪律处分条例》等党规党纪。通过经常性的学习，使党员员工增强了在新形势下拒腐防变的能力。

【业务发展】 个险渠道按照市公司的要求，首次突破千万元十年期交，并完成十年期预算。2014年，再次成功续签自然灾害保险，并通过多种载体，开展自然灾害民生保险的宣传普及工作，形成多层面的立体宣传格局，树立了公司品牌。根据县里统一部署，全县进行了“三改一拆”和“五水共治“两项民生工程，公司成功签收保费达100余万。银保渠道，全年短险在6月率先完成年度预算，成为杭州市第一家完成预算指标的单位。

【服务社会】 积极参与各项公益活动。参与计生送保险下乡活动，扩大计生保险的宣传力度；开展扶贫结对帮扶工作；组织单位志愿者清洁街道，共建洁美社区；组织单位骨干人员走进社区开展保险宣传活动，在小区为居民提供现场便民服务，普及保险知识。

（洪子坤）

（编辑　徐华健）

经济管理

·发展和改革·

【2014年国民经济和社会发展计划执行情况】 2014年，在县委的正确领导下，在县人大和县政协的监督支持下，全县上下积极应对纷繁复杂的宏观形势，全力推进省重点生态功能区示范区建设试点、"美丽杭州"实验区建设，加快推动"秀水富民"，千方百计谋发展，坚定不移促转型，尽心竭力惠民生，全县经济运行平稳向前，各项社会事业全面进步，较好地完成了十五届人大三次会议确定的预期目标任务。

【经济总量稳步增长，产业结构持续优化】 2014年实现生产总值192亿元，按可比价计算，增长8.3%。其中，第三产业增加值为85亿元，增长12.7%，占地区生产总值比重达到44.3%，较去年提高1.8个百分点，产业转型升级步伐加快。全年实现财政总收入21.1亿元，增长9.9%，其中地方财政收入13.86亿元，增长10.5%。

【服务经济持续向好】 服务业对地区生产总值增长的贡献率达到57.9%，支撑作用逐步增强，首位度不断提升。全县景区化深入实施，环千岛湖休闲度假经济效益凸显，乡村旅游、环湖骑行、婚纱摄影等特色休闲旅游业态持续升温，全年接待游客1005.33万人，实现旅游经济总收入90.3亿元，分别增长10.6%和11.2%；乡村旅游接待游客336.5万人，实现乡村旅游收入3.56亿元，分别增长28%和26.7%。消费需求平稳增长，全县实现社会消费品零售总额60亿元，增长13.5%。文化创意产业较快增长，预计实现增加值20.97亿元，增幅16%以上。电子商务快速发展，全县电子商务经营主体达265家，销售额突破1.8亿元。金融信贷稳健增长，全县金融机构人民币存款余额259.91亿元，贷款余额204.74亿元，分别增长10.4%和16.2%。房产市场总体平稳，商品房价格基本稳定。

【生态工业平稳增长】 全年实现工业销售产值321亿元，增长4.3%。其中，规上工业企业实现销售产值246.5亿元，增长3%。纺织业、机械制造业、食品饮料业三大产业发展呈现"一稳两降"态势，1～11月，纺织业实现销售产值83.23亿元，增长10.3%，占规上工业比重为37.4%；酒、饮料和精制茶制造业实现销售产值34.86亿元，下降3.6%，占规上工业比重为15.7%；电气机械和器材制造业实现规上销售产值32.66亿元，下降3.7%，占规上工业比重为14.7%。高新技术产业较快增长，新认定国家重点扶持高新技术企业4家，全县规上高新技术产业实现销售产值44亿元，占规上工业比重为17.8%。生态工业平台优化拓展，形成"1+3"工业发展格局，汾口浪川园区完成场地平整334公顷，文昌园区完成基础配套。

【生态农业稳定增长】 全县实现农业总产值42.9亿元，增长6.2%。其中，茶叶、山核桃、蔬菜、食用菌等农产品实现稳产增收，水果、中药材等农产品生产效益良好，蚕桑产量产值有所下滑。农业新型经营主体不断涌现，规模化经营加快推进，新增市级农业企业2家、县级农业龙头企业6家，新增家庭农场106家；新评定星级合作社21家，培育市级规范化农民专业合作社5家，成立全省首个林权股份专业合作社；全年新增土地流转面积424公顷，新启动12个现代农业示范园区建设。农村新型业态蓬勃发展，品牌化建设力度加大，积极筹建淘宝网千岛湖特色馆，建成"赶街"村级服务站204个；提升发展农家乐经济和乡村旅游经济，成功创建青田村市农家乐休闲旅游集聚体、芹川村省级农家乐特色村；来料加工业实现加工收入2.13亿元；组建县农品办，发布“千岛玉叶”新品牌、新标识，千岛玉叶、鸠坑毛尖入驻杭州“茶都名园”，“千岛湖”蚕茧申报“中国驰名商标”。

【投资保持较快增长】 全年完成固定资产投资145.1亿元，增长21.5%。基础设施稳步增长，共完成投资47.13亿元，增长19.2%；房地产开发投资高位增长，共完成投资51.88亿元，增长47.2%；工业投资持续低位，共完成投资23.21亿元，下降20.9%。

【重大项目扎实推进】 实施“五个一”推进机制，开展重点项目攻坚专项行动，对85个事关全县经济社会发展的重点项目实施“三个一批”工程，取得显著成效，全年共完成投资66.5亿元。杭黄高铁淳安段、千岛湖汽车客运北站、千岛湖建兰中学、品湖度假村、玲珑湾旅居综合体、新城汽车市场、科技大厦、振科汽车改装等26个计划新开工项目全面启动建设。屏河公路改建工程、千岛湖文化综合体、县消防指挥中心、截污纳管工程、浙江旅游职业学院千岛湖国际酒店管理学院等60个在建项目有序推进。淳杨公路上江埠至汾口段改建工程、千岛湖镇第六小学、妇保院迁建工程、环千岛湖绿道千汾段二期工程等15个项目如期竣工。3个省重点项目完成投资12.9亿元，完成年度投资计划的151%。13个市重点实施项目共完成投资30亿元，完成年度投资计划的131%。

【城乡建设加快推进】 实施省级重点生态功能区县城小城市培育试点工作，启动千岛湖风景名胜区控规、城市旅游规划编制，积极推动旅游城市向城市旅游转型。老城有机更新成效明显，完成千岛湖镇“撤村建居”签约农户腾退拆除、首批安置房分配等工作。新城产城融合步伐加快，启动千岛湖文化综合体、科技大厦、丰家山二期等项目建设。富丽乡村建设扎实推进，中心镇、风情小镇、中心村人口集中、产业集聚、功能集成有序推进，整体推进4个乡镇生态环境综合整治，完成28个省待整治村“一村五项目”建设，启动下姜村“最美”“最富”工程和桐子坞等4个精品村提升工程建设，基本建成千汾运动休闲、淳杨山水景观、千威漂流亲水、东南滨湖风情4条精品线路和下姜、富泽2个精品区块。“无违建县”创建成效显著，共拆除违法建筑145万平方米，收缴有偿使用费5361万元，腾出可利用土地87公顷，以杭州市综合评定第一的成绩上报省“无违建县”验收。

【生态环境稳定向好】 千岛湖保持Ⅰ类水质，大坝出境交接断面水质为优秀，市控以上地表水功能区、饮用水源地水质达标率均为100%，千岛湖水质在全国61个重点湖泊中继续名列前茅。全面实施“五水共治”三年行动计划，年度投入16.65亿元，姜家镇入选“治水美镇•浙江样本”50强。成功列入国家主体功能区试点示范县、省重点生态功能区示范区，争取全国良好湖泊生态保护工程建设中央资金3.39亿元。以全国第一名的成绩成功创建国家有机产品认证示范区，顺利通过省级生态循环农业示范县考核验收。

【民生保障不断加强】 城镇居民人均可支配收入30559元，增长10.5%；农村居民人均可支配收入11742元，增长11.4%。居民消费价格平稳可控，居民消费价格总水平上涨2.4%。加强就业和再就业工作，鼓励创业带动就业，城镇登记失业率控制在2.78%。完成“五费合征”和“两费收缴”扩面工作，全县城乡居民社会养老保险参保率达96.35%，城乡医疗保险参保率达99.97%。养老服务体系不断健全，启动千岛湖养老中心、“逸和源•杭州千岛湖颐养中心”建设，完成95个城乡社区居家养老服务站和136

个居家养老服务照料中心建设。启动低收入农户收入倍增计划，建立低收入群体生活补贴机制，城镇、农村低保标准分别提高到540元、390元。

【社会事业协调发展】 教育资源优化均衡，有效改善农村中小学、幼儿园教学生活条件，千岛湖镇六小、县实验幼儿园和千岛湖建兰中学、睿达实验学校顺利开学，成功创建国家义务教育均衡县。医疗卫生优化提升，深化省市三甲医院托管合作，城乡医疗机构诊疗数据实现互联互通，完成县妇保院迁建工程，扎实推进县二医院改造，黄锋康恩医院正式运营。实施“单独两孩”生育政策，完善失独等计生特殊困难家庭扶助机制，人口自然增长率为1.88‰。文化事业繁荣发展，广泛开展文化下乡等惠民服务，完成第五轮21处农村历史建筑修缮，“淳安竹马”入选国家非遗保护项目名录。科技水平不断进步，全年专利授权360件，新增企业研发中心省级1家、市级3家。群众体育丰富多彩，成功举办10公里马拉松游泳世界杯赛等国内外赛事，学校体育设施全面向市民开放，县第六届全民运动会圆满举办。

【做好四个规划】 做好国家主体功能区试点示范、省重点生态功能区示范区试点、千岛湖及新安江流域水资源与生态环境保护综合规划、小城市培育试点等4个规划方案的编制、对上衔接、任务分解、工作推进、细化完善等工作。

【开展“十三五”前期规划】 于6月初启动“十三五”规划编制工作，根据“十二五”规划主要指标预估完成情况和各项重点任务推进情况的预判，编制《淳安县“十二五”规划总结及“十三五”规划思路》。下发《关于开展“十三五”国民经济和社会发展专项规划立项申报工作的通知》到各部门乡镇，着手建立专项规划体系目录。将“秀水富民”、高铁经济等课题作为重要组成部分，课题初稿已基本完成。

【精心编制年度计划，强化经济运行分析】 针对当今宏观经济形势复杂多变，深入部门调研，掌握县情及周边县市预期指标安排情况，及早谋划，科学编制并按时完成《淳安县2013年国民经济和社会发展计划执行情况和2014年国民经济和社会发展计划草案的报告》，经县十五届人大二次会议审议通过并下发全县执行。搜集汇总完成全县三个季度经济形势分析材料和全省26个欠发达县三个季度主要经济指标对比分析，召集各经济运行分析例会成员单位召开三个季度经济形势分析例会。

【完善政策，促进服务业及十大产业加快发展】 根据县政府关于产业扶持政策整合工作要求，牵头做好服务业重点领域、关键环节的政策梳理、制定工作；完善服务业领导推进机制，在原“1+6”的基础上，新增了电子商务、健康养老2个推进组；牵头编制健康养老产业规划。

【深化中心镇扩权强镇改革】 通过对2012年已经下放13个部门的43项经济社会管理权限的梳理汇总，在多次征求意见的基础上，起草并由县政府办公室下发《关于下放中心镇部分县级经济社会管理权限的实施意见》，再次下放公安、规划、民政等24个县级部门91项经济社会管理权限。两轮放权累计下放134项经济社会管理权限，提高了中心镇自主管理能力和项目审批权限。同时，配合做好汾口镇行政审批分中心的建立。

【公务用车改革顺利实施】 公车改革工作于4月开始在全县正式启动，5月底已基本结束，社会总体反响良好。

【加强政府投资项目管理，力促经济发展】 及时完成《淳安县2014年政府投资项目年度计划》的编制工作，尽早谋划2015年政府投资项目计划。进一步细化工作目标任务，编制2014年政府投资项目工作目标任务月进度计划。对229个政府投资项目月节点目标实行每月通报。完成80个政府投资项目的概算审查，送审概算29.2亿元，审定概算为26.1亿元，净核减1.27亿元，核减率为4.2%。对29个责任单位的目标任务进行分解落实，倒排时间节点，对未完成月度固定资产投资任务的责任单位要亮红灯并约谈。

【扎实做好省、市、县三级重点项目建设推进】 2月，85个县重点项目年度实施计划与月节点进度分解表以县政府文件形式下发，由县政府与各责任单位签订责任书。在教育实践活动中以重点项目、“决战三季度、冲刺四季度”2个专项行动为主平台，采用县领导现场督察和会议督察相结合的方式，对项目推进中存在的问题进行分解落实。对85个重点项目月进度节点、投资完成情况、排名，每月在主流媒体通报，并通过手机向四套班子、乡镇部门主要负责人每月通报进展情况。从11月开始，缩短通报周期，实行每周通报，对已完成的，标红旗；未完成的，标黄旗。

【加强粮食安全体系建设】 根据杭州市政府与县政府签订的粮食安全责任书，作为牵头单位，能切实履行职责，分解落实任务，明确粮食播种面积、粮食总产量、土地保有量，以及各项扶持政策和保障措施，确保完成粮食安全各项考核目标，在2013年全市粮食安全责任考核中淳安县获优胜。全年完成县级储备轮换计划8543吨，省级轮换计划2500吨，市级轮换计划5300吨。应急成品粮仓库和军粮供应站项目建设已基本完成，总投资593万元的粮库绿色提示改造工程进展顺利。落实文昌、安阳社会大米加工厂，日加工能力达到80吨的任务，全县日加工能力达到140吨，完成市对县粮食责任制考核任务。

【认真做好“美丽杭州”淳安实验区由发改局牵头的完善重点产业发展平台等9项工作】 按时出台引进社会基本参与城镇基础设施建设实施意见，公布企业投资项目管理负面清单。

【落实价格政策、确保市场有序】 贯彻落实国家、省、市出台的清费减负政策，2014年取消和免征交通、渔政等11个部门15项行政事业性收费；落实养老服务机构水电气价格及与民用同价、物业服务用水价格与民用同价等，及时调整、降低淳杨线农村客运班车票价，上调小水电上网电价，每年可为全县小水电企业增收1000余万元。稳妥推进资源类价格改革，居民阶梯水价方案进展顺利。努力做好淳安县低收入群体生活补贴及平抑菜价工作机制调研和方案的报送。为确保千岛湖居民基本生活必需品价格的基本稳定，抓好民生价格监测和信息公示工作。认真组织开展各类专项价格检查，切实维护企业和群众的合法权益。

【积极做好国家、省、市项目资金的争取】 争取各类项目资金6915万元，其中产业扶持资金265万、项目类资金1350万、小城市培育专项类资金2500万、中心镇一期的扶持资金2800万。

【市场价格】 受经济和投资增长放缓、部分行业产能过剩严重、国际大宗商品价格下跌及劳动力成本持续上涨等因素相互交织影响，2014年淳安县居民消费价格总水平呈现温和上涨态势，居民消费价格指数（以下称CPI）同比上涨0.8%，1～12月累计上涨2.4%，低于全国3.5%的预期调控目标。

2014年度淳安县居民消费价格指数表

表4

月份	环比(%)	同比(%)	累计比(%)
1月	100.7	103.9	103.9
2月	100	102.7	103.3
3月	100.1	103.6	103.4
4月	99.3	103	103.3
5月	99.9	103.1	103.3
6月	99.8	103	103.2
7月	100.6	103.1	103.2
8月	100.4	102.1	103.1
9月	100.5	101.8	102.9
10月	99.8	101.3	102.8
11月	99.6	100.9	102.6
12月	100.2	100.8	102.4

（聂道大）

•市场监督管理•

【概况】 2014年，淳安县市场监管局以改革统领全局，围绕服务与监管，积极应对机构改革，顺利推进大市场监管，各项工作取得显著成绩。副省长朱从玖在淳安调研市场监管工作时，高度肯定了淳安市场监管工作，副市长戚哮虎、陈红英先后作出重要批示，县主要领导也多次批示肯定监管局工作。

【市场监管体制改革】 2014年5月，县市场监管局组建后，新任局党委班子坚持“快、稳、合”三字方针，积极稳妥实施改革，在一周时间内完成了“三定方案”的制定，到8月中旬全面完成了机构整合、人员调整，实现了集中办公，8个基层市管所也组建完成，党工青妇组织完成重组。在工作机制上，整合行政审批、食品安全监管等职责，基本实现了“一个主体对外、一支队伍执法、一个窗口审批、一个热线维权、一套制度管理、一个流程监管”“六个一”工作机制。省级报刊《市场导报》还以“市场监管看淳安”为题连续5个版报道淳安县市场监管体制改革工作。

【服务经济发展】 商事登记改革顺利推进。进一步降低门槛，出台10项工商登记制度改革举措，截至2014年底，全县市场主体总量达到了1.7万户，同比增长9%；注册资金总量突破220亿元，同比增长了25%。同时，在全省率先试行个体工商户“证照合一”登记举措，原来要分别办理营业执照、许可证和组织机构代码证，现在实行一次受理、一次审核，发放一个营业执照，审批时速大大缩短。被市局作为淳安经验在全市推广。

积极推进“个转企”工作。完成“个转企”597户，是2012年县政府制定任务数的600%，有效地推动了市场主体的提档升级。

质量强县取得突破。在品牌创建方面，2014年，新增省市著名商标10家，省知名商号1家，12家企业获县知名商标，11家企业获淳安（千岛湖）名牌产品。同时积极推动商标专用权质押，品牌企业获得授信额6000余万元，为企业拓宽了融资渠道。在标准化工作方面，起草的自行车骑行游行业标准成为国家服务业行业标准，指导县茧丝绸总公司成功申报第八批国家级农业标准化示范项目——国家桑蚕养殖与加工标准化综合示范区建设，还实施了3个省市农业标准化项目，落实了标准化工作奖励资金46万元。在合格评定、计量方面，以总分第一的成绩被列为全国第三批有机示范县创建单位，全县有机产品认证企业达20家，认证面积达61.32万亩，产值达2亿元，创建工作得到了副市长戚啸虎的批示肯定。同时，开展了加油机、天平、砝码等9类计量器具的周期检定工作，共检定计量器具3715台（件），受检企业103家。其中涉及贸易结算、安全防护、环境监测等方面的强制检定计量器具受检率达100%，营造了和谐的计量环境。在质量监督管理方面，新增县政府质量奖获奖企业2家，杭州千岛湖发展有限公司获市政府质量奖，这是县级所属企业首次取得市政府质量奖。

【食品安全监管】 推行“一有四化六统一”的食品监督检测模式，并被作为淳安经验在全市推广。全年检测食品药品3.8万批次，定量检测达每万人8批次，检测批次走在全省前列。针对校园食堂、大中型旅游餐饮单位等重要区域实施最大力度的地毯式检查，做到有检查、有记录、有跟踪。同时，抓住关键要素，对生产、餐饮环节从业人员、流通领域大中型经营单位从业人员进行全覆盖式的培训，提升食品安全管理水平。开展“阳光厨房”建设，药店实行网上监控，食品流通企业推行台账电子化，转变传统监管模式，实现了线上、线下监管有机结合。全年共查办各类食品安全案件190件(大要案33件)，罚没款金额57.86万元，没收并销毁过期劣质食品7000余公斤。

【特种设备安全监管】 进一步完善特种设备安全大监管机制，将特种设备安全纳入县安全生产考核体系。投入30万元开发特种设备智能化监管系统，推动特种设备实现网上监管。建设电梯监控中心，新安装电梯全面安装监控系统并纳入到全市“96333”监控系统，保证电梯发生事故后被困人员能在最短时间内得到解救。还重点开展了宾馆酒店中央空调设备、起重机械、液化气钢瓶安全整治。两项工作得到了县领导的批示肯定。全年未发生一起特种设备安全事故。

【药品医疗器械监管】 推进新版《药品经营质量管理规范》(GSP)实施。邀请市局的GSP认证专家对全县79家药品经营企业负责人、质量负责人进行重点讲解，明确工作重点，明确时间截点。到各药品经营企业进行实地指导，帮助企业按照新版GSP完善各类制度，规范药品陈列，统一中药仓库，等等。在实际GSP认证检查过程中，对照市局实施细则178条进行对照检查，对检查中发现的问题进行反复核对并记录在案，认证检查结束后，形成书面报告并落实企业整改，力求企业高标准、高质量通过认证。通过努力，全县药品批发企业2家、连锁企业总部2家、零售企业76家，已经有1家批发企业、1家连锁企业、40家零售企业通过新版GSP认证。强化风险防控，推进药品、医疗器械、保健食品、化妆品安全监管。开展夏季高温季节药品质量安全专项监督检查，检查药品经营使用单位75家，责令整改30家；开展疫苗流通使用专项监督检查，对县疾控中心、县妇保院、乡镇卫生院疫苗的采购、储存、配送、使用进行专项检查；与卫生部门联合成立3个检查组分片到全县311家医疗机构全覆盖监督检查。全年抽检药品135批次，不合格7批次，全部立案调查。对生产企业进行日常检查和系统检查，发现存在问题12条，逐一要求整改。搞好新的《医疗器械监督管理条例》培训，参加培训人员达120人。自5月中旬开始在全县集中开展为期3个月的医疗器械五整治专项行动，共出动执法人次284人次，共检查涉械单位98家，核查注册申请真实性品种27个，查处5家无证经营医疗器械隐形眼镜及护理液眼镜店，没收违法经营品种3200瓶，立案调查5起，没收违法所得7772元，罚款45068元。做好用药安全的宣传工作。围绕“安全用药、人人参与”主题和贴近生活、贴近群众的原则开展了4项活动，开展安全用药月现场咨询活动、药品安全知识进社区活动、药品安全知识进农村活动、医疗机构用药联合执法行动，努力营造安全用药氛围。做好药械不良反应的监测上报工作。召开药品不良反应和医疗器械不良事件监测上报工作会议，通过医疗机构、药品经营企业等各监测点的努力，累计收集上报药品不良反应695例、医疗器械不良事件37例。

【市场环境整治】 针对重点领域、敏感地带和重点时段、重要人群，相继开展旅游市场、校园食品安全、食品百日严打、黑车野导、传销等20余次专项行动，全年出动执法人员7935人次，检查经营单位20453户次数，立案494件，结案475件（大要案100件），罚没款463.95万元，总案值3199.99万元，移送公安并追究刑事责任10人。

【消费维权工作】 整合原三局热线电话，建立统一投诉受理平台，完善投诉处理机制，全年共受理各类投诉458起，增长33.5%，共为消费者挽回经济损失143.98万元。开展消费教育“五进”活动，全年发布消费预警8次，组织消费体验2次，并引导企业自主设立消费维权站点，快速处理投诉650起。

【服务政府中心工作】 全面完成政府实事工程。2014年，积极推动放心市场创建，千岛湖农贸市场、西园农贸市场等5家市场被认定为首批省放心农贸市场，是全市认定放心市场数量最多的县级地区，实现了城区放心农贸市场创建的全覆盖。城区5个农贸市场、1个批发市场均建成免费对外开放的农产品安全快速检测室，“你点我检”活动受到群众欢迎。全力配合“三改一拆”“撤村建居”“五水共治”等县政府中心工作。2014年，抽调成立专项工作组，开展常态化巡查，全力配合县“撤村建居”工作，其间共清退200余户经营户。同时，立足职能，结合各民协会员企业培训、食品安全检查，第一时间向经营户发放行政指导书，全力配合“五水共治”“三改一拆”。做好结对帮扶工作。在三局整合期间，面临人员、机构调整的现状，县局保持帮扶结对工作的有效衔接，确保不间断，全年共为3个帮扶结对村、2个农村指导员联系村、5个结对共建社区落实帮扶资金18万元。做好提案、议案办理和信访工作。全年共办理提案意见8件，信访120余件，办结率为100%，满意率为95%以上。全力抓好招商引资一号工程，全年完成内资协议资金2500万元，并全部到位，完成县政府下达任务的125%。

【队伍建设】 以机构整合为契机促进人员融合，对原三局人员进行了交叉调整，机关科室、基层所都有三局人员的充实，同时，进一步丰富党工青妇组织活动，利用微信、QQ等载体积极主动地加强交流，增进感情，融合的氛围越来越浓。以全员培训为抓手促进能力提升，率先编制业务、法律工具书，交底子、教方法，率先分批组织全员到宁波工商学校开展5天封闭式业务培训，提高干部职工的履职能力。以学教活动为载体促进作风改进，全面开展群众路线教育实践活动，收集意见、建议1220条，明确了12项整改内容，切实解决了一批典型的四风问题。全局深入开展“三认服务”、访贫问苦和返乡服务活动，干部作风在实践中得到了优化。以党风廉政建设为重点保障队伍稳定，落实党委主体责任和纪委监督责任，抓制度规范、纪律执行。进一步严明上下班打卡、就餐纪律、外出请假等日常纪律，下发了《公务用车改革后差旅费管理办法》《关于进一步加强公务接待、公共交通专项经费等管理》《关于进一步严肃工作纪律加强正风肃纪的通知》等制度规定，对机关及基层单位保持一周一次的作风纪律检查，对违反各项规定和禁令的违纪行为，一律严肃处理。全年办理信访举报4起，对1名酒后驾车干部进行了党纪处分，干部队伍总体平安、稳定。

淳安县(中国)驰名商标名单

表5

序号	单　位	注册商标	使用商品	认定时间
1	沪千森工科技股份有限公司	沪千+图形	半成品木材、非金属板、胶合板	2012年
2	杭州千岛湖啤酒有限公司	千岛湖+图	啤酒	2012年
3	杭州千岛湖野娇娇食品有限公司	野娇娇	鱼等加工农品	2011年
4	杭州千岛湖发展有限公司	淳	活鱼	2009年

淳安县(省)著名商标名单

表6

序号	单　位	注册商标	使用商品	认定时间
1	杭州千岛湖鲟龙科技股份有限公司	KALUGA QUEEN	鱼子酱、鱼制食品、鱼	2014年
2	杭州美澳生物技术有限公司		铁皮石斛干、鲜品、植物及植物种子	2014年
3	杭州恒兴活性炭有限公司	恒	活性炭	2013年
4	浙江康盛股份有限公司	KASUN	金属管道	2013年
5	淳安县枫树岭镇中药材合作社	千岛时珍	中药材	2012年
6	杭州商辂丝绸有限公司	商辂	长丝、厂丝	2011年
7	沪千森工科技股份有限公司	沪千+图形	半成品木材、非金属板、胶合板	2011年
8	浙江千岛湖鱼味馆有限公司	千岛湖	饮食、住宿服务	2010年
9	淳安县千岛湖林峰新商贸连锁有限公司	林峰+图形	笋干、白菜干	2009年
10	淳安县千岛湖中华鳖基地	千岛湖	鳖	2007年
11	淳安县茧丝绸总公司	千岛湖	生丝、茧	2006年
12	杭州千岛湖发展有限公司	淳	水果、活鸡等	2005年
13	杭州千岛湖啤酒有限公司	千岛湖	啤酒	2004年
14	淳安县茶叶行业协会	千岛玉叶	茶叶	1999年

淳安县荣获浙江名牌产品企业名单

表7

序号	年度	生产企业	产品名称
1	2014年	淳安县茶叶产业协会	“千岛玉叶”牌茶
2	2014年	淳安千岛湖红姑娘无核柿专业合作社	“红姑娘”牌无核柿
3	2014年	浙江千岛湖鱼味馆有限公司	“千岛湖”牌餐饮服务
4	2013年	淳安县水果产业协会	“千农园”柑橘
5	2013年	杭州千岛湖野娇娇食品有限公司	“野娇娇”贡鱼系列
6	2013年	淳安县茧丝绸总公司	“千岛湖”牌桑蚕茧
7	2013年	杭州千岛湖发展有限公司	“淳”牌有机鱼
8	2013年	杭州千岛湖啤酒有限公司	“千岛湖”牌啤酒
9	2013年	淳安茧丝绸总公司	“千岛湖”生丝
10	2012年	淳安县枫树岭镇中药材合作社	“千岛时珍”牌黄栀子
11	2012年	淳安县千岛湖中华鳖基地	“千岛湖”牌中华鳖

淳安县荣获杭州名牌产品企业名单

表8

序号	年度	生产企业	产品名称
1	2013年	淳安县鸠坑万岁岭茶叶专业合作社	鸠坑毛尖
2	2013年	杭州千岛湖鲟龙科技股份有限公司	鲟鱼籽酱
3	2013年	千岛湖旅游集团公司	千岛湖旅游
4	2012年	淳安县千岛湖中华鳖基地	“千岛湖”牌生态鳖
5	2012年	淳安千岛湖阳山农庄有限公司	“山里”牌柑橘
6	2012年	杭州千岛湖兴宝菇业专业合作社	“兴宝”牌食用菌
7	2012年	浙江康盛股份有限公司	“康盛”牌制冷焊接钢管
8	2012年	杭州天道实业有限公司	“天道”牌甲基锡稳定剂

（李明勇）

·审　计·

【概况】 全年完成审计项目数32个，查出违规金额249.60万元，管理不规范金额19623万元，应上交财政375.42万元，向相关部门移送事项6起，提交审计工作或调查报告46篇，得到领导批示14篇，上报各类信息59篇，其中被《中国审计报》录用2篇，被《杭州政务》内参采用1篇。

【抓审计项目质量的提升】 围绕“审计质量提升年”活动这条主线，强化措施，积极探索，极力推进审计工作质量全面提升。通过分类管理提质量，完善出台《淳安县审计局审计计划管理办法》，经济责任审计项目按照公共资产和公共资源的权限、所在单位的工作性质及主要职能影响面等要素对被审计对象实行分类管理。对于其他审计项目则坚持四个必访，即县四套班子主要领导必访；经济责任联席会议成员单位领导必访；重要部门和重点乡镇的领导必访；全局审计干部必访。通过分类实施提质量，制定出台《淳安县审计局重点项目管理办法》，将年度审计计划项目分为重点性审计项目和一般性审计项目，并对重点性审计项目专门制定了管理办法。通过操作提规范，先后出台《审计项目质量控制指导意见》《乡镇党政主要领导经济责任审计操作规程》《党政部门主要领导经济责任审计操作规程》等相关制度，做到以制度管人，以制度规范审计行为。通过整改提效果，把经济责任审计所发现的问题汇总编写成册，发放给县主要领导及各部门、各乡镇主要领导，并在全县政府成员扩大会上予以通报。局班子成员对每年的整改任务都有交叉分工，进一步落实整改督促任务。建立审计回访、诫勉谈话等系列制度，加大追责力度，促成被审单位积极整改。局主要领导亲自带队深入审计现场，开展讲解与服务，引导审计问题整改。

【抓同步审计项目的落实】 开展公务支出公款消费审计，按照全口径政府性资金审计“全覆盖”的总体要求，整合审计资源，组织国家审计、内部审计、社会审计力量对22家一级预算单位、26家二级预算单位、22家学校、24家国有企业2013年度的公务支出公款消费情况进行了专项审计。开展涉农资金审计，重点关注财政涉农资金的总体情况，包括资金的规模、专项的种类、管理的部门、分配制度等总体情况。以农业产业化经营组织入手，重点揭露涉农财政补助资金在分配、使用中存在的问题。通过审计向有关部门移交案件线索5起，行政撤职2人，严重警告处分3人，累计追缴资金375.42万元。开展财政存量资金审计，组织审计力量对67个县本级一级预算单位开展财政存量资金审计，摸清了县本级财政存量资金的底数，掌握了存量资金管理情况，为县领导决策提供了重要参考依据。组织参加土地出让金收支和耕地保护情况审计，抽调9名业务骨干赴绍兴参加异地交叉审计，面对审计任务繁重、人员须长期驻守在外地等特点，全体参审人员以大局为重，勇挑重任，出色的工作得到了审计署武汉特派办的一致好评，被县政府列为2014年度最满意的三件大事之一。

【抓热点难点问题的破解】 深化财政审计，开展县本级2013年度财政预算执行审计与全部政府性资金专项审计调查，结合财政转移支付资金管理、乡镇财政决算、财政存量资金等专项审计调查，强化对重点资金、重点项目和全部政府性资金的审计监督，摸清县本级全部政府性资金的家底，对县环保局、统计局等5家部门预算单位进行专门审计，并第一次在县主流媒体《今日千岛湖》上原文公开审计报告。同时，在向县人大常委会提交报告时接受县人大常委的广泛咨询。审计还选中一个专题即行政事业单位公务艇的使用管理情况开展专项调查，并已向县政府作了专题报告。严格经济责任审计，按照县经济责任审计联席会议的要求，2014年共安排经济责任审计项目16个。严格执行操作规程，按"一观三化一廉"量化打分评价体系作出科学客观评价，切实把领导干部的权力放进制度的"笼子"。推进政府投资审计，全年共完成政府投资审计项目共1468个，送审金额25.46亿元，净核减额2.50亿元，净核减率为9.82%。开展专项审计调查，2014年3月，组织对淳安县近三年来的企业补助、奖励资金使用绩效进行审计调查，全面调查了解县企业有关政策措施的落实情况和专项资金管理使用情况；6月，克服人手不足的困难，整合社会中介力量，成立了5个审计组深入全县范围的中小学校开展审计调查，全面摸清中小学教师队伍的奖金福利发放的真实情况。此次专项审计调查中，移送有关部门事项1起，降级1人，记过2人，警告处分4人，书面告诫2人，约谈18人。

【抓群众路线教育实践活动】 强学习。通过集中培训引导学、专题辅导讲解学、座谈交流互动学、主题活动促进学、开设专栏讨论学的"五学"方式，重点领会理论精髓，掌握内在规律，筑牢党员干部思想根基。激热情。2月，组织开展中层干部竞聘上岗活动，经过民主推荐、演讲评分、民主测评、组织考察、任前公示等程序，8名综合素质过硬的审计人员走向中层干部岗位，成为淳安审计队伍中的中坚力量。建机制。修订出台《审计局重点工作定期通报制度》《审计局工作例会制度》《审计局谈心谈话制度》《重大事项报告制度》等6项新制度。抓管理。积极落实"三认"服务机制，定期与不定期地走访各内审机构，协调解决工作中碰到的困难和问题，促进单位内部规范管理；每年初制定并下发《内部审计工作指导意见》，明确年度内审工作的重点、目标和要求；进一步加大检查考核力度，探索内审项目质量检查和年度考评的联动机制，督促各单位建立内部审计制度；注重理论研讨，全年共组织内审人员撰写论文28篇，上报评选论文9篇，共有5篇论文获奖。

（徐根平）

·统　计·

【统计监测预警】 进一步完善月度、季度、专题分析，围绕转型升级、生态经济等重点领域的跟踪监测。撰写统计分析文章20余篇，在《淳安信息》专刊刊出4篇。每月与县发改局共同公布各乡镇、部门固定资产完成进展情况。

【开展涉旅农户调查】 为科学、全面、准确地反应全县景区化带来的农民收入情况，开展全县景区化旅游产业农民收入调查工作。全县共抽取样本户630户，其中涉旅经营户250户、涉旅务工（行业）205户、涉旅务工（项目）175户。举办了23个乡镇、青溪新城业务骨干培训会，每月对样本户的调查数据都进行分析评估。

【及时发布统计数据】 利用统计信息网站、党政网等载体，及时发布各种统计数据。每月向县四套班子主要领导提供《主要经济指标快报》，向县领导、各部门和乡镇提供《淳安统计月报》，并将《淳安统计月报》寄送给离退休老领导。及时发布《2013年淳安县国民经济和社会发展统计公报》，组织编撰《2013年淳安统计年鉴》《2013年淳安县经济社会统计资料》。

【做好经济普查工作】 组织专业人员深入乡镇和普查区，现场指导普查登记工作，减少系统性差错和原生性差错，如期完成现场登记工作。3月下旬开展查漏补缺工作之后，认真抓好数据处理，确保普查数据的高质量。

【加强有效投资统计】 加强与发改、建设等相关单位的沟通联系，在投资项目立项审批、建设工程中及时摸清项目底细，收集储备项目，对所有项目从立项到竣工进行全程跟踪,确保在建项目及时入库。

【加强统计基层基础建设】 上报2家单位申报杭州市统计诚信单位。加强对乡镇、社区名录库管理人员的业务培训,主动与工商、编制、民政、地税等部门沟通,获取新增单位信息,及时将新单位登记入库,对统计单位名录库更新维护。并将统计单位登记纳入全县"五证一章"联办。此外,还对全县49家外商投资企业进行联合年检,有力促进了名录库维护工作。

【统计普法和稽查】 制订《2014年淳安县统计法制工作计划》《淳安县统计局2014年普法教育工作计划》,积极开展法制宣传服务"五水共治"专项活动。组成3个稽查组,开展统计稽查工作。全年统计执法(稽查)30起,并对18起统计违法案件依法处理。

【党的群众路线教育实践活动】 先后组织集中学习会议20余次,开展了各项主题教育活动。全力做好"三认"工作,全局党员共走访企业70余家,慰问困难职工1.32万元。征求意见、建议21条,认真做好每月25日的"集中服务日"活动和开门接访活动,为黄村落实帮扶资金3万元。认真开好专题民主生活会,共提出相互批评意见33条。积极推动整改落实,开展"专项整治工作",经常对局干部的工作纪律、工作作风和机关效能情况进行监督检查。

【举办专题培训班】 6月下旬与9月上旬,分别举办2次专题培训班,对固定资产投资、规上工业、限上服务业等"三上"企业统计人员进行了统计业务和法制培训,参训人员430多人。同时,组织23个乡镇工业统计人员、新入规企业统计人员参加市局举办的统计业务培训。积极开展统计从业人员教育培训工作,组织187人进行统计从业资格培训考试,举办5期统计人员继续教育培训班,培训人数达1000多人。

【加强党支部建设】 实施"五个一"学习工程,全局干部每天学习一小时,每月阅读一本书,每两月开展一次调研,每季度听一堂讲座,每年撰写一篇调研报告或学习体会。实施干部工作目标考核机制,将工作目标细化到每个干部,并进行考核,考核情况作为年底评优评先的依据。开展野外拓展训练,增强干部团队意识。开展结对帮扶活动,对困难群众进行了慰问。开展"春风行动""慈善一日捐"和"三认"企业困难职工慰问活动。

(吴旭娟)

·安全生产监督·

【概况】 全年通过落实安全生产责任,强化安全生产监管,严格行政执法,深化企业安全生产标准化创建,加强宣传教育和培训等一系列强有力的措施,实现安全生产形势总体平稳。全县全年发生各类事故109起,死亡26人,直接经济损失169.98万元。同比,事故起数下降16.79%,死亡人数下降10.34%,直接经济损失下降17.91%。没有发生死亡3人以上的较大事故。

【实施"网格化"监管】 按照"党政同责、一岗双责、齐抓共管"和"管行业必须管安全、管业务必须管安全、管生产经营必须管安全"的要求,逐步完善安全生产管理机制,建立健全隐患排查治理和安全预防控制体系。全面实施"网格化"监管,在23个乡镇建立23个网格,建立以乡镇政府为一级网格、村(社区)为二级网格、企事业单位和在建项目等为三级网格的网格管理体系,确定网格管理员,实行定岗、定责、定监督检查计划,开展日常安全监管,定期报送有关信息,推动安全生产监管规范化。

【行政审批制度改革】 成立专门的领导小组，对行政许可、行政监管、行政强制、行政处罚等权力进行清理，行政权力由717项压缩到177项。加强行政审批工作，依法、高效办理审批事项，共受理行政审批办件63件，办结63件，法定时间提前率90.03%，承诺时间提前率82.97%。

【安全生产监管】 全年共排查生产经营单位3119家，排查一般隐患3650个，已整改3644个，整改率99.8%。对10个重大隐患进行县级挂牌督办，其中1个隐患被列为杭州市挂牌督办的重大隐患，已经全部完成整治。开展专项整治，针对道路交通、建筑工程、危险化学品、旅游、矿山尾矿库、“三场所两企业”、吊装机械、液氨、油气运输管线、粉尘、农村农居点和集聚区建设工程等重点领域制定具体的专项整治工作方案，明确整治目标、整治重点、整治举措、整治要求、整治时间等，保障重点行业领域的安全生产工作。全面开展尾矿库综合整治，完成5座停用尾矿库的闭库销号，确保生产安全和环境安全。组建由方永逸等10名专家组成的淳安县安全生产专家组，为综合、爆破、危化、烟花爆竹、矿山、机电等领域的安全监管提供技术支撑，切实帮助企业解决安全防范知识和安全技术缺乏的问题。

【行政执法】 在工矿商贸、道路交通、消防、水上交通等四大领域全面开展“打非治违”，共查处工矿商贸违法行为566起、道路交通违法行为151154起、消防违法行为100起、水上交通违法行为97起。8月上旬开始，在全县开展安全生产大检查和“六打六治”专项行动，组织执法检查组423个，检查企事业单位和场所1476个，打击各类非法违法行为514起。创新生产安全事故调查处理联动机制，进一步明确乡镇和相关部门在事故应急救援和事故调查中的职责，在安监局设立公安局派驻安监局联络室，强化公安局与安监局的联动，建立综合立体的大联动机制，推进生产安全事故调查专业化、规范化，提高办案的质量和水平。严格生产安全事故报告，进一步明确生产安全事故报告范围、报告内容、报告程序和有关要求，及时、准确掌握报送各类生产安全信息，妥善处置生产安全事故。严肃开展事故调查处理，认真调查处理每一起事故，查明事故原因，严格按照“四不放过”原则进行处理。处罚事故类案件4起、非事故类案件15起。

【企业安全生产标准化】 制订下发《2014年淳安县工贸行业企业安全生产标准化建设工作计划》，把企业安全生产标准化创建任务分解落实到各有关乡镇和部门。积极组织企业开展企业安全生产标准化培训，组织安全中介机构或安全专家进行安全生产标准化业务咨询。全县99家规上企业实现企业安全生产标准化三级达标，23家规下企业实现企业安全生产标准化四级达标。

【宣传教育培训】 广泛开展宣传教育，充分利用“安全生产月”等载体，通过电视、报纸、宣传栏、短信、微博、微信等形式，普及安全生产知识，推进安全生产知识进企业，进社区，进家庭，进校园，进农村。同时，对宣传教育培训工作进行评估，提高宣传教育培训的针对性和实效性。深化全员培训，培训生产经营单位负责人996人、安全生产管理人员810人、特种作业人员804人、从业人员3.3万人。

【党的群众路线教育实践活动】 2月26日，召开党的群众路线教育实践活动动员大会，以此为起点，扎实推进学习教育、听取意见，查摆问题、开展批评，整改落实、建章立制三个环节的各项教育实践活动。集中开展学习13次，认真学习上级领导的重要讲话和有关文件。广泛开展征求意见活动，为班子梳理意见21条，为个人梳理意见99条。对班子和班子成员个人存在的问题进行认真梳理，将班子查摆出来的问题梳理归纳为10项整改内容，提出16项整改举措，建立6项长效机制；将个人查摆出来的问题梳理归纳为62项整改内容。班子和班子成员个人存在的问题按期完成整改。依托"三认""三问三送"、开展党员集中服务日、在职党员进社区、在职干部返乡报到服务等载体，集中开展服务12次，帮助群众解决实际问题50余个，为结对村落实帮扶资金10万元，为社区落实共建经费1万元，为困难党员送去慰问金7000元。

（王文辉）

建设 规划

•城市建设和管理•

【概况】 2014年，全县安排规划编制经费1500万元，编制一批事关全县社会经济发展大局的规划。基本实现惠及全县23个乡镇、425个行政村和园区的规划全覆盖。城市建设按照“生产空间集约高效、生活空间宜居温馨、生态空间山清水秀”的要求，完善城镇功能，塑造淳安特色人文景观的思路，全面推进城乡基础设施建设、行业监管与城市精细化管理工作，年度项目总投资18.1672亿元，其中续建项目9个，投资10.5598亿元；新建项目19个，投资7.6074亿元。

【“一书三证”核发】 全年共推进80余项规划编制和规划研究，共受理330件审批事项，办结324件，办理《建设项目选址意见书》39件，建设用地规划许可证67件、建设工程规划许可证57件，审批事项办结率为98.18%，提前率94.38%。规划实施管理规范高效。

【沿湖地带建设整治】 按照中央督查组整改要求全面排查梳理72个已实施临湖项目和22个2014年重点项目，查找规划管理存在的漏洞，跟踪落实沿湖已供地未动工涉及占用水域、生态保护敏感区等10个项目推进整改。出台《关于加强千岛湖临湖地带建设项目联合审查和监管的实施意见》《关于加强沿湖沿线规划控制的若干意见》，强化选址论证报告审查，完善设施农用地审查机制，加强沿湖地带规划管理。

【批后监管】 建立日常巡查监管和建设工程批后监管“二合一”的跟踪管理制度，出台《关于全县国有土地违法建筑认定处理的实施意见》，配合“无违建县”创建活动，严格规划执法，严查违法行为。全年开展日常巡查716次，送达停工通知书53份，下发行政处罚决定书16起，拆除违法违章建筑物、构筑物175处，共计面积9442.24平方米，协助乡镇拆除违法建筑两万余平方米，违法建设行为得到有效控制。

【房地产管理】 2014年淳安房地产新开工房地产项目15项，建筑面积65.73万平方米，新增可售房源5074套（面积52.76万平方米），同比分别增长13.03%、48.84%，网签销售合同2729套（面积27.01万平方米）与2013年基本持平。实现普通商品房供、需两旺的势头，老城区楼盘与品牌开发商开发楼盘受业主热捧，普通商品房销售成交均价在每平方米8500元徘徊。预售商品房销售情况、二手房交易情况、房产在建项目推进情况均呈现较好的发展势头，整体运行平稳，交易价格没有出现较大幅度下跌情况。

【物业管理】 出台《千岛湖镇住宅小区物业服务考核规定（试行）》，于2014年1月1日起开始施行，4月完成并下发《关于调整千岛湖镇住宅小区物业评分标准的通知》，根据各社区的日常考核和物业办的抽查考核结果，每隔2个月在《今日千岛湖》报纸上、“淳安县物业管理信息网”以及“千岛湖论坛”网络平台上进行公示。对千岛湖镇36个实行物业专业化管理的住宅小区实施了常态化考核，通过考核、公示来督促物业服务企业进行整改与提升，规范小区管理。完成物业服务企业诚信体系网络平台建设，实现网上投诉、网上咨询、网上办事等功能。完成面积16.1万平方米老旧小区物业改善,工程投资1300万元,涉及房屋55幢、居民1446户。

【行业监管】 积极扶持建筑业发展,建筑业税收增幅明显,有2家企业被评为杭州市优秀企业,7家企业入选杭州市政府投资建设工程项目预选承包商名录。启动建设信用网建设,建设行业管理更透明公开。强化建筑工程标后备案管理,累计对82个项目的五大员进行审查,对不符合条件的16家施工企业停止进入淳安县参与市场活动。启动开展民用建筑节能评估,全年完成评审项目10个。强化工地现场监督检查,2014年共受理房屋、市政工程监督项目109个,续建工程49个,建筑面积302万平方米;监督验收工程71个,验收面积57万平方米;出具监督报告119份。全年共签发各类整改通知书406份,督促整改各类质量安全事故隐患1600余条。检测195个工程项目,发现66个项目异常,签发质量整改通知书42份。强化现场执法,2014年度实施建筑工地简易处罚31起,罚金2.8万元。全年创建61个县级双标化工地、10个杭州市双标化工地。积极服务民生,信访接待处全年处理民工工资信访案件267批次,涉及6453人次,帮助追讨农民工工资和工程款为8042.1万元,成功化解因农民工工资引起的不稳定事件50多起。积极破解建筑工程标后监管难题,强化动态管理。出台了《淳安县建筑施工企业诚信考核办法》,通过对施工企业考核,实施差别化管理,建立企业"黑名单",强化了建筑市场与现场联动管理。全年按照标后监管要求开展在建工地大检查4次,对6家企业进行了通报表扬,51家企业进行了通报批评,并对相关企业进行了联动扣分和市场行为限制。

【保障房建设】 2014年,完成老茶厂区块二期经济适用房3万平方米及0.6万平方米地下车库;老茶厂区块三期经济适用房3万平方米及0.8万平方米地下车库主体结顶;完成老茶厂区块二期0.5万平方米公共租赁房;老茶厂区块三期0.39万平方米廉租房主体结顶;老茶厂区块四期总建筑面积4.13万平方米主体结顶。化工厂区块公共租赁房一期主体结顶,二期开工建设。同时,2014年联合县发改与财政等部门,在杭州各区县中率先出台了经济适用房上市价格政策文件,全年实现经济适用房上市审批149套,既解决了多年未解决的老信访问题,也激活了房地产市场的交易量。同时编制了公租房专项发展规划,为淳安县的房地产市场稳健发展提供规划保障。

【服务管理】 全年完成白蚁预防施工面积110余万平方米,超过年初任务数的47%。全年审批办结建筑工程施工许可86件、工程竣工验收备案60件、商品房预售许可35件,全年累计及时办理各类许可和非许可事项730件。积极推广清洁能源,推进车船加气业务,"以车船气带动城镇燃气"。车用气业务快速落地,已建成日供应能力3万立方米液化气的汽车加气站,8月已正式投入运营。市容环卫服务完成新建公厕1座,改建2座;新建小型打捞船2艘;采购1辆挖机、1辆推土机,按计划采购洗扫车2辆、道路养护车3辆、压缩车2辆、吸粪车1辆。全年共清运生活垃圾6.6万吨(其中农村垃圾2.2万吨)、建筑垃圾21475吨,湖面垃圾打捞5096吨,粪便处理2225吨,船舶污水处理1.16万吨,无害化处置率达100%,城区洒水1.6万吨,新增垃圾收集点27处,新增更换清洁桶162只。

【城市管理】 全年共办理行政许可事项1164件,开展集中整治和专项整治57次;查办一般程序案件215件,处罚金173700元整,简易程序案件676件,处罚金26420元整;发放各类通知书3万余份;查处流动摊贩426起,查缴瓜果蔬菜22100余斤;查处人行道违章停车6295起,现场贴单、摄录2534起;查处违规运输工程渣土122起,处罚140600元;劝导违规遛犬3000余人次，捕杀野犬、土犬1060只，办证260本。共拆除各类广告牌303块，总面积为12040平方米。数字城管共采集信息80272件，解决数为80272件（含汾口镇5427件、威坪镇6197件），解决率100%，及时解决率为99.93%，在杭州市9个区、4个县（市）中排名第二名。“12319”“96310”城建城管服务热线共受理问题1050件，都得到有效解决。全力配合“三改一拆”和“无违建县”创建工作，共派出1300余人次，协助拆除违法建筑共计9300余平方米，有效推进“无违建县”创建。积极协助“五水共治”工作，重点协助排查城区洗衣店、大型洗涤厂等的排污情况。其中共排查城区干洗店35家，年排放污水4000余吨（其中排污纳管30家，年纳管污水3500余吨）；洗涤公司4家，年排放污水8000余吨；洗碗公司2家，年排放污水4000余吨，全部排污纳管。出台《淳安县户外广告设施、招牌指示牌管理办法》，进一步提升了城区的整体品位。

【城乡统筹】 启动农村住房改造3200户，完成269户农村困难家庭危房改造。启动建设8个美丽宜居建设示范村试点，其中富文乡青田村已通过省级验收。鸠坑乡常青村、浪川乡芹川村列入中国传统村落名录进行保护和发展。

出台《关于我县农村历史（特色）建筑保护的补充意见》，加强农村历史（特色）建筑保护专项资金管理政策研究，完成农村历史建筑保护与认定工作，公布农村历史特色建筑保护名录〔历史（特色）建筑1732处，历史（特色）村落38处〕，完成1700户农村历史（特色）建筑挂牌工作。加强国家历史文化名村浪川乡芹川村的保护，联合相关部门开展保护规划编制、农民建房调查、违法行为整治、违章建筑整改方案设计、防灾联合检查等工作。

【三改一拆】 2014年，淳安累计拆除违法建筑175.06万平方米、“三改”197.47万平方米，完成三年目标任务的700.2%和429.3%，在区县（市）占三年任务比综合排序分别为第7、第9。其中2014年完成违建拆除145.23万平方米、“三改”89.83万平方米，完成面积排序为第8、第10。2013年结转项目年度任务8个，完成个数7个，完成比率87.5%，超过综合完工率50%以上的目标；2014年新实施项目年度任务3个，开工个数8个，开工比率266.7%，完成个数8个，完成比率266.7%，超过综合开工率100%的目标。

【五水共治】 城区“排涝水”。2014～2016年涉及排涝水项目总投资2397万元，2014年完成投资1160万元。全年完成排水沟清理76122米，防洪沟清淤9150米，检查排水井2410只，同时完成城区小的积雨点改造4处，分别为淳中门口、开发路书香名第、花园饭店交通岛机动车道、明珠路。馆南路和镇六小排水防涝设施的改造工程已全部完成。城区“抓节水”工作，完成编制淳安县的城市节水规划；积极开展节水型单位（企业）、小区的创建工作，2个小区正积极申报省级节水小区；建立并组织实施超计划用水管理办法；积极推进节水“三同时”工作的开展；2015年1月实施城镇居民阶梯式用水；对城区的用水器具进行了全面的调查摸底，调查摸底用户达3万余户，城市节水型器具普及率已达90%以上；积极加大雨水收集系统建设等。淳安县的绿城千岛湖度假公寓锦玉园和施家塘社区新华苑2个小区被核准通过为省级节水型居民小区。

【城区交通治堵】 进一步完善道路建设，已完成新建及改造道路4公里以上。启动投资200万元的千岛湖广场地下停车库工程，名湖大酒店门口公交港湾式站点改造。对南山大街与南山二路交叉口，曙光路与南山二路交叉口拥堵点的改造。地下空间开发7万余平方米，已完工4万余平方米。加大公共停车场库的建设，已完成1000余个停车泊位。新增公交车10辆。积极研究城区公共自行车系统及拥堵指数发布信息系统等工作,有效地缓解淳安县的交通拥堵状况。

【小城市培育试点工作】 启动千岛湖重点生态功能区小城市试点培育工作,已编制完成千岛湖重点生态功能区小城市试点培育工作三年行动计划,并由省政府批复实施。明确48项指标,3年培育期间内共安排66个重点项目,总投资79.9亿元,各项指标要求及建设项目已分解落实。

【生态建设】 城区可视范围内黄土裸露边坡、水泥喷灌边坡、湖岸线裸露驳坎等需修复面积共71.5万平方米,总投资约1.66亿元。千岛湖镇城区所有地下管网普查工作并建立信息系统完成投资400万元,普查污水管网207公里,化粪池及生化池普查1118个,普查其他管线(供电、电信、移动、联通等)。

垃圾分类从6月开始确定分类办法,10月份开始试点实施。已有9个社区18个小区开始分类投放、分类收集。垃圾焚烧发电项目已完成多轮洽谈,已经上报县政府确定投资主体,待确定后即可以进行BOT(建设—经营—转让)内容协议,实质启动。

【有机更新】 9月完成国家园林县城的申报工作,并对照国家园林县城标准准备技术宣传片和台账资料。完成城市绿道建设西起秀水桥,东至千岛湖大桥,沿线途经新安大街—绿城千岛湖度假公寓—新安北路—阳光路,全长约5.3公里,总投资1600万元。该项目主要建设内容为自行车道改造、绿化景观提升。千岛湖中心湖区及周边岛屿景观照明工程项目总投资7500万元,2014年主要完成城区部分节点及中心湖、城中湖沿岸亮化改造投资3000万元。根据县委、县政府绿化美化精细化的要求,制定了鲜花立体装扮的方案,并以新安北路华灯、路灯和交通护栏为试点,安装护栏花钵60米、华灯花篮30个、路灯杆花钵13个,更新木花箱立体种植140个。完成城区1:500地形测绘工程24平方公里,总投资400万元,并形成《测绘成果质量检验报告》。

【城市房屋征收】 完成2014年县政府下达的2个征收决定,即《千岛湖镇老汽车站隧道、公共停车场及改造工程国有土地上房屋征收决定》和《千岛湖镇社保中心右侧绿地建设项目国有土地上房屋征收决定》,共征收房屋建筑面积10244平方米。

【城建档案管理】 全年完成76个工程档案,查档利用137次。开展"建设美丽城镇"新老照片征集活动,历时2个月共征集到500余张照片,并形成画册。

(姜磊)

·规　划·

【概况】 2014年,淳安县规划局围绕"秀水富民"的战略目标,以党的群众路线教育实践活动为载体,以改革创新为抓手,较好地完成了各项任务。全年共推进80余项规划编制和规划研究,共受理330件审批事项,办结324件,办理建设项目选址意见书39件、建设用地规划许可证67件、建设工程规划许可证57件,审批事项办结率为98.18%,提前率94.38%。

【县域总体规划修编】 联合规划设计院启动《淳安县县域总体规划》修编,推进城乡规划与土地规划、水功能区规划、国家风景区保护规划的协调统一。已完成方案拟定、专家座谈、现场踏勘、实施评估、专家评审、公开公示、请示上报等前期准备阶段工作。

【推进城市旅游发展】 围绕打造国际旅游小城市,编制《千岛湖城市旅游专项规划》,推进千岛湖镇“撤村建居”地块控制性详细规划、《西园隧道至丁字街街景整治改造规划设计》和《新安龙门街景整治改造规划设计》，完成电大、里杉柏地块城市设计，完善青溪新城滨湖飘带和道路景观。立足打造淳安东部门户高铁新区，编制《杭黄高铁千岛湖站及其周边地块研究》，研究分析丰茂半岛、高铁站、原文昌生态工业园区以及大柘坞4个地块未来功能定位。按照“主客共享”的要求，完成《千岛湖镇城市交通拥堵治理五年规划研究》、《淳安县加油站、加气站、电动汽车充电站布局规划》、《淳安县医疗卫生设施专项规划》。

【服务富美乡村建设】 修编周坑村村庄、宋家坞村等56个村庄规划，委托杭州市规划局完成大墅镇控规、里商乡塔山村规划编制，协助乡镇和园区完成文昌工业园区控规修编、姜家文广项目控规调整、界首教育综合体控规调整、梓桐镇练溪工业功能区控规和23个村庄规划编制。积极做好农民建房审批事项下放后的指导工作，强化千岛湖镇农民建房管理，探讨沿湖沿线农民建房规划管理相关政策，服务文昌镇王家源村和汾口镇茅坪村等2个“杭派民居”实施示范点方案设计，编印发放新农村住宅设计通用图集和全县景区化整治图集共计500份，较好地满足农民建房和美丽乡村建设的需求。

【审批效能提速工程】 做好“扩权强镇”审批事项下放之后的指导工作，建成并使用规划信息审批系统，完成中心镇规划审批网络建设，完成权力清单和责任清单清理，积极对接浙江政务网建设，取消建筑面积预测要求，制定方案审查标准手册。完善岗位责任制、首问责任制、限时办结制，简化城乡统筹项目审批程序，完善重点项目推进机制，编印发放规划审批事项服务指南100本，积极推进千岛湖旅游文化影视教育综合体千岛湖校区、建兰中学、千岛湖养老服务中心建设等重点项目建设，完成南山社区居民反映强烈的公厕和社区用房空间落位。

【规划标准法治体系】 出台《酒店式公寓项目开发建设指导意见》《商业、商业办公、科研等非住宅类项目规划设计与管理的实施意见》，加快推进全县服务产业发展，规范商业用地业态。修订《城乡规划技术管理规定》，经县政府批复并实施。出台《淳安县测绘管理办法》，规范管理测绘市场和测绘中介。起草《关于加强千岛湖镇城市风貌管理的若干规定》，加强景观风貌控制。

【“无违建县”创建】 建立日常巡查监管和建设工程批后监管“二合一”的跟踪管理制度，出台《关于全县国有土地违法建筑认定处理的实施意见》，加大对金色阳光、七星花园、养生堂玫瑰园、九龙湾等高档小区和废旧金属回收站、明珠路占用公共通道从事经营等违法行为专项整治工作，强制拆除汾口镇×××户、石林镇×××户、叶琪林场石官坞和东庄村辉照山撤村建居等违法建筑。全年开展日常巡查716次，送达停工通知书53份，下发行政处罚决定书16起，拆除违法违章建筑物、构筑物175处共计面积9442.24平方米，协助乡镇拆除违法建筑两万余平方米，违法建设行为得到有效控制。

【“八个一”阳光规划体系】 完善阳光规划规程，加强一图（公开已审定规划图）、一书（规划法律法规和规划审批文件汇编）、一网（淳安规划网）、一馆（规划展览馆）、一牌（施工现场公示牌）、一栏（社区服务栏）、一台（数字淳安地理信息框架）、一会（五项会议制度）的“八个一”阳光规划新体系建设。召开五项会议53次，讨论规划事项304个。完成150余个规划设计方案和建设工程项目批前与批后公示公告，承办县人大议案5件、县政协提案16件，办理政府信息公开3件、网信办网络舆情答复4件，规划网站咨询投诉共12件。化解国际花园、时光心宇、康复医院、城区医院、新富骨伤科医院等附近居民和阳光水岸、凤凰岛、七星花园、丽湖馨居等业主信访矛盾纠纷。全年共接待“发现城市之美”淳安专题调研组、省智慧旅游团等省内外访客396批次共计11038余人。以规划网站发布征求意见公告、行政审批科放置意见箱、规划展览馆设置意见簿、“提效能促发展”服务业主座谈会、“省市专家把脉淳安规划”、社区联络员走访社区等载体，征集规划意见建议121条，办理服务业企业座谈会问题5个、房地产企业座谈会问题5个。

【信息保障平台】 加大测绘管理力度，建立省质检站监督检查测绘成果质量、乡镇部门基础测绘成果免费共享保密等机制，全面推广淳安2000国家大地坐标系，修测48平方公里1:500地形图，缩编100平方公里1:2000地形图，逐步扩大县域1:500地形图覆盖范围。全年共完成测绘单位项目实施前备案112件，初审5家测绘单位的复审换证资质，出具地图初审意见共2件，办理永久测量标志点拆迁共1件，开展测绘行政处罚1件。加快淳安县数字城市地理空间框架建设，目前完成项目设计书的编写、项目评审及项目签订三方协议和单一来源招标。推进地理信息国情普查，完成小组成立和方案评审等前期工作。推进档案信息化建设，完成室藏档案目录数据建设，档案数字化不断推进。

【规划服务团“三认”服务】 按照“定人、定时、定事”的三定原则，以5个中心镇为核心组建5个规划服务团，开展规划共绘、项目共推、政策共宣、人才共育、信息共享、党建共建等“六共”服务，“三问三送”和结对帮扶活动。共走访认领182个单位(包括乡镇、建设单位、中心村、社区)约434人(包括乡镇干部、城建员、建设单位项目负责人、社区书记、项目经办人、服务业主等)110次，征集并办理意见、建议和问题共约125个。

【党的群众路线教育实践活动】 围绕“办事提速、服务提效、规划提质”的目标，不折不扣抓好学习教育、听取意见、查摆问题、开展批评、整改落实、建章立制各个环节工作落实，推进18项四风问题整改措施、11个长效机制建设。通过调整班子分工、优化科室职能、标准化管理，完善规范公文、精简会议、强化学习、效能责任追究、请(休)假管理规定、公务接待、财务管理、小额公共资源交易管理、固定资产用品管理等制度，积极配合完成公务用车改革和办公用房整改，“三公”经费支出同比下降53%，四风问题得到有效整治，圆满完成了教育实践活动各项任务。基层党组织建设方面，完善“三会一课”、规范组织生活、民主评议党员等制度，完成工青妇群团组织的换届，积极组织“党员集中服务日”“党员进社区”、志愿服务进农村、“学雷锋纪念日”广场志愿服务等活动。廉政建设方面，完善党风廉政建设责任制，层层签订党风廉政责任书，开展岗位廉政风险点排查和阳光水岸廉政教育，完善重点领域廉政风险防控机制，建立健全反腐倡廉长效机制。

(洪　坤)

•建设集团•

【概况】 2014年经营性收入首次突破2亿元大关，达到2.08亿元(不含房产预售收入)，完成年度计划的106.57%，比上年增长33.28%。其中市场及物业租赁收入3989.25万元、自来水销售收入2261.64万元、污水处理费收入1352.34万元、管道安装收入1.1505亿元、中介服务收入1024.01万元、其他业务收入641.8万元。建设集团资产总额从组建之初的32.2亿元增至2014年底的57.9亿元，净资产从10.2亿元增至14.6亿元，企业综合实力进一步增强。同时还完成工业经济产值4300万元；招商引资完成协议资金4000万元，实际到位县外资金2240万元，其中市外资金2210万元，完成4个特色招商项目，实际完成政府融资任务13.95亿元。

【项目攻坚有序有力】 2014年，建设集团共承担各类政府投资代建项目43个，总投资29.57亿元，年度需完成固定资产投资10.4亿元，其中县重点项目14个，总投资17.42亿元，年度投资7.54亿元。镇六小、第二幼儿园、建兰中学过渡校区3个教育项目于9月1日开学前投入使用；妇保院、茶厂支线、界首水厂、漠川精品村、新安北路拓宽、南山污水厂提标改造和中水回用、青春路、开发路、党校综合楼等13个项目如期完工；龙门隧道复线、商务大楼、消防指挥中心等跨年度项目按计划有序推进，年度固定资产投资目标完满收官，实际完成入库103.37%。

【"五水共治"强势推进】 2014年，建设集团共负责实施"五水共治"项目23个，总投资11.4亿元，年度计划投资4.82亿元，其中城区截污纳管项目1.25亿元。建设集团按照"能快则快、又好又快"的原则和"质量、管用、群众满意"的目标，制定"五水共治"指挥手册，实施现场确认、现场签证、现场监督、现场验收"四个现场工作法"，对"五水共治"项目实施全过程监管，确保项目优质高效推进。秀水舫、一家山水、明珠地下停车场、千岛湖广场、财政局对面5个污水排放口于5月完成整治；火炉尖高位水池改造、污水厂及泵站设施设备升级、进贤湾管网建设等保供水项目按期完成；2014年实施的17个城区截污纳管项目于11月底全面完成，2015年11个截污纳管项目提前启动，其中第一批4个标段于2014年12月提前进场施工。

【企业发展提质提速】 房产开发达到预期，8月29日，"玉兰花园"销售中心正式启用，9月27日实现首次开盘，11月进行加推，全年完成销售金额4.65亿元，回笼资金2.5亿元，在房地产市场非常不景气的大背景下，实现了逆市飘红。做地经济稳步推进，完成文昌高铁区块500亩土地内的餐饮公司、垂钓中心和休闲园3家单位资产评估，签订房屋搬迁安置补偿协议和杆线迁移合同，房屋补偿到位。市场占有量稳中有升，水务公司取得市政公用工程总承包三级资质，管道安装业务大幅提升，突破1亿元大关，较去年增长71%；工程检测公司顺利完成计量认证及业务扩项，材料检测、实体检测业务分别占淳安95%、90%的市场份额，实现经营收入318.02万元，较上年增长45%；产权经纪公司努力拓展民营资产和乡镇国有资源产权交易业务，全年完成35场综合拍卖会，实现拍卖佣金收入458.85万元，较上年增长31%；房地产交易公司自加压力，积极介入丰家山商品房代销工作，全年实现收入198.23万元，比上年18.46万元增长1.7倍；环评公司全年完成经营收入50.3万元，较上年也有所提升，环评报告的市场占有率达到50%。

【民生保障不断深化】 水务保障安全平稳，加大供排水设施设备和管网的巡查、测漏和维护力度，强化社区服务，提升服务水平。2014年，共完成自来水销售1554万吨，污水处理716.8万吨，自来水水质综合合格率100%，管网水水质合格率99%，污水处理达标率95%以上，累计完成大小抢修307次、社区服务1519次，清理疏通污水管道12.5公里，完成水表检定和水表周期检定7014只，全年供排水实现安全运行。市场品牌日益响亮，以"省级放心市场"创建为抓手，以检测设备更新增项为契机，以食品安全为重点，进一步完善"你点我检"服务，全面抓好食品安全、索证索票、环境整治、服务提升、完善考核等工作，市场精细化、常态化管理进一步加强。全年完成商品准入台账21.5万条，检测各类食品2.87万批次，检测出不合格菜品168批次，销毁不合格菜品1092.1公斤。2014年，农贸市场租赁模式改革平稳完成招租，省级放心市场顺利通过验收，国有农贸市场管理已成为淳安县城市管理的新亮点、金名片。静态交通保障有力，开展“和谐班组”创建、夏季“送清凉”、冬季“送温暖”等活动，稳定了停车收费员队伍；通过入职培训、定期考核、例会制度、持证上岗等手段，提升了服务；通过黑名单倒查、主动催缴、制度奖罚等举措，催缴补交停车费28.13万元，规范了运行。2014年，道路停车收费总体稳定有序，为千岛湖城区静态交通提供了较好的保障。

【内部管理成效明显】 路线教育取得实效，采取“班子成员+中层干部”组团模式对项目一线、企业、社区、经营户开展“三认”走访，共征集意见、建议10442条，梳理“四风”问题117条，集团党委不回避，不遮掩，一一进行责任认领。在活动中，中层以上干部共认领重点整改问题152项，明确整改措施263条，集团领导班子集体11个方面问题得到整改，明确了24条整改措施，建立了4个长效机制，群众路线教育取得了扎实效果。内控制度不断完善，结合企业自身实际，先后下发了财务监管、项目管理、公务开支、公车使用、会议接待、职工夜学、职工疗养等方面共13个企业内控管理规范性文件，确保了企业规范高效运行。队伍活力显著增强，完成集团机关、城建发展、杭千房产、农贸市场、捷城物业5个支部换届选举，吸收入党积极分子4名，吸收预备党员3名，预备党员转正2名，开展了支部共建、文明共建等活动，组织广大党员参与治安巡逻、环境整治活动82人(次)，落实各类帮扶资金22万元。特别是在第六届县全运会上，建设集团首次组团参赛就取得了机关部团体总分第三名的好成绩，充分体现了广大干部职工的良好精神风貌和企业形象。

(邵忠阳)

环保 国土

·环境保护·

【空气环境】 2014年，千岛湖镇环境空气质量综合指数平均值为0.61，属尚清洁水平，环境空气质量为良，环境空气首要污染物为尘类（降尘、可吸入颗粒物）。千岛湖镇空气质量指数年平均为60，全年优良天数为314天，其中空气质量为优的达96天，占全年的26.3%。大气环境主要污染物SO_2、NO_2年均值分别为0.013毫克/立方米、0.018毫克/立方米，符合《环境空气质量标准》（GB3095-1996）一级标准，PM10年均值为0.070毫克/立方米，符合二级标准，PM2.5年均值为0.042毫克/立方米。与2013年相比，综合指数呈下降趋势，综合指数下降0.03，下降率为4.69%。2014年，大气降水中全年pH监测值范围4.20～5.22，年平均值4.57。与2013年相比，2014年降水量减少明显，pH年均值升高。

【水环境】 2014年，千岛湖湖区平均水质符合《地表水环境质量标准》（GB3838-2002）Ⅱ类水标准，水质状况优。在13个断面中，除街口断面符合Ⅲ类标准，威坪林场和百亩畈符合Ⅱ类标准外，其余10个断面均符合Ⅰ类标准，Ⅰ类、Ⅱ类、Ⅲ类所占比率分别为76.92%、15.38%、7.69%。与2013年水质相比，各指标变化不大。2014年，千岛湖各监测断面属贫-中营养状态，湖区平均水质呈贫营养状态。大坝前、三潭岛、排岭水厂、茅头尖、密山、小金山、毛竹源、崂山出口断面水质呈贫营养状态，街口、航头岛、西园、威坪林场、百亩畈断面水质呈中营养状态，贫、中营养状态断面分别占断面61.5%和38.5%。13个监测断面中街口断面综合营养状态指数最高，为41.8，高出湖区平均水平12.1；茅头尖断面综合营养状态指数最低，低于湖区平均水平3.4。从整个湖区来看，以浙皖交界断面街口为代表的西北湖区水质较差，表现为透明度较低，有机污染相对严重，营养程度相对较为丰富；西南湖区代表断面百亩畈和威坪林场营养程度相对较高，属于Ⅱ类水质；东南湖区中密山、大坝前、茅头尖和毛竹源断面水质相对较好，营养程度相对较低。

【声环境】 2014年，千岛湖镇城市区域环境噪声监测，1类区点位44个，平均等效声级50.9分贝，达标率为100%；2类区点位90个，平均等效声级53.1分贝，达标率为100%；3类区点位31个，平均等效声级55.1分贝，达标率为100%。总体评价，全镇平均等效声级52.9分贝，声环境质量优良，总体情况与2013年相近。千岛湖镇道路交通噪声等效声级计权均值为70.6分贝（A），略高于国家标准。各路段等效声级与2013年相比，除新安大街东段略有下降，其余5个路段交通噪声监测值均高于去年，其中有3个路段交通噪声监测值高于70分贝。

【五水共治】 成立五水共治指挥部，组建综合办公室、农村治污办、督查指导组、宣传报道组4个办组，从乡镇部门抽调46人进行实体化运作。开展千名党员干部进村入企大排查，分城区、农村、湖区三大领域，23个大项、46个小项，对全县污染源进行大普查。根据排查结果，制订“五水共治”三年行动计划，投入33.8亿元，实施92个治水项目建设，其中治污水投入23.8亿元。计划通过治理，目标城镇截污纳管率于2014年达到85%，2015年达到95%；农村农户的“二黑三灰”水全部处理，2014年污水纳管率达到55%，2016年达到82%，处理率达到100%；湖区景区景点、游船艇、水上构筑物等污水统一收集上岸处理。

【农村治污】 科学编制《淳安县农村生活污水治理总体规划》(2014~2016)和《淳安县农村污水处理三年行动计划(2014~2016年)实施意见》。全年开展243个行政村、4个集镇生活污水治理项目建设工作,投入资金5.1亿,受益农户达到70985户。严格把关农村治污建设质量,制定出台农村治污项目管理办法、责任追究办法、工程设计规范等政策文件;严谨论证并细化落实外地环保施工企业进淳备案、工程招投标评分细则、主要管材预选等具体政策措施;推行实名管理、公示监督、见票拨款、押证管理和违规退出5项制度遏制转包分包;建立县级主管、乡镇必管、监理专管、村民自管和社会协管五级五管责任网格管理制度。淳安县农村治污获得全省农村治污优胜县。

【清洁乡村】 全年共开展12次农村环境综合整治大检查,对全县425个行政村采取通报排名的方式,促进农村环境的改善。出台《关于进一步深化"清洁乡村"工作的实施意见》,新增投入2500万元,全面提升垃圾收集装置,为乡镇、村配置购买压缩式运输车23辆、小型铲车23辆、农村垃圾收集手推车898辆、120升垃圾桶2.2万只、240升压缩式垃圾车专用垃圾桶7500只,新建250个建筑垃圾填埋场。进一步加强农村保洁员队伍建设,配齐保洁员,提高保洁员待遇,县财政补助保洁经费从572.6万元增加到1143.5万元,并为每位农村保洁员上人身意外伤害保险。

【"河长制"工作】 建立并运行河长责任制、河长巡查制和管理目标考核制等工作机制,制定"一河一策"综合治理导则和"阳光排口"建设行动方案。明确4条县级河道、86条乡级河道河长,将573平方公里湖区划分为5个区块及28分段,明确各区块湖长及分段湖长,形成全县水域河(湖)长制全覆盖,并在主要显眼地段设立"河长制"公示牌,公开举报电话,接受群众监督。

【污染减排】 2014年淳安县化学需氧量(COD)削减3.8%,氨氮(NH_3-N)削减1.78%,二氧化硫(SO_2)削减0.27%,氮氧化物(NO_X)削减2.61%,4项指标均完成了2014年度污染减排目标。全年安排减排项目12个,其中包括8项污水处理厂(站)基础设施建设、2项结构关停和2项农业面源防治工程。根据《杭州市刷卡排污总量控制系统建设实施方案》,完成2家企业建设刷卡排污系统。顺利开展主要污染物排放总量控制配额分配方案,并上报市环保局审核通过。淘汰黄标车744辆,发放补助资金535.35万元,进一步完成15家10吨以下(含)燃煤锅炉的淘汰或清洁能源改造升级工作。

【湖泊管理】 组织编制《千岛湖生态环境保护2014年度实施方案》,实施产业结构调整、饮用水源保护、污染源治理、生态建设与修复、环境监管能力建设等5个方面湖泊保护项目20个,总投资86801万元,争取中央资金33968万元。创新湖面垃圾打捞模式,对西北湖区垃圾打捞试行市场化运作,建成长1250米、网深8米的宋村水域拦网和长1450米、网深8米的威坪水域拦网;投资470万元,新建1艘大型湖面垃圾打捞船,改造2艘小型垃圾清捞船;建成使用蛟池垃圾卸装码头,启动湖面垃圾资源化综合利用示范工程项目。据统计,全年共打捞湖面垃圾12万立方米,出动小型打捞船700余艘。

【环境监管】 建立环保公安联动执法机制,设立公安环境犯罪侦查大队,成立环保、公安联络室。开展钱塘江流域环境执法检查、沿湖污染源排查、环境综合执法、节假日夜间执法、"飞行监测""零点行动"等多项专项行动,全力配合中办督查调研组来淳检查指导。全年共检查企业319家(包括景区、景点),出动961人次,立案7起,处罚6家,共处罚金额11万元,关停5家企业。有序落实环境污染责任保险,完成15家企业签订环境污染责任保险工作。2014年,县环保局共受理各类信访投诉367件,其中省转8件、市转25件、县级201件,"12369"电话举报133件,领导交办4件,所有信访件均已完成调处,群众满意率95%以上。严格环境准入,全年共办理行政许可事项376个,其中办理环评类项目审批275个、竣工验收19个、排污许可证43个、夜间施工证16个、"三同时"预验收23家。

【环境宣传】 广泛开展"多绿"创建,共创建2家省级绿色学校、1家省级环境教育基地、15家县级绿色学校、50户县级绿色家庭。开通淳安环保新浪微博、微信公众账号,在《今日千岛湖》设立护水曝光台,在淳安电视台设立《焦点时分》栏目。推进生态文化宣传普及,开展"六•五"世界环境日主题宣传,五水共治青年监督团等活动。拓宽环境宣传途径,利用中央电视台、《新华每日电讯》《人民日报海外版》《中国环境报》《浙江日报》、浙江在线、《青年时报》《杭州日报》等各级新闻媒体深入报道千岛湖环境保护工作。全年编印《生态淳安》6期、《今日千岛湖》专刊7期、《钱江晚报》淳安生活专题报道6期。

(鲁萍)

•国土资源管理•

【概况】 2014年,淳安县国土局先后经历了中办督察、国家土地督察上海局例行督察、国家审计署土地出让金管理和耕地保护审计。面对复杂而繁重的工作任务,在县委、县政府的正确领导下,全系统广大干部职工团结一致,努力守红线,促节约,惠民生,创新工作,有力地促进全县经济社会持续健康发展。

【保障用地】 完成土地规划局调2个批次,涉及18个乡镇,调整土地面积41.2公顷,土地规划修编有序推进。完成了100个项目的农转用和征收的报批,土地面积60.6公顷。办理项目土地预审120个,土地面积166.3公顷。其中出具土地预审意见97个项目,土地面积129.1公顷;完成了征地"区片综合价"调整,新方案充分与上轮方案衔接,将片区划分、价格标准从原来的5级(类)调整为3级(类),尤其是对征地涉及面最广的园地、林地补偿标准予以调整提高。

【保护耕地】 完成垦造耕地项目立项136个,规划新增耕地550.1公顷,其中已竣工验收70个,350.1公顷,超额完成年度任务。完成高标准基本农田建设项目10个,890公顷,完成率134%。落实农村土地综合整治项目121个,计划复垦72.5公顷,已竣工66.4公顷,占年度任务的125%。另外,文昌镇整镇整治项目完成了第一批土地开发立项59.3公顷,建设用地复垦立项5.3公顷。牵头主导"无违建县"创建,及时提请县委、县政府出台"1+3"的"无违建县"创建政策体系,为创建工作的有序推进奠定基础。通过努力,全县共拆除违法建筑16588宗,拆除面积142.59万平方米,收缴有偿使用费5275.12万元,全面完成应拆尽拆和应处置尽处置工作。拆后可利用土地87.4公顷,其中用于复耕的14.9公顷,复垦22.3公顷。

【节约集约用地】 完成工业用地闲置低效用地现状调查,低效用地再开发面积33.86公顷,消化批而未供面积75.86公顷,盘活存量49.94公顷,分别达到市局下达任务的142%和214%;完成历年来未按合同约定开工项目的调查,清理出41个未按约定开工项目,并按照"依法依规、促进开发"的原则,逐个提出处置意见。通过努力,已督促开工项目4个,收取闲置费214.7万元,收取违约金20.48万元,收取开工保证金850万元;27个政府原因闲置项目中,24个已消除,签订延期开发项目37个。提请县政府新出台《建设用地复核验收实施意见》,增加酒店、旅游等其他经营性用地以及工业用地,实现土地复核验收全覆盖。完成土地复核验收项目22个,其中房地产项目12个、酒店项目2个、工业项目8个。

【土地经营】 完成土地收储140.3公顷。全县共出让土地71宗,土地面积94.9公顷,合同收入16.62亿元,比上年同期增加了19.2%,土地出让金实际入库22.8亿元。

【利民惠民】 行政许可事项从13项精减为11项,取消8项非行政许可。彻底实行农民建房审批的权力下放,由乡镇政府负责审批和批后监管,首次将37亩农民建房单例指标分配到各乡镇并到户,完成165户农民建房农转用的审批,办理集体土地使用权登记发证2069本,发证率达89.5%。创建国土所土地利用"一张图"平台和档案管理查询平台,老百姓查询办理土地方面的事项不用再跑县城,全部在就近的国土所办理,使国土资源管理服务打通了最后一公里,更接"地气"。投入地质灾害治理资金1200万元,治理地质灾害隐患点和应急排险59处,其中千岛湖镇城区8处、其他乡镇51处,解除受地质灾害威胁人数1021人,还组织搬迁避让72户279人,连续14年实现地质灾害"零伤亡"。

【执法督查】 规范地矿管理,对媒体曝光的非法采砂、制砖等违法项目,强制拉闸停电20家,责令停产39家,拆除加工设备7家。在"五水共治"中,全县矿山总数控制在24家,整治石料加工矿山2家、砖瓦企业7家;整治地下矿山企业14家、采砂场68个。4月20日前,2个高尔夫球场项目均按上级要求整改到位。乡村俱乐部拆除了发球台等球场设施,清退所有球童员工,彻底退出。华联山地体育公园,拆除所有地上建筑,填埋所有沙坑和果岭,切割一半以上的草皮,已在调整业态,彻底被清理废止。

(姜松涛)

科学技术

【概况】 2014年全县新列市级以上科技发展计划项目72项(含资格认定),其中国家级8项、省级31项、市级33项。争取项目资金达976.728万元。新认定国家重点扶持高新技术企业4家,复审2家,省科技型企业19家,杭州市高新技术企业8家,市级高新技术研发中心3家,新农村建设科技示范村1家,市级农业科技企业2家,雏鹰企业1家。杭州千岛湖鲟龙科技股份有限公司被列为国家火炬计划重点高新技术企业、省级高新技术企业研究开发中心,承担的“俄罗斯鲟深水网箱高效健康养殖技术示范与推广”项目被列为2014年国家星火计划项目。浙江国曲生物科技有限公司获得国家中小企业技术创新基金项目。杭州星宇炭素环保科技有限公司的“采用水蒸气法制活性炭”项目被列为2014年国家火炬计划。经征集、评审、立项,确定组织实施2014年度县级科技项目72项(其中重大项目4个),项目资金468万元。全年,全县规模以上高新技术产业统计销售产值45.55亿元,高新技术产值占全县规上工业销售产值的比率为18.5%,有24家企业列入高新技术产业统计范围。

【高新技术产业培育】 围绕省委提出的“八倍增、两提高”这一目标,建立高新技术企业培育库,成立由科技、国税、地税、财政四部门组成组团服务工作组,全方位指导企业申报国家高新技术企业工作。2014年获新认定的市级以上高新技术企业数量达13家,创历史新高。与“十一五”末相比,淳安县拥有国家重点扶持的高新技术企业从3家提高到10家,提前实现培育工作预期目标。初步形成电子信息、生物医药、机械制造、新材料等高新技术产业(农产品加工五大生态环保产业)。与“十一五”末相比,全县全年规上高新技术产业销售产值从13.89亿元提高到45.55亿元,有24家企业列入高新技术产业统计范围。高新技术产业不断扩大,为经济结构转型升级提供了科技支撑。

【科技政策贯彻落实】 结合《关于进一步推进科技创新的若干意见》(淳政发〔2011〕53号)和《关于推进千岛湖科技城建设的若干意见》(县委〔2013〕33号)2个文件,县科技局协同本级财政部门研究制定下发《淳安县企业研发经费补助管理办法(试行)》(淳科〔2014〕3号)和《关于开展2013年度淳安县企业研发经费补助申报工作的通知》,这是淳安县首次启动企业研发费用补助政策。通过中介审计,对18家企业上年的研发经费确定了补助经费535万元,其中农业企业补助138.9万。同时,积极兑现专利与产学研项目补助政策。全年共发放省、市、县三级专利申请补助资金累计100余万元;兑现产学研合作项目12项,财政资助奖励资金48.1万元。

【企业创新发展引领】 做好“四大服务”助力企业创新发展。全年组织较大型科技企业业务培训2次,参训企业近百家,培训内容涉及企业财务、研发费归集、项目申报、高新技术企业管理等务实业务。指导企业按照上级科技部门要求做好归类汇集,为全县高新技术企业的考核、复核工作打下基础,同时对符合高新技术产业统计的企业,协调统计局做好统计口径调整工作,使企业能列入高新产业统计范围。在对2013年县级科技项目进行全面绩效考评的基础上,会同财政,委托中介对2013年部分县级项目进行了绩效评估,抽查了工、农线的10个项目,根据科技项目的特点,设置评价体系,提高科技经费使用绩效。此外,会同国、地税部门,认真落实企业研发经费加计扣除和税收优惠政策。深入企业开展专利挖掘指导工作,全年专利申请量396件,专利授权382件。

【产学研金合作】 积极对接高校院所,组织相关企业与浙江大学、中国计量学院开展科技合作交流,促成杭州星宇炭素环保科技有限公司与中国计量科学院签订百万战略产学研合作合同。邀请专家入企服务,为企业解决技术难题,全年引进10名浙大研究生到5家企业挂职锻炼。同时,广泛征集技术难题、技术需求50多项,为华盛丝绸、波菲特电子等6家企业找到理工、浙大的对口专家。"山核桃蒲壳基电容器用超级活性炭的开发"和"水溶性功能性红曲的提取分离及综合开发利用"被市网上技术交易成果转化项目立项。此外,主动借力科技金融助推科技型企业发展。淳安县科技风险池基金规模为1250万元(淳安县科技局500万、杭州市高科技担保公司500万、杭州银行科技支行250万)。累计有9家企业获得科技风险池定向贷款9010万元。

【科技兴农】 落实新一轮科技特派员选派工作。省级6名、市级11名、县级6名科技特派员,分赴23个乡镇开展科技扶贫工作。积极申报各级各类科技项目。2014年,农业与社发线新申报市以上科技项目69项,获立项29项,其中省级农业科技成果转化项目2项。食药用菌产业有了新突破,县微生物研究所根据药用菌桑黄人工袋料栽培的发展趋势,提出并制定了淳安县桑黄人工代料栽培地方标准。该标准的制定发布,对加快淳安县桑黄人工袋料栽培技术推广、实施标准化生产和促进食药用菌产业发展具有指导意义。

【干部作风建设】 积极投身群众路线教育实践活动,创新开展"八个一"自选动作,为纵深推进中心工作落实、转变工作作风发挥引擎把航的作用。活动中,主要通过"六个抓"(抓学习交流、抓意见征集、抓查摆问题、抓开展批评、抓边整边改、抓破解难题)推动中心工作的有序开展。其中,针对服务群众方式方法单一薄弱的问题,县科技局积极与国税、地税、财政等相关部门探讨完善组团服务机制,力推"一站式"到底的便捷服务机制,得到县委活动办的肯定并专题予以刊登,电视台也做了相关跟进报道。

(县科技局办公室)

教　育

·综　述·

2014年，全县有幼儿园36所、小学58所、初中18所（含民办1所）、普通高中5所（含民办1所）、职业高中2所（含民办1所）、电大教师进修学院1所、特殊教育学校1所；学生、幼儿45020人，其中幼儿7487人、小学生16594人、初中生10388人、普高学生6796人、职高学生3679人、电大学生43人、特殊教育学生33人。全县有成人文化技术学校23所、村级成人学校（教学点）425所（处）、民办培训机构12所、县社区学院1所、乡镇社区教育中心22个。全县有教职工4534人，其中在职公办教职工3871人、专任教师3968人、专职成教干部54人。

·学前教育·

【概况】　2014年，全县共有幼儿园36所，其中公办中心幼儿园23所（下设14个分园、46个教学点），民办幼儿园13所。省一级幼儿园2所（其中公办、民办各1所），省二级幼儿园31所（个）（其中公办中心幼儿园18所、分园4个，民办幼儿园9所），省三级幼儿园19所（个）（其中公办中心幼儿园3所、分园8个、教学点5个，民办幼儿园3所）。学前教育专任教师498名，其中大专以上学历434人，高中学历64人，专任教师学历合格率为100%，事业编制教师207人，教师资格证持有人403人。

【幼儿园分立设置】　2014年，第二批9所乡镇中心幼儿园分立设置（除金峰乡外）。

【浙江省三级幼儿园创建】　2014年，王阜乡中心幼儿园，里商乡中心幼儿园，火炉尖幼儿园，汾口中心幼儿园畹墅分园、龙川分园、横沿分园，左口中心幼儿园显后教学点，浪川中心幼儿园七堡教学点，姜家中心幼儿园郭村分园，枫树岭镇中心幼儿园高峰教学点，汪村教学点被命名为浙江省三级幼儿园。

·义务教育·

【概况】　2014年，全县有：小学58所，610个班级，在校学生16594人，专任教师1626人，学历达标率达100%，其中专科毕业以上达91.51%；初中18所，292个班级，在校学生10388人，专任教师1035人，专任教师学历达标率达99.81%，其中本科以上达92.37%。

【义务教育普及率巩固率】　2014年，全县小学入学率达100%，初中入学率达到100%；小学巩固率达到100%，初中巩固率达到100%；“三残”适龄儿童、少年入学率达到100%。

【解决上学难问题】　2014年，妥善解决了1050名（初中510名、小学540名）符合条件的进城务工人员、外来务工人员子女在城区初、中小学就学问题。

【中小学布局调整、城区学校增容】　新建千岛湖镇第六小学，于2014年9月顺利招生开学。千岛湖镇小学学区范围在原有基础上进行适度调整，千岛湖镇城区小学一年级班额控制在40人以下，其他年级控制在约45人。在原淳安职高地块改建千岛湖建兰中学过渡校区（民办初中），在原千岛湖职高地块改建淳安县睿达实验学校（民办十二年一贯制学校），均于2014年9月顺利招生开学。千岛湖建兰中学新校区建设顺利推进。

·高中教育·

【普通高中教育】 2014年,全县有普通高中5所(淳安中学、淳安二中、汾口中学、威坪中学、淳安睿达实验学校),其中省一级重点学校1所(淳安中学)、省三级重点学校2所(威坪中学、汾口中学)、民办学校1所(淳安睿达实验学校)。

【职业高中教育】 2014年,全县有职业高中2所,其中公办职高1所(千岛湖中等职业学校,为省二级重点职业学校)、民办职高1所(育才学校)。在校学生3679人,专任教师235人。千岛湖中等职业学校共设4个专业部、4大主体专业,其中电子专业为浙江省示范专业和浙江省实训基地,机械专业为省级骨干专业、杭州市示范专业,旅游专业、商贸专业为杭州市示范专业。2014年7月,淳安县技工学校并入千岛湖中等职业学校,实行集团化办学。

·成人教育·

【概述】 2014年,全县有成人文化技术学校23所、村级成人学校(教学点)425所(处)、民办培训机构12所、民办幼儿园13所、电大进修学院1所、县社区学院1所、乡镇社区教育中心22个。全县专职成教干部54人。

【农村成人教育】 2014年,农村成人教育围绕“建设社会主义新农村”的总体要求,以农民“双证制”教育为重点,大力开展农民素质培训,全年各类培训人数达到97214名,其中农业专业技能培训43215人,企业职工岗位技能培训3892人,农村劳动力转移培训3104人。

【成校创建】 2014年,大墅镇成校、石林镇成校、中洲镇成校、富文乡成校、界首乡成校、金峰乡成校、里商乡成校、王阜乡成校、瑶山乡成校、左口乡成校等10所成校被评为浙江省标准化成人文化技术学校。

【成人学历教育】 2014年,全县完成成人“双证制教育”学员1600人,新招成人大专以上学员3751人。

【民办教育】 2014年,杭州千岛湖建兰中学、淳安县睿达实验学校顺利招生开学。其中建兰中学小学六年级招生6个班,初中七年级招生8个班,在校生共410人;淳安睿达实验学校七年级招生4个班,高中一年级招生4个班,在校生共252人。新成立淳安县睿达培训学校、淳安县威坪外语培训学校、淳安县新城康盛幼儿园等3所校外民办教育机构。淳安县广场幼儿园终止办学。

·招生考试·

【高校招生】 淳安县2014年普通高考报名人数为2519人。第一批全县共上线318人;本科共上线1598人,本科上线率为64.6%;三类合计总上线2409人,总上线率为97.5%。普通高校共录取2370人,录取率为94.2%。三类生高职报名人数为329人,录取人数为309人,高职录取率为93.9%。另有多人参加自主招生考试。

【高中招生】 淳安县2014年各类高中招生文化考试报名人数为4042人。淳安中学提前批、第一批和第二批(三限生)分别录取80人、502人和58人。淳安县睿达实验学校提前批、第一批和第二批分别录取41人、41人和40人。淳安二中第二批和第三批(三限生)分别录取492人和48人。汾口中学第二批和第三批(三限生)分别录取411人和40人。威坪中学第二批和第三批(三限生)分别录取328人和32人。千岛湖中等职业学校各专业共录取776人。育才学校各专业共录取404人。

【普通中专】 2014年通过中考，普通中专共录取66人。

【自学考试】 2014年自考报名132人次，全年自考毕业生10人。

【成人高考】 2014年成人高考总报名人数为427人，其中，专升本报考162人、上线134人，高起点专科报考265人、上线222人，总上线人数为356人，总上线率为83.4%。

·素质教育·

【淳安县2014年中小学生艺术节】 淳安县2014年中小学生艺术节由淳安县委宣传部、淳安县教育局、共青团淳安县委主办，淳安青少年活动中心承办。历时9个月，共分“学校艺术周”“区域联盟复赛”“县级现场决赛”“杭州市级比赛”“闭幕式展演”5阶段进行。活动内容涵盖书法、绘画、工艺、摄影、声乐、器乐、舞蹈、戏剧、曲艺、儿童诗歌、讲故事、艺术论文等25个项目。淳安县优秀节目参加2014年杭州市中小学生艺术节比赛，荣获3个市级一等奖、10个市级二等奖、30个市级三等奖、7个市级优秀奖。

·教学研究·

【教学专题研究论文评选】 2014年5月，举行淳安县第二十六届中小学(幼)教学专题论文评选活动，共评出获奖论文409篇，其中一等奖92篇、二等奖128篇、三等奖189篇。推荐送市参评的42篇论文获市一等奖2篇、二等奖7篇、三等奖15篇。

【教学调研】 6月，省教研室副主任张丰到王阜初中调研，对王阜初中“原班管理、分层教学”的课堂教学改革给予充分肯定。下半年，开展了为期两周的高中一轮复习专项调研；组织淳安中学高一教学蹲点调研；开展了浪川初中蹲点调研；集体调研薄弱学校、偏远学校、小规模学校10余所。

【学科培训】 4月下旬在临岐镇中心小学举行淳安县首届小学语文教师素养大赛决赛观摩展示活动，有80余人参与观摩学习。7月中下旬，组织中小学部分学校校长、教研员赴广州华南师大参加“生本教育”培训。9月中旬在千岛湖镇第六小学举办了淳安县小学数学新教材培训，来自小学数学的骨干教师120多人参加了学习。举行淳安县小班化教育骨干教师培训活动。

【教研活动】 召开2014年小学、初中、普通高中教学工作专题会议，组织各学校参加杭州市高中地理教师命题竞赛、高中历史说课比赛、初中语文优质课评比、初中科学“智慧15分钟”教学比赛、小学科学优质课评选、小学语文教师课堂教学比武、小学思品录像优质课比赛，荣获市一等奖7个。4月，在临岐镇中心小学举行全县小学生学习习惯培养(阅读)现场会。

【课程建设】 4所普通高中加快推进选修课程建设，开发总课程达300余门，其中淳安中学、淳安第二中学共有3门选修课程被评为省第五批普通高中推荐选修课程，淳安中学、汾口中学和威坪中学共有4门选修课程被评为省第四批普通高中网络课程，淳安中学、汾口中学共有2门选修课程被评为省第三批普通高中精品选修课程。淳安中学被确定为杭州市第一批普通高中综合实践活动学科基地。

·教育科研·

【重大会议】 1月,举行淳安县教育学会第八届常务理事会第一次会议,选举第八届会长、常务副会长、副会长和秘书长,聘任了6位副秘书长,通过《淳安县教育学会章程》修改意见。5月,召开2014年教育学会年会暨教科研工作会议。

【规划课题立项】 省级重点课题1项、年度规划课题3项、体卫艺专项课题1项;市级规划课题6项、教师小课题22项;县级规划课题31项,教师小课题403项。

【科研获奖成果】 省级教育科研优秀成果1项。市级教育科研优秀成果7项(其中一等奖1项、二等奖1项、三等奖5项),教师小课题优秀成果20项(其中一等奖2项、二等奖5项、三等奖13项)。县级教育科研优秀成果27项、教师小课题优秀成果72项。

【教育科研培训】 9月,举行中小学、幼儿园教科室主任培训。11月,举办第三届教育科研高研班第一次培训。浙江省教育科学研究院副院长王健敏博士、浙江省教育科学领导小组规划办主任沈佳乐分别作了《课题研究技术路线与成果形成》《教育课题问题解析》的讲座。培训还安排了本土专家的讲座以及教育局课题的研讨活动。

【科研论文评审】 3月,淳安县教育系统在杭州市中小学"我们的评价"专题论文评审中获一等奖4篇(全市20篇)、二等奖5篇、三等奖5篇。

【高端专家引领】 12月下旬,举行省级课题"种子团队:县域教育科研队伍培养新实践"结题鉴定会。省教科院院长方展画、宁波市教科所所长沈海驯、金华市教科所所长金跃芳、台州市教科所所长赵凌云、台州市横湖小学校长金维明出席鉴定会。

【先进荣誉】 姜家镇中心小学、鸠坑乡中心小学、汾口镇龙川小学被评为杭州市第九届教育科研先进集体,章荣华、徐素珍、方祝发、陈林雅被评为杭州市第九届教育科研先进个人。

·队伍建设·

【概述】 2014年,全县共有教职工4534人,其中专任教师3968人,公办在编教职工3871人(专任教师3594人)。全县普通高中、职业学校、初中、小学、幼儿园专任教师合格学历分别为99.62%、88.50%、99.81%、100%、100%,高学历比例分别为2.85%、2.98%、92.37%、91.57%、87.15%。全县公办普通高中、职业学校、初中、小学、幼儿园在编专任教师中高级职称教师比例分别为43.08%、47.64%、32.71%、5.97%和0.47%,其中职业学校高级技师9人。千岛湖中等职业学校专业教师96人,其中双师型教师84人,占专业教师总数的87.5%。全县公办学校共有校级干部201人,其中校(园)长78人、副校(园)长123人,女干部50人。全县公办学校共有特级教师2人(其中1人暂为柔性引进)、省级教坛新秀7人、浙派名校长培养人选1人、浙派名师培养人选5人、市级名校长培养人选8人、市级名师培养人选2人、市级学科带头人培养人选24人、"131人才工程"第三层次培养人选1人、县拔尖人才17人、县级学科带头人138人。在职全国模范教师2人,全国优秀教师2人。

【干部考察】 2014年,对教育局直属单位、中小学、幼儿园领导班子及成员全部进行了考察评议。其中直属单位正副职14人,高中、电大教师进修学院正副校(院)长和正副书记28人,17

所初中正副校长49人、副书记1人，37所中心小学、19所中心完小正副校长89人，培智学校1人，县机关幼儿园等13所幼儿园正副园长13人。

【干部选拔】 完善校（园）长选拔任用机制，2014年调整直属单位、中小学、幼儿园领导班子共104人。其中提拔直属单位负责人、校长（园长）61人，交流25人，免职18人。

【校长培养】 持续推进校长培养工作，全年共选拔1名校长出国研修，25名中小学骨干校长参加高级研修，19名校（园）长参加省级骨干校长培训，14名校长参加市级培训，34名中小学、幼儿园副校长（副园长）参加任职资格上岗培训。

【教师培训】 继续开展"十二五"教师专业发展培训。省师训平台注册教师3937人，完成教师专业发展培训321968学时，人均81.78学时。90学时及以上的集中培训完成总人数702人，占全县教师总数的17.45%。培训完成总人数3615人，完成率89.75%。教师自主选课后实际参训率99.04%。全年省平台有效选课7111人次，178628学时，其中自主选课161638学时，人均42学时。自主选课选省项目1356人次、市项目262人次、县项目4017人次。各项考核指标达到省、市优秀等级。落实教师培训经费525万元。

【教师培养】 着手推进骨干教师梯度培养。扩增3个县名师工作室，新增学员17人，17名县级拔尖人才与41名教师开展岗位带徒工作。制定《淳安县中小学（幼儿园）学科带头人研修班实施方案》，111名中小学县级学科带头人赴浙师大参加高级研修。全年共有2名骨干教师出国研修，4人参加国培计划示范性集中培训，100人参加国培计划远程培训，3人参加省级浙派名师培训，27人参加省级学科带头人和骨干教师培训，128名骨干教师参加杭州市第二轮"名师工程"各学科基地教学能力展示活动。参加省特级教师"百人千场"送教下乡活动，受益教师349人。参加西湖区教师进修学校结对活动，受益教师337人。职业学校完成高技能人才培养24人，完成双师型教师培训5人。9名新招优秀应届毕业生直接录用在城区小学工作锻炼3～5年。13名中小学新教师和9名幼儿园新教师实施留城委培。选派农村中小学教师8人、幼儿教师10人到城区学校挂职锻炼。

【教师交流】 与县编委办、财政局、人社局共同制定下发《关于推进义务教育学校教师校长交流工作的实施办法》（淳教〔2014〕39号）和《关于印发2014年淳安县义务教育学校教师交流工作实施方案的通知》（淳教〔2014〕69号），明确教师交流保障政策，突出城区骨干教师到农村学校的支教力度。2014年，中小学共选拔交流校长（含副校长）45人；义务教育学校交流教师226人，骨干教师交流比例超过符合交流条件人数的21%，城区骨干教师到农村学校支教13人；城区4所小学向新办学校千岛湖镇第六小学分流优秀教师和学校管理工作者49人。

【教师招聘】 全县公办中小学、幼儿园共招聘教师166名。其中淳安中学自主招聘教师4名；其他通过统一招聘162名，其中高中7人、初中8人、小学88人、幼儿园59人。

【高端人才培养与引进】 千岛湖中等职业学校教师汪永成被评为浙江省第十一批特级教师。淳安中学引进山东省正高级数学特级教师裴中军，并落实相关待遇。民办学校引进导师成员16人。邀请49名省内外知名专家学者来淳安讲学，开设讲坛和进行教科研指导。

【评优评先】 2014年共评出各类先进典型202

人,其中国家级2人(屏门乡秋源完小教师章大春和姜家镇郭村小学教师汪绪华分别被评为全国模范教师和全国优秀教师)、省级5人、市级26人、县级169人。

【业绩考核】 完善学校业绩考核办法,淳安中学等14个单位为业绩考核优秀单位,汾口中学等80个单位为业绩考核良好单位,金峰乡中心学校(初中部)等10个单位为业绩考核合格单位。

【队伍建设保障】 2014年县委、县政府实施教师年终奖与公务员同等保障政策。

【职评和资格认定】 全年职称评审初次定级110人,评定中级职称78人(申报101人)、小学中学高级职称7人(申报13人)、中学高级教师22人(申报31人)。全年共受理申请初中、小学、幼儿园教师资格132人,最终认定许可人数为128人,认定通过率为96.97%。

·经费设施·

【概况】 2014年,财政拨入教育事业费76179万元,比上年增长7.29%。学生人均预算内教育事业费与上年相比,普通高中增长0.37元,初级中学增长13.63元,小学增长14.84元,幼儿园增长16.5元。2014年拨入教育费附加2752万元;地方基金6984万元。

【校舍设施建设】 2014年安排实施中小学、幼儿园校舍建设项目76项,其中新建、改建、扩建幼儿园13项,师生生活条件改善工程25项,校舍维修改造38项,总投入4449万元。

【启动农村中小学师生生活条件改善工程】 从2014年起,计划用3年时间,每年投入2000万元,改善农村中小学校师生生活条件。

【启动农村中小学、幼儿园污水处理工程】 2014年,安排实施农村中小学、幼儿园污水处理工程29项,投入资金505万元,项目于年底竣工并投入使用。

【项目经费争取】 通过项目申报,2014年获得市帮扶教育资金220万元;获得省校舍维修改造专项资金650万元;获得市学前教育专项扶持资金569.2万元,其中建设经费72万元、开办经费28万元、租赁经费54.2万元、改善办园条件经费415万元。

【千岛湖镇第六小学竣工并投入使用】 2014年9月,千岛湖镇第六小学投入使用。千岛湖镇第六小学总投资1.2亿元,用地面积2.93公顷,校舍建筑面积1.99万平方米,设计规模36个班级。

【教育内审】 2014年共完成审计项目15个,审计总金额16657.14万元,查出问题资金270.50万元,提出审计建议68条,提交审计报告15个。教育局内审室被评为2011~2013年浙江省内部审计先进集体,获得杭州市2013年度优秀内部审计项目1个。

【教育资助】 2014年度,全县:学前教育受助人数107人次,资助金额7.78万元;小学3444人次享受爱心营养餐,占学生总数的20.37%,资助金额129.15万元;初中2169人次享受爱心营养餐,占学生总数的19.96%,资助金额81.34万元;普通高中受助学生2669人次,资助面19.0%,资助金额217.05万元;中职免学费人数6395人次,资助金额543.62万元,享受国家助学金2505人次,资助金额187.88万元。

【资产管理】 2014年,联合县财政局组织开展全县学校报废资产统一处置行动,清理了原值1300多万元的报废资产,进一步规范了学校资产管理。

·教育装备·

【教育装备总投入】 2014年，由省、市、县财政拨款和乡镇、学校自筹资金共计2701.49万元投入教育技术装备。

【教育现代化县装备建设】 2014年，县财政安排和乡镇、学校自筹资金共计1300万元用于教育装备配置和更新，新建计算机教室18个，新增教师办公电脑420台，新添班级多媒体设备129套，新建24所学校的广播系统和6个点的远程交互教学系统，配置教学仪器1000多种共8000多件，添置音体美劳器材600多种，新建49所学校校园安防系统，全县所有中小学网络通千兆，并实现主要区域无线网覆盖，更新课桌椅3000套。

【新建学校教育装备建设】 2014年，县财政安排1230万元用于4所新建学校(幼儿园)教育装备配置。其中，建兰初中过渡校区教育装备投资230万元，第六小学教育装备投资700万元，绿园幼儿园和实验幼儿园装备投资300万元。

【校园书香工程】 2014年，配合省市教育技术中心认真实施义务教育学校书香工程建设。全县共新增图书38388册，学生人均增加1.5册。各校共筹措资金9.5万余元用于征订音像教材。

【电脑制作评选】 组织开展县第12届中小学生电脑制作活动。共收到1015件作品，评出一等奖59件、二等奖117件、三等奖189件。

·教育督导·

【浙江省教育现代化县创建】 完成国家义务教育发展基本均衡县创建、杭州市学前教育合格县创建、杭州市学前教育先进乡镇创建、千岛湖中等职业学校省二级评估、汾口中学省二级特色示范校现场预查、10所义务教育特色学校(特色项目学校)评估。

【国家义务教育发展基本均衡县评估】 4月26日，浙江省人民政府教育督导室对淳安县创建国家义务教育发展基本均衡县进行预查，淳安县以县域小学均衡差异系数为0.604、初中均衡差异系数为0.3222、公众满意度为93.82%、县政府推进义务教育均衡工作得分90分的优异成绩上报国务院督导办公室。12月9日，以优异的现场考核成绩通过国家义务教育发展基本均衡县评估，国家教育督导检查组在全省督导评估反馈会上5次表扬淳安县的创建特色。

【杭州市学前教育合格县创建】 创建杭州市学前教育先进和达标的汾口镇、浪川乡、中洲镇、枫树岭镇、里商乡、王阜乡顺利通过学前教育先进(达标)乡镇评估工作。6月24日，淳安县通过了学前教育合格县预评估，2015年1月，淳安县顺利通过了杭州市学前教育合格县评估。

【学校发展性督评】 继续加强中小学发展性督导评估工作，对高中学校第一个三年发展规划、义务教育学校第二个三年发展规划进行了第二个年度目标达成情况的督评考核，25所学校被评估为义务教育发展性评估优秀学校。

【义务教育特色学校创建督评活动】 10所学校被认定为特色学校或特色项目学校，其中千岛湖镇三小为淳安县体育教育特色学校，千岛湖镇一小为淳安县竹马文化传承教育特色项目学校，姜家镇郭村中心小学为淳安县瀛山文化校园特色项目学校，鸠坑乡中心小学为淳安县茶文化校园特色项目学校，枫树岭镇铜山完全小学为淳安县竹文化校园特色项目学校、汾口镇龙川中心小学为淳安县经典诵读教育特色项目学校，汾口镇横沿小学为淳安县工艺美术教育特色项目学校，枫树岭镇夏峰完全小学为淳安县劳动教育特色项目学校，千岛湖青溪初级中学为淳安县乒乓球教育特色项目学校。

【责任督学区与督导队伍建设】 下半年，结合专职督学的调整，把全县划分为7个责任督学区，每个责任督学区由1名专职督学和3～4名兼职督学担任责任督学，聘请了方华新等23位兼职督学，完善了专职督学、特邀督学、兼职督学三级督学队伍。

•学校品牌•

【职业教育创建】 千岛湖中等职业学校被确定为省二级重点职业学校和省级中职示范校立项建设学校。

【小班化教育创建】 浪川乡中心小学被确定为浙江省30所农村小班化教育实验学校之一。

【改革实验学校创建】 姜家镇中心小学被确定为浙江省首批5所转换育人模式改革实验学校之一。

【美丽学校创建】 淳安中学、大墅镇中心小学被确定为杭州市50所美丽学校培育立项学校。

【绿色学校创建】 千岛湖镇青溪中学、威坪镇中心小学被评为浙江省第七批省级绿色学校。千岛湖中等职业学校、青溪新城小学、界川小学、龙川小学、淡竹小学、郭村小学、严家小学、桐子坞完小、秋源完小、上坊完小、鸠坑完小、龙泉完小、双源完小、瑶山中心幼儿园、安阳中心幼儿园被评为淳安县绿色学校。

【标准化学校创建】 千岛湖镇第六小学、姜家镇郭村小学、汾口镇横沿小学、瑶山乡中心小学、枫树岭镇初级中学、王阜乡初级中学等6所学校创建省标准化学校，并通过省评估院验收。全县省标准化学校达到46所，标准化学校占义务教育阶段学校的83.6%。

【依法治校示范校创建】 汾口中学、威坪镇小学被评为杭州市依法治校示范校。

（局办公室）

文 化

·概 况·

2014年，淳安竹马入选国家级非物质文化遗产名录。浪川乡芹川村被命名为中国历史文化名村、中国传统古村落。建成乡镇图书分馆5个，创建市级示范综合文化站1个、市非遗宣传展示基地1个。完成第五轮21处农村历史建筑修缮工程和25处农村“文化礼堂”建设。实施农村数字电视网络双向化改造和整体转换工程，双向网络实现全覆盖，改造率达100%。纪录片《寻马》被杭州市委宣传部授予“五个一工程奖”，排舞《女孩能量》、睦剧小戏《心愿》获国家、省大赛金奖。全县拥有文化馆(站)24个、公共图书馆6个(含乡镇分馆)、艺术馆1个、农家书屋437个。全县共有藏书60余万册；业余文艺团队598支，其中杭州市星级示范团队10支。

·文化建设·

【文化政策出台】 11月4日，县委办下发《关于加强公共文化服务体系建设的实施意见》(县委办〔2014〕117号)。10月22日，县府办下发《关于推进全县农村应急广播体系建设的实施意见》(淳政办发〔2014〕129号)。

【县级文化设施建设】 县博物馆、图书馆(新馆)等公共文化设施建设已破土动工，完成地下土建工程部分。推进县图书馆(旧馆)改造，解决县图书馆(旧馆)线路老化、电力不足、层面漏水等问题。

【城乡公共图书一体化服务体系建设】 按照城乡公共图书一体化服务体系建设要求，推进图书馆总分馆制建设，加快乡镇图书分馆、电子阅览室建设步伐，建成千岛湖、汾口、威坪、姜家、枫树岭等5个乡镇图书分馆和屏门、浪川等2个乡镇电子阅览室。

【文化示范工程创建】 开展文化示范工程创建，枫树岭镇综合文化站被评为市级示范乡镇综合文化站，千岛湖镇李家坞社区等10个村(社区)被评为文化示范村(社区)。

【农村数字电视网络双向化改造和整体转换工程】 实施农村数字电视网络双向化改造和整体转换工程，全县425个行政村已实现双向网络全覆盖，改造率达100%。

【农村广播“村村响”工程维护管理】 加强农村广播“村村响”工程维护管理，重点完成威坪、临岐、文昌、金峰等乡镇的“村村响”工程设备维修。

·文化活动·

【2014全县民营剧团展演】 2月9～11日，“唱大戏·闹元宵”全县民营剧团展演在千岛湖镇水之灵剧场举行，上演越剧《状元与乞丐》《五女拜寿》《玉堂春》《碧玉簪》，睦剧《秦香莲》《春草闯堂》等剧目。

【杭州市文化馆长例会暨淳安特色文化建设研讨会在淳召开】 3月11日，2014年度杭州市文化馆长例会暨淳安特色文化建设研讨会在县文化馆举行，杭州地区13个区县市的文化馆长及文化界的专家前辈前来畅谈意见、建议，共同为淳安特色文化建设献计献策。会议从淳安睦剧和初具雏形的民间项目出发，探讨如何创新发展淳安现有文化艺术形式，并就如何进一步完善和传承淳安特色文化展开热烈讨论。

【召开全县文化广电新闻出版工作会议】 3月20日下午，2014全县文化广电新闻出版系统工作会议在千岛湖镇召开。县文广新局系统全体干部职工，各乡镇分管文化工作的领导和文化员，县广播电视台、千岛湖传媒中心、县华数数字公司等单位领导参加了会议。会议认真回顾总结2013年工作，研究部署2014年工作目标任务，对2013年度局系统先进集体和先进个人进行了表彰。县文广新局与局直属单位、乡镇综合文化站签订了2014年度目标管理责任状。

【"淳安好腔调"睦剧大赛】 6月30日，"淳安好腔调"2014睦剧大赛决赛在千岛湖镇"水之灵剧院"举行。"淳安好腔调"2014睦剧大赛共吸引90多名选手参加，其中20名选手参加决赛。经过激烈角逐，参赛选手吴蔚以一曲《春草闯堂》赢得所有评委青睐，获得此次比赛的冠军。

【"颂歌祖国·唱响淳安"2014合唱大赛】 9月30日下午，"颂歌祖国·唱响淳安"2014合唱大赛在千岛湖水之灵剧院举行。比赛在县财政局代表队演唱《四渡赤水出奇兵》的歌声中拉开序幕。紧接着，来自梓桐镇人民政府、县卫生局、中国移动淳安分公司等单位的14支代表队深情演绎了《爱我中华》《东方红》《保卫黄河》等一大批耳熟能详的优秀曲目。

【"佰澜国际"排舞大赛】 10月16日，2014淳安县"佰澜国际"杯电视广场舞大赛决赛在千岛湖水之灵剧场举行，共有18支代表队参加决赛。本次比赛较多参赛队在编舞中融入了拉丁舞、交谊舞等元素，在选曲时也选择了较流行的歌曲。

【全民运动会排舞大赛】 11月9～10日，淳安县第六届全民运动会排舞大赛在县体育馆举行，共有42支代表队800余人参加比赛。本次健身排舞比赛设团体规定套路和团体自选套路2个项目。经过角逐，健身排舞比赛机关部前三名由教育局、旅游系统、宣传系统获得，乡镇部前三名由汾口镇、瑶山乡、威坪镇获得。

【农村文艺会演暨文化干部才艺展示】 11月26日下午，2014全县农村文艺会演暨文化干部才艺展示演出在千岛湖水之灵剧院圆满举行，来自全县的13支队伍参加了演出。本次活动以舞台表演形式进行，整场演出汇集了器乐、声乐、曲艺、舞蹈、朗诵等多种表演形式。

【杭州市迎新春群文精品巡回展演】 12月24日下午，杭州市迎新春群文精品巡回展演在千岛湖镇水之灵剧场隆重举行。参与巡演的节目都是近年来杭州群众文艺舞台上涌现出来的文艺精品，节目样式多样、精彩纷呈。本次巡演陆续在富阳、淳安、萧山、余杭、临安、建德、桐庐等二区五县(市)进行巡演，淳安为第二站。

【文化走亲】 全年共组织与建德市、下城区、西湖区等地开展文化走亲10余场。

【乡镇节庆文化活动】 全年共举办2014淳安县第二届美食节暨第七届贺齐庙会、第五届摄影节开幕式(猪头祭祖)、鸠坑乡第六届茶文化节、汾口镇年货节暨花猪节等30余场乡镇节庆文化活动。

【文艺创作】 纪录片《寻马》被杭州市委宣传部授予"五个一工程奖"。睦剧小戏《心愿》获省新农村题材小戏会演创作金奖、表演金奖、优秀导演奖、优秀作曲奖、个人优秀演员奖等5大奖项。排舞《女孩能量》获省第八届排舞大赛金奖、全国排舞大赛银奖。歌曲《山水情缘》获省新农村题材音乐新作展演活动暨省第十三届音乐新作演唱演奏大赛创作、表演、辅导金奖，

《芹川情》获杭州市村歌大赛表演金奖。高烽创作的故事《风雨过后见彩虹》获省第八届新故事作品征文一等奖。

·文化惠民·

【“百千万”送文化下乡】 全年完成送戏下乡180余场，送书下乡30000余册，送电影下乡3100余场，送展览讲座10余场。还组织开展了送春联下乡、送故事进“文化礼堂”等活动。

【建立“文化超市”】 创新公共文化服务模式，建立“文化超市”网络服务平台，实现公共文化产品供给从“单向输送”向“双向互动”转变。

【“百姓系列”公益活动】 积极开展“百姓系列”公益活动。2014年县文化馆共举办交谊舞、排舞、素描绘画、手工剪纸等公益培训50余期，受训人员达1600余人次。开展“百姓课堂”进农村、进企业活动，分别在全县6个片举办舞蹈编导培训，培训人员达200余人次，为鱼味馆、康盛、千啤、千岛湖林场等企业员工提供免费形体及礼仪培训。县图书馆开设“百姓讲坛”公益讲座，全年举办“千岛湖水下古城探秘”等主题讲座12期。

【业余文艺团队培育】 全县共有各类文艺团队598支，其中10支文艺团队被评为杭州市星级示范团队，18支文艺团队被评为杭州市示范团队。村村都有排舞队的目标有望实现。

【基层文化队伍建设】 新录用公务员1人、乡镇专职文化员5人。全年举办乡镇文化员、村级宣传文化员、文化市场经营业主等培训5次，培训人员达1200余人次。

【城市电影惠民工程】 开展电影进广场、企业、医院等城市电影惠民活动，共免费放映电影40余场。

【广电惠民工程】 全年为全县2814户低保户和2536户二级以上残疾人家庭减免有线电视视听费。

·文化传承·

【召开全县农村历史建筑修缮工作会议】 3月7日上午，县文广新局组织召开全县农村历史建筑修缮工作会议。县府办、发改局、财政局、规划局等相关部门负责人，有关乡镇分管领导、综合文化站站长，第五轮修缮项目经理、监理，以及第六轮初定项目所在行政村负责人参加了会议。会议就前几轮农村历史建筑修缮施工、监理过程中存在的问题和第六轮农村历史建筑修缮初定项目进行了座谈。县农村历史建筑修缮工作领导小组与各项目施工单位签订了安全生产责任书。

【农村历史建筑保护修缮】 继续实施农村历史建筑综合保护工程，全面完成第五轮21处农村历史建筑修缮任务，第六轮农村历史建筑修缮前期准备工作基本完成。

【狮城水下古城保护】 与县渔政渔港监督管理局签订委托监管协议，委托渔政部门对狮城水下古城水域进行日常巡查监管。初步划定水下古城保护范围和建设控制地带，启动水下古城水域水面围栏安装设置。

【第一次全国可移动文物普查】 完成第一次全国可移动文物普查文物系统外有疑似文物的国有单位文物认定工作。开展可移动文物调查登记及文物库房文物信息采集、录入工作。

【非遗保护工作】 鸠坑茶博馆被评为第一批杭州市非遗宣传展示基地，王阜绣花帽、元冈节被列为杭州市非遗名录项目。

【“淳安竹马”成为国遗项目】 “淳安竹马”列入国家非物质文化遗产保护项目名录，成为淳安县继“淳安三角戏”之后的又一“国遗”项目，淳安县连续第三次被命名为省民间文化艺术(竹马)之乡。

【睦剧保护】 业余睦剧团全年编排睦剧大戏2部、小戏2部，下乡演出180余场。继续开设《睦剧名段欣赏》电视栏目，全年共摄制播出12期。淳安县被命名为浙江省传统戏剧(睦剧)之乡称号。

【第九个文化遗产日系列宣传活动】 6月14日，淳安县第九个文化遗产日系列宣传活动在千岛湖镇秀水街广场举行。本次宣传活动共有文物鉴宝、民间艺术演出、文化遗产保护成果展、文化法律法规咨询等多项内容。青溪龙砚、里商仁灯、淳安石磬等项目的代表性传承人在现场表演，吸引众多游客和市民到场观看。

【秀水街大舞台】 5～10月，秀水街大舞台在秀水街以睦剧演出、跳竹马为主定时进行演出。2014年，秀水街大舞台共演出睦剧30余场。

【《文化志》等书籍编纂工作】 积极推动《淳安文化志》《淳安三角戏》及《浙江通志》淳安文化部分的编撰工作。

·文化管理·

【行政审批事项办理】 全年共办理事项105件，其中行政许可32件，换证65件(网吧、娱乐)，备案8件(其中涉外演出6件)，提前办结率及满意率均达100%。

【部门职责及权力清单清理上报工作】 权力事项由一报的517项缩减到三报的197项，并在省政务服务网公布，统一纳入省政务服务网管理。

【文化市场行政审批规范化建设】 2014年淳安县在杭州市文化市场行政审批规范化建设评估中荣获第二名。县文广新局窗口被行政服务中心评为2014年度满意窗口。

【文化市场监管】 全年共出动执法检查387次、916人次，检查经营场所1042家次。停业整顿1家次，取缔非法大篷车演出8起，受理各类群众举报7件，办结率、满意率均为100%。各类行政处罚案件立案19起，罚款42800元。

【广播电视安全播出】 完善《淳安县广播电视安全播出应急预案》，组织安全播出大检查和反插播演练，抓好公共视听载体监管。开展非法卫星地面接收设施整治，查获非法卫星接收设施52座。

【全县文化市场经营业主法律法规暨安全生产知识培训会议】 4月16日上午，全县文化市场经营业主法律法规暨安全生产知识培训会议，在千岛湖镇召开。全县130余户文化市场经营业主参加培训。县文化市场行政执法大队队长夏曙升代表县文广新局，与经营业主代表签订了2014年度安全生产责任书。

·公共图书·

【图书服务工作】 积极做好图书馆免费开放服务，全年接待读者15余万人次，图书外借24余万册次，电子阅览室接待读者3万余人次，开通市民卡图书借阅功能39万张。

【图书资源建设】 全年新增图书6万余册，订阅期刊400多种。

【便民悦读流动书柜】 在康盛管业、千岛湖啤酒厂、县一医院、中医院等人员密集场所设立便民流动书柜，满足医生、病人、农民工等特殊群体的文化需求。

【地方文献建设】 全年征集地方文献90余种，订购特种文献20余种，采购1500册的《四库全书》。数字化老家谱19套，共157册。完成淳安古籍年度普查工作任务。淳安地方文化数据库建成并成功录入8G数字资源，内容包括家谱、睦剧、方志等多个方面。该项目已获杭州市文创项目。

【读者活动】 县图书馆积极开展读者活动，全年共举办“你挑书•我买单”、“4•23”世界读书日主题宣传、“爱上图书馆——志愿者体验”、淳安地方文化展、中华民俗文化书展、中外名著插图展等50余项读者活动。其中“便民悦读流通书柜”项目获第八届西湖读书节优秀项目，未成年人读书节活动获第十届浙江省未成年人读书节创新奖，读者王丰获“全国书香人家”称号。

（吴贤斌）

•广播电视•

【新闻改革】 继续完善《淳安县广播电视台有关改革会议报道及领导活动报道的实施意见》及《淳安县广播电视台新闻报道规范》，对领导活动、会议新闻以及头条新闻播出进行规范。推出《〈淳安新闻〉”节目提前告知制度》、主要领导新闻当天预告等制度。强化新闻的前期策划。做到重大新闻报道策划先行，沟通对接先行，努力增强新闻的宣传服务功能，挖掘和提炼各乡镇部门的特色亮点做法，进一步营造工作合力。

【主题报道】 围绕群众路线教育、“五水共治”、“无违建县”创建、“撤村建居”、重点项目推进等多个主题，开设大小专栏40余个。增强新闻的舆论监督功能，先后开设《曝光台》《县长热线》《热点聚焦》等批评监督栏目，对“三改一拆”“五水共治”“无违建县”创建、卫生县城巩固等重点工作推进过程中的不良行为和现象开展有效的舆论监督。致力弘扬社会正能量，推出系列典型报道，挖掘“最美淳安人”，推出践行群众路线教育50个“身边好典型”、10个优秀教师典型和10个尊老孝亲模范等系列典型。开展新闻行动和“秀水富民”访谈活动，对各地“五水共治”、“无违建县”创建、重大项目推进、招商引资、产业发展等重点工作的推进及涌现出的亮点进行集中报道。邀请全县相关乡镇、部门负责人，国有企业负责人及部分企业家代表参加《秀水富民大家谈》节目访谈工作。

【民生报道】 不断强化《移动民情热线》栏目围绕中心开展民生报道功能。“两会”期间，开设《小汪跑两会》栏目，以民生视角看待、解读“两会”；继续与县长热线“64812345”合作，开设《民情热线——连接“12345”》栏目，对多年久拖未决的重点信访件，百姓投诉和关注的热点、难点问题进行追踪报道；继续与县食品药品监督管理局及县食安办联合开办每周五播出的《食品药品每周播报》栏目，将食品药品相关政策、信息，以及县食安办相关工作动态及时告知观众。从2014年4月起，将每周四的《移动民情热线》改版为《热点聚焦》栏目，曝光和聚焦“五水共治”“无违建县”创建及环境卫生等方面的内容。

【对外宣传】 强化正面宣传报道。全年共在上级媒体中播出新闻220条次，其中中央《新闻联播》8条。“春节外宣”在中央电视台直播了“淳安竹马”和“板凳龙”，向全国人民展示了淳安的春节习俗和非物质文化遗产。“五一”期间，千岛湖成功选入浙江三大央视直播点。央视《舌尖上的中国》第三集《时节》播出千岛湖美食。改革、生态环保、县委十三届五次全会、党的群众路线教育实践活动、体育赛事和休闲运动等题材的新闻也纷纷在中央、省、市媒体上播出。积极应对负面宣传报道。主动应对主流媒体的舆论监督，先后就央视曝光的项目填湖问题、卫视曝光的部分游船艇泔水直排入湖问题进行沟通与对接，防止事态扩大和炒热。在此基础上，引导主流媒体“负面新闻正面做”，注重突出正面声音。

【新增特色栏目和公益广告】 增设《名医有约》《健康养生》《向日葵》《夕阳印象》等多档特色服务栏目。改版《宜居千岛湖》为《城建城管视点》。同时加强公益广告的制播力度，制播了环境保护、生态建设、“最美浙江人”系列、《天使的翅膀》等公益广告节目。

【精品节目】 完成《为了一湖灵动的秀水》《淳安县扎实整改落实中办督查调研组意见建议》《拆出田园好风景　改出美丽新家园》等专题片。《新田野》获得2014年度杭州市广播电视对农节目政府奖暨第六届杭州市新农村建设优秀广播电视作品大赛电视对农栏目三等奖。专题片《寻马》获得浙江省2013年度地方文艺题材纪录片大赛三等奖，并获得杭州市“五个一工程奖”。MTV《我还会再来》获第十届中国艺术节全国景区歌曲大赛金奖。开展《万朵鲜花送雷锋》直播活动，与《浙江之声》互动直播，寻找挖掘身边的“活雷锋”典型。

【队伍建设】 以党的群众路线教育实践活动为载体，结合问题整改，全力推进队伍建设。紧抓学习教育，选派多批业务骨干到省、市台开展为期一个半月的跟班学习；组织新进台一线记者、编辑开展为期一个月的“看联播、提素质”活动；出台制度，每月开展好稿评选等岗位练兵活动，并邀请上级台专家进行了新闻业务专题培训，有效地提升一线记者、采编人员发现新闻、叙述新闻和制作新闻的综合业务能力。依托党的群众路线教育“三级联学”“三思四省”“爱护千岛湖”等专题大讨论，深化党性教育和廉政教育，提升干部队伍宗旨意识和廉洁意识。开展结对帮扶服务和“三认”服务工作，推动广大党员干部深入群众“认人、认情、认事”，“春风行动”“一户一策一干部”和“送清凉”等活动，组织在职党员进社区、党员集中服务日和在职干部返乡报到服务等为民活动，更加紧密和直接地联系服务群众。狠抓纪律作风建设，在广大干部职工中开展正风肃纪专项行动，重点整治了办公用房超标，收红包和购物卡，党员干部参赌涉赌、庸懒散拖等作风问题。完善各种规章制度。健全学习制度、台班子调查研究、党务公开和内部管理制度，以及作风效能提升制度，建立谈心谈话、加强调查研究、规范公务接待等制度，完善在线评议、节目月评等制度，在全县率先制定从全台个人车贴中提取10%集中用于一线记者车贴范围内的新闻采访交通补贴办法，较好地解决了车改带来的新闻采访用车难题。

(邵金莲)

·传媒中心·

【概况】 2014年，《今日千岛湖》出版250期，刊登报道6000余篇。千岛湖新闻网上传新闻46138篇、图片830组，日点击15万人次。千岛湖论坛注册会员41.7万名，总发帖量150万个。淳安手机报编辑彩信360期、快讯750条(含即时快讯20余条)。千岛湖屏媒刊播原创新闻1764条。“淳安发布”粉丝7618名，刊发微博7100条、微信640条。“千岛湖微报”发布微博4745条、微信1460条。“掌上千岛湖”发布新闻4267条。

【舆论引导正确有力】 主题报道求声势，在

《今日千岛湖》、千岛湖新闻网、淳安手机报、千岛湖屏媒、“淳安发布”和“千岛湖微报”“掌上千岛湖”开设主题宣传专栏和专题，做好党的群众路线教育实践活动、十八届四中全会精神、“美丽杭州”实验区、“秀水富民”、县“两会”、“五水共治”、“无违建县”创建、“三改一拆”“撤村建居”、全县重点项目、“春风行动”、村级组织换届选举、“三问三送”活动、典型人物宣传、城市精细化管理等主题宣传。《今日千岛湖》策划主题宣传26个，一版刊发稿件810篇，配发评论员文章23篇。千岛湖新闻网在同步上传《今日千岛湖》所有主题报道的同时，制作各类专题15个。千岛湖屏媒《千岛湖新闻》和《图说淳安》刊播主题宣传28个。民生报道求贴近。《今日千岛湖》一版的《新闻现场》，真实记录普通群众的生产、生活状况，9月11日《今日千岛湖》一版的《满山都是金银》受到县委书记朱党其的批示和表扬。二版在办好《淳安正能量》的同时，开设《三认，我们在行动》和《我和妈妈说句话》等栏目，引发社会普遍关注。三版《民生百事》《法制时空》关注与群众息息相关的话题，《青溪文化》展现浓郁的乡土文化。千岛湖新闻网微博（微信）平台及时发布县“两会”消息，传递代表、委员的声音。淳安手机报以民生宣传为主，推出春节和国庆专版，体现信息服务能力。千岛湖屏媒的《千岛湖新闻》刊播民生报道280条。“淳安发布”和“千岛湖微报”“掌上千岛湖”（千岛湖网商）等媒体及时发布民生信息。热点宣传求有为，及时回应广大受众关注，主动引导舆论，做好党的群众路线教育实践活动、“美丽杭州”实验区建设、“秀水富民”“无违建县”创建、“五水共治”、重点项目建设、城乡统筹、城市管理、垃圾分类、爱国教育等热点宣传。《今日千岛湖》一版刊发“五水共治”、“无违建县”创建宣传报道141篇，全体员工参与“保护千岛湖”微博大讨论，刊发原创微博135条，内部转播（评论）200多次，阅读量达19万人次，营造了良好工作氛围。及时引导老百姓关注的农业生产、社会治安、金融政策、交通出行、医疗问题、公平教育、社会保障、物价、食品安全等热点问题。典型报道求示范。结合党的群众路线教育实践活动，《今日千岛湖》一版《挖掘身边典型 学习身边先进》栏目刊发报道31篇；二版《淳安正能量》栏目报道78位典型人物，《三认，我们在行动》栏目刊发报道57篇。根据中心专题部署，首席记者深入采访方鹏跃先进事迹，采写的人物通讯《一腔热血铸警魂 长寄此身在青山——追记淳安县公安局森林警察大队副大队长方鹏跃》得到省委书记夏宝龙和省委常委、组织部部长胡和平的肯定和批示。11月25日，省级5家媒体采访团来淳采访，在重要版面、重要时段刊播方鹏跃先进事迹。公益宣传求影响，围绕培育社会主义核心价值观，用大版面、大专题、大时段，刊发、播出贴近生活、导向鲜明、新颖活泼的公益宣传内容，产生广泛社会影响。各大媒体均推出“美丽杭州”实验区建设、“秀水富民”“无违建县”创建、“五水共治”“撤村建居”、全县景区化、生态县建设、重点项目建设、城乡统筹、环境保护、节能减排、垃圾分类、文明出行等宣传专题和标语，如千岛湖屏媒每天滚动刊播公益广告6小时以上，公益宣传占总播出量的65%以上。监督宣传求到位。通过《今日千岛湖》一版《湖畔短笛》，二版《记者巡查》和《立此存照》、三版《记者观察》和《呼声与建议》等栏目，对现实中的一些不良现象进行舆论监督。尤其根据县委主要领导的指示，《今日千岛湖》一版开设《曝光台》栏目，加大对水环境保护不力和破坏城乡环境案例的暗访曝光力度，特邀广大市民共同监督、护卫家园，踊跃提供新闻曝光线索，得到县里主要领导的高度关注，要求相关部门及时整改，取得很好的舆论监督效果，栏目发稿43篇。对外宣传求成效。修订完善对外宣传工作实施意见，强化目标考核，加大奖励力度，创设联动协作工作新格局，外宣工作取得新成效，《人民日报》（海外版）刊发2篇；《新华每日电讯》刊发1篇；人民网刊发1篇；凤凰网刊发1篇；《浙江日报》头版刊发2篇，其他版面刊发6篇；浙江在线首页刊发5篇；《杭州日报》头版刊发2篇，其他版面刊发9篇；杭州网首页刊发4篇。

【六大媒体融合发展】 按照全媒体发展要求，创新推动各大媒体全方位融合发展，实现信息资源"一网打尽""一掌打尽"，不断彰显媒体品牌效应。深化中心、科室、个人三级策划，在领导报道、会议报道、系列报道和深度报道等方面得到读者一致好评。加大图片报道分量，设立图片总监，提高图片新闻质量，实现以文定图向以图定文的转变，提升报纸的视觉冲击力和吸引力。提高千岛湖新闻网的引导力，注重发挥千岛湖新闻网容量大、立体化、传播快、集中性强、互动性强等特点，将文字、图像、音频、视频"一网打尽"，如开通淳安群众路线网，上传各类新闻报道2278条；开展"挖掘身边的典型 学习身边的先进"评选、"净网2014""让网络空间清朗起来"等活动，不断提高网络引导能力。淳安手机报注重吸引力，深入研究读者、网友阅读的兴趣和习惯，发挥快捷、及时、互动等优势，进一步调整淳安手机报(千岛湖微报)的栏目、版式和内容等，突出本地新闻分量，强化信息服务功能，用户数2.5万人。提升千岛湖屏媒影响力，将原来的《民生微新闻》改为《千岛湖新闻》，节目时长延长到8～10分钟，进一步改版《图说淳安》，两档原创新闻成为千岛湖屏媒新闻宣传重头戏。完成千岛湖旅游码头的移屏，着手泰隆银行和丁字路口的移屏工作。建立通信网络机制，加强与通讯员的联系，通讯员稿件占总稿源的1/3。强化"淳安发布"的互动力，8月19日，"淳安发布"双微平台正式运行，发布党务政务、权威信息、热点回应、民生信息服务和千岛湖宣传等内容，实现网站、微博、微信客户端等多渠道数据互通的全媒体网络政务信息发布模式。淳安发布在浙江省、杭州市影响力排名均位居前列。"掌上千岛湖"体现创新力，11月9日，"掌上千岛湖"正式开通，包括"掌上千岛湖"综合平台和千岛湖网商平台，为全省县级率先推出的新媒体。拓展"掌上千岛湖"技术应用，完善新闻资讯内容，组织全县"最美志愿者""寻找最美保安员保洁员"等投票评选活动。制定"掌上千岛湖"规范化管理办法，实现有序、规范化管理，开通一个多月，用户达15000余户。注重发挥各大媒体整体优势，构建全媒体信息传播新格局。如千岛湖新闻网的新闻和千岛湖屏媒《图说淳安》图片来自《今日千岛湖》，千岛湖论坛网友意见建议、博客文章、图片等成为报纸新闻来源，淳安手机报快讯以游字形式在千岛湖屏媒刊播，千岛湖屏媒原创新闻在千岛湖新闻网播出，《今日千岛湖》开设《微博民生》和《论坛热帖》栏目，密切关注民生百事。"掌上千岛湖"一掌打尽千岛湖新闻网、淳安手机报、"淳安发布"和千岛湖微报。

【网络舆情有效把握】 千岛湖新闻网严格执行新闻编辑审批制度，凡上传网络的淳安新闻一律实行审批程序，加大责任追究力度。加强千岛湖论坛的管理，落实节假日和夜间值班制度，在全国"两会"、"六四"敏感期间还安排专人24小时值班，确保第一时间发现、处置问题。继续强化网络舆情监控，及时发现、上报、处置各类网上负面舆情，根据舆情新形势，将《网上舆情专报》由月报改为周报，广泛收集广大网民在千岛湖论坛反映的各种问题和诉求，以内参形式及时报送有关领导，为领导了解民情、把握民意提供参考，共刊发45期。每周召开网络管理人员会议，研讨热点问题。针对县内重大活动事件以及网上炒作、议论的焦点，及时到网站的论坛或新闻评论中进行跟帖。落实论坛选题制度，坚持每周上报一个话题，共上报话题近200个。开展"好帖子"评比活动，实行中心主任嘉奖。研判舆情管理、信息技术运用、移动客户端、“网军”队伍、网络发言人等内容。

【全能型队伍得到强化】 2014年是传媒中心成立十周年，中心制作《走向全媒体》宣传画册和专题片，11月9日成功举办十周年纪念会，进一步总结发展成果，提振干事精神。利用党的群众路线教育实践活动，坚持个人自学和集中学习、政治学习和业务学习相结合，创新形成个人自主学、集中组织学、研讨交流学和参观实践学“四学”模式，继续认真落实知识讲座、业务比武、论文评比和摄影比赛等举措，加强新老结对和外出培训工作力度，着力打造全能型业务团队。认真学习廉政知识，观看警示教育片，参观县看守所，开展红色教育，不断提高廉洁自律意识，增强防腐拒变能力。积极创设活动载体，做到理论与实践的统一。如落实“三认”服务机制，领导班子成员靠前指挥，带队深入基层采访，为结对村金峰乡朱家村搭建全县首家村级宣传网站，制作农家乐门牌和宣传折页，助推全县景区化和乡村旅游的发展。深化“走、转、改”活动，采编人员纷纷下基层，接地气，把笔头、镜头对向普通百姓，把话语权交给基层，倾听一线的声音，反映基层的精品力作不断涌现，在2013年度省县市区域报好新闻奖评选中，参评的10件作品全部获奖，新闻部程必停荣获浙江省县市区域报“十佳编辑”荣誉称号，成为杭州地区唯一获得此项殊荣者。行政后勤人员通过“三提高”活动，梳理岗位职责，查找自身差距，服务意识和效率意识得到不断提升。

【内部管理有条不紊】 认真修订岗位责任考核实施办法，注重向一线侧重，体现倒扣的思想，提升新闻宣传质量。制定千岛湖新闻网稿件发布管理办法，明确千岛湖新闻网稿件发布的程序、时间和考核等。强化千岛湖新闻网、千岛湖屏媒、“淳安发布”的防范措施，确保安全、有序播出。规范“掌上千岛湖”、千岛湖网商的机构管理、栏目设置和操作流程等，推动两个平台规范化运行。建立新闻宣传、内部管理和广告经营三方面长效机制。其中，新闻宣传即在新闻策划、采访、编辑、把关防错和考核等方面予以明确；内部管理即完善作风建设、业务管理、学习制度、考核办法、财务管理、行政管理和科室管理等内容；广告经营即继续坚持采编和经营分离，新闻报道和经营活动分开，规范承包方式、广告管理、财务管理、广告增版和经营考核等内容。

【基层组织充满活力】 2014年底，选举产生党支部新的领导班子，王富设当选支部书记。根据县委统一部署，继续安排一名退二线干部担任非公企业指导员，安排一名中层干部任农村工作指导员。落实组织生活会制度，每年举行民主生活会2次。规范党支部学习制度，每月集中学习不少于1次。参加各类业务知识培训，提高党务干部综合能力，认真抓好党员发展工作。深入开展“1+X”“一户一策一干部”等慰问活动，帮助群众解决实际困难。组织党员爱国主义教育、进社区服务和“25日集中服务”等活动，充分发挥党员先锋模范作用。工会继续突出履行工会职能，丰富职工精神文化生活，组织员工前往天屿林区义务植树，与其他单位联合举办趣味运动会，组织第二届“传媒好声音”卡拉OK赛并做好现场录播。妇委会组织人员参加县第六届全民运动会排舞比赛，开展健康养生知识讲座等，巩固省级“巾帼文明岗”创建成果。团支部发挥青年生力军作用，组织团员青年参与城市环境精细化管理、县福利院志愿服务、下乡爱心捐赠和观看励志影片等，成功创建省级“青年文明号”。

（王朝峰）

卫 生

·综 述·

【概况】 全县有各类医疗机构339家。其中，县级医院4家(综合性医院2家，中医院1家，妇幼保健院1家)，结核病防治所1家(挂靠在县疾控中心)，中心卫生院4家，乡镇卫生院17家，社区卫生服务中心2家，社区卫生服务站49家，急救中心(站)4家，民营医院4家，民营门诊部1家，个体诊所、厂矿学校医务室54家，村卫生室201个。全县病床数1393张，千人床位数为3.1张。全县卫技人员总数2061人，其中公办医疗卫生机构1863人(包括村卫生室165人)，每千人口卫技人员4.58人。其中，医生1088人，每千人口医生数2.41人；护士(师)755人，每千人口护士(师)数1.68人。

2014年，全县医疗机构(含村卫生室)完成门诊248.32万人次，全县出院病人总数4.94万人次，公立医疗机构总收入7.51亿元。

2014年县级医院业务情况

表9

单位	门诊（人次）	出院病人（人次）	床位使用（%）	平均住院日（天）	总收入（万元）
县一医院	396194	23172	98.17	9.16	32618.16
县二医院	198038	8681	128.43	6.7	9178.4
县中医院	378896	11126	93.81	9.33	16528.4
县妇保院	186324	4843	115.38	7	6715.82
合　计	1159452	47822	101.36	9.05	65040.78

2014年中心卫生院业务情况

表10

单位	门诊（人次）	出院（人次）	床位使用（%）	平均住院日（天）	总收入（万元）
威坪中心卫生院	125422	707	38.83	7.82	2342.47
临岐中心卫生院	68253	686	48.31	7.49	1341.38
大市中心卫生院	38862	189	53.01	8.19	538.14
姜家中心卫生院	38142	80	8.51	6.99	768.81
合　计	270679	1662	37.17	7.69	4990.8

【深化城市优质医疗资源下沉】 省市托管医院长期派驻在淳安的专家达37人，全省最多，专家实际在淳安服务时间最长，而且相对固定，托管后县一医院门急诊人次同比增长11.47%，住院人次同比增加7.7%、四类手术同比增加12.65%，病人外转下降9.7%，医改补偿率110%，并成功申报省医药卫生科技项目2项，市科技局课题3项，市卫生局课题3项，县科技局课题12项，泌尿外科、妇科、影像与B超等科室已经形成较大的影响，部分外地病人慕名前来就诊。县中医院开展了无痛胃肠镜404次、镜下治疗129人次、眼科手术150台。县二院在儿科、肛肠科、内科开展了多项新技术新项目。在此基础上，县级医院在省市医院托管的情况下进行了县域医疗资源下沉，2家县级医院到4家中心卫生院办分院，15名主治以上职称医生下派到中心卫生院工作，提升了中心卫生院的医疗服务能力。

【开展慢性病综合防控示范区创建】 在杭州市辖县市率先启动省级慢性病综合防控示范区创建工作，创建工作列入2015年政府工作报告，专项创建经费得到落实。

【积极发展民办医疗】 成功引进了2家民营医

疗机构，其中一家为精神病医院，已于7月19日正式运行。截至12月底，出院病人已有100余人次，正在住院治疗的有50余人。另外，新富骨伤医院扩建工程已顺利实施，2014年已投资1000余万元。

【基础设施建设】 实施6项县级医院配套工程。积极配合代建单位做好县一医院门诊楼地下改建停车库、高压氧康复楼工程、县妇保院迁建工程、县中医院停车位建设，启动实施县一医院专家楼工程和县二医院手术综合楼项目建设。实施4项乡镇卫生院建设工程。积极配合相关乡镇做好文昌镇卫生院迁建工程、梓桐镇卫生院迁建工程、瑶山乡卫生院改建工程、汾口镇社区卫生服务中心新建工程，除个别项目因土地征用因素影响进度外，其余项目基本完成时间节点任务。

·医政管理·

【推进公立医院改革】 根据《浙江省分级诊疗试点工作实施方案》的要求，出台《淳安县人民政府办公室关于建立分级诊疗和双向转诊制度的实施意见（试行）》，制定《淳安县医疗机构分级诊疗服务规范》。从2014年12月起，在全县推行"基层首诊、分级诊疗、双向转诊"制度。2015年1月1日，分级诊疗信息系统在县级医院开始试运行。在县级医院继续开展临床路径管理，全年临床路径管理病种共26个，入径病例数1245例，同比增长30%。

【加强医疗质量管理】 制定《淳安县等级卫生院评审实施意见》，成立县卫生院等级评审专家组，通过人员培训、自评申报、技术指导、演练观摩、验收评估等步骤，7月完成了全县7家乙等卫生院的等级评审工作。指导中心卫生院申报甲等卫生院，最终威坪中心卫生院和临岐中心卫生院2家通过市级评审和省级复核，成功拿下甲等卫生院牌子。为提高基层医疗机构院感管理人员知识水平，从4月起，各乡镇卫生院（社区卫生服务中心）院感管理负责人到县第一人民医院进行为期一周的院感管理实践轮训。利用医疗机构校验会议契机，开展对全县民营、个体医疗机构管理人员院感管理知识现场授课培训。卫生局将医疗机构抗菌药物专项整治和"阳光用药"指标列入对医疗机构的综合目标考核内容，开展对中心卫生院以上医疗机构抗菌药物临床使用情况和处方点评工作的监测，促进合理用药。实施"阳光用药"公示制度，每季度在政府门户网站公示县级医院和乡镇卫生院"阳光用药"信息，接受社会的监督。

【提升医疗服务能力】 制定出台《淳安县推进县级医院医疗资源下沉提升中心镇医疗服务能力实施方案》和《淳安县县城医生晋升职称前到基层服务实施细则》，8月启动该项工作，淳安县第一人民医院分别在威坪中心卫生院、姜家中心卫生院和大墅中心卫生院设立分院，淳安县中医院在临岐中心卫生院设分院，定期下派医疗骨干到医院开展医疗服务。第四季度共下派医疗骨干16人次，服务天数为612天，诊疗1716人次。在原有1个急救分中心、2个急救站的基础上，在县中医院新增设急救点并正式运行，增配抢救型救护车2台。

【医疗机构和人员准入】 全年批准设立民营精神病专科医院1个、民营口腔门诊部1个、学校医务室1个，变更地点设置个体诊所1个。批准通过校验医疗机构292个。组织完成对全县新（重）设36个村卫生室的执业验收。完成162人医师资格考试报名审核、192名护士注册和164名乡村医生再注册工作。

【医疗纠纷调处】 共调查处理群众来信来访投诉51起。推进县级医院一站式医患沟通服务中心建设。

【医疗保障工作】 完成国际和全国各类体育赛事、县拆迁、消防实战演练、招生体检、秋季征兵体检的医疗保障工作。做好每月一次残疾鉴定工作。

【中医工作】 县中医院依托上级协作医院市一医院和杭州武警医院的优势,重点发展眼科、五官科、消化内科、中医肿瘤科、中医骨科、康复科等学科。设立基层常见病多发病中医药适宜技术推广基地,每月组织乡镇卫生院中医药人员参加国家中管局的统一培训,促进基层医务人员利用中医药适宜技术为群众服务。使重点人群中医药服务健康管理率达20%,居民健康档案中开展中医体质辨识率达60%以上。8月,淳安县启动县级医院医疗资源下沉中心镇卫生院工作,县中医院与临岐中心卫生院建立了协作关系,定期下派医疗骨干到卫生院开展医疗服务。临岐中心卫生院院长汪玉良经过推荐选拔,成为省第二批基层名中医院培养对象。淳安县拥有县级以上名中医16名(国家基层名中医1名,市级名中医1名,市级基层名中医6名,县级名中医8名)。在县中医院开展名中医结对帮扶活动,中医院有两名年轻医生有幸成了国家名中医傅萍的徒弟。威坪中心卫生院和临岐中心卫生院完成中医药综合服务区的建设。

【科教工作】 按照杭州市卫生局医学培训中心的要求,做好淳安县初级继教的报名以及考试考务工作,初级继教60人,全科医师继教65人,社区护士岗位培训12人。根据省基层公共卫生人才培训方案,先后选送全科医师骨干师资9名、2014年复合型公共卫生骨干1名、城乡公共卫生人才4名、基层医技人员12名参加培训。继续加强中高级继教人员的学分管理,将医务人员学分档案建立和学分完成情况纳入卫生局对医院综合目标管理考核,定期开展监督检查。进一步做好新模式住院医师规范化培训工作,2014年参加住院医师规范化培训的共196人。

·人事管理·

【干部队伍建设】 2014年10月,实施基层医疗单位领导班子换届调配和部分干部岗位竞聘上岗。对全县各乡镇卫生院、中心卫生院、农卫站、千岛湖镇和汾口镇社区卫生服务中心的现任班子成员6名干部的岗位进行了交流和调整;通过竞聘上岗,5名干部分别走上了乡镇卫生院长和中心卫生院、社区卫生服务中心副职领导岗位;从县城医疗卫生单位选派1名干部下派到中心卫生院任院长助理。

【人才工作】 2014年,通过双向选择,面向全国招收录用本科以上学历毕业生43名,其中本科37名、硕士研究生6名。通过公开招考,录用中专以上学历毕业生88名,其中中专8名、大专53名、本科26名、硕士研究生1名。49名在职卫技人员通过自考、成教、函授等途径完成专升本学历教育,取得本科学历。选派33名卫技人员到省、市级医院进修学习。委托浙江省医学高等专科学校定向培养乡村医生,从参加2014年全国高校统一招生考试的考生中录取20名到省医高专临床医学专业(大专)学习。

【技术职称工作】 2014年,全县共有252人取得卫生专业技术职称,其中通过浙江省卫生技术人员高级专业技术资格评审委员会评审取得卫生正高级技术职称6人,通过杭州市卫生技术人员高级(副高)专业技术资格评审委员会评审(考评结合)取得卫生副高级技术职称37人,通过全国统一考试取得中级技术职称68人、初级技术职称141人。

·公共卫生·

【基本公共卫生服务项目】 调整县公共卫生项目办成员，制定下发《关于调整淳安县基本公共卫生服务项目管理办公室成员的通知》（淳卫函〔2014〕8号）。健全卫生监督协管体系，聘任72名卫生监督协管员，协助开展卫生监督协管工作。进一步完善突发公共卫生事件应急指挥决策系统和应急医疗救治指挥中心建设，做到统一指挥，合理调度。组织疾控、监督、妇幼3家职能单位坚持每季度对各乡镇卫生院开展一次公共卫生专项督导，及时纠正存在的问题，不断提升基层医疗卫生机构的公共卫生服务管理水平。完善考核机制。重新修订完善《淳安县公共卫生服务工作考核办法》（淳卫〔2014〕47号），规定考核方式采取分段制，考核分数采取百分制，考核结果采取等评制，考核质量采取复核制的“四制”做法。

【重大公共卫生服务项目】 继续做好农村孕产妇住院分娩补助、孕前和孕早期免费服用叶酸、农村妇女“两癌”筛查等国家和省市重大公共卫生服务项目。农村孕产妇住院分娩补助2339人次，完成任务数的100.7%；孕前和孕早期免费服用叶酸4085人次，完成任务数的102.1%；农村妇女宫颈癌筛查8867人次，完成任务数的86.5%；乳腺癌筛查1500人次，完成任务数的100%。

【城乡居民健康管理】 严格按城乡居民健康体检工作要求开展体检工作，确保项目齐全、体检规范。截至12月底，共体检160733人，其中0～6岁儿童23770人、中小学生39231人、60岁以上老年人50049人、其他成人47683人，60岁以上老年人体检率93.91%。在此基础上，进一步规范城乡居民健康管理工作，加快推进居民健康管理和诊疗等信息的互通共享，完善电子健康档案的内容，城乡居民规范化电子健康档案建档率巩固在85%以上。全县城乡居民规范化电子健康档案42.15万份，规范化率92.13%，全科医生有效签约服务对象3.4万人，全部开通了网上互动平台。

【规范化创建工作】 2014年新创建2家五星级妇保儿保门诊、2家三星级妇保儿保门诊，均已通过市级验收。组织16家乡镇卫生院开展杭州市艾滋病快速检测点建设工作，均顺利通过市级考核验收。组织5家单位开展省级卫生监督协管示范点创建，均已高分通过了省里的抽查复核。

【省级慢性病示范县创建】 启动省级慢性病综合防控示范县创建工作。11月，参加市里组织的创建学习培训班。认真学习创建标准，拟定创建工作方案，做好动员会议相关前期准备工作。

【青少年口腔保健】 2014年以强抓质量管理、扩大受益面为着力点，抽调22名医疗技术骨干组建县一医院、县二医院、县中医院3支医疗队，覆盖全县71.43%的中小学校55所。同时开展集中式操作培训，实施凭证上岗、期末开展质量抽查和复查制度。历时2个月，3支医疗队顺利完成今年的封闭任务，应封闭2994人，实际封闭2982人7341颗牙齿，封闭率达99.6%。11月24日，经市口腔办专家复核，完好率达92.2%，获得了上级的高度肯定。

【传染病防控】 H7N9禽流感疫情防控成效明显。2014年淳安县卫生系统经受住了H7N9禽流感疫情防控的考验，未发生相关病例，整个防控工作组织健全，方案科学，布置周密，职责明确，防控得当。信息报告和疫情处置得当，全年发生2起学校聚集性疫情，均在第一时间赶赴现场进行调查和有效处置。顺利完成食品安全风险监测工作，已完成任务数的104.31%。组织开展卫生应急演练，通过以演代训，促进提升基层卫生应急队伍应急处置能力。

【妇幼保健管理】 建立危重孕产妇抢救基金，县财政每年预算10万元，专项用于危重孕产妇抢救。撤销威坪和临岐2家中心卫生院助产技术资格，全县产科力量得到整合及加强。加强妇幼保健管理，通过发放免费服务券的方式，打破乡镇辖区限制，使孕产妇、儿童在县内任何一家医疗机构均能免费享受基本公共卫生服务项目。同时，推行动态管理机制和信息沟通机制，实现流动人员妇幼保健信息的“无缝对接”。2014年，全县剖宫产率为43.2%，较去年同期下降10.0%；5岁以下儿童死亡率控制在5.0‰以内；婚检率达到97.2%以上；产前筛查率为97.2%，新生儿疾病筛查率为99.92%。

【基层公共卫生队伍建设】 以赛竞能，增能力。以强化《基本公共卫生服务规范》及慢病指南为切入点，组织开展全县基本公共卫生知识竞赛、PPT制作演讲大赛、妇幼技能竞赛、卫生应急能力大比武等4项竞赛。特别是在全市妇幼健康技能竞赛中，淳安县选派6名医务人员，有3人获得个人二等奖，3人获得个人三等奖。以培代训，提素质。将基本公共卫生服务项目的业务培训工作作为一项常规性工作来抓，通过邀请省市专家，从职能单位或基层医疗单位抽调工作经验丰富的骨干组成讲师团，定期深入基层组织开展全员培训工作。以会促学，强服务。为切实提高基层公共卫生工作人员的岗位履职能力，建立防保或项目办例会制。通过例会的形式，一方面传达布置当前工作，另一方面组织开展了业务交流学习，对工作进行检查，发现问题，推广亮点。

【健康教育】 积极与县科协沟通联系，共同编印《健康教育科普专刊》，并扩大版面，增加科普知识，使健康教育宣传内容多样化。调整发放数量和宣传方式。主要发放对象调整为孕产妇、老年人等重点人群，及机关事业单位、车站、码头等重点公共场所，在每个行政村的宣传栏进行张贴，通过短信、微博等方式进行宣传。多层次进社区开展宣教活动，利用主题活动日等开展形式多样化的讲座、培训及义诊咨询活动。

·疾病预防控制·

【疫情概况】 2014年全县无甲类传染病报告，共报告乙类传染病10种819例，报告发病率248.12/10万，同比上升10.97%。前五位病种为肺结核、梅毒、淋病、病毒性肝炎、菌痢。报告丙类传染病4种1564例，报告发病率473.83/10万，同比下降20.25%。

【疾病监测】 全年监测医疗机构肠道门诊初诊病人689人，食品、公共场所等重点行业从业人员11973人，大肠杆菌感染监测419人，均未检出霍乱阳性病例和带菌者。8月，在汾口镇完成钩端螺旋体病省级项目现场监测，采集鼠肾101对01群钩体阳性1份，采集蛙肾100对01群钩体阳性1份，采集鸭血清10份01群钩端螺旋体抗体阳性1份。2014年县疾控中心接报聚集性疫情7起，累计发病63例，均及时调查处置并控制疫情。

【结核病防治】 全年共发现登记结核病486例，其中肺结核375例、结核性胸膜炎58例、肺外结核53例。肺结核均予查痰，发现涂阳病人204例，其中新发157例。对肺结核病人均予免费检查治疗，其中的涂阳病人予以全程督导管理，171例涂阴肺结核予以强化期督导(重症的予以全程督导)管理。2013年12月至2014年11月，全县非定点医疗机构新报疑似肺结核病人316人，经追踪后全部转诊到位。2013年发现的涂阳肺结核病人满疗程治愈率88.58%，其中新发病人占89.89%、复治病人占82.93%。2014年各乡镇普遍开展涂阳病人密切接触者检查，共检查587人，查出涂阴病人2人。对县一院、县二院痰检2次室间质控，抽查的120张痰片符合率均达100%。开展痰分枝杆菌培养179例，涂阳培阴5例，检出174份阳性标本上送进行药敏试验。

全年2次对全县防保医生和保健医生进行结核病防治管理知识培训，参加培训120人次。3月24日“世界防治结核病日”，县局组织专家到千岛湖广场和县一医院开展结核病防治宣传咨询活动。12月1日和5日分别在千岛湖中等职业学校、西园广场开展了结核病宣传咨询，发放宣传资料700余份。

【艾滋病防治】 继续按要求对现住本地的新报告HIV感染者进行确认阳性告知和流调，并对其配偶进行配偶告知和检测。对在册管理的艾滋病病人和HIV感染者继续实行免费抗病毒治疗。继续落实“四免一关怀”制度，县疾控中心对免费治疗的艾滋病病人检验费、差旅费均予报销。协助9户艾滋病病人、感染者家庭申请低保，并与县预防医学会合作，不定期开展上门慰问和关怀工作。全年开展艾滋病高危人群行为干预5973人次，发放宣传资料7813份、安全套9523个。

全年共对外来婚嫁女、监管场所羁押人员、男男性行为人群、暗娼人群、外出返乡人员、外来务工人员、老年男性等7类重点人群开展艾滋病筛查，共筛查2796人，术前、产前病人免费HIV检测12838人次，均未发现HIV抗体阳性。全县艾滋病自愿咨询检测1182人次，发现2例HIV抗体阳性。

稳步推进艾滋病检测点建设。至年底，16个乡镇卫生院建立艾滋病检测点。上半年对全县责任医生、防保医生开展了一次艾滋病防治知识巡回培训，下半年对县级医疗机构开展了一次艾滋病反歧视和职业暴露防护技术专题培训。

【其他传染病防控】 全年共报告手足口病426例，家庭聚集性疫情2起，经县疾控中心采集79份标本检查，肠道病毒阳性率73.42%，其中EV71、CoxA16、CoxA6、CoxA10分别占24.14%、22.41%、3.45%、5.17%，其他肠道病毒占44.83%。在县一院、县二院规范开展麻风可疑症状者筛查和转诊工作。1例治完现症麻风病人停药监测，规范管理，密切接触者4人经检查未发现异常。对4例监测期病人进行随访检查。

【免疫规划】 全县预防接种门诊稳定开展卡介苗、脊灰糖丸、百白破、麻苗及乙肝、白破二联及流脑、乙脑、甲肝等免疫规划“九苗”基础免疫和加强免疫等常规工作，接种率均在95%以上。开展上述免疫规划“九苗”查漏补种工作，重点加强大脊灰疫苗、麻疹疫苗查漏补种工作，春节期间按规定免疫程序完成“九苗”相应针次接种3789人次，下半年麻疹查漏补种共补种160人次。根据省卫计委统一部署，全县17所初中的3815名初三学生开展了麻风疫苗接种，共完成了3706人的接种，禁忌39人，接种率为98.15%，达到了预期目标。

全年报告疑似预防接种异常反应79例，无死亡病例、群体性疑似预防接种异常反应、预防接种事故报告。2014年全县报告麻疹确诊2例（1例归属上海）。报告AFP（脊髓灰质炎）病例3例（其中省儿保1例），流行性腮腺炎、水痘等疾病发病平稳，脊髓灰质炎、流脑、百日咳、白喉、新生儿破伤风等均无病例报告。

巩固规范化预防接种门诊建设成果，加强对全县所有接种门诊督导检查，建立健全星级预防接种门诊长效管理机制。10月，组织部分接种单位的人员进行交流学习，相互提高。完善免疫规划信息化建设，每月定期分析挨饿接种率及重卡情况，启用国家免疫规划信息管理系统，逐步规范使用常规接种率报表、冷链设备管理、疫苗出入库等模块。

【慢性病防治及死因统计】 2014年全县共报告死亡总数为3052人，其中男性1742人、女性1310人。2014年总粗死亡率666.10/10万，男性747.76/10万、女性581.64/10万。平均期望寿命80.21岁，男性78.04岁、女性82.65岁。前5位死因依次为循环系统疾病(1027例)、肿瘤(781例)、损伤和中毒等外部原因(421例)、呼吸系统疾病(404例)、消化系统疾病(104例)，上述5种疾病占总死亡人数的89.68%。

全年共报告肿瘤1218例(其中男704例、女514例)、糖尿病921例(其中男593例、女418例)、脑卒中1295例(其中男702例、女593例)、冠心病240例(其中男127例、女113例)。

全县433891名城乡居民建立电子健康档案，建档率达94.52%。登记管理高血压、糖尿病病例分别为38899例、5827例，患病率分别为8.47%、1.27%。落实社区责任医师对高血压、糖尿病、肿瘤、脑卒中、冠心病等重点慢性病病人随访管理工作。

【地方病和寄生虫病防治】 开展碘盐监测和碘缺乏病查病工作，12个月抽检县盐业局仓库食盐108份，碘盐率100%，碘盐合格率100%，盐碘中位数25.2毫克/公斤。上半年检测居民(农户)家庭食盐300份，碘盐份数280份，碘盐率93.33%，合格碘盐份数273份，碘盐合格率97.50%，盐碘中位数24.1毫克/公斤。对5个乡镇2～4年级学生甲状腺触诊300人，肿大人数为15人，均为Ⅰ度肿大，肿大率为5.00%。对学生、孕妇各检测尿碘300份、100份，中位数分别为156.8微克/升、91.6微克/升。下半年开展了2014年碘缺乏病PPS项目，选取了大墅中心小学生8～10岁各年龄段20名，其中男、女各半，合计60名，孕妇30名。学生携带的60份盐中，非碘盐3份，碘盐57份，碘盐率95.00%。合格碘盐56份，合格碘盐率98.25%，盐碘中位数为23.3毫克/公斤。孕妇基本上是小包装盐，半定量均为碘盐。60名学生尿碘中位数为150.00微克/升，在100～300微克/升的适宜范围内。30名孕妇的尿碘中位数为100.85微克/升，低于150微克/升的适宜范围。这次采用了测量甲状腺容积法，分左右叶。分年龄进行评价，8岁、9岁、10岁甲状腺容积分别为1.63毫升、1.56毫升、1.87毫升，均未显示有结节。

4月，继续在汾口镇开展春季查螺，查螺总面积1.68公顷，投工52天。流动人口血吸虫病监测1080份，无阳性。全县医疗机构“三热”病人血检份数1175份，其中外地人口119份，总血检率为2.58‰。

【消毒质量监测和病媒生物】 全年共对4家县级医院、12家乡镇卫生院及6家卫生室开展消毒质量监测，监测样品282份，合格率88.65%，主要不合格项是医疗污水、紫外线灯辐射强度；对16家托幼机构进行消毒质量监测，监测样品226份，合格率89.38%，主要不合格项是紫外线灯辐射强度和物体表面细菌总数。

在千岛湖镇开展鼠、蝇、蚊、蟑螂密度监测，鼠、蝇、蚊、蟑螂平均密度分别为0.04只/百夹、8.63只/笼、1.98只/灯•小时、8.89只/张•夜。在汾口镇开展成蚊密度监测，成蚊平均密度为6.11只/灯•小时。2014年县疾控中心建立病媒生物实验室，在千岛湖镇采集优势蚊种淡色库蚊，采用浸渍法开展抗性监测。监测结果显示，化学毒性强度由低到高为敌敌畏、丙烯菊酯、高效氯氰菊酯、溴氰菊酯、残杀威、三氯杀虫酯。与敏感品系比较，以敌敌畏的抗性水平提高最多。

【卫生监测】 继续开展饮用水水质监测。2014年城镇集中供水水源水和出厂水监测21份，均合格，管网末梢水监测144份，合格率95.83%，其中千岛湖镇全部合格。全年共监测农村集中式供水水厂末梢水样355份，合格率21.1%。完成杭州市爱卫办农村集中式供水水厂丰枯水期出厂水、末梢水监测各120份，合格率分别为6.7%、11.7%。完成省爱卫办农村自来水监测100份，合格率7.0%。在千岛湖镇设5个监测点共监测二次供水24份，合格率为95.8%。5月和9月对5所农村学校自备水进行监测，合格率为60%。2014年监测各类公共场所样品246份，合格率98.8%；检测总项目数364项次，合格项目数361项次，检测项目合格率99.2%。

2014年对淳安千岛湖船业有限公司等4家企业开展9种职业危害因素的监测，实测点位56个，样品264份，结果均合格。对21家放射工作单位92名放射工作人员进行个人剂量检测，人均年剂量当量是0.087mSv，集体剂量当量是23.248mSv，没有超剂量。

继续开展食品安全风险监测，完成监测样品332份，超额完成杭州市下达的任务。在县一医院设立食源性疾病主动监测哨点，2014年上报腹泻病例413例，检测317份标本，阳性12例（沙门菌株11例，副溶血弧菌1例），总检出率为3.44%。在4家县属医疗机构设立疑似食源性异常病例/异常健康事件监测哨点。2014年参与食源性疾病（食物中毒）事件流行病学调查2起。

继续对3个监测点进行学校卫生监测，共开展健康检查3288人，发现身高评价下等、体重评价下等、营养不良、肥胖、视力不良比例分别为18.10%、15.85%、21.53%、7.21%、84.28%，龋患率10.80%，沙眼1.37%；缺课共1211人天，无因病退学，无学生意外死亡发生。完成55所学校2982名学生的窝沟封闭防龋工作，封闭牙齿7341颗，封闭率达88.27%，同时对上年封闭对象进行复查并对原未萌出者及脱落者进行了重新封闭。

【健康教育与健康促进】 抓好创新，开展主题宣传日进校园活动。“5•20”学生营养日，在姜家镇中心小学开展以“健康饮食，让我们赢在起跑线上”为主题的营养日活动。“12•1”世界艾滋病日，联合团县委、县卫生局、县教育局在千岛湖中等职业技术学校举办了一场大型的“青春红丝带”活动。2014年将《健康教育专刊》升级为《健康教育科普专刊》，并科学调整发放对象。6月30日，首次举办淳安县健康教育演讲比赛，县属医疗卫生单位、各片农卫站、千岛湖镇社区卫生服务中心等单位共12位选手参赛，提高了医务人员的健康素养和专业技能。在大墅镇、安阳乡、淳安中学、淳安第二中学开展样本为1000人份的重点传染病素养调查项目，项目于11月底圆满结束。

【实验室检验与管理】 县疾控中心实验室继续规范检测程序，保证质量管理体系持续有效运行，提升检验检测质量。2014年把不再使用的历史遗留剧毒危险化学品全部送专业公司销毁处理，保证实验室安全。做好实验室质量控制，参加省、市相关部门流感、硝酸盐氮、锌、蜡样芽孢杆菌、HIV抗体、尿碘、盐碘、梅毒、金黄色葡萄球菌等项目盲样考核，参加杭州市淳安、建德、临安、桐庐4县市疾控中心实验室间比对，结果均满意。2014年新开展三氯甲烷、四氯化碳等检测项目，提升了生活饮用水的检测能力。

•卫生监督•

【环境卫生】 按照省市要求，完成了美容美发场所80%、其他场所100%的监督和量化分级任务，完成省监督信息系统的录入工作。按计划对3家住宿场所、1家商场、1家影剧院、6家美容美发场所、1家沐浴场所的公共卫生用品采集检测样品74份、空气样品18份送检，监测结果合格率100%。开展游泳场所专项卫生监督监测工作；选择3家风景区宾馆酒店，开展住宿场所

"333"卫生管理规范试点工作。在公共场所A级单位和B级单位中推行卫生"五常法"管理。通过与千岛湖旅游委员会合作，在千岛湖镇19家宾馆、旅店开展公共场所卫生监督信息二维码公示试点工作，消费者可以很方便地通过手机扫描摆放在宾馆及旅店大堂服务台、客房床头柜、旅委电子屏媒等地方的二维码，了解所在场所及试点酒店的卫生状况，同时还可以通过该平台了解淳安县的旅游信息。开展公共场所控烟工作，根据《杭州市公共场所控制吸烟条例》的要求，对城区公共场所进行控烟执法检查，检查范围涵盖了经营性住宿场所、学校和幼儿园、美容美发场所、歌舞娱乐场所、商场超市、餐饮场所、烟草销售场所等。

【生活饮用水卫生】 对全县23个乡镇、63所中小学及二次供水单位的集中式供水、自建设施供水等生活饮用水设施开展基线调查工作，为今后全县的生活饮用水卫生监督管理取得第一手基础资料。按照省市要求，全年对本县持证的3家集中式供水单位、5家二次供水单位进行32户次的监督检查，监督检查覆盖率100%。采集水源水、出厂水、管网末梢水和二次供水共计173份水样送检，其中有8份水样不合格，总体合格率为95.36%。

【职业放射卫生】 职业健康管理方面，根据市所要求，开展了疑似职业病报告专项检查工作，开展职业健康检查机构监督检查，开展了职业病防治法宣传活动。开展职业病危害监控处置，全年开展作业场所检测评价9家，检测点191个，合格点104个，进行监控处置9家。辖区企业接害劳动者共1856人，进行职业健康检查1189人，收到体检报告30份，检出疑似职业病1例、职业禁忌6人，监控处置30份；收到职业病报告2例，监控处置2例。年度内新发现尘肺病1例、噪声性耳聋1例。

放射卫生监督方面，对全县14家开展放射诊疗活动的医疗机构开展了重点监督检查，监督检查覆盖率达100%。全县从事放射工作人员69人，其体检率、培训率、监测率均为100%。积极组织并参与医疗机构放射防护管理规范化创建活动，2014年，淳安县中医院和淳安县威坪中心卫生院成功创建"杭州市规范化示范医院"。还开展了口腔种植行业放射诊疗专项监督检查。

【医疗与传染病卫生】 开展依法执业监督检查工作，对医疗机构依法执业情况、诊疗活动范围、医疗广告发布、医务人员的资质、医疗机构临床用血情况进行了监督检查。开展消毒隔离监督检查，淳安县设置了6家区域消毒供应中心，供应全县基层医疗机构的消毒物品。威坪、临岐、大墅消毒供应中心已建成投入运行。开展医疗废物处置的监督检查，在完成全部4家二级医院医疗废物处置在线监控工作的基础上，2014年开展了中心卫生院的医疗废物在线监控工作，相关设备采购工作正在进行。开展打击非法行医专项行动，2014年初，联合县公安局、县综治办、县建管局、县计生局和县药监局等六部门印发了《淳安县进一步整顿医疗秩序打击非法行医专项行动方案》，召开了多部门的打非联席会，进一步明确了打非工作任务和各部门的职责分工。开展重点传染病防控措施的监督检查，开展了肠道、发热门诊检查，开展了H7N9禽流感、埃博拉出血热等传染病防控检查工作，重点针对各医疗机构对各种传染病知识培训情况、物资储备和预检分诊工作进行了检查。开展医院消毒隔离监测工作，联合淳安县疾病预防控制中心对淳安县第一人民医院进行现场监督检测。共采集监测样品26份，其中合格24份、不合格2份，合格率为92.3%。医护人员手5份、口腔科用水10份、该2种样品各有1个样品不合格，合格率分别为80%、90%。开展医疗机构校验、医疗卫生机构疫情措施落实情况、预防接种单位、病原微生物实验室生物安全方面、县疾病预防控制中心和学校传染病防控工作等专项监督检查。淳安作为全省一个试点县，开展了传染病防治分类监督综合评价试点工作，此项工作正在推进。

【学校卫生】 2014年度，开展了以传染病防控为主题的校园卫生安全健康行动，共检查学校63所。主要检查学校卫生组织管理情况、学生传染病与常见病防控工作开展情况、学校突发公共卫生事件应急预案制订情况、学校开展健康教育工作情况，以及学生晨检和控烟开展情况。针对检查中发现的问题，卫生监督员一方面进行现场技术指导，另一方面依照法定程序出具详细的卫生监督意见书，责令限期整改。同时对20所学校进行了学校教学环境卫生监测。此外还对全县学校饮用水卫生开展了监督检查，并对8所学校的分散式供水和2所学校的直饮机水进行了卫生监测，共采集样品14份送检，检测合格率为92.9%。并及时把检测结果反馈给县教育局，同时抄送当地政府。

【卫生保障工作】 制定重大节假日期间的卫生保障方案，加强节假日期间的监督检查及监测力度。2014年淳安县未发生突发公共卫生事件。

·爱国卫生·

【卫生创建】 2014年汾口、石林2个乡镇接受“省卫”复评，4月16～17日，县爱卫办组织汾口、石林2个乡镇的分管领导到临安参加了杭州市卫生创建工作业务培训。对其他市级以上卫生乡镇，结合“无违建县”“五水共治”、“三改一拆”“清洁乡村”“清洁庭院”等工作，采取联合督查的方式，每月组织一次联合督察，督察情况进行排名和通报。通过这些切实有效的措施，督促乡镇抓好卫生长效管理，使卫生创建工作常创常新。

【农村改厕】 根据县政府下发的《淳安县“五水共治”三年投资计划》，2014年全县要完成27760座三格式无害化厕所改建任务。县爱卫办将农村改厕纳入“五水共治”范围，列入了乡镇精神文明建设考核内容。编印了20000份农村改厕施工图纸并分发到各乡镇和村，并且安排一名工作人员专职负责农村改厕的指导工作。12月底，在市爱卫办组织的考核验收中，改厕工作由于领导重视、资金到位、规范施工、改厕质量好，受到考核组的高度评价。

【病媒生物防制】 为保障群众身体健康，巩固发展“国卫”成果，有效控制“四害”密度，11月3～4日，杭州市爱卫办对淳安县灭鼠先进县城进行第三轮复评。考核组采取听汇报、查资料、查现场、粉块监测等方式进行了考核。通过检查，考核组认为，淳安县委、县政府高度重视灭鼠工作，各有关部门通力协作，密切配合，灭鼠各项指标均符合全国爱卫办要求的标准，一致同意通过复查考核。此外，2014年县爱卫办还在千岛湖镇南山、南苑2个社区继续开展“毒鼠屋”试点工作，12月底，2个社区600个多“毒鼠屋”全部安装到位。

【农村饮用水水质卫生监测】 为确保农村群众饮水安全，2014年淳安继续实施全县农村饮用水水质卫生监测，将农村日供水20立方米以上的385座集中式供水厂（站）列入项目监测范围。2014年丰水期、枯水期的水质监测工作已全面完成。

【国家卫生县城巩固】 专题研究环境卫生精细化管理专项整治行动方案，制定并下发《“国卫”巩固重点工作安排》以及《城区环境卫生整治提升精细化管理水平工作方案》2个文件。 9月10日，邀请杭州市爱卫办处长王莲花来淳安就“国卫”标准进行学习和培训。从9月9日开始，组织5个督察组，对照国家卫生县城标准，对各社区、单位城区环境卫生精细化管理开展情况进行了为期一周的全方位督察，11月以后，更是一周一督察。针对督察中发现的问题和薄弱环节，及时研究制定整改方案，落实责任，限期整改，提升了千岛湖镇城区整体卫生水平。

·妇幼保健·

【免费婚检】 全县共登记结婚7990人。婚前检查7768人，婚检率97.22%；查出疾病2226人，疾病检出率28.66%，其中检出艾滋病病毒携带者1例(男性1例)。

【妇保指标】 孕产妇死亡率为0。围产儿死亡18人，死亡率4.52‰，与2013年相比下降0.56‰。产妇总数3939人，活产数3974人，其中双胎53人、死胎死产9人，早期新生儿死亡9人。产前检查3925人，产检率98.77%。早孕建卡3868人，早孕建卡率97.33%。孕产妇系统管理3866人，系管率97.28%，较2013年下降0.17%。产后访视3920人，产后访视率98.64%。住院接生3974人，住院接生率100%。孕妇中重度贫血人数49人，中重度贫血发生率1.24%，比2013年下降0.97%。高危孕产妇管理1756人，住院分娩率100%。孕妇县级水平高危筛选3837人，筛选率97.71%，比2013年提高0.30%。艾滋病、梅毒、乙肝检测率均为100%，检出艾滋病感染孕产妇1例、梅毒产妇14例、乙肝表面抗原阳性172人。出生低体重儿157人，发生率3.95%，与2013年相比上升0.25%。流动人口管理中(分娩单位)，浙江省外流进活产242人，孕产妇死亡1例，死胎1例，5岁以下儿童死亡1例；流入产妇建卡39人(服务人口)，回卡35人，系统管理29人，系管率85.29%。出生缺陷(辖区医院)24例，出生缺陷发生率8.41‰，与2013年相比上升4.94‰，治疗性引产16例，其中因出生缺陷＜28周治疗性引产11例。出生缺陷(户籍人口)31例，出生缺陷发生率7.78‰，与2013年相比上升2.17‰，治疗性引产21例，其中因出生缺陷＜28周治疗性引产14例，有效降低了出生缺陷的发生。孕产妇产前筛查3630人，筛查率92.16%，较2013年提高0.77%，产前筛查随访率100%。其中高风险146人，转诊146人，羊水穿刺66例，无创DNA检测44人，确诊异常医学终止妊娠5例。低风险异常医学终止妊娠13例。20～64岁妇女99391人，妇女病健康促进检查54989人，普查率55.33%，查出疾病17074人，疾病检出率31.05%，查出尖锐湿疣5例、宫颈癌2例、乳腺癌3例。危重孕产妇抢救18例，其中产科并发症16例、产科并发症2例，抢救成功17例。产科单位剖宫产率43.16%，与2013年相比下降9.99%。出生医学证明当年出生发证率98.84%，较2013年上升0.51%；废证率0.27%，较2013年下降0.55%，首次低于0.50%。

【儿保指标】 5岁以下儿童死亡20人，死亡率5.0‰。婴儿死亡14人，死亡率3.52‰。新生儿死亡11人，死亡率2.77‰。0～6岁儿童23362人，保健覆盖率96.44%。3岁以下儿童标准系统管理率96.73%，当年系管率98.37%。新生儿疾病筛查2842人，筛查率99.72%。可疑异常37人，召回37人，召回率100%，确诊异常儿童7例。产科听力筛查2843人，听力筛查率99.75%，确诊异常2例。

【孕产妇管理】 加大硬件设施的投入，保障母婴项目。县政府高度重视医疗卫生硬件投入，继县一医院(县产科和新生儿急救中心)和县中医院完成整体搬迁后。县妇保院整体迁建项目全面竣工，从环境和服务上都有了明显的改善，更好地为妇女儿童提供保健服务。继续签订孕产妇保健责任状，保障孕产妇的安全。积极响应“妇幼健康年”活动，开展各项知识竞赛。于5月29日成功举办县“妇幼保健”知识理论竞赛，全县妇幼机构共有70人参加，为进一步选拔优秀人才到杭州市竞赛奠定基础。8月，选派8名优秀妇幼人员参加市级妇幼保健知识竞赛活动，取得了个人5个二等奖和3个三等奖的好成绩。6月30日，举办的全县保健知识PPT比赛中，淳安县妇幼保健医院妇女保健知识荣获一等奖。8月底，全县举办基本公共卫生知识竞赛，其中妇幼保健知识约占到1/3，妇保院徐院长担任评审专家。剖宫产率控制有突破，履行母亲安全的职责。采取有效措施，严格控制全县6家产科单位的剖宫产率，剖宫产率43.16%，与2013年年相比下降9.99%，据上半年全市通报，淳安是全市下降幅度最大的地区。开展出生医学证明和住院分娩补助专项检查工作。对全县托幼机构的卫生保健进行排查，未发现擅自给幼儿喂药的现象。11月初，对托幼机构工作人员进行“秋冬季传染病的防治知识”培训，保教人员对常见传染病有了更多、更深入的了解。

【重大公共卫生服务项目】 为落实重大公共卫生服务项目，召开多个层次的部署落实会、项目推进会、督导通报会，将项目工作列入基本公共卫生服务绩效考核内容，实行目标责任制考核。超额完成重大公共卫生妇幼项目。农村孕产妇住院分娩补助2760人（任务数2300人），完成率120.00%。完成农村育龄妇女叶酸发放4758人（任务数4000人），完成率118.95%。完成免费宫颈癌筛查12463人（任务数10256人），完成率121.52%；乳腺癌筛查9732人（任务数1500人），完成率648.80%。

【成功创建市级妇儿保星级门诊】 2014年顺利创建“三星”级妇儿保门诊2家，“五星”级门诊2家。至此，淳安县已成功创建4家五星级门诊和12家三星级门诊，从而改善妇儿保门诊的服务环境，提高服务质量。

·精神卫生·

【精神病人监管治疗】 全县各类精神疾病患者2226人，重性精神病人1562人，重性精神病患者发现率为3.4‰，重性精神病患者规范管理率70.4%。重性精神疾病患者治疗人数1068人，治疗率68.4%。重性精神疾病稳定人数1445人，稳定率93%。精神疾病患者显好人数2199人，显好率98.8%，轻度滋事率0.275%，全年无肇事肇祸发生，各项指标基本达到国家规范要求。12月对全县各乡镇1562名重性精神疾病患者系统内的联系方式、信息进行核对及电话抽查，以求进一步完善信息化管理。定期随访，对重性精神疾病进行管理治疗。建立应急处置机制，避免不良事件发生。建立双向转诊制度，提供无缝隙服务。列入特困免费治疗资助的重性精神疾病患者686人，重性精神疾病因滋事或有肇事肇祸倾向转送专科医院住院救助对象50余人，为重性精神疾病治疗发放救助资金239794.08万元，使患者病情得到控制，降低了精神疾病患者肇事肇祸发生机率，减轻了患者家庭负担，确保了人民群众的人身、财产安全，促进了社会的和谐稳定。

（童建红）

民 政

·民 政·

【概况】 2014年的淳安民政工作，在县委、县政府的正确领导和上级民政部门的有力指导下，以党的群众路线教育实践活动为抓手，以项目建设助推民政各项事业取得新成效。先后获得杭州市民政工作目标考核优秀单位、杭州市民政信息工作先进单位、第五届杭州市护理员职业技能竞赛团体三等奖、县级综合考评窗口部门先进单位、县级安全生产先进单位、2011～2013年人口计生工作优秀单位、人大代表建议办理工作先进单位、残疾人工作先进单位、“五星级”基层党组织、慈善捐赠贡献奖、老龄工作先进集体等荣誉。

·社会救助·

【低保残保】 至年底，全县共有城镇低保338户531人，农村低保5784户9160人；城镇残保125人，农村残保3780人。低保、残保金由县民政局通过银行账户按月直接发放到户到人，共发放低保金2481万元、残保金1622万元。为进一步规范城乡低保政策，确保低保工作的公平、公正性，进一步完善审批程序，从2月10日起，凡符合条件的城乡居民申请低保，在填写淳安县城乡居民最低生活保障救助申请表的同时新增签订申请城乡居民最低生活保障诚信承诺书和家庭财产及家庭收入授权查询委托书，确保家庭情况的真实性，有人举报能够及时查询实情。2014年，全县新增审批低保2426人减少1924人，补差调整2511人。5月6日，印发《关于认真做好城乡低保及残保对象续保工作的通知》，部署低保和残保的续保工作，6月底完成审批。9月9日，根据自然增长机制的要求，县民政局、财政局联文，调整城乡居民最低生活保障标准，从10月1日起执行。其中城镇居民最低生活保障标准由每人每月480元调整为540元，农村对象由每人每月336元调整为390元，残疾人基本生活保障标准分别参照城乡居民低保标准执行，入住县综合社会福利院的“三无”对象生活标准由每人每月530元调整为600元。2014年间，根据物价上涨与低收入群体临时价格补贴联运机制要求，及时发放价格补贴，共为各类困难群众发放价格补贴363万元。

根据《社会救助暂行办法》贯彻落实工作要求，下发《关于开展低保残保专项整治活动的通知》，对全县低保、残保对象进行全面核查，取消续保时资料不齐、家庭条件超出标准范围的对象1279人，新增低保人员457人。

【救灾防灾减灾】 4月10日，县民政局、财政局联文发放冬春生活救助资金38万元，保障760户2358人春荒期间基本生活。5月6日，印发《关于开展“防灾减灾日”宣传周活动和汛前检查工作的通知》，于12～16日开展以“城镇化与减灾”为主题的第6个防灾减灾宣传周活动，发放宣传资料，通过民政公开栏、社区公开栏张贴宣传图片等形式宣传防灾减灾知识和法规政策。5月13日，县民政局会同县气象局、科协等部门在阳光车站举办防灾减灾集中宣传活动，发放各类宣传资料500余份。5月16日，县民政局会同县应急办、国土资源、气象、水利等部门到金峰乡安上村开展自然灾害应急演练活动，提高民众的防灾减灾意识。10月28日，省减灾委员会、省民政厅命名淳安县千岛湖镇李家坞社区为“第四批浙江省综合减灾示范社区”。2014年，全县新建1个乡镇级的避灾中心和131

个村级避灾安置点，并对所有的避灾安置场所进行规范化建设。

【春风行动】 年初，开展第14次“春风行动”救助活动，通过民政、残联、总工会等部门实施救助，其中民政救助11642户（低保5803户、残保3602户、因病因灾对象2237户），发放救助资金753.21万元。救助标准也作了适当的调整，农村低保、残保对象调整至城镇低保同一标准，即500元/户。12月12日，召开第15次“春风行动”救助对象调查摸底工作会议。县民政局、人社局、残联等部门负责人和23个乡镇民政干部参加会议。规定调查摸底的范围：2014年因病因灾造成生活特别困难的农村居民、失业无业或退休的城镇居民、在职职工家庭等3类对象。12月24日，县委、县政府召开第15次“春风行动”系统和部门牵头单位座谈会，研究部署捐款工作。县委副书记余力行、常务副县长董毓民、副县长章传强和29个部门单位的主要负责人参加。

【困难家庭危房改造】 经村民申请，各乡镇审核上报。4月4日，县城乡建设和城市管理局、民政局、财政局、残疾人联合会联文通知，下达2014年度各乡镇农村困难家庭危房改造救助指标，共268户。其中低保户267户、“五保户”1户，救助对象房屋新建243户、修缮14户、置换11户。7月30日，县财政局、城乡建设和城市管理局、民政局、残疾人联合会联文，下拨第一批困难家庭危房改造救助资金222.33万元。经县级部门组织验收合格，于12月18日，下达第二批资金333.5万元。

【困难群众救助与慰问】 1月22日，县民政局局长余书华，副局长徐玉丰、鲁耀华等一行5人专程前往汾口镇云林村，看望慰问火灾受灾户余维坤一家，送上慰问品和慰问金。1月23日，县委书记凌志峰、县委常委王军、县人大副主任童小威、副县长郭东晓、县政协副主席吴仙菊率县委办、民政局、组织部、残疾人联合会、旅游集团负责人赴枫树岭镇慰问困难群众和敬老院。先后走访了该镇源塘村“三老一特”对象陈干来，枫树岭村“三老一特”对象胡金敬、残疾人王金凤，横山村退伍军人汪彩臣，薛家源村因病困难户王开有、低保户汪樟树等，座谈了解他们的生产、生活和困难情况，发放慰问金和慰问品。走访敬老院，向坚守敬老院岗位的工作人员和65名老人表示慰问，发放慰问金。1月24日，副县长章传强专程到县综合社会福利院，看望慰问福利院的老人和儿童，为他们送上新春的祝福，并为他们发放慰问金和慰问品。5月30日，县委副书记钱美仙在局长余书华以及县妇联、教育局等单位负责人的陪同下，前往县综合社会福利院看望孤残儿童。在福利院，钱美仙一行向儿童们致以节日的问候，为他们送上了牛奶、糕点、玩具等慰问品及慰问金，并仔细询问了孩子们的生活、学习及身体健康情况。

【慈善救助】 1月15日，淳安县信用联社公益慈善基金捐赠仪式在民政局会议室举行，信用联社向县慈善总会捐赠1000万元并冠名“淳安县农村信用合作联社公益慈善基金”。11月13日，“联社志远生”助学资助仪式在淳安中学举行，50名困难学生获得了每人3000元的资助，县委副书记钱美仙参加并讲话，副县长章传强主持捐赠仪式。1月24日，县慈善总会和综合社会福利院联合在千岛湖海外海假日酒店举办一场特殊的慈善“年夜饭”活动，福利院80余位老人吃上了一顿热热闹闹的“团圆饭”。4月28日，县慈善总会召开三届二次常务理事会，审议通过了2013年工作报告、2014年工作意见和第三届理事会组成人员调整的决定，宣读了《淳安县人民政府关于表彰2013年度淳安县慈善捐赠奖的通报》和淳安县审计局《2013年度淳安县“春风行动”资金和慈善资金财务收支审计报告》。4月30日,县委、县府办公室下发了《关于开展第八次"慈善一日捐"活动的通知》,"慈善一日捐"活动至5月底基本结束,慈善总会共接收捐款205万元,其中集体捐款97万元、个人捐款108万元,所得捐款全部用于社会福利事业和困难群众的救助。8月25日,2014复兴学子第九季助学捐助仪式在县民政局举行。市慈善总会秘书长王瑾,复兴建设集团董事长边志军,杭州电视台综合频道副总监江山,县民政局局长、慈善总会常务副会长余书华等出席捐助仪式,为淳安县2014届复兴学子21人每人发放首年的助学金5000元,为2013届复兴学子15名和淳安中学5名受助高中生每人发放第二年的助学金各3000元。

【结对帮扶】 1月16日,民政局组织党员干部深入大墅镇大墅村、栗月坪村开展"一户一策一干部"结对帮扶和"1+X"党组织结对帮扶活动。党组副书记、副局长徐玉丰带领党员干部到大墅村帮扶,召开座谈会,了解帮扶项目实施情况和生产生活情况,征求帮扶工作意见、建议,宣传帮扶政策,为14户困难党员和困难群众发放慰问金各300元以及慰问品。副局长鲁耀华等一行到栗月坪村帮扶,开展帮扶情况调研,为9户困难党员和困难群众发放慰问金各300元以及慰问品。2月25日,市民政局长、慈善总会副会长邵胜一行在局长余书华的陪同下赴威坪镇红姑娘无核柿基地调研,认真听取基地负责人毕成放的情况介绍,详细了解扶贫基地项目的实施情况。8月1日,民政局部分党员干部前往大墅镇栗月坪村、大墅村,走访慰问"一户一策一干部"结对困难群众,共走访困难户23户,发放慰问金6900元。

【救助管理】 11月26日,县府办下发《关于做好城市生活无着的流浪乞讨人员救助管理工作的通知》(以下简称《通知》),加强对城市生活无着的流浪乞讨人员的救助管理。《通知》确定一般救助对象为自身无力解决食宿、无亲友投靠,又不享受城市最低生活保障或农村五保供养的,正在淳安县流浪乞讨度日的人员。医疗救治对象及范围为在淳安县流浪、乞讨、露宿并有生命危险的危重病人、传染病人和精神病人(含疑似精神病人)。但属于发生交通事故、刑事案件、打架斗殴、醉酒、酗酒闹事、坠楼、自杀、工伤、法院上访,以及就医上访人员等非流浪乞讨的不得纳入本医疗救助对象范围。《通知》要求救助要坚持自愿受助、无偿救助,临时救助、低标准救助,政府、社会和家庭相结合救助,部门配合、齐抓共管救助,救助与管理并重等基本原则进行,重点把握好医疗救治和未成年人救助原则。县第一人民医院为流浪乞讨人员危重病人、传染病人的定点收治医院,淳安黄锋康恩医院为流浪乞讨人员精神病人(含疑似精神病人)的定点收治医院。对流浪乞讨各类病人的救助,主要按及时送治、入院救治、治后管理、费用结算4个程序进行管理。

【精减退职职工生活困难补助】 6月9日,县财政局、民政局联文调整3类精减下放对象生活补助标准。一是符合国务院〔1965〕224号文件规定,由民政部门管理享受原工资40%救济的精减退职职工,补助标准由每人每月1105元调整为1215元,其医疗保健费参照浙组〔1987〕1号文件规定,由每人每月200元上调为230元。二是享受定期生活困难补助的精减退职职工,补助标准由990元调整为1090元。三是麻风病人,补助标准由675元调整为745元。新标准从1月1日起执行。全县共117名精减退职人员和1位麻风病人,1～5月补发资金6.7万元,6月起,每月增发1.23万元。

·养老服务·

【市民政局局长调研淳安养老服务工作】 5月21日,杭州市民政局局长邵胜、副局长余岱等一行在淳安县调研养老服务工作，先后实地考察了逸和源•杭州千岛湖颐养中心桥西度假村和千岛湖镇茂畈村居家养老服务站工作，仔细了解两种不同养老服务模式的运营情况并听取了淳安县养老服务工作汇报。

【养老机构建设及服务补助】 4月10日，县财政局、民政局联合下拨浪川乡养老服务中心(敬老院)建设补助资金51.1万元。7月28日，县财政局、民政局联合下拨富文乡养老服务中心(敬老院)建设补助资金30.96万元，用于边坡治理及土方开挖工程。9月28日，县财政局、民政局联合下达95个居家养老服务站建设补助资金53.02万元，新增床位44张。12月3日，县财政局、民政局联文，下达民办养老机构床位补助资金48万元，用于文昌镇栅源托养院床位补助；下达5个乡镇养老服务中心(敬老院)建设补助资金196万元，其中界首乡扩建补助68万元、宋村乡新建补助88万元、枫树岭镇旧楼改造补助20万元、千岛湖镇庭院改造补助10万元、姜家镇室内外改造补助10万元；下达3个乡镇的居家养老服务照料中心建设补助资金105万元，分别用于威坪镇15个中心、汾口镇16个中心、安阳乡4个中心的补助。12月12日，县财政局、民政局联文，下达新建136个居家养老服务照料中心建设补助资金680万元。

【居家养老政府购买服务】 县财政局、民政局联文通知，3月25日下拨各乡镇一季度居家养老政府购买服务经费22.014万元，服务人数2446人；6月23日下拨二季度居家养老政府购买服务经费22.014万元，服务人员2446人；8月20日下拨三季度居家养老政府购买服务经费22万元，服务对象2446人；10月23日下拨四季度居家养老政府购买服务经费67.7295万元，服务对象3791人。2014年，全县新建140个村级居家养老服务照料中心，为老年人提供生活照料、文体娱乐、医疗保健等服务项目，满足农村老年人不同层次的服务需求。

【调整居家养老服务政策】 7月28日，县民政局、财政局下发通知，进一步完善养老服务政策，调整居家养老服务补贴标准。一是开展养老服务需求评估工作。对老年人生活自理能力、经济条件、居住环境、特殊对象等评估参数进行量化，依据评估综合得分确定政府购买服务对象和服务时间。其中分值100～120分的，每月享受6小时服务；分值90～99分之间的，每月享受5小时服务；分值70～89分之间的，每月享受4小时服务；分值50～69分之间的，每月享受3小时服务。二是调整养老服务补贴标准。二类补贴对象的养老服务补贴标准依据评估结果，确定政府购买居家养老服务时间为每人每月3～6小时，月人均服务时间为4小时，补贴标准每小时15元，即每人每月享受政府购买服务金额45元～90元，以社区为单位，人均月补60元；已享受居家安养补贴的重度残疾人不得重复享受养老服务补贴；一类补贴对象的补贴标准仍按《关于印发〈淳安县养老服务补贴制度实施意见〉的通知》(淳民〔2012〕86号)执行。三是规定实施的具体时间。本补贴标准自10月1日起实施。

【养老服务需求评估】 8月15日，县民政局、卫生局联文印发《淳安县养老服务需求评估办法》，30日后正式实施。评估办法按照一定的组织方式和程序，对老年人的经济状况、身体状况、居住状况、养老服务需求意愿等进行调查评估，形成评估意见，作为提供养老服务补贴或安排入住养老机构的依据。县民政局、卫生局成立养老服务需求评估指导小组，负责组织、指导、协调工作；乡镇成立民政干部、养老服务中心负责人、乡镇卫生院(社区卫生服务中心)医务人员等组成的评估工作组，负责评估工作的实施和管理；社区(村)由社区(村)干部、卫生服务站(村卫生室)医务人员、老人协会负责人、居家养老服务照料中心(站)负责人组成初评工作小组，负责养老服务补贴申请的受理、初评及评估意见的公示工作。评估工作可委托第三方专业机构进行。明确评估对象为辖区户籍人口中“空巢”、独居、孤寡老年人，或杭州市级以上劳模、重点优抚对象、失独、归侨等特殊贡献老人，且退休金或养老保险金在最低工资标准以内、年满60周岁以上的老年人。明确评估类型。分为首次评估、复检评估、变更评估3种。评估内容由主要参数、附加参数和背景参数组成，评估分数由主要参数和附加参数确定，背景参数仅提供相应参考信息。评估流程为申请→社区(村)初评→乡镇评估→公示→审核。

【护理员(助老员)培训】 2月23日，印发《关于开展“养老护理知识技能进万家”活动的通知》，明确活动内容、服务对象与工作目标、实施方法和要求，分配2014～2015年家庭养老护理人员培训辅导任务，23个乡镇和青溪新城失能、半失能老人8447人，培训辅导8280人，其中集中培训辅导2190人。9月1日，首期养老护理员职业技能培训班在千岛湖度假村酒店正式开班。此次培训班由县民政局、人社局共同举办，县蓝天职业技能培训学校具体组织实施，共130人参加，分2期举行，培训时间8天，培训内容包括养老护理概述、养老护理基础知识、养老护理操作技能、居家养老护理基础知识等。培训结束后，经县人社局职业技能鉴定中心组织考试，合格者颁发初级养老护理员国家职业资格证书。

【养老机构安全检查】 11月25日，印发《关于加强养老服务机构安全检查和管理工作的通知》，民政局组织工作组对养老服务机构集中开展安全检查，以局直属社会福利院、乡镇养老服务中心(敬老院、五保供养服务机构)、民办养老机构，及部分居家养老服务设施等为重点，分别对养老服务机构建筑物、消防、设备、食品、用电、工作秩序等环节进行安全检查，就检查中发现的问题提出整改方案和意见，并督促及时整改到位。

·五保供养·

【保障五保供养对象基本生活】 2月24日，县财政局、民政局、残疾人联合会联文，下拨1—6月农村五保供养对象最低生活保障资金196.992万元，保障对象662户676人。7月28日，县财政局、民政局联文，下拨7～12月农村五保供养对象最低生活保障资金181.92万元，保障对象625户638人。12月12日，县财政局、民政局、残疾人联合会联文，下拨4个乡镇新增集中供养五保对象生活配套经费0.8万元，下拨20个乡镇敬老院管理经费32.75万，下拨21个乡镇农村五保和县福利院“三无”集中供养对象生活补助经费75万元，保障对象669人。

【九九消防平安行动】 9月28日，县民政局、公安局、消防大队三部门在综合社会福利院共同举办了淳安县“九九消防平安行动”暨消防逃生演练观摩活动，副县长章传强参加此次活动。活动主题为“传播消防知识，关爱老人平安”，县消防大队指导福利院开展消防演练，各乡镇公安派出所领导，分管养老工作领导、民政干部及敬老院院长参加观摩活动。仪式结束后，在县民政局会议室召开会议，局长余书华就福利机构消防安全工作作出全面的部署，县消防大队专家为与会人员上了一堂消防知识课。

【困境儿童分类保障】 10月23日，县民政局、财政局发文，从12月起，全县实施困境儿童分类保障制度，这是2011年建立孤儿基本生活保障制度以来首次对儿童福利工作进行的扩面举措。困境儿童保障标准参照孤儿基本生活保障标准同步调整，以不低于上年度城镇居民家庭消费性支出的70%确定，实行动态管理。保障标准为福利机构儿童1000元/月、散居儿童600元/月，并同等享受社会散居孤儿其他社会救助政策。此外，事实无人抚养困境儿童成年后，且具有劳动能力和完全民事行为能力的，如在学校就读（大学本科及以下）则继续给予基本生活保障，非在校学生则一次性发放6个月基本生活补贴；事实无人抚养困境儿童成年后，不具备劳动能力、无行为能力或限制行为能力的，按特困人员供养政策执行。

·优抚、安置、“双拥”·

【优待抚恤】 12月9日，县民政局、财政局联合发文，分别从1月1日、10月1日起，按自然增长机制及国家标准调整部分优抚对象抚恤和生活补助标准。调整的对象为残疾军人、“三属”、在乡复员军人、带病回乡退伍军人、“两参”退役人员、60周岁以上退伍军人。标准以淳安县上年度农民人均纯收入10531元和上年度在岗职工平均工资52275元为参照基数，按不同对象、不同比例以及国家标准分别确定，具体标准见附1、附2、附3。调整的对象（不含一至六级在乡残疾军人及60周岁以上退伍军人）按其所享受的抚恤和生活补助标准（不含“年终一次性增发”部分）发放10%的门诊包干费用，全年一次性发放；在乡复员军人、带病回乡退伍军人继续按原规定年终分别增发1690元、1200元的一次性补助。

2014年度无工作单位残疾军人抚恤标准表

表11　　单位:元/年

残疾等级	残疾性质	2013年自增长标准	2013年护理费	2014年自然增长标准	2014年护理费
一级	因战	46529	23265	52275	26138
	因公	44203	23265	49661	26138
	因病	41876	13959	47048	15683
二级	因战	41876	23265	47048	26138
	因公	39550	23265	44434	26138
	因病	37223	13959	41820	15683
三级	因战	37223	18612	41820	20910
	因公	34897	18612	39206	20910
	因病	32570	13959	36593	15683
四级	因战	32570	18612	36593	20910
	因公	30244	18612	33979	20910
	因病	27917	13959	31365	15683
五级	因战	27917	—	31365	—
	因公	25591	—	28751	—
	因病	23265	—	26138	—
六级	因战	23265	—	26138	—
	因公	20938	—	23524	—
	因病	18612	—	20910	—
七级	因战	18612	—	20910	—
	因公	16285	—	18296	—
八级	因战	16285	—	18296	—
	因公	13959	—	15683	—

续表11

九级	因战	13959	—	15683	—
	因公	11632	—	13069	—
十级	因战	11632	—	13069	—
	因公	9306	—	10455	—

2014年度部分优抚对象抚恤和生活补助标准对照表

表12　　单位:元/月

类别		2013年 自然增长标准	2014年 自然增长标准	年终增发 一次性补助	2014年 门诊补助	备注
烈属	非农	1155	1386	—	1663	省标准
	农业	863	965	—	1158	自然增长
因公牺牲	非农	991	1189	—	1427	省标准
	农业	824	921	—	1105	自然增长
病故遗属	非农	933	1119	—	1343	省标准
	农业	785	878	—	1053	自然增长
解放战争复员军人		666	766	1690	919	省标准
中华人民共和国成立后复员军人		661	761	1690	913	省标准
孤老复退军人		666	766	1690	919	省标准
带病回乡退伍军人		581	649	1200	779	自然增长
		335	375	—	—	省标准
城镇两参人员		520	560	—	672	省标准
退休两参人员		320	360	—	—	省标准
农村两参人员		420	460	—	552	省标准
退休两参人员		320	360	—	—	省标准
老年生活补助		—	—	—	—	省标准

残疾军人、伤残人民警察、伤残国家机关工作人员、伤残民兵民工残疾抚恤金标准表

（从2014年10月1日起执行）

表13

单位:元/年

残疾等级	残疾性质	抚恤金标准
一级	因战	52360
	因公	50700
	因病	49040
二级	因战	47380
	因公	44890
	因病	43210
三级	因战	41570
	因公	39070
	因病	36590
四级	因战	34070
	因公	30760
	因病	28260
五级	因战	26620
	因公	23270
	因病	21610
六级	因战	20800
	因公	19680
	因病	16630
七级	因战	15800
	因公	14140
八级	因战	9970
	因公	9130
九级	因战	8290
	因公	6650
十级	因战	5820
	因公	4980

说明:12月28日，认定童杭州等23人为带病回乡退伍军人，自批准之日下月起享受带病回乡退伍军人政策

【烈士褒扬】 2月1日(农历正月初二)中午,汾口镇宏鲍村因村民燃放爆竹不慎引发森林大火,火势迅速蔓延,很快威胁到附近乡镇山林。危急关头,年过半百的宏鲍村村民鲍永清表现出大无畏的忘我牺牲精神,自发赶往现场用树枝打火,同其他村民一起开辟防火隔离带。眼看着大火就要被扑灭,不料突然刮起一阵大风,火借风势向鲍永清袭来,一下子将其吞噬,鲍永清当场昏倒在地,顺着山势滚落了两三米。虽然经村民及时抢救并送淳安县第二人民医院救治,仍未挽回鲍永清的生命。2月2日,副县长章传强在民政局局长余书华的陪同下赴县第二人民医院慰问救火英雄鲍永清家属,并送上了1万元慰问金。2月4日,杭州市见义勇为

基金会、淳安县人民政府分别追授鲍永清“见义勇为勇士”称号。7月16日，经浙江省人民政府批准，评定鲍永清为烈士，并按国家政策发放一次性抚恤金，给予遗属补助。

【退伍军人安置】 大力扶持退役士兵自主就业和创业，根据政策要求，引导退役士兵参加各类职业技能培训，提升退役士兵自身素质，提高就业能力和水平。妥善安置符合政府安排工作条件的退役士兵，安排30%的事业单位岗位，采用考试、考核及面试相结合的办法，按照退役士兵的最终得分，从高分到低分依次选择岗位，择优录取。另外，安排20%的国有企业岗位、50%的其他企业岗位。及时发放退役士兵经济补助金，12月3日，县财政局、民政局联文发放2013年冬季退役士兵及转业士官自主就业经济补助金317万元，其中待安置期间生活补助金2万元。12月9日，为483人发放2014年义务兵家庭优待金477万元，人均9883元。

【烈士纪念日】 2014年8月31日，十二届全国人大常委会第十次会议表决，通过了《关于烈士纪念日的决定(草案)》，以法律形式将9月30日设立为中国烈士纪念日，并规定每年9月30日国家举行纪念烈士活动。9月30日，淳安县组织开展首个烈士纪念日活动，县委书记朱党其，县委副书记、县长柴世民，县委副书记余力行，县人大常委会主任余永青，县政协主席刘小松等县四套班子领导，同社会各界代表一起到枫树岭镇白马大坪山的红军北上抗日先遣队烈士纪念碑前，敬献花篮，缅怀先烈，纪念烈士。朱党其宣读祭文。公祭活动中，伴随庄严的《中华人民共和国国歌》，大家肃立默哀，缅怀烈士英灵。少先队员献唱了《我们是共产主义接班人》。武警礼兵向纪念碑敬献花篮。朱党其、柴世民、余永青、刘小松缓步上前，仔细整理挽联。仪式结束后，全体人员绕革命烈士纪念碑一周，深情瞻仰了烈士纪念碑和烈士墓，表达哀思之情。县“双拥”工作领导小组成员单位负责人、驻淳部队官兵代表、优抚对象代表、学校师生代表及干部群众代表等80多人参加公祭活动。

【“双拥”工作】 1月21日，县领导凌志峰、董文吉、郭东晓、吴仙菊一行来到县人武部、武警中队看望慰问官兵。1月22日，县领导郑志光、何建法、郭东晓、占志明一行来到消防大队，慰问全体官兵，为他们送上慰问金和慰问品。7月31日，县长柴世民率县四套班子领导分成3组走访慰问驻淳部队官兵，为县消防大队、武警中队、预备役部队官兵送上节日的祝福，共叙军民鱼水之情。8月1日，县委、县政府给正在参加军演的“千岛湖舰”全体官兵发去慰问信。民政局组织部分党员干部前往大墅镇栗月坪村、大墅村开展“三认”服务活动，重点走访慰问了4户困难优抚对象、烈军属和现役军人家属，送上慰问金和慰问品。9月18～19日，县委书记朱党其率领慰问团专程前往舟山某军港慰问“千岛湖舰”官兵。朱党其一行参观了千岛湖舰，并与官兵们进行座谈，赠送了慰问金和慰问品。

·基层组织和民主政治建设·

【城乡社区建设】 2月24日，县财政局、民政局、残疾人联合会联文，下拨千岛湖镇2013年社区服务业专项资金20万元。9月5日，县委办、县府办下发《关于深入整治村(社区)“牌子多”等问题的通知》，至年底，开展村(社区)减负工作取得明显成效。按照“动真格、下真功、保实效”的原则，对纳入清理范围的村(社区)开展为期10天的集中整治，拆除村(社区)各类牌子26000余块，撤换11400余块，村均从103块降到15块；村(社区)工作事项从100余项缩减为30项，盖章事项从59项减少为22项，创建达标项目由原来的140项缩减为1项。制定《淳安县村(社区)事项准入制度》，明确今后村(社区)入驻事项、挂牌事项和盖章事项的准入程序及审核权限;同时规范村级坐班值班制度和“村民事务代办”机制,安排村干部每天错时坐班,为群众提供3大类33项具体事项的代办服务。9月下旬至10月上旬,对省、市福利彩票公益金项目进行检查验收。全县上报的29个省、市福彩公益金项目建设情况总体良好,9个省福彩公益金项目已全部完工并投入运行,20个市福彩公益金项目基本完成。其中3个城镇社区办公用房完成扩面建设,1个乡镇级社区服务中心建成并投入使用,21个农村社区完成一门式服务大厅提升,1个精致田园社区创建项目达到创建标准。建设比较好的项目有千岛湖镇江滨社区慈善爱心超市和志愿者服务“时间银行”,项目投入运行并取得了良好的社会效益。千岛湖镇望湖社区信息平台提升项目取得成功,并在千岛湖镇9个社区推广使用。11月17日,县委副书记余力行专程走访调研社区建设工作,就做优社区服务提出“四最”要求。12月17日,县财政局、民政局、残疾人联合会联文,下拨市级福利彩票公益金资助农村社区管理项目经费81万元,资助项目19个。

【村委会(社区居委会)主任培训】 4月1日,农村村委会(社区居委会)主任培训班开班。副县长章传强到会并作动员讲话,民政局长余书华主持开班仪式。培训班为期3天,全县新任的村委会(社区居委会)主任共243人参加。培训班邀请县环保、国土资源、规划、农办、民政等部门负责人授课,培训内容涉及农村项目规划建设、农村法律政策、农村土地开发利用、党风廉政建设、村级财务管理等方面的知识。

【社会工作人才培育】 7月中旬,县民政局联合千岛湖镇举办2014年千岛湖镇社区工作者业务知识竞赛,9个社区的社工和相关部门工作人员共90余人参加。11月初,杭州市民政局在桐庐县委党校举办2014年度社会工作骨干人员培训班,邀请了浙江工商大学、浙江财经大学等院校的知名专家教授,讲解社会工作专业知识。淳安县民政局、11个社区、“96345”便民服务中心共15名社会工作专业人员参加了为期3天的培训。全年共组织和举办社会工作人才培训教育班9期,培训对象600余人次。有3人获得中级职称,8人获得初级职称,其中有1人被评为“杭州市最美社工”。

·社会行政事务管理·

【殡葬管理与服务】 7月28日,县财政局、民政局联文,下拨里商乡塔山村等11个行政村生态公墓建设补助资金24.815万元,完成709穴生态公墓的建设。9月9日,县财政局、民政局联文,拨付2013年林区零星坟墓搬迁补助资金100.85万元,用于10个乡镇56个村的2017穴坟墓搬迁补助。12月3日,县财政局、民政局联文,下拨农村公益性生态公墓建设补助资金8万元,用于3个行政村298穴公墓的建设补助。严格执行“四免费两赠送”政策,全年共减免殡葬基本服务费195万元,受益2963人。其中446人获赠骨灰盒、1448人获赠花圈。

【社会组织管理】 全年注册登记法人社会团体4个,分别为1月16日登记“淳安县老科技工作者协会”,1月20日登记“淳安县警察协会”,2月18日登记“淳安县千岛湖导游协会”,6月6日登记“淳安县工程运输车行业协会”。1月24日注销1个法人社会团体,即淳安县千岛湖广场幼儿园。全年注册登记法人民办非企业单位9个,分别为1月14日登记“淳安县千岛湖职业技能培训学校”,5月26日登记“淳安县育森职业技能培训学校”,7月28日登记“淳安县威坪外语培训学校”,8月7日登记“淳安县知行教育培训学校”,8月27日登记“淳安县千岛湖网球俱乐部”,9月3日登记“淳安黄锋康恩医院”,9月16日登记“淳安县千岛湖镇民间乐器团”,10月

29日登记“淳安县新城康盛幼儿园”，11月18日登记“淳安县睿达教育培训学校”。8月29日，全县社会组织宣传推介暨公益服务活动在千岛湖广场举行。杭州市民政局副局长杨英英、县民政局局长余书华等参加此活动。活动的主题为“公益　志愿　伴你前行”，由淳安县民政局与共青团淳安县委联合举办，淳安县社会组织服务中心和淳安县志愿者协会承办，共有20家不同业务的社会组织参加，为市民送上了一份文化、体育、科技、医疗、卫生等公益知识“大餐”。活动现场，县电子商务协会、消费者协会、红十字会、反邪教协会、茶文化研究会、体育总会、医学会、艺海文化艺术活动中心、绿茵学吧、梦韵艺术社等参展社会组织及部分志愿服务队的工作人员与市民零距离互动，为他们答疑解惑并发放宣传资料，医疗专家为市民免费体检。还有国民体质监测、未成年人培训等异彩纷呈的活动，受到了广大市民热烈的欢迎和好评。

【地名和区划管理】　12月11日，千岛湖镇城区部分道路地名命名意见征求会在民政局召开。县建设局、规划局、公安局交通警察大队、“撤村建居”指挥部、建设集团、城投公司等相关单位领导及工作人员参加座谈会。此次命名道路涉及龙门隧道复线、望江垄“撤村建居”配套道路、红山至老茶厂道路、庄天岭“撤村建居”配套道路、里杉柏“撤村建居”配套道路，以及县府综合楼前道路等在内的8条道路。会议由民政局负责人介绍《千岛湖镇城区部分道路命名方案》，与会人员分别就地名名称发表意见，取得了共识，待公示后正式命名。2014年，对门牌制作经费和安装经费的承担模式进行调整，规定农户自建房及城区道路等公共区域门牌的制作费、城区道路等公共区域门牌的安装费继续由县财政承担，其余门牌的制作费和安装费均由开发商、产权人或物业自行承担。至年底，共支付门牌制作费6.26万元、安装费1.53万元，合计7.79万元。其中由开发商或产权人承担的制作费、安装费5.3万元。鉴于县城主城区主要道路门牌缺失、破损情况较严重的现象，在县旅游集团和千岛湖建设集团的配合下，组织人员对新安北路、阳光路、炉峰路、南山大街等道路门牌进行专项整治，更换、补装缺失、破损门牌450块。10月24日，浙皖线淳歙段平安边界共建工作联席会议在淳安县召开。安徽省歙县与淳安县民政部门领导及双方毗邻乡镇党委、政府分管领导出席会议。浙皖线淳歙段于2000年勘定完成，经浙江省和安徽省人民政府代表签字后，报国务院审批后正式生效。浙皖线淳歙段沿线共涉及淳安县王阜、威坪、鸠坑、梓桐、姜家、浪川、汾口、中洲和歙县金川、杞梓里、岔口、新溪口、街口、璜田、长陔、狮石等16个乡镇，全线长104.189公里，设置界桩点位5个，实际埋设界桩1个。联席会上，两县毗邻的16个乡镇分别签订了平安边界共建协议。会议决定，以构建和谐社会为宗旨，以创建“平安边界”为载体，以预防和化解边界地区矛盾纠纷为重点，本着“团结、求实、协作”的精神，通过联会联谊、联防共治、联调共建等协作方式，建立淳、歙两县预防和调处界线纠纷工作机制，共同协商解决边界纠纷，维护边界地区稳定，提高社会管理水平，推进界线毗邻地区的和谐与稳定。

【福利企业管理】　9月4日，由市民政局、市残疾人联合会等部门组成督察组对淳安县福利企业管理工作进行检查。督察组一行来到淳安县千岛湖橡塑制品厂，听取企业负责人的介绍，对企业的资质台账、劳动合同、一人一档、安置残疾职工人数、养老保险和工资支付情况进行了全方位的检查，查看残疾职工的生活、工作环境和上岗情况，询问残疾职工各项政策落实和福利待遇情况。通过逐项检查，督察组对淳安县千岛湖橡塑制品厂的残疾职工安置情况、工资发放、职工参保、无障碍设施建设等方面表示肯定,也对企业职工工作时间安排提出改进意见。同时,对企业今后进一步加强基础管理提出了希望和要求。2014年,强化对12家福利企业的资格认定审核,加大对残疾职工工资支付、保险缴纳、劳动保护等合法权益及其上岗情况的监管力度,严肃查处福利企业挂名不上岗、骗取税收优惠和财政补贴的违法现象,促进福利企业健康发展。

【婚姻登记】 完成1950～2005年度的112631对婚姻登记信息数据核对补录工作,实行计算机管理。完成2013的纸质婚姻档案1万余份归档工作,移交县档案馆7591份。完成本年度10190份婚姻登记资料的整理、归档工作,实行纸介与电子档案“双套制”保管。2014年依法办理结婚登记4438对、离婚登记1170对,补发婚姻证件2442件,出具无婚姻记录证明5544份,登记合格率100%。2月14日是西方的情人节,又恰逢中国的元宵节。婚姻登记处提前作准备,抽调人员,落实举措,共办理结婚登记156对,登记量比平时多8倍。

【收养登记】 1月13日,县民政局、发展和改革局、公安局、司法局、财政局、卫生局、人口和计生局、民族宗教事务局联文,印发《关于进一步做好弃婴相关工作的通知》。2013年12月31日前,公民私自收留弃婴且符合《中华人民共和国收养法》及相关法律政策规定的,可依法办理收养登记;收留人有收养意愿但不符合相关法律政策规定的,原则上应当将弃婴送交福利院抚养;若收留人坚持自行抚养又符合家庭寄养条件的,收留人可与福利院签订家庭寄养协议,办理福利院集体户口后实行家庭寄养,或与乡镇签订坚持自行抚养的协议后,到公安机关按非亲属登记相关程序办理落户。从2014年1月1日起,严禁任何机构和个人私自收留弃婴。发现弃婴要向公安机关报案,经查找后找不到生父母和其他监护人的,移送福利院,按程序办理入院和集体户口登记。

·综合工作·

【党的群众路线教育实践活动】 根据中央和省、市、县委的统一部署,2～9月在全局组织开展了党的群众路线教育实践活动。多次召开党组会议、专题工作会,深入传达学习中央、省、市、县文件和习近平总书记的系列讲话精神。成立领导小组,制订民政局《深入开展党的群众路线教育实践活动实施方案》;组织召开动员大会,明确活动实施日程表、“路线图”和总要求。通过领导领学、视频教学、典型启学、专家讲学、剖析自学等多种形式开展学习。组织全体党员认真学习必读书目,观看《践行群众路线好榜样》《焦裕禄》等电教片,学习先进,学习典型,在全局掀起一股学习风。坚持开门搞活动,采取群众提、自己找、上级点、互相帮、集体议和督导组反馈等方式,广泛征求干部群众意见、建议。征求对象包括部分县级领导、党代表、人大代表、政协委员代表、企业负责人、在职职工和离退休干部,乡镇主要领导、分管民政业务领导、民政干部,社区居委会主任、村委会主任等共2639人,发放纸质、电子邮件问卷共计3606份,召开征求意见座谈会12场。共收到各类意见、建议70条,其中“四风”方面23条、工作层面47条。在充分征求意见、撰写班子及个人对照检查材料的基础上,8月召开专题民主生活会,领导班子参加双重会议,对“四风”问题产生的原因进行了认真深入分析,并提出整改方向和措施。民主生活会上,自我批评真诚,相互批评“火辣”,批评意见“见筋见骨”,让每位与会成员都红了脸、冒了汗。对照批评意见,局一把手与班子成员、机关党支部负责人、老干部支部负责人等共进行14次谈心谈话,班子成员之间开展18次谈心谈话,领导班子与分管科室负责人开展16次谈心谈话。针对查摆出来的具体问题重点制定“八项惠民”“民政法规进社区”“组团式”下乡等一系列措施。下发了《关于印发〈党组中心组学习制度〉的通知》《关于创设特色服务机制的通知》《关于印发〈机关党员干部办事档案〉等四项制度的通知》等文件。

【民政重点项目建设】 一是建设淳安县千岛湖养老服务中心。上半年做了大量的准备工作,完成了立项、设计、招标等事项。6月18日,县委副书记、县长柴世民到千岛湖镇东庄村实地调研淳安县千岛湖养老服务中心项目建设情况。副县长章传强、宋立新,县府办、民政局、发改局、规划局、国土局、建管局、建设集团等相关单位负责人陪同。该项目是淳安县综合社会福利院的迁建、扩建工程,由千岛湖建设集团负责代建,列为2014年县政府为民办实事工程之一。总投资9000万元,建筑面积约2万平方米,设置养老床位500张。年底前完成形象进度的40%。二是建设乡镇养老服务中心。梓桐、文昌、浪川、里商、富文、界首、瑶山等7个乡镇养老服务中心建设进展较为顺利。根据进展情况,6月12日,副县长章传强在县民政局局长余书华的陪同下,赴瑶山乡、文昌镇调研乡镇养老服务工作,实地察看了养老服务中心建设情况,对碰到的困难和存在的问题进行协调和督促,详细了解瑶山乡何家村、文昌镇卢家庄村居家养老服务照料中心的运营情况。梓桐、文昌等7个乡镇养老服务中心建设工程列为2014年县政府为民办实事项目,总建筑面积17232平方米,总投资4500万元,设置养老床位488张,年底基本完工。8月1日,副县长章传强在县民政局局长余书华的陪同下,赴汾口、梓桐、宋村等乡镇调研养老服务中心项目建设情况,推进工作。三是建设逸和源•杭州千岛湖颐养中心。8月18日,逸和源•杭州千岛湖颐养中心举行开工奠基仪式,标志着杭州地区最大的民办养老机构正式启动建设。县委常委王军,民政局局长余书华和有关部门负责人参加奠基仪式。该项目是千岛湖旅游度假区管委会和民政局共同引进的民办养老机构,由浙江天声企业投资管理有限公司投资兴建。位置坐落于千岛湖镇排岭半岛湖心亭南侧地块,总投资2.5亿元,占地40.5亩,建设床位1080张。房型有单人房、双人房、套房、特护房4种,是集养生、养老、康复护理为一体的综合性养老服务机构,属天声集团在淳安民办养老基地的总部。天声集团将在千岛湖沿湖地段租用农家乐等设施,布点多个小型养老基地,探索养医结合、候鸟式度假、总部加基地连锁的养老服务经营模式,通过近几年的努力,建成总床位2000～3000张。四是建设淳安县殡仪馆。由千岛湖建设集团负责代建,利用千岛湖镇排岭南路“淳安县第一殡仪馆”旧址并扩大到现殡仪馆东南侧的一处山湾及沿排岭南路南侧的一处空地,总用地面积34807平方米,建筑面积10000平方米,总投资5000万元,使其达到年火化4000～6000具遗体的能力要求。结合本工程场地情况,殡仪馆建设分为主要功能区、辅助功能区、后勤保障区及停车场四大块,项目建设布局业务办理、殡仪服务、守灵服务、遗体火化、骨灰寄存、司法尸检、后勤保障、停车场等功能设施。年底完成地基平整。五是完成湖山公墓提升改造工程。2014年度建设的政府投资项目——湖山公墓提升改造工程年底全面完成,通过验收。该项目总投资560万元,由7个小项目组成。门牌房入口至管理房道路拓宽,建成双向单车道加人行道宽2.5米,总长600米;邵家水库通往公墓新建步行道宽2米、长400米;建设停车场1处,停车位100个,面积3500平方米;新建消防水池1座,水渠700米;新建焚烧炉1个;公厕、洗手设施改造;安装监控摄像探头30余个。新建婚姻登记办公楼。新楼与淳安县妇幼保健院同步建设,政府投资300余万元,由千岛湖建设集团负责代建,经过近一年时间的建设,年底基本完成,建成办公楼514平方米,原址淳安县千岛湖镇新安东路345号,于2015年初可搬迁至新址新安北路63号(淳安县妇幼保健院新大楼旁,宏山隧道靠东瓜坞出入口,县环卫所斜对面)办公。建设“中福在线”淳安销售厅。“中福在线”是由国家财政部、民政部批准,中国福利彩票发行管理中心发行的公益彩票,秉承“扶老、助残、救孤、济困”的发行宗旨。浙江省杭州市淳安县千岛湖镇新安大街销售厅的建设于2013年正式启动,报经中国福利彩票发行中心审批通过,2014年7月7日浙江省福利彩票发行中心正式准复。租用原建设局办公楼房,民政局投入100多万元资金,进行历时5个月的改装,年底完成建设任务,2015年初可开张营业。销售厅总面积326平方米,其中投注区面积200平方米,安装了最新的第三代投注终端机。

【民政法制建设】 3月,梳理、修改、完善2012年印制的《民政法规政策宣传手册》,重新印制5万册,陆续发放至县级部门、乡镇、村和社区。内容涉及城乡低保、临时救助、残保、高龄老人生活津贴、慈善救助、带病回乡退伍军人认定、在乡退伍军人老年生活补助、伤残抚恤、门牌证办理、殡葬服务“四免费两赠送”、生态公墓建设及补助、居民结婚、社会福利生产管理等。5月9日,县人大常委会副主任王建民一行在民政局调研全面深化改革有关法律法规条文相关工作,召开汇报会,查找不适应全面深化改革要求的法律法规条文。局长余书华、副局长徐玉丰、党组成员余永华和相关科室负责人参加。4月下旬至5月中旬,广泛开展以“送法下乡”为主题的民政法规大宣讲活动,每到一个乡镇都通过举办培训会、发放宣传册、现场解答咨询等方式进行民政法规政策宣传。5月23日,在千岛湖镇施家塘社区开展“民政法规进社区”活动,共发放各类宣传资料1726份,接受市民现场咨询263人次,征集意见、建议23条。6月24日,开展民政法规进新北社区,接受市民咨询313人次,发放宣传资料1683份、书686本。7月25日,开展民政法规进望湖社区活动,发放各类宣传资料1023份,接受市民现场咨询682人次。8月25日,开展民政法规进李家坞社区活动,发放宣传手册、《防灾减灾100问》等各类宣传资料2600余份,接受咨询585人次。10月14日,市民政局副局长严伟明一行在淳安县调研民政法制建设工作并召开座谈会,局长余书华在会上作了汇报。12月4日,民政局组织人员参加千岛湖广场举行的宪法日普法宣传活动,发放宣传手册2000多份,宣传民政法规政策。

【市民政局局长在淳安调研民政工作】 12月24日,杭州市民政局局长邵胜一行来淳安调研民政工作,局党组副书记、副局长、纪检组长徐玉丰作工作汇报,总结2014年淳安县民政业绩以及特色、亮点,汇报2015年的民政工作思路。邵胜对淳安的民政工作予以高度评价,并就下一步工作提出了几点意见:要把民政工作与“三转一争”有力结合,始终坚持公开、公平原则,特别是在低保救助方面,务必做到应保尽保、应退尽退,把民生工作做精、做细。要挖掘亮点,创新工作方式。在做好职责工作的同时,以改革创新的精神,争取把成功经验向省、市推广。要突出重点、中心工作,为民务实。充分利用上级部门出台文件的机会,起草出台本地区的民政政策,加大基础设施建设力度,做实民生工程。

【县长调研民政工作】 10月23日,县长柴世民在副县长章传强的陪同下专程调研民政工作,县府办、发改局、财政局、编办、民政局、残疾人联合会、建设集团、旅游度假区、千岛湖镇等部门负责人参加。柴世民等一行首先赴逸和源颐养中心总部基地建设现场,听取项目建设情况介绍。其次,到千岛湖镇南山社区居家养老服务照料中心,听取上年10月运营以来的情况介绍。然后在民政局召开座谈会,县民政局局长余书华汇报了全县近两年民政工作的创新做法和主要成效,介绍了几个重点项目的建设情况,并就推进民政工作提出了意见和建议。柴世民充分肯定了民政工作所取得的成绩,他说“县委、县政府历来高度重视民政工作,在全县上下的共同努力下,圆满完成上级交给的各项工作任务,使其老百姓的生活困难、问题得到较好地解决,大量的民生工作体现了县委、县政府关心百姓、务实为民的实际行动。民政部门结合本地实际,把钱用好,始终围绕为民解困、为民服务这个中心,当好贴心人。在加快民生基础设施建设中,逸和源养老服务中心、淳安县养老服务中心、淳安县殡仪馆等一批项目建设都在快马加鞭推进,各有关部门也都很好地配合。柴世民强调,新形势下淳安县养老事业的发展,除了传统的、基础的、国办的、民营的养老服务形式外,还应重点培育和发展高端养生养老产业,引进外资建设度假养生基地,并把这一产业作为今后一个时期淳安发展的方向,朝着国际养生养老健康品牌迈进。

【综合考评】 1月27日,县委办、县府办下发《关于2013年度县级机关、直属单位综合考评结果的通报》和《关于2013年度淳安县“满意科室”“满意站所队”评选结果的通报》,县民政局综合考评得分96.3338分,名列38个窗口单位第11名,为先进单位等次;社会事务科为“满意科室”,帮扶救助服务中心为“满意站所队”。

【民政业务培训】 4月25日,在县委党校举办了一期民政业务培训班。各乡镇分管民政工作的领导、民政干部,民政局中层以上干部共80余人参加。培训内容主要包括养老服务、双拥优抚安置、公民收养子女、社区服务业登记、农村门牌编制、殡葬管理、救灾救助等相关业务政策。局长余书华作开班动员讲话,业务科室负责人分别就各自业务进行授课,就基层民政干部在民政业务工作中遇到的重点、难点问题进行详细解答。

【建立干部职工日常行为监督制度】 为认真贯彻落实党的十八届三中、四中全会精神、中央和省、市、县委关于加强干部队伍建设的新要求,切实从严管理,加强日常行为监督,10月27日,下发《淳安县民政局干部职工日常行为监督实施意见(试行)》,监督全体干部职工在政治思想、履行职责、工作作风、道德品质、廉政勤政等方面的日常不良行为。制定日常监督信息采集积分标准,实行积分量化考核,对违反规定的干部职工进行扣分,按照扣分值分级进行预警,从严治理违规行为。

【建立月值班制度】 根据民政局新办公楼运行的实际情况,加强机关作风和效能建设,加强全体干部职工队伍管理。7月22日发文,从8月起实行局领导带班的月值班制度。成立领导班子成员和中层干部组成的值班小组,每月安排1名局领导和2名局机关中层干部坐班民政窗口,履行值班职责。小组成员每天开展值班工作,带班领导加强监督、检查,发现典型经验或存在的问题作好详细记录,在每月召开的中层干部例会上交流或点评,对工作进行小结,对好人好事进行表扬,对存在的问题提出整改意见。

【建立考勤制度】 10月27日,印发《关于实施考勤制度的通知》。通知规定,全体干部职工从11月1日起实施上下班指纹打卡制度,一天打卡2次。每月统计一次,汇总考勤情况,作为月度发放工资的依据之一;严格请假程序,执行请假待遇政策,惩处违纪行为。

(管爱星)

社　会

·人口和计划生育·

【概况】 2014年，淳安县的人口和计划生育工作圆满完成了市政府下达的各项指标任务，整体工作呈现平稳上升的态势。从主要指标执行情况来看，情况良好。1～12月，全县上报出生4512例，计划生育率94.81%；出生婴儿性别比102.79，控制在107范围以内；统计误差率控制在市考核指标1.5%以内；出生上报年及时率97.63%；孕前优生健康检查率达到99%；依法行政及流动人口服务管理等各项指标达到市政府年初下达目标要求，适度低生育水平保持稳定，计划生育服务管理能力得到新提高。经杭州市政府人口和计划生育目标责任制考核，淳安县获得杭州市年度人口和计划生育管理责任制考核优秀单位。

【人口和计划生育目标责任制考核】 根据县政府与各乡镇及有关部门签订的2014年人口与计划生育目标管理责任书要求，经全面考核，综合评定全县23个乡镇全部达标，卫生局等12个部门全部达标。

【一票否决制】 根据《淳安县人口和计划生育“一票否决制”实施办法（暂行）》规定，2014年评优评先县级审核单位和个人963人次，审核否决35人次。同时对千岛湖镇联丰村等147个行政村（社区、单位）和461个个人予以计划生育“一票否决”，并以人口与计划生育领导小组文件形式公开否决单位和个人名单。

【青春健康护航行动】 2014年，全县开展青春健康护航行动，主要通过建立青春健康服务阵地，强化师资队伍建设，不断创新服务方法、手段，开展对青少年全面系统的青春健康教育和生殖健康咨询、意外妊娠援助服务等，帮助解决青少年在青春期遇到生理、心理、道德和生殖健康等方面存在的问题和困惑，为青少年的健康成长保驾护航。据统计，2014年，全县青春健康教育服务阵地建设共直接投入65万元，以县计划生育指导站亲青服务室为核心，同时依托学校、村级计划生育服务室，全县共建立青春健康俱乐部、示范基地、青春健康护航站、亲青服务点等各类服务阵地433个，建立由学校老师、社会人士、计划生育工作者组成的171人青春健康师资队伍，面向目标人群提供培训、讲课、咨询等服务20000多人，并为青少年提供紧急人流、避孕等救助服务63人次。

【计划生育宣传教育】 人口文化融入新农村：各乡镇结合新农村建设，在中心村和特色村等融入建设人口文化园，全县达到50个。同时，结合淳安实际做好进“文化礼堂”工作，县人口计生局为千岛湖镇江滨社区、临岐镇梅口村等23个乡镇和青溪新城的24个村“文化礼堂”赠送了总价12万余元的书籍。充分发挥广播电视、报纸、网络、车载广告等新闻媒介的宣传阵地作用，传播人口计划生育科普知识、计划生育政策法规，发放计划生育宣传资料（品）67000册（份），达到电视上有画面、广播上有声音、报纸有版面、网络上有阵地，出门见得到、上车听得到，全方位计划生育政策及服务信息覆盖，形成浓厚的计划生育基本国策氛围。2014年，淳安县被《中国人口报》评为宣传工作先进单位。县人口和计划生育局、卫生局、市场监管局、公安局等部门密切合作，强化对各类医疗机构、药品销售机构等的监督检查，强化乡镇监管考核，形成坚决打击“两非”现象高压威慑态势，严格实行凭证引产制度等措施，确保全县性别比失衡治理到位。

【“中国人寿杯”淳安县人口文化书画展】 2014年10月,县委宣传部、县人口和计划生育局、县计划生育协会、县文学艺术联合会、中国人寿保险股份有限公司淳安支公司联合主办,淳安县书法家协会、淳安县美术家协会组织承办了“中国人寿杯”淳安县人口文化书画展活动。活动得到了全国各省市广大书画爱好者的大力支持和积极参与,不仅本县书画爱好者创作投稿热情高,同时,还吸引了北京、山东、江西、河南、湖南等地许多书画爱好者的参与。活动共收到书画作品共227幅。其中书法作品157幅,美术作品70幅。经活动组委会的认真评选,有59人作品获奖和入展。

【计划生育技术服务】 2014年,全县继续做好计划生育技术服务,努力促进服务升级。继续推进计划生育“三访”服务工作机制,2014年发放千岛湖“三色随访包”25000只,有针对性地对新婚、怀孕、生育、计划生育手术对象开展“四到家”(即政策宣传到家、宣传资料发到家、免费检查到家、免费药具送到家)宣传服务和重点对象的个别指导,积极推进国家免费孕前优生健康检查工作项目。2014年,全县免费婚前检查率达到了96.91%,国家免费孕前优生健康检查率达到99%,认真做好病残儿童医学鉴定、计划生育手术并发症二级鉴定、药具管理发放、青春健康教育等各项技术服务工作。

【计划生育依法行政】 切实做好“单独两孩”政策实施前后相关政策衔接。1～12月共办理再生育审批1546例(其中单独夫妇再生育审批409例,特殊情况生育审批104例),换证131例。在落实“单独两孩”生育新政的过程中,做到了3个平稳衔接,即审批事项平稳衔接,高龄孕产妇技术服务的平稳衔接,单独夫妇家庭再生育原有优先优惠政策及遗留的违法生育社会抚养费征收等政策平稳衔接.规范计划生育证件办理程序,实行生育审批代办制和特殊情况个人承诺制。全面推行办证事项一次性书面告知制度,截至2014年底已代办再生育审批事项65例,特殊情况个人承诺16例。规范社会抚养费征收管理。进一步加强社会抚养费征收管理工作的审核把关,确保征收主体合法、程序正当、标准严格、执法规范。

【落实计生优先优惠政策】 2014年,根据省市有关文件精神,并经县人口与计划生育领导小组研究,进一步完善计划生育特殊家庭扶助相关政策,将女方年满49周岁未满60周岁的特扶金标准提高到每人每月500元,年满60周岁且未纳入政府养老服务补贴范围的特扶金标准提高到每人每月700元。全面落实计划生育奖特扶、计划生育公益金、独生子女父母奖励费、农村独生子女父母参加城乡居民社会养老保险补贴、失独家庭依法收养子女补助等奖励优惠政策,总金额达到874万余元。“7•11”期间,积极争取,得到市计划生育委员会联合市红十字会对淳安县60岁以上的80户失独家庭进行专项慰问。

【计划生育协会工作】 2014年,县计划生育协会加大对村级指导力度,村(社区)计划生育协会组织换届全面完成,调整充实协会小组长队伍,修订完善计划生育村(居)民自治章程,推进计划生育基层群众自治。在“5•29”会员活动日期间,县计划生育协会以“汇聚社会能量, 关爱计生家庭”为主题,联合贝因美公司、华日电器、千岛湖新兴家电,重点开展了“五送”系列活动。一是向计划生育困难家庭送温暖活动;二是向计划生育特殊家庭送保险活动;三是0～2岁宝宝送奶粉活动;四是向青少年学生送青春健康教育知识活动;五是向计划生育协会会员送优惠券活动。走访慰问计生困难户274户,发放慰问金12万余元。接受咨询服务3700余人次，发放宣传品7000余份。向全县5000余个0～2岁宝宝赠送总计价值100余万元的奶粉。开设青春健康知识讲座26场，培训青少年2800余人。为286个独生子女伤（病）残、死亡家庭共577人参保计生特殊家庭综合保险，投入保费4.6万余元。积极培植和争取省、市“少生快富”项目11个，安排县级项目4个，共落实项目资金66万元。

（唐剑锋）

·人力资源和社会保障·

【概况】 淳安县人力资源和社会保障局内设办公室、政策法规科、计划财务科、公务员管理科、就业培训科、人才开发科、工资福利科、社会保障科、劳动关系科。局属单位含社会保险服务中心、就业管理服务处、人才市场管理办公室、人才市场、劳动和社会保障监察大队、劳动仲裁院、市民卡服务中心、企业退休人员管理服务中心。

【就业服务管理】 2014年城镇新增就业人数3586人，失业人员再就业2226人，其中就业困难人员再就业679人，分别完成全年目标任务的108.67%、130.94%和183.51%。城镇登记失业率稳控在4%。共为138家企业426名城镇就业困难人员发放用工和社保补贴138.26万元，为3760名城镇灵活就业人员发放社保补贴699.47万元，为229人次办理小额担保贷款贴息132.55万元，企业吸纳就业能力不断提升。

【人才交流会】 成功举办2014年“助创业·促就业”人力资源交流大会，达成就业再就业、创业、来料加工和技能培训等各类意向3651人。先后开展撤村建居、离校未就业大学生等4场专场招聘会。从9月开始，每月定期在新人力资源市场组织一场招聘会。组织相关职能部门、3个重点乡镇和5家县内重点企业共22人参加杭州市国际人才交流大会，共对接项目20个，达成初步意向项目6个，现场签约项目2个。举办2014年高校毕业生人才交流大会，共达成初步就业意向300人。组织41家企事业单位分别参加杭州市高级经营管理人才洽谈会、杭州市春季人才交流会、高校毕业公益性招聘大会、第十六届（2014）西博会杭州人才交流大会暨杭州市2015届高校毕业生就业招聘大会，共有420人与用人单位达成选人择业的意向。

【创业培训及服务】 大力推行“创业五步法”，解决创业人员在资金、项目、素质、平台和环境5个方面的瓶颈。提升创业融资服务，当年为142人发放小额担保贷款1383万元，累计发贷1282人次12476.5万元，回收率达99.4%，贷款总额占全市首位。注重创业跟踪服务，专门收集充实创业项目90个。有针对性地开展多层次创业培训17期495人，其中IYB培训2期58人。利用淳安县电子商务公共服务中心积极筹建大学生创业园，由纯培训向搭建网络创业平台转变，全年举办网上创业2期83人。

【高校毕业生就业服务】 2014年共引进高校毕业生737人来淳就业工作，其中硕士21人，本科446人，大专255人，中专15人。

【外国专家项目引进】 完成杭州市“115”引进外国专家项目1个。

【人才公共服务】 县农业局、林业局协作完成杭州市专业技术人员知识更新工程专项培训班、高级研修班申报和培训工作。开展符合条件的引进人才安家补助费申报工作，完成淳安县首次人才公寓的申报工作。完成全县在职1200余名高级专家两年一次的高级专家体检。完成500名企事业单位职称初定认定工作，850余名各类职称和执业资格考试报名审核工作。

【人才网站服务】 2014年网站注册的企业已有738家,网站访问总量达6755万余人次。

【公务员队伍建设】 2014年,全县公务员2645人,其中县级机关1999人(含参公520人)、乡镇机关646人。2014年,完成20名乡镇干部交流工作;完成2013年度考核工作,其中公务员2143人、参照公务员法管理事业单位504人、事业单位7427人;完成非领导职务审核任命工作,其中任命主任科员8名、副主任科员36名,享受主任科员待遇83名,享受副主任科员待遇18名;开展公务员奖励,对62名获三等功和344名年度考核优秀公务员进行奖励。

【招考工作】 2014年共招考录用公务员105名,其中乡镇机关(工作人员)38名、县直机关部门67名;招录事业单位317人,其中县教育局下属农村中小学招录教师161人、县卫生局下属事业单位招录88人、乡镇及其他县属事业单位招录68人;完成2014年度大学生"村官"招录8人及分配工作。

【军转干部安置】 全年完成5名军队转业干部的接收安置。

【公车改革及驾驶员分流】 完成《淳安县公务用车改革单位驾驶员分流安置实施办法》制定和车改单位编外202名驾驶员分流安置工作。

【机关事业单位工资福利】 完成10759名机关事业单位工作人员工资正常调整工作和6703名机关事业单位工作人员统发工资工作。

【干部职工退休】 全年共办理1919人的退休手续,其中机关公务员85人、事业单位242人、企业职工1592人。

【技能人才队伍建设】 全年完成各类培训11230人次,开展职业技能鉴定5853人,取证人数5694人,其中初级工3078人、中级工1698人、高级工431人、技师131人、专项能力356人。培养高技能人才562人,完成任务数的102%。再就业培训377人,完成任务数的126%。千岛湖啤酒有限公司项发建技能大师工作室通过省级考核验收,成为淳安县首家。开发固体废物处理工等3个新工种培训及停车收费员、老人护理等工种的专项能力培训。成功举办"长运杯"乘务员、"金恒杯"服装缝纫工、"淳香苑杯"农家菜、"千啤杯"叉车司机、"新峰杯"保安员、里商和鸠坑制茶比武等7场县级技能比武大赛。

【五费合征】 2014年职工基本养老保险净增参保2289人,完成全年目标任务的104.1%;基本医疗保险净增参保2415人,完成全年目标任务的301.9%;工伤保险净增参保1925人,完成全年目标任务的128.3%;生育保险净增参保666人,完成全年目标任务的133.2%;失业保险净增参保1518人,完成全年目标任务的101.2%。

【两费收缴】 2014年城乡居民社会养老保险参保人数204127人,其中16~59周岁参保缴费人员134399人,60周岁以上领取城乡居保养老金69728人。全县16周岁以上人员参加各类养老保险综合参保率为96.35%。全县参加各类医疗保险综合参保率为99.97%。

【基本医疗保险政策】 出台实施《杭州市基本医疗保障办法淳安县实施细则》,建立城乡居民重大疾病医疗补助制度。研究完善被征地农民社会保障制度,通过提高保障水平、扩大保障范围、实施两个转换等方式,进一步提高被征地农民社会保障水平。城乡居民社会养老保险基础养老金标准提高到130元/月。

【基金监管】 2014年,首次对全县所有机关事业单位离退休、精减下放、供养人员进行待遇资格认证工作，实现所有享受待遇人员资格认证全覆盖。完成3万余份企业在职职工和14.1万余份城乡居保参保人员社保权益单的邮寄、印制及发放工作。全年共审核医疗费11184.5万元，审核出医保范围外的费用3954.91万余元。审出有疑问的外伤病案85份；退回不符合医保范围的病案18份，涉及费用64.82万元；退回其他不符合医保范围的病案683人次，涉及费用473.26万元。在全县两定单位扎实开展医保“亮剑”专项行动，对药品进、销、存台账不规范，营业场所存放滋补品的5家药店给予年度考核不合格等次，对虚开药品的1家村卫生室给予年度考核不合格等次且取消定点资格，对县内4家私营诊所给予暂停服务资格1个月的处罚。查处医保违规案例2例，涉及金额4万元，退回医保金额4万余元；处罚1例，处罚金额2万余元。同时，完成了外伤病人调查63例，退回12例，退回金额36.75万元。

【市民卡发放及功能开发】 2014年，市民卡制卡时间缩减到15个工作日，市民卡已开发的功能包括医保、公交、银行、停车收费、智慧医疗等功能。2014年6月，联合邮政储蓄银行配合县车改办，平稳有序完成车改补助发放工作，累计发放2656.4万元。

【“12333”咨询服务】 2014年，“12333”共接听来电咨询19155人次。其中人工接听6729人次，占来电总量的35.13%；自动服务量11357人次，占来电总量的59.29%。电话接听率达94.42%，转接量有254个，达到省市考核人工电话接听率70%以上的要求。

【省三个文件落实】 按照浙人社发〔2011〕221、222、223号3个文件精神，共完成6054名符合条件人员的公示、办理和发放工作，其中221号对象1483人，222号对象2422人，223号对象2409人，部分群体养老保障政策落实得以平稳有序推进。

【企退人员管理服务】 完成13191人第十次企业退休人员增资工作，月增资总额达345.39万元.组织企业退休人员参加杭州市企业退休人员休闲运动会。

【劳动监察执法】 全年共巡查用人单位868家，开展送法进企业、送法到工地20次，为企业、建筑工地、乡镇发放人力资源和社会保障法律法规宣传资料3000余份。重视投诉案件查处，全年受理举报投诉案件152件，结案152起，结案率100%。扎实开展农民工工资支付情况、春雷、用人单位遵守劳动用工社会保险法律法规情况、劳务派遣情况和用人单位夏季防暑降温规定执行情况等5次专项行动，共检查用人单位241户，涉及劳动者2.3万人。加大工资清欠力度，1～10月共清欠劳动者工资753.6万元，清欠率为98.3%。出台实施《关于进一步做好突发群体性欠薪事件预防和处置工作的通知》（淳政办发〔2014〕126号），不断健全群体性欠薪事件处置程序，完善防欠薪长效机制，会同14个县级相关部门组成全县防范处置企业拖欠工资联动机制，加大工资清欠力度。规范小微企业用工，通过自查、排查、检查，全县小微企业合同签订率提高到97.2%。加强对独立建会企业的指导，集中推进集体合同签订、工资集体协议签订工作，至12月底，独立建会企业集体合同签订489家，独立建会企业工资集体协议签订508家。规模以上企业“双爱”活动参与率达100%。

【劳动争议仲裁调处】 全年共立案受理劳动争议案件23件，涉案标的金额132.31万元，已办结23件，结案率100%，调解率80%，完善法律援助工作体系，充分发挥县劳动保障法律援助工作站功能，全年共办理劳动仲裁法律援助案件8件,占审理案件的20%。切实发挥基层调解组织的“第一道防线”作用,以康盛省非公企业劳动争议调解委员会建设示范点为抓手,以点带面,全面推进淳安县企业调解组织规范化建设,完成所有乡镇调委会的更名工作,实现规上企业劳动争议调解委员会组建率95%以上的目标。

【依法行政工作】 注重普法教育工作,认真组织落实局系统在线学法任务,开展普法宣传活动,参与和举办各类法制宣传日等活动。

【来信来访等工作】 全年共处理来信来访3555批次3745人次,办理党代表、人大、政协建议提案12件,实现见面率、办结率、满意率3个100%。

(王春莲)

·体　育·

【概况】 2014年,淳安县体育局牢固树立“秀水富民”理念,着力推进群众体育,提升发展特色体育,加快推动体育产业,不断提高竞技体育,有效促进了体育事业的健康快速发展。

群众体育蓬勃开展。充分发挥体育总会的协调作用,进一步引导、发展、规范全民健身网络组织,成立自行车运动协会、绿城水上运动俱乐部、网球俱乐部、拳击俱乐部、超凡户外运动俱乐部等体育协会和俱乐部。充分发挥体育协会、俱乐部、体育场馆、健身广场、公园等功能作用,开展全民健身活动40余次,参加人数2万余人。承办了“万人同跳一支舞,共创排舞吉尼斯”、淳安县全民运动会、淳安县老年人运动会、淳安县残疾人运动会等活动,有力带动了全县全民健身活动的开展,提高了全民的健康水平和生活品质。

特色体育铸就品牌。依托千岛湖资源优势,举办了全国春季赛艇锦标赛、全国室内赛艇锦标赛、中华人民共和国第九届残疾人运动会赛艇比赛暨2014年全国残疾人赛艇锦标赛、国际泳联10公里马拉松游泳世界杯赛(中国千岛湖站)、全国10公里马拉松游泳冠军赛、中国·千岛湖公开水域游泳公开赛、全国冬泳锦标赛、中国·杭州第八届环千岛湖国际公路自行车赛、千岛湖龙川湾山地自行车挑战赛、全国青少年艺术体操锦标赛、中国国际露营大会、首届长三角运动休闲体验季活动、千岛湖“秀水金湾”国际山地徒步毅行大会、“谁是球王”中国足球民间争霸赛浙江赛区海选总决赛、浙江省中小学生羽毛球总决赛、浙江省首届业余围棋联赛、浙江省第四届少儿足球节等17个省级以上大型赛事和活动,有效地促进了千岛湖运动休闲品牌提升,不断扩大千岛湖影响力和知名度,助力旅游服务经济发展。

体育产业不断壮大。成立进贤湾、绿城、东辰、宋家渔村等以运动休闲为主营的体育企业,发展皮划艇、帆船、帆板、水上摩托艇、水上降落伞等运动休闲项目,淳安县体育局荣获浙江省体育产业突出贡献奖。

体育创建稳步推进。实施新农村小康健身工程,2014年共创建省级村级体育俱乐部20个、创建省级体育小康村50个;完成城乡公共体育设施提升工程4个,农村新建健身苑点45个;创建白小线省级体育旅游精品线路、龙川湾市级运动休闲旅游示范基地。

体育设施得到改善。加大对千岛湖镇城区健身点、健身器材的维修和更新,并投入200余万元完成新建2片新型多功能运动场和体育馆的维修工程。实施城区学校体育场地开放,缓解市民体育生活需求与体育场地不足的矛盾。

竞技体育不断提升。组队参加2014年全国青少年举重锦标赛,获得女子44公斤级抓举第一、挺举第一,总成绩第一。参加2014年浙江省举重锦标赛,获得44公斤级抓举、挺举、总成绩三项冠军。参加十五届省运会举重比赛,获得团体第三名。参加杭州市中小学生阳光体育运动会举重比赛，获得1金1银1铜的好成绩。组队参加浙江省摔跤锦标赛，获得1银。参加杭州市中小学生阳光体育运动会摔跤比赛，获得第二名和第五名的成绩。组队参加浙江省青少年柔道锦标赛、浙江省运动会柔道比赛和杭州市青少年柔道锦标赛，均获得1块金牌。组队参加杭州市中小学生阳光体育运动会射击比赛，获得男子团体第四、女子团体第三、团体总分第五的好成绩。组队参加第八届全国少年速度轮滑锦标赛、2014年中国（苏州）速度轮滑公开赛和第二十九届全国速度轮滑（场地）锦标赛，分别获得4金3银8铜、4金3银5铜和4金7银6铜的佳绩。派队参加杭州市第九届残运会，荣获田径、游泳、乒乓球、羽毛球、象棋等5个大项团体总分第四名和金牌总数第四名的好成绩。

【淳安县第六届全民运动会】　11月8～10日，由淳安县人民政府主办，淳安县体育局、淳安县体育总会联合承办的淳安县第六届全民运动会在淳安体育馆拉开帷幕，杭州市体育局局长赵荣福出席并致辞，县委书记朱党其宣布开幕。4年一届的全民运动会历时7个多月，全县乡镇部门44个代表团5000余人参加了钓鱼、登山、羽毛球、乒乓球、篮球、广播体操、田径、拔河、健身排舞等14个大项59个小项的比赛，是历届县全运会中规模最大、参加人数最多的一届。

【淳安县第四届残疾人运动会】　4月22～23日，由县人民政府主办、县残疾人联合会、县体育局联合承办的淳安县第四届残疾人运动会在淳安体育馆举行，来自全县各乡镇的26支代表队300余名运动员参加田径、游泳、乒乓球、羽毛球、射击、举重、中国象棋7个大项79个小项的比赛。

【淳安县第五届老年人运动会】　9月23～25日，由淳安县人民政府主办，淳安县体育局、淳安县老龄工作委员会、淳安县老干部局、淳安老年人体育协会承办的淳安县第五届老年人运动会举行。来自全县各乡镇、社区的36支代表队的400余名老年运动员参加了中国象棋、飞镖、麻将、台球、羽毛球、扑克、乒乓球单打、篮球定点投篮等8个项目的角逐。

【2014首届长三角运动休闲体验季活动】　4月19～20日，由上海市体育局、江苏省体育局、浙江省体育局、淳安县人民政府主办，淳安县千岛湖风景旅游委员会、淳安县体育局承办的2014首届长三角运动休闲体验季活动在千岛湖镇举行，来自上海、江苏、浙江三地的1000余名户外运动爱好者、媒体、投资商等参加了环湖骑行、房车露营、湖畔露营、探寻千岛湖之源等活动，充分展现千岛湖运动休闲的独特魅力。

【2014千岛湖国际山地徒步毅行大会】　5月1～3日，由县体育局、体育总会主办，县千岛湖徒步健身俱乐部承办的2014千岛湖国际山地徒步毅行大会在千岛湖举行，活动从千岛湖芳菲隐珠体育公园出发，毅行金峰百照线，全程45公里。活动邀请了奥运冠军孟关良到场参并领走，来自江西、上海、江苏、福建、浙江等地400多名驴行爱好者参加活动。

【全国室内赛艇锦标赛】　6月1日，由国家体育总局水上运动管理中心、浙江省体育局主办，淳安县人民政府、浙江省体育竞赛中心、浙江省船艇运动管理中心承办的2014年全国室内赛艇锦标赛在国家水上运动训练基地举行，来自辽宁、江苏、江西、上海等地的18支代表队300多名运动员、裁判参加。

【2014年全国青少年艺术体操锦标赛】　7月20～28日，由国家体育总局体操运动管理中心、中国体操协会主办，淳安县人民政府承办，浙江省体操运动管理中心、杭州市体育经济协

会支持，杭州超凡体育策划有限公司、淳安县体育总会协办的2014年“野娇娇杯”全国青少年艺术体操锦标赛在淳安体育馆、淳安训练馆举行。来自北京、辽宁、广西、河南、河北、香港等地40余支代表队300多名运动员、裁判员参加了本次比赛。

【2014年国际泳联10公里马拉松游泳世界杯赛(中国千岛湖站)、2014年全国10公里马拉松游泳冠军赛暨2014中国·千岛湖公开水域游泳公开赛】 国际泳联10公里马拉松游泳世界杯赛在全世界8个国家和地区共举行8站，千岛湖站是其中之一。由国际游泳联合会主办，国家体育总局游泳运动管理中心、中国游泳协会、浙江省体育局、杭州市体育局、淳安县人民政府承办。全国10公里马拉松游泳冠军赛由国家体育总局游泳运动管理中心主办，是全国单项年度最高级别的专业比赛。2014中国·千岛湖公开水域游泳公开赛则是由国家体育总局游泳运动管理中心、中国游泳协会和浙江省体育局主办，淳安县人民政府、杭州市体育局和浙江省游泳协会联合承办的全国群众性游泳比赛。

10月8～12日，来自美国、德国、澳大利亚、英国、加拿大等15个国家和地区，国内北京、上海、广东等12个省市的代表队，及20多个省市的47家泳协、俱乐部，运动员、教练员、官员共2500余人参加这三项赛事。

【浙江省校园足球第四届幼儿足球节】 10月13～15日，由浙江省青少年校园足球工作领导小组办公室、淳安县人民政府主办，淳安县体育局、淳安县教育局承办，浙江省教育局、浙江省教育厅为指导单位的浙江省校园足球第四届幼儿足球节在淳安体育馆举行。将幼儿足球融入各类游戏中，从童心、童趣、童乐中培养幼儿对足球的兴趣，增强幼儿的身心素质，是开展幼儿足球节的理念，来自全省各地幼儿园的师生组成的参赛队共400余人参加了这次活动。

【2014中国国际露营大会】 10月24～26日，经国家体育总局批准，由国家体育总局登山运动管理中心、中国登山协会、浙江省体育局主办，淳安县人民政府、北京露营之家体育文化传播有限公司承办，淳安县体育局、千岛湖风景旅游委员会、共青团淳安县委员会协办的2014中国国际露营大会(千岛湖站)在淳安县举行。活动共分千岛湖房车露营嘉年华、房车巡游、奥运冠军领导中国国际露营大会千人健跑、红色古道穿越、华联进贤湾Mountain Hardwear山浩杯第十五届三夫户外三项赛，及2014中国·杭州第八届环千岛湖国际公路自行车赛等6大项活动内容。大会期间，还安排喷射艇水上表演、湖畔露营音乐节等多项子活动，来自全国各地数十万户外露营爱好者参与，阵容之大、范围之广开创中国大众体育与产业发展的新篇章。

【2014中国·杭州第八届环千岛湖国际公路自行车赛】 10月26日，由浙江省体育局、杭州市体育局、淳安县人民政府联合主办，淳安县体育局、千岛湖风景旅游委员会联合承办的2014中国·杭州第八届环千岛湖国际公路自行车赛在千岛湖举行，来自20多个国家和地区的38支知名车队200余名运动员、教练员参加。

【“谁是球王”中国足球民间争霸赛浙江赛区海选总决赛】 10月25～27日，由中央电视台、国家体育总局、教育部主办，浙江省体育局、浙江省教育厅、浙江广播电视集团、浙江报业集团、淳安县人民政府承办，浙江省青少年校园足球工作领导小组办公室、浙江省足球协会、各市足球协会、各市校足办、《钱江晚报》体育部、浙江电视台民生休闲频道协办的“谁是球王”中国足球民间争霸赛浙江赛区海选总决赛在淳安体育馆新建城市多功能运动场举行，来自浙江省6个赛区社会组、青少年组、娃娃组3个组别的冠亚军队伍共36支300余名运动员参赛。

【“万人同跳一支舞，共创排舞吉尼斯世界纪录”淳安分舞场挑战活动】 11月8日，“万人同跳一支舞，共创排舞吉尼斯世界纪录”淳安分舞场挑战活动在千岛湖秀水广场举行，淳安县共组织1000多名排舞爱好者参加，与杭州市其他18个赛区24000余名参赛者一起挑战，成功荣获“最大规模的排舞”称号。

【第21届全国冬泳锦标赛】 11月28～30日，由国家体育总局游泳运动管理中心、中国游泳协会、浙江省体育局主办，淳安县人民政府承办，淳安县体育局、千岛湖建设集团有限公司、共青团淳安县委员会协办的第21届全国冬泳锦标赛在淳安县千岛湖镇水上浮动泳池举行，来自全国各地的80余支代表队2500余名运动员参加了这一游泳盛事。

【2014浙江省中小学生羽毛球积分排名赛、总决赛暨2014年浙江省中小学生羽毛球锦标赛】 12月4～7日，由浙江省体育局、浙江省教育厅主办，浙江省体育竞赛中心、杭州市体育局、淳安县人民政府承办，淳安县体育局协办的2014浙江省中小学生羽毛球积分排名赛、总决赛暨2014年浙江省中小学生羽毛球锦标赛在淳安体育馆、淳安训练馆举行，来自全省的35支代表队300余名运动员参赛。

【千岛湖龙川湾山地自行车挑战赛】 12月6～7日，由淳安县千岛湖旅游集团主办，淳安县千岛湖风景旅游局、淳安县体育局、姜家镇人民政府承办，千岛湖西南景区旅游有限公司、浙江贝欧复合材料制造有限公司协办的千岛湖龙川湾山地自行车挑战赛在龙川湾景区山地自行车公园举行，来自全国各地200余名山地自行车运动员参赛。

（李　群）

乡 镇

·千岛湖镇·

【概况】 2014年，千岛湖镇总面积356平方公里，辖17个行政村、9个社区、202个居民组、157个村民小组。全镇总户数27682户，其中农业户4307户；总人口81827人，其中农业人口14047人，有外来人口2.3万人。人口自然增长率2‰。山林面积10505.2公顷；耕地面积481.2公顷，其中水田392.5公顷。

全镇实现现代服务业增加值44.93亿元，同比增长21.5%；完成固定资产投资3亿元；实现规上工业销售产值18.17亿元，同比增长14.59%；实现农业总产值2.53亿元，农村集体人均可支配收入244元，农民人均纯收入13565元，同比分别增长8.3%、12.96%和12%；实现国税收入3.6亿元，地税收入3412万元；实现招商引资实际到位资金2.7亿元，其中市外资金1.3亿元。全面完成镇第十六届人大四次会议提出的2014年各项发展任务，连续13年在乡镇综合业绩考核中获得综合发展型乡镇总分第一名。

现代服务业加速发展。服务经济“首位度”的地位越加明显，发展机制和扶持政策进一步完善。做好限下企业转限上企业和个转企的培育服务，全年新增限下转限上服务业企业10家。注重大项目带动，增强服务业发展后劲，水上嘉年华和宋家渔村项目有序推进，累计完成投资12450万元。突出发展乡村旅游，打造品牌化、特色化的农家乐。全年乡村旅游接待游客53万人次，实现旅游经济收入584万元。2014年屏湖村成功创建杭州市农家乐休闲集聚体。

生态工业平稳向好。引导企业开展技术提升，畅通信息化融合发展之路，着力提升企业效益。全年投入技改资金达2475万元。实现高新技术产业产值12亿元，增长13.1%。电子商务全面铺开，线上销售取得突破，“野娇娇”全年实现网上销售值近2000万元，在全县电子商务领域领跑示范。电子商务“赶街”项目顺利启动，屏湖、茂畈、进贤“赶街”服务站建成并投入运行。全年实现来料加工费7200余万元，始终处于全县领先地位。

果园、菜园、乐园“三园融合”发展之路越走越宽，精品农业、设施农业、能人农业、景观农业“四个农业”文章越做越好。成功创建富泽圣湖循环农业示范园区、井塘枇杷农业园区、青溪精品水蜜桃示范园区、汪家有机火龙果农业园区、淡竹树栽铁皮石斛农业园区，形成“万亩生态枇杷、千亩大棚果蔬、百家精品农家乐、十处景观农业园”格局，助推农业综合效益稳步提升，水果、蔬菜两大支柱产业所占比重高达78%以上，特别是热带水果火龙果试种成功，为建设水果强镇再添亮点。

全年新引进特色招商项目5个。招商选商重点突出产业融合发展的项目，通过努力，计划总投资3亿元的一、二、三产融合项目红一代洞藏红曲酒体验式旅游综合体、计划总投资1.2亿元的农旅结合项目淳果小镇成功签约，为下一步经济发展打基础，强后劲。

“撤村建居”强势突破。实现已签约农户房屋全部拆除。加强对征迁农户的后续服务，保障已签约农户按期腾退。特别是集全镇之力用时一个月完成31户已签约拒腾空农户房屋的拆除工作，为“撤村建居”实现全局目标任务打下了坚实的基础。继续做好土地征收工作。完成高山支线、茶厂支线、养老中心等项目的征地服务工作，第二批1.7亿元土地款已发放到位。完成首批安置房选房分房工作。通过努力，完成首批94户102套安置房的分配工作。

巩固“三改一拆”成果，把“无违建镇”创

建工作作为展现社会公平正义的平台和考验镇村干部战斗力的试金石。一是调查摸底基础实。严格按照统一要求抓好各村一户一档的登记录入，做到底子清、情况明，使本镇一户一档工作成为全县的样板标杆。二是拆违整治行动快。坚持拆字当头，以最短时间完成应拆尽拆、应收尽收目标。全镇共拆除违法建筑641宗，违法建筑面积5.5万平方米，累计实收有偿使用金额326万余元。特别是对淡竹违建寺庙祝溪寺的拆除，得到各级领导和广大群众好评，有效推动了全镇违法建筑的拆除工作和全县违法寺庙的拆除工作。三是建立机制管控好。落实农村建房审批“六个必须”，建立健全防违控违长效机制。

实施“五水共治”，把“五水共治”工作作为环境整治的主抓手。开展千名党员干部进村入企治污排查活动。在全县率先启动并完成37户小规模畜禽养殖户的关停工作，拆除违法棚舍11595平方米。建立并落实农村环境综合整治长效机制，每月定期开展“保洁周”活动和“洁美庭院”评选，强化保洁员考核，农村环境综合整治工作取得明显成效，完成富城、周坑等9个村的污水处理项目，实现农户截污纳管广覆盖。

继续推进中心村、精品村建设。茂畈中心村建设进入收尾阶段，村口提升和祠堂修复工程按期完工，农村污水处理项目和自来水工程顺利推进，茂畈中心村形象目标基本实现。进贤、屏湖精品村建设正式启动，总体规划和施工设计全面完成，项目工程进入招标预算阶段。富泽精品区块建设继续深化，所形成的独特畲乡风味得到省委夏宝龙书记的高度认可。

加大对民生保障事业的投入力度，助推民生保障事业再上新台阶。医疗、养老两大保障任务全面完成。其中城乡居民基本医疗保险完成90355人，是任务数的100%；城乡居民社会养老保险参保率达96.8%，实现应保尽保目标。高度重视养老工作，镇养老服务中心提升工程顺利完工，被国家民政部备案为“全国模范农村五保供养服务中心”。施家塘社区居家养老照料中心建成并投入使用，成为全县首家五星级照料中心。

推动社区新一轮改革发展。继续推进实事工程。完成新北社区千岛湖饭店东侧区块、望湖社区妇保院区块，以及江滨社区人民路西侧区块等3个区块20万平方米，投入资金1300余万元的老旧小区改造工程。5年共计完成老旧小区物业改造110万平方米。改善小区物业管理。知丰路小区、西园大厦、温馨小区顺利实施准物业管理。小区业委会筹备工作顺利推进，新成立锦鑫小区业委会和千岛花园小区业委会，碧水花园小区业委会成功完成换届选举，小区业委会逐渐得到居民认可和支持。社区管理服务品牌创建展评工作取得实效。推进社区数字信息平台建设。在2014年望湖社区试点成功的基础上，全面推广社区信息平台建设，并正式投入运行。开展江滨“智慧养老”试点工作。实施城市环境卫生精细化管理。集中整治城区卫生死角，小区环境得到有效改善。涉及9个社区的18个小区首批垃圾分类试点工作全面启动。

【施家塘社区居家养老服务照料中心启用】 12月23日，千岛湖镇施家塘社区居家养老服务照料中心正式启用。这是淳安县首家按五星级标准配置，功能最完善、设备最齐全的居家养老服务照料中心。该中心坐落在千岛湖镇原施家塘社区旧址塘边弄，面积680平方米，是一家综合性居家养老机构，中心内有值班室、床位、理疗室、康复室、浴室、洗漱间、卫生间、洗衣房，空调、彩电等硬件设施一应俱全。主要服务功能为依托中介服务组织红枫助老助残服务中心，承担全镇9个社区570名政府买单服务对象的上门服务工作，为独居、高龄、残疾、困难老人开设“一键通”智慧养老服务受理中心，24小时有偿上门服务。同时承担独居、高龄、残疾、困难等生活不能自理的城区老人的全托料理。

【茂畈村获“浙江书法村”称号】 12月13日，省、市书法家协会授予茂畈村“浙江书法村”暨“杭州书法之村”称号。茂畈村历来尊师重教，崇尚文化，文艺人才辈出。4月，千岛湖镇茂畈村开始创建“浙江书法村”“杭州书法之村”以来，村两委将其作为丰富农村文化生活、加强精神家园建设、提升“文化礼堂”建设的有效载体，特将新办公大楼4楼560平方米全部作为书法展厅，展出县书法家协会理事、吴擢父子、茂畈村书法爱好者、茂畈中心小学师生等的书法作品。为了能提升大家的创作水平，村两委鼓励全村书法爱好者积极创作，茂畈村还专门组织全村书法爱好者进行书法培训，并为每位书法爱好者免费提供毛笔、墨汁、宣纸等，帮助书法爱好者刻制印章，以此营造书法创作的浓厚氛围。成功跻身省、市两级书法村，将对茂畈村的书法队伍培养、开展培训和交流活动起到积极的推动作用。

【千岛湖镇被评为省级“信用乡镇”】 3月14日，省级“信用乡镇”红匾落户千岛湖镇，使该镇成为全县首个省级“信用乡镇”。千岛湖镇已有信用村13个，覆盖90%的行政村，信用户3020户，覆盖总户数的49%。被评为“信用乡镇”后，信用贷款户可享受手续简化、利率优惠、贷款优先等扶持政策，对进一步增强为“三农”服务力度，进一步增强农民信用意识，改善和优化农村信用环境，促进金融支农，实现农民增收、农村稳定、农业发展起到积极作用。

（胡双英）

2014年千岛湖镇社区领导干部名录

表14

社区名称	党委书记	居委会主任
李家坞	潘文红	潘文红
西　园	汪泳涛	汪泳涛
施家塘	鲁林平	张建英(1～3月)
火炉尖	邵双凤	严　敏
江　滨	徐兰花	戴学华
新　北	方黎琳	方黎琳
南　苑	–	张建英
南　山	胡海燕	胡海燕
望　湖	汪智贤	

2014年千岛湖镇社区楼道党支部书记名录

表15

社区名称	楼道党支部名称	党支部书记
李家坞	风暴巷	葛月红
	李家巷	方朝圣
	高志弄	余昌明
	桃树湾	钱业山
	向阳巷	董小春
	枇杷园	童苏州
	新　安	方建强
	金岗殿	徐梦根
	个体联合	常新营
西园	景　秀	江跃棠
	湖　畔	严雪祥
	广　场	汪柏忠
	山　水	郑西林
	城　山	徐玉木
	淳建新村	于雅琴
	贸易弄	蒋春英
	二轻苑	夏江北
	市　心	钱樟树
	骑龙巷	方贺才
	平安巡防	王　亮

续表15-1

施家塘	塘 边	邵七英
	红 楼	王杏春
	旱 塘	黄瑞祥
	湖 山	吴国栋
	炉 峰	朱 琳
	知 林	宋玉本
	天 桥	马荣标
	初 阳	李志兰
	知 丰	程苏英
	丰 岭	刘培生
火炉尖	金鸡弄	陈海洋
	金 民	杨树生
	行岗路	朱成香
	金 岗	宋永年
	如意巷	邵光成
	新安西路	宋春水
	云 杉	汪建国
江滨	园林村	吴振文
	四马巷	童武荣
	秀 水	孙洪根
	人民路	方爱满
	清 风	邵斌超
新北	新 塘	余祝华
	清 波	程山崇
	清 雅	方仁周
	清 园	卢承祝
	湖 滨	洪 阳
	千 岛	胡焕章
	阳 光	姜常松
	塘 岭	周国钧
南苑	开 发	吴希章
	南 苑	王润奎
	南 山	胡水平
	南 屏	方发传
	紫 荆	吴 勇
	景 湖	张奎新
	美饰家建材市场	张俭苏
南山	柏树湾	夏火梅
	南 景	严克华
	曙 光	童火旺
	绿 园	童可忠

续表15-2

望湖	明 珠	吴孝斌
	滨 湖	徐穆迪
	温 馨	李春泉
	龙 门	余功祥
	再就业	陈卯生

2014年千岛湖镇各行政村基本情况

表16

村 名	村党支部书 记	村委会主 任	人口（人）	年人均收入（元）
屏 湖	缪发春	宋美君（女）	636	12092
茂 畈	方光清	吴惠群	1869	11565
井 塘	方国亮	方 森	681	11277
东 汉	郑国华	方小明	571	9375
金 家	金元福（2014.1.1—3.30）吴长法（2014.4.1—）	金小柱（2014.1.1—3.30）金元洪（副主任主持工作）（2014.4.1—）	835	10055
进 贤	方武中	宋小芳	706	12487
青 溪	蒋金辉	吴早祥	872	13702
周 坑	王有根	吴会根	836	14208
宋家坞	方明强	方 勇	554	15170
富城村	王法成	王小树	563	14394
东 庄	邵爱军	邵裕恒（副主任主持工作）	1088	14820
排 岭	徐福都	仇小富	476	16604
联 丰	叶玉定	徐碧荣	1380	11578
汪 家	宋钟来	宋治华（副主任主持工作）	1037	10143
富 泽	方来山	蓝国军	698	14054
农 林	方成会	朱建军	535	13983
淡 竹	邵江洪	徐顺忠	710	13789

·文昌镇·

【概况】 2014年,文昌镇总面积221平方公里,辖16个行政村,有119个村民小组。全镇总户数4167户,其中,农业户4167户;总人口1.4万人,其中,农业人口14018人。山林面积17332公顷,耕地面积428公顷。

全年实现农村经济总收入22.52亿元,比上年增长7.64%;实现农业总产值1.94亿元,增长8.3%;实现工业销售产值11.51亿元;农民人均纯收入13486元,增长11.7%。

农业产业加强转型升级,大力发展设施农业,建立科技示范基地。如王家源村蔬菜基地、潭头村草莓基地、光昌边铁皮石斛基地、王家源食用菌基地等一批特色农业基地,潭头、下潘2村的34公顷粮食生产基地,实现从县级粮食生产功能区向市级粮食生产功能区提升。

乡村旅游亮点纷呈,电子商务坚实起步。借助已动工建设的杭黄高铁车站在文昌的交通优势,加快产业转型,发展服务经济。电子商务蓬勃兴起,整合镇属工业企业产品及本镇特色农产品,建设“生态文昌”网店,已升级成一钻级卖家。

统筹城乡强势推进.完成翁家地块2014年土地收储任务,推动浙江省旅游学院国际酒店管理学院的建设,完成丰茂半岛33.6公顷土地的收储工作。潭头中心村农居点房屋建设全部完工,农居点的基础设施建设和环境美化工程日益完善。实施中心村庭院改造和道路硬化工程。王家源精品村得到提升,路口景观工程、河道景观改造、庭园生态改造都已全部完成。下潘村重点发展特色农业、绿色林业、旅游产业、来料加工四大支柱产业,完成乡村旅游物业房主体工程和室外工程建设。西阳村完成规划设计,建设160户供水管网,完成了华数、电信管线和设备安装。其他村的新农村建设项目均有序推进。启动杭州市土地综合整治整镇推进试点乡镇工作,完成前期的调查摸底和资源排摸、规划编制和上级批复。

全面实施“五水共治”工作。全面推进畜禽养殖关停,共关停转产畜禽养殖场36户,全部畜禽处置完毕且建筑物拆除到位。完成集镇及12个村的治污工程,完成总投入2398万元。

无违创建强势推进。强势推动05省道沿线整治工作,拆除沿线违章建筑22处,共拆除各类违法建筑614宗,建筑面积75709平方米,收缴有偿使用费400余万元。

社会事业和谐稳定,以强化网格管理、深化平安创建为抓手,务实创新基层综治“8354”工作法,全力打造社会和谐稳定、人民安居乐业的社会治理新格局。

文教卫体全面发展。全镇配齐村级宣传文化员队伍,农家书屋实现全覆盖,农村业余文艺团队发展壮大,全年举行大型文艺演出5次,业余文艺团队参加省、市、县文艺演出或赛事,多次获得奖项。

加强干部队伍管理。全面深化“三认”服务机制,创新工作举措,出台并完善《文昌镇干部联片包村“三认”服务机制工作要求》《联片包村干部工作职责》等文件,对“三认”服务机制提出新的要求。创新“智慧乡镇”工作平台,把“三认”服务与防汛防火、纠纷调处、“五水共治”等日常工作和重点工作做好结合。

是年,文昌镇获2014年平安综治工作,获得浙江省2004～2013十年平安创建工作先进单位和杭州市社会综合治理示范乡镇两项重要荣誉,被杭州市人民政府表彰为2013年度征兵工作先进基层单位。

【文昌镇五保供养服务中心完成主体工程】 占地面积共计3510平方米,其中建筑面积达到2450平方米,总投资800余万元,设有80个床位。主体工程基本完成建设。

【文昌镇卫生院项目动工】 项目占地面积2664

平方米，建筑面积3200平方米，总投资1000余万元，于年初动工，至年底，主体工程基本完成，预计于2015年12月底交付使用。

【杭黄铁路淳安段（文昌）土地征迁工作有序推进】 顺利完成杭黄高铁站点9.3公顷土地的收储工作，快速推进高铁沿线红线范围内的市畈、文昌、栅源、富山等4个村的山林土地及房屋征迁工作，完成山林土地征收44.5公顷，房屋征迁64户，全面完成高铁红线内征迁工作。

（宋跃华）

2014年文昌镇各行政村基本情况

表17

村　名	村党支部书　记	村委会主　任	人口（人）	年人均收入（元）
浪　洞	李贵良	黄希平	817	12381
市　畈	汪早法	何晓明	1015	11512
文　昌	何金福	何樟民	1812	12578
文　屏	王法成	王建军	340	12401
小西坞	江桥贵	何万福	347	13408
栅　源	余卫平	张东生	1146	10554
丰　茂	江先军	王庆平	526	11076
西　阳	邓建林	方永平	805	11730
下　潘	王成生	方红亮（村委副主任）	869	13520
潭　头	朱建平	刘子兵	1278	13466
西　河	余淳茂	巫年发	766	12810
卢家庄	卢　飞	卢向阳	916	11618
东树坑	方国旗	蓝希林	386	12880
王家源	王归全	赖圣泰（村委副主任）	1107	11576
富　山	方　贞	方树全	1380	12556
光昌边	刘小华	刘荣华	508	10831

·石林镇·

【概况】 2014年，石林镇总面积144平方公里，辖8个行政村，有43个村民小组。全镇总户数1485户，其中农业户1436户；总人口4996人，其中，农业人口4891人，有外来人口105人。人口自然增长率11.4‰。山林面积7947公顷；耕地面积168公顷，其中水田53公顷。

全年实现工农业总产值1.23亿元，比上年增长10.1%；财政总收入175万元，其中地方财政收入117万元；上缴国税、地税162万元。农村经济总收入58803万元，增长12.5%；村级集体经济总收入209万元，增长4.6%；农民人均收入13435元，增长11.1%。

全年新发展毛竹73公顷，连续5年实现新发展超千亩，毛竹低改200公顷，建立“一竹二鸡三笋”基地33公顷、精品毛竹示范园20公顷，改造后，亩产效益高达10000余元。利用山坳、山坞大力发展铁皮石斛、娃娃鱼、高山花卉等特色种养殖业，实现了老百姓在家门口打工赚钱、增加收入。全力推进铁皮石斛综合基地建设，打造了集基因育苗、大棚种植、暑期实践、观光旅游于一体的新型设施农业产业基地。成功引进了全县首家国家二级保护动物娃娃鱼养殖基地，完成投资300余万元，有10000余尾娃娃鱼苗。在扶持企业做大做强的基础上，进一步鼓励企业从初期养殖向纵深开发发展，不断延伸产业链条，提升产业效益，把娃娃鱼养殖这一产业打造成石林特有的养生、美容新兴产业。通过党委、政府带头开办“石全食美”官方淘宝店的示范引领作用及先后多次组织有意发展农村电子商务的种养殖户、企业老板外出学习促进电子商务发展。2014年全镇共有各类电子商务企业、基地、农户13家，实现网店销售600余万元。

全面完成总投资1000余万元的集产、供、销于一体的半坑生态竹木加工园及配套项目建设,完成土地招拍挂,新注册引进3家木材加工企业,已准备搬迁入园、开工生产,解决了竹木加工企业转型升级过程中碰到的难题。积极实行由“宏观式”招商向“微观式”转变,着力在“选对人、引对资”上下功夫,全年实现招商引资协议资金2.8亿元,到位资金6500万元。

围绕“乡土气息、美丽元素、景观风貌”,加快4个乡村旅游板块建设。茶园突出采摘,用农家的“味道”吸引人;富德村突出运动,用体验的“参与”凝聚人;棠高村突出养生,用健康的“理念”集聚人;西岭村突出避暑,用别样的“景色”聚拢人。全面开发石林乡村旅游APP手机客户端,加快成立富德村民宿民居协会,通过统一经营、统一管理新模式,推动了民宿民居产业的快速发展。成功引进投资2亿元的“高山牧场”乡村旅游项目,开发国内唯一的“洞穴酒店”,进一步拓展乡村旅游的内涵和素质。总投资3000余万元的国家3A级漂流景点——仙人谷漂流于6月正式运营,仅7、8两月就接待了数千游客。总投资1.2亿元的九龙源休闲度假村落正式启动建设。全年共接待游客19万人次,实现旅游总收入2000余万元。

以风情小镇、中心村为重点,积极稳步推进城乡统筹建设。风情小镇建设,围绕宜居、宜业、宜游、宜文的“四宜”建设目标,通过建立施工图纸联合会审制、项目推进周例会制、现场施工一事一议快速解决制,快速推进总投资约2320万元的风情小镇一期建设,风情小镇二期也已全面铺开建设,一座具有“石林、竹海、滨湖”鲜明特色的浪漫休闲小镇已坐落在千岛湖畔。中心村建设,已基本完成各项配套设施,已有54户农户搬迁入住。在沿街公寓房下建设的15间店面已被打造成电子商务一条街,通过发展本地物业经济,赢取了集体经济的不断发展壮大。

坚持“小财政大民生”工作方针,以富德农贸市场、镇成人文化学校、镇垃圾中转站等“十大攻坚项目”为抓手,积极推动社会事业的品质化发展。一批民生项目建设完工,主要有玳瑁康庄工程大中修,富德等4个村饮用水改造,西岭等2个村的山塘水库维修,双西、棠高2个村的“文化礼堂”建设,千岛湖等3个村的河道整治,林道建设,中心小学的食堂改造,等。启动“智慧民生”工程,定时向村民推送供求信息、劳务需求、天气预报、民生服务、办事指南等。着力完善民生需求网络建设,对孤寡、独居老人以及残疾人的日常需求,推行“智能呼叫”系统,足不出户实现“一指通”“一叫准”。

加大全镇18个网格以及8支服务团队的建设,全面配备“综治E通”,并加强日常的运用,实现不稳定因素第一时间发现、第一时间介入。积极创新信访领导“包案制”,进一步拓宽了群众的诉求渠道,保障群众矛盾调解的通畅,确保实现“小事不出村、大事不出镇”,落实了企业安全生产主体责任,全面完成二个尾矿库整治工作,综合治理业绩考核继续名列全县前茅,维护了农村社会的和谐稳定。

违章建筑拆得快。实施调查摸底户表由包村干部和村干部现场双签字制和每周五专题例会制,制订“违法建筑风暴点拆除计划”,每周安排1～2个村进行集中强制拆除,成为全县第一个通过验收的乡镇。同时,通过与村庄美化、民生改善、集体经济、乡村旅游等“四结合”,实现了拆后土地的高效益、高效率综合利用,得到县长柴世民的批示肯定。全年全镇共拆除违法建筑面积25533.47平方米,完成任务数的134.96%,收缴有偿使用费总额616471.3元,拆后土地利用面积5300平方米。

“五水共治”抓得准。及时制定“五水共治”实施意见和三年计划,广泛开展村污水处理设施、辖区养殖业、农家乐、驿站等摸底排查。先后关停了2家产值5000万以上的选矿厂、2家养猪养牛场,拆除露天厕所15个,对2家养猪养鸡场进行了生态化改造。同时,全力抓好农村截污纳管工程,全年全镇6个村管网铺设、化粪池、检查井、处理池、人工湿地等项目建设扎实推进，完成总工程量的40%以上。

党建创新是石林镇的“拳头产品”。通过党建创新，不仅带出了好队伍，树立了好风气，同时也促进了经济的发展、社会的和谐。念好一套“服务经”。先后推出了采摘茶叶、购买农资、垦扶毛竹、辅导作业等“为民八件事”，深受老百姓的喜欢。为了从源头督促包村干部真正进村入户，设立了农户账、考勤账等民情“两本账”。在淘宝网上“卖”党员义务服务。全年网店共收到各类拍品130余笔，金额达11000余元。铸造一支“好队伍”。镇党委高度重视党员干部队伍建设。每周开展不少于一次的正风肃纪督察；对村污水治理工程开展专项督察，为廉洁行政保驾护航；完成7个村主要领导的廉政约谈，对3位风险点高的镇干部进行约谈，做到提前警示教育；责令13名违反上班纪律的干部员作出检讨，查处3名党员违纪案件，使党员干部多了一些“泥土味”，少了一点“官本位”。编织一张“满意网”。实践活动突出实践实效。在学习教育上，推出革命本色经、无私奉献经、群众工作经等“三本经”。在意见听取上，通过背着箩筐在田间地头听、打着电筒上门找、微博发布“英雄帖”求等做法，共收集各类意见、建议387条。在问题整改上，列出32个“问题清单”，其中重点整改问题7个，由班子成员领衔破解。已破解27个，群众满意度高达99.34%。

是年，该镇被评为杭州市社会管理综合治理先进单位、淳安县老干部工作先进集体、淳安县造林绿化先进单位、淳安县社会管理综合治理考核优胜单位、淳安县2014年度乡镇业绩考评优秀奖、淳安县“无违建县”创建业绩突出单位、淳安县征兵工作先进单位、淳安县年度农村集体经济发展先进乡镇。

（章小燚）

2014年石林镇各行政村基本情况

表18

村　名	村党支部书　记	村委会主　任	人口（人）	年人均收入（元）
茶　园	张福根	黄志红	585	14748
千岛湖	陈开泉	刘树高	470	13822
富　德	邵小平	邵勇忠	921	14653
棠　高	何加富	项华堂	406	14825
双　西	邵建星	吴六苟	1149	11287
岭　足	方贵军	方贵军	444	14098
玳　瑁	练志洪	叶永林	523	11829
西　岭	项国昌	项德庶	393	10917

·里商乡·

【概况】 2014年，里商乡总面积276平方公里，辖16个行政村，有119个村民小组。全镇总户数3501户，其中农业户3501户；总人口11257人，其中农业人口11257人，劳动力人口7170人（女3469人）。人口自然增长率－18.6‰。山林面积19740.27公顷；耕地面积250.65公顷，其中水田248.4公顷。

全年实现工农业总产值2.67亿元，比上年增长15.5%；财政总收入3590.19万元，增长49%，其中地方财政收入121.28万元；农村经济总收入80110万元，增长16%；村级集体经济总收入428万元，增长8.09%；农民人均收入12765元，增长10.71%。年末银行存款余额1.387亿元，增长15.58%。

实现茶叶总产量720吨，总产值突破1.1亿元。为调整农业产业结构，实施新种毛竹67公顷、油茶改造133公顷、发展山核桃200公顷的“一二三”工程。新增土地流转15.5公顷。塔山村农友茶果专业合作社新发展大棚草莓1.3公顷。

总投资3800万元，集防洪、发电、旅游于一体的郎范村宰相飞漂项目投入运营，年营业收入达180万元(不含发电)。全乡已有农家乐3家，共接待游客近万人次。

总投资426万元的里商乡便民服务中心及食宿维修工程已经顺利完工。占地1900平方米、建设面积2192平方米、共有54个床位的里商养老服务中心也在年底建成。投资360余万元对集镇老街进行立面改造和街面硬化，使大千古街与集镇老街融为一体。

投资200余万元实施许源幼儿园、商源幼儿园新建项目和里阳幼儿园改造、初中室外配套项目。

落实城乡居民养老保险政策，居民养老保险参保率达到99%。巩固和发展农村新型合作医保，群众参保率达到99.8%以上。11月底，全乡所有行政村居家养老服务站挂牌。全年共发放救灾、危房改造、医疗救助、五保低保生活补助、优抚金等各级各类民政资金达400余万元。投资380余万元对里阳至郎范、岔口至大叶的公路进行了大中修。特色村建设已经完成景观工程、停车场工程、道路整治、环境整治和墙体的立面整治工作。废弃农药瓶置换工作作为里商乡清洁乡村工作的一项延伸工作，乡农办通过下村用生活用品(毛巾、肥皂、纸巾等)置换农户手中的废弃农药瓶，全面回收里商乡废弃农药瓶15余万支，整治了源头的污染物。

【全县首个高端度假村落项目正式签约】 5月4日，里商乡政府与上海大通旅业有限公司就里商江村高端度假村落项目(旅道•草月居)正式签订建设合作协议。该项目选址于景色宜人、环境清新、原生态村落感十足的里商乡江村桐山自然村，计划对村内约13栋土墙房进行修缮和改造，在保留原汁原味的基础上突出个性化特色，并利用周边山水资源，配套建设一些如自行车主题餐厅、野外露营基地、咖啡酒吧、360度全透明低碳节能玻璃房等体验性强、参与性广的农事休闲体验项目，让游客置身优美山村的同时感受到现代社会的时尚元素。该项目总投资约2000万元，计划于7月动工，2015年5月完成一期民宿工程，争取2016年年底竣工。里商江村高端度假村落项目的建设，填补了淳安县特色乡村旅游产品中高端旅游度假村落项目的空白，将为淳安在特色乡村旅游领域的发展画上浓墨重彩的一笔。

(凌明力)

表19 **2014年里商乡各行政村基本情况**

村　名	村党支部书　记	村委会主　任	人口(人)	年人均收入(元)
塔　山	邓满莲(女)	朱顺根	863	14124
燕　窝	解同康	汪苏明	528	11620
村　坑	方建新	方建新	546	12539
江　村	江志宏	江永龙	672	13008
里　阳	许合喜	商发庆	465	15129
架子岭	项勇军	项连恒	373	13772
向　阳	向树来	向新朝	690	14845
武　源	於阿高	叶志明	1000	11955
鱼　泉	王茂华	商懂军	512	14604
五　兴	胡胜利	杨怀栋	587	14702
里　商	商国山	叶代根	1398	12256
郎　范	郎共伟	詹文龙	1061	11037
大　叶	程宝元	叶雪峰	477	11807
洞坑口	张爱娟(女)	姚发根	651	12219
石　湾	郑海兵	解华明	765	11872
石　门	叶世广	叶映红	669	11655

•富文乡•

【概况】 2014年，富文乡总面积151平方公里，辖10个行政村，有79个村民小组。全乡总户数2518户，人口8428人，其中农业户2518户，农业人口8221人。人口自然增长率4.3‰。山林面积1.24万公顷；耕地面积303公顷，其中水田226公顷。

全年实现工农业总产值1.27亿元，比上年减少38.05%；财政总收入2829.03万元，增长65.54%，其中地方财政收入81.71万元。农村经济总收入55396万元，增长16%；村级集体经济总收入150万元，增长9.49%；农民人均收入11933元，增长10.69%。年末农村居民银行存款余额1.25亿元。

全年实现农业总产值8750万元，增长8.8%。粮食复种面积430.67公顷，粮食总产量1671吨，平均亩产258.67千克。收获茶叶179吨、水果1948吨。注册资金500万元的杭州千岛湖金紫尖铁皮石斛有限公司落户富文，开启了农业转型发展的序幕，也带动了休闲观光农业迅速推进。在2013年种植2公顷铁皮石斛成功的基础上，2014年租用13公顷杉树林，在杉树上开发种植铁皮石斛获得了成功，成为全县首个将铁皮石斛种到树上的乡镇。注册资金100万元的淳安千岛湖沁心茶叶专业合作社，在燕坑茶叶主产区建立现代化沁心茶体验点，2014年初步运行，取得良好的社会效益和经济效益，为燕坑村茶农增收21万元，还带动周边各村种植茶叶、培管茶叶的积极性，新种植良种茶7公顷。杭州千岛湖兆丰农业开发有限公司工厂化生产的杏鲍菇，2013年头一年运作，就跨入县级农业龙头企业行列，2014年产值达到了600万元。以3家休闲观光农业为龙头，吸附溴川翠冠梨采摘园、重坑水果采摘园、燕坑茶叶采摘园、富文草莓采摘园的点状辐射农业休闲景观，已经覆盖富文全境，处处是景点、季季有采摘的集休闲、观光、旅游为一体的发展模式，着实成为城市居民后花园的一抹亮色。

招商引资方面，全年共实现到位资金3233万元、协议资金3000万元，超额完成县委、县政府下达的1200万元和1400万元的任务。注册资金500万元的千岛湖原牧农业发展有限公司落户富文乡章坑村，已经租赁山地7公顷、水田3.5公顷，以认领农场、适时监控、电子订单、上门配送的方式开发绿色蔬菜等农产品。注册资金500万元的淳安千岛湖顺清农业开发有限公司落户富文清平源源头六联村，破解了大山深处招商引资的难题，不仅克服招商引资难的问题，也解决了六联村丰富山林资源的出路。注册资金3000万元的杭州千岛湖飞扬旅游开发有限公司落户青田村，已经落实土地30亩，计划投资1800万元建设经济型酒店，将极大提高接待规模，改善农家乐住宿条件。全年共发放来料加工费480万元，完成任务的171.4%，加工从业人员600人，来料加工专业村2个，新增经纪人2人。

全年实现服务业增加值3599万元，比上年增长24.1%。农家乐经营户注册29户，接待人次30余万人，旅游收入3500余万元，旅游从业人员达到500余人。以农家特色为主题的农家菜、农事体验、农耕生活主导了三产的发展，住农家成为都市人们新时尚。在农家乐经营模式上，富文特色“四统一”(即统一营销、统一客源分配、统一定价、统一结算)农家乐经营模式已经步入正轨，接待服务中心运行正常，总投资220万元的富泽精品区块富文青田石头区块项目已经建成。随着溴川投资900万的精品村建设的全面完工，全乡景区化蓝图勾勒成型。青田雪坑源葛岭的农家游。清平源溴川的亲水嬉、农事乐、文化赏，重坑的采摘园、仙姑洞等，富文乡村旅游的点状发散型格局已经打破，取而代之的是板块密集型。北京、福建等4个省级皮划艇队进驻富文，标志着富文的乡村旅游事业已经走出了杭州，融入了上海，迈向了全国。

河道整治倒逼生态。一是规划河道景观项目。按照把河道打造成天然游泳池的目标，2014年在溴川建设了2个景观堰坝，下一步再规划其他点。投资150万元的溴川清平源1000米河道整治提前完成，提升了河道的景观.投资65万元的查林河道整治工程和预算60万元的章坑、聚壁万里清水河道等均已启动建设，巩固了堤防。二是落实“河长制”,主要领导担任两条河道的河长,责任落实到河段,任务分解到个人。三是落实义务巡查制度,招募30名以老党员、老干部组成的义务巡查队,不间断巡查河道管理,监督“河长制”的落实和制止乱倒垃圾行为。

确定11个帮扶项目,其中有基础设施建设项目3个,综合项目1个,物业经济、乡村旅游产业发展项目共7个。村物业经济项目建成4个。基础设施建设项目均通过公开招投标,保质保量按期完工。积极推进异地转移安置工程,共转移农户64户,其中转移到丰家山移民安置15户,转移到中心村59户260人。放弃的房屋宅基地进行复垦和利用,土地、林地等资产得到整合和处置。投入60万元完成重坑村“文化礼堂”建设。投资29.6万元完成学校宿舍楼维修和塑胶跑道重建工程。

完成富文、重坑、查林、青田等村土地流转33.5公顷。完成青田、富文、章坑3个村的饮用水提升改造工程.完成查林河道综合整治2公里。青田、漠川、聚壁、章坑4个村万里清水河道及渠系配套工程通过公开招标,正在进行项目建设。完成13公顷喷滴灌农业设施工程。新培育提升农业企业1家,新注册家庭农场2家。森林防火达到有效控制。完成当年新造毛竹基地62.4公顷、杉木基地15公顷。完成林道建设5公里。超额完成年度沼气池和沼气大出料建设任务。完成美丽乡村新建农村停车场4个,并通过考核验收。完成设施农业标准大棚3.5公顷。完成553批次农产品检测,食品安全监管得到进一步提高。渔政管理得到有效控制,休渔工作继续走在全县前列。完成富文、青田2个村的标准化气象直报示范村创建。

审批农民私人建房120多户,办理12户无房户、公益拆迁安置户宅基地农转用报批。开展农村土地综合整治,完成建设用地复垦项目5个、造地项目2个,保障民生设施用地占补平衡,增加村集体经济收入300余万元。

【完成杭黄铁路富文段征地拆迁任务】 县重点工程杭黄铁路的征迁工作是四大中心之一,根据上级部署,富文乡快人一步,超前谋划,广泛动员,将任务分解到责任人,全乡干部深入农户,将办公桌搬进征迁工作的田间地头,商谈一户,丈量一户,签订一户,不到一个月时间,完成了6公顷土地、14户民房、110座坟墓的征迁工作。

【“无违建县”创建第一批通过县验收】 在规定的时间节点100%完成违建拆除、有偿使用费收缴、建筑垃圾清理和土地拆后利用工作,共拆除违章建筑207宗,拆除建筑面积23609平方米,有偿使用220户,收缴有偿使用费用886882元,改造利用1万多平方米。

【金富公路改线工程建成通车】 县重点工程金富公路历经一年多的建设,于10月建成通车,极大地改善了富文的交通条件。金富线石头埠至富文段改建工程项目起点位于浪黄线与金富线平面交叉处并顺接现有公路,总投资近6000万元。路线途经石头埠村、朱村、前崖、富文乡,终点位于富文中心村农民集居区并衔接后续公路路线全长3.94公里。

【完成漠川村美丽乡村精品村建设】 先后投入750万元完成精品村建设项目,包括村头标识、停车场、候车亭改造、接待中心物业楼、亲水平台、办公楼新建、文化中心广场建设、庭院整治、污水处理、游步道等项目,10月通过市县农办验收。

【方家畈美丽乡村精品村建设启动】 方家畈美丽乡村精品村是富文乡第3个精品村,预算投入为800万元,重点围绕戏水项目开展河道景观带建设和“秀水富民”产业发展。

【“五水共治”扎实推进】 完成17家畜禽养殖

场整治关停工作，按照环保要求整治改造提升2家养殖场，并通过县验收。青田、富文、漠川、聚壁、章坑、方家畈、六联等村污水处理工程全部启动，投入资金1352万元，其中漠川、方家畈顺利验收。

（王婉芬）

2014年富文乡各行政村基本情况

表20

村　名	村党支部书　记	村委会主　任	人口（人）	年人均收入（元）
青　田	陈长寿	胡拥根	694	11572
富　文	王佳明	邵长根	2067	11309
漠　川	方福东	方成汉	675	10377
聚　壁	王竹根	王立新	552	10167
燕　坑	方国梅	方钢群	630	10255
章　坑	方有汉	方有汉	732	10844
方家畈	方田中	方田中	623	11176
查　林	乐伟刚	邵月亮	781	10596
重　坑	方万朝	方世红	709	10605
六　联	刘樟达	胡桂香(女)	918	10261

·左口乡·

【概况】 2014年，左口乡总面积175平方公里，辖11个行政村，有85个自然村、136个村民小组。全乡总户数3343户，其中农业户3310户；总人口11678人，其中农业人口11620人，有外来人口58人。人口自然增长率-0.09‰。山林面积13252公顷；耕地面积379公顷，其中水田314公顷。

全年实现工农业总产值2.48万元，比上年增长4.1%；财政总收入115.35万元，增长71.6%，其中地方财政收入98.88万元；上缴国税、地税121.86元，增长81.39%。农村经济总收入38615万元，增长9.3%；村级集体经济总收入278万元，增长9.8%；农民人均收入11475元，增长10.7%。年末银行存款余额1817.43万元。

坚定乡村旅游为主导的产业导向，通过不断地招引项目、做足业态，拉开框架、做强实力，宣传推广、做大品牌，推动左口休闲社区逐渐成形。完成毛岭搬迁项目，投资近2000万的毛岭新村美丽呈现，16户农户全部迁入，并有7家已开办农家乐，入城口的第一道景观打造完成。桥西精品村“两桥一湾”完成规划设计，沿湖沿线等部分项目建设率先启动，着力打造左口未来乡村旅游桥西集散中心。石岭后精品村完成投入850万元，建成了旅游接待中心，初步形成毛岭、龙坑坞、石岭后出入境三点的接待布局。完成中心村显后村的亮灯工程、社区服务中心、显后桥的修复、2座景观坝、村中道路整改的建设，基本完成显后中心村集聚区的土地平整、房屋基础、室外工程建设等，中心村集聚区即将落成。至年底，乡域内建有农家乐42家，重点分布于桥西、石岭后、塘边、芳桥等村。

农业生产特色明显，果桑茶林稳定发展。在服务业主导的产业带动下，观光农业、体验农业、园区农业蓬勃发展，全年实现农业总产值12637.7万元。2014年，全乡保有果园总面积362.6公顷，其中柑橘园75公顷、梨园5公顷、桃园21.5公顷、杨梅园36公顷、枇杷园17公顷、草莓等其他果园202公顷，年水果总产量达6791吨。蚕桑产业稳中有进，桑园保有34.4公顷，年产值97万元。茶叶经济逐步发展，全乡茶叶年产146吨，其中仅春茶达121吨。全年造林38公顷，其中，桥西村顺利通过县级园林村的创建验收工作。新成立茶叶专业合作社1家，淳安县左口九龙高山蔬菜专业合作社和淳安千岛湖益神堂茶果专业合作社成功通过了基地和产品的无公害认证。

重点项目强势推进，乡村面貌提升改善。扎实推进“无违建乡”创建工作，坚持预防为主，查、管、控、拆相结合的工作方针查处、控制违章建筑，全年共拆除违法建筑581宗，拆除面积52893平方米，收缴有偿使用费85万元，一次性通过县级验收。“五水共治”方面,继续做好乡镇交接断面水质保护提升工作,全面落实“河长制”,继续抓好“清洁乡村”工作,桥西、瑶村、雌龙源等8个村集中开展农村治污工程项目建设,总投资达到2080万元。在雌龙源中铁隧道公司项目的征迁中,用15天的时间,通过动员、进场测量评估、签订协议、房屋拆除完成了杭黄高铁一标段雌龙源村的征迁工作,共拆除房屋12幢1200余平方米,完成土地征用11.3公顷。

抢抓机遇打造品牌,着力提升左口知名度。深入挖掘左口的自然、人文风景,通过大型赛事拢聚人气。先后承办、参与了中国国际名城经典汽车巡礼活动、华联进贤湾第十五届三项挑战赛等大型活动,以美丽左口的绝佳风景给来客留下深刻印象。举办了第二届“人文蔗山旖旎左口”摄影大赛,共收到作品686幅,评选出获奖作品56幅,并编印了《休闲左口 郊游乐园》图册。左口乡村旅游品牌影响力不断提升,全年乡村旅游接待游客达25万人次,实现乡村旅游经济收入2700万元,分别同比增长8.7%和8%。

文化卫生同步发展,基础设施逐一完善。左口乡中心幼儿园完成省二级、县乙级幼儿园创建,显后幼儿园完成了省三级、县丙级幼儿园创建,龙源庄幼儿园也完成了县丁级幼儿园的创建工作。左口乡卫生院医疗污水处理项目也于2014年实施完工,并完成了市三星级妇保、儿保门诊的创建工作。龙源庄“文化礼堂”建设完成并通过验收。随着文化设施的不断丰富,文化事业也日益蓬勃,方家、龙源庄村民分别自行组建了竹马队,芳桥村也利用“文化礼堂”平台举办了第二届春节文艺晚会。金尖先锋志愿服务队积极服务“五水共治”,党员志愿服务者平均年服务6次以上。龙源庄村还组建了一支村级义务森林消防队伍,在县组织的24个村级义务森林消防队伍高压水泵消防演练竞赛中荣获三等奖,顺利通过市林水局对左口乡村级森林义务消防队伍建设的验收。

加大投入民生项目,社会保障更加稳固。注重项目建设向民生社会事业倾斜,各项社会基础设施不断完善。完成了4.6公里瑶桐线大中修;实施库区移民建设项目82个,总投资680万元;总投资750万元的九龙水库大中修工程基本完成;总投资150万元农村河道整治基本完成;总投资120万元的4个村农村饮用水工程已完工;完成显后、左口、田里、塘边、雌龙源5村河道整治工作,总投资280万元。成功实现城乡基本医疗保险全覆盖,16～59周岁应参加社会养老保险人员参保率达95%。

【完成浙江省农机示范乡镇创建】 左口乡坚持按照“安全第一、预防为主、综合治理”的方针,强化农机安全监管,提高农户安全生产意识,夯实农机生产基础,实现了农机安全监管规范化水平不断提升,驾驶操作人员技术明显提高,农机牌证管理不断规范的目标,成为浙江省第八批平安农机示范乡镇。

【完成杭州市“无邪教乡镇”创建】 按照省、市、县关于开展创建“无邪教乡镇”活动工作的部署要求,左口乡组织力量,紧紧围绕“平安左口”建设,全力推进“无邪教乡”“无邪教村”“无邪教校园”创建活动,全年未发生邪教组织活动和破坏社会稳定的事件,成功创建了杭州市“无邪教乡镇”。

【金紫尖旅游接待中心建成】 为开发金紫尖登山服务业,左口乡筹资近百万元完成了金紫尖旅游接待中心建设,专门为到金紫尖登山的游客提供餐饮住宿服务。接待中心共3层,建筑面积483平方米,有5间住宿房、1个厨房1个餐厅,配有800平方米专用停车场。

【完成机关办公用房整改工作】 在践行党的群众路线教育活动中,左口乡本着彻底解决

“四风”问题的决心，按照上级的要求，通过分隔、合用、腾退等方式对乡办公用房进行了整改，涉及整改办公室16间、领导干部13人、一般干部14人，清退面积370.46平方米。

【成立人大代表联络站】 为强化人民代表的履职，搭建人大代表活动平台，7月，左口乡依托乡办公场所建立了左口乡人大代表联络站，九月，在塘边村建立了左口乡人大代表联络站光昌分站，并分别配备了站长和联络员，为人大代表小组集中学习、知情参政、接待选民来访提供方便。

（陆　璐）

表21　**2014年左口乡各行政村基本情况**

村　名	村党支部书　记	村委会主　任	人口（人）	年人均收入（元）
桥　西	宋新才	洪伟贤	734	13217
瑶　村	余华熠	余文中	1084	12452
显　后	方　亮	方建平	1386	11643
左　口	王吕（女）	方向东	1509	11298
芳　桥	陆璐（女）	夏来顺	909	11068
田　里	洪世文	–	796	10809
方　家	方立忠	–	501	11310
龙源庄	洪贺平	洪小根	526	10958
塘　边	毛剑君	洪有景	763	11259
石岭后	方保华	方采军	1501	10918
雌龙源	方子贵	刘发贵	1911	10017

·金峰乡·

【概况】 2014年，金峰乡总面积150平方公里，辖11个行政村，有46个自然村、84个村民小组。全乡总户数2038户，总人口5861人。人口自然增长率-0.68‰。山林面积5252公顷。耕地面积258公顷。

全年实现工农业总产值13092万元，比上年增长4.3%。农村经济总收入2.8亿元，同比增长16%；村级集体经济总收入101万元，增长21.7%；农民人均收入11546元，增长10.7%。

以“农业增产、农民增收”为目标，大力推进果蔬名乡建设。扩大农产规模，推进品牌果蔬基地建设，新发展优质水蜜桃基地13.5公顷。完成全年造林计划，新种植山核桃2.3公顷1.3公顷、油茶1.3公顷、珍贵树种1.3公顷。积极探索土地流转方式，加快土地流转步伐，共实现全乡土地流转24公顷。力促业态转型，着力发展新型农业业态，申办家庭农场3家，全乡已有5家家庭农场；完成五龙村随园现代农业园区建设任务。结合产业做产品，山后里村古方地瓜干、霞源玉叶茶、锦溪乐淘桃、根根精品果园等一批特色农业品牌知名度持续扩大。积极筹备中华蜂保护区，酝酿金峰土产基地，积极探索农村传统食品的产品化和精品化，批量试生产高山野花蜂蜜蜜枣、土制百照柿子干等产品。全面完成3处4公里林道建设任务。高度重视防灾减灾，重点抓好地质灾害防治、森林防火、防汛、防疫等工作。

完成县政府交办的龙澳商品混凝土预拌项目的土地收储，“二通一平”工程进入招投标程序。新引进注册资金3000万元的金源太子城港惠农业公司，一期农业设施已动工。牧水湾木屋精品酒店已完成规划选址论证和企业注册，到位资金1600万元。杭州千岛造船有限公司正式列入规上企业管理，公司二期船舶博物馆主题酒店项目已完成规划选址论证。乡村旅游精品线路度假村落和民宿招商吸引了众多投资商的关注。通过招商和服务并举，创造了招商引资的新平台，招商引资实际到位资金7354万元，完成全年任务1200万的613%，排名全县第一。电子商务势头良好，金峰有19家农家乐已自建网站，共有电商16家，“赶街”网点2家，物流除原有邮政EMS外，顺丰、韵达和汇通等已陆续开通线路。

全年乡村旅游接待游客20万人次，服务业增加值2800万元，旅游收入2150万元，实现有资源、有品牌、有产品的三重突破。围绕活动做品牌。举办第五届乡村摄影节；蒋岭上的抬菩萨火把节以"元冈节"向杭州市申遗成功；与《杭州日报》大视觉、上海同城等知名媒体合作，开展了"金灿灿的油菜花""萤火虫之旅""多彩乡村、自在金峰"等系列活动，共吸引了600余名网友来乡体验，"网络红乡"的品牌效应持续放大。不断完善乡村旅游基础设施，秀水金湾度假酒店基本完成土建工程，景山休闲社区项目一期工程完工，朱家—百照乡村旅游精品线路被列入全县景区化三年行动计划。度假村落招商取得重大突破，上坞坑西坡项目签订投资意向协议。

围绕薄弱村集体经济发展，在景山中心村联建3000多平方米的11个村集体物业房，并在朱家等4个村结合乡村旅游、来料加工等不同产业特点，配套建设物业房项目，全面解决村集体经济经营性收入空壳村问题。通过这一批新建加改造的物业项目，村级集体经济固定资产净增1000余万元，可望新增集体经济经营性收入50余万元。在中心村、精品村建设方面，朱家村全面完成精品村建设任务，被列为杭州市历史文化村落保护开发第二期项目；百照精品村项目已于10月份动工；中心村新农聚点建设扎实推进，两幢综合物业楼顺利完工，宅基地联建进展顺利，农民公寓房已申请竣工验收，农聚点室外工程完成设计、预算、招投标。

以摄影学校为依托开展特色教育，建成省内首个奥运冠军活动站，争取体育器材捐赠，开展互动活动，做足特色教育的文章，促进学生全面发展。小学新生规模进一步锐减，下半年一年级新生仅2名，被《钱江晚报》头版报道。在卫生工作上，新建蒋岭上村卫生室，农民健康体检、公共卫生服务扎实推进，朱家、景山被命名为省级卫生村。在文化工作上，杭州市重点文创项目"朱氏后裔文化传承"有序推进，建成朱家村标识标牌和朱氏文化展示馆；建成景山村"文化礼堂"；完成山后村江氏宗祠修缮工程；景山腰鼓队、朱家竹马队及其他村排舞队已初具规模。

城乡居民养老保险、医疗保险均超额完成了县下达的指标任务。完成最低生活保障户的调整扩面，开展残疾人基本状况调查，形成了残疾人托安养、扶贫就业等多样化的服务机制。乡敬老院新入院老人11名，办院水平不断提高。在帮扶、镇街协作方面，全年落实帮扶资金248万元、镇街协作资金50万元，实施民生项目9个。

健全领导接访和包案制度，做好信访工作。健全综治管理体系和责任落实，重点抓好矛盾纠纷排查化解工作，共化解各类矛盾纠纷327起，调处成功率98.8%。朱家、安上两村历史积怨通过签订谅解备忘录的形式成功化解。综治基础得到夯实，完成村级视频监控体系进警务室工作，提升警务室工作平台作用。开展社区矫正教育活动，抓好禁毒、反邪教等专项工作。

以第二批党的群众路线教育实践活动为抓手，稳抓金峰队伍建设。在乡干部层面上，推出"四提四治"，治乡干部"慵""懒""散""乱"，提能，提效，提神，提标，拉高标杆，保先争优。在村干层面上，推出"四治四考"，抓考勤、考试、考察、考核，治"不在岗""不作为""不同心""怕担责"，促村干部勇做"难人"、肯干"难事"、善破难题。同时强化两头管理，一手抓"领头"，金源村党总支书记吴年卿被推荐为县级先进典型，并受邀在县四套班子理论学习会、全县纪念"七一"大会、全县新任村书记培训班等会上做经验交流；一手抓"短板"，通过对蒋岭上村软弱涣散党支部的整顿，村两委班子团结协作，整顿清单基本销号，支部凝聚力和战斗力逐步提升。

是年，荣获"杭州市反邪教先进单位"称号。

【举办第五届乡村摄影节】 千岛湖(金峰)第五届乡村摄影节于2月5日上午在朱家村开幕，省委宣传部副部长龚吟怡、市文联主席陈辉、省摄影家协会主席吴宗其等领导嘉宾出席有关活动。开幕式上，杭州市文联授予金峰乡“杭州市摄影之乡”称号。本届摄影大赛一等奖获得者为阮晓的《骑行在春天里》。

（余晓婷）

2014年金峰乡各行政村基本情况

表22

村 名	村党支部书 记	村委会主 任	人口（人）	年人均收入（元）
金 源	吴年卿	吴建平	456	12463
景 山	吴奕军	王建红	396	12873
金 峰	江学政	吴跃钊	762	11656
殿 峰	徐小勤	徐小勤	598	10733
山 后	江志龙	江志龙	428	12117
百 照	方文海	李发本	689	9798
安 上	李君竹	李志卫	453	12384
朱 家	朱金万	朱永红	344	12421
锦 溪	江国新	王凤鸣	844	9804
蒋岭上	方雷震	方江南（主持工作）	387	12603
五龙村	方声华	叶志青	504	13131

·临岐镇·

【概况】 2014年，临岐镇总面积222平方公里，辖17个行政村，有170个村民小组。全镇农业户5912户；总人口20712人，其中农业人口19718人，有外来人口281人。山林面积18634公顷；耕地面积868公顷。

全年实现工农业总产值26966万元，比上年增长19.59%；财政总收入455万元，增长7%，其中地方财政收入296万元；上缴国税、地税463万元，增长11.6%。农村经济总收入9.932亿元，增长16.02%；村级集体经济总收入638万元，增长19.25%；农民人均收入13090元，增长10.74%。年末银行存款余额1141万元，增长76.08%。

茶叶、蚕桑、山核桃、中药材四大产业全年实现产值15706万元，传统农业产业仍占农业总产值的58%。培育珍稀食用菌桑黄获得成功，大大提升了经济效益，建设完成被列为淳安县现代化农业示范园区的梅源食用菌基地，引进清正生物科技有限公司加盟临岐食用菌产业，全镇食用菌产业基地面积达到33公顷，产值1600余万元。引进千岛湖佑源农业开发有限公司，在右源村筹建旱粮生产基地20公顷种植花甜糯玉米。农业休闲采摘形势喜人，水月湾葡萄专业合作社及半夏覆盆子采摘基地2014年均已正式开园采摘。

全年工业销售产值达10.33亿元，固定资产投入7301万元，规上工业增加值9482万元，完成年招商引资协议资金1.1亿元，到位资金9024万元。一是园区配套全面跟进。投资500万元的园区道路及综合管线（三期）工程、106万元的景观工程及168万元的污水处理厂工程都已顺利完工。二是招商引资稳步推进。杭州久创纺织有限公司在园区正式动工，新引进千岛湖桑之宝农业开发有限公司及杭州涵浩汽车配件有限公司，浙江贝欧复合材料有限公司和杭州盈瑞保温材料科技有限公司二期正有序筹备。三是工业形势逆势上行。浙江科光照明科技有限公司成功转型，LED节能灯和传统节能灯并驾齐驱，生产规模进一步扩大；浙江贝欧复合材料有限公司自主研发的碳纤维自行车成功打入欧洲市场。农产品加工企业在市场中寻求商机，不断拓宽销售渠道，成功化解政策影响。四是来料加工成效明显。共有3000多名妇女从事来料加工，加工费近2000万元，户均增收5000余元。组织发动395户低收入农户从事来料加工，加工费共计180余万元，市补助资金近28万元。

全年经济增加值1.1514亿元，农家乐经营队伍逐年壮大，档次进一步提高，全年共接待游客50566人次，乡村旅游综合收入529万元。出台电子商务鼓励扶持措施，野花香、坚兵蚂蚁、磕颗脆等一批以销售本地农产品为主的电商应运而生，全镇有电商14家，“赶街”网点17家，物流网点3个，网上销售收入800余万元。

集镇建设加快推进。首期屋后区块农民集聚房已落户71户，完成集聚人口218人。二期国有区块农民集聚房项目工程已全部完工并完成验收和资料存档，即将进行摇号选房，三期工贸区块农民集聚房项目房屋主体已完工。全面完成复兴街、文浦路、合岐路、入城口路段全街道的立面改造，完成了复兴街、文浦路、合岐路及入口路段的街道综合改造提升，沿街危旧房屋及违章建筑基本拆除。集镇环卫设施、配套设施提升工程、消防通道工程已经完工。临岐自来水厂建设已基本完成供水主管网建设。市民广场和市政道路延伸工程、农业服务中心、便民服务中心、成教大楼，及入城口景观提升建设正稳步推进。

中小学教师周转房年前结顶，校舍维修、卸岭完小田径场等工程如期竣工。省级标准化成校创建工作圆满完成。教学质量稳步提升。临岐初中中考淳中上线43人，继续位居全县农村初中前列；临岐镇小在全县教育教学质量综合考评中继续位居农村学校第一名。低生育水平持续稳定，计划生育率为96.98%，明显高于县下达指标，计生工作继续走在全县前列。高分通过“甲级卫生院”评审验收，成功创建浙江省卫生监督协管工作室，圆满通过“杭州市艾滋病快速检测点”验收，超额完成献血任务。组织镇村干部群众200余人次参加县第六届全民运动会，取得乡镇第五的好成绩。举办成人双证制等培训班15期，全年受训人数3000余人次。档案数字化稳步推进，获评浙江省规范化档案室。

民生保障持续加强。一是“两保”工作顺利开展。全面完成“两保”收缴任务，其中医疗参保覆盖率达99.89%，城乡居民养老保险参保率95.04%。二是社会救助力度加大。继续开展“春风行动”“慈善一日捐”等慈善活动，落实低保户234户，切实帮助增产增收。三是养老服务持续优化。镇养老服务中心共安置五保户等42人。新创建了半夏、仰韩等6个村的居家养老服务中心和左源等3个村的居家养老服务站，争取到了夏中、吴峰2个村的市级福利彩票支持居家养老、老年食堂扩建工程。库区移民扶持力度加大，年投资210余万元。

【临岐镇市民广场动工建设】 年底，临岐镇市民广场动工建设。该工程位于临岐镇西边，北接规划用地，南临合岐路，西接昌文公路，东临复兴街，总面积17853平方米，建筑面积为7551平方米，中心广场面积3676平方米。广场东西、南北走向的两条步行街，在广场中央交汇，把市民广场分为东西南北4个部分。步行街和休闲步道均采用青砖铺道，整个市民广场建筑风格与临岐镇整体建筑风格相协调，为统一的灰白色系徽派建筑风格，同时在东西入口设置特色徽派牌楼，突显地方特色。项目计划于2015年年底投入使用。建成后将成为临岐镇百姓休闲娱乐的重要场所，浓郁的徽派风格也将会成为临岐镇区块的亮点和标志。广场步行街店面将引进杭州地区的特色产品，同时设置临岐镇本地土特色产品选购区，向游客展示临岐特色产品，把步行街的特色选购打造成为临岐乡村旅游业的重要动力。

（徐　弘）

2014年临岐镇各行政村基本情况

表23

村　名	村党支部书　记	村委会主　任	人口（人）	年人均收入（元）
范　村	郑嫩来	-	617	10497
叶家畈	叶玉平	徐六平	752	11294
临　岐	郑有根	鲁志扬	2888	11548
梅　口	方发根	童永友	916	13587
吴　峰	何淳安	方长富	975	10659
仰　韩	管金德	童云鹏	988	13155
新　华	鲁卫东	何爱民	918	11248
高　峰	鲁为良	童国富	1086	10944
里　口	童小平	刘小牛	744	12025
新　溪	何顺平	何顺平	491	11375
审岭脚	鲁普恒	童指平	1220	14669
夏　中	鲁全位	姚玉霄	1475	12010
半　夏	鲁东河	谢明光	1508	11148
左　源	鲁金顺	童江华	1464	10523
右　源	方卫东	姜为秋	1610	10918
溪　口	张福生	万才根	1424	12287
五　庄	汪国君	夏发义	642	11569

·屏门乡·

【概况】 2014年，屏门乡总面积163平方公里，辖15个行政村，有86个村民小组。全乡总户数3996户，其中农业户3892户；总人口12620人，其中农业人口11519人。人口自然增长率2.76‰。山林面积15667公顷；耕地面积306.5公顷，其中水田231.5公顷。

全年实现工农业总产值2.95亿元，比上年增长65.7%；财政总收入3472.78万元，增长4%。农村经济总收入87658万元，增长13.8%；村级集体经济总收入208.04万元，增长9.5%；农民人均收入12062元，增长10.7%。

全年实现茶叶产量148吨，产值2117万元，山核桃产量856吨，产值3356万元。新发展良种茶基地8.7公顷、毛竹基地13公顷、秀珍菇基地0.8公顷。实施山核桃群防群治133公顷。

全年实现工业销售产值21498万元，实现税收总收入96万元。新引进项目3个，到位资金1000余万元。其中规上工业项目1个，即杭州久创纺织项目；特色项目2个，即屏门乡电子商务中心和屏门加油站项目。全乡共有针织、套笔等来料加工企业20家，经纪人36人，从业人员2053人，年发放加工费999.5余万元。

乡村旅游接待游客21万人次，实现旅游总收入2200万元。成立了屏门乡村旅游电子商务中心，整合旅游景点、农家乐、土特产等资源，为进一步推出“千岛湖有氧生活体验区”打下坚实基础。壮大电商产业，实现电商与旅游业完美结合，设立“赶街”服务网点16个，“赶街”服务网点15个行政村全覆盖，完成了与专业合作社、农家乐、风景区的对接和资料收集准备工作，淘宝旗舰店也正在筹办中。

以“保护秀水”工程为龙头，一批新农村建设项目顺利推进。投资442万元，实施童家坪等10个村的饮用水工程；投资250万元，对童家坪等5个村8公里的农村河道实施综合整治工程；投资50万元，实施堪头等3个村美丽乡村建设环境综合整治提升项目；实施佛岭后等6个村的停车场工程；实施将坑、秋口2个升级经济薄弱村发展物业经济项目；投资300余万元实施区县协作，市、县“联乡结村”项目。

有效改善办学条件，完成屏门初中教学楼、中心小学线路改造及齐坑完小整体维修改造，完成秋源村幼儿园主体工程建设项目，完成齐坑幼儿园土地征用报批前期准备工作。加快乡村卫生服务网络一体化建设，新建屏前、将坑2个村卫生室，完善社区责任医生考评机制，完成100只农村三格式无害化厕所改造。深化计生优质服务水平，各项优先优惠政策落实到位，本年度计生率100%。积极组织参加县第六届全民运动会。尽最大能力满足群众精神文化需求,“农家书屋”等工作继续推进,完成对屏门等3个村的祠堂修缮和屏门村“文化礼堂”建设,培养村级文艺骨干,加强村级文化员队伍建设。广泛开展国防教育宣传,严把兵源质量关。

全年有14户实施困难群众危旧房改造项目,发放补助资金29.056万元。对281户467个低保对象发放救济款14.05万元。慰问困难群众37户,发放各类慰问金3.8万元。新型农村合作医疗参保9454人,参保率100%,报销医药费470万元。城乡养老保险参保4524人,参保率95%。

是年,屏门乡荣获杭州市综治工作先进集体、“五水共治”先进乡镇。

【“无违建乡”创建】 3月,全面启动“无违建乡”创建工作,按照“无违建”创建标准、要求和时间节点,完成了293宗共2.49万平方米违章建筑的拆除任务和536户共140.21万元有偿使用费的收缴任务。注重拆后利用和长效管理,进一步健全防违控违长效机制,加强巡查力度,严控新增违法建筑发生。

【“五水共治”工作】 按照国家级生态乡镇创建标准,加强软硬件设施建设。推行河长负责制,实现乡村两级河长全覆盖。推行“包干到片、包片到组、包组到户”的长效管理机制,出台了专项配套资金考核机制,在全县农村环境大检查的前11次,有5次进入了先进行列。总投资1500余万元的8个村的污水处理项目,已经完成100%的工程量。对全乡4处制砂点进行关停整治,由乡政府统一选址、报批,集中生产经营,规范了河道采砂秩序。完成对学校、医院、九泡界景点排污系统的改造升级。

【完成杭黄铁路屏门段征迁】 全乡上下克服杭黄铁路屏门段征迁任务范围广、数量大、矛盾多的困难,细化工作责任,配强工作力量,运用一把尺子、一个标准、一个口径、五方到场、现场签字的工作方法,用短短3个月时间完成了2067宗共计54公顷土地,以及9424株山核桃、1872株山茱萸等经济林的征迁任务。

【中心村建设】 全年投资645万元,实施中心村项目11个,完成农居点二期、后街房屋立面改造、景观水坝、防洪堤贴面、前街景观护栏、前街新建亲水平台,以及草莓示范园区景观改造等工程,屏门风情小街的新面貌初步显现。

(姜爱明)

2014年屏门乡各行政村基本情况

表24

村　名	村党支部书　记	村委会主　任	人口(人)	年人均收入(元)
将　坑	童盛华	方林贵	865	9897
屏　门	王竹平	王　宏	1392	10456
秋　口	黄盘红	黄冬军	472	9782
上　中	郑茶根	章祥来	876	9940
秋　源	章嫩荣	章贤梅(女)	1012	10919
隐　将	王锋雷	章祥生	1552	10797
小　陵	童祥贵	童祥贵	742	9780
屏　前	童红根	洪屏建	623	9785
佛岭后	郑永忠	郑水林	1280	10192
堪　头	方蒋林	方蒋林	584	9800
项　家	王利军	项贤竹	442	9615
丁家畈	王忠华	郑国荣	468	9985
齐　坑	方银来	方银来	776	9625
童家坪	张兴春	张有财	785	9803
金　陵	项田贵	项奎富	641	9827

·瑶山乡·

【概况】 2014年,瑶山乡总面积128平方公里,辖11个行政村,有90个村民小组。全乡总户数2856户;总人口9713人,其中农业人口9460人。

山林面积149546公顷，耕地面积3965公顷。

全年实现农业生产总值16240万元，增长8.3%；工业生产总值9986万元，增长0.4%；服务业生产总值3120万元，增长13%；财政总收入143.95万元，其中地方财政收入88.1万元，分别增长0.4%、36.1%；实现农村经济总收入66855万元，增长16%；农民人均收入12600元，增长10.8%；村集体经济人均可支配收入255元，增长10.8%。全年实现了国民经济的较快发展和社会各项事业的有力改善。

在继续培育一主多辅的产业格局上，促进农业产业升级。全乡实现农业生产总值16240万元，增长8.3%。粮食总产量2379.5吨，花卉苗木面积86.4公顷，茶园面积315公顷，果园面积47公顷，中药材总产值4067万元，全年新发展三叶青2公顷、山核桃15.3公顷。流转山核桃林地680公顷，成立全县首家“公司+专业合作社+基地+农户”模式的林业股份专业合作社，流转2公顷建立观光农业园区，用于花卉、苗木、季节性水果种植，实现规模经营。

在扶持现有企业做大做强的同时，继续立足本地特色农产品资源加大招商引资力度。2014年全乡共签订招商引资合同、协议4份，协议引资金额4593万元，实现到位资金3000万元，超额完成全年招商引资工作。分别成立了杭州千岛湖东果瑶山山核桃有限公司、杭州盛春物流有限公司、杭州千岛湖福圆农业开发有限公司等，一个个招商引资项目的建成，使瑶山乡绿色农业资源配置进一步得到优化，工业活力得到了进一步提升，商贸流通健康活跃。

继续做好乡村旅游前期开发，发展来料加工业，实现来料加工全覆盖。全乡来料加工经纪人新增7名，来料加工企业新增2家，共有经纪人55人，带动来料加工人员2400余人，其中从事来料加工省市级低收入农户分别是139户和132户，全面发放来料加工费达1725万元。

全面启动杭州市风情小镇项目建设，去年主要实施的项目有幸福村农业观光园、何家村梅龙尖游步道、天坪断桥凹游步道、张家驿站标牌、集镇停车场、集镇公园等6个，总投资280余万元。投资260万元，完成了瑶山乡至临安湍口跨县公路海永线拓宽大修工程，改善了山乡交通设施。完成标准农田提升工程第一期104公顷，涉及何家、富岩、幸福、琅洞、琅坑源、爱国6个村，投资243.38万元；第二期涉及何家、贡坑、琅洞、琅坑源、张家5个村47公顷，投资103.39万元，正在实施中。新建琅坑源、天坪村停车场5处，占地527平方米，车位25个，总投资28万。贡坑村道硬化350平方米，投资22万。支持岭后源、富岩2个村薄弱村集体经济发展项目建设，投资78万余元建设占地200余平方米、建筑面积400余平方米的岭后源村农产品加工厂房，投资70余万元建设占地220余平方米、建筑面积440余平方米的富岩村来料加工房。投资174万元进行了何家、幸福、琅洞3个村及瑶山乡中心小学饮用水提升工程建设。完成爱国村低产田改造面积36公顷，完成灌溉渠道1278米、排渠210米、堰坝加固1座、机耕道路和生产道路1658米，总投资87万元。新建堰坝2座，投资79.5万元。堰坝加固、防洪修复3处，总投资52.5万元。完成5个村的移民项目。

完成教育现代化创建任务，完成了标准化成校创建，完成了142名扫盲任务，成功创建省级标准化学校。完成教师宿舍改造工程。卫生院的扩建改建工程也封顶完工。完成献血任务。完成干细胞捐献采血任务。在全县小学首先尝试性开展青春健康教育，开设青春护航站，使老师、家长、学生共同参与进来。完成琅坑源世善堂祠堂修缮，投入资金65万元。分别在幸福村3个自然村推广全敞开式免费漂流图书屋.积极开展残疾人体育事业，组团参加县第四届残疾人运动会，荣获金牌3块、银牌3块，并荣获道德风尚奖。全面完成残疾人基本服务状况和需求专项调查。认真落实人口与计划生育政策。2014年，全乡出生人口103人，政策外生育1人，计生率达99%，孕前“优生两免”率达

85%以上。上报天坪石笋基地“少生快富”项目。

完成城乡医保8432人,参保率99.8%;社会养老保险4313人,参保率95.62%.两项指标均超额完成任务。对99户低保户全年发放低保金425208元。对80名优抚对象发放补贴24万元。对23名困难群众发放医疗救助金近10万元。完成5户农村困难家庭户危房改造,补助资金10万余元。

【“无违建建”工作】 在张家村启动先行试点、快速突破,随后全面铺开,打响全县“无违建县”创建实质性推进第一炮,是全县第一个完成应拆任务的乡镇。在“无违建县”第二阶段工作,严格把关每个村有偿使用费的用途,按照“谁征收、谁使用”的原则进行管理,各村征收的有偿使用费原则上全部用于本村。严格按照“无违建”创建标准,建立限期拆违承诺、违建周报告和无盲区公示等制度,构建全覆盖、网格化违法建设防控治理体系。

【“五水共治”工作】 按照“五水共治”要求,2014年,在集镇、爱国、幸福、何家4个点率先启动农村治污工程,总投资672万元,完成管网铺设24.1公里,安装化粪池510个、检查井1340个,处理池13个和人工湿地11个,受益农户842户,3个村90%的农户的黑水、灰水都基本纳管处理,完成学校、卫生院、农家乐的污水和汽车维修废油收集。投资210万元对岭后源、幸福、富岩3村进行了河道综合治理。投资160万建设何家村重要防洪堤1公里。在近400户省级低收入农户中率先推广以机械割草机代替传统的以草甘膦灭草模式,由乡政府补贴每个购机农户300元钱,全面改变落后有害的传统林业生产方式,为“五水共治”、控制农业面源污染作出瑶山应有的贡献。整治畜禽养殖2处。

【中心村建设】 何家中心村完成2两幢公寓楼的主体建设及外墙装饰工程,启动了农民联排房工程,16幢联建房都已经三层结顶.下同畈30亩土地流转及大棚搭建项目已竣工,三叶青已试种。寺口停车项目已竣工。来料加工房续建工程已经进入审计验收阶段。文化综合楼前的灯光球场项目因为污水项目的影响暂时搁置没有开工。2013年物业房建设项目基本竣工。基本完成杭州市农房改造示范村建设相关项目。

(蒋美娟)

2014年瑶山乡各行政村基本情况

表25

村　名	村党支部书　记	村委会主　任	人口(人)	年人均收入(元)
琅坑源	方四才	方宏建	1622	12130
爱　国	顾发春	邵东荀	636	12060
张　家	方妙根	王全贵	608	12550
琅　洞	洪培根	洪祝生	848	12040
幸　福	洪茂君	洪琛	1155	12090
贡　坑	胡晓媚(女)	方国富	575	12740
何　家	何杰云	何来成	1159	12120
富　岩	章征红	潘益人	883	9630
双　共	洪明汉	洪明汉	320	8590
天　坪	唐建鹏	潘柏根	478	8820
岭后源	方才云	方法根	1186	12040

·威坪镇·

【概况】 2014年,威坪镇总面积301平方公里,辖44个行政村,有6个居民组、437个村民小组。全镇总户数16256户,其中农业户15980户;总人口48785人,其中农业人口46037人,有外来人口123人。人口自然增长率-0.45‰。山林面积307074公顷;耕地面积1040公顷,其中水田524公顷。

全年实现工农业总产值25.1392亿元,比上年增长7.8%;财政总收入13436.64万元,增长80%，其中地方财政收入640.19万元；农村经济总收入321058元，增长13.7%；村级集体经济总收入575万元，增长8.1%；农民人均收入10958元，增长9.7%。年末银行存款余额0.1364亿元，下降59.1%。

农业结构调整初见成效。根据资源优势和市场需求，成功引进了淳安千岛湖秋韵农业开发有限公司，种植帝皇菊2公顷，同时引导农民进行产业结构调整，使参与产业结构调整的农民的积极性得到提高。农业基础设施不断改善。针对全镇林道建设滞后的现状，投入资金465万余元，兴建了8个村19.5公里的林道和7个村13.5公里的辅助林道，完成了杭州市低产地改造项目的申报和验收工作。同时，好运来山核桃专业合作社和浙江科兰农业开发有限公司成功列入淳安县现代农业示范园区，千岛湖德尧果蔬专业合作社和千岛湖彪鑫果蔬专业合作社成功列入淳安县现代农业园区，优化了镇域农业经济的发展环境。针对传统产业方面存在的“短腿”，镇政府着重在加快产业转型升级上下功夫，主要是拉长蚕桑产业链、提升蚕桑附加值上，积极探索实践桑黄、蛹虫草、桑叶茶的生产加工并取得了初步成效。

工业企业效益稳步提升。商铬丝绸公司投资600万元进行技改提升，成功推进亚麻生产线的扩规增量，亚麻纱年产量达到2000吨，产值提升30%；金石生物公司主要培育研发中药材铁皮石斛，2014年完成投资额6000余万元，启用工业园区1.7公顷用地建成厂房和培育大楼，一期2公顷种植用地建设已经到位。招商引资稳步推进。全年完成招商引资协议资金2亿元，到位内资1.4亿元，完成年度任务的112%。新注册特色招商项目4家。工业平台继续拓展。完成了老园区沿湖亮灯绿化及支路、三股尖地块主干道、排水沟的设计工作。此外，作为富民产业的来料加工业成效明显。全年新增来料加工人员近300人，实现加工费收入158万余元。景区景点建设有力突破。东方桥至方腊洞景区道路借方工程顺利推进，工程土石方开挖已经基本完成。新建的凤凰山景区成效初显，在2013年修建游步道、观景平台的基础上，2014年新建景点指示牌及停车场，全年累计接待游客超过1万人。旅游辐射效应不断显现。做深做细宅上村“浙皖第一渔村”的鱼文化，以渔民倒笼捕鱼、休闲垂钓来带动当地的渔家乐和果园采摘游。重视乡村自驾游的推广，叶家蓝莓基地组织开展“一路向蓝”蓝莓采摘游活动。电商产业发展扎实推进。全年新增个体网店4家、电子商务公司2家。以“赶街”网点来浓郁电商发展氛围，全镇已建、在建网点达40个。

集镇建设稳步推进。三都花园农民转移集聚区建设项目一期建设全部完成。其中一期一区块已基本完成房屋销售工作；一期二区块8栋楼、二期一区块5栋楼完成房屋的验收、证件办理，正在准备摇号选房。重点项目临近收官。道鹰山地质灾害治理及中心广场项目的土石方开挖，边坡治理工程已经完工；中心广场项目已完成整体形象工程的70%；商业街建设项目1～6号楼竣工验收，13号、16号楼开始进场施工。提升项目稳步推进。街道立面改造二期工程已基本完成；路网改造提升工程进展顺利，集镇主城区地下管网铺设已经完成，路面施工正在推进；威坪镇码头至工业园区道路已完成路基填方，边坡治理和强夯正在施工。

农村文化蓬勃发展。村级民俗文化得到进一步挖掘和保护，新建农村村级“文化礼堂”1个，河村板龙、汪川罗神竹舞等非物质文化得到较好的传承发扬。建立农民书画协会，定期开展乡土农民书画家交流和作品展览。教育事业不断推进。学校基础设施进一步完善，教师住校生活条件得到改善，叶家小学操场完成改造，唐村幼儿园建成并投入使用。卫生事业不断加强。成功引进民营医疗机构到威坪开设康恩医院，填补全县在精神卫生治疗方面的空白。

全面完成劳动保障工作。全年共办理新农

合对象34464人,办理城乡居民养老保险15791人。积极开展市民卡申报工作,全年共发放市民卡809张,补办市民卡148张,市民卡申办实现全覆盖。全年实施各类临时救济1516户、启动“民生直通车”实施救助50户、实施各类慈善助学291人次、帮扶结对79户、办理低保对象741户、完成了5个村的社区服务中心建设提升工程、10个村(社区)居家养老服务站建设和17个村的居家养老服务照料中心建设、完成了12户越战老兵的安抚工作。继续优化残联村邮工作。认真做好残疾人各项服务工作,落实残疾人各项优惠政策,实现了残疾人扶持救助全覆盖。

全力推动“十百”工程建设。投资490万元,共完成9个省待整治村、17个整镇推进项目、11个村停车场建设。全力推动库区、水利建设。投资357万元,合理安排并实施了42个库区移民项目;投资878万元,实施了9个山塘水库除险加固项目;投资313万元,完成了17个村的饮用水工程项目;投资510万元,完成了2个村的市重点堤防和5个村的河道整治项目。全力推动交通、国土、帮扶等项目建设。完成了屏河线改建工程征地拆迁和路基工程建设任务;实施了2个村的公路大中修、1座危桥改造项目;完成了洞源、叶家、西山、妙石(预留)村的垦造地项目;开展地质灾害工程治理9处;审批农民建房600余户;高度重视乡镇交接断面水质考核;积极通过市县帮扶力量推进新农村建设,全年共争取市级帮扶资金300余万元、县级帮扶资金80余万元。

2013年威坪镇各行政村基本情况

表26

村名	村党支部书记	村委会主任	人口(人)	年人均收入(元)
合富	叶红日	方胜旺	986	10355
黄石潭	潘根娥(女)	潘根娥(女)	454	9868
流湘	方文庆	方文庆	506	10099

续表26

村名	村党支部书记	村委会主任	人口(人)	年人均收入(元)
横石	方新贵	方新贵	605	10083
新茂	方文财	钱建生	803	10847
西山	徐红正	叶嫩良	548	10000
长岭	方明	方爱忠	1166	9966
五星	唐春丰	庄亚辉	1084	10175
楼厦	方建成	唐诗琴	723	9945
新联	朱剑飞	唐国胜	493	10406
笔锋村	童小红	童小红	970	10072
唐村	唐红燕(女)	–	2577	10027
坑下	童小军	童小军	1031	10281
凤凰	徐验	徐立武	1406	10797
河村	徐东汉	徐红辉	2495	10798
茶合	徐文礼	徐东风	1068	10309
洞源	唐立勤	唐立勤	656	10274
妙石	徐红文	徐玉强	914	10109
贤茂	方国良	方宗新	1031	10369
叶家	叶圣利	叶华茂	1939	10222
三坦	吴鼎木	吴鼎木	562	10356
安川	王宗来	方风华	880	10273
杨家	王有堂	王小锋	740	10527
岭脚	王明清	徐连生	503	10795
洪圻	王仁志	王巧峰	1293	10363
旗山	王有根	陆成本	1043	10010
琴坑	王彬	王东大	1286	10070
横塘	王如胜	王红旺	2561	10070
五丰	王伟民	王中祥	790	10266
株林	汪克军	汪红新	537	10391
三洲	王小江	方培礼	1405	10078
邵宅	邵明达	邵兴	668	10853
方宅	方升利	方国洪	1659	10157
青山	方武凤	朱调军	770	10299
联合	杨建忠	叶坤丙	757	9987
蔗川	钱四放	钱红建	2009	9965
厚屏	余绿水	徐高有	781	10179
考川	徐小飞	徐小飞	699	10086
杜川	吕兆双	徐晓艇	1061	10330
黄金	胡梦芳(女)	徐玉雷	701	10399
汪川	徐道军	徐有忠	1505	10379
屏村	徐建凤(女)	郑建平	718	10070
蜀阜	徐建流	周长年	758	10449
驮岭脚	徐南明	徐绍新	760	10855

·王阜乡·

【概况】 2014年,王阜乡总面积168平方公里,辖18个行政村,有173个村民小组。全乡总户数6048户,其中农业户5705户;总人口17673人,其中农业人口17673人,有外来人口22人。人口自然增长率2‰。山林面积15620.4公顷;耕地面积281.3公顷,其中水田118.9公顷。

全年实现工农业总产值2.68亿元,比上年增长9.25%;财政总收入94.31万元,增长5.2%,其中地方财政收入54.23万元;上缴国税、地税39.5万元,增长4.5%。农村经济总收入7.17亿元,增长16%;村级集体经济总收入215万元,增长9.1%;农民人均收入9670元,增长10.7%。年末银行存款余额2.35亿元,增长4.4 %。

全乡完成农业总产值1.6亿元。利用山核桃林地资源发展了100公顷油茶、33公顷前胡和13公顷黑麦草等林下经济。山核桃、高山蔬菜、金银花、山油茶等特色产业初具规模。高山蔬菜已从单一的基地扩展到3个村发展,面积达到33公顷,美誉度也在不断提升;山核桃投产面积不断增加,已近2000公顷,年产量达到1000吨以上。实施省级山核桃示范园区建设,山核桃投产面积继续扩大,统防统治、矮化培管、水上保持等措施逐步推广落实。高山有机茶"基地+农户"的模式得到深化,种植—加工—销售的产业链基本形成。金紫尖野菊花、高山石笋、高山茶叶等特色农产品品牌化建设逐步推进,市场美誉度、认可度进一步上升。

全乡完成工业总产值1.09亿元,增长8.26%。从事高山果蔬种植销售的特色农业招商项目丰景农业开发有限公司已正式运营,种植面积达13公顷。鼓励发展口罩加工项目、航空包装袋加工项目,新培育来料加工点2个,新增就业人员80余人,拓宽了群众的就业增收渠道,全年实现加工费达600余万元.积极引导发展电子商务,进一步完善乡电子商务服务中心,并以此为平台,鼓励和引导电子商务发展。全乡有从事农特产品的电子商务网店16家、电子商务公司网站4家,网络销售额突破百万元。网络销售为王阜的农副产品更多更好地走出大山开辟了新的途径。

依托金紫尖、金岙幽谷、严家水库、县委旧址等特色资源,积极推介培育特色乡村游,金紫尖登山驿站已启动建设。龙潭峡谷漂流积极开展3A级景区创建,基础设施和服务水平不断得到完善,知名度和游客量不断提升。省级非遗项目八都麻绣传承意识和措施也在加强。全年乡村旅游接待游客量突破3万,乡村旅游收入突破500万,带动就业百余人。

全乡交通基础设施进一步改善。宋王公路大中修全线完成,较好地改善了道路状况;潭唐线郑中段改造工程于9月下旬正式开工建设,现进展顺利,将根本解决乡政府所在地交通拥堵难题;杭黄高铁项目施工场地的征地任务已全面完成,保证了无障碍施工;完成了金紫村村道大中修项目,为金紫尖旅游项目的开发提供了坚实的基础。农田水利基础改善提速。投资1200余万元的云源溪流域王阜境内改造工程已近尾声,将有效提高防洪能力,较好地改善了沿溪的河岸线景观;投资800万余元的农发工程全面开工建设,已基本完工。村庄环境改善提速。涉及7个村、投资1600万元的农村污水治理项目进展顺利,清洁乡村清洁河道工程持续深入,群众的保洁意识和习惯也在不断增强,村庄环境有了较为明显的改观

投资240余万元新建的初中教学楼、投资90余万元建设的初中塑胶跑道操场均已投入使用。全面启动了中心幼儿园、管家幼儿园和闻家幼儿园的建设工程,投入50余万元增添了多媒体、电脑等教育教学设备。在2014年中考中,王阜初中获得了全县农村学校第一名的优异成绩。投资130余万元新建卫生院防保楼并投入使用。投资300余万元的郑中桥、郑中文化休闲公园和文化活动中心建设完成前期工作。

完成了金家岙文化礼堂建设。组织了县人口计生局送服务下乡活动,为500余名农村育龄妇女查病和咨询,两次组织技术人员到杭州为流动育龄妇女提供技术服务,科学落实计生奖励扶助政策。

以统筹发展为核心,全面推进全乡各项社会事业建设。全年各类信访120余件,能够做到件件有落实,信访满意率达90%以上,全年共调处矛盾纠纷300余起,调处率达100%,满意率达到95%以上。做好"网、组、片"工作,确保了"户户有人联系,事事有人处理"。进一步做好社会保障工作。健全社会救助体系,继续抓好"一户一策一干部"和"1+X"社会结对帮扶等活动,把"春风行动"、慈善救助、临时救助和年底慰问、帮扶结合起来,进一步落实最低生活保障金、低保边缘重病重残人员、残疾人特殊困难对象等社会救助政策,努力帮助困难群众解决难题。积极落实农村"两保"参保工作,全乡医保参保人数12982人,医保参保率99.97%,养老保险参保人数5749人,参保率为96.46%,圆满完成县"两保"参保考核目标。继续以创建"充分就业村(社区)"为目标,及时对辖区内失业人员进行基本信息调查并登记和建档,扎实有效地开展创建"充分就业村(社区)"工作。进一步落实失地农民保障政策和丰家山移民政策,认真做好农户摇号选房等宣传工作,确保惠民政策落到实处。

是年,王阜乡获评县考核优秀乡镇、杭州反邪教先进单位、杭州市民兵训练工作先进单位;王阜绣花帽制作技艺列入杭州市非物质文化遗产。

【"无违建乡"创建】 认真贯彻县委、县政府"无违建县"创建的政策精神,强力推进"无违建乡"创建,全乡调查应拆面积4.6万平方米,已拆除到位,共拆除了5.5万平方米,征收有偿使用费126.25万元。7个违法民间信仰拆除点和9个改作他用点也已全部按要求处置到位。

【"五水共治"工作】 组织各村进行环境卫生大整治,"清洁乡村"的基础及群众的意识也有了较为明显的改善。开展了河道采砂制砂专项整治,关停了5家采砂制砂点,仅保留了1家,对河道采砂进行了严格报批使用规范,保证了河道的清新。顺利推进7个行政村的农村污水治理项目建设。

【召开第十六届人民代表大会第五次会议】 3月13日,王阜乡召开了第十六届人民代表大会第五次会议。会议听取和审查了张日军代表乡人民政府所作的政府工作报告,报告提出继续推进"山区特色经济强乡"战略,围绕"四美"文章,做美特色,实干富民,为践行县委"秀水富民"总战略作出应有的政治担当和责任担当。

(范鹏翔)

2014年王阜乡各行政村基本情况

表27

村　名	村党支部书　记	村委会主　任	人口(人)	年人均收入(元)
金　紫	潘永林	潘永义	445	9879
龙　头	方志成	王爱国	867	9534
管　家	管辉东	管圣春	1060	9634
长　川	徐拥军	徐鹏飞	962	9580
柳　塘	王和武	王春四	936	9777
何　坪	翁爱新	包新华	383	9411
郑　中	邵道醒	邵　光	1355	10496
新　畈	翁一新	翁立武	831	10040
华　坪	王传明	王树高	1128	9471
王　阜	王永华	王传恒	1888	9489
山　川	管忠于	王丽玲	840	9718
马　山	王小英(女)	王亮庆	1138	9725
新　合	毛卫兵	王贤军	1501	8637
荷花坪	方应春	王福胜	502	8441
横　路	鲍茶香(女)	吕东辉	1075	8394
金家岙	詹智明	詹德政	1185	8484
闻　家	闻申唐	罗贤山	1039	8477
胡家坪	罗长木	罗长木	538	8483

·鸠坑乡·

【概况】 2014年，鸠坑乡总面积104平方公里，辖9个行政村，有86个村民小组。全乡总农户数2636户，总人口7821人。山林面积7578公顷，耕地面积112公顷。

实现农村经济总收入51701万元，农民人均收入10491元。茶叶和柑橘是本乡的两大主导产业。全乡有茶园面积374公顷，茶叶产量366吨，产值3185万元；橘园面积423公顷，产量10725吨，产值2079万元。有桑园面积158公顷，产量75吨，产值322万元；山核桃树面积214公顷，产量30吨，产值112万元。外出劳动力2075人，占全乡劳动力数的37.8%，2014年外出务工经商收入1695万元，也是农民收入的主要来源之一。

通过内挖潜力，外塑品牌，不断提升“鸠坑毛尖”和“南浦红柑”两大产业的经济效益和社会影响力。茶叶产业方面，完成茶园“统防统治”53公顷，茶园改造20公顷，鸠坑万岁岭、绿春、唐圣等3家茶叶企业通过QS产品质量复评，成功创建杭州市农产品质量安全标准乡。万岁岭“鸠坑毛尖”“国红金毫”分别荣获第十届国际名茶评比金奖。柑橘产业方面，实施以优化改造为主要内容的产业结构调整，完成橘园低改17公顷，提质增效29公顷，建成柑橘联栋大棚1.7公顷，实施喷滴灌13公顷。

通过特色招商和亲情招商，克服地理和交通瓶颈制约，实现招商引资到位资金1200万元，超额完成招商引资任务。以“聚”要素、“扶”发展、“强”基础、“育”典型“四字诀”促进来料加工扩面提质，新发展经纪人4人，从业人员1200余人，来料加工辐射9个行政村，巩固提高了5个来料加工专业村，新发展来料加工企业1家，发放来料加工费529余万元，完成任务数的123%。

举办寻根探源中国茶树良种——鸠坑茶暨第五届鸠坑茶文化节活动，吸引上海、杭州等地的200余名游客参与其中，再次打响了鸠坑茶品牌。全国首家乡镇级茶博馆——鸠坑茶博馆自开馆一年多以来，接待游客6000余人，2014年入选杭州市非遗展示基地。

完成9个行政村2868户农户8130宗房屋的调查摸底分类定性工作。拆除各类违法建筑216宗，共计面积21216.73平方米。收缴有偿使用519942.60万元，完成“无违建”创建工作任务。

继续推进中心村建设。金塔村实施景观提升、庭院整治和墙体美化等中心村建设项目。农民异地转移方面，2014年全乡完成农民异地转移集聚15户，其中丰家山9户、威坪3户、中心村3户，27户已转移农户的资产得到处置。

抓住“乡街协作”“联乡结村”等帮扶机遇，重点改善基础设施，提升产业发展，实施关心关爱。全年共实施帮扶项目20个。

完成翠峰村塘联自然村康庄工程大中修、青苗自然村道路拓宽改造、继光自然村村道建设，改善出行交通。社会保障方面，严格执行农村居民最低生活保障制度，受益农户231户、人口373人，发放补助金100.36万元；参加新型农村合作医疗共5695人，参保率达99.83%；参加养老保险2580人，参保率达96.23%。薄弱村集体经济建设方面，严村、常青2村物业用房已封顶，总投资达220万元。文化方面，成功举办了鸠坑乡第二届排舞大赛，极大丰富了民众的娱乐生活。教育事业，按教育现代化装备要求，配备教学仪器、校园广播系统、计算机教室、校园网等，提升教育装备；建立电脑教学室，配备28台电脑及其他教学设备，完善了成校设备配备工程。

【举办寻根探源中国茶树良种——鸠坑茶暨第五届鸠坑茶文化节】 为进一步挖掘鸠坑茶历史文化，弘扬“鸠坑毛尖”品牌，促进农业增效、农民增收，4月1日至5月1日，举办了“寻根探源中国茶树良种——鸠坑茶暨第五届鸠坑茶文化节”，开展了“问道鸠坑茶，探游万岁岭”登山、采茶制茶评比、“鸠坑毛尖”传统加工工艺及现代加工工艺展示、游客参与茶事体验等一系列活动。吸引上海、杭州等地游客200余人参加，促进了“鸠坑毛尖”的品牌宣传、区县协作和城乡互动，并且推动了鸠坑茶产业与乡村旅游业的融合发展。

【首家乡镇级茶博馆入选杭州市非遗展示基地】 全国首家乡镇级茶博馆——鸠坑茶博馆自2013年4月13日正式开馆以来，共计接待游客6000余人，入选杭州市非遗展示基地。

（徐玉美）

2014年鸠坑乡各行政村基本情况

表28

村　名	村党支部书　记	村委会主　任	人口（人）	年人均收入（元）
中　联	吴有祥	胡万星	1288	12011
乳　洞	钱金放	钱文威	803	9863
星　光	洪竹茂	洪　涛	701	10257
赋　置	余宏勤	余运彬	1189	10816
青　苗	严华翠(女)	方淼华	706	11303
金　塔	杨约顺	管士勤	1200	8925
严　村	严章顺	严建祥	575	9452
翠　峰	胡社运	陆发田	611	9378
常　青	严志华	严志华	748	9452

·宋村乡·

【概况】 2014年，宋村乡总面积80.16平方公里，辖8个行政村，有56个村民小组。全乡总户数2168户，总人口6897人，人口自然增长率1.9‰。山林面积6975公顷，耕地面积218公顷。全乡农村经济总收入24028万元，增长16%；村级集体经济总收入102万元；农民人均收入9925元，增长10.7%。

宋村乡是农业乡镇，茶叶为农业主导产业，2014年，以千岛绿园银针为主的名茶产销两旺，红茶研制迈出新步，茶叶总产量达到180余吨，产值突破3000万元。加强名茶、山核桃等农产品的推广，新成立千岛湖鸣泉谷农业开发有限公司，将农产品与电子商务相结合，扩大产品销路，蜂产品销售产值达300余万元。同年还新注册了淳杰电子服务公司，推出了全县的农特产品和宋村乡的农家乐、名宿名居等智慧旅游，促进三产融合。

全乡共有来料加工企业12家，辐射带动从业人员1300余人，其中共有294名低收入农户从事来料加工。新发展常锦里村、青山口村、白云溪村3个来料加工点，引进加工新项目，同时新发展来料加工经纪人4名。2014年全乡共发放来料加工费600余万元，同比增长21%，创建了以家纺加工为主品种的“家纺专业”乡镇。

响应全县景区化战略，依托“山、溪、湖”特色资源发展乡村旅游。2014年新发展农家乐2家，新评县三星级农家乐2家，全乡农家乐达24家。挂牌出让的粮站地块已经建成常锦农庄，客房50多间，具备了接待大型团队的实力。2014年交通、水利、精品村和中心村建设、帮扶资金、漂流精品线等5类项目建设资金投入超过6000万元，启动建设了宋村乡村旅游驿站、云源港湾精品带、兰川民宿民居、宋村文化一台戏、状元峰探游等一批乡村旅游项目，据统计，全年乡村旅游接待游客16万余人次，服务业经济增加值2900万元。

2014年，全乡共拆除违章建筑227幢，建筑面积15727平方米，收缴有偿使用费31.9万元，8个行政村均已通过县级验收。集合拆改后建筑垃圾清理和土地利用规划建设工作，建立健全规划与国土联合审批建房制度，规范土地审批程序，实施审批承诺和建房“四必到场”监管机制。推进“洁美化庭院”“洁美化网格”工作，白云溪、常锦里、青山口、胡家畈、宋村、云港口等6个村启动污水处理建设工程，青山口村、胡家畈村、常锦里村污水处理工程已通过验收。同时完成云源流域(宋村段)治理工程，完成青窄线大中修、宋王线里段大中修、宋村桥建设，启动宋村敬老院建设工作。完成白云溪、青山口、胡家畈、镜洪等4个村饮用水提升工程。完成宋村村来料加工场所修缮、下前山大会堂重建、硖石林道、青山口"文化礼堂"、胡家畈入村口整治、镜洪大会堂等中心村、帮扶、移民、村庄整治等一批项目。

建立了在村70岁以上独居老人服务机制，要求各村主要领导每周上门服务探望一次。组织开展村级"广场舞"排演活动、村图书室定时开放等，丰富农村文化夜生活。年终以家庭为单位，开展了"家庭和睦户""好媳妇""好公婆"等评选活动。

全面完成"两保"收缴132.86万元、低保续保142户233人、残保续保51人、困难群众危房改建11幢等工作，开展"春风行动"和困难群众走访慰问活动。继续加强山核桃统一开杆专项管理。推进科教文卫工作。修订考核政策落实计生目标管理责任制；实施师生生活环境提升工作，增添学校电脑设备、太阳能等，改善办学条件。实施综治维稳管理体系和人调解机制，开展安全生产大检查、防汛防火、防灾减灾等各项工作，白云溪村森林消防队获全县森林消防高压水泵演练竞赛二等奖。同时，老龄、残联、人民武装等各项工作正常开展。

【完成"无违建乡"创建】 全面动员，上下齐心；摸清家底，分类处置；掌握政策，迅速推进。围绕"拆、收、清、改、控"层层深入，扎实做好"应拆尽拆、应收尽收、垃圾清理、拆后利用、防违控违"5个方面工作。8个行政村均通过县级验收。

【精品村建设】 2014年，完成建设全村道路硬化500米，排水沟硬化500米，停车场建设2个。污水、自来水工程结合"五水共治"项目，投资300多万，全部完成。拆危拆旧近2000平方米，沿湖沿线房屋立面改造10余家，庭院改造50多家，对村庄沿路实施绿化覆盖。云港口村村容整治庭院改造、樟树下沿溪景观改造、景观停车场等项目于11月底顺利通过了市级验收。兰川、墙里公路外沿湖路段800米游步道项目正在抓紧施工，旅游驿站建设基本完成。

【党的群众路线教育实践活动】 全乡12个基层党组织382名党员参加，整个活动"规定动作做到位，自选动作有特色"。活动以"三认"为抓手，制定了"党员三定""干部亮牌""坐班值班""问题化解联席"等系列制度，明确每周二为下村固定服务日，落实基层党组织星级管理，开展党员干部"问效评议"活动，大抓干部作风建设。活动开展过程求实，方向求准，标准求严，效果求真，既锻炼了干部队伍的思想作风，又推动了中心工作。

(汪 婷)

2014年宋村乡各行政村基本情况

表29

村 名	村党支部书记	村委会主任	人口(人)	年人均收入(元)
硖 石	宋建栋	何江辉	507	9075
青山口	夏有富	余翠桂	776	10916
胡家畈	夏植红	宋日生	692	9221
镜 洪	张三木	张三木	766	9401
宋 村	方晓勤	宋东风	1516	9519
白云溪	王 建	方有梁	1245	9462
常锦里	胡志红	方里民	359	9111
云港口	童发明	童长武	1036	11236

·姜家镇·

【概况】 2014年,姜家镇面积206平方公里,辖28个行政村,有1个居民区、133个自然村,337个村民小组。8771户,其中农业户8175户;总人口26747人,其中农业人口25085人,外来人口72人。人口自然增长率2.1‰。有山林面积16691公顷,耕地830公顷,其中水田256公顷。

全年实现农村经济总收入205849万元,比上年增长10.5%;工农业总产值161274万元,比上年增长11.4%,其中农业总产值26212万元、工业销售产值114800万元;农民人均纯收入11970元,村集体经济人均可支配收入182元,比上年增长10.7%。

全年实现农业总产值2.6亿元,比上年增长8.33%。农作物播种总面积2769公顷,其中谷物671公顷、豆类333公顷、薯类235公顷、其他经济作物867公顷。粮食总产量6426吨,每亩年平均产量332公斤。桑园总面积916公顷,桑蚕饲养14737张,蚕茧全年总产量618吨,总产值2601万元。茶叶种植面积627公顷,总产量237吨,总产值2911万元。生猪饲养25178头,家禽年末存栏52000只,羊年末出栏349头。坚持"农业围绕旅游做"大方向,五果丰登乡村旅游区建设已初具形象,龙源溪流域共种植优质水果133公顷,小标农业、方盛农业、华博农业等精品水果园陆续建成,并已成功创建县级现代农业示范园区2家。土地流转成效显著,2014年新流转土地33公顷。农业招商项目不断增加,石颜村在引进食用菌、铁皮石斛的基础上,又成功招引精品水果种植项目1个。

全年实现工业销售总产值13.5亿元,比上年增长11.57%。有工业企业32家,职工1049人,销售收入达到亿元以上的企业4家。入库国税198万元。不断创新招商方式,着力建设信息丰富、安全可靠、便捷实用的智慧招商引资信息系统,全年完成招商引资1.2亿元,超额完成全年目标任务。来料加工完成加工费2410万元,全年来料加工人数稳定在约2400人。石颜三产融合发展平台基本建成,已引进了铁皮石斛、食用菌、循环有机肥、丰源建材、爱可环保有限公司等6家生态工农业企业。6000平方米标准厂房已经完工,可入驻多家来料加工企业,从而带动百姓经济发展。建立7000平方米电商园区,已成功引进9家企业,2015年4月将正式入场。

旅游业持续发展。全年旅游人数达15余万人次。乡村旅游完成接待14余万人次,收入980余万元,现代服务业增加值9000余万元,增速明显。农家乐也由原先各户单干、分散经营等逐步走向统一宣传平台、统一规格标准、统一集中管理等规范化建设,实现农家乐抱团发展。

基础设施日趋完善,自来水厂迁建工程全部完工,2014年11月正式投入使用,使集镇老百姓喝上了放心的自来水。五狮路工程桥涵工程完工,路基基本形成,完成年度计划任务。中心卫生院放射值班楼主体工程顺利完成验收,即将投入使用。顺利实施道路大中修、联网工程等项目,交通路网不断改善。集镇管理不断加强,数字城管中心已建成运营,城管中队正式组建,招聘4名城管工作人员、12名保洁员,启动实施集镇主要街道车辆抓拍管理,有效落实集镇长效管理机制。

全镇共有文化艺术团体2个,演职人员50人;综合文化站1处,建筑面积1410平方米;公共图书馆(室)1个,建筑面积225平方米,藏书31500册;"农家书屋"28个,平均藏书量1500册。辖区内有县级以上文保单位3处、一类历史建筑37处,2014年修缮保护古建筑3处,总投资92.32万元。积极开展"五水共治"重点工程建设,完成了姜家镇污水治理三年行动方案,投入2870万元建设完成镇污水处理厂、污水提升泵站及管网,同步启动15个村庄污水治理及提升工程。群众体育事业不断发展,镇在全民运动会上取得了团队总分和奖牌总数均为第四名的好成绩。基础教育事业不断提升，投资160余万元完成郭村幼儿园建设，投资55万余元完成沈畈幼儿园建设，姜家初中连续3年教育质量在全县农村初中名列前茅。

城乡居民养老保险参保人员8227人，其中中高档参保人数1770人，超额完成县人社局下达任务，总金额1977750元。2014年新型合作医疗参保人数21083人，其中个人缴费人数14038人，上缴金额2251200元，享受县政府补贴人数5148人。民生保障日益完善，366户享受低保对象应保尽保，对298位残疾人发放生活补助，新建居家养老服务站8个，照料中心10个，逐步做到从生活保障到基本保障全覆盖。关心关爱老年人和困难群众，积极与省眼科医院联系，全年共组织116位老人赴杭接受免费白内障手术治疗，为每户家庭支付资金2000余元。养老保险完成96.4%，医疗保险完成99.78%，两项工作均已超额完成。全镇1006名持证残疾人基本服务状况和需求专项调查工作全面完成。

是年，姜家镇被评为“2014年度治水美镇浙江样本”、杭州市农业公共服务中心示范乡镇、杭州市无邪教乡镇、杭州市百家“优秀服务管理团队”、淳安县渔业资源保护工作先进集体、淳安县来料加工专业乡镇、淳安县“美丽庭院”创建工作先进乡镇、老龄工作先进集体、淳安县造林绿化先进单位、杭州市乡镇(街道)工会规范化建设先进单位、杭州市反邪教工作先进单位等。姜家镇杭州恒兴活性炭有限公司获2013年度浙江省著名商标。章村村被列为浙江省第二批乡村记忆示范基地。

【“无违建镇”创建工作扎实开展】 3月，启动“无违建镇”创建工作，镇党委、政府严格对照创建标准，不断拉高工作标杆，全力推进，争当示范。在整个创建过程中，全体镇、村干部放弃休息，加班加点，真正发场“白+黑”“5+2”的工作精神，“五一”假期3天时间共拆违建2.6万平方米，一度掀起全县“无违建县”创建工作高潮。全年全镇共拆除农村集体土地各类违法建筑12.4万平方米，收缴有偿使用费310余万元，位居全县前列。球山村的拆改用结合已成为全县乃至全市的标杆。

【“五水共治”工作】 积极开展“五水共治”大排查，对全镇污水处理设施、管网、无公害三格式化粪池、污水纳管情况，认真进行了排查，为科学开展“五水共治”奠定基础。完成了姜家镇污水治理三年行动方案，投入2870万元建设完成镇污水处理厂、污水提升泵站及管网，污水处理厂已进入试运行阶段。同步启动15个村庄污水治理及提升工程，其中双溪、桂溪2个村按省级连心工程的样板工程实施。出台镇村干部清洁乡村工作考核机制，真正做到建管并重、长效管理。成功入围2014年度“治水美镇 浙江样本”50强。

【农民转移集聚】 完成宏山集聚区一期528户摇号和380户选房工作，已顺利交房，已有60%的转移农户入住。完成宏山集聚区二期报名工作，报名农户有430户，计划2015年4月进行摇号选房。

【文渊狮城商业街项目】 由杭州实业投资集团投资建设的文渊狮城商业街项目房屋主体已经完工，项目概算总投资6亿人民币，将于2015年正式建成开街。千岛湖旅游文化影视教育综合体已于2014年6月底正式破土动工。这些大项目的开工建设，必将为姜家的旅游服务经济发展注入强劲动力。全镇业态调整规划方案已完成编制，全镇景区化建设全面启动。

【第三届姜家镇章村忠孝文化节】 章村第三届忠孝文化节于5月1日隆重举办，以“弘扬章村忠孝文化，构建和谐新农村”为主题，以“拜寿星”、文艺会演和美食街等内容为载体，展现章村特色文化品牌，营造全社会敬老爱老新风尚。章村以忠孝文化为根基，以忠孝文化节为载体，打造了该村特有的忠孝文化品牌，有力地促进了当地乡村旅游和精神文明建设。

【现代农业园区建设】 姜家镇立足本地实际，积极探索创新土地流转机制，按照抱团式发展、规划先行、农业围绕旅游做、民企双赢等“四个坚持”，大力推进现代农业园区建设。截至2014年底，已新建各类现代农业示范基地10个，面积达133公顷。其中，双溪村24公顷桃子基地和上玉泉村20公顷猕猴桃基地被列入县级农业示范园区创建，桃子基地新增投入500万元，猕猴桃基地新增投入558万元。

（邵航锐）

2014年姜家镇各行政村基本情况

表30

村名	村党支部书记	村委会主任	人口（人）	年人均收入（元）
球山	章迁宝	章迁宝	503	11746
桂溪	姜有福	洪兆炎	1079	11736
双溪	汪红球	汪红球	1688	11685
孙家坞	洪国发	洪国发	442	11675
上玉泉	汪可文	汪可全	945	11747
下玉泉	洪理坤	方兰英(女)	480	11745
姜家	姜维金	姜英杰	702	12909
狮石	余发建	余士坤	725	11821
龙川	刘虎明	方苏建	452	11708
霞社	洪顺建	洪有财	1712	11714
黄村桥	洪花枝	鲍红传	1336	11707
石颜	洪日财	张小红	603	11719
炉形	方东旺	方敦林	439	11703
木旺	唐升寿	徐霄祥	570	11858
伊家坞	章引隽	杨凤英(女)	403	11658
银峰	徐明新	方大樟	1797	11695
巨源	方长青	方百洋	537	11694
郭村	张恭旭	洪功理	2008	11728
庄源	龚康娟(女)	汪伟利	593	11846
霞五	胡小海	胡水信	1376	11780
赤城	余国红	余国锡	1189	11717

续表30

浮林	姜良来	詹声林	1316	11765
章村	章宁汉	章华平	1396	11704
潘家	章有功	章小佬	430	11971
沈畈	章夏龙	章引明	932	11701
夫畈	章勇频	章晓明	843	11070
双溪口	程朝锋	章仙桃(女)	484	11691
白坪	王东大	章建华	538	11812

·梓桐镇·

【概况】 2014年，梓桐镇总面积153.6平方公里，辖19个行政村，有185个村民小组。全镇总户数6242户，其中农业户6102户；总人口19099人，其中农业人口18770人，有外来人口14人。人口自然增长率1.63‰。山林面积11708公顷；耕地面积730公顷，其中水田256公顷。

全年实现工农业总产值18.84亿元，比上年增长53.4%；财政总收入3792.56万元，增长24.5%，其中地方财政收入86.72万元；上缴国税、地税232.63万元，增长3.8%。农村经济总收入23.2亿元，增长16.6%；村级集体经济总收入337.98万元，增长−1.5%；农民人均收入12613元，增长10.7%。年末银行存款余额1560.01万元，增长163.8%。

在农业生产上，积极出台扶农惠农政策，每年投入20余万元支持引导农业走“高效化、生态化、产业化”发展路子，挖掘产业发展潜力。2014年，共向全镇19个行政村发放蚕种10083张，建立四星示范点1个、三星示范点3个，实现蚕桑总产值2113万元。茶叶总产量继续增长，总产值4927万元，同比增长28.1%。重点打造石川坞休闲观光农业，该项目已引进种羊1100头，发展水果基地10公顷。以黄村食用菌项目为样板发展大棚农业。以尹山、三联为试点，引进杭州森祥中药材有限公司，发展老鹤草、前坞中药材产业基地，两村共计20.6公顷。

全年实现工业销售产值59134万元，同比增幅15.04%。大力实施工业园区优势资源转换战略，改善投资环境，拓宽招商引资领域，重点抓好园区建设和招商引资。工业功能区1号、6号地块已成功挂牌出让；5号、8号地块得到了有力盘活；园区二期8公顷土地正在洽谈中。年初明确“招大引强”为招商目标，深化“盯、敲、追、抢”四字诀，即盯住项目，敲门推介，追住客商，抢先入园。新引进300万元以上的生态农业项目2家、生态工业项目1家、服务业项目1家。完成协议资金11000万元，其中县外资金7350万元、市外资金5850万元、省外资金3150万元。来料加工持续发力。全年完成来料加工费1143.9万元，完成任务的142.98%，新培育经纪人4人，新办来料加工企业2家。完成省级低收入农户101人从事来料加工，发放加工费59.9万元。

在服务经济上，抢先梓桐接线工程即将畅通的战略机遇，及早在休闲经济和电子商务等方面下功夫。在接线工程的刺激下，依托梓桐自然资源禀赋和书画之乡的特色，在西湖、练溪、慈溪、黄村、集镇等村的一批农家旅游项目建设渐出成效，如水天一色、文佳农业等项目。新开办“赶街”商铺2家，新开设网店14家。一方面，抓好线上运营。重点运营好里食珍淘宝网店，设立结蒙、杜井2个“赶街”网点。另一方面，支持线下直销。与省交通之声、世纪联华合作，11月策划的“护千岛湖水源、购爱心番薯”河长“村官”卖番薯活动，共售掉55吨。同时，突出以益生源公司为主体的电商龙头企业发展，将梓桐玉米馃等地方特色食品推向全国。

加强集镇环境治理。乱停车、乱堆放、乱搭建及摊外摊、店外店现象得到有效控制；积极开展以清洁乡村、清洁河道为主题的“双清行动”，实施黄村垃圾分类试点，完善农村生活垃圾统一收集处置体系，配备垃圾清运车，建设农村建筑垃圾填埋场，全镇环境卫生状况进一步改观。强推慈溪、杜井2个中心村的续建和新建项目。慈溪村入村口改造、墙体美化、庭院改造等工程已完工，文化礼堂修缮、精品果园、胡拱辰公园、村民广场等正在施工。杜井村完成了4个自然村的亮灯工程、洋峰村自来水改造工程、农居点变电房和广场排水渠工程；正施工的有杜井、安山的污水纳管工程，古树、古桥、古井、大会堂修缮工程等。另外，练溪精品村实施项目也已全部完成设计，正在做施工准备。还有2个村河道综合整治工程、3个沿线村整治项目、5个村停车场项目、6个村饮用水工程也在有序推进。

文教体卫事业全面提升。举办了2014年梓桐首届民俗文化节，跳竹马、舞板龙、特色小吃等活动受到群众欢迎和好评，央视新闻频道两度现场直播，省市各大媒体也相继进行了报道，实现了在文化宣传上的大突破。教育上继续围绕特色文化育人和教学质量齐头并进的目标，中心小学创建成为浙江省书法特色教育实践基地，梓桐初中中考提前批实现零的突破，重点高中升学率在姜家片区域联盟学校位列第三。在卫生事业上，倍受梓桐人民瞩目的卫生院整体搬迁工程，共投资800多万，正处于有序施工阶段。在各级体育运动会上，梓桐镇代表队荣获县第四届残动会团体总分第一，荣获乡镇老年人运动会排名第一，获得县第六届全民运动会团体金牌数第五、团体总分第七。

社会保障全面覆盖。严格执行落实中央的惠农政策，对全镇享受低保户实行动态管理，确保民生保障工作应保尽保。针对215户困难群众、192名重度残疾人、33名抚恤优待对象、84名无固定收入的残疾人、41名春荒救助员、24名助学对象等特殊群体，全年共发放各类救助金211万元。完成了结蒙等5个村的居家养老照料中心建设任务。全镇参加养老保险15597人，参保率高达96.34%。参加医疗保险14159人，实现100%全覆盖。农培任务完成好，农业专业技能培训108人，SYB培训25人，文化创新培训30人,双证制培训178人,市实用人才培训10人。

镇人大代表联络站于11月13日正式挂牌运行。镇人大提出建议14件,3件被采纳(县人大共确定了10件重点建议)。实施市、县帮扶和镇街协作项目23个,已全部完成年度目标,总投资2450.7万元,使用帮扶资金301万元、镇街协作资金50万元。在民兵武装方面,超额完成征兵任务,经层层把关筛选,向部队输送"双合格"优秀青年。按配强配优的原则,对全镇基干民兵按"七率"标准进行编排,为急难险重、突发事件处置做好随时出发的准备。

是年,梓桐镇先后荣获"国家级生态镇""年度苏浙皖护林连防先进集体""省市档案工作示范性乡镇""市城乡社区卫生应急管理规范化乡镇"等诸多荣誉称号。

【成功举办2014年梓桐首届民俗文化节】 春节期间,举办了2014年梓桐首届民俗文化节,跳竹马、舞板龙、特色小吃等活动受到群众欢迎和好评,央视新闻频道两度现场直播,省市各大媒体也相继进行了大量报道。

【"无违建镇"创建】 梓桐镇严格执行"无违建县"创建要求,通过现场推进快拆除、细化分工严考核、各片示范强跟进等机制,确保"拆违控新"工作平稳有序推进。全镇应拆尽拆、应缴尽缴工作已全面完成,顺利通过省、市、县无违建指挥部验收。活动中,全镇干部党员上下齐心、身先士卒,冲在一线,先后拆除违建房屋627宗,拆除违建面积71291.65平方米,收缴有偿使用费188.1万元,建筑垃圾清运达到100%,拆后利用达到100%。

【"五水共治"工作】 通过党员干部进村入企大排查,发现污染源近20个。全面深入实施污水处理工程,投入1486.955万元,启动了"6+1"镇村污水处理设施建设。全面实行了"河长制""段长制""巡河长制"等三级联管机制,加强对河道、渔业资源、水利工程等管理和维护,使河道的日常保洁与管理常态化。

【梓桐接线工程】 12月底,梓桐接线工程二标段累计完成产值约5873万元,占合同造价的82%,完成形象进度80%以上,计划2015年3月15日工程全线竣工,梓桐融入全县半小时交通圈,实现"三半三变"目标指日可待。

【举办"护千岛湖水源、购爱心番薯"河长"村官"卖番薯活动】 11月,与省交通之声、世纪联华合作,策划了"护千岛湖水源、购爱心番薯"河长"村官"卖番薯活动,共售番薯55吨。

(洪晓影)

2014年梓桐镇各行政村基本情况

表31

村名	村党支部书记	村委会主任	人口(人)	年人均收入(元)
西湖	邵仁海	汪的富	805	13571
练溪	胡国生	余水法	526	12686
慈溪	方红星	胡有才	707	12755
富石	王林法	王林法	862	12027
并峰	徐永红	胡作义	897	13143
叶家	叶光建	叶月祥	812	12780
黄村	黄笑卫	黄春祥	1189	12568
杜井	胡跃华	胡淑琴(女)	1675	13114
杏富	程建人	胡为电	743	12139
胡江	徐红梅(女)	胡连财	1074	11287
常宁	胡发荣	胡宝进	1601	12960
姜桐	姜新华	胡洁余	822	10431
唐家	唐海燕(女)	唐陆毅	1038	13822
卢家	胡苏爱(女)	卢有清	1612	12615
结蒙	徐剑平	徐小平	1450	12678
河联	王法祥	余上友	869	12112
三联	姚红升	汪明祥	708	12922
程家	程连喜	程爱民	965	11827
尹山	严早发	严早发	415	12953

·浪川乡·

【概况】 2014年，浪川乡总面积105.1平方公里，辖19个行政村，有217个村民小组。农户数达6077户，全乡有人口19492人。有山林面积7931公顷；耕地面积639公顷，其中水田474公顷。

全年实现工农业生产总值12.86亿元，增长12%。其中农业生产总值达到1.56亿元，同比增长7%；实现规上工业销售产值2亿元，同比增长24.77%。服务经济增加值6799万元，同比增长13%。财政总收入185万元，增长120%。农民人均纯收入达12038元，增长10.68%。

全年农业总产值1.74亿元，比上年增加0.07亿元，增长4.0%。茶园面积400公顷，采摘茶园面积296公顷，其中早熟茶140公顷，产茶122吨，产值达572万元，比2013年产量同期略有上升。全乡蚕桑面积484.6公顷，养蚕村19个，养蚕农户1664户，饲养蚕种14294张，生产蚕茧602吨，总产值达3221万元，综合产值达3629万元。完成联欢—鲍家精品水果带营造林32公顷，完成种植油茶32公顷，完成新种毛竹24公顷。全乡油菜播种面积357公顷，油菜籽产量达745吨。全年种植稻谷332公顷，稻谷总产量达2542吨。种植番薯面积达248.5公顷，总产量达1174吨。全乡种植玉米面积203.5公顷，产量达1086吨。2014年全乡生猪存栏数8361头，出栏8950头。

突出生态农业发展方向，加快农业生产转型升级，深入推进全乡土地流转工作，优化农业产业结构，提高农产品品质，促进全乡农村经济持续健康发展。加大水利建设力度。投资800余万元，完成10座山塘水库除险加固、千亩畈“一高五小”项目实施、全朴至马石5公里河道整治；投资714万元，完成新店水库除险加固工程，新建机耕路1012米，新建灌水渠1470米，完成2个村粮食功能区建设，受益农田21公顷。努力做好生态绿色项目前期招引和后续跟进工作，推进联欢村近33公顷土地流转，注册资金3088万元的联欢农业开发公司于6月顺利动工建设，已完成园区道路建设和坟墓搬迁，后续的联欢桥头土地征用工作顺利推进。积极争取市县两级帮扶资金201万元，实施农业帮扶项目12个。全年共扶持发展毛竹16.3公顷、茶叶6.9公顷、食用菌720余万棒、中药材9.1公顷，新造林业基地31公顷；围绕蚕桑主导产业，扶持“十天养蚕法”高标准星级示范点21个，扶持528户养蚕农户购置六联片方格簇架843只，安装太阳能杀虫灯53盏，扶持322户低收入农户发展蚕桑产业。利用“五水共治”之机关停畜禽养殖场9家，提升改造2家。鲁川合作社和建威蔬菜基地标准大棚在原有基础上扩建4.4公顷。沪阳农业发展杏鲍菇720万棒。实施方鼎生物喷滴灌改造工程，新发展铁皮石斛1.2公顷，培育石斛苗300万株。农业经济规模不断扩大。

以“淳商回归”为契机，积极构建招商引资大环境，全力推动以平台建设为载体，以引进大企业大项目为重点，以强化政策扶持、优化服务环境为举措，引导企业加大投入，扩规提质，做大做强。新引进淳醇菇业、南唐服饰、狮古山家庭农场等3家注册资金在300万元以上的企业，特色招商任务圆满完成；相继成立银钰、建海、华进三家电商企业，大联、鲍家“赶街”网点正常运营。引导现有企业转型升级，两家规上工业企业中，高新技术企业——波菲特电子公司1～11月工业销售产值达1.42亿元，浪川纺织经营收入稳步增长；精准实业已正式投产，茂源网业、双丰制线、南唐服饰等一批小微企业市场竞争力在不断增强。积极拓展工业建设平台，主动协助开发区及时调处各类矛盾纠纷，快速推进浪川统筹城乡产业示范区建设，示范园区内土地平整已基本完成，有效夯实了淳安未来五到十年产业招商平台的基础。以全县景区化为引领，以大旅游为龙头，以提升品质为重点，大力推进全乡服务经济快速发展。高标准、高质量地完成狮古山精品村建设任务，并顺利通过省、市验收，红色旅游的基础设施有了较大幅度的提升，全年旅游体验的游客明显增加，较好地带动了当地村民增收致富。完成原旧发电厂修缮、329地块征收、村级物业大楼主体工程建设、文化布展、道路美化与拓宽、芹川新区二期“三通一平”和建房摇号等项目建设，同时全面启动休闲茶楼、停车场扩建及游步道延伸等工程建设，总投入近800万元。在原有芹川、狮古山等农家乐产业集聚群的基础上，充分依托千汾绿道，积极引导新桥村、大塘村大力发展“农家乐”，2014年新发展农家乐经营户3家。

推进“无违建县”创建工作，组织强制拆除12次，实际拆除违章建筑825宗，面积94943.4平方米，收缴有偿使用费276万元，无论是拆除面积，还是有偿使用费收缴总额，均位居全县前列。实施“五水共治”。投入资金2400万元，推进鲍家、新桥等9个村污水处理池及排污纳管工程，剩余10个村的排污工程设计也在有条不紊地进行中。建立清洁乡村专项考核机制，农村环境卫生有了新的改善。投资150万元，完成狮古山—芳梧村10公里河道整治项目。投资130余万元，完成了新店水库渠系配套工程。投资285余万元，完成赵家坞、冷水坞等8座山塘的除险加固工作。投资380万元，完成莲塘坞水库除险任务。投资360万元，完成农村饮用水提升改造工程，饮用水水质得到大幅提升，受益人口达4000余人。

推进各类社会事业协调发展。投资1100万元的养老服务中心建成并投入使用；投资600余万元的浪川乡中心幼儿园顺利通过验收；投资250万元，完成全狮线、全许线村道大中修工程和沙众至瑞塘农村联网工程。中心村建设投入资金620万元，涉及工程项目8个，建成10幢20套联排房。全朴、芳梧村环境提升项目顺利通过验收。安排3年的扶贫资金，启动村级物业大楼建设．新建农村垃圾场8个、停车场5个。开展社会环境综合整治工程，巩固深化市级生态村创建，农村清洁可再生能源利用工程获市级综合示范乡镇称号。

【芹川村被列入中国传统村落名录】 12月，住房和城乡建设部、文化部、国家文物局、财政部、国土资源部、农业部、国家旅游局联合下发《住房和城乡建设部等部门关于公布第三批列入中国传统村落名录的村落名单的通知》，浪川乡芹川村被列入中国传统村落名录。近年来，淳安县及浪川乡充分认识芹川古村落保护的重要性和必要性，增强科学利用的信心，坚持保护与开发的原则，进一步加大投入力度，明确相应的运行机制、投入政策与责任主体，全力推动芹川古村落的保护与利用。启动于2010年的芹川古村落一期修缮保护工程取得了阶段性成果，芹川村核心区域的99幢房屋修缮保护工程已基本按“修旧如旧”的要求实施完工，新建成的停车场管理房和游步道等旅游配套设施已相继投入使用，河道整治、堰坝改建和主村道改造工程也已全部完工。通过建设，古村落变化明显，村容村貌和芹川溪得到明显改观，麻酥糖、传统酿酒坊、农家乐等业态培育项目成果喜人，村民收益大幅提升。二期古村落修缮和文化提升工程已于2014年9月启动建设。（办公室）

2014浪川乡各行政村基本情况

表32

村　名	村党支部书　记	村委会主　任	人口（人）	年人均收入（元）
桃　源	叶归秀	叶别英	875	10942
占　家	杨建威	占建军	1183	11039
杨　家	杨汉民	杨贤生	963	10870
峰　川	汪思建	汪思平	886	11079
洪　家	洪小军	徐国良	1133	11159
大　联	曹　塘	孙华明	1448	12181
联　欢	方文基	张苏成	1003	11184
鲍　家	鲍建庭	鲍建东	1462	12094
马　石	王瑞梅	张泽红	1490	11193

续表32

芹　川	–	王旭辉	1589	11186
新　桥	王建铭	王海翔	768	10892
大　塘	王　春	章宏军	1008	11320
全　朴	–	王文财	1111	11258
汇　源	王启洋	王昌壮	956	10619
源　峰	许家瑞	王建旺	394	10252
狮古山	王烟林	王烟林	344	11082
浯　溪	鲍永红	鲍芳贤	761	10753
裕　丰	洪设德	洪设德	711	10291
芳　梧	–	王文平	1302	11125

·界首乡·

【概况】 2014年，界首乡总面积121平方公里，辖13个行政村，有105个村民小组。全乡总户数3033户，其中农业户2992户；总人口9265人，其中农业人口9038人。人口自然增长率4.4‰。山林面积8311.47公顷；耕地面积308.2公顷，其中水田208.67公顷。

全年实现工农业总产值2.15亿元，比上年增长8%；财政总收入232万元，增长268.3%，其中地方财政收入91.89万元。农村经济总收入50483万元，增长10.5%；村级集体经济总收入191万元，增长37.4%；农民人均收入12025元，增长10.7%。年末银行存款余额2.01亿元，增长−15.9%。

全乡实现农业总产值1.74亿元，比上年增长8.1%。粮食总产量1974吨，果园面积1145.07公顷，桑园面积325.67公顷，茶园面积219.67公顷。以都市农业为切入点，大力发展都市型现代农业。兴宝菇业利用桑枝条、秀珍菇、葡萄循环化种植，发展大棚套种葡萄循环观光农业项目初显成效，吸引来自长三角地区自驾、骑行游客自助采摘。香林花雨现代农业休闲观光园区建立了35亩大棚火龙果生产基地，成功引进新品种，应用高产集成技术，采用全程机械化，实行“五统一”服务，火龙果产出质优。深化柑橘产业发展，加大品牌建设，“甜农”柑橘受到上海、杭州等多地民众的追捧。注重农业服务技术支持，建立试验示范和新品种引进推广基地3个，建立了以“责任农技员+村级服务站+专业合作社+基地+农户”的推广服务模式。柑橘、茶叶等共计通过有机认证40项。实施了3公里河道整治、5座山塘水库加固、5个村农村饮用水改造。

招商引资协议资金1400万，到位1200万。已完成协议资金2200万元，到位资金1220万元，完成率分别是157%、102%。

拓展度假旅游，促进发展电商，大力发展来料加工等服务业，为百姓提供增收渠道。新建电商“赶街”网点3个，新增来料加工点6个，带动加工人员400余人，累计发放加工费320.62万元。

深入开展美丽乡村风情小镇建设。景观工程已完成80%。市级精品村创建成果显著。扎实推进精品村建设，依托云濛、鳌山市级精品村的成功创建，桐子坞村的精品村建设已成功通过市级验收并获得省、市领导的充分肯定。完成玛璜移民安置点安置房建设及第一批摇号分房，严家安置点已顺利动工。界首教育旅游综合体集体园地青苗款840万已全部到户，坟墓搬迁全部完成。启德航空培训基地项目征地已完成。鳌山农业观光园项目遗留问题已解决并顺利移交。乡、村基础设施建设进一步完善。总投资1400万元的乡便民服务中心、干部宿舍楼、食堂及其他配套基础设施装修完成，并已投入使用。位于界首乡严家村总投资400万元的界首乡养老服务中心改扩建工程已结顶，内部装修基本完成。洋田、鳌山、周家、康源村的居家养老照顾中心通过市级验收。2014年共申请到市级帮扶项目14个，争取到帮扶资金120万元，主要用于基础设施建设、经济发展。

丰富农民群众精神文化生活，提高群众健

康水平。已完成严家村文化礼堂建设，启动鳌山村“文化礼堂”建设。教育投入进一步加大，举办各类农民专业实用技术培训班6期，共培训314人次。界首幼儿园通过市级学前教育先进乡镇复评。社会保障建设不断完善，全面完成县下达的“两保”指标。关注困难群体，切实加大民生建设和保障力度，建成洋田、鳌山、周家、康源4个村的居家养老服务照料中心，完成总投资400万元乡的敬老院改建项目。加强社会治安综合治理工作，积极化解社会矛盾，社会形势保持稳定。

是年，界首乡人民政府通过杭州市学前教育先进乡镇复评，荣获杭州市“三位一体”农业公共服务体系示范乡镇。

【界首区块项目建设】 全力推进界首区块项目建设，乡主要领导亲自抓工期质量，抓工作进度，抓责任落实，抓协调配合，取得了显著成绩：全面完成启德机场项目征地任务；鳌山农业观光园项目解决遗留问题，并顺利移交；中国青少年小球培训基地项目已完成农户搬迁协议签订，启动玛璜安置点选房及农户搬迁腾空工作，严家安置点建设顺利推进，完成坟墓搬迁750余穴；教育旅游综合体项目完成遗留矛盾纠纷协调处理，完成集体款分配1500多万元，坟墓搬迁全部完成。

【中心工作成效显著】 围绕“无违建县”创建、“五水共治”等中心工作，统筹协调，狠抓落实，确保了工作顺利推进和较好完成。在“无违建县”创建中，严格政策，注重协调，形成合力，确保无违建工作无空子可钻、实打实开展。全年共拆除违法建筑447宗，建筑面积3.6万平方米，收缴有偿使用费1357814.58元，全面完成工作目标。在污水治理项目推进过程中，强化管理，严格按程序操作，建立乡领导小组、村项目管理小组、村项目监督小组3支队伍，严把工程质量关，力争把项目建成全县的示范和样板工程。第一、第二批共7个村污水治理项目全面启动实施，其中云濛村和桐子坞村被确立为省级污水处理“连心工程”项目。

【界首乡文化中心项目建设】 界首乡文化中心位于界首乡集镇区块，由便民服务中心、文化中心、附属配套用房(食堂)、干部宿舍楼等4幢建筑构成。工程总建筑面积5982.65平方米，其中便民服务中心占地面积697.4平方米，文化中心占地面积468.7平方米，附属配套用房(食堂)占地面积268平方米，干部宿舍楼占地面积577.4平方米。乡便民服务中心及相关配套设施建设于2013年列为政府投资项目，分两年实施，政府投资1400万元，其中2013年投资700万元。2013年3月26日，便民服务中心及配套设施工程通过县投标办面向社会公开招标，2014年7月1日，界首乡便民服务中心、干部宿舍楼、食堂室内装修及室外配套工程初步设计获得批复。预计2015年2月初交付使用。

【创建省级规范化数字档案室】 在县档案馆工作人员的指导下，历时5个月，将全乡现存档案进行重新整理归档，并将保存期限为永久的档案进行电子扫描存档。提升档案员政治素质及文书档案业务知识，档案管理制度进一步完善。15平方米的档案室里配置了16.8立方米的手动密集柜，档案无损毁、丢失、涂改等现象发生。安装了窗帘，配备了干粉灭火机，安装了防盗门窗。库房保管条件达到了“六防”的要求。

（鲍 静）

2014年界首乡各行政村基本情况

表33

村　名	村党支部书　记	村委会主　任	人口（人）	年人均收入（元）
洋　田	姜小生	姜庙合	702	9994
玛　璜	周本建	周忠移	657	14500
姚　家	姚红旭	姚东华	1138	12044
松　源	方汾征	余小刚	1204	12884
康　源	姚桂平	王东波	441	10114
燕　上	余有华	严政建	885	10339
鳌　山	严政军	章新军	692	12253
周　家	周春煌	周元坤	520	12538
严　家	严宏芳	严宏武	1023	12594
云　濛	胡玮明	胡纯来	579	12467
桐子坞	王国正	徐根法	386	13044
施家坪	黄红卫	陆世贵	535	12442
新　燕	王建德	洪国平	503	9242

•汾口镇•

【概况】　2014年，汾口镇总面积237平方公里，辖51个行政村及1个社区，有10个居民组、499个村民小组。全镇总户数18341户，其中农业户15526户；总人口59192人。人口自然增长率0.5‰。山林面积14510公顷，耕地面积1542公顷。

全年实现工农业总产值37.82亿元，比上年增长10.8%；财政总收入13774.82万元，增长38.1%，其中地方财政收入1136.13万元；上缴国税、地税2391万元。农村经济总收入52.63亿元，增长11.0%；村级集体经济总收入854万元，增长9.9%；农民人均收入10891元，增长10.7%。

全年实现农业总产值4.54亿元，增加0.51亿元，增长12.7%。茶园面积710公顷，采摘茶园面积590公顷，春茶产量97吨，产值1716万元。蚕桑面积1047.5公顷，生产蚕茧433吨，总产值达1975万元，综合产值达2334万元。共发展水果基地58.7公顷，新发展2公顷以上连片蔬菜基地2处。全年新增流转土地面积37.3公顷，已累计流转653.5公顷。完成示范园区淳安栗园农业水电、路、仓库、加工和养殖用房，一般园区千岛湖明昊农业道路硬化、水渠水利、防风网、冷库、选果仓库建设任务。完成杭州市农产品质量安全标准乡建设，并顺利通过验收。完成蔬菜、水果样品检测500批次，合格率100%。新建无公害农产品生产基地种植类规模52公顷，认证无公害农产品3个、绿色蔬菜8个。完成千汾线精品水果带林相改造75.7公顷，完成油茶产业带造林74.7公顷，完成淳杨线毛竹精品带造林20.7公顷。制定并落实了各村村级森林消防网格化管理等机制，组建完善54个村的村级森林消防队伍和5支村级专业森林消防队。完成武强溪三底段堤防1公里加固工程、农村河道4公里综合整治工程，加固除险9座万方以下山塘。

实现工业总产值33.28亿元，增加3.18亿元，增长10.6%。实现工业利润1.99亿元，增长17.8%。完成工业入库税金1.2亿元，增长94.8%。入库税金完成3200万元，完成工业投入1.7亿元，增长9.0%。完成招商引资协议资金2.0亿元，增长11.0%，到位资金1.54亿元，完成年度任务的123%。全年平整示范园区土地200公顷，妥善解决村企和经济开发区之间的　问题。继续保障和落实汾口镇工业园区二期地块的四大项目建设，狮王皮业已顺利完成竣工验收工作，即将实现投产，世松工贸1号厂房、永峰建材和千岛湖清水鳖项目工程也都在稳步推进中。新培育来料加工经纪人4人，新引进来料加工企业2家，来料加工专业村12个，从业人员达3971人，累计发放加工费3089.4万元，家纺产业带动作用显著。以诚鑫织造为重点培育对象，带动其他规上企业开展创建标准化工作。

全年服务业增加值4.26亿元，增加0.58亿元,增长15.8%。汾口村畹墅文化中心餐饮、宾馆和KTV项目,乐播影院均在年初投入使用,规模达3000余平方米的好又多超市重新开业,共同带动了商业连锁、物资配送、农副产品批发、大众化餐饮等行业,提升城市服务业发展水平。沪千诚鑫小额信贷利润额实现飞跃,为全镇经济发展注入活力。率先成立电子商务公共服务中心,提供电商免费入驻平台,全年共落实布点19处,培育和引进电商人才,开展电商科普宣传培训,设立电商扶持的奖励政策,优化物流网络和整合特色货品资源,助推"赶街"电商服务平台建设。成功举办淳安花猪节暨汾口年货节。新引进千岛湖铭品农业科技有限公司总投资3000万元的休闲观光农业园项目初显规模。中华鳖休闲观光园、千优尤生态农庄等特色园区集聚大量人气。

以5次创建推进会为推手推进"无违建镇"创建工作,共完成拆除违法建筑2268宗,拆除违法建筑面积181067平方米,完成应拆面积的126%,占全县违法建筑拆除总量的13.2%。完成收缴有偿使用费796万元。34个行政村(67个自然村)同时启动农村生活污水治理工程,中华鳖基地、郑家段污水管网提升工程、集镇管网测绘工作基本完工。景溪苑集聚区完成综合验收,完成一期173套交房工作。完成商业街改造二期店铺门面改造、自来水管网改造、汾口镇排水改造工程。舒翠路段围墙新建工程,寺下大桥、垃圾中转站完成形象进度的50%。投资3300万元的汾口客运中心项目通过竣工验收。夏龙线7.1公里大中修工程投入使用。横沿村道路联网工程基本完工,该村新农居点、基础设施、产业发展、公共服务、污水治理5个方面大部分已开工建设。茅屏中心村"杭派民居"建设有序推进。赤川口精品村的入村景观改造、草龙展示馆建设、整村环境提升等项目通过市级验收。

继续抓好历史建筑维修工程,第五轮农村历史建筑修缮工程(湛川村光裕堂、巧塘村三世良牧堂、翁川源村敦睦堂、三畈村世德堂)已完工并通过验收。淳安县"佰澜国际"杯电视广场舞大赛汾口分赛场在汾口成校顺利举办,汾口镇的舞蹈队获得第一名。在全县第六届全民运动会上,汾口镇的舞蹈队再次夺魁。完成了龙川小学、界川小学操场改造和龙源幼儿园的改建工程,完成了汾口镇中学等5所学校的污水处理工程,完成龙川、界川、横沿社区卫生服务站的污水处理工程。投资1050万元的社区卫生服务中心业已开工,进展顺利。对学校内部进行安全排查,消除安全隐患,加强交通安全管理。召开庆祝第30个教师节暨优秀教师表彰大会,不断鼓励教师专心教学。完成了县下达献血指标的110%以上,确保完成农民健康体检40%以上。

在第14次"春风行动"活动中,全镇有163户因病因灾户和728户城乡低保家庭1908人得到了救助,共发放春风行动救助金52.87万元,发放春荒救助金4.15万元,83户特困家庭257人得到了救助。共办理特殊病种慈善临时救助31人次,慈善临时救助金额3.1万元。完成了40户低保户的危房改造任务,已进入竣工验收阶段。完成了全镇1290户的危旧房调查统计和信息录入工作。全镇13个村的居家养老服务站创建工作已经县主管部门验收通过,17个村的居家养老照料中心建设也正待县主管部门验收。至2014年10月底,全镇享受残保对象461人,发放资金达18万余元。全面实施残疾儿童抢救性康复项目,确保贫困残疾儿童能及时接受康复训练。开展2014年度助听器、助视器验配及假肢安装工作。顺利完成助残服务直通车启动仪式,并做好1500台残疾人手机大发放登记和服务工作。在淳安县第四届残疾人运动会比赛中,汾口镇残疾人队伍位列前八名。全年"联乡结村"工作到位资金375万元,市级帮扶项目17个,其中农业产业项目5个、社会事业项目12个。县级帮扶项目18个,其中经济发展项目9个、基础设施项目7个、科教文卫项目1个、支部共建项目1个。

是年，汾口镇先后荣获“杭州市社会管理综合治理工作示范乡镇”、“杭州市中心镇培育工作优秀单位”和“杭州市气象防灾减灾标准乡镇”称号。

【汾口一桥二期改造完毕通车】 1月1日，汾口一桥二期迎来了试通车。自2013年10月一期工程改造完毕后，汾口镇党委、政府继续快马加鞭完成二期改造任务。拓宽改造二期工程概算投资额近1000万元。两期工程完成后，新的汾口一桥桥面总宽度达到了24米。不仅更加方便汾口人民出行，也进一步拉大了汾口城镇的发展框架。

【汾口镇与开化县马金镇正式启动联管共治】 8月7日，汾口镇与开化县马金镇举行了联管共治机制签约仪式，成立了联管共治领导小组，实行季度例会制度，定期举行领导小组会议，通报当季度在各领域的工作开展情况，确定下一季度的工作重点，进一步深化两地在防火、防汛、乡村保洁、社会治安等各领域的合作，共同打造山美水美、宜居宜业的生态环境。同时，两镇还将重点加强社会治安领域的合作，联合打击跨行政区域的流动赌博、传播邪教等违法犯罪活动，压缩违法犯罪活动空间。

【汾口镇34个行政村同时开启农村治污工程】 下半年，汾口镇34个行政村(67个自然村)同时启动农村生活污水治理工程，总投资额达到7000万元。截至10月13日，汾口镇已完成所有34个村治污项目的招标．第一期12个村已完成工程量的40%。第二批的22个村于10月16日之前全部进场施工。下一步，汾口镇将加强巡查力度，推进四级巡查制度，力求在保证质量的前提下，加快工程项目进度。

【畹墅农民集聚区一期交房工作结束】 10月20～26日，汾口镇景溪苑(畹墅)集聚区一期交房工作顺利结束。本次景溪苑集聚区一期交房共涉及转移户189户。景溪苑总规划用地面积为78992.98平方米，建筑面积72603平方米，其中住宅523套，分一期和二期开发，拟建多层住宅建筑，底层设有部分商业建筑。

【“无违建镇”创建】 汾口镇以5次创建推进会为推手，通过细化工作目标，出台奖惩政策，加强督察问责，强推重点突破等工作举措，推进“无违建镇”创建工作，共完成拆除违法建筑2268宗，拆除违法建筑面积18.1067万平方米，完成应拆面积的126%，占全县违法建筑拆除总量的13.2%。完成收缴有偿使用费796万元。

（李淼荣）

2014年汾口镇各行政村基本情况

表34

村　名	村党支部书　记	村委会主　任	人口(人)	年人均收入(元)
交　界	郑求社	郑新建	554	9337
宏　鲍	余洪中	鲍永谷	670	9791
山　头	姜生生(女)	程良军	638	9882
赤川口	余文斗	余　佼	1594	9741
龙　门	夏祯理	张礼圣	935	10290
汪家桥	汪双春	汪国有	894	10574
汪家村	余文吉	余雄华	510	10084
三　渡	余本亚	余山东	800	9981
富占源	郑　伟	郑衍义	884	10219
三　底	姜红祥	姜红祥	595	12318
经　门	郑苏军	蒋凤女(女)	842	12227
简　门	郑家义	郑衍法	556	11066
郑　家	郑平源	郑锡维	1756	11334
天林庄	黄纯清	汪通美	825	12090
舒　翠	郑伟明	郑名树	1032	12865
杨旗坦	郑纯政	郑军建	737	13205
宋　祁	余文信	余利富	1604	11954
祝　家	祝泽华	祝泽永	835	15044
汾　口	毛长丽	余诗北	2271	10190

续表34

寺　下	蒋志旺	余书光	1222	9441
章　姚	蒋社海	陈国富	944	10391
仙　居	张凯华	张　清	1520	10053
石　畈	余来花(女)	余红艳(女)	879	10043
翁川源	余名北	余仕来	1637	9459
龙　山	徐建权	徐衍军	1161	10496
射　墩	余学良	余建汉	1120	13102
西　村	徐为民	徐杭南	1486	10622
三　畈	余善平	余海淳	905	9775
茅　屏	汪爱民	汪文映	1159	11979
程　店	程万功	程金泽	629	11061
云　林	余来泳	余顺炳	560	10242
鲁　村	詹松军	詹顺进	899	9368
巧　塘	卢良良	卢建华	538	8618
桃林畈	余三明	程樟锋	704	9805
龙　姚	许文军	王建明	793	9606
强　川	汪菊银(女)	余荣杨	1159	9892
红　星	余顺贵	余新忠	629	9892
栗园里	余功春	汪军社	1139	8617
毛　家	杨苏华(女)	毛红平	1513	9110
百亩畈	姜利群	汪建祥	1116	10084
岭　后	汪利军	汪忠门	786	8625
荷　塘	蒋建新	卢克文	981	8223
横　沿	余新华	姜杭州	902	12045
陆　乡	陆建富	陆禾北	945	9492
龙　源	姜贤飞	姜文明	1147	9887
红　旗	余见美	高赐洪	1496	8803
宋　京	余幸福	余贵强	1258	8866
湛　川	余有新	余钱起	1120	8860
富　塘	余建军	蒋有生	703	9228
石　峰	陆祥顺	郑田军	1028	9193
峰　溪	汪小明	汪小明	728	8016

2014年汾口镇社区领导干部名录

表35

社区名称	党总支书记	主　任
杨　旗	余永柏	余永柏

2014年汾口镇杨旗社区楼道党支部书记名录

表36

楼道党支部名称	支部书记
武强路	余心和
杨旗街	陈跃旗
翠新街	汪和伟
新民巷	洪瑞楠

·中洲镇·

【概况】 2014年,中洲镇总面积166平方公里,辖19个行政村,有232个村民小组。全镇总户数5920户,总人口20085人。耕地面积603公顷,其中水田460万公顷;山林面积1.53万公顷。

全年实现工农业总产值3.17亿元,比上年增长5.0%;农村经济总收入99076万元,增长16%;农民人均纯收入10162元,增长10.7%。

全年新发展良种茶基地20.7公顷,茶叶总产量204.9吨,产值2832万元,比2014年同期增长5%。新发展水果基地34.7公顷,水果产量965吨。发展高山蔬菜基地10公顷。全年培育了科技示范户24户,其中水果10户、茶叶14户。全年完成绿化造林114公顷,其中新种毛竹63公顷、珍贵树种24.8公顷、一般造林29.5公顷。2014年,完成土地流转17公顷,超任务3.7公顷。争取了杭州市山区纯农户增收项目2个,县现代农业示范园区项目3家。其中余家村占地8公顷、投资500余万元的集旅游观光与休闲采摘为一体的葡萄园,是中洲镇实施的首个现代农业示范园区,也为中洲镇的农业观光休闲游打开了一个新的突破口。在南庄村发展20公顷桃园,并配套精品村的建设,精心打造旅游观光、休闲体验为一体的南庄合作社"桃花潭水"产业发展模式,也为中洲镇的生态农业发展带来了新思路。

实现工业销售产值1.69亿元，利润总额205万元，与上年持平。招商引资协议资金6000万元，完成年计划的500%，实际到位资金3625万元，完成目标任务的453.2%。来料加工方面，继续以打造来料加工特色一条街、扶持来料加工企业规模化发展为重点。全年新增经纪人16人，经纪人达到53人，来料加工企业2家，从业人员达2200余人，33名经纪人带动了全镇203位低收入农户从事来料加工，全年实现来料加工费1600多万元，完成年度任务的200%。向来料加工企业、经纪人及从业者累计奖励10余万元，极大地鼓励并扶持了来料加工业的发展。

淳安县中国工农红军北上抗日先遣队纪念馆正式破土动工，研究中心及纪念馆主体工程已完成。厦山村入选了第三批中国传统村落。在厦山村举办了2014年野外露营活动，500余人参加。还专门邀请《杭州日报》(都市报)、《钱江晚报》，对中洲红色、生态、人文特色作深度报道。举办2014首届摄影颁奖大赛和“文学中洲”创作大赛，为进一步宣传中洲党风、政风、民风起到积极作用。在札溪村举办“九相公”民俗文化活动，吸引了周边县、乡2万余人参加。新发展农家乐1家，全年共接待游客近4万人、团队260个，比上年同期增长13%，涉及乡村旅游的收入达320万元。

完成徐家、畈头、霞童等3个村6座山塘水库的除险加固工程，总投资达到227.1万元。完成武强溪余家段重要堤防建设工程，新建防洪堤447米，加固2047米，总投资达到365万元。完成厦山、札溪、徐家等3个村河道综合治理工程，总投资150万元。完成了木瓜、中洲、厦山等3个村4座堰坝工程，总投资230万元。完成叶村、霞童、李家畈、厦山、长埂、洄溪、乘风源等7个村饮用水改造提升工程，工程总投资230万元。投资75.2万元，对徐家、双许、叶村、苏家畈、霞童、李家畈等6个村的粮食生产功能区进行基础设施设备建设，共浇筑水渠5773米，新建机耕路1100米，受益面积达到56公顷。此外，为霞童村、李家畈村申报并组织实施了杭州市中低产田改造市级示范项目工程，惠及粮田面积50公顷，涉及资金70余万。全年市级帮扶资金实际到位384.933万元，实施项目15个；县级帮扶资金14万元，实施项目12个。市、县帮扶项目涉及经济发展、民生保障、基础设施等各个领域，有力地促进了全镇经济和社会各项事业的发展。

继续推进中心村、精品村建设。余家村完成拆违拆旧2150平方米，一期续三通电气完成工程量施工进度的70%，二期续边坡治理及挡土墙已经完成，沿溪护栏、游步道、亲水平台建设已经完成工程量的60%，完成续建来料加工厂房。中洲村完成拆违拆旧4000平方米，二期新建26户农居点主体已经完成，完成了农居点边坡挡墙建设、狭坑道路拓宽工程及后溪景观堰坝工程。南庄精品村完成拆违拆旧3500平方米，完成景观堆石、村入口标志2个项目建设，完成堤防与停车场项目建设.厦山精品村已完成全部项目，美丽乡村初具雏形。全镇还完成了丰家山41户、汾口65户及中洲村农民集聚点31户农民集聚转移的评估、核对和集聚协议签订，并做好相关的后续对接工作，确保转移集聚农户能安心定居发展。

总投资460万元，完成了霞叶线徐家至叶村公路硬化和沥青路面的铺设，提升霞叶公路的品质，方便叶村村民的出行。投资200万元，完成叶村至溪摊、樟村至枫林坞2.5公里的大中修，美化了村容村貌，畅通了交通要道。上年投资近400万元，使断头了多年的中洲街道2014年全线贯通，形成了2公里的中洲长街，提升了集镇的形象和品质，也为集镇的进一步发展腾出了空间。结合沿溪沿线整治工作，扎实做好全镇72公里的村道养护工作。

开展“一乡一品”的文化创意活动，打造特色文化品牌。积极申报畈头村宗祠的修缮工作，完成了长埂村的宗祠修缮工作，进一步健全村级文化员队伍的配备。积极开展茶、桑、果等农业技术培训班以及农村电子商务培训，全年累计培训500余人次。

按照教育现代化县创建工作的要求，继续抓好镇中心幼儿园建设和余家幼儿园的入园准备工作，累计投入65万元，对镇初中、镇中心小学、樟村完小的墙体、门窗和电路等进行改造，投入110万元新建樟村小学食堂。在各个学校开展了校园文化建设，让校园环境更加富有生机，促进教学水平的提升。同时，还开展了争创学前教育先进乡镇活动，对幼儿园的办学环境进行一次大整修，并添置了大型玩具、床、电脑等设施。

霞童、樟村、厦山3个村级公园新增体育器材，积极组织镇村干部群众参加县第六届全民运动会，并在体操、排舞、篮球、羽毛球等比赛中获得较好成绩，被授予"道德风尚奖"。圆满完成了公共卫生考核，落实精防专项工作经费，加强重性精神病人监管力度，加强村干部的食品卫生安全知识培训。积极开展无偿献血活动，全镇160人参加，献血量近5万毫升。配合县"五水共治"工作，圆满完成农村改厕任务，新建三格式无害化厕所配套率达100%，全年做好清洁乡村、水质断面监测等工作。

全镇城乡居民社会养老保险参保人员6288人，缴费金额1839400元，新农合医保参保人员15774人，缴费金额1971000元。做好农村居家养老服务站、农村居家养老服务照料中心的申报和提升工作。2013年，申报低保家庭危房改造12户，新申报低保家庭18户。2014年新评定各类残疾人45人，申报重度残疾人生活补助15人.全年通过"春风行动"等各类捐助活动，募集资金3万余元。

【淳安县中国工农红军北上抗日先遣队纪念馆动工】 1月7日，淳安县中国工农红军北上抗日先遣队纪念馆在淳安县厦山村动工。淳安县是中国工农红军北上抗日先遣队的主要进军目标，抗日先遣队先后4次挺进淳安并进行了多次重大战役，留下了一批极具特色的革命历史遗存。近年来，县委党史研究室会同中洲镇先后对北上抗日先遣队茶山会议旧址，方志敏、粟裕和刘英临时住所，临时医院，"77阵亡战士"墓(红兵坟)，汰厦关隘遗址，及余家头碉堡群等一系列鲜活、形象的革命遗址进行了修缮，并对抗日先遣队在淳安的相关史料进行了挖掘和整理。为了全面反映先遣队历史，自2010年以来，淳安县会同杭州市委党史研究室就北上抗日先遣队遗址保护开发、史料征集整理等进行了反复调研、讨论和考察。纪念馆项目由杭州市和淳安县共同投资，总投资达6000万，并列入淳安县政府重点投资项目。项目占地8公顷，总建筑面积为7274平方米，包括纪念馆、研究中心、大型纪念碑、雕塑群及纪念广场等配套设施。计划2014年完成房建及园林景观建设，2015年10月1日前完成陈列布展，并投入使用。

【"无违建镇"创建】 在"无违建镇"创建工作中，镇、村干部不畏艰难，负重前行，全员参与，强势推进。从3月起，摸底调查、张贴公示、拆除违章、有偿收缴、台账整理等每一个环节，连片领导、包村干部均亲自下村参与，协同各村干部完成工作。全镇累计拆除违章建筑487宗，拆除面积34622平方米，有偿使用面积9506平方米，收缴有偿使用费156.91万元，取得了显著的成绩，并圆满通过了最终的考核验收。

【完成街道延伸工程】 2014年，继续投资近400万元完成了中洲街到长埂村的街道延伸，自此，2公里的中洲长街全线贯通，提升了集镇的形象和品质，也为集镇的进一步发展腾出了空间。

【实施首个现代农业示范园区】 该建设项目是以鲜食葡萄种植为主，以观光旅游及休闲采摘为辅的葡萄种植基地(瓦洱登葡萄庄园)，充分利用和发挥当地独特的自然资源优势，以市场为导向，以科技为依托，把项目区建设成融生产示范及休闲观光为一体的区域特色葡萄种植园，从而带动区域农业及生态旅游的发展，进而实现农业增效及农民增收。项目总投资约为556万元，其中基础设施投资约194万元左右，生产设施投资约362万元，占地面积8公顷。按功能规划果树新品种种植区、果园采摘区、休闲娱乐区等，并种植了葡萄种苗，完成了建设基地喷灌系统、沼气池、蓄水池等相关设施，完成全部的葡萄架及部分的钢架大棚设施的搭建。

（陈澎勇）

表37　**2014年中洲镇各行政村基本情况**

村　名	村党支部书　记	村委会主　任	人口（人）	年人均收入（元）
中　洲	程百贤(副)	程厚恕	2263	11578
畈　头	汪崇初	汪中武	809	10137
霞　童	童益平	童世红	1366	8339
李家畈	李景亮	李小河	725	8613
长　埂	胡远军	–	1059	8252
叶　村	余荣来	余建华	2800	8841
徐　家	徐光放	徐承福	1548	8766
苏家畈	余芳文	余新师	521	9348
乘风源	李诗军	余昌根	619	7945
余　家	程名山	余名要	1536	9204
双　许	许时坂	姜仁福	544	8757
南　庄	汪华北	汪华北	591	9687
洄　溪	汪社平	汪正安	523	10036
厦　山	汪亨敏	金太师	791	10049
樟　村	方建根	方建军	1624	8394
左　川	宋谷林	唐民芝	754	8819
札　溪	吴下坞	李庆林	841	9042
木　瓜	洪中文	洪盆成	634	9188
枫林坞	吴飞鹏	吴飞鹏	495	9315

·大墅镇·

【概况】　2014年，大墅镇总面积163平方公里，辖17个行政村，有120个村民小组。全镇总户数4332户，其中农业户4285户；总人口14210人，其中农业人口13850人，有外来人口360人。人口自然增长率1.82‰。山林面积11611公顷；耕地面积628公顷，其中水田521公顷。

全年实现工农业总产值20.79万元，比上年增长2.21%；财政总收入474.24万元，增长1.83%，其中地方财政收入270.88万元；上缴国税、地税474万元，增长4.2%。农村经济总收入32.56万元，增长16%；村级集体经济总收入384万元，增长9.71%；农民人均收入12920元，增长10.7%。年末银行存款余额2.19亿元，增长8%。

实现农业总产值1.30亿元，比2013年增长4.83%。全年新增毛竹造林50公顷，茶叶产值3750万元。投资160万元，完善栗月坪千亩白茶示范基地基础设施建设。桃林村骏丰竹木加工厂建成投产，每年为桃林村解决30余人就业，增加收入200余万元。杭州兰纳成功创建县级现代农业示范园区，园区种植及配套设施已基本完成。天坪休闲农业园区建成花猪养殖基地，养殖规模达2000头。桃园茶厂种植白茶26.7公顷，成功创建县级现代农业园示范区。全年新增土地流转18.3公顷。新注册成立6家家庭农场，种植特色农业61.1公顷。绿墅家庭农场流转土地7.5公顷，发展草莓种植、鳗鳅养殖。雅泉湾家庭农场利用白茶基地套种香榧6.7公顷。

实现工业总产值19.49亿元，其中规上工业销售产值13.66亿元。工业投入1.07亿元。工业投资850万元，建设园区道路、管网、水电等配套基础设施，建成12000平方米标准厂房及配套办公用房并引进1家企业入驻，生态产业孵化加快。投资6000万的县重点项目卓越新型建材项目建成投产，解决就业50余人。荣华纺织启动投资1088万元的全县首个光伏发电项目。稳步推进新兴纺织投资2亿元的改造项目，投入1120万元，收储宏达丝织厂和芳明木工板厂加油站区块。帮助莱克竹木和芳明木工板厂2家企业完成安全生产标准化达标创建。新增来料加工经纪人8人、来料加工点8个，带动90余户低收入农户就业，从业妇女1800余人，年加工费600余万元。

实现服务业增加值11316万元，比2013年增长20.2%。编制大墅镇资源推介册。枫林溪体验旅游区块初具雏形。投资180万元的公山尖游步道即将建成。大墅畈建成7.3公顷草莓、西瓜采摘基地。木杓湾民居民宿建成并运行，新发展淳杨线沿线农家乐4家。岙头古村落完成整体包装招商。出台了大墅镇电子商务发展奖励政策。设立大墅镇电子商务公共服务中心，帮助成立13家网店。邀请优秀务工人员回乡创业，成立淳安县农产品电子商务平台。在大墅、栗月坪、上坊3个村建立“赶街”试点。

农民集聚房二期室外工程和三期农民集聚房完成主体工程，投资3120万元的集镇自来水厂三期基本完成，1190平方米的桥头休闲广场建成使用，群众体艺馆和镇入城口改造项目启动建设。加快实施“上改下”工程。组织开展集镇街道专项整治行动，落实数字城管、街面保洁、经营秩序、车辆停放、设施管理、基础建设等6个方面的整改内容。更新垃圾箱，建立垃圾“直运”模式。城管、保洁队伍逐步加强，集镇卫生好转。启动集镇监控执法管理。投入1327万完成大墅、上坊两个中心村10个项目建设，投入750万元建成的桃源凌家村精品村顺利通过验收。完成孙家畈村精品村规划编制和项目确定。完成5个村农村停车场项目建设、3个园林绿化村建设申报、2个村村庄规划修编。

完成县下达的“两保”征缴任务，成功创建杭州市扶残助残爱心乡镇，圆满完成年度征兵工作任务。社会保障方面，全年共落实帮扶资金192万元，实施帮扶项目18个；完成岭干、上坊等6个村养老服务照料中心建设；完成8户危旧房改造、4家居家养老服务站建设；成立义务消防队，出资2.32万元用于消防员保险，发放卫星定位手机和消防桶。教育卫生方面，投入100万元，完成大墅中学道路接线工程和上坊完小操场改建工程；对中心卫生院进行整体改造，新改建2个村卫生室；启动建设投资500万元的中心镇幼儿园项目；认真抓好双证制培训，42人获得高中学历和农业技术资格证书(高山蔬菜)；超额完成义务献血任务，178人参加献血；积极做好农村饮用水水质监测以及公共卫生工作。宣传计生方面，建立“半月坛”学习机制，镇干部每周一夜学；完成省文明乡镇、省文明村复评工作；加强计生队伍管理，积极为在外育龄妇女提供优质服务；计生率稳控在93%以内，孕前优生检测率100%；儒洪村“文化礼堂”建成使用。

【“无违建镇”创建】 通过细致摸底、浓厚氛围、加快推进、领导“包案”等方法，在规定时间内做到违法建筑应拆尽拆。拆违总建筑面积4.6万平方米，收缴有偿使用费158.3万元。率先推行农村私人建房“挂牌公示”制度，强化了建前、建中、建后监管。

【实施“五水共治”】 组织千名党员干部进企入户调查，建立立体式“河长制”管理模式。关闭1家笋厂、3家畜禽养殖点，整合4家采砂场；完成8个村污水处理工程和10个村建筑垃圾填埋厂建设。投入40余万元，用于各村环境整治补助，强化保洁员、水务员队伍管理。完成3个村农村饮用水提升、4个村自来水工程建设。投入70万元，建成大墅村灌渠工程。投入648万元，对枫林溪河道进行平整清淤，建设4条景观拦水坝、300米防洪堤。

【镇村建设】 完成农民集聚房二期室外工程

和三期农民集聚房主体工程，投资3120万元的集镇自来水厂三期基本完成，1190平方米的桥头休闲广场建成使用，启动建设群众体艺馆和镇入城口改造项目。投入1327万元完成大墅、上坊2个中心村10个项目建设.投入750万元，建成的桃源凌家村精品村顺利通过验收。完成孙家畈村精品村规划编制和项目确定。完成5个村农村停车场项目建设、3个园林绿化村建设申报、2个村村庄规划修编。

（吴玉玲）

2014年大墅镇各行政村基本情况

表38

村　名	村党支部书　记	村委会主　任	人口（人）	年人均收入（元）
大　墅	方华祥	方江华	1798	13617
孙家畈	余贤生	余建苏	628	13127
桃　源	凌　海	凌银生	812	13120
大　坞	余良玉	王建平	809	11926
凤　山	胡青田	余其日	519	12206
西　园	王海仁	王海仁	701	12967
殊　塘	郑文清	郑文清	466	11938
高　山	余世新	余世新	528	13552
下　坑	方建成	方建成	671	13570
洞　坞	王金仙(女)	王金仙(女)	378	12196
上　坊	方胜华	胡西凉	855	12920
寺　林	余光初	魏江龙	606	14012
老　岭	郑双龙	何庆法	392	12660
桃　林	余英杰	余英杰	948	12225
岭　干	方苏华	余常春	1034	12817
儒　洪	余富林	余江苏	1567	13362
栗月坪	王小彩	王昌顺	1138	12096

·枫树岭镇·

【概况】 2014年，枫树岭镇总面积308平方公里，辖28个行政村，有188个村民小组。全镇总户数5935户，其中农业户5736户；总人口18662人，其中农业人口18393人，有外来人口105人。人口自然增长率0.21‰。山林面积340757公顷；耕地面积13525公顷，其中水田766.3公顷。

全年实现工农业总产值13.93亿元，比上年增长6.9%；财政总收入384.74万元，增长1.98%，其中地方财政收入252.58万元；上缴国税、地税1321653.77元；农村经济总收入18.76亿元，增长16%；村级集体经济总收入499万元；农民人均收入12694元，增长10.93%。年末银行存款余额2758.9万元。

下姜村葡萄、草莓两大园区开始投产，2014年产值达110万元。地瓜干产业持续成为农民增收的拳头产业，年产值达1100万元，种植农户年平均收益在2万元以上。品夫、天物、青林科技等现代农业企业累计投入4500万元，进一步助推全镇农业产业发展势头。全年新成立14家家庭农场，农民专业组织化水平越来越高。农产品品牌建设的力度进一步加大，在商标注册上“质”与“量”双突破，现全镇共有各类商标8个、有机农产品11个。另外，启动下姜彩色农业规划编制，引领全镇农业产业发展走向新方向。

全年完成工业投入2070万元，完成招商引资到位资金8156万元，引进农业企业2家，全镇规上工业销售产值达到6.8亿元，比去年同期增长6.3%。全年实现来料加工费328万元，新增经纪人23名，带动低收入农户155户。电子商务起步发展，2014年共组织人员培训3场次以上，参训100余人次。成功在下姜村建立淳安“赶街”公司旗舰店。

全镇有注册农家乐14家，年接待游客5万人次，总收入超过300万元，带动就业20余人。2014年新培育农家乐2家，新摸底民居民宿意向户21户。服务业实体经济不断壮大，下姜旅游开发公司注册落地，旅游接待中心顺利投入使用，全年累计接待游客1.7万人次，实现创收50余万元。上江旅游接待中心投入使用，成功引入千岛湖上江农业开发有限公司。活动造势助推服务经济发展成效明显.与萧山日报国际旅行社合作,成功组织50多名会员开展“游最美乡村、享自然生活——幸福下姜美丽行”活动;与县旅委合作,在下姜举办为期2个月的年货节,本土冬笋、山茶油、地瓜干等农特产品销售红火;成功举办第四届“双色”采风节暨第十五届记者节,吸引了来自各地的300余幅摄影作品与60余份手工艺品参赛,备受社会关注。另外下姜—白马旅游精品线路被列为县重点旅游线路建设项目,对全镇服务经济的发展注入新动力。

完成衍昌、横山、凤凰庙、丰家源、汪村、大源西川等6个村规划设计,实现村规划全覆盖。完成楼底商住用地规划。下姜—白马旅游精品线路规划完成初步设计,下姜农业产业规划、村庄整治规划、河道整治规划等先后启动设计。

启动实施农民异地转移集聚房建设。集镇农贸市场主体工程顺利推进。精品村与中心村建设逐渐凸显品质。上江、下姜精品村项目建设基本完成;白马中心村已完成景观大道二期、来料加工厂房等项目建设,集聚区已完成宅基地分配;铜山中心村完成排洪渠和集聚区“三通一平”建设。“十百工程”、移民项目、交通水利项目继续发挥完善基础设施的作用,全镇新建停车场8处、公厕15座,大中修道路2公里,新修桥梁3座。在21个村41座公墓上建设墓区燃烧房,同时在24个村37座公墓上安装森林消防水桶。

完成铜山完小、镇中学食堂改造,白马小学教工宿舍楼、操场建设,新建铜山、夏峰幼儿园,完成镇中心幼儿园搬迁。实施“联乡结村”项目38个,总投资2192万元,到位帮扶资金550万元。推进农村文化设施建设,新建上江村“文化礼堂”,下姜村“文化礼堂”得到进一步提升。

全镇28个行政村均实现城乡居民社会养老保险和新型农村合作医疗保险全覆盖。其中2014年度新农合累计报销补助310万元,是农户个人缴费总额的6倍。成人教育有序开展,投入20万元完成规范化成校改造。推进“网格化”社会管理机制,建立镇班子成员信访“包案”制度,薛家源姜家坞宅基地等信访问题得到解决。成功建成枫树岭镇“三优”指导中心并正式投入使用。

全年审批农民建房173户,完成农村困难群体住房救助9户。新审批新生儿144个,其中计划外11个,计生率92%,应征收社会抚养费26户1064405元,兑现22户671218元,兑现率84%。全镇新建建筑垃圾填埋场13个,建立垃圾收集点60个,下发垃圾桶1000余个,配备普通垃圾车64辆、3吨压缩垃圾车1辆、小铲车1辆。

是年,枫树岭镇荣获杭州市药品安全示范达标乡镇、杭州市民兵训练工作先进单位和杭州市全民科学素质工作先进乡镇称号。

【官川村创建省级森林村庄】 官川村积极组织,科学规划,按照宜林则林、宜花则花、宜草则草、宜果则果的原则,实行乔、灌、草、花、果搭配,以树为主,建立多树种、多层次、多色彩的森林生态体系,成功通过全省第五批森林村庄创建考核,荣获省级“森林村庄”头衔,成为淳安县19个省级“森林村庄”之一。

【下姜村、上江村、陈家源村创建浙江省行政村示范档案室】 下姜村、上江村、陈家源村3个村经过多年的努力和在淳安县档案局的热忱帮助、悉心指导下,对档案工作逐项对照,查漏补缺,全面整改,切实加强档案管理工作,提高档案管理水平,完成了村级档案数字化加工并建立了村级数字档案室,成功创建浙江省行政村示范档案室。

【举办第四届“双色”采风节】 成功举办“魅力枫树岭　巧手秀绝技”第四届“双色”采风节暨十五届记者节。第四届“双色”采风节摄影比赛共征集摄影作品300余幅，经过专家组的严格评选，共评出获奖摄影作品56幅。“魅力枫树岭巧手秀绝技”首届民间手工艺大赛向全镇28个行政村征集了民间手工艺品60余件，经过专业评选，共评选出46件优秀作品。（办公室）

2014年枫树岭镇各行政村基本情况

表39

村　名	村党支部书　记	村委会主　任	人口（人）	年人均收入（元）
下　姜	杨红马	姜祖见	759	12958
源　塘	陈建华	陈文平	480	10394
枫树岭	胡宝元	余五生	526	11449
窄　坑	李功建	王樟红	788	9945
横　坑	毛和祥	汪带相	462	10363
铜　山	余义贵	余自荷	1256	10036
鲁家田	汪丽和	汪志武	836	11277
木花坑	方建军	方建军	316	10709
大　源	江樟龙	毛金东	742	11650
薛家源	王华明	汪玉红	543	11199
上　江	江顺祥	江平忠	1072	11088
夏　峰	方功良	汪明书	777	9627
丰家源	丰世标	丰奕建	591	9790
红　光	汪明代	汪明代	564	10016
夏　村	戴儒宝	戴衍有	851	9994
陈家源	汪维根	沈旭明	516	10512
伊　川	汪永全	汪永全	403	9769
汪　村	王胜水	王红昌	1233	10944
衍　昌	胡志新	黄沫云	893	11200
横　山	魏桂花	吴柳根	540	10629
知心坑	丁希军	吴长江	408	13022
白　马	徐小华	俞社成	725	10886
乳洞山	吴约木	吴约木	311	12492
大桥头	汪锋彩	余海元	699	10716
周家桥	余土旺	姜关胜	535	11395
陈　村	凌丽英	郑明发	500	9864
官　川	钱清林	余海元	653	10571
凤凰庙	蒋有龙	廖龙建	414	11591

·安阳乡·

【概况】 2014年，安阳乡总面积146平方公里，辖15个行政村，有125个村民小组。全乡总户数3763户，其中农业户3409户；总人口11621人，其中农业人口11438人，有外来人口41人。人口自然增长率1.46‰。山林面积10342公顷；耕地面积454公顷，其中水田425公顷。

全年实现工农业总产值33318万元，比上年增长6.8%；财政总收入289万元，增长22%，其中地方财政收入184万元；上缴国税、地税289万元，增长-16.36%。农村经济总收入83396万元，增长16%；村级集体经济总收入390万元，增长10.8%；农民人均收入12289元，增长10.7%。年末银行存款余额23330万元，增长14.22%。

巩固发展传统主导农业。实现茶叶总产量696吨，总产值6496万元；新种毛竹67公顷、茶叶12公顷、水果13公顷，毛竹扩鞭20公顷；新增土地流转133公顷。大力发展设施农业。成立总投资630万元的淳安传化现代农业科技有限公司，预计2015年产值将达到1200万元。下栖梧粮食功能区修建库房300平方米，新建育秧中心500平方米，玻璃温室200平方米，新添成套大米加工设备。努力培植新兴产业。加快推进白象湾一期生态农业园区项目建设，建成五堡莲玉葡萄基地、上梧草莓采摘体验基地等一批集休闲观光、体验采摘与农家乐为一体的观光农业。

县重点项目千圣实业有限公司上半年落地并投产，实现销售产值3500万元，完成税收160余万元，被列入规上企业统计库。山阳选矿有限公司恢复生产。注册成立成安投资有限公司，全年完成招商引资到位资金4801万元，完成任务的400%，解决了投资平台缺失、乡政府无法招商合作的硬伤，

白象湾旅游综合体项目基本完成调整规划后的用地补征红线范围。现代农业项目已开

工。莲玉葡萄有限公司采摘游步入正轨,销售形势较好,2014年接待采摘游客人数达7000余人次.房地产项目天香华庭一期建成,销售情况良好。乌龙旅游示范村2014年投资260万元,改造了村道和旅游接待中心,成功举办了2014千岛湖安阳户外休闲运动季活动,实现了节庆模式到活动模式的转变,2014年共接待游客近万人次。正积极争创千岛湖国家登山健身步道建设项目。

投资300余万元的集镇内塘土地平整项目,已完成土地平整.旅游风情小镇的规划和项目建设有序推进,安阳乡民宿民居项目已启动。

实现“无违建乡”创建工作。全乡共拆除违建509处,合计33891.48平方米,完成拆除工作的139.98%;收缴有偿使用费551户200.34余万元。先后于10月和11月顺利通过县、市无违建创建指挥部对安阳乡的“无违建乡”创建验收。

推进“五水共治”工作。首批8个村的污水处理已近尾声;千圣实业有限公司投入93万元建立污水循环利用设备,实现污水零排放;上梧、桐川、红山岙万里清水河道工程共3公里已完工;实施昌墅、桐川、安阳3个村的自来水提升改造工程,安阳区域性自来水厂用地红线范围已确定,征地工作即将完成;上梧溪黄家源段1公里堤防建设、九亩塘山塘水库除险加固工程和集镇防洪工程土石方开挖工程均已完工,昌墅村河道整治1公里工程正在施工。

大力培植文化产业,成立了以竹马、睦剧等传统艺术表演为主的安阳乡俊瑛艺术团,申报将安阳乡梦蝶饰品有限公司纳入文化创新产业。完成中心小学食堂改造、房屋翻修项目和幼儿园边坡治理、围墙加高等项目,落实教育装备资金9万元。完成扫盲165人,双证制培训30人,绿色证书培训30人,农业专业技能培训40人。踊跃参加县全民运动会的各项赛事,取得了较满意的成绩。完成60周岁以上老人健康体检,体检率为81.3%.完成县下达无偿献血任务的151%。

落实城乡居民养老保险政策,居民养老保险参保率达到95%.巩固和发展农村新型合作医保,群众参保率达到99.8%以上,全年医保报销257人次,累计支付医保金额近57万元.上梧等4个村的居家养老服务站建成并于11月挂牌。全年共发放救灾、危房改造、医疗救助、五保低保生活补助、优抚金等各级各类民政资金175万元。

是年,安阳乡农业公共服务中心立项的山区水稻高产高效栽培集成技术示范项目获浙江省农业丰收奖三等奖.安阳乡五堡村获评淳安县十大优秀基层党组织。

【继续实施白象湾旅游综合体项目】 总投资30亿元的白象湾旅游综合体项目,在2013年一期现代农业养殖园区项目需用土地14.7公顷,完成土地流转的基础上,2014年规划调整后扩征的5.1公顷已全部签署协议。农业子项目已开工建设,2014年下半年因土地督察暂停施工,房地产项目已挂牌出让4.5公顷,景区旅游项目已完成注册。

【千圣实业有限公司项目竣工投产】 总投资5070余万元的县级重点工业项目千圣实业有限公司于4月底竣工投产,至年底,实现工业产值3500万元,完成税收160余万元。按照县里要求,千圣实业有限公司需要搬迁,已经过前期调研论证,最终选址待县委、县政府确定。

【传化集团铁皮石斛基地项目】 投资890万元,建成智能化连栋温室2880平方米、普通种植大棚45000平方米,年产铁皮石斛种苗3000万株,预计2015年投产,年产鲜品15吨,年产值3000万元。

(王传君)

2014年安阳乡各行政村基本情况

表40

村 名	村党支部书 记	村委会主 任	人口（人）	年人均收入(元)
昌 墅	章胜昌	程银顺	890	12253
山 下	吴英富	吴英红	703	12407
五 堡	林连生	陈小鹏	672	12075
下栖梧	余象庆	吴崇俊	982	12664
黄家源	余银池	余银池	513	12247
上 梧	吴建军	吴红明	899	12075
陈家门	潘樟贵	潘樟贵	618	11980
乌 龙	储士荣	徐长富	520	13012
范 家	余炳土	范友富	532	12182
红山岙	占高华	占高华	482	12008
崀 岭	余家茂	王日昌	960	12181
桐 川	王海昌	王朝有	870	12075
外 畈	王仙宝	吴金成	748	11819
黄 川	余国建	陈志鹏	1009	12434
安 阳	余的华	汪文明	1040	12738

（王传君）

（编辑 刘东山）

重要名录

•2014年淳安县党政机关、群众团体主要负责人名录•

【县委和县委机关】

县　委

书　记　　凌志峰（ ～2014.08）
　　　　　朱党其（2014.08～ ）
副书记　　柴宁宁（女， ～2014.01）
　　　　　柴世民（2014.01～ ）
　　　　　钱美仙（女， ～2014.07）
　　　　　余力行（2014.08～ ）
常　委（书记、副书记均为常委，略）
　　　　　赖明诚（2014.11～ ）
　　　　　黄彤强
　　　　　胡光伟（ ～2014.11）
　　　　　董毓民
　　　　　储志林（ ～2014.11）
　　　　　董文吉
　　　　　郑志光
　　　　　王　军（1971年7月生）
　　　　　章启诚（省下派挂职干部，
　　　　　　2014.07～ ）
　　　　　姚伟明（2014.08～ ）
　　　　　凌　军（2014.12～ ）
委　员（书记、副书记、常委均为委员，略）
　　　　　王苏宝　王昌迪　毛善智
　　　　　方　阳　方开银　叶春晖
　　　　　刘小松　江灵强　余永青
　　　　　宋立新　陈东来　陈奇策
　　　　　胡　敏　胡相旗　胡慧璋
　　　　　柯尚逵　姜西方　洪永鸿
　　　　　祝云祥　钱　铖　郭东晓
　　　　　商松懋　童友军　管国良

纪律检查委员会

书　记　　胡光伟（ ～2014.11）
　　　　　赖明诚（2014.11～ ）
副书记　　王苏宝
　　　　　方四雷

县委办公室

主　任　　董文吉

政策研究室

主　任　　徐宗政

综合考评委员会办公室

主　任　　鲍永红

县委县政府信访局（县长公开电话受理中心）

局　长　　陆发平
主　任　　陆发平

机关服务效能投诉中心

主　任　　陆发平

县委县政府农业和农村工作办公室

党组书记　王昌迪
主　任　　王昌迪

组织部

部　长　　董毓民（ ～2014.08）
　　　　　姚伟明（2014.08～ ）

新经济与新社会组织工作委员会

书　记　　徐新勇

机构编制委员会办公室

主　任　　方　辉

老干部局

局　长　　方武彬

宣传部

部　长　　董文吉（2014.01～ ）

文化创意产业办公室

主　任　　洪善富

统战部

部　长　　胡　敏

侨　办

主　任　　　方为宾

县委台湾工作办公室(县政府台湾事务办公室)

主　任　　　解佑星

政法委员会

书　记　　　钱美仙(女,兼,～2014.08)
　　　　　　余力行(2014.08～)

县直机关党工委

书　记　　　杨京艳(女,～2014.08)

副书记(主持工作)　徐厚贤(2014.08～)

党　校

校　长　　　钱美仙(女,兼,～2014.08)
　　　　　　余力行(2014.08～)

党委书记　　余建成

行政学校

校　长　　　余力行(兼,～2014.08)
　　　　　　董毓民(兼,2014.08～)

党史研究室(县志办)

主　任　　　朱华民

【县人大常委会和人大机关】

人大常委会

主　任　　　余永青

副主任　　　童小威
　　　　　　何建法
　　　　　　王建民
　　　　　　章涓美
　　　　　　鲁连美(女)
　　　　　　章传强(～2014.01)
　　　　　　管国良(2014.02～)

党组书记　　余永青

人大办公室

主　任　　　王武杭

法制工作委员会

主　任　　　童火忠

农业和农村工作委员会

主　任　　　余樟来

城建环保工作委员会

主　任　　　姜宜海

代表工作委员会

主　任　　　陈国法

教科文卫工作委员会

主　任　　　余红英(女)

财政经济工作委员会

主　任　　　姜玉梁

委　员(主任、副主任及各工委主任均为委员,略)

　　　　　　王　甦(～2014.12)
　　　　　　方四雷
　　　　　　叶春晖
　　　　　　汤燕君(女)
　　　　　　许海波
　　　　　　汪建敏
　　　　　　汪晓红(女)
　　　　　　陈汉康
　　　　　　胡慧璋

【县人民政府和政府机关】

县人民政府

县　长　　　柴宁宁(女,～2014.01)
　　　　　　柴世民(2014.02～)

代县长　　　柴世民(2014.01～2014.02)

副县长　　　柴世民(2014.01～2014.02)
　　　　　　余力行(～2014.08)
　　　　　　董毓民(2014.08～)
　　　　　　王　军(1968年10月生,～2014.01)
　　　　　　郑志光
　　　　　　王　军(1971年7月生,～2014.01)
　　　　　　章启诚(省下派挂职干部,2014.07～)
　　　　　　郭东晓
　　　　　　江华平
　　　　　　章传强(2014.01～)
　　　　　　黄希和(省下派挂职干部,

~2014.07)
宋立新(2014.01~)
方建裕(省下派挂职干部,2014.07~)

县府办公室(法制办、外事办)

党组书记　洪永鸿
主　任　洪永鸿

档案局(档案馆)

党组书记　邵吉明
局(馆)长　邵吉明

县级机关事务管理局

局　长　严建国

发展和改革局

党委书记　胡相旗
局　长　胡相旗

工业和信息化局

党委书记　汪爱祥(~2014.06)
党委副书记(主持工作)　黄钟云(2014.06~)
局　长　汪爱祥(~2014.06)
副局长(主持工作)　黄钟云(2014.06~)

教育局

党委书记　王圣慧
局　长　王圣慧

科学技术局

党组书记　郑百成
局　长　郑百成

民族宗教事务局

局　长　余世明

公安局

党委书记　储志林(~2014.12)
凌　军(2014.12~)
局　长　储志林(~2014.12)
凌　军(2014.12~)
政　委　何　慧

社会治安综合治理委员会办公室

主　任　缪宝根

610办公室

主　任　邵春来

监察局

局　长　王苏宝

民政局

党组书记　余书华
局　长　余书华

司法局

党组书记　吕瑞琴(女)
局　长　吕瑞琴(女)

财政局

局　长　毛夏平

地税局

局　长　毛夏平

国有资产管理委员会办公室

党工委书记　唐诗谷
主　任　唐诗谷

人力资源和社会保障局

党组书记　管国良(~2014.03)
党组副书记(主持工作)　余运德(2014.03~)
局　长　管国良(~2014.03)
副局长(主持工作)　余运德(2014.03~)

国土资源局

党委书记　毛善智
局　长　毛善智

城乡建设和城市管理局

局　长　余养成

规划局

党组书记　张飞燕
局　长　张飞燕

交通运输局

局　长　何小林

农业局

局　长　储苏银

林业局

党委书记　陈东来
局　长　陈东来

水利水电局

党组书记　何宇富
局　长　何宇富

千岛湖风景旅游委员会

主　任　　　　方　阳

文化广电新闻出版局

党组书记　　　黄存菊(女)

局　长　　　　黄存菊(女)

卫生局

党委书记　　　祝云祥

局　长　　　　祝云祥

人口和计划生育局

党组书记　　　汪仁发

局　长　　　　汪仁发

审计局

党组书记　　　杨仁宽

局　长　　　　杨仁宽

统计局

党组书记　　　商松懋

局　长　　　　商松懋

环境保护局

党组书记　　　童友军

局　长　　　　童友军

市场监督管理局(食品药品监管局、工商局、质监局、食安办)

党委书记　　　汪爱祥(2014.06～)

局　长　　　　汪爱祥(2014.06～)

食品药品监督管理局

党委书记　　　徐建球(～2014.06)

局　长　　　　徐建球(～2014.06)

安全生产监督管理局

党组书记　　　童丰平

局　长　　　　童丰平

供销合作总社

党委书记　　　邵爱群

主　任　　　　邵爱群

行政服务中心

党工委书记　　余力行(兼，～2014.08)

　　　　　　　董毓民(兼,2014.08～)

主　任　　　　王　甦(～2014.09)

副主任(主持工作)　方　明(2014.09～)

淳安千岛湖旅游集团有限公司

党委书记　　　余国富

董事长　　　　余国富

经　理　　　　王光贵

淳安千岛湖建设集团有限公司

党委书记　　　柯尚逵

董事长　　　　柯尚逵

经　理　　　　童德根

水利水电投资有限公司

党委书记　　　叶圣镁

董事长　　　　叶圣镁

经　理　　　　方志道

新安江开发总公司

党委书记　　　方震凡

董事长　　　　方震凡

经　理　　　　王学电

工贸资产经营有限公司

党委书记　　　方南民

董事长　　　　方南民

总经理　　　　管三平

茧丝绸总公司

党委书记　　　姜西方

董事长　　　　姜西方

经　理　　　　姜建明

【县政协和政协机关】

县政协

主　席　　　　刘小松

副主席　　　　吴仙菊(女)

　　　　　　　王晓林

　　　　　　　王　军(1968年10月生，2014.02～)

　　　　　　　徐月焕

　　　　　　　占志明

　　　　　　　胡　敏

党组书记　　　刘小松

秘书长　　　　汪林星

常　委(主席、副主席、秘书长均为常委,略)

王木香(女)
王阳春(女)
王瑛姣(女)
方为宾
方伟文
方福水
方新女(女)
朱　健
刘志贵
孙家杰
李枕戈
肖建宏
吴丁洪
吴立新
吴雪源
余文生
汪雪梅(女)
陈华进
邵文涛
郑　斌
郑晓峰
钱尼万
徐东燕(女)
徐丽萍(女)
徐香枝(女)
徐夏冰(女)
徐新勇
唐春兰(女)
鲁耀华

政协办公室

主　任　　徐丽萍(女)

提案委员会

主　任　　邵文涛

委员学习和工作联络委员会

主　任　　姚宏韬

经济科技委员会

主　任　　王根标

城建和人口资源环境委员会

主　任　　翁永忠

社会法制和港澳台侨委员会

主　任　　姜　旭

文史和教文卫体委员会

主　任　　余利归

【法院、检察院机关】

人民法院

党组书记　　陈奇策
院　长　　陈奇策

人民检察院

党组书记　　钱　铖
检 察 长　　钱　铖

【军事组织】

人民武装部

部　长　　黄彤强
政　委　　金煜雷(　~2014.03)
　　李卫东(2014.03~　)

【群众团体】

总工会

党组书记　　胡慧璋
主　席　　胡慧璋

团县委

党组书记　　汤燕君(女)
书　记　　汤燕君(女)

妇　联

党组书记　　汪晓红(女)
主　席　　汪晓红(女)

科　协

党组书记　　唐为民
主　席　　唐为民

文　联

党组书记　　何春耕
主　席　　何春耕

残　联

党组书记　　王瑛姣(女)

理事长　王瑛姣(女)

工商联

党组书记　钱尼万

主　席　钱尼万

侨　联

主　席　方为宾

红十字会

专职副会长(主持工作)　商越明

【事业单位】

浙江淳安经济开发区

党工委书记　余力行(兼，～2014.08)
　董毓民(兼,2014.08～　)

管委会主任　余力行(兼，～2014.08)
　董毓民(兼,2014.08～　)

青溪新城

党工委书记　余力行(兼，～2014.08)
　董毓民(兼,2014.08～　)

管委会主任　余力行(兼，～2014.08)
　董毓民(兼,2014.08～　)

淳安千岛湖旅游度假区

党工委书记　王　军(1968年10月生,兼,～2014.03)
　王　军(1971年7月生,兼,2014.03～　)

管委会主任　王　军(1968年10月生,兼,～2014.03)
　江华平(兼,2014.03～　)

体育局

党组书记　滕建平

局　长　滕建平

移民局(投资公司)

党组书记　周一帆

局长(经理)　周一帆

千岛湖传媒中心

党组书记　宋士和

主　任　宋士和

广播电视台

党组书记　王建才

台　长　王建才

淳安姜家产业区块

党工委书记　王　军(1968年10月生,兼,～2014.03)

管委会主任　王　军(1968年10月生,兼,～2014.03)
　江华平(兼,2014.03～　)

江东杭千(扶贫)开发区

管委会主任　余力行(兼，～2014.08)
　董毓民(兼,2014.08～　)

杭州住房公积金管理中心淳安分中心

主　任　邵万贤

【其他行政事业机构】

国税局

党组书记　叶智明(　～2014.04)
　蒋建明(2014.04～　)

局　长　叶智明(　～2014.04)
　蒋建明(2014.04～　)

工商行政管理局

党委书记　李许金(　～2014.06)

局　长　李许金(　～2014.06)

质量技术监督局

党委书记　丰炳财(　～2014.06)

局　长　丰炳财(　～2014.06)

邮政局

党委书记　姚志宏

局　长　姚志宏

电信公司

党委书记　徐静平(　～2014.11)
　孙叶雾(2014.11～　)

总经理　徐静平(　～2014.11)
　孙叶雾(2014.11～　)

国网浙江淳安县供电公司

党委书记　孙家杰(2014.03～　)

总经理　孙家杰(　～2014.03)
　洪　洲(2014.03～　)

气象局
局　长　　王华卿(女)
中国人民银行淳安县支行
党组书记　　阙洪潮(~2014.03)
　　王云祥(2014.03~)
行　长　　阙洪潮(~2014.03)
　　王云祥(2014.03~)
中国银行业监督管理委员会浙江监管局淳安办事处
主　任　　臧福东(~2014.09)
　　吴传海(2014.09~)
中国工商银行淳安县支行
行　长　　张晓华
中国农业银行淳安县支行
党委书记　　李昌杰
行　长　　李昌杰
中国建设银行淳安县支行
行　长　　沈　震
农村信用合作社联合社
党委书记　　陈全水
理事长　　陈全水
主　任　　黄东兴
中国银行淳安县支行
行　长　　方世彦
中国农业发展银行淳安县支行
行　长　　何　鹏
中国人民财产保险公司淳安县支公司
党组书记　　王爱国
总经理　　王爱国
中国人寿保险公司淳安县支公司
经　理　　余九昌
烟草专卖局(公司)
党组书记　　陆英豪
局长(经理)　　陆英豪

【乡镇负责人名录】
千岛湖镇
党委书记　　宋立新
人大主席　　姚樟树
镇　长　　徐晓东
文昌镇
党委书记　　姜小旺
人大主席　　方荣贞
镇　长　　余　飞
石林镇
党委书记　　余小兰(女)
人大主席　　余小兰(女)
镇　长　　汪思强
里商乡
党委书记　　方腾华
人大主席　　方腾华
乡　长　　储菜仙(女)
金峰乡
党委书记　　方海珍(女)
人大主席　　方海珍(女)
乡　长　　王顺民
富文乡
党委书记　　方爱民
人大主席　　方爱民
乡　长　　方文田
左口乡
党委书记　　洪余良
人大主席　　洪余良
乡　长　　汪雪梅(女)
临岐镇
党委书记　　徐宗强
人大主席　　方小娟(女)
镇　长　　王跃平
屏门乡
党委书记　　周光华
人大主席　　周光华
乡　长　　方　杰
瑶山乡
党委书记　　洪志峰
人大主席　　洪志峰
乡　长　　王晓阳

威坪镇

党委书记　　方开银
人大主席　　方泽文
镇　长　　罗宝华

王阜乡

党委书记　　谢吉荣
人大主席　　邵育林
乡　长　　张日军

鸠坑乡

党委书记　　姜作军
人大主席　　姜作军
乡　长　　陆红伟

宋村乡

党委书记　　黄红婷(女)
人大主席　　黄红婷(女)
乡　长　　余维初

姜家镇

党委书记　　钱立华
人大主席　　姜海云
镇　长　　方必盛

梓桐镇

党委书记　　徐军飞
人大主席　　余期信
镇　长　　方肇兴

浪川乡

党委书记　　邵红卫
人大主席　　钱建柱
乡　长　　何小武

界首乡

党委书记　　张家兵
人大主席　　张家兵
乡　长　　詹　浩

汾口镇

党委书记　　许海波
人大主席　　王昌高
镇　长　　余旻樟

中洲镇

党委书记　　杨武军
人大主席　　程竹生
镇　长　　吴韶建

大墅镇

党委书记　　王新华
人大主席　　章旭华
镇　长　　胡红宝

枫树岭镇

党委书记　　商建军
人大主席　　方朝晖
镇　长　　徐国建

安阳乡

党委书记　　王武祥
人大主席　　王武祥
乡　长　　管香花(女)

(组织部:方建辉)

2014年度淳安县先进名录

·先进集体·

【国家及国家部门级先进集体】

表41

获奖单位	奖项名称	授奖单位
县检察院驻县看守所检察室	第四届全国检察机关派驻监管场所一级规范化检察室	最高检察院
梓桐镇	国家级生态乡镇	环境保护部
县工信局	2014中国国际丝绸丝博会暨中国国际女装展览会最佳组织奖	中国国际女装展览会组委会
瑶山乡何家村	第五批全国人口和计划生育基层群众自治示范村	中国计生协
县二医院	全国模范职工之家(复验)	市总工会复验报全总备案

【省及省属部门级先进集体】

表42

获奖单位	奖项名称	授奖单位
淳安县	2014年度全省农村生活污水治理工作优胜县	省委 省政府
淳安县	省级“平安县”	省委 省政府
县环保局	2014年度省“五水共治”工作先进集体	省委 省政府
县国税局	省文明单位	省委 省政府
县地税局直属分局	省文明单位	省委 省政府
县司法局社区矫正管理科	省社区矫正工作先进集体	省委 省政府
千岛湖镇富泽村	省民族团结进步模范集体	省政府
文昌镇	2004～2013年度平安创建工作先进单位	省委办公厅
千岛湖传媒中心	青年文明号	团省委
威坪镇团委	省先进团委	团省委
县财政局	《浙江财政年鉴》(2013卷)组稿先进单位	省财政厅
县财政局	2013年度全省财政预算执行工作质量考核优秀单位	省财政厅
县财政局	2013年度全省农业财政工作考核优秀单位	省财政厅
县财政局	2013年度县级财政支农资金整合考评良好等次	省财政厅
县财政局	2013年度乡镇财政管理规范化建设工作优秀单位	省财政厅
县人民法院	全省法院司法技术管理工作先进集体	省高级人民法院
县人民法院	全省法院信息工作先进集体三等奖	省高级人民法院
县人民法院汾口法庭	省级模范五好法庭	省高级人民法院
城区派出所	2012～2013年度“全省优秀公安基层单位”	省公安厅

续表42-1

县公安局	全省公安队伍正规化建设优秀单位	省公安厅
城郊派出所	全省公安机关爱民模范集体	省公安厅
经济犯罪侦查大队	全省公安机关打击整治传销集中行动成绩突出单位	省公安厅
县信用联社	省级治安安全示范单位	省公安厅
县公安局	县级公安机关警卫工作规范化建设成绩突出单位	省公安厅
威坪镇合富村	2013年省民主法治村	省司法厅
千岛湖旅游度假区管委会	省卫生先进单位	省爱卫会
瑶山乡	省卫生乡镇	省爱卫会
汾口镇汾口村	省级文明村	省爱卫会
汾口镇横沿村	省级文明村	省爱卫会
汾口镇毛家村	省级文明村	省爱卫会
汾口镇强川村	省级文明村	省爱卫会
汾口镇寺下村	省级文明村	省爱卫会
瑶山乡琅洞村	省卫生村	省爱卫会
县中医院	省级规范化犬伤门诊	省卫计委
临岐中心卫生院	省甲等乡镇卫生院	省卫计委
威坪中心卫生院	省甲等乡镇卫生院	省卫计委
大墅中心卫生院	省卫生监督协管服务示范点	省卫计委
姜家中心卫生院	省卫生监督协管服务示范点	省卫计委
临岐中心卫生院	省卫生监督协管服务示范点	省卫计委
威坪中心卫生院	省卫生监督协管服务示范点	省卫计委
威坪中心卫生院	省级残疾人康复示范站	省卫计委 省民政厅 省残联
梓桐镇	省规范化数字档案室	省档案局
梓桐镇	省规范化数字档案室	省档案局
枫树岭镇上江村	省乡村记忆示范基地	省档案局
枫树岭镇下姜村	省乡村记忆示范基地	省档案局
枫树岭镇陈家源村	省行政示范档案室	省档案局
枫树岭镇上江村	省行政示范档案室	省档案局
枫树岭镇下姜村	省行政示范档案室	省档案局
姜家镇章村村	浙江省第二批乡村记忆示范基地	省档案局
县地税局	2013年稽查综合考核得分排名前列单位	省地税局
枫树岭镇横坑村	省第三批新农村建设科技示范村	省科技局
枫树岭镇下姜村	省第三批新农村建设科技示范村	省科技局
县蚕茧产业协会	省基层科普行动计划先进单位	省科协
县林业局	平安林区县	省林业厅
县林业局	县级林业工作先进集体	省林业厅
县地税局	个转企优秀案例	省地税局
威坪镇凤凰村	省村级体育俱乐部	省体育局
威坪镇楼厦村	省村级体育俱乐部	省体育局
威坪镇五丰村	省村级体育俱乐部	省体育局
威坪镇蔗川村	省村级体育俱乐部	省体育局
左口乡雎龙源村	省级小康体育村	省体育局

续表42-2

县农业行政执法大队	省农业综合执法示范窗口	省农业厅
左口乡	省平安农机示范乡镇	省农业厅
千岛湖镇	省级信用乡(镇、街道)	省农办
千岛湖镇	全省"春泥计划"实施工作先进乡镇(街道)	省文明办
县二医院	省文明单位	省文明办
县信用联社	杭州辖内银行业金融机构非现场监管报表考核一等奖	省银监局
县信用联社	杭州辖内银行业金融机构统计工作二等奖	省银监局
文昌镇	全省第一批人口和计划生育依法行政示范单位	省人口计生委
千旅集团客运公司	交通运输企业安全生产标准化达标二级	省交通运输厅
梓桐镇	标准化成人文化技术学校	省教育厅 省财政厅
千岛湖镇初级中学家长学校	省示范家长学校	省家庭教育工作领导小组
千岛湖镇青溪小学家长学校	省示范家长学校	省家庭教育工作领导小组
汾口镇强川村	省人口和计划生育基层群众自治示范村	省人口计生委 省民政厅 省计生协
县国有粮食收储有限公司	全省粮食系统先进集体	省人社厅 省粮食局
秀水街经营公司	省特色商业示范街	省商务厅 省财政厅 省旅游局
千岛湖鱼味馆	省级餐饮服务食品安全示范单位	省食品药品监督局
县水利水电局	全省农田水利标准化建设检查考核优秀单位	省水利厅
县环保局	省绿化模范单位	省绿化和湿地保护委员会
枫树岭镇官川村	省森林村庄	省绿化委员会 省林业厅
威坪镇五丰村	省森林村庄	省绿化委员会 省林业厅
威坪镇叶家村	省森林村庄	省绿化委员会 省林业厅
千岛湖发展集团有限公司	省信用管理示范企业	省工商局 省企业信用促进会
县农业技术推广中心农村能源办公室	2014年度工作目标考核先进集体	省农业生态与能源办公室
威坪镇迪迪红薯专业合作社	2013年度浙江省城乡妇女岗位建功先进集体	省"巾帼建功"活动协调小组
千岛湖西南景区公司	职工书屋	省总工会
杭州千岛湖啤酒有限公司工会	全国模范职工之家(复验)	市总工会复验报省总备案
杭州千岛湖永通电缆有限公司工会	全国模范职工之家(复验)	市总工会复验报省总备案
县水务公司工会(原为淳安自来水公司工会)	全国模范职工之家(复验)	市总工会复验报省总备案
浙江省电信有限公司淳安县分公司工会	全国模范职工之家(复验)	市总工会复验报省总备案
县茧丝绸总公司	全国诚信浙商示范单位	省诚信浙商推选办公室
县国税局	省级青年文明号	省青年文明号青年岗位能手活动组委会
县一医院	省全球基金结核病防治工作项目先进集体	省全球基金结核病防治项目办公室
千岛湖传媒中心	新媒体建设优胜奖	省记协县市区域报工作委员会 省报协县市(区域)报委员会
姜家镇	2014年度治水美镇•浙江样本	省网信办 浙江在线新闻网
县图书馆	第十届浙江省未成年人读书节创新奖	省未成年人读书节组委会

【市及市属部门级先进集体】

表43

获奖单位	奖项名称	授奖单位
富文乡	“无邪教乡镇(街道)”创建工作先进单位	市委
王阜乡政府	市反邪教工作先进单位	市委
淳安县	全市社会管理综合治理优秀单位	市委 市政府
淳安县	市“五水共治”先进县	市委 市政府
县政府	2013年度生态文明建设目标责任制优秀奖	市委 市政府
县委维稳办	全市维稳工作先进单位	市委 市政府
县委610办公室	全市综治工作先进单位	市委 市政府
县信访局	社会管理综合治理工作先进单位	市委 市政府
县司法局	社会管理综合治理先进单位	市委 市政府
千岛湖镇	2013年度社会管理综合治理示范乡镇(街道)	市委 市政府
千岛湖镇	维护稳定工作先进单位	市委 市政府
威坪镇	2013年度社会管理综合治理工作优胜单位	市委 市政府
屏门乡	2013年杭州市“无邪教乡镇”创建先进单位	市委 市政府
汾口镇	社会管理综合治理工作示范乡镇	市委 市政府
大墅镇	社会治理工作考核优胜单位	市委 市政府
杭州千岛湖中兴纺织有限公司	市创建和谐劳动关系先进企业	市委 市政府
县司法局	市社区矫正工作先进单位	市委 市政府
县司法局汾口司法所	市社区矫正工作先进单位	市委 市政府
县司法局临岐司法所	市社区矫正工作先进单位	市委 市政府
屏门乡	“五水共治”工作先进乡镇	市委 市政府
瑶山乡	征兵工作先进基层单位	市委 市政府
屏门乡	综治工作先进集体	市委 市政府
汾口镇龙源村	市文明村	市委 市政府
县政府	安全生产目标责任制考核优秀单位	市政府
县畜牧兽医局	“五水共治”先进集体	市政府
文昌镇	2013年度征兵工作先进基层单位	市政府
千岛湖镇	市扶残爱残爱心示范乡镇(街道)	市政府
威坪镇	市扶残助残爱心乡镇	市政府
县地税局	市文明单位	市政府
威坪镇	市征兵工作先进单位	市政府
富文乡	政务信息工作先进单位	市政府
县检察院监所检察科	市社区矫正工作先进单位	市委办 市府办
县国家税务局	市级青年文明号	团市委
千岛湖旅游营销有限公司	市级青年文明号	团市委
县图书馆	市百场公益夏令营活动“优秀组织奖”	团市委 市文办 市少工委
县茧丝绸总公司	市无偿献血爱心单位	市组织部 宣传等7家单位
姜家镇	2013～2014年度杭州市百家“优秀服务管理团队”	市综治委
文昌镇王家源村	2013～2014年度杭州市百家“优秀平安网格”	市综治委
左口乡龙源庄村	市百佳优秀服务管理团队	市综治委

续表43-1

县中医院	杭州市经济文化保卫工作先进集体	市公安局
城区派出所拆村居安保工作组	三等功	市公安局
交警大队禁酒驾项整治工作组	三等功	市公安局
石林派出派出所	三等功	市公安局
县公安局打击侵犯罪工作集体	三等功	市公安局
县公安局旅游秩序项整治工作组	三等功	市公安局
巡特警大队	三等功	市公安局
县信用联社经济协警队	市经济文化保卫工作先进集体	市公安局
千岛湖传媒中心	2013年度互联网安全管理工作先进单位	市公安局网络警察分局
枫树岭镇	市民兵训练工作先进单位	杭州警备区
千岛湖旅游集团	优秀基层武装部	杭州警备区
王阜乡武装部	优秀基层武装部	杭州警备区
威坪镇	2013年度杭州市街道(乡镇)人力社保站优胜单位	市人社局
县就业管理服务处	市首届职业指导人员技能竞赛优秀组织奖	市人社局
县财政局	2013年度杭州市粮食安全责任制考核优秀单位	市财政局
县财政局	2013年度政府投资预算管理先进单位	市财政局
县财政局	市财税系统"六五"普法特色项目评选积极有益项目	市财政局
县财政局	市财税系统"我心中的价值观"主题演讲比赛优胜奖	市财政局
县财政局	市财政系统"六五"普法中期督导结果优秀单位	市财政局
千岛湖传媒中心	省规范化数字档案室	市档案局
县茧丝绸总公司	省规范化数字档案室	市档案局
富文乡	省规范化数字档案室	市档案局
左口乡龙源庄村	市行政村示范档案室	市档案局
左口乡塘边村	市行政村示范档案室	市档案局
界首乡	省级规范化数字档案室	市档案局
千旅集团客运公司	2013年度道路运输企业安全管理目标考核优秀单位	市道路运输管理局
县地税局	2013年度纳税评估优秀案例二等奖	市地税局
县地税局	2013年度全市财税信息工作先进单位	市地税局
县地税局	2013年杭州市税收征管报表编制工作表扬单位	市地税局
县旅委千岛湖旅游中心码头	反恐怖防范标准化建设示范单位	市反恐怖工作领导小组
县妇幼保健院	市2014年度产前筛查工作先进集体	市妇产科医院
县妇联	市关爱流动留守妇女儿童工作先进集体	市妇儿工委
鸠坑乡妇联	市服务型基层妇女工作先进集体	市妇联
中洲镇妇联	市服务型基层妇女工作先进集体	市妇联
鸠坑乡妇联	市服务型基层妇女工作先进集体	市妇联
中洲镇妇联	市服务型基层妇女工作先进集体	市妇联
县妇联	市来料加工技能比武最佳组织奖	市妇联
鸠坑乡	市美丽庭院建设工作先进乡镇	市妇联
临岐镇	市美丽庭院建设工作先进乡镇	市妇联
宋村乡	市美丽庭院建设工作先进乡镇	市妇联
梓桐镇	市美丽庭院建设工作先进乡镇	市妇联

续表43-2

富文乡	杭州市关心下一代工作先进集体	市关工委
县国家税务局第一党支部	“十佳优秀党支部”三等功	市国税局
县国家税务局	全市国税系统党风廉政和工作效能知识竞赛优胜单位集体嘉奖	市国税局
县财政局	2013年度先进学会	市会计学会
县财政局	全国财政系统财税知识网络答题竞赛活动杭州地区组织奖	市会计学会
县财政局	先进学会	市会计学会
临岐中心卫生院	市艾滋病快速检测点	市疾控中心
县检察院	档案工作先进集体	市检察院
县检察院民事行政检察科	集体三等功	市检察院
汾口镇社区卫生服务中心	市无烟单位	市健康办
千岛湖镇社区卫生服务中心	市无烟单位	市健康办
县卫生局	市无烟单位	市健康办
千岛湖旅游交通有限公司	交通运输企业安全街道标准化达标(三级)	市交通运输局
左口乡中心幼儿园	市标准化建设达标幼儿园	市教育局
左口乡中心幼儿园	市农村示范幼儿园	市教育局
县财政局	2012～2013度杭州市精神(心理)卫生工作先进集体	市精卫办
枫树岭镇	市全民科学素质工作先进乡镇	市科学技术局
瑶山乡何家村	市优秀老年协会	市老龄委办公室
县林业局	“天堂山水”门户网站信息宣传工作十佳单位	市林水局
县林业局	林业工作综合考核一等奖	市林水局
县林业局	林业有害生物防治目标管理一等奖	市林水局
县水利水电局	全市城郊河道长效管理考核优秀单位	市林水局
县水利水电局	全市信息宣传十佳单位	市林水局
千岛湖景区公司	2013年度旅游统计工作先进单位	市旅委
秀水街经营公司	市国际旅游访问点	市旅委
县民政局	2013年度杭州市民政信息工作先进单位	市民政局
县民政局	2013年度全市民政工作优秀单位	市民政局
千岛湖城区医院	4A社会组织	市民政局
姜家镇人民政府内审领导小组	市2011～2013年内部审计先进单位	市内部审计协会
中洲镇	市“三位一体”农业公共服务中心示范乡镇	市农业局
界首乡	市“三位一体”农业公共服务体系示范乡镇	市农业局
姜家镇	市“三位一体”农业公共服务体系示范乡镇	市农业局
鸠坑乡农业公共服务中心	农产品质量安全标准乡	市农业局 市质局 市财政局
县一医院	杭州市医疗器械不良事件监测先进基层单位	市市场监督管理局
千岛湖法律服务所	基层法律服务所考核先进单位	市司法局
县司法局	全市社区矫正业务知识竞赛总决赛一等奖	市司法局
县司法局	全市司法行政系统依法行政工作考核成绩优秀单位	市司法局
千岛湖西南景区公司	杭州市运动休闲旅游示范基地	市体育局、市旅委
威坪中心卫生院	市规范化放射科	市卫计委
大墅中心卫生院	市级艾滋病检测点	市卫计委
姜家中心卫生院	市健康单位	市卫计委

续表43-3

大墅中心卫生院	市星级妇儿保门诊	市卫计委
姜家中心卫生院	市星级妇儿保门诊	市卫计委
威坪中心卫生院	市星级妇儿保门诊	市卫计委
县卫生局卫生监督所	全市卫生监督工作优秀单位	市卫生局卫生监督所
鸠坑茶博馆	第一批杭州市非物质文化遗产宣传展示基地	市文广局
鸠坑茶韵舞蹈队	市群众文化示范团队	市文广局
鸠坑乡乳洞村	市文明村	市文明办
千岛湖西南景区公司	新杭州人文化家园	市文明办
千岛湖鱼味馆	市文明餐桌示范点	市文明办 市贸局 市粮食局
千岛湖旅游集团	市无偿献血爱心单位	市献血办
县畜牧兽医局	市动物防疫职业技能竞赛团体二等奖	市畜牧兽医局
枫树岭镇	市药品安全示范达标乡镇	市药品安全示范县(乡镇)创建办
汾口镇	市药品安全示范达标乡镇	市药品安全示范县(乡镇)创建办
县二医院	市“工人先锋号”	市总工会
千岛湖景区公司	市“五一劳动奖状”	市总工会
淳安中学工会	市模范职工之家(复验)	市总工会
枫树岭水力发电有限责任公司工会	市模范职工之家(复验)	市总工会
国网浙江淳安县供公司工会(原为淳安县供电局工会)	市模范职工之家(复验)	市总工会
杭州天道实业有限公司工会	市模范职工之家(复验)	市总工会
杭州卓尔纺织有限公司工会	市模范职工之家(复验)	市总工会
农夫山泉杭州千岛湖饮用水有限公司工会	市模范职工之家(复验)	市总工会
坪山林场工会	市模范职工之家(复验)	市总工会
县长运总公司工会	市模范职工之家(复验)	市总工会
县航运公司工会	市模范职工之家(复验)	市总工会
县新安江开发总公司工会	市模范职工之家(复验)	市总工会
浙江淳安经济开发区工会	市模范职工之家(复验)	市总工会
浙江千岛湖西南景区旅游有限公司工会	市模范职工之家(复验)	市总工会
国网浙江淳安县供电公司威坪供电所营业厅	市“巾帼文明岗”	市“巾帼建功”活动协调小组
千岛湖建设集团有限公司千岛湖农贸市场	市“巾帼文明岗”	市“巾帼建功”活动协调小组
千岛湖中心湖区停车场出口收费组	市“巾帼文明岗”	市“巾帼建功”活动协调小组
县妇幼保健院检验科	市“巾帼文明岗”	市“巾帼建功”活动协调小组
县公共资源交易中心办事大厅	市“巾帼文明岗”	市“巾帼建功”活动协调小组
县信用联社千岛湖信用社宏山分社	市“巾帼文明岗”	市“巾帼建功”活动协调小组
县信用联社千岛湖信用社青溪分社	市“巾帼文明岗”	市“巾帼建功”活动协调小组
中国移动淳安分公司威坪营业厅	市“巾帼文明岗”	市“巾帼建功”活动协调小组

续表43-4

姜家镇雪枫服饰厂	市来料加工先进基地	市"双学双比"活动协调小组
界首乡永利雨衣厂	市来料加工先进基地	市"双学双比"活动协调小组
浪川乡饰品加工点	市来料加工先进基地	市"双学双比"活动协调小组
里商乡里阳村常春家纺厂	市来料加工先进基地	市"双学双比"活动协调小组
千岛湖镇江汉家丝工艺品厂	市来料加工先进基地	市"双学双比"活动协调小组
千岛湖镇锦安服装有限公司	市来料加工先进基地	市"双学双比"活动协调小组
千岛湖镇利伟服饰加工厂	市来料加工先进基地	市"双学双比"活动协调小组
千岛湖镇锐鑫服装厂	市来料加工先进基地	市"双学双比"活动协调小组
千岛湖镇新北来料加工点	市来料加工先进基地	市"双学双比"活动协调小组
威坪镇天堂伞面加工厂	市来料加工先进基地	市"双学双比"活动协调小组
梓桐镇针织手套厂	市来料加工先进基地	市"双学双比"活动协调小组
县水利水电局	全市"五水共治"先进单位	市"五水共治"领导小组
安阳乡中心小学	市示范家长学校	市家庭教育工作领导小组
汾口初中	市示范家长学校	市家庭教育工作领导小组
汾口镇中心幼儿园	市示范家长学校	市家庭教育工作领导小组
富文乡中心小学	市示范家长学校	市家庭教育工作领导小组
景湖艺术幼儿园	市示范家长学校	市家庭教育工作领导小组
千岛湖幼儿园	市示范家长学校	市家庭教育工作领导小组
威坪初中	市示范家长学校	市家庭教育工作领导小组
威坪镇中心幼儿园	市示范家长学校	市家庭教育工作领导小组
梓桐镇中心小学	市示范家长学校	市家庭教育工作领导小组
左口乡中心小学	市示范家长学校	市家庭教育工作领导小组
县疾控中心	杭州市耐多药结核病防治先进单位	市结核病控制项目领导小组办公室
汾口镇	市气象防灾减灾标准乡镇	市气象灾害防御工作领导小组
千岛湖西南景区公司	2013年度平安示范单位	市委创建"平安杭州"领导小组
威坪镇团委	2012～2013年杭州市优秀志愿服务集体	市志愿服务工作委员会
汾口镇	中心镇培育工作优秀单位	市中心镇建设工作推进协调小组
千岛湖景区公司	2013浙西美丽生态景区	浙西旅游合作组织

·先进个人·

【国家及部门级先进个人】

表44

单位	获奖人	奖项名称	授奖单位
县法院	王　华	全国法院涉民生案件专项集中执行工作先进个人	最高人民法院
屏门乡秋源完小	章大春	全国模范教师	教育部
姜家镇郭村小学	汪绪华	全国优秀教师	教育部
县林业局	俞春来	全国生态建设突出贡献奖先进个人	国家林业局
枫树岭镇	洪春庚	2014年百名优秀气象信息员	国家气象局
县妇幼保健院	徐丽娟	全国妇幼健康服务先进个人	国家卫计委妇幼司

续表44

千岛湖鱼味馆	宋建仁	中国烹饪大师	中国烹饪协会

【省及省属部门级先进个人】

表45

单　位	获奖人	奖项名称	授奖单位
屏门乡人民政府	周光华	省春蚕奖	省委
县司法局	汪信文	省社区矫正工作先进个人	省委 省政府
县农业局	汪末根	省农业科技成果转化推广奖	省政府
县安监局	吕元胜	全省安全生产监管系统先进工作者	省人社厅 省安监局
鸠坑乡	杨约顺	省“五水共治”信息工作先进个人	省“五水共治”领导小组办公室
县地税局	曹琳霞	省级纳税服务之星	省地税局
鸠坑乡中联村	高团花	省“三八红旗手”	省妇联
千岛湖镇初级中学	陈蔚家庭	省“绿色家庭”	省妇联 省环保厅
青溪新城管委会	舒培红家庭	省“绿色家庭”	省妇联 省环保厅
县法院	王　华	二等功	省高级人民法院
县法院	张　帆	全省法院信息工作先进个人	省高级人民法院
县公安局法制大队	徐和平	二等功	省公安厅
县农业局(渔政局)	沈　鹏	政务信息工作先进个人	省海洋与渔业局
临岐中心卫生院	方晓峰	省满意社区医生	省基层卫生协会
浪川乡初级中学	洪之良	第二十五届“春蚕奖”	省教育厅
千岛湖中等职业学校	汪永成	第二十五届“春蚕奖”	省教育厅
青溪新城小学	胡小斌	第二十五届“春蚕奖”	省教育厅
王阜乡严家小学	吕德贵	第二十五届“春蚕奖”	省教育厅
王阜乡初级中学	王卫贵	省优秀教师中小学师德楷模	省教育厅
杭州银行淳安支行	徐越家庭	省文明家庭	省精神文明建设委员会
鸠坑乡中联村	高团花家庭	省文明家庭	省精神文明建设委员会
县教育局	郑菊妹家庭	省文明家庭	省精神文明建设委员会
县林业局	张旭君	优秀信息员	省林业厅
威坪镇	宋德富	2013～2014年度优秀基层农技人员	省农业技术推广基金会
威坪镇	何海澎	2013～2014年度优秀基层农技人员	省农业技术推广基金会
县疾控中心	徐志春	省麻风病性病防治工作先进个人	省皮肤病防治研究所
县气象局	金　成	重大气象服务先进个人	省气象局
县统战部	方为宾	省基本侨情调查先进个人	省侨办
县统战部	方为宾	省基本侨情调查先进个人	省侨联
千岛湖法律服务所	吴文书	省司法行政系统第四届“百名优秀人物”提名奖	省司法厅
千岛湖镇社区卫生服务中心	汪桂英	防治艾滋病性病优秀志愿者	省性病艾滋病防治协会
千岛湖传媒中心	程必停	十佳编辑	省记协县市区域报工作委员会 省报协县市(区域)报委员会

【市及市属部门级先进个人】

表46

单位	获奖人	奖项名称	授奖单位
县法院	王　华	第二届“最美杭州人”	市委　市政府
县法院	蒋烟明	全市指导人民调解工作先进个人	市委　市政府
中洲镇	徐宗祥	维护社会稳定先进个人	市委　市政府
姜家镇	章允海	2013年度市基层站(所)“十佳公务员”	市政府
梓桐镇	郑国纯	全市政务信息工作先进个人	市府办
县发改局	张伟	投资及重点项目建设先进个人	市府办
王阜乡	周晓烨	市“百佳”优秀网格服务管理员	市政法委
开发总公司	徐高福	2013年度市人大代表履职积极分子	市人大
县就业管理服务处	方文珍	市首届职业指导人员技能竞赛二等奖	市人社局
安阳乡	姜鲍放	市“双百”优秀乡村干部	市委组织部
千岛湖镇	徐兵权	市“双百”优秀乡村干部	市委组织部
姜家镇	章允海	市“双百”优秀乡村干部	市委组织部
鸠坑乡	叶扶芝	市“双百”优秀乡村干部	市委组织部
汾口镇	余丽娟	市人口计生系统“最美计生人”	市委宣传部
县法院	唐　高	市优秀兼职法制副校长	市综治委
县法院	徐卫平	市优秀兼职法制副校长	市综治委
千岛湖传媒中心	邹楚环	青年岗位能手	团市委
王阜乡	周晓烨	市共青团信息调研工作先进个人	团市委
千岛湖镇	刘　恺	市优秀团干部	团市委
杭州银行淳安支行	徐砚梅	市优秀团员荣誉称号	团市委
威坪镇	余登辉	市大中学生暑期社会实践活动先进个人	团市委　市教育局 市学生联合会
王阜乡	江河平	二等治安荣誉奖章	市公安局
城区派出所	翁进生	全市公安机关优秀法制员	市公安局
政治处	刘　丰	全市公安机关优秀政工干部	市公安局
杭州银行淳安支行	曹冬根	全市经济文化保卫工作先进个人	市公安局
城郊派出所	金建良	全市优秀防区民警	市公安局
石林派出所	俞剑锋	全市优秀防区民警	市公安局
汾口派出所	吴林涛	全市优秀派出所长	市公安局
城郊派出派	胡伟军	三等功	市公安局
城郊派出所	金建良	三等功	市公安局
城区派出所	洪　升	三等功	市公安局
城区派出所	王　鹏	三等功	市公安局
城区派出所	郑百元	三等功	市公安局
汾口派出所	吴林涛	三等功	市公安局
汾口派出所	余定中	三等功	市公安局
交警大队	余德文	三等功	市公安局
交警大队	余允建	三等功	市公安局
看守所	周勇志	三等功	市公安局
石林派出所	俞剑锋	三等功	市公安局

续表46-1

刑侦大队	王　斌	三等功	市公安局
刑侦大队	王建国	三等功	市公安局
巡特警大队	许　剑	三等功	市公安局
政治处	刘　丰	三等功	市公安局
政治处	刘　丰	三等功	市公安局
王阜乡	余兴明	三等治安荣誉奖章	市公安局
县信用联社	童庭富	市经济文化保卫工作先进个人	市公安局
鸠坑乡	王国塘	市治保先进个人	市公安局
威坪镇	王　斌	市治保先进个人	市公安局
城区派出所	方鑫之	全市优秀人民警察	市公安局
王阜乡	闻云发	市关心下一代工作先进个人	市关工委
县国税局	卢鹏峰	“十佳优秀党支部书记”嘉奖	市国税局
县国税局	黄兴贵	纳税评估工作表现突出二等功	市国税局
县国税局	李玉霞	年度窗口服务之星嘉奖	市国税局
县国税局	方拥军	年度考核被确定为优秀等次嘉奖	市国税局
县国税局	余　彬	年度考核连续三年被确定为优秀等次三等功	市国税局
县国税局	余　俊	年度考核连续三年被确定为优秀等次三等功	市国税局
县国税局	姜　彬	年度考核连续三年被确定为优秀等次三等功	市国税局
县国税局	胡文山	年度考核连续三年被确定为优秀等次三等功	市国税局
县国税局	方万梅	年度考核连续三年被确定为优秀等次三等功	市国税局
县国税局	汪新强	全市国税系统党风廉政和作风效能知识竞赛成绩前6嘉奖	市国税局
县国税局	黄巧龙	全市国税系统党风廉政和作风效能知识竞赛成绩前6嘉奖	市国税局
县检察院	严承优	三等功	市检察院
县检察院	储雄飞	三等功	市检察院
淳安二中	黄红顺	市优秀德育工作者	市教育局
大墅镇初级中学	凌仁泉	市优秀德育工作者	市教育局
大墅镇中心小学	王红燕	市优秀德育工作者	市教育局
汾口镇初级中学	刘明刚	市优秀德育工作者	市教育局
县实验幼儿园	孙　萍	市优秀德育工作者	市教育局
梓桐镇中心小学	童慧娟	市优秀德育工作者	市教育局
淳安二中	宋金霞	市优秀教师	市教育局
淳安中学	方志勇	市优秀教师	市教育局
汾口镇初级中学	祝辉敏	市优秀教师	市教育局
汾口镇龙川小学	余红飞	市优秀教师	市教育局
汾口中学	郑　剑	市优秀教师	市教育局
枫树岭镇初级中学	余衍新	市优秀教师	市教育局
临岐镇初级中学	方琳静	市优秀教师	市教育局
千岛湖镇第三小学	姜文琴	市优秀教师	市教育局
千岛湖镇南山学校	吴本兴	市优秀教师	市教育局
千岛湖镇青溪小学	蒋晓华	市优秀教师	市教育局
威坪中学	方旭红	市优秀教师	市教育局
淳安中学	方华新	市优秀教育工作者	市教育局

续表46-2

大墅镇中心小学	余勇建	市优秀教育工作者	市教育局
县实验幼儿园	孙　萍	市优秀教育工作者	市教育局
淳安中学	储建忠	市中小学优秀班主任	市教育局
汾口镇初级中学	章晓燕	市中小学优秀班主任	市教育局
临岐镇中心小学	方红香	市中小学优秀班主任	市教育局
千岛湖镇第一小学	余泉梅	市中小学优秀班主任	市教育局
千岛湖镇青溪初级中学	王凌云	市中小学优秀班主任	市教育局
威坪镇初级中学	严国星	市中小学优秀班主任	市教育局
青溪新城马路村	梅竹根家庭	市“和谐家庭”	市妇联
梓桐镇黄村村	黄美珍家庭	市“绿色家庭”	市妇联
临岐镇妇联	王胜英	市“十佳”服务型基层妇女干部	市妇联
县教育局	郑菊妹家庭	市“最美家庭”	市妇联
宋村乡宋村村	童美英	市“最美妈妈”	市妇联
浪川乡大联村	洪金凤 王秀琴	市“最美婆媳”	市妇联
汾口镇妇联	方　慧	市服务型基层妇女干部	市妇联
威坪镇妇联	王美琴	市服务型基层妇女干部	市妇联
瑶山乡妇联	余秀英	市服务型基层妇女干部	市妇联
威坪镇横塘村	王小丹	市流动留守妇女儿童标兵	市妇联
杭州住房公积金管理中心淳安分中心	郑丽君	市“三八红旗手”	市妇联
王阜乡	江河平	情报工作先进个人	杭州警备区
县卫生局	何虹花 汪建林	市建设健康城市工作先进个人	市爱卫会
县安监局	余秀玲	安全生产政务信息工作先进个人	市安监局
县残疾人劳动就业服务所	汪文平	2013年度市按比例就业工作先进个人	市残工委
县档案局	蓝公伟	市先进档案工作者	市档案局
县地税局	房巧慧	优秀发票管理员	市地税局
县地税局	姜　铿	优秀质量管理员	市地税局
县法院	余积祉	三等功	市中级人民法院
县法院	席维花	三等功	市中级人民法院
县法院	余爱华	十佳优秀青年法官	市中级人民法院
县法院	余秀玲	十佳优秀书记员	市中级人民法院
县妇幼保健院	叶钢琴	市精神(心理)卫生工作先进个人	市精神卫生工作领导小组
县林业局	张旭君	林水系统网络宣传先进个人	市林水局
县水利水电局	徐新平	市安全生产工作先进个人	市林水局
县民政局	管爱星	2013年度市民政信息工作先进个人	市民政局
县统战部	余世明	民族宗教领域综治(维稳)先进个人	市民族宗教事务局
县卫生局	钱晓珍	市内部审计先进工作者	市内审协会
县工信局	郑四木	市墙体材料改革先进个人	市墙改领导小组
县统战部	宋　君	市基本侨情调查先进个人	市侨办

续表46-3

县统战部	宋　君	市侨联系统先进个人	市侨联
威坪镇	王敏香	市妇幼健康技能竞赛先进个人	市卫计委　市总工会 市妇联
姜家中心卫生院	章卫红	市"我最信赖的社区医生"	市卫生局
姜家镇	王俊杰	基层优秀消防安全管理员	市消防安全委员会
姜家镇	方必盛	市"三改一拆"行动先进个人	市"三改一拆"行动领导小组
县环保局	程芝君	市"五水共治"工作先进个人	市"五水共治"领导小组
县水利水电局	余诗汉	市"五水共治"工作先进个人	市"五水共治"领导小组
鸠坑乡	杨约顺	市"五水共治"工作先进个人	市"五水共治"领导小组
县发改局	童国强	现代服务业工作先进个人	市发展现代服务业领导小组办公室
宋村乡	张家锋	防汛防台抗旱先进个人	市防汛抗旱指挥部
县妇幼保健院	方凤梅	市产前筛查工作先进个人	市妇产科医院
县妇幼保健院	严紫霞	市产前筛查工作先进个人	市妇产科医院
县财政局	汤学军	先进注册会计师行业联络员	市注册会计师委员会

·县委、县政府表彰的先进个人·

【县委、县政府表彰的2012～2014年淳安县劳动模范名单(20名)】

王　华　淳安县人民法院法警

王　斌　杭州千岛湖永通电缆有限公司副总经理

王年金　淳安县林业种苗管理站站长、党支部书记

仇木根　淳安县交通运输局主任科员

方剑鸣　淳安千岛湖旅游交通有限公司机务部副经理

方勇良　淳安县肉类加工厂负责人、党支部书记

叶志清　杭州千岛湖发展集团有限公司捕捞一队队长

何绍庭　淳安县青溪新城马路村村委主任

张肖璞　中国移动淳安分公司党支部书记、总经理

邵永忠　淳安县市场监督管理局千岛湖市场监督管理所所长

郑九红　淳安县千岛湖镇农业办公室副主任

郑有根　淳安县临岐镇临岐村党委书记

项发建　杭州千岛湖啤酒有限公司高级技师

胡星来　淳安县计划生育宣传技术指导站副站长

姜贤飞　淳安县汾口镇龙源村党总支书记

夏建芳　淳安县市容环境卫生管理处主任

徐翀翔　淳安县好运来山核桃专业合作社经理

唐卫芳（女） 淳安县千岛湖镇城中社区卫生服务站站长

唐革进 千岛湖中等职业学校校长

蒋立勋 杭州清正生物科技股份有限公司研发中心研发员

·各类获奖成果·

【国家及部门级】

表47

获奖单位(姓名)	获奖作品	奖项名称	授奖单位
县政府	淳安竹马	第四批国家级非物质文化遗产代表性项目名录	国务院
县公路段 童可清	致富彩虹	2014年“中国梦·美丽交通”第二届全国交通运输行业摄影大赛“中国一百条最美乡村路”主题摄影活动专题作品奖	交通运输部
杭州千岛湖鲟龙科技股份有限公司鲟鱼良种场	——	国家级良种场	农业部
县林业局 张旭君	《守望千岛湖的那抹“绿”》	“原山杯”全国国有林场职工思想政治工作征文大赛文学作品类三等奖	中国林业职工思想政治工作研究会国有林场分会
千岛湖鱼味馆	千岛湖都宴	中国名宴	中国烹饪协会

【省及省属部门级】

表48

获奖单位(姓名)	获奖作品	奖项名称	授奖单位
县人民法院	临危不惧抗爆冲前锋 平凡履职折射正能量——记淳安县人民法院法警、执行员王华	全省法院“司法好新闻”工作报道三等奖	省高级人民法院
千岛湖啤酒厂	——	中国驰名商标	省工商局行政管理局
县国税局	《一针一线与一分一厘》	“反四风·树新风”廉政文化微作品征集活动优秀奖	省国家税务局
千岛湖传媒中心 叶青 李杰	《黄金周旅游特刊》2014年10月24日6版	版面三等奖	省记协县市区域报工作委员会
千岛湖传媒中心 邹楚环	《无需仰视的光彩》	典型报道类一等奖	省记协县市区域报工作委员会
千岛湖传媒中心 刘波	《深化改革 确保实验区建设精彩开局》	评论类二等奖	省记协县市区域报工作委员会
千岛湖传媒中心 杨波	《“中水回用”开始试运行？》	摄影作品一等奖	省记协县市区域报工作委员会
千岛湖传媒中心 义永华	《一腔热血铸警魂 长寄此身在青山——追记淳安县公安局森林警察大队副大队长方鹏跃》	通讯类一等奖	省记协县市区域报工作委员会
千岛湖传媒中心 程贤高 方俊勇 邵建来 王筱倩	《烈士纪念日》	系列报道类一等奖	省记协县市区域报工作委员会

续表48-1

千岛湖传媒中心 洪文玲	《山水相依 联管共治 汾口镇与开化马金镇携手护水》	消息类二等奖	省记协县市区域报工作委员会
千岛湖传媒中心 郭楠	《新闻写作要善用直接引语》	新闻论文二等奖	省记协县市区域报工作委员会
开发总公司	健康森林体系构建与高效生态林业发展关键技术集成示范	科学技术成果登记	省科技厅
开发总公司	千岛湖低效松林景观改造技术研究与示范	省科技兴林奖二等奖	省林业厅 省林学会
县林业局	《千岛湖低效松林景观改造技术研究与示范》	省科技兴林奖二等奖	省林业厅 省林学会
开发总公司	健康森林体系构建与高效生态林业发展关键技术集成示范	省科技兴林奖三等奖	省林业厅 省林学会
县林业局 章富阳	《小小山核桃 要做“大文章”》	林业网好信息二等奖	省林业信息中心
县林业局 王志和	《一腔热血铸警魂 长寄此身在青山》	林业网好信息一等奖	省林业信息中心
县中医院检验科	——	6项省级室间质量评价成绩优秀	省临床检验中心
县妇幼保健院	——	省常规化学检验室间质量评价成绩优秀	省临床检验中心
县妇幼保健院	——	省临床免疫学检验室间质量评价成绩优秀	省临床检验中心
县妇幼保健院	——	省尿液化学分析室间质量评价成绩优秀	省临床检验中心
县妇幼保健院	——	省凝血试验间质量评价成绩优秀	省临床检验中心
县妇幼保健院	——	省全血细胞计数室间质量评价成绩优秀	省临床检验中心
县信用联社	转型升级打造浙江农信社区银行课题研究	优秀课题成果一等奖	省农信联社
安阳乡农业公共服务中心	山区水稻高产高效栽培集成技术示范项目	省农业丰收奖三等奖	省农业厅
县农业局	山区水稻高产高效栽培集成技术示范	省农业丰收三等奖	省农业厅
县疾控中心	——	省梅毒血清学室间质量评价成绩优秀	省皮肤病防治研究所
县民政局 胡仙贵 章际华	乡镇养老服务中心公建民营的探索和思考	养老服务论坛优秀论文一等奖	省社会福利协会
县卫生局卫生监督所	——	“省卫生监督执法十大案件”称号	省卫计委监督处
县爱卫办 汪建林	《影像浙江》摄影作品	摄影大赛优秀奖	省文广新局 新蓝网
县文化馆 高烽	新故事《风雨过后见彩虹》	省第八届新故事作品征文一等奖。	省文化馆
县政府	淳安三角戏	省传统戏剧之乡	省文化厅
县文化馆	排舞《女孩能量》	省第八届排舞大赛金奖	省文化厅
县文化馆 余远 郑小青	歌曲《山水情缘》	省第十三届音乐新作演唱演奏大赛	省文化厅
县政府	淳安竹马	省民间文化艺术之乡	省文化厅
县文化馆 潘咏霞 何仁德 鲁万来 吴蔚	睦剧小戏《心愿》	省新农村题材小戏会演表演金奖	省文化厅

续表48-2

县文化馆 方有禄	睦剧小戏《心愿》	省新农村题材小戏会演创作金奖	省文化厅
县一医院 牟虹	《生命礼赞》摄影作品	省第十五届摄影艺术展览纪录类银奖	省文联 省摄影家协会
县规划局	大地2000系统	省建设工程钱江杯奖(优秀勘察设计)综合工程二等奖	省住建厅
千岛湖生态鳖基地	——	浙江农业博览会金奖	浙江名牌战略推进委员会

【市级及市属部门级】

表49

获奖单位(姓名)	获奖作品	奖项名称	授奖单位
县中医院 徐红明		市经济文化保卫工作三等治安荣誉	市公安局
县规划局	千岛湖镇茂畈村庄规划修编	市优秀城乡规划设计奖评选三等奖	市规划局 市城乡规划协会
县卫生局 钱晓珍	《探讨增值型内部审计基于医疗卫生机构管理的必要性及实现途径》	市内部审计论文一等奖	市内部审计协会
县妇幼保健院 童兴梅	——	市妇幼健康技能比赛二等奖	市人口计生委 市总工会 市妇联
县妇幼保健院 王文琴	——	市妇幼健康技能比赛三等奖	市人口计生委 市总工会 市妇联
姜家中心卫生院 余声琴	儿童保健项目	市妇幼健康技能竞赛二等奖	市人口计生委 市总工会 市妇联
姜家中心卫生院 王女	围产保健项目	市妇幼健康技能竞赛二等奖	市人口计生委 市总工会 市妇联
威坪中心卫生院 管元芬	妇女保健项目	市妇幼健康技能竞赛三等奖	市人口计生委 市总工会 市妇联
开发总公司	——	一等奖	市森林消防指挥部
淳安县	寻马	“五个一”工程奖	市委宣传部
县卫生局 詹龙飞	家乡那礼堂	市农村文化礼堂“记得住乡愁”征文比赛优秀奖	市委宣传部 市文联
县卫生局卫生监督所	——	杭州市卫生行政许可优秀案卷	市卫计委
县二医院 何嫩兵	——	市青年药师技能比武三等奖	市卫计委
县疾控中心	——	市突发中毒事件应急处置技能竞赛“案例推演项目”三等奖	市卫计委
县疾控中心 姜修武	——	市突发中毒事件应急处置技能竞赛“中毒检验检测项目”三等奖	市卫计委
县疾控中心	——	市突发中毒事件应急处置技能竞赛团体三等奖	市卫计委
县卫生局卫生监督所 詹欢	——	“卫生监督员的一天”征文二、三等奖	市卫生局卫生监督所
县卫生局卫生监督所 项志强	——	市卫生监督机构传染病监督执法应急演练个人现场操作二等奖	市卫生局卫生监督所

续表49

县卫生局卫生监督所项志强	——	市卫生监督执法业务考试个人第五名	市卫生局卫生监督所
县卫生局卫生监督所黄鸿娟	——	市卫生监督执法业务考试团体第八名	市卫生局卫生监督所
县卫生局卫生监督所	——	市卫生监督执法业务考试团体第五名	市卫生局卫生监督所
千岛湖新闻网	《走基层 转作风 改文风》	2013年度杭州新闻奖网络作品三等奖	市新闻工作者协会
县广播电视台	《淳安:600多名党员干部“四级接力”送蚕种？》	杭州新闻奖(广播电视部分)和杭州市广播电视新闻奖电视新闻长消息二等奖	市新闻工作者协会 市文广新局 市广播电视学会
县广播电视台	《我县千名党员干部进村入企开展治污大排查》	杭州新闻奖(广播电视部分)和杭州市广播电视新闻奖电视新闻短消息三等奖	市新闻工作者协会 市文广新局 市广播电视学会
县广播电视台	《“三认”服务架起干部群众“连心桥”》	杭州新闻奖(广播电视部分)和杭州市广播电视新闻奖广播新闻长消息二等奖	市新闻工作者协会 市文广新局 市广播电视学会
县中医院 朱腾燕	市第一人民医院集团“好声音”	市第一人民医院集团“好声音”最优秀战队成员	市一医院集团
县财政局	推进县级财政全口径预算改革的思路探索	市财税系统2014年调研课题三等奖	市财政局
县农业局	万亩高山蔬菜优质安全栽培技术示范推广	市农业丰收三等奖	市农村经济发展评审委员会
县农业局	中晚熟桃新品种引进及高效栽培	市农业丰收三等奖	市农村经济发展评审委员会
县司法局 严利锋 项卫红	直属司法所区域设置调查与研究——以淳安县司法局直属司法所区域设置为例	杭州司法行政工作发展主题优秀调研成果优胜奖	市司法局
县文化馆	歌曲《芹川情》	市村歌大赛表演金奖	市文广新局
鸠坑乡 郑水花 全代梅	《温馨的小书屋》	市农家书屋征文比赛三等奖	市文广新局
县图书馆	便民悦读流动书柜	第八届西湖读书节优秀项目	市西湖读书节组委会

2014年度规范性政策性文件目录

【农业　农村　林业　水利】

1.关于进一步加快推进城乡统筹发展工作的意见
县委〔2014〕15号
2.关于培育发展家庭农场的实施意见（试行）
县委办〔2014〕22号
3.关于进一步深化“清洁乡村”工作的实施意见
县委办〔2014〕67号
4.关于低收入农户收入倍增计划的实施意见
县委〔2014〕16号
5.关于调整大棚及大棚蔬菜政策性保险保费的通知
淳政办发〔2014〕11号
6.淳安县农村生活污水治理项目管理办法（试行）
淳政办发〔2014〕73号
7.关于我县农村历史（特色）建筑保护的补充意见
淳政办发〔2014〕77号
8.淳安县农业面源污染治理项目和资金管理办法（试行）
淳政办发〔2014〕130号转发
9.淳安县林地经营权流转证登记管理办法（试行）
淳政办发〔2014〕86号
10.淳安县森林火灾重点整治单位管理办法
淳政办发〔2014〕141号
11.关于实行森林消防责任追究的若干意见
淳政办发〔2014〕140号
12.淳安县小型农田水利重点县建设管理实施细则
淳政办发〔2014〕164号
13.关于进一步加强项目建设占用千岛湖水域管理的通知
淳政办发〔2014〕90号
14.关于进一步加强农村饮用水长效管理工作的通知
淳政办发〔2014〕112号

【工业　旅游　服务业】

1.关于推进生态工业主平台建设的若干意见

淳政办发〔2014〕42号

2.关于加快发展淳安特色智慧经济的意见

县委〔2014〕58号

3.关于进一步鼓励扶持发展电子商务的若干意见(试行)

淳政发〔2014〕15号

4.关于进一步加快电子商务产业发展的若干政策意见

淳政发〔2014〕30号

5.淳安县酒店式公寓项目开发建设指导意见(试行)

淳政办发〔2014〕104号

6.千岛湖水上运动休闲项目管理暂行办法

淳政办发〔2014〕43号

7.关于提升乡村旅游促进进全县景区化的实施意见

淳政办发〔2014〕110号

8.淳安县农家乐管理办法(试行)

淳政办发〔2014〕116号

【国土　建设　规划】

1.关于进一步加大淳安县城培育重点生态功能区小城市试点工作扶持力度的通知

淳政办发〔2014〕69号

2.关于调整征地区片综合价的通知

淳政办发〔2014〕136号

3.关于推进全县建设项目用地复核验收全覆盖的实施意见

淳政办发〔2014〕101号

4.关于严格实行净地出让强化建设用地批后监管工作的通知

淳政办发〔2014〕98号

5.关于进一步规范工业用地出让实行弹性管理的通知

淳政办发〔2014〕99号

6.关于加快推进全县农村宅基地确权登记发证工作的通知

淳政办发〔2014〕127号

7.淳安县农村土地整治项目验收管理办法

淳政办发〔2014〕102号

8.关于规范临时用地和设施农用地管理工作的通知

淳政办发〔2014〕97号

9.关于建立全县耕地保护共同责任机制的实施意见

淳政办发〔2014〕100号

10.关于进一步简化农村建房审批程序及强化批后监管工作的通知

淳政办发〔2014〕161号
11.关于进一步加强我县砂石资源管理的实施意见
淳政发〔2014〕3号
12.淳安县户外广告设施和招牌指示牌管理办法
淳政办发〔2014〕70号
13.千岛湖镇城区截污纳管建设项目管理办法
淳政办发〔2014〕84号
14.关于鼓励和引导社会资本参与公共基础设施建设的实施意见
淳政办发〔2014〕123号
15.淳安县城市地下管线管理办法
淳政办发〔2014〕145号
16.淳安县城区超计划用水加价收费征收管理办法(试行)
淳政办发〔2014〕142号
17.关于进一步做好突发群体性欠薪事件预防和处置工作的通知
淳政办发〔2014〕126号
18.关于加强千岛湖临湖地带建设项目联合审查和监管的实施意见
淳政发〔2014〕27号
19.关于加强沿湖沿线规划控制的若干意见
淳政发〔2014〕28号
20.淳安县商业.商务办公.科研等非住宅类项目规划设计与管理实施意见(试行)
淳政办发〔2014〕105号
21.淳安县测绘管理办法
淳政办发〔2014〕139号

【发改　市场监管　环保】

1.关于公布淳安县企业投资项目管理负面清单的通知
淳政办发〔2014〕92号
2.淳安县知名商标认定和管理办法
淳政办发〔2014〕117号
3.关于加快工商登记制度改革的实施意见
淳政办发〔2014〕119号
4.淳安县改革完善食品药品监管体制方案
淳政发〔2014〕18号
5.关于全面实施“河长制”进一步加强水环境保护与治理工作的实施意见
县委办〔2014〕27号

【文化　卫生　残联】

1.关于加强公共文化服务体系建设的实施意见

县委办〔2014〕117号

2.关于建立分级诊疗和双向转诊制度的实施意见(试行)

淳政办发〔2014〕143号

3.淳安县“仁爱家园”建设与管理办法(试行)

淳政办发〔2014〕1号转发

【人力社保　民政　财政】

1.杭州市基本医疗保障办法淳安县实施细则

淳政发〔2014〕1号

2.关于完善被征地农民社会保障制度的实施意见

淳政办发〔2014〕144号

3.淳安县低收入群体生活补贴机制实施方案

淳政办发〔2014〕149号

4.关于调整离休退休劳动模范荣誉津贴标准的通知

淳政办发〔2014〕83号

5.关于做好城市生活无着的流浪乞讨人员救助管理工作的通知

淳政办发〔2014〕147号

6.关于加强税收征管保障工作的实施意见

淳政办发〔2014〕106号

7.关于完善乡镇财政管理体制的通知

淳政办发〔2014〕128号

8.关于建立财政支农资金和项目管理责任制的通知

淳政办发〔2014〕68号

9.关于进一步加强县级财政专项资金管理工作的通知

淳政办发〔2014〕150号

10.关于进一步加强资源税征收管理工作的通知

淳政办发〔2014〕162号

【无违建】

1.关于开展“无违建县”创建活动的实施意见

县委办〔2014〕23号

2.关于做好“无违建县”创建工作中拆后土地利用工作的实施意见

淳政办发〔2014〕75号

3.淳安县“无违建县”创建专项经费管理办法

淳政办发〔2014〕76号

4.关于全县农村集体土地违法建筑认定处理的实施意见

县委办〔2014〕24号

5.关于全县国有土地违法建筑认定处理的实施意见
县委办〔2014〕25号
6.关于全面控制新增违法建筑的实施意见
县委办〔2014〕26号
7.关于切实做好宗教违法建筑处置工作的通知
县委办〔2014〕58号
8.关于建立违法建筑有奖举报制度的通知
淳政办发〔2014〕153号

【综合】

1.关于加强工作(公务)用艇管理的若干意见
淳政办发〔2014〕95号
2.关于适龄青年逃避征集.拒服兵役处罚意见
淳政发〔2014〕23号
3.关于下放中心镇部分县级经济社会管理权限的实施意见
淳政办发〔2014〕120号
4.淳安县行政审批和批后监管问责办法(试行)
淳政办发〔2014〕118号
5.关于加强政府信息依申请公开工作的意见
淳政办发〔2014〕125号
6.关于黄标车淘汰补助的实施意见
淳政办发〔2014〕122号
7.关于加强安全生产促进安全发展的实施意见
县委〔2014〕72号
8.淳安县生产安全事故报告和调查处理暂行办法
淳政办发〔2014〕91号